Klaus Farin
Die Skins

Klaus Farin (Hg.)

Die Skins

Mythos und Realität

Ch. Links Verlag, Berlin

In Zitaten aus Zeitungen, Zeitschriften, Fanzines und ähnlichen Materialien wurden Orthographie und Grammatik unverändert übernommen.

Die Deutsche Bibliothek - CIP-Einheitsaufnahme

Die Skins : Mythos und Realität/Klaus Farin (Hg.). - Berlin :
Links, 1997
ISBN 3-86153-136-4

1. Auflage, Oktober 1997

Zehdenicker Straße 1, 10119 Berlin, Telefon: (030) 449 00 21
Umschlaggestaltung: KahaneDesign, Berlin
unter Verwendung eines Fotos von DAS FOTOARCHIV, Essen
Satz und Lithos: igs Gmbh, Berlin
Schrift: Times
Druck- und Bindearbeiten: Wagner GmbH, Nördlingen
ISBN 3-86153-136-4

Inhalt

III. Skinheads in den Medien

IV. Sozialarbeit mit Skinheads

Vorwort

»Skinhead: Angehöriger einer Gruppe männlicher Jugendlicher, die äußerlich durch Kurzhaarschnitt bzw. Glatze gekennzeichnet sind und zu aggressivem Verhalten und Gewalttätigkeit neigen (auf der Grundlage rechtsradikalen Gedankenguts).«
Der Duden, 1985

Als Eberhard Seidel-Pielen und ich 1991 in unserem Buch »Krieg in den Städten. Jugendgangs in Deutschland« auch den Skinheads ein Kapitel widmeten, konnten wir nicht ahnen, was wir damit auslösen würden. Keine andere der von uns damals porträtierten Jugendszenen – Punks, Hooligans, türkische u.a. Streetgangs – reagierte derart intensiv wie die Skinheads. Und keine andere Szene geriet in den folgenden Jahren derart in die Schlagzeilen.

Offenbar waren wir die ersten Journalisten, die sich nicht nur um eine möglichst »objektive« Berichterstattung bemühten, sondern zu diesem Zweck auch den Kontakt mit der Szene selbst suchten.

Wir riefen Skinheads jeglicher Couleur auf, uns Eigendarstellungen zu senden – entsprechend unserem Grundverständnis von Journalismus, daß eine möglichst authentische, freie Selbstdarstellung zunächst die wichtigste Basis für ein Begreifen jeder Szene ist.

Im Januar 1994 traf sich zum ersten Mal eine AutorInnengruppe mit dem Ziel, eine grundlegende Aufarbeitung der Skinheadkultur und ihrer Darstellung in Wissenschaft und Medien zu leisten. Mit dabei waren Professoren verschiedenster Fachbereiche, JournalistInnen, Musiker und Historiker, Skinheads und (ehemalige) Autonome – Menschen mit verschiedensten »Skinhead«-Erfahrungen und Ansichten. Bedingung für eine Teilhabe an diesem Projekt war die Bereitschaft, sich wirklich sachkundig zu machen und auch eigene (Vor-)Urteile in Frage zu stellen.

Das Ergebnis der dreijährigen Arbeit liegt nun in diesem Band vor. So unterschiedlich die einzelnen Beiträge auch ausgefallen sind (Widersprüche wurden bewußt nicht »geglättet«), ist doch allen gemeinsam, daß die AutorInnen sich mit enormem Engagement ihrem Thema gestellt haben. Das ist nicht selbstverständlich, zumal die Beschäftigung mit Skinheads zwangsläufig auch Kritik an der eigenen Branche auslöste. So ist es kein Zufall, daß sich dieser Band ausführlich mit der Szene selbst – ihren historischen Wurzeln, ihrer Musik, ihrem Selbstverständnis – befaßt und im zweiten Teil ebenso gewichtig mit den Mythen und Verzerrungen der Skinheadkultur in den Fremddarstellungen von Presse, Film, Literatur und Wissenschaft. Keine andere Jugendkultur der Gegenwart steht so sehr unter öffentlichem Druck wie die Skinheads.

Daß sich die Realität der Szene wesentlich diffiziler, auch widersprüchlicher ausgestaltet, als Außenstehende in der Regel meinen, illustrierte bereits der im Mai 1996 vorab erschienene O-Ton-Band »Skinhead – A Way of Life«, der fast ausschließlich unzensierte und unkommentierte Selbstdarstellungen von mehreren hundert deutschen Skinheads enthält.

Wir hoffen, auch mit der von uns unternommenen empirischen Studie, deren Ergebnisse hier erstmalig vorgestellt werden, zu einem differenzierteren Bild der Szene beizutragen.

Noch unveröffentlichte Einzelstudien – zum Beispiel über die inzwischen mehr als 2000 Fanzines, die die deutsche Skinheadkultur bis heute produziert hat, oder über die zum Teil äußerst heiklen Bilder, die Schulbücher über Jugendkulturen wie Skins, Punks u. a. transportieren – werden nach und nach in der Schriftenreihe des Berliner Archivs der Jugendkulturen publiziert und damit auch Interessenten zugänglich gemacht werden.

Klaus Farin
Berlin, im September 1997

Klaus Farin

Urban Rebels

Die Geschichte der Skinheadbewegung

»Irgendwo soll 'ne Party sein.
Wir fragen gleich: Gegen wen?«
Vandalen: »Zecherpartys«, 1986

Wo immer sie auftauchen, brennt die Luft. Zum Beispiel in der Berliner U-Bahn. Der letzte Wagen kommt direkt vor einer Gruppe Kurzgeschorener zum Stillstand. Sechs grüne oder schwarze Bomberjacken über Jeans oder buschgrünen Militärhosen, die Beine in schweren Boots, in den Händen Bierdosen. Kaum hat das halbe Dutzend auffallend kräftig gebauter Gestalten den Wagen geentert, werden die Gespräche der übrigen Fahrgäste leiser. Läßt einer der Kurzgeschorenen den Blick in die Runde schweifen, senken sich die Köpfe der Mitreisenden wie bei der La-Ola-Welle im Stadion. Sie werden demonstrativ ignoriert, es scheint plötzlich für die Mitreisenden nichts Wichtigeres als die Lektüre der eben am Bahnhofskiosk erstandenen Zeitungen zu geben. Das ändert sich auch nicht, als die Skins so lautstark miteinander herumalbern, daß die gesamte Wagenbesatzung der feuchtfröhlichen Gesprächsrunde lauschen kann und muß, und sie beginnen, die halbvollen Bierdosen bedrohlich schwenkend, immer lustvoller über »die Spießer« herzuziehen und schließlich rechtsradikale Sprüche einflechten. Tonfall und Mimik der Gruppe werden immer ungezügelter, besoffener, prolliger. Ihr Lieblingskommentar zu allem und jedem lautet jetzt: »Schwule Scheiße!« Fahrgäste, die einander zuvor nicht beachtet haben, suchen nun den Blick der anderen: Eine Schande, daß dieser Dreck hier frei herumlaufen darf. Gut, daß wir besser sind als die ... Gut, daß es außer den Ausländern und Pennern in Deutschland auch noch solche Jungs gibt, denken andere, schweigen aber ebenso. Man weiß ja nie, wo die Mehrheit steht.

Wer genauer hinsähe, würde seltsame Ungereimtheiten bemerken. Zum Beispiel, daß der Prozeß der eskalierenden »Alkoholisierung« sich innerhalb weniger Minuten entwickelt hat. Und: Warum tragen Skinheads, die sich rassistische Witze erzählen, »Gegen Nazis«-Aufnäher an ihren Jacken?

Skinheads lieben das öffentliche Spiel mit ihrem Medienimage, die Vorurteile in den Köpfen ihrer Mitbürger sind Bestandteil ihrer Spaßkultur. »Das Gefühl genießen, gehaßt zu werden«, gehört zum Skinhead-Alltag einfach dazu. Andererseits wollen sie (das gilt zumindest für die nicht-rechtsradikale Fraktion) auch nicht ständig mit Neonazis und Rassisten gleichgesetzt

»Ich bin schön. Das wird mir nicht jeder glauben, aber ich weiß es. Ich bin Skinhead. Und das heißt vor allem, ich bin ich. Ich beginne mich unwohl zu fühlen, wenn meine Haare länger als einen Zentimeter werden. Oder wenn der Staub auf meinen Doc's den Glanz erstickt. Vielleicht reicht das in den Augen mancher Leute schon, ein Arschloch zu sein. Aber das ist egal. Ich war auch schon Schlimmeres als ein Arschloch. Rassist, Nazi, Totschläger, Kindermörder, Handlanger. Vor allem in der letzten Zeit. Egal. Nicht die Zeit. Die Bezeichnungen.« (Sascha Quäck, zit. nach: Auerbach, Mike: *Noheads.* Berlin 1994, S. 9)

werden. Sie wünschen sich durchaus, daß die Öffentlichkeit die Differenziertheit ihres Kultes genauso zur Kenntnis nimmt wie die Tatsache, daß sie nicht allesamt arbeitslose Alkoholiker sind. Doch nicht um jeden Preis. Vor allem nicht um den der Anbiederung. »Es gibt doch wohl nichts Geileres, als mit 'ner großen Gruppe, fröhliche Lieder singend, nahrhafte Getränke in der Hand, durch die Stadt zu ziehen und dabei die Gesichter der Leute zu beobachten, diese ganzen blöden Spießer, die in ihrem Leben noch nie aufgefallen sind, sich immer angepaßt haben, für ihre Karriere oder sonstwas, und dann kommen wir und führen ihnen vor, was sie eigentlich auch schon immer wollten, sich aber nie getraut haben. Da kommt natürlich Neid auf. Und je mehr die sich über mich ärgern, desto besser. Denn in dem Moment spür' ich, ich hab' was als Skinhead, was die nicht haben.«

Skinheads: eine »Randgruppe mit Stolz«. Agents provocateurs wider die bürgerliche Langeweile. Anständige Bürger leeren keine Bierdosen in der Fußgängerzone, belästigen keine Kaufwütigen mit schmutzigen Gesängen, prügeln sich nicht in der Öffentlichkeit. Und außerdem kann man doch über alles reden ... Skinheads hassen die Höflichkeitsrituale der Mittel- und Oberschichtsbürger, halten sie für eine Strategie der Konfliktumgehung, die vorhandene Aggressionen und Hierarchien nur hinter einer Maske versteckt. Skinheads bevorzugen die direktere Konfliktlösung. »Lieber mal eine Prügelei als ständige Schleimerei.« Skinhead sein bedeutet, »jedermann offen und direkt die Meinung ins Gesicht zu sagen«. Oder auch zu schlagen. »Hart, aber ehrlich.« Ein Männerkult der proletarischen Art.

Roots

Obwohl es gerade erst 30 Jahre her ist, daß der erste Skinhead durch die Straßen des Londoner Eastend lief, überlagern bereits zahlreiche Mythen die Geschichte dieser Jugendbewegung. Die ursprünglichen Skinheads seien »Antirassisten« oder gar »Sozialisten« gewesen, heißt es vor allem bei jenen Skins, die heute diese Einstellung vertreten. Skins seien immer schon eine White-Power-Bewegung gewesen, kontern rechte Glatzen. Geht es Skins heute bei solchen Mystifizierungen offensichtlich darum, die eigene Geschichte zu begradigen und von unerwünschten Elementen zu säubern, so ist bei Außenstehenden, vor allem den Medien, nur schwer zu unterscheiden, ob es einfach am fehlenden Interesse liegt oder böse Absichten dahinterstehen, wenn sie Skins als ursprünglich »linke Jugendbewegung« (so ausgerechnet *Super Illu* im Oktober 1991) oder, weitaus häufiger, als militanten Neonazikult stigmatisieren. Aufklärung tut not.

Unattraktiv

Viele Skinheads sind körperlich auffallend unattraktiv. Es ist daher nicht von der Hand zu weisen, daß sie mit Aufmachung und Kraftmeierei diesen vermeintlichen Mangel kompensieren wollen. Auf das äußerliche Erscheinungsbild legen sie sonst nämlich größten Wert: Die Stiefel sind stets blitzsauber, Flecke oder Risse in der „Uniform" sind verpönt. Lachen sieht man Skinheads kaum: Irgendwie wirken sie nicht jung...

Natürlich fielen die Skinheads Ende der 60er Jahre nicht einfach vom Himmel. Sie formierten sich unter ganz bestimmten strukturellen Bedingungen und haben nicht zufällig ihre spezifischen kulturellen Ausdrucksformen gewählt. Und sie standen in der Tradition früherer Jugendbewegungen. Erstaunliche Parallelen gibt es zum Beispiel zu den »Wilden Cliquen« der Weimarer Republik, die die Göttinger Sozialwissenschaftlerin Gabriele Rohmann so beschrieb:

»Die Mitglieder, zwischen 16 und 25 Jahre alt, rekrutierten sich vornehmlich aus dem Arbeitermilieu und gingen, wenn sie nicht von der Arbeitslosigkeit betroffen waren, Gelegenheitsarbeiten nach. Jede Clique hatte einen Anführer, der weniger gewählt wurde als vielmehr aufgrund von Körperkraft, Geschicklichkeit, Mut, Vertrauen und Alter in diese Rolle hineinwuchs. (...) Viele hatten Tätowierungen und trugen auffällige Ohrringe. Eine vorgeschriebene Haarfrisur gab es nicht. Die Cliquen-Kleidung war kostspielig. Es gab extra Geschäfte für den Cliquenbedarf. In vielen Cliquen war die Kluft daher Gemeingut. Mädchen waren in den Cliquen nur gering vertreten. Wollten sie akzeptiert werden, hatten sie sich den männlichen Umgangsformen anzupassen. Sie kleideten sich nicht in einer bestimmten Kluft.

Zu den Gruppenbildungen kam es spontan und mehr oder weniger informell. Oft traten aber auch jüngere Brüder einer bereits bestehenden Clique bei. Die Aktivitäten beschränkten sich in erster Linie auf Geselligkeit. Man baute sich selbst Instrumente, textete bekannte Schlager und Volkslieder für cliquen-eigene Botschaften um, zog so ins Umland und bewegte sich zu einem ›rumpelstilzartigen‹ Tanzstil zu den eigenen Liedern ums Lagerfeuer. Eine ihrer bekanntesten Strophen lautet: ›Grün-weiß-grün ist unsere Farbe, Grün-weiß-grün ist unser Stolz, Wo wir Latscher sehn, jibt's Keile, Wo wir Nazis sehn, Kleinholz.‹ Befreundete Cliquen begrüßte man mit ›Wild frei‹, feindliche mit ›Zicke-zacke‹-Ruf und anschließender Schlägerei. Konflikte wurden meistens körperlich ausgetragen, allerdings ohne Waffen. Überhaupt hatte man eine Vorliebe für körperliche Aktivitäten wie Ringkämpfe, Boxen und Fußball.

Außenstehenden erschienen sie wild, unberechenbar, provokant und gefährlich. Provokantes und rüpelhaftes Verhalten wurde auch gerne gezeigt, man lieferte sich aber Schlägereien vornehmlich mit verfeindeten Cliquen oder Nazis. Untereinander herrschte ein ausgesprochenes Solidaritäts- und Loyalitätsgefühl. Finanzschwachen Mitgliedern wurde geholfen, Wohnungslosen gewährte man Obdach. Das größte Feindbild aller Cliquen waren die Vertreter der Ordnungsmacht (Polizei, Lehrer, Fürsorge, politische Organisationen). Ansonsten konzentrierte sich ihr Streben auf ›Wein, Weib, Tanz und Gesang‹. Einen ideologischen Überbau hatten sie nicht und lehnten dies auch ab.«[1]

Diese Charakterisierung, die wohlgemerkt die Wilden Cliquen der 20er Jahre meint, könnte in weiten Teilen auch die heutige Skinheadkultur beschreiben. Doch um die entscheidenden Brüche und Unterschiede zur Vorkriegsjugend zu erkennen, müssen wir Geburtsumstände und Entwicklung der Skinheads genauer betrachten.

The Wirtschaftswunder

Ähnlich der Bundesrepublik erlebte auch Großbritannien in den 50er Jahren sein »Wirtschaftswunder«. Das Wort von der »Wohlstandsgesellschaft« ging um, verhieß höhere Einkommen und vielfache Konsummöglichkeiten bei gleichzeitigem Ausbau des »Netzes sozialer Sicherheit« für alle. Schufteten die Väter noch in dreckigen Bergwerken, Fabriken, Hafenanlagen, so gingen nicht wenige ihrer Söhne jetzt mit Schlips und Kragen zur Arbeit in Büros und Einkaufscenter, überwachten in den Fabriken nur noch hochspezialisierte Maschinen, die für sie den körperlich harten Teil der Arbeit erledigten. Die Grenzen zwischen Hand- und Kopfarbeitern schienen zu verwischen, Klassenunterschiede sich einzuebnen. Arbeiterkinder durften weiterführende Schulen besuchen und ihr Konto überziehen, sobald das erste eigene Gehalt eingegangen war. Aus Proletariern wurden Kleinbürger. Die Regierung verkündete die »Demokratie der Eigentümer«. Eigentum verpflichtet. Zur Ruhe.

Sichtbarster Ausdruck des britischen »Wirtschaftswunders« waren die seit Beginn der 50er Jahre im ganzen Land aufschießenden Satellitenstädte, die die aus den heruntergekommenen Arbeitervierteln Fliehenden aufnahmen. Bald zeigte sich allerdings, daß diese kurzfristige Lösung der Wohnungsnot nicht optimal war. Wie überall auf der Welt wurden die eilig und schlecht geplanten, billig hochgezogenen Trabantenstädte Auslöser einer Serie von Problemen: Steigende Kriminalität, Rowdytum von Jugendlichen, deren Freizeitbedürfnisse einzuplanen man vergessen hatte, architektonische Mängel, die mangels Kapital nie mehr behoben wurden, und die Nachteile einer zusammengewürfelten, anonymen Nachbarschaft aus aufstiegswilligen Kleinfamilien schufen Unzufriedenheit, Frust, Aggressionen. Umzugsanträge häuften sich.

In einer zweiten Sanierungsphase Anfang der 60er Jahre ging man daran, die alten Stadtviertel zu modernisieren. Ganze Häuserzeilen wurden abgerissen, neue Wohnblöcke zwischen die alten gesetzt, Gassen zu Autoschneisen verbreitert. Familien, die bislang ohne Heizung und fließend Warmwasser auskommen mußten, wechselten zufrieden in die neuen Komfortwohnungen. Doch der bessere Wohnstandard forderte auch diesmal einen hohen Preis. Die Sanierung der alten Viertel zerstörte die traditionellen Nachbarschaftsstrukturen und riß selbst Familien auseinander. Die neuen Wohnungen waren zwar schöner, aber auch kleiner, auf das Ideal der bürgerlichen Kernfamilie zugeschnitten, nicht auf die Bedürfnisse der kinderreichen Mehr-Generationen-Großfamilien der Arbeiter. Für Alte gab es jetzt vermehrt Möglichkeiten der Heimunterbringung, jung Verheiratete wurden durch günstige Kredit- und Ratenzahlungsangebote zum Anmieten und Einrichten eigener Wohnungen motiviert. Die breitspurigen Schneisen, die nun die Viertel zerschnitten, brachten ihre Bewohner zwar schnell zu den neuen Freizeitzentren, die die alten Bezirkskinos und -sportstätten ersetzt hatten, zerstörten aber auch die engen Straßen und Plätze mit ihren zahlreichen Nischen und Treffpunkten. Trinkhallen und Tante-Emma-Läden wichen Supermärkten, Imbißbuden und Eckkneipen verwandelten sich in gehobene Speisegaststätten. Die Sozial- und Freizeitstruktur der Arbeiterviertel verarmte. Da auch die Arbeitsplätze nicht mehr in der direkten Nachbarschaft lagen, wurden die Familien gezwungenermaßen mobiler. Die traditionelle Einheit von Wohnen, Arbeiten und Freizeit löste sich auf.

Neue Nachbarn besetzten die entstandenen Lücken. Einwanderer aus den ehemaligen Kolonien zogen in die leerstehenden, von Bodenspekulanten bereits dem Verfall überlassenen Billigwohnungen und schufen sich schnell ihre eigene Infrastruktur aus kleinen Läden, Pubs, Vereinen und Tempeln. Die britische Arbeiterklasse fühlte sich ausgeschlossen, sah in den neuen Nachbarn aus der Karibik, aus Asien und Afrika nur Fremde und unerwünschte Konkurrenten auf dem Arbeits- und Beziehungsmarkt.

Wenig später drängten finanzkräftige junge Mittelschichtfamilien, Künstler und Intellektuelle, die das nostalgische Flair traditionsreicher Arbeiterviertel suchten, in die neuen oder luxusrenovierten Wohnblöcke. Auch sie eröffneten ihre eigenen Boutiquen, Kunstgewerbehandlungen, Bars und andere Treffpunkte und Konsumtempel. Und wieder stand die Arbeiterklasse außen vor. Städteplaner, Architekten und langhaarige Studenten waren nicht unbedingt die Kumpel, mit denen sie am Wochenende im Schulterschluß ins Stadion ziehen oder nach Feierabend ein paar Bierchen im Pub an der Ecke trinken wollte. Man fühlte sich eindeutig »überfremdet«. Und manche, vor allem die Jüngeren, zeigten es auch. Zumeist nonverbal.

Die jugendkulturellen Wurzeln: Teds, Rocker, Mods

Jugendkulturen im heutigen Sinne – also mit einer eigenen Mode, einer von Erwachsenen rundum verachteten Musik, mit eigenen kommerziellen Märkten und Medien – gibt es erst seit den 50er Jahren. Ließe sich etwas wie ein Geburtstag bestimmen, so wäre es vielleicht jener 5. Juli 1954, an dem der 19jährige LKW-Fahrer Elvis Aaron Presley in einem kleinen Studio in Memphis den Song »That's All Right (Mama)« aufnahm. Der Rock 'n' Roll setzte die Jugend in Bewegung. Schon allein deshalb, weil er für ihre Eltern den Untergang des Abendlandes anzukündigen schien. Rock 'n' Roll war die Rache des »Niggers« für die Jahrhunderte der Unterdrückung und Versklavung. Rock 'n' Roll war seine Waffe, mit der er den Weißen ihre Kinder raubte. Sexuell anstößige, gewaltgeladene Rhythmen setzten sich in den Köpfen fest, bahnten sich von dort ihren Weg in den Körper und rissen sämtliche mühsam aufgebauten Staudämme gegen ungebändigte Triebe ein. Vom Rock 'n' Roll-Virus befallene Jugendliche verloren über Nacht allen Respekt. »Das ging mir an die Nieren«, beklagte sich der Arbeiter McCartney aus Liverpool über seinen Sohn Paul. »Immer wieder sagte ich ihm, er solle keine engen Hosen tragen. Aber er machte mich ganz einfach fertig. Auch sein Haar war immer so lang, schon damals. Wenn er vom Friseur zurückkam und genauso aussah wie vorher, fragte ich: ›War denn zu?‹«[2]

Trotzig begannen sie, sich in den Straßen zu sammeln, immer mit diesem Blick, der Außenstehenden signalisierte, sich jetzt besser nicht aufzuspielen, nur weil 16jährige in der Öffentlichkeit rauchten und ihnen die ausgelutschten Kippen vor die Füße warfen, dabei immer dieses Zucken am Leibe, als lauschten sie einer tief im Innern verborgenen imaginären Musik.

Manchen genügte das nicht, und sie zeigten auch in ihrer Kleidung ihre ganze Verachtung vor allem für die Bessergestellten der Gesellschaft. Zu dreiviertellangen Jacketts mit Samtkragen trugen sie enge Röhrenhosen, grellfarbige Wildlederschuhe mit fetten Kreppsohlen und extrabreiten Schnürsenkeln – eine karikaturistisch verzerrte Imitation der Kleidung von König Edward, dem berüchtigten schwarzen Schaf der britischen Monarchenfamilie, dessen protzig-exzentrischer Stil auch in großbürgerlichen Kreisen hoch im Kurs stand. Doch die »Teddy-Boys«, wie diese jugendlichen Eckensteher bald genannt wurden, waren eigentlich die letzten, die sich diesen dandyhaften Stil hätten leisten dürfen. Es waren die Untersten der Unteren, Arbeiterjugendliche, die zumeist über keinerlei Ausbildung verfügten und sich mit Hilfsarbeiterjobs durchs Leben schlugen, während die Besseren aus ihrer Klasse auf höhere Schulen wechselten oder ordentliche Berufe erlernten.

Der Abgang von Elvis Presley zur Army im März 1958 und der tödliche Flugzeugabsturz von Ritchie Valens, The Big Bopper und Buddy Holly im Februar 59 läuteten das Ende dieser rebellischen Phase ein. Die rauhe Urkraft des Rock 'n' Roll wurde domestiziert. Bigotte Wanderprediger wie Pat Boone und Cliff Richard eroberten die Hitparaden, während der Gefreite Elvis im hessischen Exil Mütter wie Töchter betörte. Die Teddy-

Boys der ersten Generation wurden erwachsen, und ihre jüngeren Brüder entwickelten eigene Stile, um sich für ein paar ungestüme Jahre von der Restwelt abzusetzen. Die einen hörten weiter den alten Rock 'n' Roll, ersetzten aber den Dandystil der Teds durch schwarzes Leder. Motorräder prägten nun neben der Musik ihren Lebensrhythmus. Ansonsten blieb alles wie gehabt: Wieder waren es vor allem ungelernte Hilfsarbeiter ohne Aufstiegschancen, die jetzt als »Rocker« das Erbe der Teds antraten.

Doch sie waren nicht die einzigen, die Ansprüche auf das Vermächtnis der Teds erhoben. Die »Mods« betraten die Bühne. Sie bevorzugten den original schwarzen Rhythm & Blues gegenüber der weißen Variante, und auch der Kleidungsstil der Teds wurde bei ihnen nicht eindeutiger, männlicher wie bei den Rockern, sondern im Gegenteil androgyn verfeinert. Neue Modetrends aus Italien flossen in ihren Stil ein; Stoffe aus Mohair und Seide, extrem spitze Schuhe, noch enger geschnittene Jacketts und ein stets leicht abwesend-arrogant wirkender Blick erzielten den Eindruck lässiger Bohemiens. Eigentlich wirkten sie in ihren smarten Anzügen so brav und wohlanständig, wie sich ältere Generationen jener Jahre die britische Jugend nur wünschen konnten. Doch irgend etwas stimmte da einfach nicht, wenn plötzlich Tausende dieser eleganten Teenager an den britischen Nobelstränden auftauchten und wie ein wilder Schwarm Bienen zwischen den flanierenden Pensionisten umherschwirrten. Die Jugendlichen schienen »irgendwie nicht die übliche Haltung damit auszudrücken, die normalerweise mit eleganter Kleidung verbundenen Werte umzudrehen«[3]. Alles an ihnen, ihre Kleidung, ihre Motorroller, ihr Gehabe, war eine Spur zu protzig, um echt zu sein. Und warum schleppten sie bloß mitten im Sommer, kein Wölkchen am Himmel, ständig Regenschirme mit sich herum? Es machte ihnen anscheinend auch nichts aus, sich mit ihrer teuren Kleidung im Dreck zu wälzen, und manche Jacketts entpuppten sich beim genauen Hinsehen als offenbar gestohlene und umgearbeitete Fahnen Ihrer Majestät. So waren sie nie richtig einzuordnen; sie wirkten »normal« und unbegreiflich, smart und bedrohlich zugleich. Hinter der freundlichen Fassade grinste die Subversion.

Kein Wunder, daß die geschwisterliche Liebe der Ted-Kinder nicht allzuweit reichte. Die Rocker verachteten die eitlen Mods auf ihren lächerlich aufgemotzten Motorrollern als »weibisch« und »schwul«. Den Mods war der plumpe, maskuline Stil der Rocker zuwider, vor allem, weil er in seiner prolligen Grobschlächtigkeit seine Träger leicht der Lächerlichkeit aussetzte. Und das war das letzte, was die Mods ertragen konnten. Zwar waren auch sie nur Arbeiterkinder, die es bestenfalls zum Verkäufer oder zu untergeordneten Stellen als Büroboten o. ä. in den neuen Dienstleistungsbranchen gebracht hatten. Doch im

Einen typischen Wochenplan beschrieb ein 17jähriger Mod aus London im Interview 1964 so:
Montag: Tanzen im Mecca, dem Hammersmith Palais oder dem Streatham Locarno.
Dienstag: Soho und Scene Club.
Mittwoch: Marquee Nacht.
Donnerstag: Für die rituelle Haarwäsche reserviert.
Freitag: Wieder auf der Scene.
Samstag: Nachmittags in der Regel Klamotten- oder Plattenshopping; abends Tanzen, kaum vor Sonntag morgen 9 oder 10 Uhr zuende.
Sonntag: Abends Tanzen im Flamingo, oder einfach verschlafen, wenn man anfängt abzuschlaffen.
(*Sunday Times Magazine* vom 2.8.1964, zit. nach Clarke, John/ Jefferson, Tony: Jugendliche Subkulturen in der Arbeiterklasse. In: *Ästhetik und Kommunikation,* Nr. 24/1976, S. 56)

Gegensatz zu den Rockern strebten sie nach oben. Auch wenn sie noch in den Warteschlangen zu Wohlstand und Glück standen und längst nicht sicher sein konnten, jemals eingelassen zu werden, signalisierte ihr Stil bereits die Zugehörigkeit zur wohlhabenden Mittelschicht, die keine anderen Sorgen kannte als den ewigen Kampf gegen die Langeweile. So wirkten sie stets »wie Schauspieler, die nicht ganz am richtigen Platz sind«[4], und erinnerten damit nicht zufällig an britische Gangsterbanden wie die Kray-Brüder, die in stets korrekt gebügelten Anzügen und klassischen Al-Capone-Posen mit abgesägten Schrotflinten aufeinander schossen, als wären sie Teil einer unsichtbaren Hollywood-Produktion. »Jeder Mod lebte in einer Geisterwelt des Gangstertums, der luxuriösen Clubs und der schönen Frauen, auch wenn er in Wirklichkeit nur einen schäbigen Parka, eine zerbeulte Vespa besaß und Fisch mit Chips aus einer fettigen Papiertüte aß.«[5]

Die Aufrechterhaltung des schönen Scheins war durchaus harte Arbeit, wie immer, wenn Jugendliche versuchen, über ihre Verhältnisse zu leben. So standen die Mods ständig unter Strom. Speed bestimmte im doppelten Sinn ihren Alltag: Immer in Bewegung, pausenlos auf der Suche nach neuer Action, fütterten sie, um ihr aufreibendes Programm und die Illusion einer besseren Welt durchzuhalten, ihre Nervenstränge unermüdlich mit »Mother's Little Helpers« wie die *Rolling Stones*, eine der wenigen von Mods wie Rockern verehrten Bands, die chemischen Freudenspender besangen.

Die Konsumfreude der Mods blieb nicht lange unentdeckt. Die expandierende Jugendindustrie begann, ihre Musik-, Mode- und sonstigen Freizeitwünsche professionell zu bedienen und für ein breiteres Publikum zu kopieren. Die BBC-Popshow »Ready, Steady, Go« verkündete ab August 1963 jeden Freitagabend die neuesten Hits und Modeverrücktheiten der Mods bis in den letzten Winkel der Insel. Die Modedesignerin Mary Quant eroberte »Swinging London« mit einer Boutiquen-Kollektion im Mod-Style. Einstige Szeneheroen wie die *Rolling Stones*, *The Small Faces* oder *The Who* wurden Exportschlager des britischen Popbusiness.

Ein Teil der Modszene schaffte den Sprung an die Universitäten und Kunsthochschulen und setzte sich im künstlerischen Establishment bzw. der alternativen Gegenwelt der studentischen Milieus zur Ruhe. Andere, ermüdet von den endlosen Wochenendtrips, suchten sich eine feste Freundin, heirateten, setzten Nachwuchssorgen in die Welt und desertierten auf diese Weise ins »normale« Leben. »Mod, das war der erste gesamtbritische ›Weiße Neger‹, der am Puls der Gegenwart lebte, nach der Arbeit nur kraft seiner wilden Hingabe an die Freizeit auferstand, der durch die Dynamik seiner eigenen Persönlichkeit einen totalen Stil schuf – einen Stil, der eine Waffe gegen eine herablassende Erwachsenenkultur war und der zu seiner Rechtfertigung und als Ethik nichts anderes brauchte als sich selbst. Als ein Mod-Magazin autoritär erklären konnte, daß es eine neue Mod-Gangart gebe: ›Füße nach außen, Kopf vorgereckt, Hände in den Jackentaschen vergraben‹, mußte man, wenn auch widerstrebend, zugeben, daß dieser ›Weiße Neger‹ irgendwo unterwegs aufgegeben hatte und verendet war.«[6]

Doch wie immer, wenn eine Jugendkultur erwachsen wird, sich zu verkommerzialisieren beginnt und aus Underground »Zeitgeist«-Mode entsteht, spaltete sich auch hier ein Teil der Szene ab. Diejenigen, die ohnehin bei dem immer aufwendiger betriebenen Lebensstil der Mods kaum mithalten konnten und die aussichtslose Anbiederung an die Mittelschichten ablehnten, legten die stilistischen Verfeinerungen der Modernisten ab und kehrten zum proletarischen Urlook ihrer Väter zurück. Die Bergarbeiterschuhe des Dr. Marten ersetzten italienisches Design, Jeans und Baumwollhemden statt Seide und Angoraziegenhaar schmückten nun wieder die Körper der männlichen Arbeiterjugend, und auch die Frisur wurde merklich kürzer. Der »Skinhead« stand vor der Tür.

Natürlich waren die Skinheads nicht einfach Nachfolger der Mods. In vielerlei Hinsicht wirkten sie sogar eher wie deren genaues Gegenteil. Suchten die Mods die extreme Individualität, so gefielen sich die Skins in der Konformität ihrer Gangs. Zeichnete sich der Modstil durch eine ironisch gebrochene Ambivalenz aus, durch Androgynität und Orientierung an der Mittelschichten-Boheme, so stand der Skinheadstil in seiner bewußten Betonung von männlicher Härte und Zugehörigkeit zur Working class, ohne jegliche stilistische Spuren filigraner Zweideutigkeiten, den verhaßten Rockern deutlich näher als den Mods. Verbrachten Mods ihre Freizeit gerne bewegungsintensiv in Discotheken und edlen Clubs, so zogen Skinheads als Heimstätte die Kneipe in ihrer Straße vor, in der wenig getanzt und viel geredet wurde, dementsprechend nicht Beschleunigungspillen, sondern die Schlaf- und Redeschwalldroge Bier den Rhythmus bestimmte. Erstrebten die Mods eine Verbesserung ihrer Lebensbedingungen, so sahen die Skinheads ihrer eigenen Deklassierung mit unerschütterlichem Opferstolz zu.

»In letzter Zeit werde ich immer öfter von Leuten, die keinen Plan haben, für einen MOD gehalten. Dazu habe ich einiges zu sagen: Ich bin kein MOD, ich sehe auch nicht so aus. MODS laufen (leider) ziemlich 60' s-mäßig herum. Ich finde die 60er Jahre total gut und kleide mich auch ganz gerne so, wie es zu dieser Zeit Mode war. Aber
1. ich habe keinen Pottschnitt;
2. ich trage keine flachen Schuhe wie MOD-Mädels es tun. Ich trage Schuhe mit Absätzen oder Doc's;
3. ich laufe 2-Tone-mäßig rum und trage Ska- und 2-Tone-T-Shirts und -aufnäher. MODS hören (normalerweise) keinen Ska, sondern Soul;
4. nicht jeder, dem die Sechziger gefallen, muß ein MOD sein;
5. ich hasse Roller und Parka;
6. MODS sind normalerweise nicht gut auf SKINS zu sprechen. Ich liebe SKINS (ausgenommen: BONEHEADS).
Ich könnte noch einiges sagen, aber lassen wir es gut sein, ich denke, ihr habt's verstanden.«
CLAUDIA
(aus: *The Moon* Nr. 5, Bergisch Gladbach 1990)

Working class ...

Die Mods waren die letzten unbekümmerten »Kinder des Wohlstands«[7], die sich mit ungebrochenem Optimismus auf den Weg nach oben begeben hatten. Doch als die Arbeitslosenwellen, die in den späten Sechzigern die Insel immer häufiger überschwemmten, nicht mehr verebben wollten, mußten viele erkennen, daß sie in ihrem Glauben an die »klassenlose« Gesellschaft einer Ideologie aufgesessen waren. »Daß die Chancenstruktur der Gesellschaft sich geöffnet habe und eine neue, beweglichere Sozialstruktur entstanden sei, erwies sich als leeres Versprechen. Die Anzahl der Arbeitsplätze im Büro hatte sehr zugenommen, aber dies ging einher mit einem relativen Statusverfall der Büroberufe. In diesen Berufen hatte sich eine stärkere Schichtung durchgesetzt, die zu einer Erweiterung der Kluft zwischen den leitenden und überwachenden und den einfachen Büroangestellten führte.«[8] Wer geglaubt hatte, durch den Tausch von Blaumann gegen Schlips und Kragen den Bessergestellten auf der Rangleiter der sozialen Hierarchie eine Stufe näher gekommen zu sein, mußte jetzt erkennen, daß die über ihm auch nach oben gerückt waren, während immer mehr Sprossen der Leiter unten im Sumpf der strukturellen Depression versanken. Die Tories hatten sich ihre 13jährige Regierungsmacht (1951–1964) durch »Brot & Spiele«-Maßnahmen erkauft, die kurzfristig die Arbeitslosenzahlen niedrig hielten und vermehrten Wohlstand brachten, das Land jedoch nicht auf die vorhersehbare Strukturkrise vorbereiteten. Die »Demokratie der Eigentümer« war auf »sehr dürftigen ökonomischen Fundamenten errichtet«[9] und brach beim ersten Beben in sich zusammen. Ein großer Teil der Arbeiterfamilien hatte das Jahrzehnt der Hochkonjunktur zur Verbesserung seiner materiellen Lebensbedingungen nutzen können, der Rest jedoch steckte in Sackgassenjobs.

Die Skins gehörten zu letzteren. Sie legten keinen Wert auf gesellschaftlichen Aufstieg. Sie verachteten ihre ehemaligen Mitschüler, die sich noch jahrelang in der Schule krümmten, nur um als »Belohnung« eventuell eine wenig lukrative Lehrstelle oder einen Bürojob zu bekommen, der nichts mehr mit dem zu tun hatte, was sie unter »richtiger Männerarbeit« verstanden. Arbeit bedeutete für Skins den vollen Einsatz der Körperkräfte, Arbeit war hart und unangenehm. Sie brachte das nötige Kleingeld zur Befriedigung von Erwachsenen-Bedürfnissen und demonstrierte potentielle Herrschaft über Frauen, wie auch eine unmittelbare Anziehung auf diese: eine Art Machismo.[10] Arbeit war also eine Notwendigkeit, aber kein Grundbedürfnis. Verinnerlichten die aufstiegswilligen jungen Angestellten die Firmenmoral und die Ansichten ihrer Vorgesetzten, so kostete es Skins wenig Überlegung, den Arbeitgeber zu wechseln, wenn ihnen etwas nicht paßte. Auch längere Phasen der Arbeitslosigkeit bereiteten ihnen kein Kopfzerbrechen, schließlich war es ihnen bisher immer gelungen, einen neuen Job zu finden. So sehr man auch Wert darauf legte, der Working class anzugehören, so verzichtete man doch von Zeit zu Zeit gerne auf das schweißtreibende Vergnügen, um von Arbeitslosengeld oder anderen Einnahmequellen zu leben. »Das Interesse der Gruppe für Autoradios setzte im Herbst ein«, heißt es in einem Bericht über eine Clique etwa 16jähriger Arbeiterkinder aus Liverpool, die sich ihren »Lebensunterhalt« zeitweise durch Autoeinbrüche erwirtschaftete. »Zu diesem Zeitpunkt ging beinah die ganze Gruppe stempeln; alle hatten ihre Jobs, soweit sie welche hatten, aufgegeben, um den Sommer zu genießen, und stellten dann im Herbst fest, daß der Arbeitsmarkt sich beträchtlich verengt hatte, besonders weil die neuen Schulabgänger um die verfügbaren Jobs konkurrierten.«[11]

... Criminal class

Jugendliche, die mit der Polizei in Konflikt gerieten, konnten sich durchaus auf die Sympathie oder zumindest das Verständnis ihrer Eltern verlassen. Der Klassencharakter staatlicher Institutionen wie Polizei, Justiz und Schule hatte sich aufgrund mannigfacher Erfahrungen im kollektiven Gedächtnis der Arbeiterfamilien fest eingebrannt. So sprachen viele dem Staat prinzipiell jedes Recht ab, Angehörige der eigenen Familie oder Klasse zu bestrafen. Leistungsverweigerung und Vandalismus der Kinder in der Schule – also gegenüber einer Mittelschichtsinstitution, gegenüber Mittelschichtslehrern – und die unweigerlich folgenden Konsequenzen (schlechte Noten, Abmahnungen, Schulverweise) waren in vielen Familien kein Anlaß für Aufregung, sondern wurden als »selbstverständlich« gelassen hingenommen.[12] Paul Willis berichtete in seiner Schülerstudie »Spaß am Widerstand« von einem Jugendlichen, der eines Tages entdeckte, daß seine Mutter die zahlreichen Beschwerdebriefe der Schule, auf die sie nie reagiert hatte, sorgsam aufbewahrte. »Ist doch ganz nett, sie später mal wieder zu lesen«, erklärte die Mutter ihrem Sohn, »oder wenn du sie deinen Kindern zeigst, damit sie sehen, was für ein Rabauke du warst.«[13] – Eine Unaufgeregtheit, der Schüler aus Mittelschichtsfamilien wohl eher selten begegnen.

Howard Parker berichtete in seiner Studie über Arbeiterjugendliche in einem von ihm »Roundhouse« genannten Innenstadtviertel von Liverpool, wie selbst Diebstahl und andere Formen der Devianz von den Erwachsenen gebilligt wurden: »Es konnte sogar vorkommen, daß kleine Kinder ›die Runde machten‹ und an den Haustüren ›Schore‹ zum Kauf anboten; solange sie ihren Verwandten auswichen und die eigene Haustür mieden, konnten sie mit Abnahme oder höflicher Ablehnung rechnen. Das ›Verpfeifen‹ von Nachbarn, gleich welchen Alters, ist so gut wie unbekannt. Zwar erstrecken sich die Einstellungen der Roundhouse-Bewohner gegenüber Gesetzesübertretungen über ein breites Spektrum, sie alle aber betrachten die lokale Solidarität auf allen Altersstufen als tugendhafter oder zumindest angemessener als die Legalität und das Festhalten an der korrekten Moral des ›reputierlichen‹ Bürgers einer idealen Welt. Die Bewohner halten Roundhouse für alles andere als ideal, und daher sehen sie die Notwendigkeit, daß Moral und Gesetz manipuliert werden müssen. Hier ist also ein Minimalkonsens wirksam, nicht weil Erwachsene und Jugendliche über die Ethik des Diebstahls einer Meinung wären, sondern weil sie ganz allgemein die gleiche ökonomische und soziale Position in der Gesellschaft bekleiden und durch diese Gesellschaft die gleiche Behandlung erfahren, besonders im Umgang mit offiziellen Kontrollagenturen.«[14] So entwickelte die Arbeiterkultur eigene Normen und Wege des Zusammenlebens und der Konfliktregelung, die ihnen gerechter, moralischer und praktikabler erschienen als die einseitig auf die Interessen der bürgerlichen Schichten ausgerichteten offiziellen Gesetze.

»Wenn niemand aus dem letzten Zug stieg, der es wert war, aufgemischt zu werden, trieben die Skinheads eben anderen Unfug. Autos knacken war in manchen Gegenden populär, und einen Eckladen zu plündern kam auch immer ganz gut. Dann waren da ja noch die Zigaretten- und Kaugummiautomaten an den Außenwänden. Diese wurden in Sekundenschnelle abmontiert und an einen sicheren Ort gebracht, wo man sie dann ausleerte. Man wußte genau, wer die Idioten in einer Gang waren. Während man sich das Geld in die Tasche steckte, würden sie die Kaugummis aufsammeln.« (Marshall, George: Spirit of 69, Dunoon 1993, S. 38)

Für Arbeiterjugendliche wie die Skinheads stellte das Übertreten von Gesetzen und anderen bürgerlichen Verhaltensregeln also keinen Extremismus dar, sondern eine normale Form der Bewältigung ihres Alltags, durch die sie die Grenzen ihrer Möglichkeiten austesteten, sich ihrer Provokationskraft versicherten, Aufmerksamkeit erregen und kleine Highlights in ihrem ansonsten eher langweiligen Alltag setzen konnten.

Was ist das Gegenteil von Langeweile?

Joey: Aufregung.

Aber was ist Aufregung?

Joey: Gesetze mißachten, Gesetze übertreten, Trinken zum Beispiel.

Spike: Klauen.

Spansky: Durch die Straßen rennen.

Joey: Kaputtmachen. Das ist das Gegenteil von Langeweile – Aufregung, das Gesetz mißachten, wenn du draußen im Pub bist und an der Theke stehst, Drinks bestellst und so, und weißt, daß du erst 14 oder 15 bist und eigentlich 18 sein solltest.[15]

Der Alltag der Skinheads war alles andere als spektakulär. Es waren 14–17jährige Jungen und sehr wenige Mädchen, die sich Ende der 60er Jahre auf den Straßen und Plätzen und in den unwirtlichsten Ecken ihres Viertels trafen, herumstanden, redeten, rauchten, vom letzten Wochenende schwärmten, das nächste planten. »Die Hauptbetätigung der britischen Subkultur ist tatsächlich das Nichtstun«, bemerkte Paul Corrigan. »Das wichtigste Element beim Nichtstun ist das Reden. Nicht die abgezirkelten Diskussionen der Fernseh-Talkshows, sondern einfach erzählen, Stories austauschen, die gar nicht wahr oder wirklich zu sein brauchen, die aber so interessant wie möglich ausgestaltet werden. Über Fußball, über dich und mich, einfach reden.«[16]

Die Steigerung von Reden hieß Randale. Sie entstand oft

ebenso zufällig wie alle anderen Aktivitäten der Skinheadgangs als Produkt der Langeweile, spontan, ungeplant und wenig zielgerichtet.

Was macht ihr, wenn ihr einfach auf der Straße rumhängt?

Richard: Manchmal geraten wir in Schlägereien oder in Schwierigkeiten, aber meistens ist's nicht so schlimm.

Versuch' doch mal, ein Beispiel zu geben.

Richard: Ääh ... letzten Samstag, da hingen wir so rum, und einer stieß versehentlich eine Flasche um, und sie zersplitterte. Dann fingen wir alle an, Flaschen zu zerschmeißen.[17]

Jeder kleinste Zwischenfall bot ein wenig Abwechslung vom eintönigen »Abhängen«, jede gelungene Eskalation wurde zum freudig begrüßten Event. Und ganz oben auf ihrer Hitliste der liebsten Freizeitbeschäftigungen notierten die Skinheads: »Aggro«.

»Aggro«

Die Skins der ersten Generation waren leidenschaftliche Fußballfans, und die Stadien jener Jahre boten noch hervorragende Gelegenheiten für Hooliganismus jeglicher Spielart. Der Gewinn der Fußballweltmeisterschaft 1966 nach einem dramatischen Sieg über die »Krauts« hatte eine enorme Welle jugendlicher Fans in die Stadien gespült, und so konnten in der darauffolgenden Saison bei Spitzenspielen mehrere tausend Kämpfer aneinandergeraten. Die kurzhaarigen »Bootboys« (Stiefeljungs) mit den zwei Nummern zu großen Stahlkappenschuhen (wobei die Stahlkappen oft auf den Schuhen getragen und in den Farben des Vereins bemalt wurden) stellten bald den berüchtigten Kern der gewaltbereiten Szene dar. Fair play war dabei – entgegen späterer Mythenbildung – nicht angesagt. Als Waffen dienten nicht nur Fäuste und Stahlkappen, mit denen auch noch zugetreten wurde, wenn ein Opfer schon blutend am Boden lag, sondern auch zersägte Rohre, Messer, geschliffene Metallkämme, Steine, Holzlatten, Wurfsterne, Dartpfeile und mit Nägeln, Rasierklingen und Glassplittern gefüllte Flaschen, die einfach in den gegnerischen Block geworfen wurden. Merkwürdigerweise gab es nur selten wirklich Schwerverletzte.

Die Polizei reagierte mit Mißhandlungen und Schikanen wie wahllosen Verhaftungen, mit (wenig effektiven) Leibesvisitationen der jugendlichen Kämpfer, die den Transport des Kriegsgeräts längst ihren Freundinnen überlassen hatten, oder mit hilflosen Appellen an Händler, kurzhaarigen männlichen Jugendlichen keine Stahlkappenschuhe mehr zu verkaufen. Schließlich sammelten sie kurzerhand die Schnürsenkel der Bootboys ein, um sie so an schnellerer Fortbewegung zu hindern. Als die sich

»Bewegt man sich in London aus der Gegend um Mile End herum in Richtung Westen, dann wird man manchmal mit dem konfrontiert, was Soziologen ein Phänomen nennen und autoritär veranlagte Menschen als proletarisches Rowdytum bezeichnen würden. Man stößt hin und wieder auf uniform und schmucklos gekleidete Arbeiterjugendliche, die alles andere als Eleganz ausstrahlen. Häufig sind sie nicht viel älter als 15 oder 17. Man sieht ihnen an, daß sie auf Schlägereien scharf sind. Sie stehen auf Bluebeat-Musik und aggro, dem Skinhead-Synonym für aggressives und provokatives Verhalten. Gemäß dieser Geisteshaltung fühlt sich ein Skinhead nicht wohl, wenn er abends schlafen gehen muß, ohne eine anständige Prügelei hinter sich zu haben.« (*Sunday Times* vom 21.9.1969, zit. nach Brake, Mike: Soziologie der jugendlichen Subkulturen. Frankfurt a. M./New York 1981, S. 92) angewöhnten, stets ein Ersatzpaar mit sich zu führen, wurden die Schuhe eingesammelt, und die Boys mußten auf Socken brav warten, bis die Gegner abgezogen waren.

Die Gewaltlust beschränkte sich aber nicht auf das Wochenende, sondern eroberte schnell auch den Alltag. »Revierverteidigung« war das Schlüsselwort, mit dem jugendliche (männliche) Gangs sich schon immer, in den verschiedensten Varianten, Anlässe geschaffen hatten, ihre Männlichkeit kollektiv unter Beweis zu stellen. »Jede Gang scheint fortwährend auf Schlägereien und Ärger aus zu sein«, berichtete der *Rolling Stone* 1969 und ließ einen Skinhead erzählen: »Wir legen uns mit allen an, die uns querkommen. Das ist keine leere Drohung. Es gab Zeiten, da konnten wir uns nur dann aus unserem Viertel herauswagen, wenn wir mehr als ein Dutzend Leute waren. In dieser Gegend und auch weiter weg von hier bekamen alle gottverdammten Crews zu spüren, was wir draufhatten, kannste hinschauen, wo du willst ... Überall waren wir da und nahmen die Jungs auseinander – und die waren natürlich auch alle hinter uns her. Es gab 'ne Menge aggro damals.«[18] Skinheads mit pazifistischen Neigungen waren in jenen Tagen wohl eher selten. Zu den Skins stießen Arbeiterjungen nicht trotz der damit verbundenen Gefahren und Gewaltsituationen, sondern gerade weil sie es liebten, sich zu prügeln und gegenseitig durch die Straßen zu jagen, als ginge es um Leben und Tod. »Alles, was ich über Skins gelesen hatte, hatte mit Gewalt zu tun. Und das gefiel mir«, bestätigte Nick Crane, der sich als 15jähriger das Haar scheren ließ.[19]

»Du bist nie zu alt, um noch eine glückliche Kindheit zu haben.« (Hippie-Slogan)

Gegner und Opfer von Skinheadattacken konnte jeder werden, andere Skinheadgangs ebenso wie jeder, der zufällig durch ihr mit Tags gekennzeichnetes Viertel lief. »In Universitätsstädten mußten Studenten als Opfer herhalten. Schwule und jeder, der auch nur im entferntesten so aussah, waren in den meisten Gegenden die Opfer, und das insbesondere, wenn zehn kleine Gewalttäter auf einen von ihnen trafen. Hippies waren aber die beliebtesten Opfer. Sie wurden als lausige, stinkende, sinnlose und verfilzte Elemente angesehen, die überhaupt nichts mit den traditionellen Werten der Skinheads gemeinsam hatten. Es war auch nicht besonders schwer, sie zu finden. Man suchte in seiner Umgebung nach einem besetzten Haus oder einem Pop-Festival, und schon war man im Geschäft ...«[20]

George Marshalls Aufzählung der Anlässe für Skinhead-»Aggro« macht deutlich, daß neben dem reinen Spaßfaktor – der puren Lust auf körperliche Konfrontationen, Jagdabenteuer und Angstüberwindung – auch ideologische Faktoren eine Rolle spielten. Wenn Skinheads »ihre« Straßen von (vermeintlichen) Schwulen, Pakistani oder Afrikanern »sauberhielten«, schützten sie ihr Territorium gegen Menschen, die innerhalb seiner Grenzen wohnten. Das »Revier« der Skinheads bestand nicht nur aus den Straßen, in denen sie lebten, sondern war auch ein imaginäres Traumreich: eine heile Arbeiterklassenwelt, in der »Männer noch Männer waren und die Mädchen durch dick und dünn zu ihren Kerlen hielten, als man den sozialen Status eines Menschen mit einem Blick auf seine Schuhe oder an seinem Gang erkennen konnte.«[21] Der Skinhead-Way-of-life war im Kern ein verzweifelter Versuch, die guten alten und vor allem einfachen Zeiten der Working class, die nur noch in den Erzählungen der Eltern und Großeltern existierten, real aber längst zu einem Mythos zerronnen waren, zumindest symbolisch zurückzuholen.

Strebte die Mehrheit der Arbeitereltern längst danach, die als stigmatisierend empfundenen Zeichen ihrer sozialen Herkunft abzustreifen, so trugen Skinheads ihre Arbeitskleidung demonstrativ und fast karikaturistisch zugespitzt auch in ihrer Freizeit. Die Schuhe konnten gar nicht groß und schwer genug sein, und natürlich mußten es die klobigen Sicherheitsschuhe des Dr. Marten sein, die als anerkannte Arbeitskleidung von der Mehrwertsteuer befreit und deutlich billiger waren als andere (Freizeit-)Schuhe. Die Jeans darüber wurden anschaulich hochgerollt, um den Blick auf die stets blitzblank polierten Boots zu ermöglichen, aber auch, weil es nicht selten die noch überlangen Hosen des älteren Bruders waren. Hosenträger, die notwendig wurden, weil Skins ihre Hosen gerne wie alte Männer weit über die Hüften hochzogen, wurden nicht mehr versteckt, sondern über dem Hemd oder T-Shirt getragen, im Sommer auch gerne auf schweißglänzender nackter Haut. Blumenmuster auf Hemden und Hosen, Bärte (auch Schnauzer) und naßrasierte Kahlköpfe waren verpönt. »Man wollte hart und smart aussehen und nicht wie ein Pimmel mit Ohren.«[22] Die Koteletten durften gerne bis zum Kinn reichen, das Haar wurde entsprechend der Möglichkeiten elektrischer Schermaschinen auf eine Länge zwischen 3 mm und 2,5 cm gekürzt; das war nicht nur praktisch (zum Beispiel bei Prügeleien), sondern auch in Zeiten grassierenden Hippietums ein deutliches Anti-Fashion-Statement. Kurzgeschorenes Haar signalisierte wie die bei den Skins ebenfalls populären Tätowierungen proletarisches Außenseitertum. Ob bewußt oder unbewußt, standen sie damit »in einer alten Tradition totaler Institutionen und totalitärer Regimes. Militärs, Gefängnis, Zuchthaus sind Instanzen, die ihre Macht und die Ohnmacht ihrer Opfer mit der Schere unter Beweis stellen. Das Haarabschneiden als Strafe und Demütigung ist alt und wird schon in den Grimmschen Rechtsaltertümern als germanischer Usus aufgegriffen. Das lange und unbeschnittene Haar dient den Germanen als Zeichen der Freien. Den Knechten und Sklaven wurden die Haare geschoren zum Zeichen dafür, daß sie in der Obhut eines Höheren standen.«[23]

Bei mir um die Ecke, da sieht's ja vielleicht aus/ Dort wohnen ein paar Hippies in 'nem Haus/ Müll und Dreck liegen auf dem Rasen/Und der Gestank zieht durch die Straßen Zottelige Haare, ungewasch'ner Hals/Dreckige Füße, aus den Ohren quillt der Schmalz/Gar garstig sind sie anzuseh'n / Wenn sie durch die Straßen geh'n
Hippies sind dreckig, Hippies sind dumm/Gehen nie zur Arbeit, gammeln nur 'rum/Fahren nicht zum Fußball und trinken auch kein Bier/Da frag ich mich doch langsam, was wollen die hier?
Einer von denen, der hat sogar 'nen Sohn / Der Name, der sagt alles, er heißt Reiner Hohn/Er hat eine Gabe, er kann ja so toll stricken/Doch eine Frau, die kann er nicht mal ficken
In Birkenstock-Sandalen schlurft er so da lang/Die Jute-Tasche hält er in der linken Hand/Ob er wohl zum Einkaufen geht/Zum Müsli-Bert und Körner-Fred?
Hätte seine Mutter abgetrieben/Wäre uns viel erspart geblieben/Und die Moral von der Geschicht'/Hippies als Nachbarn, das wollen wir nicht!
(*Rabauken:* »Hippies«, 1996)

Der Skinheadstil, bei all seiner scheinbaren Plumpheit, ist eine bewußt eingenommene Pose, die Inszenierung eines Opfers, das trotz aller Widrigkeiten stolz und männlich-wehrhaft den nächsten Angriff erwartet. »Skinheads sind nervös und hektisch. Sie fallen ständig aus dem Rahmen. Sie stehen immer auf den Zehenspitzen, bereit, auf die leiseste Provokation zu reagieren oder ihre kümmerlichen Besitztümer zu verteidigen (einen Fußball, eine Kneipe, eine Straße, einen Ruf). Der Tanz der Skins ist sogar bei den Mädchen eine Nachahmung unbeholfener Männlichkeit – eine Geometrie der Drohung. Denn Skinheads spielen mit der einzigen Macht, die ihnen zur Verfügung steht – daß sie nichts (oder nicht viel) zu verlieren haben. Der Stil, mit anderen Worten, macht Sinn.«[24]

Konservative Rebellen

Skinheads wollten nicht wie die Aussteigerkinder der Mittelschichten in neue Welten aufbrechen, sondern alte Sicherheiten und Werte zurückhaben. Ihre Rebellion richtete sich gegen die Zukunft, ihre Utopien lagen in der Vergangenheit. Ihr (symbolischer) Marsch zurück zu den stolzeren Tagen der Arbeiterklasse bedeutete auch eine bedingungslose Kapitulation vor der Gegenwart. Natürlich wußten sie, daß sie in eine Sackgasse getrieben worden waren, sie spürten die wachsende Ausgrenzung und Marginalisierung. Doch die Flucht in die Nostalgie ersparte ihnen die Auseinandersetzung mit den Ursachen dieses Prozesses. Working class reduzierte sich in der Wahrnehmung der Skinheads im wesentlichen auf die Heroisierung körperlicher Arbeit und die Pflege traditioneller Männlichkeitsrituale – inklusive entsprechender Rollenzuweisungen für die Frauen. Daß die Geschichte der Arbeiterkultur auch eine der Klassenkämpfe und politischen Aktionen ist, blendeten die meisten aus. Nur eine Minderheit betätigte sich politisch oder trat gewerkschaftlich für ihre Rechte ein. Die Mehrheit begnügte sich mit den von der Gesellschaft angebotenen Sündenböcken: Hippies, Studenten, Intellektuelle, Einwanderer. Daß ihre Feindbilder mit denen der herrschenden Schichten wie auch der verhaßten Kleinbürger identisch waren, dürfte den wenigsten bewußt gewesen sein. Vor allem die rassistischen Parolen aus Kreisen der Politik, die erkannten, daß sie die damals politisch durchaus noch mächtige Arbeiterklasse am simpelsten mit ethnisch aufgeladenem Sozialdarwinismus weiter spalten und entwaffnen konnten, die Schlagzeilen der Massenmedien, die Ende der Sechziger bald tagtäglich vor einer angeblich »unkontrollierten Flut von asiatischen Einwanderern« (*Daily Mirror*) warnten, fielen bei vielen Skinheads auf fruchtbaren Boden. Der Schritt vom Lokalpatriotismus zum Chauvinismus, der nicht nur Feinde von außen bekämpfte, sondern jedem, der nicht in ihrem Viertel/Land aufgewachsen war, das Existenz- und Aufenthaltsrecht absprach, war nicht sehr groß. Es mußten nicht erst organisierte neonazistische Parteien daherkommen (die ohnehin bei der ersten Skingeneration auf Granit bissen), damit Skin heads die andersfarbigen Einwanderer zu hassen lernten. Vor allem die Asiaten repräsentierten so ziemlich alles, was Skins verachteten – die Hautfarbe war da nur ein zusätzlicher Fremdheitsfaktor. Ihr auf die Kleinfamilie konzentrierter, erfolgsorientierter Lebensstil ähnelte zu sehr dem der weißen Mittelschichten, ihr wenig aggressives Verhalten wurde als »weibisch« oder »schwul« eingestuft, ihre mangelnden Kenntnisse der englischen Sprache als »arrogant«. Und dann wagten es die »Pakis«, die eigentlich nur die dreckigsten und schlechtbezahltesten Jobs kriegen sollten, auch noch, mitten in den Vierteln der weißen Bootboys zahlreiche eigene Läden aufzumachen. So wurde »Paki-Bashing« bald ein gängiges »Hobby« auch unter Skinheads, die sich selbst für nicht-rassistisch hielten, weil sie ja schließlich schwarze Musik liebten und westindische Einwanderer bedeutend seltener verprügelten.

Ska

Das Beziehungsverhältnis der weißen Arbeiterjugendlichen zu den Einwanderern aus der Karibik war komplexer als das zu den asiatischen Nachbarn. Natürlich spielte auch hier die Angst vor einer Konkurrenz auf dem Arbeits- und Beziehungsmarkt eine Rolle. Doch Skins und »Rude Boys«, wie sich der männliche Nachwuchs der westindischen Einwanderer nannte, hatten unübersehbar viele Gemeinsamkeiten. Sie wohnten nicht nur in denselben Vierteln und entstammten Arbeiterfamilien mit den gleichen Abneigungen gegen Mittelschichtler und sämtliche staatlichen Institutionen, sie waren auch in ähnlich harten Gangs organisiert. In der Tat hatten sich die Skins sogar nicht wenige Elemente ihres Stils von den Rudies abgeschaut, so wie schon die Mods von den »Hustlern«, den Vorgängern der Rudies, eine Menge lernten. Die Rude Boys trugen ebenfalls ihr Haar kurz, darüber oft »pork pie hats«, runde niedrige Filzhüte, schwarze Sonnenbrillen, lange offene Mäntel, Hosenträger (über dem Hemd), Jeans oder smarte Anzüge und flache schwarze Schuhe – Stilmerkmale, die nach und nach alle von den Skins übernommen wurden. Rudies waren »hart und smart« zugleich, und wenn sie in diesem breiten, ausholenden, besitzergreifenden Gang durch die Straßen des Viertels wippten, sah man ihnen schon von weitem an, daß sie jederzeit bereit waren, »ihren Mann zu stehen«. Das imponierte den Skins, und so wurden die schwarzen Jugendlichen und ihre Straßenkultur neben den

»Ich mag keine Schwarzen. Ich will sie nicht in diesem Land. Aber schreiben Sie meinen Namen nicht. Viele von meinen Kumpels sind schwarz, und ein paar sind ziemlich empfindlich.«
(zit. nach Hebdige, Dick: Gefallene Buben. In: *die tageszeitung* vom 12.3.1993)

PORK PIE

Der Sänger der holländischen Ska-Band Mr. Review *beim Ska-Festival in Potsdam 1996*

Hard-Mods und Fußballrabauken zu den wesentlichen Paten des Skinheadkultes.

Der Schlüssel für diese dennoch eher unerwartete Freundschaft war die Musik: Ska. Ein Direktimport aus Jamaika. Ein energiegeladener Offbeat, der seine ZuhörerInnen sofort in heftigste Vibrationen versetzte, als würden ihre Körper von rhythmischen Stromschlägen gepeinigt. Eine fröhliche Tanzmusik, so ganz anders als die der damals dominierenden Rockgiganten von Woodstock, die wuchernden psychedelischen Klangteppiche der Hippiekinder. Das Mainstreampublikum, aber auch alle anderen Jugendkulturen mochten diese Musik nicht. Ska galt als lausig primitiv und unprofessionell. Die Platten gab es nicht an jeder Ecke, man mußte sich wirklich um sie bemühen, das bedeutete Freundschaften mit Einwanderern knüpfen, stundenlanges Warten am Hafen auf von den westindischen Inseln einlaufende Schiffe, erinnern sich Altskins wie Judge Dread, einer der ersten weißen Ska-DJs. Nur wenige Tanzclubs hatten Ska in ihrem Repertoire: die Clubs der jamaikanischen Rude Boys.

Reggae ist die Musik der mittellosen schwarzen und mulattischen Stadtbevölkerung Jamaikas. Er vereinigt Elemente des Rhythm & Blues New Orleanscher Prägung, der afrikanischen Ur-Musiksprache und auch der Musik der nichtspanischen karibischen Inseln (Calypso, Mento) in sich.
Die Anfänge des Reggae reichen in die ausgehenden 50er Jahre zurück. Die tanzlustige junge Bevölkerungsschicht der Städte, insbesondere der Hauptstadt Kingston, konnte nicht ausreichend mit Import-Schallplatten versorgt werden. So entschlossen sich einige mit ihren Verstärker- und Lautsprecheranlagen herumreisende Disc Jockeys – sogenannte Sound System Men –, einheimische Talente von der Straße ins Aufnahmestudio zu holen; vor allem sind Duke Reid und Coxson Dodd als Initiatoren zu nennen. Diese frühen Platten zeigen eine starke Hervorhebung unbetonter Taktteile durch Lautstärke-Akzente und die Verwendung von Blechbläsern in der Rhythmus-Gruppe. Die neue Musik hieß **Ska,** und ihre Geschichte verbindet sich mit Namen von Musikern wie Byron Lee, Oven Gray, Laurel Aitken und Prince Buster (etwa 1962–1965).
Diese Musik fand bald auch in Großbritannien Aufnahme durch die Einwanderer und Arbeitskräfte aus Jamaika. Doch nicht nur hier lebende Schwarze griffen Ska auf, sondern auch weiße Jugendliche, die sogenannten Skinheads, die allerdings als Enthusiasten nach kurzer Zeit

wieder abfielen, als die Musik ihre militante Haltung übrigens auch die aufsässigen und obszönen Texte, zu verlieren begann. Zu den am weitesten verbreiteten Singles gehörte 1964 Millie Smalls »My Boy Lollipop«.
Um die Mitte der 60er Jahre vollzog sich ein stilistischer Wandel. Reggae wurde immer mehr elektrisch vorgetragen, der verhältnismäßig einfache Ska-Rhythmus nahm verwickelte Mehrschichtigkeit an, die Rolle der Blechbläser verlor an Wichtigkeit, dafür traten Baß- und Rhythmusgitarre in den Vordergrund. Die unverändert wiederholten Baß- und Rhythmusfiguren, die im sogenannten Dub-Verfahren miteinander vielschichtig kombiniert werden, prägten die Musik immer mehr, zur Rhythmusgruppe kam auch die elektrische Orgel hinzu. Seitdem setzte sich in den Texten ein bleibendes Merkmal des Reggae fest: der Protest gegen die Beherrschung durch Weiße, das Gefühl der Gefangenschaft und der politischen Entfremdung, damit verbunden die Heraufbeschwörung der afrikanischen Urheimat und die Sehnsucht nach ihr. Um 1966–68 entstand aus all diesen Veränderungen Reggae, nachdem die Musik vorübergehend auch den Namen Rock Steady trug. Derrick Morgan, *The Maytals* und Alton Ellis sind Musiker, die diese Übergangszeit verkörpern. Der neue Stil machte sich mit einigen Hits bemerkbar, darunter mit »Al Capone« von Prince Buster, ferner mit »Israelites« von Desmond Dekker. Weitere Hits lieferten Max Romeo, Nicky Thomas, Jimmy Cliff, *The Pioneers*, Dandy Livingston und Judge Dread.
(aus: Halbscheffel, Bernward/Kneif, Tibor: Sachlexikon Rockmusik. Instrumente, Stile, Techniken, Industrie und Geschichte. Rowohlt, Reinbek 1992, S. 312 f.)

Das machte die weißen Bootboys neugierig. »Plötzlich kamen auch weiße Jungs zu den Auftritten«, erinnert sich Derrick Morgan, der 1962/63 sieben Songs in den jamaikanischen Top Ten plazieren konnte und seitdem regelmäßig durch Großbritannien tourte, ohne dort wirklich heimisch zu werden. »Bisher hatten wir nur schlechte Erfahrungen mit Weißen gemacht. Die Teddy-Boys mochten uns und unsere Musik nicht. Es gab Angriffe auf die Clubs, in denen wir spielten. Dann kamen die Skins, und das waren wirklich nette Jungs. Sie liebten unsere Musik und imitierten begeistert unsere Bewegungen, unsere Tänze. Sie machten uns auch in England wirklich populär.«

Zahlreiche Ska-Musiker begannen, eigene Songs für ihre neuen weißen Fans zu schreiben: »Skinheads, A Message To You« (Desmond Riley), »Skinheads Don't Fear« (*Hot Rod Allstars*), »Skinhead Revolt« (*Joe The Boss*), »Skinhead Train«

Foto: Lord Helmchen

Judge Dread 1995 bei einem Konzert

(Laurel Aitken), »Skinhead Shuffle« (*The Mohawks*), »Moonhop« (Derrick Morgan bzw. unter dem Titel »Skinhead Moonstomp« von den *Symarips* gecovert) usw. Die Skins machten den Ska groß – und umgekehrt. Die Musik elektrisierte mit ihrem zunehmenden Bekanntheitsgrad immer mehr Jugendliche, und da Ska schon bald als »Skinheadmusik« galt, wurden sie eben auch Skinheads. So war bald jede Straßenecke der Arbeiterviertel von Liverpool, Glasgow, Birmingham oder London die Heimat einer Skinheadgang. Dennoch – oder vielleicht gerade deshalb – überlebte diese erste Generation die 60er Jahre nur kurz. Die Teenager, die für eine gewisse Zeit dem Glatzenkult verfallen waren, liefen bald wieder neuen Trends hinterher. Glam-Rock eroberte die Hitparaden. Die Stars auf den Postern, die die Wände der Kinderzimmer schmückten, hießen jetzt *T. Rex* oder Gary Glitter, Suzi Quatro und *Queen*. Auch *Slade*, das Rüpel-Ouartett aus Wolverhampton, ließ die kurzrasierten Haare wachsen und die Doc's im Schrank, um fortan als Karnevalsjecken kostümiert die Partys der Welt zu beschallen. Die Skinheadszene, kurzzeitig zur Teenagermode verkommen, schmolz auf ihren harten Kern zusammen. Einige zogen sich wieder zu den anderen Bootboys ins Stadion zurück, andere ließen sich die Haare ein wenig wachsen, betonten die smartere Variante des Skinheadstils und entgingen so als »Suedeheads«[25] den Anfeindungen anderer Mitbürger. Der Film »Clockwork Orange« brachte 1971/72 noch einmal einen kurzen Aufschwung (bei den ganz harten Fans komplettierten von nun an weiße Overalls, Melonen und Regenschirme mit angefeilten Spitzen das Outfit), der aber die Saison nicht überdauerte. Möglicherweise auch, weil einfach die passende Musik dazu fehlte. Der zum Reggae verlangsamte Ska hatte sich auf seine schwarzafrikanischen Wurzeln zurückgezogen und zudem noch die Religion entdeckt; die Hippiekinder waren begeistert, doch die weißen Arbeiterjugendlichen konnten damit nun wirklich nichts anfangen.

Auch der von Skins immer sehr geliebte Soul war zum Disco-Funk mutiert. Judge Dreads wehmütige Beschwörung »Bring Back The Skins« verhallte ungehört. Zwischen den Jahren 1972 und 1976 gab es nur noch vereinzelte Berichte über wenige Skinheadcliquen in London und den Industriestädten des Nordens. »Selbst in einer großen Stadt wie London war es 75 fast wahrscheinlicher, im Toto zu gewinnen, als einen Skinhead zu treffen, den man noch nicht kannte.«[26] Die Skinheads schienen ihr Ziel erreicht zu haben, wenn auch anders als erhofft: Sie waren in der Vergangenheit gelandet.

Foto: Lord Helmchen

Der blinde Skinhead-Reggae-Star Derrick Morgan 1994

Vom Punk ...

Da tauchte wie aus dem Nichts eine neue Jugendkultur auf: Jungs und Mädchen im gleichen Mülloutfit, jederzeit den erigierten Mittelfinger zum Kampf gegen das System erhoben, Spaß und Anarchie und eine Musik, die mit ihrem Drei-Akkorde-Minimalismus und den hingerotzten Texten voller Wut und Lust alle Anstandsregeln des in bombastischen Klangtürmen erstarrten Rockzirkus sprengte. »Punk« – das roch nach Aufruhr, nach Revolte. Don't know what I want, but I know how to get it. »Anarchy In The UK« von den *Sex Pistols*, »No More Heroes« von den *Stranglers*, »White Riot« von *The Clash*. Medienwirksame Publikumsbeschimpfungen, Rüpeleien vor laufenden Kameras. Die *Sex Pistols* kassierten bald mehr Geld dafür, daß sie auf vertraglich vereinbarte Veröffentlichungen verzichteten, als für wirklich verkaufte Platten. Punk – eine perfekte Inszenierung für rebellische Teenagerherzen.

Doch es sollte keine zwei Jahre dauern, und Punk war ein integrierter Bestandteil jener etablierten Ordnung geworden, der man angeblich ins Gesicht rotzte. Ein lukrativer Zweig der Freizeitindustrie, in dem sich immer mehr Mittel- und Oberschichtskids auf der Suche nach dem neuesten Trend ihre Wochenendkicks holten. Schon bald schmückte Punkmode Versandhauskataloge (»Schockieren ist schick«), das Modemagazin *Vogue* kürte Johnny Rotten zur »Überraschung des Jahres«, und in Deutschland diskutierten *Bravo*-LeserInnen über das Für und Wider von Sicherheitsnadeln in der Nase. Anfang 78, als der Punk gerade erst von der Insel aufs europäische Festland überschwappte, standen die bekannten Bands bereits fest im Sold der Industrie. Die *Buzzcocks*, *999* und *The Stranglers* hatten bei United Artists unterschrieben, *The Clash*, die viel Zeit und reichlich Songzeilen darauf verschwendet hatten, das Business zu beschimpfen, pöbelten nun – für eine Garantiesumme von 100 000 Pfund, meldeten die Schlagzeilen – im Auftrag der CBS.

Distanz war angesagt. Dieses Mal nicht nur zu den einstigen APO-Vätern und soften Hippiekindern, die zwischenzeitlich auf ihrem Marsch durch die Institutionen in Chefredakteurssesseln und Drogenberatungsstellen hängengeblieben waren, sondern auch zu den neugewellten Modepunks. Da erinnerten sich viele Punks an den schlummernden Skinheadkult, und schon bald verwandelten sich Britanniens Schmuddelkinder serienweise in Skinheads: ließen sich die bunten Haare scheren, flickten ihre Hosen und ersetzten die Nadeln im Ohr durch Tattoos auf den Armen und allen anderen Körperteilen – spätestens da mußten die Wochenendpunks passen.

... zum Oi!

Auch zahlreiche Bands machten weiter. Härter als zuvor. Sie begannen, den Punk von allen »Unreinheiten« der New-Wave-Ära zu säubern: der »Künstlichkeit«, der weitschweifenden, mehrdeutigen Lyrik, dem studioabhängigen Elektroniksound. Die »ursprüngliche Aura von Delinquenz«[27] erwachte zu neuem Leben.

Natürlich mußte auch ein neuer Name her. Man versuchte es zunächst ein wenig pathetisch mit »Realpunk« oder »Streetpunk« oder auch »Working-class-Punk«. Schließlich setzte sich ein Begriff durch, den der ehemalige Manager der *Cockney Rejects* und mittlerweile *Sounds*-Journalist Garry Bushell als Titel für seine regelmäßige Kolumne über diese Musik gewählt hatte: Oi!

»Oi! bedeutet im Cockney-Slang: ›Hey, ich hab was zu sagen, hör zu!‹«, erklärte der erst 24jährige Bushell.[28] Seine Ex-Band hatte den Begriff längst in ihrem Song »Oi!Oi!Oi!« kultisch verewigt und pflegte bei Konzerten ihre Songs stets mit »Oi!Oi!Oi!« statt des üblichen »One two three« anzustimmen. Aber Oi! war auch, rhythmisch skandiert, der Schlachtruf der Fans in den Fußballstadien zum Anheizen der eigenen Mannschaft. Ein Ruf, der bald auch in den Straßen erschallte, sobald Skinheads unterwegs waren. Fußballgesänge und andere Refrains, die zum Mitgröhlen einluden, wurden zum Markenzeichen des Oi! Die Songs wurden schneller, härter, simpler. Und männlicher. War der Musikerinnenanteil in Punkbands sichtbar gestiegen, so wurden die Frauen jetzt wieder auf ihre »angestammten« Plätze verwiesen. Oi! war Männermusik – auf und vor der Bühne. Das hat sich bis heute nicht geändert. Auch 1997 gibt es nicht eine einzige Oi!-Frauenband und selbst international höchstens ein Dutzend Musikerinnen.

Damit war der Skinheadkultur zehn Jahre nach ihrer Geburt eine zweite Wurzel gewachsen, die eigentlich viel passender das Wesen dieses weißen Männlichkeitskultes ausdrückte als der eher »weiche« Skinhead-Reggae, der immer auch für Schwarze und Frauen attraktiv war. Daß diese beim Oi! nun wegblieben, belegt nicht, daß Oi! rechtsradikal oder rassistisch war, machte die Musik und die Szene aber interessant für Leute mit rassistischen oder sexistischen Einstellungen.

Daß die Skins der ersten Generation nicht gerade begeistert waren von diesem neuen Boom, hatte allerdings überwiegend andere Gründe. Denn die Neoskins brachten mit dem Oi!-Punk nicht nur eine völlig neue Musik in die Skinheadkultur ein, sondern auch ihre eigene Mode. Seit dem Auftreten der ersten Skins waren gut zehn Jahre vergangen, und wer 1977 schockieren wollte, mußte schon einiges zulegen. Die Stiefel wurden höher, die Haare kürzer bis zum naßrasierten Extrem. Domestos-

Oi is... having a laugh and having a say.
Oi is... thinking of yourself.
Oi is... bigger than any uniform.
Oi is... knowing no one is better than you.
Oi is... standing up for your rights.
Oi is... sharp in brain and dress.
Oi is... hating snobs.
Oi is... not giving a toss about the boss.
Oi is... disobeying orders.
Oi is... not acting or dressing like hippies, trendies or muggy boneheads.
Oi is... proud to be working class, not proud to be exploited.
Oi is... proud to be British, but not xenophobic.
Oi is... seeing through fanatics.
Oi is... you and me. Winning.
(»The Oi! of Sex«, *Syndicate* 1984/*Captain Oi!* 1994, Booklet)

Die Stimme des Oi! ist Einigkeit/Der Puls der Straße sind du und ich/ Vereint sollten wir sein/ Vereint gegen die Gesellschaft/Überlege dir, wie stark wir sein können/ Vereint gegen die Gesellschaft
So haltet zusammen und seht, es ist wahr/Kraft durch Oi! bin ich und du/ Laß sie jedes unserer Worte verdrehen/Wir werden trotzdem gehört werden/Denn Oi! heißt nicht, sich zu schlagen/ Oi! heißt niemals schwarz gegen weiß.
(Garry Johnson: »United«, *The Voice of Oi!*, 1981)

Oi: Britischer Punk-Rock-Ableger, dessen Interpreten und Anhänger Anfang der 80er Jahre Stilformen der Punk-Musik übernahmen, dabei aber die Texte ihrer rabiaten Songs mit rechtsradikalen Parolen aus der Sicht der sozial entfremdeten Arbeiterjugend anreicherten. Nicht wenige Oi-Musiker waren in Outfit und aggressivem Verhalten den Skinheads zuzurechnen.
(aus: Graves, Barry/Schmidt-Joos, Siegfried: Rock-Lexikon. Rowohlt, Reinbek 1990, Band 2, S. 925.)

Oi Music: 1980/81 in London aufgekommene, besonders gewalttätige Spielart des Punk Rock mit stark neofaschistischem Einschlag. Sie entstammt einem Umfeld von bandenartig organisierten Straßengangs Jugendlicher, den Skinheads, so benannt nach den kahlgeschorenen Schädeln als Gruppensymbol. Diese inzwischen in ganz Großbritannien verbreitete Gruppe Jugendlicher, vor allem aus den Arbeitervierteln der Großstädte, reagiert auf ihre aussichtslose soziale Situation, auf die Erfahrung des »no future«, mit der Verherrlichung von Gewalt und einem militanten Rassismus. Das hat sie empfänglich gemacht für die Parolen der neofaschistischen British National Front. Blutige Straßenschlachten mit farbigen Jugendlichen, berfälle auf farbige Stadtviertel, Lokale und Geschäfte nach dem Vorbild der Schlägerkommandos der SA des Naziregimes und ein zunehmender Rechtsradikalismus waren die Folgen. Ihre Musik transportiert den Kult der Gewalt und propagiert mehr oder weniger unverhüllt die faschistische Ideologie. Deren Vermarktung als Oi Music bezieht sich auf den Schlachtruf »oi, oi, oi...«, mit dem sie durch die Straßen ziehen. Beispiele dafür sind die Gruppen *4 Skin*, *The Exploited*, *The Business*, *Blitz* und *Disorder*.
(aus: Ziegenrücker, Wieland/Wicke, Peter: Sach-Lexikon Popularmusik. Piper/Schott, München/Mainz 1987, S. 270.)
Auch führende deutsche Rock- und Poplexika informieren vorurteilshaft und stigmatisierend über Skinheads und Oi!-Punk.

gebleichte Jeans, mit Löchern gar, Bomberjacken und andere Militärklamotten kamen in Mode. Die smartesten Jacken wurden mit ungelenk gepinselten Namen der angesagten Bands verunstaltet. Die bei den frühen Skins noch dezenten Tätowierungen wucherten von den Armen aus über den ganzen Körper bis in die Gesichter. »Wenn man ein Gesichtstattoo haben wollte, war man gezwungen, zu irgendwelchen dubiosen Hinterhof-

Künstlern zu gehen oder schlimmer noch, einen seiner besoffenen Freunde an sich heranzulassen. Dieser arbeitete dann mit einer alten Nadel und billiger indischer Tinte, doch man sollte immer bedenken, daß man beim Tätowieren keine zweite Chance erhält. Es gibt keine Korrekturtaste für falsch geschriebene Wörter, und wenn man die Breite einer Stirn überschätzt hatte, mußte ein Wort am Ende hineingequetscht werden.«[29] Traditionelle Skins wandten sich voller Abscheu von diesem unerwünschten Schmuddelnachwuchs ab. »Mit einer zerrissenen Jeans, einem Klebstoffverschmierten T-Shirt und I AM BRITTISH auf der Stirn tätowiert rumzulaufen, tat der Bewegung nichts Gutes und diente nur dazu, der Presse noch mehr Material für ihre Horror-Stories zu liefern. Tatsächlich hätten sich viele von denen, die vorgaben, Skinheads zu sein, besser ihre eigene Adresse auf ihre ekelhaften Fressen tätowiert, für den Fall, daß sie sie vergaßen. Glatzköpfige Punks, Boneheads, nennt sie, wie ihr wollt, auf jeden Fall hatten sie wenig oder gar nichts mit dem Geist von 69 zu tun.«[30]

In dieser Situation entfaltete jedoch noch einmal der Ska seine einigende Kraft. Denn auch der Skinhead-Reggae der Sixties erfuhr in jenen Tagen ein grandioses Revival. Und zwar in einer neuen Gangart, die deutlich vom Punk beeinflußt war und so schon bald Streetpunks und Skinheads auf den Tanzböden vereinte.

Two Tone

The Specials hießen die ersten Helden und Initiatoren des neuen Ska-Booms. Das im Sommer 77 in Coventry gegründete Septett coverte Ska-Songs, die in den frühen Sechzigern schon einmal ganz groß waren, legte den alten Rude-Boy-Look an (symbolisch eindeutig in den Farben Schwarz und Weiß stilisiert) und mixte einen Schuß Punk hinzu. Im März 1979 veröffentlichten *The Specials* auf dem bandeigenen Label Two Tone eine zeitgemäß geliftete Version des 64er Prince-Buster-Hits »Al Capone«. »Gangsters«, so der neue Titel, erreichte innerhalb weniger Wochen mehrere Auflagen und absoluten Kultstatus. Das erste *The Specials*-Album, produziert von Elvis Costello, landete auf Platz 4 der Charts. Ein Jahr später waren die britischen Charts fest in der Hand von Two-Tone-Bands wie *Bad Manners*, *Selecter* und *Madness*. Und da die meisten Hits jener Jahre Coverversionen waren, feierten auch die Altstars wie Laurel Aitken, Derrick Morgan, Prince Buster, *Toots & The Maytals*, Desmond Dekker und viele andere ein unerwartetes Comeback. Die Losung »Kids united« hatte ihre Kraft entfaltet, und das meinte nicht nur Streetpunks, Mods und Skinheads, sondern auch Schwarz und Weiß. »Sehr oft waren der einzige Unterschied zwischen

If you have a racist friend/ Now is the time/For your friendship to end/Be it your sister/Be it your brother/Be it your best friend/ Is it your husband or your father or your mother/ Tell them change their views/Or change their friends/Call yourself my friend/Now is the time to make up your mind/Don't pretend to be my friend/ So if you have a racist friend/Now is the time/ For our friendship to end/ Good bye.
(*The Special A.K.A.*: »Racist Friend«, 1983)

Foto: Lord Helmchen

Desmond Dekker 1994

Foto: Lord Helmchen

Backstage-Foto von The Specials *1995*

einem Skinhead, einem Rude Boy und einem Mod die Anstecker, die sie trugen. Wenn man einen Kerl traf, der mit Crop, Harrington, Jeans und Moccasins die Straße entlanglief, wußte man nie genau, zu welchem der oben genannten Kulte er nun gehörte. Um alles noch verwirrender zu machen, hingen Skins, Mods und Rude Boys auch meistens zusammen rum.«[31]

Doch dieses Mal blieb das kurzhaarige Publikum gespalten. Auch wenn Politik und Rassismus in der Szene noch längst nicht den Stellenwert hatten, den sie Mitte der 80er Jahre vor allem in Deutschland erhalten sollten, so waren doch nicht alle Skinheads glücklich über die zentrale Botschaft der Two-Tone-Bands. »Trotz des offensichtlich multinationalen Charakters der Bands gab es viele Konzertbesucher, die sich lautstark zur extremen Rechten bekannten, und sei es nur durch ›Sieg Heil‹-Gebrülle.«[32] Die jahrelange Agitation der National Front (NF), des British Movement (BM) und anderer rechtsradikaler Gruppen und die nicht weniger rassistische Politik von Regierung und Massenmedien hatten Erfolge gezeitigt und die ohnehin in der Skinszene tief verwurzelte Abneigung gegen Fremde jeglicher Art auf Einwanderer konzentriert. Ein nicht geringer Teil der Skins driftete nach rechtsaußen ab, ließ sich mehr und mehr politisieren. Interessanterweise entstammten die meisten der neurechten Kahlköpfe der zweiten Generation, die erst über den Punk zum Skinkult kam und die Anfänge in den 60er Jahren nicht selbst erlebt hatte. Die Traditionalisten, eigentlich konservativer als die Neoskins, kannten noch ihre schwarzen Wurzeln

»Nicht wenige Schwarze setzen heute noch Two Tone und Rassismus gleich. Aber erstens gab es immer auch schwarze Skinheads, und zweitens richtete sich die Mehrheit der Two-Tone-Fans – die Bands sowieso – eindeutig gegen die weißen Faschisten. Wir hatten und haben immer Skinheads bei unseren Gigs. Sie sind alle aktive Unterstützer der Ska-Musik und ich selbst hatte niemals eine Begegnung mit den Right-Wing-Skinheads. Die werden immer schon am Eingang verprügelt.«
(Laurel Aitken in *Spex* Nr. 11/1989)

Laurel Aitken 1995, porträtiert von Sammy

und verweigerten sich nun der rechtsradikalen Politisierung, die auch gegen fast alle ihre Idole und deren Musik, den Ska, gerichtet war. Denn schon bald wurden die Two-Tone-Bands zum bevorzugten Angriffsziel von Neonazis und rassistischen Skinheads, die sich der Faszination des Offbeat nicht gänzlich entziehen konnten und immer wieder bei Ska-Konzerten auftauchten. *The Specials* wurden bekannt dafür, daß sie, sobald sie »Sieg hail!«-brüllende Glatzen im Publikum entdeckten, ihre

Instrumente zur Seite legten und die unerwünschten Gäste eigenhändig hinausprügelten. *Madness* wieder versuchten eher, mit den Kids zu reden, sie auf die nicht-rassistische Seite hinüberzuziehen. »Verbot man NF-Embleme auf Konzerten, kamen die Leute eben ohne sie, und verwehrte man Skins den Einlaß, hätten diese einfach ihre Haare ein Stückchen wachsen lassen. Und all diese Maßnahmen hätten einen NF-Mod oder einen BM-Popper ohnehin nicht davon abgehalten, sich Madness anzusehen. Vielleicht war es auch besser, sie auf Konzerte kommen zu lassen, wo sie Ska und Reggae hörten und vielleicht erkannten, daß mehr zu einem Skinhead gehört als ein erhobener rechter Arm.«[33] Nicht wenige liefen ohnehin eher einer Mode als einer fundierten Überzeugung hinterher. Die National Front hatte es mit Unterstützung der aufgeregten Linken und dem Geschrei der Medien geschafft, zum provokativen Anti-Establishment-Symbol aufzusteigen, ähnlich den Republikanern Anfang der 90er Jahre in Deutschland. Sie galt vielen als reinigende Kraft im korrupten Parteienklüngel. Als dann auch noch die Medien, die die NF verteufelten, im gleichen Atemzug Skinheads als deren Anhang stigmatisierten, lag es für viele Skins nahe, trotzig bei Two-Tone-Konzerten »zu tanzen und dabei eine Ausgabe vom *Bulldog* (die Zeitung der Young National Front) in der Tasche zu haben. Sie dachten sich einfach nichts dabei, aber das gehört wohl mit zum Erwachsenwerden.«[34]

Madness
1976 gründeten Mike Barson (*21.5.1958), Lee Thompson (*5.10.1957) und Carl Foremen (*8.8.1958) im Londoner Stadtteil Camden Town die Bluebeat-Band *Invaders*. Mit Carl Smyth (*14.1.1959), Dikron (voc) und John Hasler (dr) bestritten sie am 30.6.1977 ihren ersten Auftritt. Im Jahr darauf konnten sie sich nach einem Song des Ska-Königs Prince Buster auf den Namen *Madness* einigen. Graham McPherson (*13.1.1961) löste Dikron als Leadsänger ab, und im September 1978 blieb nach diversen Umstellungen das Trio McPherson, Mark Bedfort (*24.8.1961) und Daniel Woodgate (*19.10.1960) übrig. Neben *Selecter* und den *Specials* etablierte sich Madness als Kultgruppe für die Schwarzweiß-Philosophien der Two-Tone-Bewegung. Für die überwiegend aggressiven, glatzköpfigen Skinheads war *Madness* das absolute Nonplusultra, obwohl die Band die faschistischen Ansichten der Skins nicht teilte.
(aus: Graf, Christian/Rausch, Burghard: Rockmusiklexikon Europa. Fischer, Frankfurt a. M. 1996, Band 2, S. 806.)

»Wir werden uns immer gegen die NF stellen und auch gegen jeden anderen, der Menschen aufgrund ihrer Hautfarbe diskriminiert. Deshalb haben uns auf Tour auch immer schwarze Reggae-Bands wie Steel Pulse supportet, um den Leuten, die nur zu unseren Gigs gekommen sind, um diese zu zerstören, nicht um die Band zu sehen, zu zeigen, daß sie alleine stehen.« (Jimmy Pursey: »The Best Of & The Rest Of Sham 69«, 1989)

Friedliche Rechte wurden zumeist durchaus geduldet. Die Eskalation des Meinungsführerstreits innerhalb der Skinkultur konnte dies allerdings nicht verhindern. Das mußten auch Oi!-Bands wie *Sham 69* erfahren, die von Beginn an zahlreiche Fans in der rechtsradikalen Skinszene hatten, obwohl die Musiker selbst alles andere als Rechte waren. »Die härtesten nationalistischen Skinheads, British Movement Skinheads, alle waren Roadies für *Sham 69*. Wir halfen ihnen, weil sie den Skinheads wirklich gefielen, wegen der Art der Musik und der Songs«, erinnerte sich Nick Crane, einer der zentralen Aufbauhelfer der Naziskins in den 80er Jahren.[35] Das ging so lange gut, wie sich die Band nicht offensiv gegen ihre Fans, die »Sham Army«, aussprach. Als *Sham 69* jedoch im Februar 78 demonstrativ für die ansonsten wegen ihres politischen Rigorismus wenig geliebte Initiative Rock Against Racism auftrat und im April mit *The Clash* bei einem Festival der Anti-Nazi-Liga, wandten sich die rechten Fans sofort gegen Jimmy Pursey und seine Band. Jeder weitere Auftritt ging in inszenierten Schlägereien unter. Nick Crane: »Wir haben jeden Gig, den er machte, aufgemischt. Sein letzter Gig nannte sich ›Sham's Abschied‹ im Rainbow Theatre. Er hatte diesen Abschiedsgig organisiert, da er aufhören wollte zu spielen, wegen der ganzen Gewalttätigkeiten während der Konzerte, und dieser letzte Gig war der gewalttätigste, den er je hatte. Und ich habe das organisiert. Er konnte nicht einmal drei Nummern spielen, da wurde er auch schon von der Bühne gedroschen.«[36]

Dennoch endeten nicht alle Skinkonzerte jener Tage in Krawallen, auch wenn die Medien den Eindruck zu wecken versuchten. Und wenn es dann doch passierte, waren unterschiedliche Ansichten über lokale Fußballteams und im Alkoholrausch ausufernde Männlichkeitsrituale wie Eifersuchtsdramen wesentlich häufiger das auslösende Motiv als die politische Radikali-

Sham 69

Jimmy Pursey gründete Anfang 1976 in London mit Albie Slider (b), Neil Harris (g), Johnny Goodfornothing (g) und Billy Bostik (dr) die Hardcore-Punkband *Sham 69*. Im Juni 1977 lösten Mark Cain und Dave Parsons das Trio Harris, Goodfornothing und Bostik ab. *Sham 69* stiegen zu Helden der Skinhead-Bewegung auf und erlebten bis 1980 ihre kreativste und erfolgreichste Phase. Forward Records nahm das kämpferische , aggressive Quartett unter Vertrag und veröffentlichte Ende 1977 die Punkklassiker »I DonÕt Wanna«, »Red London« und »Ulster«. Die Songs gelangten zwar nicht in die Charts, machten jedoch ihre Urheber zur »wahren Kraft des Punk« (*Sounds*). Die Hymne ihrer Generation »If The Kids Are United« verdeutlichte die »klaren, ideologischen und politischen Auffassungen« (*Rolling Stone*) einer radikalen Rockgruppe, die sich selbst als »Stimme des Volkes« (Jimmy Pursey) verstand.

Unumstrittenes Glanzlicht des »vortrefflich spröden Sounds« (*Rolling Stone*) war der fesselnde, engagierte Gesang von Pursey. Seine zynischen, ambitionierten Botschaften für und über Jugendliche der Arbeiterklasse prallten auf rasante, kraftvolle, stakkatoartige Punkklänge. Pursey reflektierte in seinen Texten und Bühnenmoderationen die Probleme der Unterprivilegierten, Schwachen und sozialen Randgruppen. Das Konzeptalbum »ThatÕs Life« berichtete u. a. realistisch und eindringlich von den alltäglichen Frustrationen eines typischen Teenagers der Arbeiterklasse aus den Vorstadt-Slums. Nach der Veröffentlichung der LP »The Game« trennten sich *Sham 69* vorübergehend. 1988 reaktivierte Pursey seine Band und tourte mit seiner rebellischen Punknostalgie durch Westeuropa. Von der alten Besetzung war lediglich Parsons noch dabei. Tatsächlich belegte die LP «Volunteer« vom Sommer 1988, daß die vormals authentischen Punker ihre Ausstrahlung von einst verloren hatten. Zwar handelten ihre Geschichten nach wie vor von schmutzigen Städten und kaputten Typen, aber sie »klingen schrecklich eindimensional, und während wir uns auf die 90er Jahre vorbereiten, zerren *Sham 69* uns zurück in die 70er« (*Melody Maker*). Pursey gab jedoch nicht auf und konnte zumindest bei seinem Gastspiel für das Album »Learning English, Lesson 1« von den *Toten Hosen* positive Reaktionen verbuchen.

(aus: Graf, Christian/Rausch, Burghard: Rockmusiklexikon Europa. Fischer, Frankfurt a. M. 1996, Band 2, S. 1161 f.)

sierung der Kombattanten. Doch der Samen für die bis heute anhaltende ideologische Spaltung der Skinheadszene in einander feindlich umkreisende und um das Erbe der Erstgeborenen ringende Zwillingsbrüder war gesät.

Politics

»Es kann doch einfach keine bessere Werbung für Rassenharmonie geben, als schwarze und weiße Gesichter zusammen auf der Bühne zu sehen. Vielleicht waren viele Skins damals in der National Front, aber man kann seinen letzten Penny darauf verwetten, daß es ohne Two Tone Tausende mehr gewesen wären.« (George Marshall: Spirit of 69, S. 95)

»Es gibt schwarze Skinheads und sozialdemokratische Skinheads. Es gibt Skinheads, die bei den nächsten Wahlen konservativ wählen, kommunistisch oder sozialdemokratisch. Und es gibt Skinheads, die Faschisten sind.«[37] Öffentlich wahrgenommen wurden zumeist nur die letzteren. Die medienwirksame Beteiligung von Glatzköpfen an brutalen Überfällen auf Andersfarbige und die offensiven Umarmungsversuche faschistischer Gruppen verdeckten die antipolitische Grundhaltung der Skinmehrheit und verstärkten ihre ohnehin starke Ausgrenzung. So erschienen manchen die Nazis als die einzigen Freunde und Sponsoren der Bewegung. »Hier war eine Partei, die nicht über einen, sondern mit einem redete und nicht auf einen herabblickte, sondern einen als Crème de la Crème der britischen Jugend ansah«, erinnert sich George Marshall[38] an die National Front, die sogar eigene Zeitungen für Britanniens männliche Prügelgarde herausgab und sie allerorts lautstark als »Vorkämpfer der weißen Rasse« lobte. Die National Front, 1967 als Zusammenschluß diverser rechtsradikaler Gruppen entstanden, war für die Skins attraktiv, weil sie offen agitierte und auch vor Gewaltaktionen gegen Immigranten nicht zurückschreckte. Allerdings war der Skinheadanteil innerhalb der Partei nie hoch. Wenn die Medien sich gerne in Bild und Text auf die wenigen kurzhaarigen Militanten der NF stürzten, spiegelte das deren Bedürfnisse nach symbolträchtigen Bildern und harter Action wider, nicht aber die Realität einer zeitweise gesellschaftsfähigen Partei, die bei den Kommunalwahlen 1977 in einigen Wahlbezirken mit der Losung »If they're black, send them back« bis zu 20% der Stimmen holte. Die Schuld dafür, daß es nicht noch mehr waren, gaben Funktionäre der National Front nach der Wahl auch den Skinheads, deren ungezügelte Gewaltlust potentielle Wähler abgeschreckt habe. Viele Skins wiederum fühlten sich von der Partei als »billige Hilfstruppe« mißbraucht, aber nicht ernstgenommen. So blieb das Verhältnis zwischen Skins und Partei auch in den folgenden Jahren konfliktreich und von immer neuen Abspaltungen einzelner Skingruppierungen belastet.

Von größerer Bedeutung waren die Skinheads für das British Movement, das sich von vornherein als offen nationalsozialistische Bewegung »von unten« verstand, auf parlamentarische Anpassungsprozesse und formaldemokratische Mimikry verzichtete und auf militante Aktionen und den Druck der Straße setzte. Seine bis zu 3 000 Mitglieder waren zu einem großen Teil Skinheads.

Die Mehrheit der Skins blieb jedoch unorganisiert und repräsentierte auch in ihren Einstellungen einen Querschnitt durch die Bevölkerung.

Und natürlich gab es auch Skinheads, die sich als »Linke« verstanden und manchmal sogar entsprechend organisiert, zum Beispiel in der League of Labour Skins, betätigten. Darüber hinaus sympathisierten viele Kurzhaarige mit sozialistischen Ideen, hielten dies aber für so »selbstverständlich«, schließlich waren sie ja Arbeiterkinder, daß sie darin keinen Widerspruch zu ihrer gleichzeitig proklamierten »unpolitischen« Haltung sahen.[39] Wenn sie denn wählen gingen, stimmten Skins bevorzugt sozial-demokratisch, nicht für die National Front oder andere Rechtsaußen-Gruppierungen. Skins Against Nazis nannte sich eine schon 1978, also zur Hochzeit der NF-Begeisterung, in East London gegründete Initiative[40], und auch Bands wie *Redskins, Red London* oder *Red Alert* (Roter Alarm) wählten ihre Namen nicht nach ihrer Lieblingsfarbe. »Der Name Redskins sollte deutlich machen, daß nicht alle Skins Nazis sind, daß manche für sich selbst denken können«, erklärte *Redskin*-Gitarrist und -Sänger Chris Dean im *Sounds*-Interview. »Wir sind zwar nach London gezogen, stammen aber eigentlich aus dem Norden, wo es eine starke linke Tradition unter den Skinheads gibt. Uns ärgern diese trendigen Linken, die herumerzählen, die Skins seien das Eigentum der Nazis – sie sind es definitiv nicht. Ich wette, wenn einer von diesen Trendies einen Nazi sieht, rennt der erst einmal einen Kilometer weit weg, bevor er sich die Mühe macht, genauer hinzugucken.«[41] Die *Redskins* machten nie ein Hehl daraus, daß sie sich als revolutionäre politische Band verstanden. Chris Dean und der Bassist Martin Hewes waren Aktivisten der Socialist Workers Party, und ihr eigenes Label, im August 81 gegründet, nannten sie CNT nach der antifaschistischen spanischen Gewerkschaftsbewegung. Sie veröffentlichten dort nicht nur ihre eigenen Produktionen, sondern auch die anderer engagierter Bands wie der *Newtown Neurotics* («Kick Out The Tories«) oder der *Sisters of Mercy* («Body Electric«).

Auch andere Oi!-Bands wie *Blitz, Cock Sparrer, Angelic Upstarts, Infa-Riot* oder *The Business* wurden antirassistisch aktiv, unterstützten mit Benefiz-Gigs die Streiks der Bergarbeiter, spielten bei Demonstrationen gegen die NF oder das Thatcher-Regime auf. »Die National Front hat zur Zeit der Bergarbeiterstreiks ihre Leute als Streikbrecher in die Bergwerke geschickt. Eine echte Arbeiterpartei also!« erklärte Mensi, Sänger der 1977 gegründeten *Angelic Upstarts* und Red-Action-Aktivist. »Ich hasse Faschisten!«[42]

»Wie kann man einer Naziorganisation angehören, wenn die große Liebe deines Lebens Skinhead-Reggae ist, gespielt von schwarzen Musikern. Mehr noch, die meisten Skins von '69 hätten den Rockern, die immer wieder in Blood & Honour-Magazinen abgebildet werden und bei Konzerten den Arm zum Hitlergruß erheben, liebend gern eine auf's Maul gegeben. Damals fühlte man noch den Stolz darüber, wie England es Hitler im zweiten Weltkrieg gezeigt hatte.«
(George Marshall: Spirit of 69, S. 150)

Proud of your heritage/ You're proud of your class/Proud to be a skinhead/And scared for life/Pride burn in your heart and mind/Your source of pride will never die/Pride – Pride – Pride – Pride Everybody searching for identity/Everybody's trying to fit in/ Identity's important, that's plain to see/But most important of all, I'm proud to be me/I've got pride, pride in my class/I've got pride in my heritage/I've got pride, pride in myself/'Cause you've got to believe in yourself/Pride can be a source of division/Don't ever let pride distort your vision/Don't take your pride to extremes/Don't fill your mind with racist dreams.
(*The Templars*: »Pride«, 1994)

Riots

The winter of discontent's nearing/Thatcher's got trouble with her hearing/ The voices of many are going unheard/I'd try to lough if it wasn't absurd This generation won't keep quiet/Work, work, work or riot/The time is now to unite/Work, work, work or riot.
(*The Business*: »Work Or Riot«, 1983)

No job to be had in this country/Can't go on no more/People gettin' angry.
(*The Specials*: »Ghost Town«, 1981)

Anfang der 80er Jahre eskalierte die Lage in Großbritannien. Jeder zweite männliche Jugendliche war inzwischen arbeitslos gemeldet, unter den afro-karibischen Jugendlichen waren es sogar 60%. Im Juli 1981 erschütterten Aufstände vor allem von Einwandererjugendlichen die Insel. Die Unruhen begannen in London, breiteten sich dann nordwärts bis Liverpool aus, wo in vier heißen Nächten 150 Häuser niedergebrannt wurden, und erfaßten schließlich über 30 Städte. Der Aufstand der diskriminierten Minderheiten gegen die Eiserne Lady Margaret Thatcher war zu allgemeinen Jugendunruhen eskaliert. Von den 67 Jugendlichen, die während der Krawalle in Liverpool verhaftet wurden, waren 21 zwischen acht und sechzehn Jahren. Einige hatten ihre eigenen Schulen angesteckt.[43] Längst ging es nicht mehr nur um Arbeitslosigkeit, Rassismus und Polizeiwillkür. »Die Angriffsziele der Straßenkämpfer und Plünderer waren nicht Rathäuser, Arbeitsämter, Schulen oder Fabriken, nicht einmal im besonderen Maß Polizeiwachen – ihre Ziele waren hauptsächlich Video- und Hifi-Geschäfte, Boutiquen und Schallplattenläden. Anstelle des Rechts auf Arbeit wurde das Recht auf Konsum erkämpft. Die Einkaufsstraßen in englischen Städten, die noch heute den trügerischen Optimismus der sechziger Jahre spiegeln, nahmen für ein bis zwei Wochen den bedrückenden Charakter von mittelalterlichen Stadtstaaten an: belagerte Festungen voller Waren.«[44]

Zehntausende von Jugendlichen aus allen Schichten, Ethnien und Subkulturen prügelten sich in jenen zehn Tagen und Nächten zwischen dem 4. und 13. Juli 1981 mit Polizisten, zertrümmerten ihre Schulen, beteiligten sich an Plünderungen. Auch Skins mischten munter mit. So berichtete die Presse von einer »gemischtrassigen Meute« aus Skinheads, Asiaten und Westindern, die in Leicester Autos demoliert und Molotowcocktails gegen die Polizei geworfen hatte.[45] Allein in Sheffield wurden »2 500 Bullen in voller Alarmbereitschaft gehalten, um sie gegen randalierende Skins einsetzen zu können. Also mehr, als während des Stahlstreiks von Januar bis März 80, als Stahlarbeiter und Bergleute versuchten, das Hüttenwerk Hadfield für Streikbrecher dichtzumachen.«[46]

»Die Skinheads ähneln einer verwässerten Version der Kosakenhorden. Sie suchen Leben und Action um jeden Preis, aber immer, oder fast immer, indem sie wild um sich schlagen. Während der Riot-Woche schlossen sich Skinheads bei vielen Gelegenheiten den revoltierenden Schwarzen an – so in Brixton, Croydon und Upton Park (London); und weiter im Norden, in Leeds, versammelte sich ein großes Aufgebot an Skinheads, die aus der ganzen Stadt zusammengekommen waren, um sich dem Aufruhr der schwarzen Kids aus dem Viertel anzuschließen.

Und schließlich gibt es hin und wieder den jüdischen Skinhead, dessen Spezialität die Belästigung reaktionärer Chassidim-Juden ist. In einigen Gebieten ist es zu einer dauerhaften Verbindung zwischen Skinheads und Schwarzen gekommen. Nicht umsonst haben die Skinheads von Notting Hill (London) von anderen Gruppen den Beinamen ›Commie Skins‹ (Kommunistenskins) angehängt bekommen«, heißt es in einer Autonomen-Dokumentation von 1982. »Die Skins besitzen alle Qualitäten und alle Mängel moderner Vandalen und Barbaren. Sie treffen oft durchaus den richtigen Feind, aber ihre wahllose Grausamkeit (Rentner verprügeln etc.) bietet – genau wie die der schwarzen Straßenräuber – den idealen Stoff für die Federfuchser der Sensationspresse. Gelegentlich sind die Skinheads imstande, die reichen Schweine in Chelsea aus ihren Luxuskarossen zu zerren, Leuten wie dem Premierminister Sir Alex Douglas Home ein paar in die Fresse zu hauen und im Dunkeln der Nacht zu verschwinden; aber andere Male verfallen sie in eine völlig kaputte psychotische Raserei, die nicht das geringste Klassenbewußtsein aufweist.«[47]

So gingen Skins in manchen Orten auch gemeinsam mit rechtsradikalen Organisationen gegen die Aufständischen vor. »Niemand kann bei Skinheads die Fahrtrichtung voraussagen: nach links, nach rechts oder geradeaus mit dem Kopf gegen die Wand. Es gibt unbestätigte Gerüchte über faschistische Organisationen, die Skins mit Alkohol, Drogen und rassistischen Hetzparolen vollpumpen, um sie dann zu irgendeinem dreckigen Auftrag loszuschicken.«[48]

Ghost Town

Mitten in die explosive Stimmung am Vorabend der Unruhen platzte der Versuch der Oi!-Bands *The Business, Last Resort* und *4-Skins*, mit einer Festivaltour das Auseinanderdriften der Skinheadszene aufzuhalten und gleichzeitig ihr Image als militante Hilfstruppe der National Front zu ändern. »Diese Konzertreihe wird endgültig klarstellen, daß Oi! nichts mit hirnloser Gewalt zu tun hat«, erklärte Tourmanager Dave Long zum Auftakt der Presse. Als zweiter Termin stand am 3. Juli 1981 die Southall Hambrough Tavern in Westlondon auf dem Plan, ein Club, der sich als Veranstalter von Independent-Konzerten einen guten Ruf erworben hatte. Gerade erst waren *Cock Sparrer* dort aufgetreten – ohne Probleme, obwohl der Club inmitten eines von asiatischen Einwanderern dominierten Stadtteils lag, der schon mehrfach zum Angriffsziel der National Front geworden war. Doch dieses Mal ging die Sache anders aus. Die Stimmung war von Anfang an aufgeheizt. Die asiatischen Jugendlichen, die inzwischen gelernt hatten, sich zu verteidigen, warteten offenbar auf die nächste Provokation, um zurückzuschlagen.

Schon vor Konzertbeginn war es zu einzelnen Prügeleien zwischen ihnen und Skins, die »Union Jack«-Abzeichen und -Flaggen trugen und rassistische Parolen riefen, gekommen. Eine Gruppe Kurzhaariger verteilte später Flugblätter des White Nationalist Crusade (Weißer Nationalistischer Kreuzzug), bis der Manager von *The Business* sie hinauswarf. So wurde der Club schon bald von einer großen Menge asiatischer Jugendlicher belagert. Als sich eine Polizeikette zwischen ihnen und dem Club formierte, flogen die ersten Steine. Skins stürzten mit Stuhlbeinen und anderen Knüppeln nach draußen, wurden jedoch von der auf 2 000 Menschen angeschwollenen Menge mitsamt den Polizisten in den Club zurückgedrängt. Dort sagten die *4-Skins* gerade ihren Song »Chaos« an (»Ihr wißt, alle Bullen sind Schweine, ihr wißt, alle Teenager fangen Ärger an, Skinheads, wir rufen nicht zur Gewalt auf, wir singen über das, was passiert«), als die Fensterscheiben des Clubs in einem Stein- und Flaschenhagel zersprangen. Molotowcocktails folgten, und plötzlich rollte durch die sofort geöffneten Fluchttore ein brennender Polizeiwagen in den Saal. Während der Club bis auf die Grundmauern abbrannte, lieferten sich Skins, Polizisten und asiatische Jugendliche vor laufenden Kameras schnell herbeigeeilter BBC-Reporter eine stundenlange Straßenschlacht. Resultat: 110 Schwerverletzte und das vorläufige Aus für Oi![49]

»Strength Thru Oi!«

Die Ereignisse von Southall am Vorabend der britischen Jugendunruhen hatten die Aufmerksamkeit der Medien wieder auf die Skinheadszene und ihre Musik gelenkt. Aus Oi! wurde »Rechtsrock«, der »Sound zum Rassenkrieg«. Hatten die Medien den zweiten *Sounds*-Sampler »Strength Thru Oi!« bisher ignoriert, so wurde das provokative Wortspiel Garry Bushells mit dem Nazislogan »Kraft durch Froide« nun zum »Beweis« für die rechtsradikale Ausrichtung der Musik, vor allem, nachdem bekannt wurde, daß der Skin, der das Cover schmückte, Nick Crane war, der gerade eine vierjährige Haftstrafe wegen einer Straßenschlacht mit der Polizei absaß. »Strength Thru Oi!« hatte soeben die Top 50 der britischen LP-Charts erreicht und enthielt keinen einzigen rechtsradikalen oder rassistischen Beitrag.[50] Trotzdem nahm die Plattenfirma Decca das Album sofort vom Markt und ließ die restlichen Exemplare einstampfen.[51]

Obwohl Oi!-Bands wie *Blitz*, *Infa-Riot*, *The Business* und einige andere schnell mit einer Oi!-Against-Racism-Tour reagierten, war das faschistische Image nicht mehr loszuwerden. Radiostationen setzten Oi!-Bands auf ihre schwarzen Listen,

Garry Bushell, April 1996, im Interview zum Entstehen des »Strength Thru Oi!«-Covers: »Die Wahrheit ist, daß ein West Ham Body Builder als Cover-Model geplant war. Kein Skinhead. Unglücklicherweise waren die Fotos von ihm, auf denen er posierte, nicht zu gebrauchen. Also schlug ich vor, daß wir das Motiv der Last-Resort-Weihnachtskarte nehmen. Die Karte war sehr kleinformatig, so daß ich auch nicht sah, wer eigentlich darauf abgebildet war. Ich nahm an, es war ein Typ aus dem Film ›The Wanderers‹. Wir merkten nicht, daß es Nick Crane war, bis das Album-Cover fer-

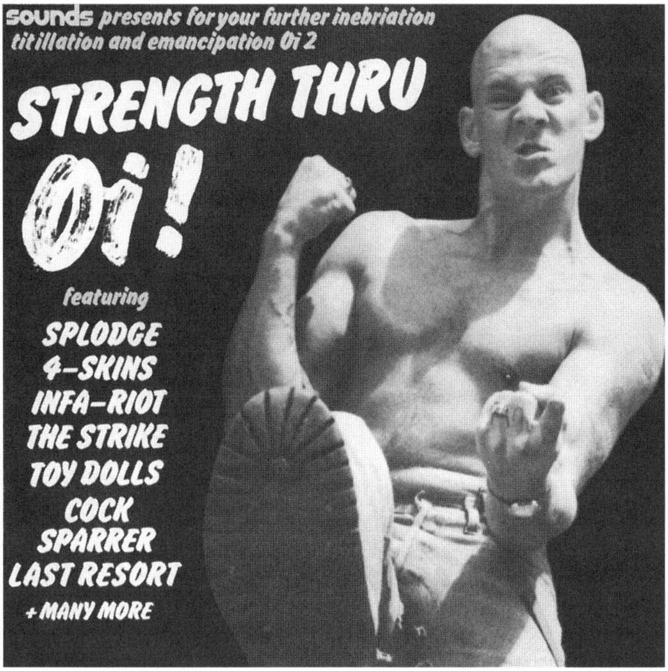

tig und das Foto auf voller Größe war. Die Alternative damals war, das Album einen Monat zurückzustellen und ein neues Cover zu schießen oder seine Tattoos zu entfernen. Ich glaube, ich traf die falsche Wahl... Jeder, der damals in der Oi!-Szene involviert war, wußte, daß wir nichts mit dem Nationalsozialismus am Hut hatten. Die Oi!-Konferenzen drehten sich im Gegenteil um Benefiz-Gigs für Arbeitslose und das Streikrecht.« (aus: Mader, Matthias: Oi! The Book Vol.1, Berlin 1996, S. 131)

Konzerte wurden verboten. Sogar ein von einem pakistanischen Oi!-Fan organisierter Gig mußte abgesagt werden. Die *4-Skins* und *The Business* verloren ihre Plattenverträge, andere Bands gaben ihre Auflösung bekannt.

Während so die wichtigsten Oi!-Gruppen für einige Zeit paralysiert waren, lenkte die eifrige Berichterstattung der Medien gleichzeitig das Interesse von rechten Jugendlichen und Organisationen auf diese Musik. Die National Front, die eigentlich den Höhepunkt ihrer Popularität schon überschritten hatte, seitdem Maggie Thatcher ihre Parolen politisch umzusetzen begann, nutzte das entstandene Vakuum und begann nun ihrerseits, Oi!-Konzerte zu organisieren und auf dem eigenen Plattenlabel White Noise Records rechten Oi!-Bands wie *Skrewdriver* und *The Elite* Veröffentlichungsmöglichkeiten zu bieten. Der *Skrewdriver*-Sänger Ian Stuart reaktivierte Rock Against Communism (RAC), eine nach dem Vorbild des erfolgreichen Rock-Against-Racism-Bündnis arbeitende Initiative. Diese Aktivitäten führten zu erneuter Berichterstattung, die wiederum andere Jugendliche neugierig machte. Ein Kreislauf mit Folgen. Denn genau in dem Moment sprang der Funke auf das europäische Festland über.

Skinheads in Deutschland

Schon 1977/78 tauchten in Deutschland vereinzelte Skins auf, die den Kult bei England-Reisen oder durch hierzulande statio-

Business-*Konzert am 29.3.1994*

nierte britische Soldaten kennengelernt hatten. Aber eine wirkliche »Szene« bildete sich erst ab 1980/81 heraus, zunächst in Hamburg und Berlin, aber auch aus Lübeck, Nürnberg, Ludwigshafen, Frankfurt am Main und dem Ruhrgebiet liegen Berichte vor über Skinheadcliquen, die in jenen Jahren in Fußballstadien und Punkläden ihr Unwesen trieben. Allerdings ist es noch zu früh, um von einer wirklich eigenständigen Szene zu reden. Deutsche Bands, Fanzines, Partystätten und was sonst noch eine wirklich lebendige Subkultur ausmacht, folgten erst später. Zunächst orientierte man sich noch am britischen Vorbild, flog so oft wie möglich auf die Insel, um dort Kleidung und Musik zu kaufen, sich tätowieren zu lassen usw. Britische Oi!-Bands wie *Cock Sparrer, The Business, 4-Skins, Sham 69, Cockney Rejects* und *Blitz* gaben auch in Deutschland den Ton vor. Die *Redskins* lösten mit ihrem Soul-Pop sogar einen kurzzeitigen Boom weit über die Szenegrenzen hinaus aus und schafften es bis ins bayerische Fernsehen. Auch eine kleine Two-Tone-Gemeinde fand sich zusammen, ein Verdienst vor allem von *Bad Manners*, die in Deutschland einige sehr kulttaugliche Shows absolvierten, und *Madness*, die allerdings bedeutend mehr Anhänger unter den Poppern fanden, eine besonders unangenehme Mod-Abart Anfang der 80er Jahre. Selbst Skins, die den alten Skinhead-Reggae und den Northern Soul der Sixties wiederentdeckten, wurden gesichtet. Ich war jedenfalls erstaunt, als sich ausgerechnet ein Kurzhaariger aus unserem Jugendzentrum

Die Woche ist vorbei, man macht sich fein/Putzt seine schwarzen Docs, schlüpft in die Sta Prest rein/Kurzer Blick in' Spiegel, alles ist perfekt/Das Fred Perry ist gebügelt, die Glatze ist geleckt Gut gelaunt macht man sich auf den Weg/Trifft sich mit den andern und trinkt noch schnell ein Met/Ein Ska-Konzert ist angesagt/Alkoholisiert wird ein Tänzchen gewagt/ Wir singen und tanzen die ganze Nacht/Schlägereien und Romanzen, viel getrunken, viel gelacht/Wir singen und tanzen die ganze Nacht.
(*Böhse Onkelz*: »Singen Und Tanzen«, 1984)

Foto: Lord Helmchen

Buster Bloodvessel, Sänger der Ska-Band Bad Manners, *1995* plötzlich schwer für meine Reggae-Platten interessierte, die ich mir von einem Lehrer aus dem Jamaica-Urlaub hatte mitbringen lassen.

Anders als in England hatte Klassenbewußtsein keine große Bedeutung, obwohl das Gros der ersten Skins in Deutschland aus Arbeiterfamilien stammte und auch selbst in handwerklichen Berufen tätig war. Doch schon die Beibehaltung des englischen Ausdrucks Working class in Songtexten und Fanzine-Statements weist deutlich darauf hin, daß dieses »Klassenbewußtsein« genauso wenig originär gewachsen war wie die Skinheadmode und die »Union Jacks« und »West-Ham-United«-Aufnäher an den Jacken. Und noch in einem weiteren Punkt gingen die deutschen Skins ihren eigenen Weg: Die Parole »Kids united« fand hierzulande nur ein sehr eingeschränktes Echo: Skins united – gegen Punks.

»Skins & Punks? Niemals!«

Von der Arbeit kommst du nach Haus/Ziehst erstmal deine dreckigen Arbeitsstiefel aus/ Springst in deine Martens rein/Denn du bist stolz darauf, ein Deutscher zu sein/Wenn du mich nicht magst, dann sag es mir/ Aber eins, mein Freund, das merke dir/
Ich bin ein Skinhead, ist doch klar/Ich find' mich einfach wunderbar/Ich kann Kommunismus nicht ertragen/Muß Punkern in die Fresse schlagen/Oi!
(*Endstufe*: »Skinhead«, 1987)

Die erste deutsche Skinheadgeneration rekrutierte sich im wesentlichen aus Fußballfans und Punks, denen die Punkszene zu politisch (links), zu soft, zu »asozial« oder auch zu kommerziell geworden war. Zwar gab es gemischte Punk & Skin-Cliquen, und Punkerinnen blieben bei männlichen Skins (mangels verfügbarer Skingirls) stets heiß begehrte Sexobjekte, doch die Mehrheit der Kurzhaarigen entwickelte einen extremen Haß auf Punks.

»Holt sie von der Bühne und macht sie alle. Unsere Bitte auch an alle anderen Skins aus Deutschland: Wenn in eurer Stadt jemals eine Punk-Band aus Coburg auftreten wird, sammelt euch und HAUT SIE KAPUTT!!!!! Ganz egal wie sie heißen, die Mitglieder sind sowieso immer dieselben, 2 Kommunistenschweine und zwei (oder drei) bescheuerte Anarchos«, rief der Herausgeber des *Clockwork Orange*, ein gewisser Ullrich Großmann[52], in seiner Debütnummer auf. Wenige Monate zuvor war er noch selbst als Punker durch die Gegend gelaufen. Häufig kamen die härtesten Haßtiraden gegen Punks von Ex-Punks, die so offenbar sich und der Welt die Glaubwürdigkeit ihrer Wandlung beweisen wollten. Die Schizophrenie ihrer Situation wurde dadurch verstärkt, daß sie weiterhin Punkrock hörten und notgedrungen einen Großteil ihrer Freizeit mit Punks verbrachten. Reine Skinheadbands gab es noch kaum, selbst *Vortex* und die *Böhsen Onkelz* hatten noch ein gemischtes Publikum, und so suchte man sich eben aus den Hunderten von Punkbands jener Tage die weniger linken, dafür härteren, prolligeren heraus. »Sie sind in keinster Weise mit den durchschnittlichen Schweinepunx zu vergleichen, denn sie glauben weder an die Anarchie noch an die proletarische Weltrevolution, linke Spinner und verträumte Weltverbesserer sind ihnen zuwider«, wird in der bereits zitierten Ausgabe des *Clockwork Orange* die Leverkusener Band *Oberste Heeresleitung* vorgestellt, eine wegen ihres extremen Antikommunismus unter linken Punks ähnlich umstrittene Band wie *Daily Terror* aus Hannover, deren Sänger gelegentlich mit Rechten flirtete und Konzerte linker Bands mit ein paar kurzhaarigen Freunden und »Sieg Heil!«-Gebrüll aufmischte – was sie für Skins wiederum attraktiv machte.

Ab 1982 nahm die Skinszene in Deutschland einen deutlichen Aufschwung, der es ihr ermöglichte, auch eigene Strukturen aufzubauen. Erste deutsche Skinbands (die fast immer aus Ex-Punks bestanden) formierten sich: *Die Neue Rasse* in Wunstorf, *Kraft durch Froide* in Berlin, *Die Alliierten* in Wuppertal, *SpringtOifel* in Mainz, *Endstufe* in Bremen, *Boots & Braces* in Künzelsau. Die *Böhsen Onkelz*, bis dahin nur live zu erleben, verteilten ihr erstes Demotape und plazierten zwei Songs auf einem linken Punk-Sampler. Im Sommer 83 vernetzte bereits ein knappes Dutzend Fanzines die Szene, informierte über neue Bands, neue Platten, anstehende Partys, über Fußball(randale) und Streß mit Staatsorganen und »unerwünschten Mitbürgern«. *Die Attacke* bzw. ab 83 *Der Neue Weg* und *Kampfbereitschaft 84* aus Berlin (das eine rassistisch, das andere antifaschistisch orientiert), *Gesunde Kopfhaut* aus Nürnberg, *Boots* aus Wuppertal, *Rückstand* bzw. ab 83 *Stomp* aus Gelsenkirchen, *Der Skinhead* aus Bremen ... die Mehrheit der Bands wie Zines war rechts eingestellt. Und nicht sehr punkerfreundlich.

Trotz ständiger verbaler und körperlicher Auseinandersetzungen zwischen Punks und Skins mangelte es nicht an Versuchen der Vereinigung beider Szenen. Die meisten gingen allerdings von den Punks aus, die deutlicher als die Skins den Staat und seine Polizei als Hauptgegner erkannten und die Zerstrittenheit der rebellischen Minderheiten unter den Jugendlichen als schädlich ansahen. Polizeimaßnahmen in Hannover sollten zum Anlaß genommen werden, beide Szenen zu vereinen. Die Polizei der niedersächsischen Landeshauptstadt hatte eine spezielle Kartei über Punks und Skins angelegt, eine bundesweite Demonstration sollte im Sommer 83 Protest gegen die staatlichen Repressionsmaßnahmen erheben und zugleich Punks & Skins wieder zusammenbringen – allerdings, nach Meinung der Punks, unter Ausschluß der Naziskins. Wie zu erwarten, funktionierte das nicht. Auch wenn die Mehrzahl der damaligen Skins keine Naziskins waren, so standen ihnen diese doch näher als linke Punks, Autonome etc. »95% der Punks besteht aus linken Spinnern, arbeitsscheuen und versoffenen Pennern und aus Abschaum. Ich meine, zuerst sollten wir Skins uns vereinigen, egal ob Nazi oder nicht und uns nicht aus irgendwelchen lächerlichen Gründen gegenseitig auf die Fresse hauen, denn das wollen sie doch nur, uns trennen ...«[53] Der Aufruf an Skins (von Nicht-Skins!) zur Trennung von Teilen der eigenen Szene führte zu Solidarisierungstendenzen. Statt sich gegen die Polizei zu vereinen, prügelten große Teile der Punks und Skins aufeinander ein. Chaos-Tage in Hannover. Damit war für die Mehrheit der Skins die Frage geklärt: »Skins und Punks? Niemals!«[54]

Punks & Skins United ... thats Oi!

In England zumindest. Hier sieht alles ganz anders aus. Punk ist schon lange nicht mehr real oder echt. Punk ist weder ein Protest gegen Arbeitslosigkeit noch gegen sonstwas, mit dem wir uns identifizieren können.

Punk ist eine vermarktete Scheiße, die zu 70% aus pubertären Mitläufern und zu 30% aus arbeitsscheuen und versoffenen Pennern besteht, die mit ihrer Zeit nichts Besseres anzufangen wissen, als sich den Frust über unser »Scheissystem« wegzuspülen.

Punk ist nicht revolutionär sondern ganz einfach lächerlich. Im Laufe der Jahre sind die »Anarchisten« zu einem Werkzeug der Roten verkommen, strahlende Iros auf sog. »Friedensdemonstrationen« beweisen das.

Oi! - Die Body Checks[55]

»Die Skinheads denken nicht mit den Köpfen, sondern mit dem Bauch. Sie können zwar gute Soldaten sein, aber keine brauchbaren Menschen.« (Michael Kühnen)

Kids divided. Die »ideologischen« Widersprüche zwischen der »linken« Punkszene und den »rechten« Skins waren zu groß für eine Zusammenführung beider Kulturen, trotz aller Gemeinsamkeiten (Musik, Feindbilder: Hippies, Spießbürger, Intellektuelle, Polizei). Ein zweites spektakuläres Ereignis im Herbst des Jahres 83 besiegelte die Trennung und die endgültige Einordnung der Skins als Hilfstruppe der organisierten Rechten. Die bundesdeutschen Neonazis umschwärmten die Skinszene von Anfang an. Vor allem Michael Kühnen, der erst im Dezember 82 aus vierjähriger »Gesinnungshaft« entlassene Führer der Aktionsfront Nationaler Sozialisten, hatte immer Bedarf an kräftigen Jungs. »Wenn 10 000 Mann mit Hakenkreuzen auf die Straßen gehen, dann wird es kein NS-Verbot mehr geben, und dafür werden wir sorgen«, erklärte er im April 83. Damals war er Herr über 32 Kameradschaften mit knapp 300 Aktivisten. Den noch fehlenden Rest wollte er sich aus der Skin- und Fußballrabaukenszene holen. Als im Oktober in Berlin ein Länderspiel BRD – Türkei stattfinden sollte, riefen anonyme Flugblätter bundesweit zum »Kampf gegen die Kanacken« auf. Die meisten dieser Flugblätter waren nicht nur an Skins und Fußballfans adressiert, sondern auch mit »Nationale Skins« u. ä. unterzeichnet. Doch schnell sprach sich herum, daß die »nationalen Skins« in Wirklichkeit »Scheitelnazis« aus ANS-Kreisen waren. Als der Berliner Ableger der Kühnen-Truppe dann auch noch für den Vorabend

Du willst ein Soldat des Führers sei/Aber du bist nur ein kleines fettes Schwein/Nickelbrille im Pickelgesicht/Wulstlippen, so etwas brauchen wir nich/Fettiges Haar in die Stirn gekämmt/Braune Augen blitzen mich des Spieltages Skinheads aus ganz Deutschland per Rundschreiben zu einer internen ANS-Veranstaltung einlud (und damit die Existenz einer eigenen Skinheadkartei enthüllte, die prompt der Polizei in die Hände fiel), traf wirklich eine Gruppe Skins am Versammlungsort ein, allerdings mit anderen Interessen als dem, der angekündigten Rede des Führers Kühnen zu lauschen, der bereits eine Warnung erhalten hatte und gar nicht erst angereist war: »Kurzerhand wurde den anwesenden Seitenscheiteln mächtig was zwischen die Hörner gegeben. Es waren rechte und Nazi-Skins, die Kühnens ANS kurz und klein schlugen, nicht irgendwelche Aushilfsantifaschisten.«[56] *Kraft durch Froide*, eine im Sommer 82 gegründete NS-Band, verarbeitete diese Episode in ihrem Spottlied »Soldat des Führers« und distanzierte sich von »jeder Parteizugehörigkeit«. Knapp zwei Jahre später wurde ihr Trommler Andreas Pohl Gründungsmitglied und wichtigster Aufbauhelfer der Nationalistischen Front.

dunkel an/Kantiges Gesicht, du bist ein Mann/
Du bist ein Sturmabteilungsmann
Landser lesen, Wochenschau sehen/ Mit dem Braunhemd in die Disco gehen/(...) Doch kommst du dann wieder spät nach Haus/Ist es mit deinen Träumen gleich aus/Dein Alter schlägt dir ins Gesicht/Denn er versteht deine Träume nicht
Du willst ein Soldat des Führers sein/Aber du bist nur ein kleines fettes Schwein...
(*Kraft durch Froide*: »Soldat Des Führers«, 1983)

Die ersten Toten

Das Hauptbetätigungsfeld der Skins blieb das Stadion. Also tauchten auch dort die rechten Organisationen auf. Während die NPD zu Skins immer ein zwiespältiges Verhältnis hatte, ruinierten die wegen ihrer Schlagkräftigkeit bewunderten Jungs doch mit ihrer Disziplinlosigkeit zugleich das Image der Seniorenpartei, so hatten die Freiheitliche Deutsche Arbeiterpartei (FAP), nach dem Verbot der ANS Auffangbecken für die Kühnen-Truppe, und die 1985 gegründete Nationalistische Front (NF) in dieser Hinsicht nichts zu verlieren und daher keine Berührungsängste. Dennoch gelang es ihnen nicht einmal durch optische Anpassung ihrer Skinheadbeauftragten an das Outfit der Szene, die durchaus oft rechtsradikal denkenden Fußballfans in ihre Organisationen einzubinden. Der Rassismus in großen Teilen der Szene war – noch – »unpolitisch«, das heißt, eine persönliche Einstellung ohne den Drang, auch den Rest der Welt zu bekehren.

Die Gewalt nahm allerdings proportional zum Anwachsen der Szene zu. Zunächst vor allem im Stadion. Die Saison 1984/85 setzte neue Höhepunkte. Bayern wurde nur auf dem Rasen Meister, die dritte Halbzeit ging an den Norden, an Bremen und Hamburg (HSV). Die Glatzen aus der Elbe-Metropole hatten in jenen Tagen den Ruf, neben den Berlinern den schlagkräftigsten und größten Mob aufbieten zu können. Nicht nur im Stadion. 1985 wurden zwei Hamburger Türken von Skins auf offener Straße getötet.

Für zahlreiche Skins der ersten Generation bedeutete dies den Ausstieg, entweder weil sie nichts mit rassistischen Mör-

»Skinhead ist eine Bewegung der Gewalt, aber nicht der Gewalt, die andere unterdrückt, sondern der Gewalt, an der man Spaß hat. Es macht einfach Spaß, beim Fußball die gegnerischen Fans zu bekämpfen, und die haben auch ihren Spaß daran.
Der Skinhead ist national eingestellt, bereit für sein Land zu kämpfen. Dieser Nationalstolz hat aber nichts mit Politik zu tun, man muß auch die eigene Regierung oder das System bekämpfen, wenn es einen selbst bekämpft. Wenn wir für Deutschland stehen, dann stehen wir nicht für Kohl, Strauß oder Vogel, nicht für Hitler oder Honecker, sondern für unser Land, das uns gehört. DEUTSCHLAND MUß LEBEN, IN FREIHEIT UND DEMOKRATIE!«
(aus: *Gesunde Kopfhaut* Nr. 2, Nürnberg 1984)

»Was mir in der lesten Zeit sehr auffiehl ist das kaum die Hälfte aller Skins noch Hosenträger tragen. Ich frage warum sie keine Hosenträger tragen antworten fast alle das selbe: einige sagen es wäre unbequem und andere meinen man braucht sie eben nicht mehr. Ich bin der Meinung das Hosenträger nicht unbequem sind und Leute die meinen das Hosenträger unbequem sind, die sollten mal überlegen wir sind doch Skinheads und keine Hippies, denn die können sich anziehen was ihnen gerade past. Und die Leute die sagen man braucht keine Hosenträger mehr sollten mal mehr an die Tradizion von uns Skinheads denken und sie besser flegen. Wir sind ja keine Modebewegung wo jeder rumläuft wie er will. Und deshalb tragt alle wieder Hosenträger!!!« (aus: *Kahlschlag* Nr. 2, Lüneburg 1986)

dern zu tun haben wollten, oder weil sie jetzt einfach Angst um ihre eigene Haut hatten. Trotzdem wuchs die Szene weiter. Denn während viele Ältere sich die Haare wachsen ließen, lockten die Schlagzeilen reichlich Jüngere an, denen gerade das Image des rassistischen Gewalttäters gefiel.

Dennoch fiel die zweite Generation öffentlich weniger auf. In den Stadien übernahmen die Hooligans ihren Platz. Die Ordnungskräfte gingen nun schärfer gegen Randalemacher vor, fingen ganze Gruppen bereits vor dem Stadion ab, verteilten Platzverbote und geleiteten die jungen Herren wieder zu ihren Zügen. Ein unauffälliges Outfit war notwendig; wer wirklich alle »drei Halbzeiten« erleben wollte, ließ sich besser nicht mit Glatzköpfen an seiner Seite sehen. Man ging auf Distanz, zumal die allmählich zunehmende ideologische Aufladung der Skins nicht wenige Hools auch reichlich nervte. Selbst die, die ähnlich dachten. Gleichzeitig wurden Elemente des Skinheadstils (Doc Martens, Springerstiefel, Bomberjacken) auch von anderen Jugendlichen übernommen. Das Outfit vieler Skins wurde militärischer: Bomberjacken, schwere Stiefel und naßrasierte Schädel dominierten jetzt. Hart statt smart. Aber es tauchten auch Skins mit Nasen- und Augenbrauenringen auf, selbst Latzhosen (eigentlich klassische Arbeitskleidung, aber in Deutschland schwer hippieverdächtig) wurden getragen. Ab 1985 entdeckten auch deutsche Skins die US-Hardcore-Szene, was zu weiteren Stilmischungen führte. Kultbands wie *Warzone*, *Agnostic Front*, *The Cro-Mags* oder *Madball* beriefen sich zum Teil explizit auf die Oi!-Tradition oder bestanden aus Skins. Wiederbegegnungen mit zahlreichen Punks waren unvermeidlich.

Die Skinkultur hatte nun auch die ländlichen und kleinstädtischen Regionen erobert. Immer mehr Bands und Fanzines entstanden in Orten, die hundert Kilometer weiter niemand mehr kannte. Der Ausstieg der *Böhsen Onkelz* aus der Skinszene wurde durch die Neugründung diverser Kurzhaarigenbands, die sich fast alle bemühten, wie die *Onkelz* zu klingen, zumindest quantitativ ausgeglichen. »Ausländer« nahmen den Platz der Punks als Feindbild Nr. 1 in den Songtexten der Bands ein, die auf so philosophische Namen wie *Kruppstahl*, *Störkraft*, *Sturmtrupp*, *Giftgas* oder *Werwolf* hörten. Ab Januar 88, meldete *Clockwork Orange* in seiner Nr. 6, wurden Pläne geschmiedet, die britische Rock-Against-Communism-Konzertreihe auch nach Deutschland zu holen, dem inzwischen bedeutendsten Markt für Rechtsrockbands. Als Kooperationspartner für die britische NF wurde überraschend nicht ihr deutscher Ableger, sondern die NPD-Jugend genannt.

Während sich die Medien jener Tage mit Berichten über rechtsradikale Skinheadaktivitäten füllten, erregte szene-intern die

Gründung von SHARP – SkinHeads Against Racial Prejudice – mehr Aufsehen. Roddy Moreno von der britischen Oi!-Band *The Oppressed* hatte zufällig in den USA ein Flugblatt dieser neuen Initiative in die Hände bekommen und die Nachricht von einer antirassistischen Skinheadbewegung sofort euphorisch nach Europa getragen, wo sie auf fruchtbaren Boden fiel. Zum ersten Mal waren es Skinheads und nicht Punks, Autonome oder andere Außenstehende, die dem Rassismus in den eigenen Reihen den Kampf ansagten. »Solange es diese prügelnden Nazi-Bastarde gibt, die unser Outfit und unseren Namen benutzen, wird es für nicht-rechte Skins schwierig sein klarzukommen. Mit den Zuständen in der Szene, auf unseren Konzerten, und mit den Vorurteilen, die andere von uns haben, müssen wir selber aufräumen. Das ist allein Sache der Skinheads – dabei hilft uns niemand. Ob man das nun politisch nennt oder nicht, völlig egal! Ich glaube, es ist für die nicht-rechte Skinheadszene überlebenswichtig, daß wir uns von den Faschos ganz klar abgrenzen.«[57]

Mit SHARP hatten nun auch all jene Skinheads ein Sprachrohr, die den Skinheadkult liebten, mit Rechtsradikalen aber nichts zu tun haben wollten. Aber auch manchen, die mit der Skinheadkultur sympathisierten, aber bisher aufgrund des rassistischen Images der Szene vor einer völligen, auch optisch sichtbaren Integration zurückgeschreckt waren, erleichterte SHARP den Einstieg, was ihr bei den Rechten wiederum den gezielt gestreuten Ruf einer Mitläufer- und Gymnasiastenbewegung einbrachte. Die Popularität von SHARP-Aufnähern und -Buttons unter Punks und »langhaarigen« Autonomen, die sich das Markenzeichen nach dem Motto »Gegen Rassismus ist immer gut« an die Jacken hefteten, ohne offenbar die Bedeutung des ersten Buchstabens zu begreifen[58], bot der rechten Skinfraktion die Gelegenheit, SHARP als linke Infiltrationstruppe zu stigmatisieren. In der Realität stellten politisch engagierte Linke nur eine größere Minderheit unter den SHARPs dar, die meisten waren an (organisierter) Politik absolut nicht interessiert, oft sogar vehemente Antikommunisten/-sozialisten, und lediglich bemüht, ihre Szene wieder »back to the roots« zu führen und ihr den – antirassistisch idealisierten – »Spirit of 69« einzuhauchen.

Nicht zufällig gab es mit SHARP auch eine Welle deutscher Ska-Bands. *Skaos* aus Bayern, die *Busters* aus Wiesloch, *Blechreiz* und die *Butlers* aus Berlin, *El Bosso & die Ping-Pongs* aus Münster brachten auch manchen älteren Two-Tone-Fan wieder in die Szene zurück und belebten den Skinheadkult durch eine ganze Reihe von Konzerten, Festivals, Partys und nicht-rechte Fanzines. Die Jahre der Ausdifferenzierung und Stilvielfalt begannen. Es gab nun linke Redskins und antirassistische SHARPs, betont

»SHARP ist keine Bewegung oder Organisation. Es ist eher eine Lebenseinstellung. Es ist eine Akzeptierung unserer multikulturellen Geschichte.« (Roddy Moreno, *The Oppressed*, in *Roial* Nr. 5, Dresden 1995)

»Die Linke unternimmt wenig Versuche, selbst wieder ein Milieu zu schaffen, in dem sich Arbeiterjugendliche wohlfühlen, oder eine Politik zu machen, die an den Bedürfnissen dieser Jugendlichen ansetzt. Noch dazu drängt sie Randgruppen, Jugendkulturen in Schubladen, hält sie für unpolitisch und nicht organisierbar. Alle Skins in einen Topf zu schmeißen, hilft uns jedoch nicht weiter. Es zeugt nur von Unkenntnis der Sachlage, intellektueller linker Arroganz und der Realitätsferne unserer ›Berufsjugendlichen‹ in unserem, aber auch in allen anderen Jugendverbänden. Vielmehr sollten wir uns fragen, warum sich solche Leute, für die wir ja angeblich kämpfen, also Arbeiterjugendliche, nicht bei uns organisieren. Ihre Schuld allein ist das bestimmt nicht.« (Jörg Weltzer im Juso-Magazin *EXTRA*, 1988)

»Gott ist schwarz. Ich habe ihn gesehen. Außersem ist er über sechzig und trägt lächerliche Klamotten, aber Gott darf das. Sein Name ist LAUREL AITKEN.« (Dirk von der Heide im Punkzine *ZAP*, April 1991)

»The Godfather of Ska«, Laurel Aitken, beim 4. Potsdamer Ska-Festival im Juli 1993. Während seines Auftritts stürmen begeisterte SHARP-Skins die Bühne.

antipolitische Oi!-Skins und neonazistische Blood & Honour- und Hammerskins, solche mit Punk-Background und Soul-Puristen wie die Trojans (nach einem Reggae-Label der 60er Jahre benannte Old-School-Skins). Und bald sollte noch eine gefürchtete Spezies hinzukommen: der DDR-Skin, Baujahr 1989.

Skinheads in der DDR

Natürlich gab es schon in der DDR Skinheads, wenn die Obrigkeit inklusive Medien deren Existenz auch erst beglaubigte, als es nicht mehr anders ging, weil sie so auffällig waren, daß selbst in der BRD schon über sie berichtet wurde. Erstaunlicherweise verlief die Entwicklung der Skinheadszene der DDR fast synchron zu der ihrer westdeutschen Zwillingsbrüder. Die ersten Skins tauchten 1981 auf, es waren wie im Westen Fußballfans und gewandelte Punks. »Irgendwie war der ganze Punkerscheiß einfach nicht das Wahre. Zuviel Blödheiten waren dort im Umlauf. Für viele war es nicht mehr, als sich ›Deutschland verrecke‹ auf die Jacke zu schreiben und sich besoffen irgendwo rumzuaalen. Auch waren die Punker immer sehr beliebt bei Studenten und Kirchenfritzen, welche ich schon immer ziemlich abstoßend fand. Mit der Zeit wurden die Punker immer politischer und linksdumme Sprüche waren angesagt. Je keimiger man war, desto besser. Das war nun absoluter Scheiß-dreck, und so suchte ich'ne Sache, die realitätsbezogen ist. Da waren sie dann auch auf einmal in R.: Rasierte Schädel, rote Hosenträger, Arbeitsstiefel. An Bomberjacken, Martens und so war noch gar nicht zu denken. Woher nehmen und wie bezahlen??? Diese Skins waren aber zum großen Teil noch mit den Punkern zusammen, schließlich kamen sie ja aus dieser Szene. Natürlich trug nun auch ich kurze Haare und 35-Ostmark-Arbeitsstiefel. Auf einer Klassenfahrt nach S. sah ich das erste Mal einen größeren Glatzenmob. Alle sehr gut gekleidet und angenehm bedrohlich wirkend. Von da an wußte ich, das isses.«[59] Anders als die Punks, die von der Staatsführung von Anfang an als staatsfeindliche Bewegung betrachtet wurden, schenkte man den Skins zunächst keine Beachtung. »Im Gegenteil, der Bürger als solcher fand sogar größtenteils Gefallen an den ›adretten, schmucken Burschen‹«, erinnert sich ein Ex-Skinhead, der von 1981–86 der Szene angehörte. »So konnte man mehr oder weniger unauffällig seiner Wege gehen und wurde nicht behelligt«[60] – zumal die Skins sich auch im Alltagsleben nicht vom Durchschnittsbürger abhoben. Sie kamen aus allen sozialen Schichten, aus intakten wie gestörten Familien, integrierten sich am Arbeitsplatz meist bestens.

Öffentlich sichtbar wurden die »Rowdys«, wie sie offiziell genannt wurden (Skinheads gab's schließlich nur im Kapitalismus), erst ab 1985, vor allem durch ihre wachsenden Aktivitäten rund um die Stadien. Aber auch erste Anzeichen für eine rechtsradikale Politisierung, die über Provokation hinausging, waren nicht mehr zu übersehen. Kontakte zu rechtsradikalen Westskins bestanden über den Fußball vor allem in Ostberlin schon sehr früh. Und natürlich fiel es den Westlern, mit ihrem Informationsvorsprung und den Originalmarken-Klamotten am Körper, nicht schwer, den Ton anzugeben. Dennoch waren bei weitem nicht alle DDR-Skins rechts. Es gab sogar ab 1984 vereinzelt Redskins, die sich zum Teil durch aufgenähte rote Sterne kennzeichneten und im Gegensatz zur Mehrheit der Szene den Bruch mit den Punks nicht vollzogen, ihnen oft sogar bei Übergriffen rechter Skins beistanden. Und auch die Mehrheit der Skins bildete keine »nationalsozialistische Opposition gegen den kommunistischen Apparat«, wie der westdeutsche Verfassungsschutz in seinem 91er Bericht behauptete. Die DDR-Skins wollten keinen neuen Führer, sondern das, was die meisten Bürger auch wollten: mehr Freiheit, mehr Konsummöglichkeiten. Sie waren (bis auf wenige Ausnahmen) keine Nazis, sondern frustrierte und genervte Anti-DDR-Bürger. »Von denen glaubte keiner mehr an den Sieg des Sozialismus. So ging man einfach nicht mehr zu den Demos am 1. Mai, sondern knallte sich an der nächsten Ecke einen in die Birne. Politisch stand man mehr oder weniger rechts, schließlich kamen aus der Richtung eindeutige Wiedervereinigungsforderungen, und das wollten nicht nur wir, sondern auch ein großer Teil des einfachen Volkes! Auch waren es die Rechten, die sich schon immer gegen das Hirngespinst ›Sozialismus‹ richteten.«[61]

Bis 1885/86 hielt sich die Politisierung der Szene in Grenzen. Schließlich gab es Wichtigeres: Randale, Partys, das Bemühen, an Originalmusik und -kleidung zu kommen, bestimmten den Skinheadalltag. Gerade letzteres erwies sich als sehr aufwendig, da es ja in der DDR selbst nichts gab und man erst findige Wege über Großmütter, die ausreisen durften, einreisende Westglatzen und konspirativ vereinbarte oder sich zufällig ergebende Zusammentreffen in Prag (etwa in der Bierkneipe »U Fleku«) schaffen mußte. »Bis auf einige rassistische Aussagen« hatte man »keinerlei faschistische oder neonazistische Leute dabei«, erinnert sich der Ex-Skin weiter. »Aber das sollte sich, wie so vieles, auch noch ändern.«[62]

Ab 1986 erschienen auch in den ostdeutschen Medien verstärkt Berichte über rechtsradikale Aktivitäten von Skinheads – im kapitalistischen Ausland. Nicht wenige dieser Berichte waren bloße »Übersetzungen« aus westdeutschen Medien wie *Stern* und *Spiegel*. (Kein Wunder, daß sich die DDR-Skinszene mit nur leichter Verzögerung so erstaunlich parallel zu der in der BRD entwickelte.) »Als ich in der 10. Klasse war, wurden die Medien aufmerksam auf die prügelnden ›Naziskins‹ im Westen. Das war die einzige Möglichkeit, sich über die Bewegung zu informieren. Leider keine sehr gute. So wurde nämlich nicht berichtet, daß Oi! nichts mit rechten Organisationen zu tun hat, sondern grundsätzlich nur von Verbindungen von Skins zu den Rechten, von Schlägereien mit Ausländern oder einfach nur Lügen und Halbwahrheiten.«[63] Die Berichte sollten abschrecken und lockten Jugendliche an. »Durch diese Berichte ermutigt, wurde ein Haufen Kids (vornehmlich 14–16jährige) zu Mitgliedern in dieser besonderen Gesellschaft. Sie schoren sich die Haare und ließen von Oma zu Weihnachten eine Bomberjacke einfliegen. Aber meist fehlten diesen Kids die Informationen über die wahren Hintergründe der Bewegung, und man verlegte sich vornehmlich aufs Armhochreißen oder ›Heil Hitler‹ brüllen, da auch die älteren Glatzen nicht gewillt waren, sich mit diesen Kindern abzugeben.«[64]

Während so die Szene durch sehr junge »Rechte« angereichert wurde, denen die gemeinsame Punk(musik-)tradition fehlte und die die Skinheads via Medien als nationalistische und rassistische Gewaltszene kennengelernt hatten, stiegen viele der ersten Skingeneration aus. Manche, weil sie keine Lust hatten, sich »mit diesen minderjährigen Versuchs-Faschisten in eine Reihe zu stellen, die teilweise noch die Abdrücke ihrer Schultaschen auf dem Rücken hatten«[65], andere waren mittlerweile zu empfindlichen Haftstrafen verurteilt worden und zogen es deshalb vor, eine Weile unterzutauchen oder in die optisch unauffälligere Hooliganszene, die wie im Westen Mitte der 80er Jahre boomte, abzuwandern; wieder andere hatten einfach die »Pen-

„Gewalt ist so etwas wie unser Lebensgefühl ...“

Interview mit einem in der BRD, der als Arbeitsloser „politisch zu denken“ gelernt hat – und ein Skinhead geworden ist

Kahlgeschorener Kopf, Schnürstiefel, hochgekrempelte Röhrenjeans und Bomberjacken mit Aufnähern wie diesen: „White power“ („Weiße Macht“), „Ich bin stolz, ein Deutscher zu sein“ oder „Unsere Ehre heißt Treue“, einst Leitspruch der SS – so treten sie auf: die Skinheads in der BRD. Sie greifen alles an, was ihnen „fremd“ und „unsauber“ erscheint. Und das ganz offen, in vielen Städten der BRD. Gewalttätig oftmals. Ingo Kunze aus Frankfurt/Main ist einer von ihnen. Er meint, durch sein Los als junger Arbeitsloser „politisch denken“ gelernt zu haben. Hannes Wagner sprach für AR mit diesem 18jährigen Skinhead. Dieser ahnte nicht, daß der Reporter ein Journalist aus der DDR war. Weshalb sich unser Autor für eine kurze Zeit mit der Rolle eines vermeintlichen BRD-Reporters abfinden mußte und sich nicht offen zu den Lebensansichten des Kranken äußern konnte.

Vorbild der Skinheads in der BRD sind rechtsradikale junge Briten, die schon seit Jahren Farbige in England brutal verfolgen.

80

Jugendmagazin Neues Leben*, 1986*

sionsgrenze« erreicht und verließen mit der Familiengründung oder dem Ende der Ausbildungszeit auch ihre Jugendkultur.

Auf dem Höhepunkt dieser Aufspaltung der Szene in kleine, überwiegend rechtsorientierte, aber wenig politisierte Restbestände der ersten Generation und des Anwachsens der Zahl von Jungglatzen gab es am 17. Oktober 1987 einen vereinten Überfall von Skins, Hools und anderen Rechten aus Ost- und Westberlin auf ein Punkkonzert in der Ostberliner Zionskirche. Dieser international Aufsehen erregende Vorfall führte dazu, daß der Staat die Existenz von Rechtsradikalen in seinen Grenzen zugestand und nun begann, die Szene massiv zu reglementieren und zu infiltrieren. Im Herbst 88 waren von den 806 offiziell registrierten DDR-Skins 134 Inoffizielle Mitarbeiter des Ministeriums für Staatssicherheit – jeder sechste Skin.[66] Zwischen Februar 88 und November 89 kam es zu 188 Prozessen wegen rechtsradikaler Delikte – überwiegend gegen

»›Zickezacke, zickezacke, oi, oi, oi!‹ Das ist der Angriffsruf der Skins. Das kommt aus England. Zickezacke, zickezacke –

das heißt äh, kahle Kopfhaut und dann – Attacke, also Angriff. Oi- das ist 'ne Abkürzung von 'nem Skin – Oikalyptus. Oi – das ist normalerweise ein Schimpfwort. Also ist 'ne Abkürzung. Das ist aus England. Das war, wie soll ich sagen, in England war das zuerst aufgetreten. Das hat sich aus dem 2. Weltkrieg gezogen. Skinheads – das waren Aufräumungsgruppen gewesen. Wenn zum Beispiel Faschisten in irgendeiner Kneipe Randale gemacht haben, sollten Skins aufräumen. Und das hat sich da hergezogen noch, und in England hat sich das verbreitet. Und das über Europa. Und dann bis hierher.« (Skinhead Horst im September 89, zit. aus: Stock, Manfred/Mühlberg, Philipp: Die Szene von innen. Berlin 1990, S. 24)

Skinheads.[67] »Auch in R. gab es eine regelrechte Verhaftungswelle. Einige gute Hauer sah man erst mal für ne Weile nicht mehr. In staatlichen Jugendclubs wurde streng darauf geachtet (und das galt auch für Kneipen und so), daß keine Jugendlichen mit Stiefeln oder Bomberjacken eingelassen oder bedient wurden.«[68] Also sah sich die Szene genötigt, eigene Treffpunkte und Netzstrukturen aufzubauen. Eine Annäherung an die ebenfalls im Untergrund wirkenden, von dem gleichen Gegner verfolgten neonazistischen Gruppen war so unvermeidlich. Die Gleichung Skin = rechtsradikal ging zusehends auf. Die Tradition der Skinheadkultur wurde für die meisten der in den letzten Jahren der DDR hinzugeströmten »Neo-Skins« und erst recht für die Mehrheit der 89er »Wendeskins« unwichtig und nebulös.

Natürlich gab es auch in der DDR Skins, die sehr gut über die Wurzeln ihrer Szene Bescheid wußten, doch in jenen Jahren der Wende gerieten sie eindeutig in die Minderheit. Man traf »Skins«, die Rap und Heavy Metal à la *Guns 'n' Roses* liebten und Berichte über die schwarzen Wurzeln der Skins für Propagandalügen der Linken hielten. Ich erinnere mich an eine Begegnung mit einem Thüringer Skin um 1990, der Gefallen am Ska gefunden hatte und völlig entsetzt war, als er in einer von mir mitgebrachten Ausgabe von *Skintonic* blätterte und plötzlich anhand eines Fotos die unerhörte Wahrheit erfuhr, daß in der von ihm geliebten Band *The Specials* »Neger« mitspielten.

Deutsche united

Der Boom junger Skins aus den neuen Bundesländern mit wenig bis null Ahnung vom Kult und seiner Geschichte erschütterte die westdeutschen Brüder. Eine zweite Welle radikal rechter Bands folgte, um den scheinbar unstillbaren Nachholbedarf an nationalistischen und rassistischen Klängen zu befriedigen. Aber auch die deutschen Ska-Bands gewannen allmählich in den neuen Bundesländern größere Anhängerscharen. Ostdeutsche Skins, denen der Skinheadkult mehr bedeutete als eine saisonale Mode und rechtsradikales Gehabe, informierten sich erstaunlich schnell über die Ursprünge und aktuellen Ausdifferenzierungen ihrer Szene. Schon ab 1990 gründeten sich auch in den neuen Bundesländern nicht nur Blood & Honour-Sektionen, sondern auch erste SHARP-Gruppen. Eine Minderheit unter den Skins, aber immerhin. Die ersten DDR-Skinzines, die ab Herbst 91 auf den Markt kamen, *Sachsens Glanz* aus Lobstädt, *Schmutzige Zeiten* aus Potsdam und *Der Vollstrecker* aus Zwickau, repräsentierten bereits die gesamte Breite der Skinheadszene.

Ein Skinhead hat geschrieben

Nun hat uns auch ein Berliner Skinhead-Sympathisant geschrieben. Stilecht endet sein langer Brief mit dem Skin-Gruß Oi, ein Kürzel, welches gelegentlich an Häuserwänden in unseren Großstädten zu finden ist. In Leipzig etwa in der Unterführung am Astoria-Hotel. Ein empörter Zeitgenosse konterte mit der Farbsprühdose: „Skinhead-Schweine raus aus unserer Stadt". Passiert etwas in unserem Lande, was faschistische Handschrift und Geistesart verrät, wird es gemeinhin mit den Skinheads in Verbindung gebracht. Aber mit der Gleichsetzung von Skin und Neonazi ist unser Briefschreiber überhaupt nicht einverstanden.

Nicht in England sei die Bewegung entstanden, schreibt uns der Oi-Mann fast beleidigt, sondern auf Jamaika. Schwarze seien es gewesen, die in Kingston aufstanden und sich als Schutztruppe der Streikenden bewährten. Diese werden allgemein als Red-Skins bezeichnet und hätten auch die Oi-Musik hervorgebracht. Melodien der Rassenversöhnung. Der Briefschreiber fragt: „Können Sie sich eine Naziglatze vorstellen, die nach schwarzer Musik tanzt?"

Der Mann, der uns geschrieben hat, vertrauensvoll im übrigen, sieht das Problem so: Die Skins seien von faschistischen Elementen unterwandert, verfügen über fremde Hilfe und eine ausgezeichnete Logistik. Nicht von ungefähr gebe es jetzt viele „Skins" in der DDR mit faschistischen Aufnähern an ihren Bomberjacken. Nein, meint er, echte Skins sind niemals Faschisten gewesen und werden es auch nie sein. Neonazis seien eingedrungen und nun auf Randale aus.

Der Brief endet mit folgendem Bekenntnis: „Um es zum Abschluß deutlich zum Ausdruck zu bringen. Ich bin Skinhead-Sympathisant, aber niemals lasse ich mich von Faschisten mißbrauchen, denn sie sind die Todfeinde unserer Working Class. Für mich wird es eine Selbstverständlichkeit sein, an Antifa-Aktionen gegen Neonazismus teilzunehmen ... Ich wünsche Ihnen und mir also viel Erfolg bei der Bekämpfung der Faschisten. Alles Gute! Oi!"

Wir haben gründlich überlegt, ob wir auf diesen Brief eingehen sollen. Er läßt natürlich viele Fragen offen, könnte vielleicht als Versuch mißverstanden werden, das Problem zu verharmlosen. Da wir uns in den letzten Wochen sehr um das „Phänomen" Neofaschismus bemühten – eine ganze Interviewseite mit Experten ist angelaufen –, haben wir ein neues Gefühl für die Notwendigkeit bekommen, zu differenzieren. Im Bewußtsein der Gefahr, die im Neonazismus liegt. Deswegen auch haben wir den Brief an die Öffentlichkeit gebracht. Dieter Wolf

Neues Deutschland
vom 28.12.1989

Fußball spielte jetzt keine große Rolle mehr. Wenn größere Skinheadtruppen im Stadion auftauchten, ging es ihnen eher um eine Machtdemonstration vor öffentlicher Kulisse als um Fußball(randale). Nicht selten wurden bei solchen »Stadionbesetzungen« rechter Skingruppen kiloweise Aufkleber und Flugblätter verteilt oder waren Spieltermine an »nationalen Gedenktagen« (wie »Führers Geburtstag« am 20. April oder Rudolf Hess' Todestag am 17. August) überhaupt Anlaß für Stadionbesuche, was zu handfesten Auseinandersetzungen mit Skins der ersten Generation und älteren Hooligans führen konnte, die keine Lust hatten, als Kulisse für Politaktionen von Nachwuchsglatzen mißbraucht zu werden, die Ian Stuart von *Skrewdriver* für den Begründer des Skinheadkultes hielten und das Stadion nur mit Hilfe eines Stadtplans gefunden hatten.[69]

Eine weitere überraschende Neuerung fiel auf, zunächst nur im Westen: Die Hippiedroge Nr. 1 kann auch unter Skinheads in Mode. Kiffende Skins und »Legalize it«-Parolen zierten fortan Plattencover und Fanzines, das Aroma von so manchem Ska-Konzert unterschied sich kaum noch von dem bei Reggae-Konzerten mit überwiegend langhaarig-dreadlockigem Publikum.

»Oi! Oi! Skinhead«

Wir brauchen keinen Führer und keinen roten Stern/ Wir können uns immer noch selber wehren/Radikalisierung kann kann uns nicht mehr spalten/Wir werden in Freundschaft gegen sie zusammenhalten.
(*Smegma*: »Politik«, 1993)

Die erste große Repressionswelle des Staates verunsicherte kurzzeitig die rechte Szene. Platten und Fanzines wurden konfisziert und indiziert, Bands und Herausgeber juristisch belangt, Parteien und Konzerte verboten. Allerdings konnte die staatliche Machtdemonstration nicht darüber hinwegtäuschen, daß die organisierte Rechte sich ohnehin längst auf dem Abstieg befand. Auch in den neuen Bundesländern. Weder parlamentarisch noch unter den Jugendlichen war es ihr wirklich gelungen, sich zu etablieren. Die Eltern setzten lieber auf die CDU, rechte Jugendliche fanden es nicht mehr so spannend und provokativ, Nazi zu sein. In Schulklassen und Jugendclubs galten sie schon längst nicht mehr als die stolze Avantgarde von morgen, sondern eher als die Letzten von gestern, die es immer noch nicht begriffen hatten. Und nun drohten auch noch Ausgrenzung, Streß am Arbeitsplatz, Geld- und Haftstrafen. Wozu das alles, fragten sich immer mehr und gingen auf Distanz zu politischen Organisationen. Die Utopie von der baldigen Machtergreifung (viele träumten wirklich von fetten zweistelligen Wahlergebnissen und einer Armee aus Tausenden von schmucken SA-Kämpfern) war längst einer Ernüchterung gewichen, und die Hegemonialansprüche der jungen Rechten reduzierten sich auf das Realistische: die Macht auf der Straße. Gewalt als Zeichen des Rückzugs, der Ohnmacht. Die »neue Kraft, die Deutschland schafft«, endete mit der Reichweite der Fäuste. Die Umstrukturierung der Naziszene von mehr oder weniger legalistischen Organisationen in ein unsichtbar verknüpftes Netzwerk unzähliger autonomer Kleingruppen betrachteten die meisten Skins schon von außen. Nur die wenigsten hatten sich weiter radikalisiert, suchten den Anschluß an neonazistische Gruppen oder religiös-fundamentalistische Sekten wie den Ku-Klux-Klan[70] und träumten noch von Chaos und Bürgerkrieg, die wie einst die Rechten an die Macht bringen würden: »Die kommenden Jahre werden harte, blutige Jahre für uns werden, aber nur diszipliniert und kame-

Handzettel der Initiative »Skinheads gegen Drogen«

radschaftlich können wir den Sieg auf unsere Seite tragen. Viele werden im Kampf sterben müssen. Aber wir werden lächelnd sterben. Für unser heiliges Vaterland Deutschland in einem gesunden Europa.«[71] Dazu sollte es nicht kommen, und mit dem zunehmenden Bewußtsein ihrer Niederlage drifteten immer mehr aktive junge Nationalsozialisten ab, nicht in den terroristischen Untergrund wie ihre Vorbilder aus der RAF (trotz politischer Unvereinbarkeiten) zwanzig Jahre zuvor, sondern in die harte Drogenszene. When the snow fell ...

Aus dem Booklet der CD »The Oi! of Sex«

Die Entpolitisierung der rechten Szene fand ihren Widerhall und wurde verstärkt durch einen Boom neuer deutscher Oi!-Bands, die sich betont »unpolitisch« gaben, wobei »unpolitisch« jetzt die Ablehnung jeglichen politischen Engagements im allgemeinen und rechts- wie linksradikaler Gruppen im besonderen meinte. Die demonstrativ betonte Gleichsetzung von »Rechts- und Linksradikalen« verwischte allerdings einen entscheidenden Unterschied, der den letztendlich vor allem gegen links gerichteten Charakter des Oi!-Tickets illustrierte: Während die Rechten innerhalb der Skinszene für Probleme sorgten, konnte sich die Abgrenzung zu »Linksradikalen« nur auf Gruppierungen außerhalb (wie Autonome, Teile der Punkszene etc.) beziehen. Denn politisch aktive Linke waren unter deutschen Skins der 90er Jahre so dünn gesät wie in den Ursprungsjahren des Kultes in Großbritannien. Allerdings gehörten diese wenigen oft zu den auffälligen Aktivisten der Szene. Zentrale Ereignisse wie die norddeutschen Oi!-Meetings, die Ska-Festivals in Potsdam, Berlin und Köln, zahlreiche Allnighter in Bremen, Hamburg oder Koblenz wären ohne die Tatkraft (ex-)linker, antirassistischer Skins nicht zustande gekommen. Mit dem semiprofessionellen Magazin *Skin Up*, 1995 aus einer Fusion von *Skintonic* und *Oi!Reka* hervorgegangen, verfüg(t)en sie zudem über das auflagenstärkste Fanzine der 90er Jahre, das mit zunehmender Distanzierung von SHARP, auch im Blatt offen ausgetragenen Konflikten mit Teilen der Berliner autonomen und Antifaszene und stärkerer Hinwendung zur unpolitischen Oi!-Szene inzwischen auch zahlreiche Abonnenten aus dem rechten Skinspektrum hat.

Die Abwendung von SHARP hatte allerdings weniger mit deren antirassistischer Grundaussage zu tun als mit dem zunehmend schlechten Image einer vermeintlich von Studenten, kurzhaarigen Punks und Linken unterwanderten Bewegung. Vor allem ostdeutsche Skins nutzten dankbar das neue Etikett des »unpolitischen Oi!-Skins«, um die lästig gewordenen SHARP-Aufnäher abzulegen. »Sex & Saufen« sollte nun als Gemeinsamkeit stiftende Parole die aufgerissenen ideologischen Gräben wieder zuschütten. Die Skinheadszene besann sich wieder auf ihr Wesen als Spaßkultur. Die musizierenden Ruhrgebiet-

Foto: Lord Helmchen

Proll Power aus dem Ruhrgebiet: Die Beck's Pistols, *die nach 1994 aufgrund einer Intervention der Brauerei ihren Namen in* Pöbel & Gesocks *änderten.*

Illustration des Labels Knock Out Records

Ist etwa die Politik der Grund für euren Straßenkrieg?/Um Menschen anzustecken?/Dann könnt ihr uns mal lecken/Laßt euch nicht benutzen/ Nehmt ihre Ideen/Um den Arsch euch abzuputzen/ Damit sie es verstehen/ Ob nun Linke oder Rechte/Beide bringen nur das Schlechte/Die Parolen beider Seiten/Werden uns den Tod bereiten/Laßt euch nicht benutzen/ Denn was wollen wir/Vom Ural bis in den Abruzen/ Oi!, Ska und Bier. (*SpringtOifel*: »Laßt Euch Nicht Benutzen«, 1994)

»Es gibt viele Leute, die behaupten, ›unpolitisch‹ zu sein, obwohl sie eigentlich meinen, ›wir haben Angst vor den Faschisten‹. Ich meine damit Bands und Verkäufer von Skinheadklamotten, die nur nicht ihre Boneheadkundschaft vertreiben wollen. Oder sie haben Boneheadfreunde und benutzen ›unpolitisch‹ als Entschuldigung, daß sie sie nicht herausfordern. Wir müssen erkennen, daß das Leben politisch ist und jeder Skinhead mit Stolz für seine Kultur kämpfen sollte, wenn Rassisten bzw. Faschisten sie beleidigen. Faschismus ist der einzige Feind, den die Skinheadkultur je hatte. Fuck facism before it fucks you!« (Roddy Moreno, *The Oppressed, in Roial* Nr. 5, Dresden 1995)

prolls *(Beck´s Pistols, Lokalmatadore, Die Kassierer)* eroberten die Szene in Ost wie West und verdrängten die Gesinnungsrocker aus den Skinheadcharts. Und nebenbei führten sie mit 15jähriger Verspätung Streetpunks & Skins zusammen – sinnbildlich bei den Chaos-Tagen der 90er Jahre zu erleben, wo jetzt tatsächlich Skins & Punks united gegen die vorgingen, die es schon 1983 hätte treffen sollen.

Seitdem die Skins in den Schlagzeilen der Medien weniger präsent sind, also etwa seit Herbst 95, bekamen auch die traditionellen Einstiegswege – Freunde, ältere Brüder und vor allem die Musik – wieder größeres Gewicht, der Anteil »mediengemachter« Jungglatzen sinkt seitdem. Die Skinheadszene der späten 90er Jahre kommt wesentlich differenzierter daher als die ihrer Ahnen. Aktive Parteikader, gleich welcher Couleur, waren für die Skinheads der Sechziger genauso unvorstellbar wie intellektuelle, offen homosexuelle, pazifistische, kiffende oder drogenfreie Straight-edge-Skins, und doch gibt es das alles und noch viel mehr in der gegenwärtigen Skinheadkultur. Wer heute einem unbekannten Skinhead auf der Straße begegnet, weiß über dessen Ansichten und Lebenseinstellung nichts. »Skinheads sind schon lange keine homogene Masse mehr, die man bequem über einen Kamm scheren könnte. Sie sind untereinander so verschieden wie der ganze Rest der sogenannten normalen Leute. Vielleicht verstehen sie nur, besser zu feiern.«[72]

1 Rohmann, Gabriele: Spaßkultur im Widerspruch. Authentizität und Konformität in einer großstädtischen Skinheadszene. Magisterarbeit, Göttingen 1996, S. 100–103.
2 Aus: Davies, Hunter: Alles was du brauchst ist Liebe. Die Story der Beatles. München 1969. Zit. nach: Deicke, Joachim/ Rausch, Burghard: Stationen. Die Lebensstile der Rockepoche. Frankfurt a. M./Berlin 1987, S. 34.
3 Hebdige, Dick: Die Bedeutung des Mod-Phänomens. In: Clarke, John u. a.: Jugendkultur als Widerstand. Milieus, Rituale, Provokationen. Frankfurt a. M. 1979, S. 159.
4 Ebenda, S. 160.
5 Ebenda, S. 163.
6 Hebdige, Dick: Die Bedeutung ..., a.a.O., S. 168f.
7 Clarke, John/ Jefferson, Tony: Jugendliche Subkulturen in der Arbeiterklasse. In: *Ästhetik & Kommunikation*, Nr. 24/1976, S. 57.
8 Clarke, John/ Hall, Stuart/ Jefferson, Toni/ Roberts, Brian: Subkulturen, Kulturen und Klasse. In: Clarke, John u. a.: Jugendkultur ..., a.a.O., S. 63.
9 Clarke, John u. a.: Jugendkultur ..., a.a.O., S. 59.
10 Vgl.: Willis, Paul: Spaß am Widerstand. Gegenkultur in der Arbeiterschule. Frankfurt a. M. 1982, S. 155ff.
11 Parker, Howard: Aus Jungen werden Männer. Kurze Adoleszenz in einem innerstädtischen Wohnbezirk. In: Clarke, John u. a.: Jugendkultur ..., a.a.O., S. 199.
12 Vgl.: Schwarz, Rolf: Wahrnehmung und Problematisierung von Skinheads durch gesellschaftliche Instanzen. Eine sozial-historische Analyse. Magisterarbeit, Hamburg 1995, S. 23.
13 Willis, Paul: Spaß ..., a.a.O., S. 41.
14 Parker, Howard: Aus Jungen ..., a.a O., S. 191.
15 Willis, Paul: Spaß ..., a.a.O., S. 59.
16 Corrigan, Paul: Nichtstun. In: Clarke, John u. a.: Jugendkultur ..., a.a.O., S. 176.
17 Ebenda, S. 178.
18 Zit. nach: Brake, Mike: Soziologie der jugendlichen Subkulturen. Eine Einführung. Frankfurt a. M./New York 1981, S. 92f.
19 Zit. nach: Gerth, Michael: Der Skinheadkult. Einblicke in eine Jugendkultur. Diplomarbeit, Leipzig 1993, S. 25.
20 Marshall, George: Spirit of 69. Eine Skinhead-Bibel. Dunoon 1993, S. 35.
21 Hebdige, Dick: Gefallene Buben. In: *die tageszeitung* vom 12.3.1993.
22 Marshall, George: Spirit ..., a.a.O., S. 15.
23 Jeggle, Utz: Schere und Macht, Haare und Potenz. In: Bagus, Kim/ Görtz, Franz Josef (Hrsg.): Glatze, Zopf und Dauerwelle. Ein haariges Lesebuch. Leipzig 1996, S. 147. Entgegen ihrer Interpretation in Deutschland repräsentiert die Haartracht der Skins kein »Nazi-Outfit«. Im Gegenteil: Angehörigen von SA und SS war es im Dritten Reich verboten, sich den Kopf zu rasieren, während solche Praktiken aus oppositionellen Jugendgruppen gelegentlich berichtet wurden. Die Nazis schoren nicht sich, sondern ihren Opfern das Haar. »Sie kennzeichneten damit Menschen, die sich gegen ihre Regeln vergangen hatten; beispielsweise wurden Frauen bloßgestellt, die

jemand liebten, der in den Augen der Nazis nicht liebenswert war.« (Jeggle, Utz: Schere und Macht ..., a.a.O., S. 147.)

24 Hebdige, Dick: Gefallene Buben. A.a.O.

25 Der Name kommt daher, daß ein zehn Tage alter Kurzhaarschnitt («crop«) das Aussehen von Wildleder (im Englischen »suede«) hat. Suedeheads trugen ihr Haar gerade so lang, daß sie es kämmen konnten. Auch ihre Kleidung wurde fast schon Mod-ähnlich, und damit schicker, aber auch unauffälliger. Vgl. dazu: Marshall, George: Spirit ..., a.a.O., S. 57.

26 Ebenda, S. 70.

27 Hebdige, Dick: Gefallene Buben. A.a.O.

28 Bushell, Gary: The New Breed. In: *Sounds* vom November 1980. Gleichzeitig mit dieser *Sounds*-Titelstory, in der vor allem die *4-Skins* und *Infa-Riot* präsentiert wurden, erschien auch der erste *Sounds*-Sampler »Oi! The Album«.

29 Marshall, George: Spirit ..., a.a.O., S. 69.

30 Ebenda, S. 69f.

31 Ebenda, S. 92f.

32 Ebenda, S. 94.

33 Ebenda, S. 95.

34 Ebenda, S. 94.

35 Zit. nach: Gerth, Michael: Der Skinheadkult. A.a.O., S. 29.

36 Ebenda, S. 29f.

37 Hebdige, Dick: Gefallene Buben. A.a.O.

38 Marshall, George: Spirit ..., a.a.O., S. 134.

39 Ein Phänomen, das die gesamte Skinheadgeschichte durchzieht und sich auch zehn Jahre später bei deutschen SHARP-Skins wiederfand, die sich im gleichen Atemzug als »Antirassisten« und »unpolitisch« bezeichneten. »Rassismus hat doch nichts mit Politik zu tun«, erklärte mir einer auf Nachfrage, »sondern damit, wie ich mit anderen Menschen umgehe.« In dieser Aussage kommen zwei szenetypische Mechanismen zum Ausdruck: die Reduzierung des »Politik«-Begriffs auf Parteipolitik und Parlamente sowie die Ausblendung der strukturellen, gesellschaftlichen Hintergründe, soweit sie nicht persönlich erfahrbar sind. Jegliche »theoretische« Annahmen werden in diesem Konzept mit »Ideologie« gleichgesetzt und damit als potentielles Spaltungsprodukt gegen die Einheit der Szene gerichtet interpretiert. Wenn Skinheads sich als »unpolitisch« definieren, ist also häufig eine bewußt antipolitische Haltung, die Verweigerung gegenüber abstrakt-ideologischen Prozessen gemeint. »Der Skinheadstil zielt nicht auf Veränderung gesellschaftlicher Ungleichheit, er ist eine Form des individuellen Umgangs damit«, stellte Michael Gerth (a.a.O., S. 47) sehr treffend fest.

40 Vgl.: Marshall, George: Spirit ..., a.a.O., S. 137f.

41 Zit. nach: Wellings, Paul: Scalp Hunters. In: *Sounds* vom August 1982.

42 Im Interview mit dem Berliner Skinzine *Big Two*, 1989.

43 Vgl.: Zehn Tage die England veränderten. Commune-Rhizom, Stuttgart/Berlin 1986, S. 16f.

44 Hebdige, Dick: Versteckspiel im Rampenlicht. In: Cohen Phil u. a.: Verborgen im Licht. Neues zur Jugendfrage. Frankfurt a. M. 1986, S. 202f.

45 Ebenda, S. 200.
46 Zehn Tage die England veränderten. A.a.O., S. 40.
47 Ebenda, S. 37f.
48 Ebenda, S. 41.
49 Vgl.: Bushell, Gary/Fiedler, Hugh: Chaos in the City. In: *Sounds* vom Juli 1981.
50 Auf dem Sampler vertreten waren die Bands *4-Skins, The Strike, Infa-Riot, The Last Resort, Criminal Class, The Toy Dolls, Barney Rubble, Cock Sparrer, Splodge, The Shaven Heads* und der Lyriker Garry Johnson. Dieses Album ist deshalb von zentraler Bedeutung für die weitere Entwicklung vor allem in Deutschland, weil der Titel vom bundesdeutschen Verfassungsschutz aufgegriffen wurde, um »Oi!« aus der nationalsozialistischen Parole »Kraft durch Froide« abzuleiten und damit diese Musik als prinzipiell rechtsradikal zu definieren. Wie ich später in den Beiträgen zur Medienpräsentation von Skins aufzeigen werde, hat diese Manipulation des VS die öffentliche Wahrnehmung von Oi! entscheidend beeinflußt.
51 Mit dem Erfolg, daß dieser Sampler zum begehrtesten Sammlerobjekt der Skinheadgeschichte wurde. Noch im Frühjahr 90 wurde er beispielsweise in dem von einem Skin betriebenen Plattenladen Nightmare in Mönchengladbach zum »Sonderangebotspreis« von 79,90 DM offeriert. Inzwischen wurde er allerdings als CD von Pure Impact Records neu veröffentlicht und sei jedem empfohlen, der einen repräsentativen Eindruck von den frühen britischen Oi!-Bands gewinnen möchte.
52 *Clockwork Orange* Nr.1/1983. »Uhl« Großmann veröffentlichte bis 1992 23 Ausgaben von *Clockwork Orange*, dem wohl wichtigsten Skinzine der 80er Jahre, und betreibt seitdem das Plattenlabel Dim Records plus angegliedertem Mailorder.
53 Ebenda.
54 Thomas Kroll, Sänger von *Vortex*, in *Clockwork Orange* Nr. 2, Frühjahr 1984.
55 *Clockwork Orange* Nr. 3/1984. Die *Body Checks* waren eine Skinband aus Moers, die aus der Punkband *Becks Pistols* hervorging, die wiederum nach der Auflösung der *Body Checks* von Willy Wucher, Sänger beider Bands, wiederbelebt und zur Kultband von Skins & Punks der prolligeren Art wurde.
56 *Clockwork Orange* Nr. 16, Januar 90.
57 Christian Prüfer, Sänger der inzwischen aufgelösten Berliner Ska-Band *Blechreiz* und seinerzeit Mitarbeiter des SHARP-Zines *Skintonic*.
58 Ich hatte einmal das Vergnügen, in einer Talkshow einem Jungsozialisten aus Leipzig zu begegnen, der aussah, wie Jusos halt auszusehen pflegen, sich aber auf seine blaue Windjacke einen fetten SHARP-Aufnäher montiert hatte und jedem, der es nicht hören wollte, stolz erzählte, daß er die Dinger selbst produzieren und die SHARP-Bewegung in Leipzig organisieren würde.
59 Gerth, Michael: Der Skinheadkult. A.a.O., S. 54f.
60 *Clockwork Orange* Nr. 17, Februar 90.
61 Gerth, Michael: Der Skinheadkult. A.a.O., S. 56.
62 *Clockwork Orange* Nr. 17, Februar 90.
63 Gerth, Michael: Der Skinheadkult. A.a.O., S. 57.

64 *Clockwork Orange* Nr. 17, Februar 90.

65 Ebenda.

66 Vgl.: Mengert, Christoph: »Unsere Texte sind deutsch ...« Skinhead-Bands in der Bundesrepublik Deutschland. Fachhochschule des Bundes für öffentliche Verwaltung, Köln 1994, S. 52. Der Autor folgert daraus: »Wenngleich eine Steuerung der Skinheads durch den Staatsapparat nicht anzunehmen ist, bewies doch die hohe Zahl der IM unter den Skins zumindest die Durchdringung des MfS und damit das Wissen über Gewalttätigkeiten gegen andere Minderheiten und die ideologische Haltung der Skinheads.« (S. 55) Experten der bundesdeutschen Neonaziszene gehen von vergleichbaren Zahlen in bezug auf den Verfassungsschutz aus. Genauere Untersuchungen dazu werden aber erst nach dessen Abwicklung möglich sein.

67 Vgl.: Korfes, Gunhild: Seitdem habe ich einen dermaßen Haß. In: Heinemann, Karl-Heinz/ Schubarth, Wilfried (Hrsg.): Der antifaschistische Staat entläßt seine Kinder. Jugend und Rechtsextremismus in Ostdeutschland. Köln 1992, S. 48.

68 Gerth, Michael: Der Skinheadkult. A.a.O., S. 62.

69 Vgl.: Schneider, Thomas: Das Phänomen der Gewaltfaszination. Hooligans und Skinheads. In: Verein Jugend und Sport e. V. (Hrsg.): Der zwölfte Mann ... Soziale Arbeit mit Fußballfans in Hamburg. Hamburg 1993, S.19ff.

70 1991/92 erwachte innerhalb der neonazistischen Szene das Interesse am Ku-Klux-Klan. Fanzines interviewten Klan-Mitglieder, informierten über die Geschichte und Ideologie des Klans, neonazistisch orientierte Bands wie *Kraftschlag* traten in Klan-T-Shirts auf und veröffentlichten Hymnen auf diesen. Doch das christlich-missionarische Selbstverständnis des Klans stand in krassem Widerspruch zum gleichzeitig erwachenden heidnischen Odin-Kult, seine Herkunft aus den verhaßten USA machte den Klan zusätzlich verdächtig, und nicht zuletzt merkten manche, daß die Kapuzennummer bei ihren Freunden und Kameraden doch eher als lachhaft empfunden wurde, so daß nie mehr als drei KKK-Gruppen mit maximal 40 Mitgliedern in Deutschland bekannt wurden.

71 Gängel, Andreas, in: *Endsieg* Nr. 8, Frühjahr 92.

72 Quäck, Sascha, in: Auerbach, Mike: Noheads. Ein Skinhead-Photobuch. Berlin 1994.

Helmut Heitmann

Die Skinhead-Studie

»Sollte ich mich als Volkskundler zu erkennen geben, oder war es ratsamer, ›undercover‹ als Fan vorzugehen? Ich hielt die zweite Variante für einträglicher. Skinheads gehören zu den Arbeitersubkulturen, bei denen Schüler und Studenten kein hohes Ansehen genießen. Wissenschaftlichem Interesse wäre Ablehnung, allenfalls Belustigung entgegengebracht worden. Da man bei Bestellungen in direkten Kontakt mit den Plattenproduzenten und Fanzineredakteuren tritt, ist es ratsam, die korrekte Anrede zu wählen, denn die Subkultur hat nicht nur besondere Grußformeln hervorgebracht, auch die Orthographie erfuhr eine Modifizierung: Ein ›OI! LOITE‹ wirkt mehr als ein schlichtes ›Hallo!‹ Tatsächlich gelang es mir, meine Bestellungen ›authentisch‹ zu gestalten und an Material zu gelangen.«
(Andreas Gebel: Skinheads, S. 3f.)

Skinheads stehen seit Mitte der 80er Jahre in der öffentlichen Diskussion. Ihnen gelten Schlagzeilen, vornehmlich im Zusammenhang mit Rechtsextremismus und Gewalt. Überschreiten Vorfälle und Berichte eine gewisse Reizschwelle, setzt ein bekanntes Ritual ein: Stellungnahmen werden abgegeben, Interviewpartner aus der Betroffenenszene gesucht, Handlungsbedarf wird angemeldet – und Daten sowie Interpretationen der Sozialwissenschaften und der Jugendforschung werden abgefragt. Jugendforschung gerät dabei jedoch in ein Dilemma. Sie sieht sich – auch wenn die Datenlage eher bescheiden ist – zu Stellungnahmen gezwungen und medialen wie institutionellen Verwertungsinteressen gegenüber. Andererseits sollte und will sie auf vorschnelle Definitionen und sich daraus womöglich ergebene »Abziehbilder« verzichten. »Jugendforschung«, so formulierte es der Pädagoge Dieter Baacke, »gewinnt ihre Kategorien nicht aus vordefinierten Problemwahrnehmungen, sondern aus eigenem Umgang mit Jugendlichen, aus der Nähe der Erfahrungen, und sie bezieht Sichtweisen von Jugendlichen mit ein.«[1] Der »Gegenstand« Jugend soll nicht zum Objekt gemacht werden, distanzierenden Formen von Jugendforschung wird sich eher verwehrt. Es geht um die Vielfalt von Lebenspraxen auch innerhalb einer einzigen Szene, um Ambivalenzen und Unterschiedlichkeiten und damit auch um eine vielfältige Basis von Daten und Interpretationen. Es soll im besten Sinne abseits von trivialen Vereinfachungen zu differenzierter Betrachtung eingeladen werden.

In bezug auf die Thematik Skinheads scheint dies von Beginn an ein eher schwieriges Unterfangen gewesen zu sein, vielleicht

»Zunächst hat die gute Frau erst mal eine geschlagene 3/4 Stunde gelabert. Unterbrechungen ihres glorreichen Vortrages duldete sie nicht, denn als einer der Weimarer sie wegen einer Aussage zum Thema Drogen witzig kritisieren wollte, schrie sie ihn gleich an: ›Ich glaube, da hab ich mehr Ahnung als du‹. Nun begann die Tussi auch noch von ihren (ach so vielen) Szeneerfahrungen zu labern. H. wollte nun doch mal wissen, was die Frau wirklich drauf hat, und fragte sie: ›Was ist Ihrer Meinung nach Oi!?‹ Tja, es brach das große Schweigen aus. Nach einiger Zeit kam dann irgendwas mit Skins und Arbeiterbewegung... H. gab ihr den Tip COCKNEY REJECTS, dazu sagte die werte Dame nichts mehr. Es kann ja nicht jeder, der sich mit der Skinheadbewegung beschäftigt, COCKNEY REJECTS kennen...«
(aus: *Zyklon E* Nr. 2, Erfurt 1995)

war es auch gar nicht einlösbar. Die Szene ist eindeutig vorbelastet; das öffentliche Urteil spricht Bände, und das wird auch Sozialwissenschaftler nicht unbeeindruckt gelassen haben. Da war wenig, was überhaupt Zugang verhieß, um so mehr aber übergroßes Mißtrauen. »Sowohl die Gewinnung von Interviewpartnern als auch die Durchführung der teilnehmenden Beobachtung im sozialen Feld wird dadurch erschwert, daß die Skins sich in einer extremen sozialen Isolierung befinden und sich – speziell im Gruppenverband – gegen die Umwelt abschotten und Außenstehenden mißtrauisch und feindselig begegnen«[2], begründeten schon Bock u. a. 1989 die dürre empirische Grundlage ihres Forschungprojekts zum »Jugendprotest in den achtziger Jahren« in bezug auf Skinheads, die sich in kurzen Gesprächen mit sechs Skins am Rande eines Fußballspiels bzw. vor einer Disco erschöpften. Skinheads, das roch nach Machismo, Randale, Härte, bestenfalls nach einer Spur Exotik – in jedem Fall aber nicht nach jugendkultureller schöpferischer Leistung oder einer gesellschaftsverändernden emanzipatorischen Kraft und wohlgelittenem politischen Protest. Auch eine unmittelbare jugendkulturelle Nähe zwischen (jungen) Forschern und Skinheads dürfte eher die Ausnahme gewesen sein. Die Distanz war groß.

In den sozialwissenschaftlichen Beiträgen fand das Thema Skinheads zunächst keine Beachtung, später dann fast ausschließlich unter der Rubrik Rechtsextremismus und Gewalt.

Einige Beiträge erlagen der Gefahr, »kaum mehr zu sein als die Umsetzung alltagsmäßiger vorwissenschaftlicher Beunruhigung über das Anderssein der Jugend oder die Probleme, die sie dem praktischen Handeln macht.«[3] Ähnlich auch der Eindruck des Soziologen Ferchhoff, der feststellte, daß »selbst bei gesellschaftlich eher beunruhigenden und brisanten Phänomenen wie bspw. Jugendarbeitslosigkeit, jugendliche Sub- und Fan-Kulturen, Drogenproblematik, Neonazismus, Motivationsmangel usf. (...) deren Analysen, Darstellungen und Forschungsergebnisse sich nicht auf die Empirie der pluralen Strukturen einlassen und oftmals kaum etwas mit den vielfältigen Differenzierungen, Pluralisierungen und Erscheinungsformen der alltäglichen Lebenspraxis von Jugendlichen zu tun haben.«[4]

Zu einer grundlegenden und differenzierenden Darstellung und Auseinandersetzung mit der Jugendkultur und -szene der Skinheads ist es bislang kaum gekommen. Viele Beiträge und Aussagen haben eher einem alltagspsychologischen oder soziologischen Vorverständnis bzw. entsprechenden Vorannahmen (Skins gleich latent fremdenfeindlich, als Einzelpersonen stark problembehaftet, gewaltbereit u.a.) wissenschaftlich Nachdruck verliehen.

Es fehlte jedoch eine gesicherte Datenbasis für eine Gesamtschau und Beschreibung der Szene.

Dies war der Grund für eine Untersuchung, die wir – Klaus Farin und der Autor dieses Beitrages – 1994/95 realisierten.

Angesprochen waren explizit Skinheads, einbezogen wurde das gesamte Spektrum der Szene. Im folgenden werden die Daten dargestellt. Doch zunächst ein Blick auf Fachbeiträge zur Thematik, insbesondere Studien mit quantifizierenden Aussagen zu Skinheads.

Skinheads als Gegenstand sozialwissenschaftlicher Forschung

Der Skinheadthematik hat sich die Sozialwissenschaft zumeist erst Ende der 80er, Anfang der 90er Jahre zugewandt. Parallel dazu gab es eine geradezu explosionsartig anschwellende Berichterstattung in den Print- und audiovisuellen Medien. Fast ausschließlich geriet dabei das Themenfeld Rechtsextremismus, Gewalt und Fremdenfeindlichkeit in den Blick, angereichert allenfalls mit einem Verweis auf die »Wurzeln« der Skinheadbewegung im England der 60er Jahre. Das breite Spektrum der Szene in seiner Differenziertheit und Ambivalenz blieb in aller Regel ausgeblendet.

Bezug genommen wurde in den Beiträgen – soweit sie eher explorativen Charakter hatten – auf Einzelinterviews, Beobachtungen, Stellungnahmen offizieller Institutionen, Prozeßverläufe, Äußerungen von Angeklagten, Interpretationen von Sozialarbeitern sowie auf Musiktexte einschlägiger Gruppen. Mitunter blieben die Quellenangaben unklar. Bei einigen Beiträgen handelte es sich um dichte und gut nachvollziehbare Beschreibungen, die für sich sprachen, doch insgesamt blieb der Blick der rechtsextremistischen und fremdenfeindlichen Komponente verhaftet. Über die Skinheadkultur erfuhr man eher nur etwas am Rande.

Einige Aufsätze schlugen Skinheads den Jugendstilen zu: provokant, rebellisch und erlebnisorientiert. Den Ruch des Defizitären und Kompensatorischen allerdings wurden sie nicht los; es blieben die negativen Beiklänge. Ferchhoff sprach von »Skinheads in verschiedenen Exemplaren« und fügte erklärend hinzu: »Red-Skins, die politisch eher links stehen, Oi-Skins, die überhaupt nicht stehen, weil sie zu besoffen sind, oder die Fascho-Skins, die ganz weit rechts stehen und schon mal Ausländerjugendliche aufmischen.«[5]

Die Frage, was wahrgenommen und beurteilt wird, läßt sich fast immer gleich beantworten: »Der Zusammenhang zwischen Skinhead-Sein und rechtsradikalen Denk- und Handlungsmustern hat sich in der ersten Hälfte der 90er Jahre so untrennbar verdichtet, daß es den nicht-rassistischen Minoritäten der Szene nicht mehr gelingt, auf andere Formen des Skin-Seins hinzulei-

»Immer wieder findet man Studien über sog. Subkulturen. Teilweise wird regelrecht Verhaltensforschung an Jugendlichen betrieben. Da wird unter Berücksichtigung des sozialen Umfeldes und der negativen Kindheit analysiert, diskutiert und – diskriminiert! Beliebtes Objekt solcher Untersuchungen sind häufig die asozialen, unterprivilegierten Skinheads. Soziologen, BZ/taz-Reporter und ähnliche kompetente Leute ergründen und berichten über Ursprung, Verhalten, Aussehen, Ethnographie und Geschichte dieses ›Abschaum der Gesellschaft‹, ohne vermutlich mal einen Skinhead zu Gesicht bekommen zu haben. Erstaunlicherweise findet man auch ab und an ein paar wahrheitliche Aussagen. Im Gegensatz zu vielen anderen berichtet Mike relativ wahrheitsgetreu über Skinheads.« (Vorbemerkung zu einem dreiseitigen Auszug aus Mike Brakes »Soziologie der jugendlichen Subkulturen« im Skinzine *Big Two*, Berlin 1989. – Skins registrieren durchaus die Forschung über ihre Subkultur.)

ten. Das gilt insbesondere für die rund 3000 Skins in den neuen Bundesländern, die überwiegend rechten Orientierungen nahestehen.«[6] Hier wird einerseits unterschieden, andererseits aber nur noch von Minoritäten gesprochen, die als nicht rassistisch gelten. Die Quelle, auch für die Zahl der 3000 Skins, bleibt ungenannt. »Viele Autoren griffen auf vermeintlich gesicherte Erkenntnisse zuück, die sie aber nicht nachprüften, die sie irgendwo gelesen hatten«, kritisierte Rolf Schwarz in seiner Magisterarbeit, die sich eigens mit der »Wahrnehmung und Problematisierung von Skinheads« durch die Medien, Ordnungskräfte und Wissenschaft befaßt. »Da diese Arbeiten nun selbst als Quelle für nachfolgende Arbeiten dienten, entstand eine Spirale der zunehmenden einseitigen Darstellung der Skinheads.«[7]

Die Erklärungsmuster, mit denen die Szene oft bedacht wird, ähneln den Begründungen von Rechtsextremismus und Gewalt. Sie erwecken den Eindruck, als würde es sich durchweg um gebrochene, defizitäre und problembehaftete Jugendliche und Heranwachsende handeln: Skinhead wird man, um Unsicherheiten und Ängste zu verarbeiten; der Vereinzelung und Atomisierung innerhalb der Gesellschaft wird mit einfachen Weltbildern und deutlichen Zuordnungen, eigener Selbstverachtung mit Gewalt begegnet. Persönliche Defizite werden verortet, berufliche Probleme festgehalten und familiäre Zerrüttung angeführt. Nicht, daß diese Begründungszusammenhänge gänzlich falsch wären. Es geht dabei nur kaum um ein Sinnverstehen dieses jugendkulturellen Ausdrucksstils, dieser Szene.

Skinheads provozieren und schocken. Ihr Auftritt bedeutet Randale und Aggressivität. Skinheads scheinen nicht nur als gewalttätig zu gelten, sondern überhaupt ein Gradmesser für Gewaltbereitschaft zu sein. Die Shell-Studien 1991 und 1996 befragten u.a. Jugendliche nach ihren Einstellungen zu verschiedenen Gruppierungen, die seit einiger Zeit von sich reden machten. Dazu gehörten auch Skinheads. 2% der Befragten zählten sich in der Studie von 1991 selber dazu, 3% fanden – ohne eigene Zugehörigkeit – Skins ganz gut, 11% waren sie egal, der Rest konnte sie nicht leiden, empfand sie als Gegner oder hatte noch nie von ihnen gehört. In der Untersuchung von 1996 haben sich die Zahlen nur leicht verschoben: 1% der Befragten rechneten sich selbst dazu, und 2% fanden Skins ganz gut. 49% konnten sie nicht leiden, und 36% sahen sie als Gegner an. Noch nie von ihnen gehört hatte 1996 allerdings keiner mehr.

Ähnlich befragt wurden 3000 Jugendliche 1988 in der DDR. 2% äußerten sich als »Bekenner«, 4% als Sympathisanten.[8] Einige Interpretationen schlossen aufgrund der Sympathie- bzw. Antipathiewerte auf die allgemeine Gewaltbereitschaft von Jugendlichen. Skinheads dienten so als Folie oder Illustration von Fremdenfeindlichkeit und Gewalt in der Gesellschaft, als

Jugendliche »Haßlisten«

Shell-Studie »Jugend 81«	Shell-Studie »Jugend 91«	Shell-Studie »Jugend 96«
RAF/Terror/Gewalt (86%)	Hooligans (89%)	Hooligans (90%)
Nationale Gruppen (74%)	Skinheads (82%)	Faschos/Neonazis (88%)
Rocker (69%)	Okkulte Gruppen (59%)	Skinheads (85%)
Neue Jugendreligionen (59%)	Punker (46%)	Okkulte Gruppen (51%)
Popper (49%)	Rocker (46%)	Punker (46%)
Bundeswehr-Fans (49%)	Grufties (44%)	Rocker (44%)
Punker (38%)	Hausbesetzer (43%)	Hausbesetzer (38%)

(Gewalttäter jeglicher Couleur sind unter deutschen Jugendlichen unbeliebt. Die Auswahl der Gruppennamen wurde allerdings von den Shell-Jugendforschern vorgegeben. So fehlten 1991 »Neonazis« oder »Nationale Gruppen«. Offenbar glaubte man, sie mit dem Begriff »Skinheads« ausreichend abgedeckt zu haben? Keine Chance für Jugendliche, die differenzieren wollten.)

»Projektionsleinwand« und »Sündenbock«. Eine Studie von 1988 ging von Ängsten in der Gesellschaft aus, die ihren Grund in existenziellen Bedrohungen (Umweltzerstörung, Atomkriegsbefürchtungen) hätten, und mutmaßte, daß sich diese an Skinheads im Sinne einer psychoanalytischen »Verschiebung« konkretisieren könnten, quasi als eine Art von Angstbewältigung.[9] Die Mehrzahl der Forschungsarbeiten über Skinheads, stellte Schwarz fest, entstand »nach Phasen von Gewalttätigkeiten« und war dadurch gekennzeichnet, daß sie »die Thesen einer Brutalisierung der Jugend oder der zunehmenden Fremdenfeindlichkeit breiter Teile der Gesellschaft zu belegen oder zu bestreiten« versuchte. Da es in allen diesen Arbeiten nie wirklich um die Skinheadszene ging, »wurden keine eigenen empirischen Forschungen« durchgeführt.[10]

Es bleibt schließlich festzuhalten: Es mangelte nicht an Erklärungen und Deutungen, aber sie bezogen sich auf Einzelausschnitte der Szene, und ihre Datenbasis ist eher mager. Der Forschungsstand zum Thema Skinheads blieb trotz einiger dichter »Nahaufnahmen« und aussagekräftiger Interviews wie Beobachtungen gering. Es gab nur wenig Faktenwissen und gesicherte Empirie. Ebenso wurde bislang kaum tiefgründiger auf die Differenzierungen, deren Genese oder auch auf die verschiedenen Generationen in der bundesdeutschen Skinheadgeschichte eingegangen.

Wurde nach Zahlen gefragt, kam in schöner Regelmäßigkeit der Verfassungsschutzbericht ins Spiel. Zuweilen wurden von seiten der entsprechenden Landeseinrichtungen Skinheads auch eigene Publikationen gewidmet. 5 400 Skinheads führte der Verfassungsschutzbericht 1994 unter der Rubrik »Militante Rechtsextremisten, insbesondere rechtsextremistische Skinheads«[11] auf. 1987 waren es noch 250[12], 1990 wurde von einem »neonazistischen bzw. neonazistisch anpolitisierten Skin-Potential von mindestens 500 Personen«[13] ausgegangen. Ein Jahr später wies der Bericht einen sprunghaften Anstieg auf 4200 neonazistische Skinheads auf.[14] Eingerechnet wurden erstmalig Zahlen aus den neuen Bundesländern, die dort beheimateten Skinheads wurden augenscheinlich in Gänze dem rechtsextremen Lager zugeschlagen. Im 94er Verfassungsschutzbericht finden sich auch Angaben zur Altersstruktur. Mit Bezug auf verurteilte Straftäter aus der Skinheadszene wurden 35% der Gruppe der 14- bis 17jährigen, 47% den 18- bis 20jährigen und 16% den 21- bis 24jährigen zugeordnet.[15]

Quantitative Aussagen liefert auch eine Studie des Deutschen Jugendinstituts in München von 1994. Aus einer Umfrage unter 2400 Jugendlichen wurde u.a. die Gruppe der Skinheads herausgefiltert. Ein Drittel sind (überraschenderweise) Frauen.[16] Im Vergleich zu anderen jugendlichen Subkulturen (Punks, Grufties, Heavys) haben Skins »mit den meisten familiären Problemen zu kämpfen«, sie sind zudem am häufigsten von mehreren persönlichen Problemen belastet (Alkohol, Probleme mit der Polizei, mit den Eltern u.a.). 40% leben in sogenannten »Multi-Problem-Familien«. Die Gruppe der Skinheads – so das Fazit – sei am »stärksten von persönlichen wie familiären Problemen betroffen«. Die Basis dieser »Ergebnisse einer repräsentativen Jugendbefragung« war die Beteiligung von 31 Jugendlichen (1,7% der Befragten) zwischen 16 und 19 Jahren, die sich selbst den Skins zurechneten.

Auch Willems machte in seiner Studie »Fremdenfeindliche Gewalt« einige wenige quantifizierende Aussagen zu Skinheads. Auf der Grundlage von 1400 Ermittlungsakten der Polizeien in verschiedenen Bundesländern in den Jahren 1991 bis 1992 wurden etwa 40% der als »Skinhead« Benannten im Altersspektrum zwischen 18 und 20 Jahren geortet, der Anteil lag bei etwa 38%, knapp 20% waren arbeitslos.

Fazit: Empirisches Wissen über die Grundgesamtheit Skinheads liegt nicht oder nur in geringem Maße vor.

Die Studie: Zugang und Ansatz

Dieser Mangel an empirischen Daten und umfassenden Studien ist vermutlich auch auf fehlende Zugangsmöglichkeiten zurückzuführen. Stigmatisierung und Pauschalisierung des Bildes von Skinheads, ebenso die Erfahrungen, die mit einseitigen und drastischen Formen der Berichterstattung gemacht wurden, dürften zur Verhärtung innerhalb der Szene beigetragen haben. Skinheads, so unsere Erfahrungen, begegnen Wissenschaft mit einer gehörigen Portion Skepsis. Geht es zudem (erneut) um die sprichwörtlichen Fragen zu Rechtsextremismus und Gewalt, schlägt einem heftige Ablehnung entgegen.

Andererseits bestehen auch auf seiten von Wissenschaft und Forschung erhebliche Berührungsängste. Wer traut sich, in die Szene hineinzugehen? Wo sind überhaupt Aufenthaltsorte und Szenetreffs? Wer fungiert als Gewährsmann?

Auch wir hatten zunächst hinsichtlich einer schriftlichen Befragung Befürchtungen und verknüpften deshalb die Verteilung der Fragebögen mit intensiver Vor-Ort-Präsenz, Gesprächen und Kontakten zu Meinungsführern, Fanzine-»Machern« sowie Bands und Plattenvertrieben. Außerdem wurde von uns der Appell formuliert, mit einer Beantwortung der Fragebögen zu einer vorurteilsfreien, fairen, tendenziell repräsentativen, aber auch ungeschönten Darstellung von Skinheads beizutragen.

Im Winter/Frühjahr 1995 wurden 8 000 Fragebögen verteilt und versandt. Wir haben darauf geachtet, daß zum einen jedes Bundesland einbezogen wurde und zum anderen nicht nur größere Städte vertreten waren. Bis Ende des Jahres erhielten wir 406 ausgefüllte Fragebögen zurück. Angesichts der Schätzungen von 6 000 bis 8 000 Skinheads in der Bundesrepublik dürfte diese Zahl ein akzeptabler Wert sein.

Vielen der Fragebögen lagen zusätzliche Erklärungen bei, außerdem Zeichnungen, Photos (» ... damit ihr mal seht, wie ich aussehe«), Demotapes und Einladungen zu Feten. Dies erschien uns als Zeichen besonderer Motivation, seine »Lebenskultur« und sein Verständnis vom Skinhead-Sein zu erklären. Schriftbild, Satzbau und Interpunktion machten deutlich, daß es sich bei den Antwortenden nicht mehrheitlich um Skinheads aus akademischem oder studentischem Milieu handelte. Viele waren es offensichtlich nicht gewohnt, oft zu schreiben.

Bewußt wurde die Thematik Gewalt von uns eher zurückhaltend angesprochen. Wir verzichteten auf Fragen, die in der Szene als suggestiv hätten empfunden werden können bzw. geradezu bestimmte Antworten provoziert hätten.

Mehr Schwierigkeiten hätten wir aufgrund der Länge des Fragebogens – 14 Seiten mit insgesamt 69 Fragen – erwartet. Zu unser Freude waren jedoch fast alle Bögen vollständig ausgefüllt. Um sichergehen zu können, daß die Befragten sich auch der Skinheadszene zurechneten, hatten wir etliche Fragen zu besonderen Stilmerkmalen gestellt, die szene-intern einen hohen Bekanntheitsgrad und Bedeutungswert haben (Musik, Fanzines, Filme, Tattoos), für Außenstehende aber eher uninteressant sind und von diesen nicht hätten beantwortet werden können. Ergänzt hatten wir das mit einer offenen Frage zum Selbstverständnis als Skinhead. Überraschend bleibt für uns, mit welcher Fülle von zusätzlichen Selbstdarstellungen und auch mit welcher Offenheit uns mehrere hundert Jugendliche und junge Erwachsene aus einer hochstigmatisierten und angefeindeten Jugendkultur geantwortet haben.

Auswertungsgrundlage waren 406 Fragebögen. Die Untersuchung unterteilt sich in verschiedene Komplexe. Erhoben wurden Daten zu Alter, Geschlecht, Eltern wie auch zu Freizeitverhalten, Beruf und Arbeit, Politik und Stilmerkmalen (Musik, Fanzines, Filme etc.). In die folgende Darstellung der Ergebnisse der Untersuchung und der gewonnenen Daten wurden Vergleiche mit anderen Jugendstudien einbezogen. Allerdings gilt es hierbei zu bedenken, daß Fragestellungen und Altersgruppen nicht identisch sind, also Verzerrungen entstehen können.

Strukturdaten für eine erste Beschreibung der Szene

Die regionale Verteilung erstreckt sich relativ gleichmäßig über die gesamte Bundesrepublik. 87 Fragebögen erhielten wir aus Ostdeutschland zurück, 307 aus Westdeutschland einschließlich Westberlin (vgl. Abb. 1). Die restlichen 12 Bögen enthielten keine Angaben zu dieser Frage.

Abb. 1

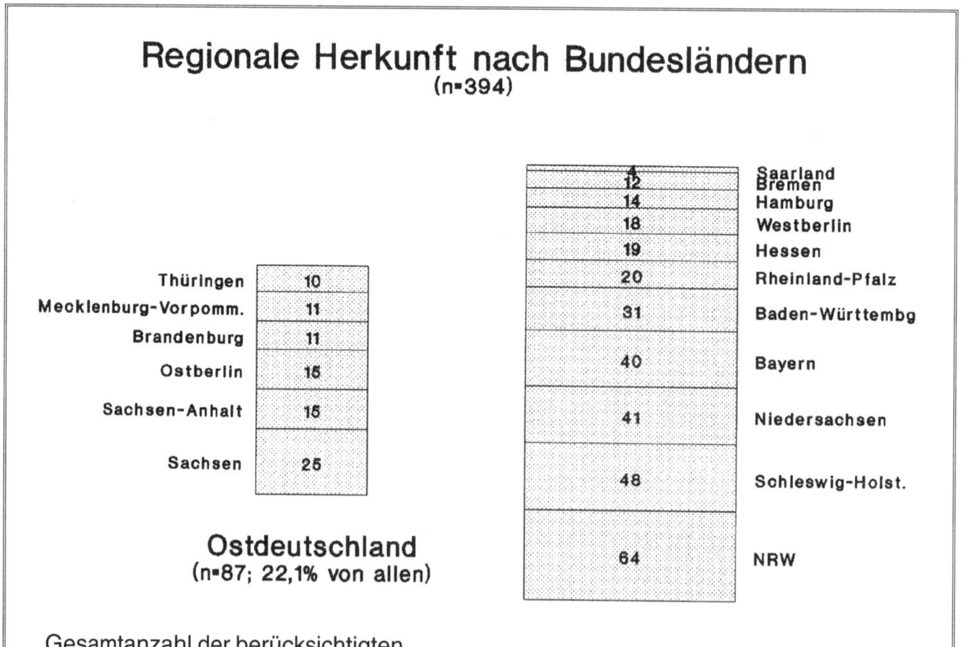

Gesamtanzahl der berücksichtigten Fragebögen n= 394. Die restlichen 12 (von 406) Bögen enthielten keine Angaben zu dieser Frage.

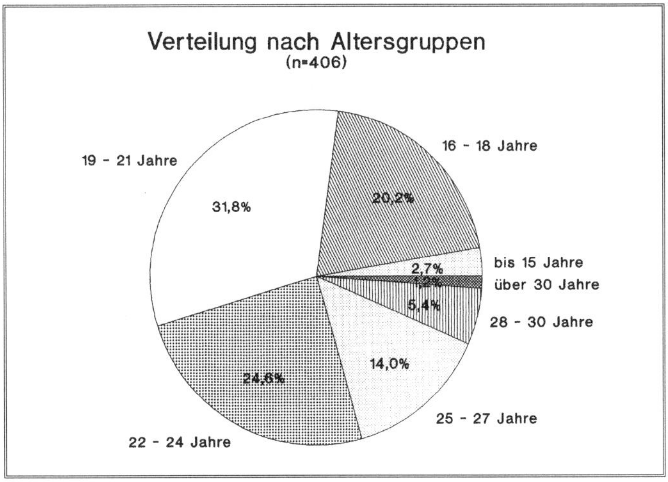

Abb. 2

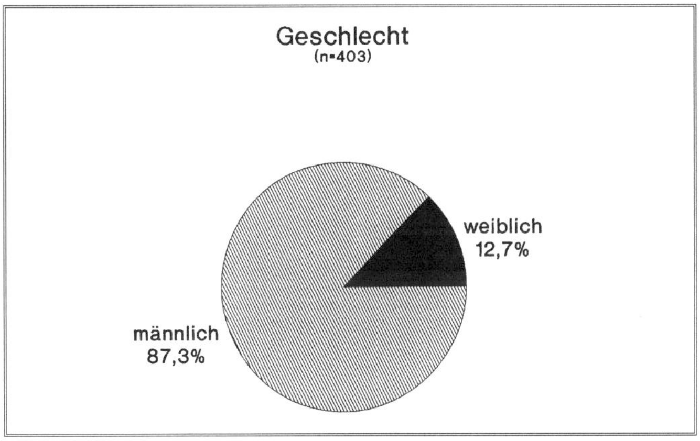

Abb. 3

Nur 2,7% der Befragten sind 15 oder jünger, jeder Fünfte (20,2%) ist 16 bis 18 Jahre alt. Die meisten (31,8%) sind zwischen 19 und 21, etwa ein Viertel (24,6%) zwischen 22 und 24 Jahre alt. 25 Jahre und älter sind 20,6% (vgl. Abb. 2). Es sei an dieser Stelle darauf hingewiesen, daß in der Bundesrepublik auch die Grundgesamtheit der Altersgruppe der etwa 18- bis 26jährigen höher liegt als die der jüngeren Altersgruppen.

Relativ lang scheint die Verweildauer in der Szene zu sein bzw. das Selbstverständnis, sich zugehörig zu fühlen. Auf die Frage, seit wann man Skinhead sei, geben knapp ein Drittel (32,8%) 2 bis 3 Jahre an, 35,4% 4 bis 6 Jahre und länger als 7 Jahre immerhin noch 27,7%. Man steigt augenscheinlich nicht nur später ein, sondern bleibt auch länger dabei.

Bei der Geschlechtszugehörigkeit ergaben sich eher erwartete Daten. 12,7% sind weiblich, 87,3% männlich (vgl. Abb. 3).

Gefragt haben wir weiterhin nach dem Schulabschluß. 23,1% der Antwortenden verfügen über einen Hauptschulabschluß, 50,5% über die mittlere Reife oder einen vergleichbaren Abschluß; 24,9% haben Abitur (vgl. Abb. 4). Zum Vergleich seien hier die Zahlen wiedergegeben, die das Bildungsniveau in der bundesdeutschen Bevölkerung für das Jahr 1995 festhalten und im Datenreport des bundesdeutschen Statistikamtes erschienen sind: Danach haben in der Altersgruppe der 20- bis 29jährigen 30,4% den Volks- oder Hauptschulabschluß, 12,2% den Abschluß der polytechnischen Oberschule, 26,6% haben die Realschule erfolgreich beendet, und 29,7% verfügen über das Abitur bzw. Fachhochschul- oder Hochschulreife.[18]

Insgesamt kann also davon ausgegangen werden, daß die Unterschiede zur Gesamtpopulation von Jugendlichen in der Bundesrepublik gering sind. Die vermuteten eher niedrigen Bildungsabschlüsse konnten nicht festgestellt werden.

Familie, Beziehung, Wohnung und Unterhalt

Von den Befragten sind 5,7% verheiratet, 57% leben in loser bis fester Beziehung, 36,3% sind Singles. Aufgeschlüsselt nach dem Alter, ergeben sich für die höheren Altersgruppen vergleichsweise hohe Werte für das »Alleinsein«.

8,4% haben eigene Kinder. 68,7% verfügen über kein oder nur ein Geschwisterteil. Dies entspricht in etwa der gesamtgesellschaftlichen Tendenz: Den Daten des Mikrozensus aus dem Jahr 1995 folgend, haben 72,2% der 15- bis unter 18jährigen kein oder ein Geschwisterteil. Bei den 18- bis unter 28jährigen sind es noch mehr, nämlich 81,1% (Auskunft des Statistischen Bundesamtes).

Fast die Hälfte (49,9%) wohnt noch bei den Eltern oder bei Verwandten, knapp jeder Fünfte (18,8%) allein. Fast die Hälfte der Befragten ist mit ihrer Wohnungssituation zufrieden. Auch hier zum Vergleich: Nach der IPOS-Studie aus dem Jahr 1993 haben 41% der 14- bis 27jährigen in den alten Bundesländern und 46% in den neuen Bundesländern die Herkunftsfamilie verlassen.[19]

Interessiert waren wir auch an Hinweisen zum Herkunftsmilieu und fragten deshalb nach dem Berufsstatus der Eltern. Beim Vater geben 15,3% einen kaufmännischen Beruf, 17,1% den der sozialen Dienstleistung, 18,1% den medizinischen Bereich und 9,4% das pädagogische Arbeitsfeld an. 14% sprechen von Arbeiter oder Handwerker (vgl. Abb. 5). Bei der Mutter sind es 26,9%, die Arbeiter oder Handwerk nennen, 6,5% geben den Bereich der sozialen Dienstleistung an, 8,5% Akademikerin und 10,1% Beamtin, nur 3,9% den pädagogischen, 1,6% den medizinischen Bereich. Bei der Beantwortung dieser Frage gilt es allerdings zu bedenken, daß bei der Mutter – soweit aktuell nicht berufstätig – wahrscheinlich eher die Ausbildung, beim Vater die ausgeübte Berufstätigkeit genannt wird.

Ihren finanziellen Lebensunterhalt bestreiten weit mehr als

die Hälfte der Befragten (60,5%) mit eigenem Einkommen, 17% werden noch ganz von ihren Eltern unterhalten, 31,6% ab und zu. 31,6% haben Nebenjobs, etwa 9,9% beziehen Arbeitslosengeld/-hilfe oder Sozialhilfe. Es ist offensichtlich – und die höhere Altersstruktur läßt das auch erwarten –, daß der Anteil derer, die hinsichtlich des Unterhalts ausschließlich auf ihre Eltern angewiesen sind, eher klein ist.

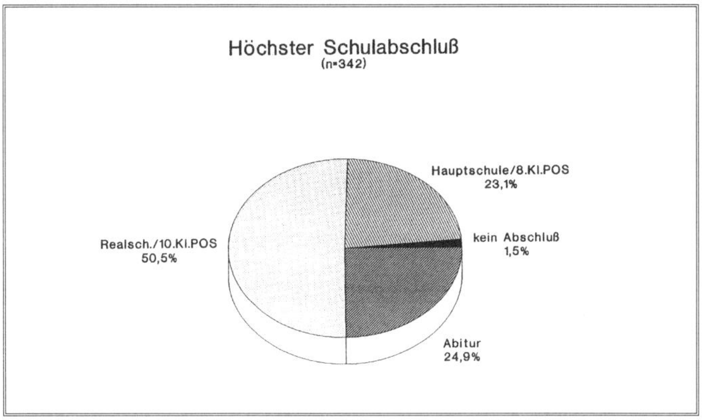

Abb. 4

POS = Polytechnische Oberschule

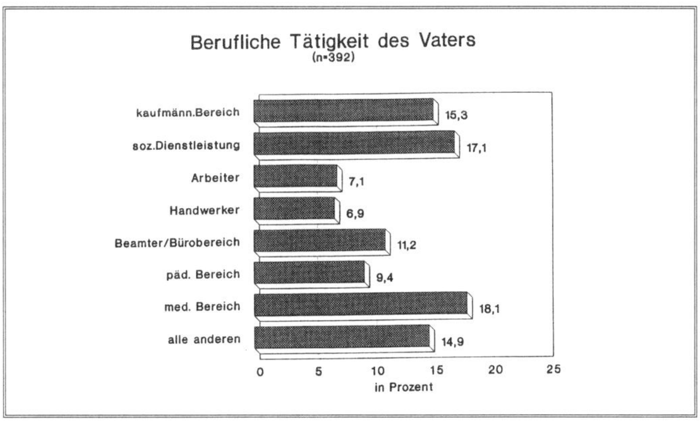

Abb. 5

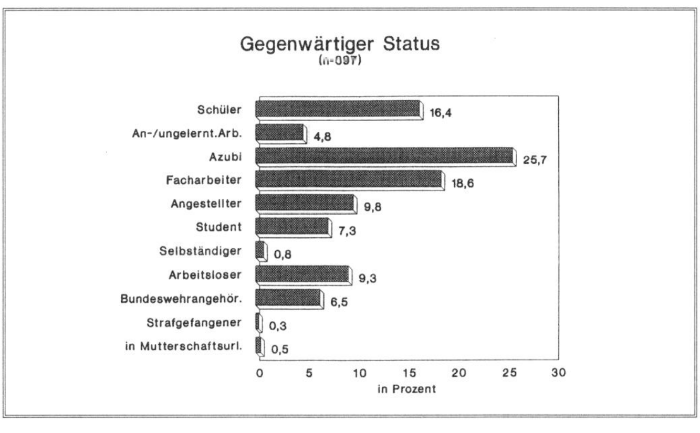

Abb. 6

Arbeits- und Lebenssituation

Der Erwartungswert hinsichtlich der Arbeitslosigkeit bei Skinheads dürfte hoch sein. In der bereits erwähnten Studie »Fremdenfeindliche Gewalt« von Willems war u. a. die Rede von 20%. Auf die Frage nach dem gegenwärtigen Berufsstatus antworten in unserer Befragung 42,1% mit Schüler oder Auszubildender, 18,6% mit Facharbeiter und 9,8% mit Angestellter. 9,3% aller Antwortenden sind arbeitslos oder in einer Umschulung, 7,3% Studenten (vgl. Abb. 6). Eher zufrieden mit der gegenwärtigen Ausbildungs- oder Arbeitssituation sind 62,3%, eher unzufrieden 37,7% (vgl. Abb. 7). Zum Vergleich Zahlen über Zufriedenheit mit dem Arbeitsplatz in der bundesdeutschen Bevölkerung 1995: 13% in Westdeutschland und 15% in Ostdeutschland sind eher unzufrieden, 77% bzw. 71% zufrieden.[20] Nach dem Neunten Jugendbericht sind in den neuen Bundesländern 1992 82% der 15- bis 20jährigen mit der gegenwärtigen Ausbildung zufrieden bis sehr zufrieden, 17% weniger bis sehr unzufrieden.[21]

In der Bewertung dessen, was am Beruf am wichtigsten ist, erhält in unserer Befragung die Zukunftsperspektive die höchste Bewertung. 93,5% halten für eher bis sehr wichtig, daß der Beruf zukunftssicher ist. Eigenständig zu arbeiten, finden 88,6% eher bis sehr wichtig. Über andere bestimmen zu können, wird dagegen von nur 9% als eher höherrangig angesehen. Für die Möglichkeit guter Karrierechancen votieren 35,7%. Über die Hälfte (52,2%) hält es für eher wichtig bis sehr wichtig, in ihrem Beruf anderen zu helfen und nützlich für die Gesellschaft zu sein. Das dürfte eher überraschend sein, ebenso wie das Desinteresse, über andere bestimmen zu können. Herausragend aber ist der Wunsch nach einer sicheren Perspektive des Berufs.

Die anschließende Frage betraf die persönliche Zukunftseinschätzung. 40,3% sehen ihre Zukunft eher optimistisch, 8,7% eher pessimistisch, 41,3% wußten nicht recht. Unterschieden nach Ost und West äußerten sich in den neuen Bundesländern 45,7% eher optimistisch gegenüber 39,3% in den alten Bundesländern. Betrachtet man hierbei die Altersstufen, wird deutlich, daß die optimistische Zukunftssicht sich in allen Altersgruppen tendenziell ähnelt mit einer leichten Abnahme in höheren Altersgruppen. Bei der pessimistischen Einstellung ist mit wachsendem Alter eine deutliche Zunahme erkennbar: von 0 auf 14,3%. In der Shell-Studie 1991 sahen in Westdeutschland 61% Jugendliche zuversichtlich in die Zukunft; in Ostdeutschland waren es 52%.[22]

Es gibt bei vielen Skinheads eine optimistische persönliche Grundstimmung. Aber über 40% mit einer unentschiedenen Meinung deuten auch auf eine nicht zu übersehende Verunsicherung hin.

Aufschlußreich war die Beantwortung der Frage nach dem Verständnis von »Working class«. Arbeit zu haben wird außer-

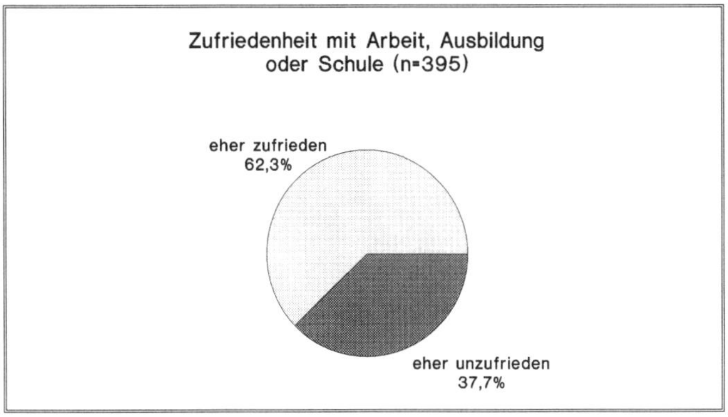

Abb. 7

ordentlich hoch bewertet (»Es ist wichtig, daß, wenn man Skinhead ist, man auch arbeitet«). Dabei geht es vor allem um körperliche Arbeit und selbstverantwortliches Tun. Staatlichen Unterstützungsleistungen gegenüber verwehrt man sich zuweilen mit heftigem Unterton. Tenor der Antworten hier: »Ehrliche Arbeit, gerechtes Geld verdienen«, »sich zu nichts zu schade sein«, »andere nicht belasten, weder Eltern noch dem Staat auf der Tasche liegen«. Auffällig bei den Antworten ist die Ablehnung von Karriere, Status und Leitungsfunktionen. Sich selbst positioniert man gesellschaftlich »unten« (»gegen Bonzen sein«, »kein Boss sein«, »tendenziell unten und einfach sein«, »niedere Jobs haben und nie Karriere machen«). Selbstbewußtsein scheinen die Befragten aus der positiven Besetzung von Arbeit, Einfachheit und Prinzipientreue zu ziehen. Man möchte klar und gradlinig sein, sagen, was man denkt – und »nichts in den Arsch gesteckt« bekommen.

Zwischen Arbeit und Wochenende wird strikt unterschieden. Das intensive und genußvolle Leben vollzieht sich am Wochenende: »Werktags arbeiten und am Wochenende die Sau rauslassen«. Nicht »Spießer« möchte man sein, nicht »abends den Fernseher anschmeißen«, sondern Spaß haben, »Spaß an den einfachen Dingen«. Auf Ablehnung stößt zumeist »intellektuelles Getöse«. »Skinhead und Student sein« scheint etlichen nicht »kompatibel«. Geradezu trotzig betonen einige, daß auch Studenten Skinheads sein können. Und versöhnlich das Votum derer, die formulieren, daß »jeder Arbeiter sei, der um eine bestimmte Uhrzeit aufstehen muß, um seinen Lebensunterhalt zu verdienen« bzw. »jeder, der seine Leistung – ob körperlich oder geistig – verkaufen muß«.

Als eine Art Querschnitt der Antworten schält sich tendenziell heraus: Man möchte weder »Bonze noch Spießer« sein, »kein profitgieriger Ellbogentyp« und auch »kein Schickimicki-Mensch«. Statt dessen will man einen »ehrlichen Job haben«, »weniger anspruchsvoll sein können«, »nicht vor Autoritäten kuschen« und »Spaß haben«.

Freizeitaktivitäten und Clique

Freund oder Freundin und Clique scheinen mit Abstand die wichtigsten Partner in der Freizeit zu sein. 81,6% verbringen mit ihnen überwiegend die Freizeit. Eltern und Verwandte sind mit 1,7% völlig unbedeutend, spielen kaum eine Rolle, sie werden auch bei einer Frage nach Einschränkung von Freizeitmöglichkeiten kaum genannt. Nur 10,3% geben an, keiner Clique anzugehören.

Das Interesse bei den Freizeitaktivitäten gilt in der Hauptsache Konzertbesuchen (38,8%) und Musikhören (38,2%). 35,9% formulieren ohne Umschweife »Saufen«. Weiterhin bedeutsam sind Freunde (22,5%), Partys (22,2,%), Kneipe (18,3%) und Sport (18,1%). 12,8% entscheiden sich für Lesen (vgl. Abb. 8).

Zum Vergleich: Nach der Studie von Lüdtke aus dem Jahr 1992 bevorzugte knapp ein Drittel (32,8%) der ostdeutschen Jugend bei den Freizeitaktivitäten Lesen, in Westdeutschland waren es 28,8%. Etwa jeder Vierte (26,6%) entschied sich in den neuen Bundesländern für »Musik hören«, in den alten Bundesländern war es jeder Fünfte (21,5%); 13,7% entschieden sich im Osten für Sport, im Westen waren es 21,7%.

Auf die Frage nach den Prioritäten bei den Freizeitangeboten antworten 83,5% der von uns befragten Skinheads mit Konzer-

Abb. 8

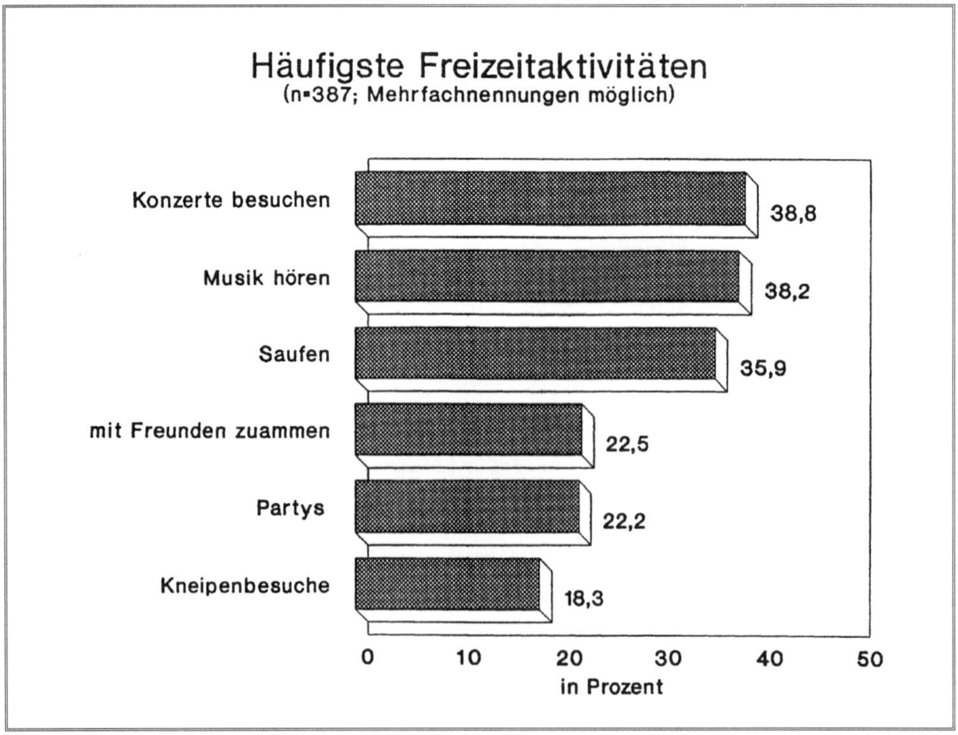

ten/All-Nighter, knapp die Hälfte (48,8%) verlangt nach Veranstaltungsräumen; 70,4% aller Antworten betreffen die Kneipe. Konzertbesuche und »Musik hören« sind existenzielle Inhalte und bestimmende Merkmale der Szene. »Saufen« gehört unweigerlich mit dazu. »Skinhead sein« ist kein privatistisches Gebaren. Es wird nach außen demonstriert. Gesucht sind augenscheinlich (Gelegenheits-) Strukturen zum Beieinandersein und »Fun haben«.

Befragt nach fehlenden Angeboten am Wohnort, geben 41% Kneipen, Nightlife und Konzerte an, 32,3 % Räume für Jugendliche. 20% fehlen die Gleichgesinnten vor Ort. Es mangelt an Orten und Treffpunkten und – das wird hier erneut deutlich – an Gelegenheitsstrukturen. 66,6% beklagen sich allgemein über fehlende Angebote in der Freizeit; insbesondere in den ostdeutschen Ländern wird dieser Mangel (83,6%) formuliert. Es fehlt hier also weiterhin an Ressourcen für den Freizeitbereich.

Zu den Cliquen gehören zu knapp einem Viertel (24%) gleichermaßen Männer und Frauen. Getrennt nach Altersgruppen, sind es insbesondere die Älteren, die von gleichen Anteilen von Männern und Frauen sprechen (22 bis 24 Jahre: 26,9%, 25 bis 27 Jahre: 40%, 28 bis 30 Jahre: 38,1%).

Aber bei fast drei Vierteln (73,8%), bei den 16- bis 18jährigen sogar bei über 81%, sind überwiegend Männer vertreten. Das deutet darauf hin, daß hier »Männerbündisches« mit im Spiel ist und die Geschlechtsspezifik eine nicht unerhebliche Rolle spielt.

Sehr heterogen sind die Antworten auf die Frage, aus welchen Szenen sich die Cliquen zusammensetzen. Bei 17,5% sind es nur Skinheads; 30,1% nennen »Stinos«, 16,5% Punks und 5,2% Hooligans. Das legt die Vermutung nahe, daß es im alltäglichen Miteinander mehr Toleranz gibt als vermutet.

Ansichten zu Politik und Gesellschaft

Nicht zuletzt aufgrund des öffentlichen Meinungsbildes und der eindeutigen Zuschreibungen gibt es hier bei den Befragten eine besondere Sensibilität. Entsprechend wurde auf Fragen, die eventuell »erwünschte« Antworten produzieren könnten, verzichtet.

Gefragt wurde aber nach den politischen Orientierungen. 63,3% bekunden politisches Interesse, davon über ein Viertel (26%) großes Interesse. Auf die Frage nach politischer Aktivität in einer Partei, Bürgerinitiative oder Gewerkschaft geben 13,8% eine bejahende Antwort. Zum Vergleich: Nach einer Umfrage des Deutschen Jugendinstituts 1992 unter 16- bis 29jährigen »... sind 90% der Befragten bereit, sich an Wahlen zu beteiligen, und 40% würden sich in traditionellen

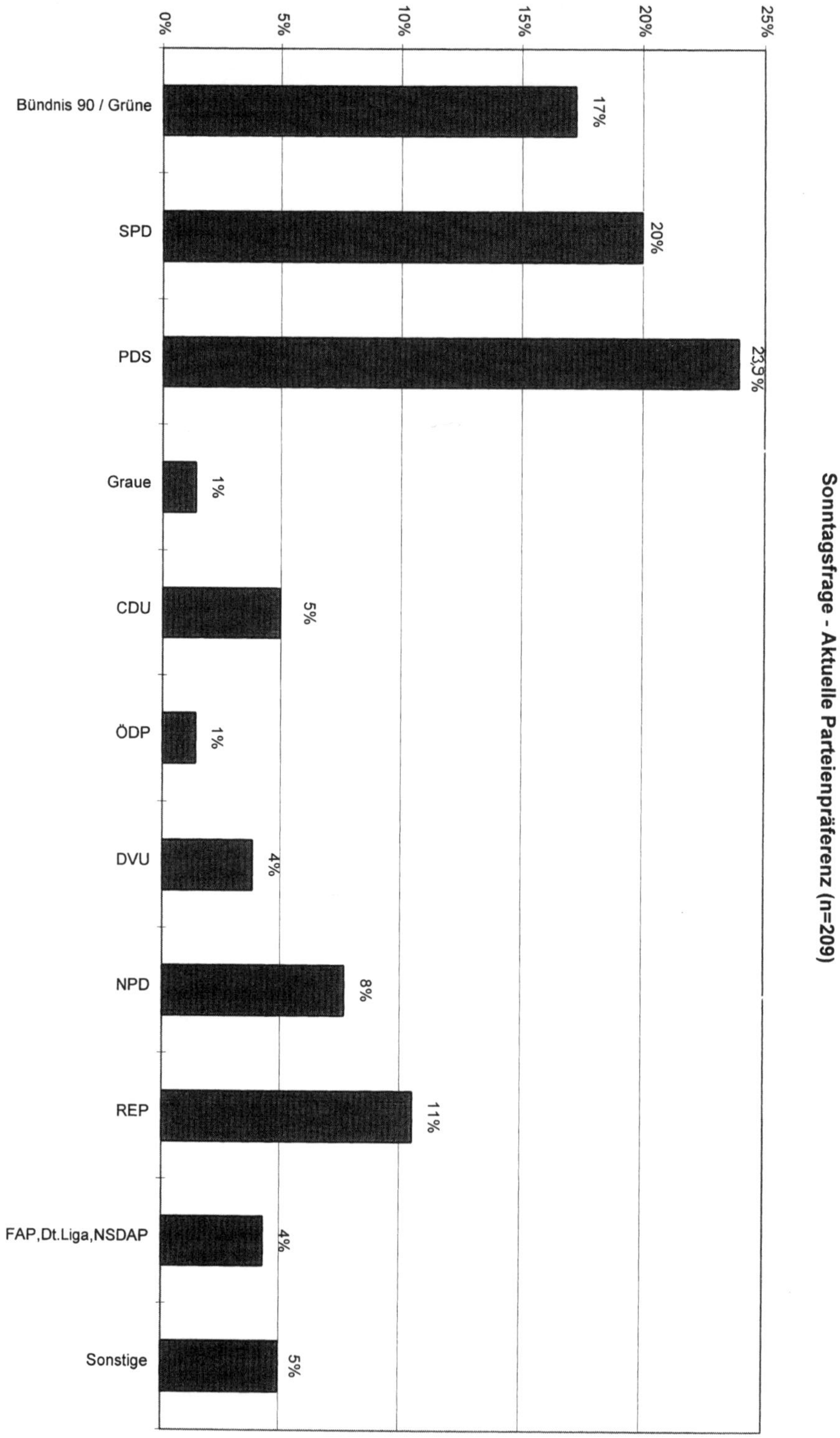

Sonntagsfrage - Aktuelle Parteienpräferenz (n=209)
0%
5%
10%
15%
20%
25%
Bündnis 90 / Grüne
17%
SPD
20%
PDS
23,9%
Graue
1%
CDU
5%
ÖDP
1%
DVU
4%
NPD
8%
REP
11%
FAP,Dt.Liga,NSDAP
4%
Sonstige
5%

Abb. 9

Verbänden oder informellen Gruppierungen engagieren«.[23] Politik hat jedoch im Vergleich zu Freizeit, Freunden und Partnerschaft nur für ein Drittel der Befragten einen hohen Stellenwert.[24]

Bei der »Sonntagsfrage« (Welcher Partei würde ich meine Stimmen geben, falls nächsten Sonntag Wahlen wären?) ergibt sich ein Stimmenanteil für die PDS von 23,9%. Für rechtsextreme und rechtsextremistische Parteien votieren 25,8% (vgl. Abb. 9). Zum Vergleich: Bei den Bundestagswahlen 1994 stimmten von den 18- bis 24jährigen 5,1% für die PDS, 14,2% für Bündnis 90/Die Grünen, 34,6% für die SPD und 33,2% für die CDU. Andere erhielten 6,6%. Dabei ist jedoch zu bedenken, daß die absoluten Zahlen derer, die jeweils für eine Partei votieren, vergleichsweise gering ist. Das relativiert die Prozentangaben.

Bei Berücksichtigung derer, die sich bewußt der Wahl verweigern würden, ergibt sich ein verändertes Bild (vgl. Abb. 10). Die Partei mit den absolut meisten Stimmen ist die der Nicht-Wähler. Angesichts der Ergebnisse bei den Bundes- und Landtagswahlen kann das nicht weiter überraschen, liegt doch die Wahlabstinenz bei den Jungwählern zum Teil erheblich höher als bei älteren Wählern. Die Wahlbeteiligung bei den Landtagswahlen in Sachsen-Anhalt 1994 lag bei den 18- bis 20jährigen bei 36,9%, bei den 21- bis 24jährigen gar nur bei 31,3,% in Sachsen bei den Landtagswahlen im gleichen Jahr bei 39,3% bzw. 31,8%. Nach der IPOS-Studie gaben 1993 33% der Befragten zwischen 14 und 27 Jahren in den alten und 32% in den neuen Bundesländern an, daß sie ihre Interessen von keiner Partei vertreten sehen würden.[25]

47% erklärten in unserer Befragung, »unpolitisch« zu sein. Bei der Beantwortung der Frage, was für sie unpolitisch sei, formulierten viele einen starken Unwillen gegen Parteien und Politiker. »Unpolitisch ist einer, der sich von politischen Gruppierungen distanziert«, heißt es, oder: »Unpolitisch heißt eine eigene Meinung haben, sich aber nicht für Politiker und Parteien einsetzen«, oder »keiner Partei angehören, weder rechts noch links, aber deswegen noch lange nicht gesellschaftsunkritisch sein«. Deutlich spiegelt sich hier der Vertrauensverlust in die klassischen politischen Institutionen bzw. das landläufige Bild von Politik. Heftig abgelehnt werden politische Vereinnahmungsversuche. In keine Schublade will man sich stecken lassen (»sich an keine Seite verkaufen«, »weder rechts noch links sein« und »meine Freizeit nicht mit Nazis verhauen oder Zecken klatschen verbringen«). Raushalten aus der Skinheadszene möchte man politisches Gebaren, insbesondere das Eintreten und die Werbung für extreme Ansichten («Politik gehört nicht in die Szene«, »als Skinhead bin ich unpolitisch, als Mensch jedoch nicht, weil man ja zu jeder Sache eine politische Meinung hat«, und »Politik hat die Szene kaputt gemacht, deswegen

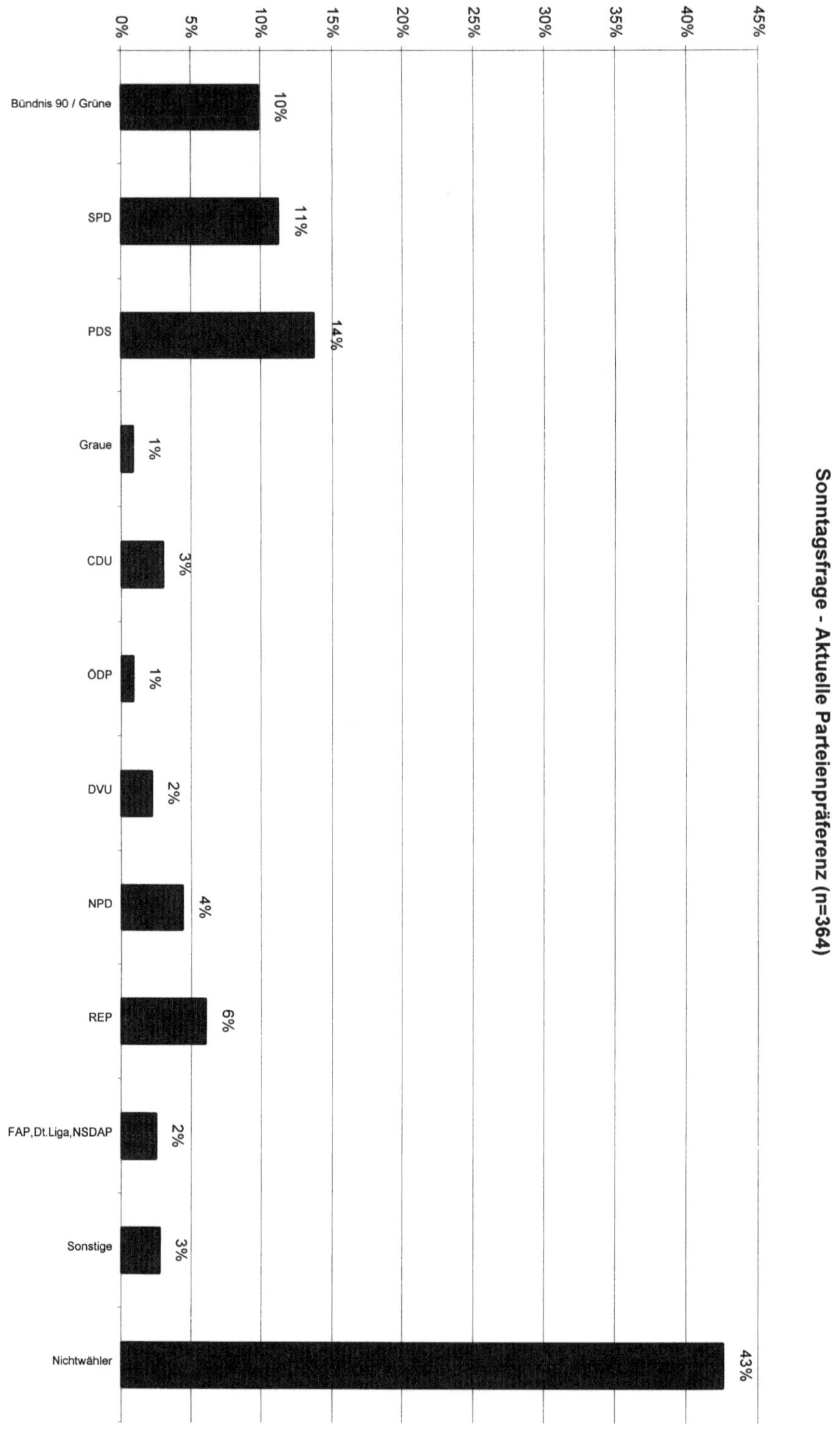
Sonntagsfrage - Aktuelle Parteienpräferenz (n=364)
0%
5%
10%
15%
20%
25%
30%
35%
40%
45%
Bündnis 90 / Grüne
10%
SPD
11%
PDS
14%
Graue
1%
CDU
3%
ÖDP
1%
DVU
2%
NPD
4%
REP
6%
FAP,Dt.Liga,NSDAP
2%
Sonstige
3%
Nichtwähler
43%

Abb. 10

raushalten«). Zuweilen klingt in den Antworten der Versuch einer szene-internen Versöhnung an (»Skinhead ist Skinhead und Politik ist Politik« und »If the Skins are united«). Nicht agitieren will man in der Szene, nicht aufdrängen, sondern akzeptieren und Verständigung signalisieren (»anderen nicht Phrasen aufdrücken«, »mit anderen Glatzen gut auskommen«, »eigene Meinung haben, aber nicht rausbrüllen«). Als unpolitisch im Sinne von gesellschaftlichem Desinteresse oder Ignoranz und Meinungslosigkeit will sich offensichtlich kaum jemand verstanden wissen (»wissen, was los ist in Politik und Gesellschaft«, »sich zu allem, unabhängig von Trends und Parteien, seine Meinung bilden«, und »kein Mensch ist unpolitisch«).

Ebenfalls gefragt haben wir nach den Einstellungen zu anderen Gruppen bzw. szene-internen Fraktionen (vgl. Abb. 11). 45,6% finden SHARP-Skins sympathisch bis sehr gut, Redskins jedoch nur 14,9%; 60,5% lehnen letztere ab bzw. finden sie unsympathisch. Fast 70% (69,1%) haben eine eher negative Einstellung zu Naziskins. 78,1% finden aber auch Antifa-Autonome unsympathisch bzw. lehnen sie ab. Ausländer finden 13,1% sympathisch bis sehr gut, ein Drittel (32,9%) lehnt sie tendenziell ab bzw. findet sie unsympathisch. Homosexuelle vereinen 9,3% der Sympathien auf sich, 41,3% sind sie egal. Ziemlich genau die Hälfte (49,3%) lehnt sie ab bzw. hat eine eher negative Einstellung zu ihnen.

Abb. 11

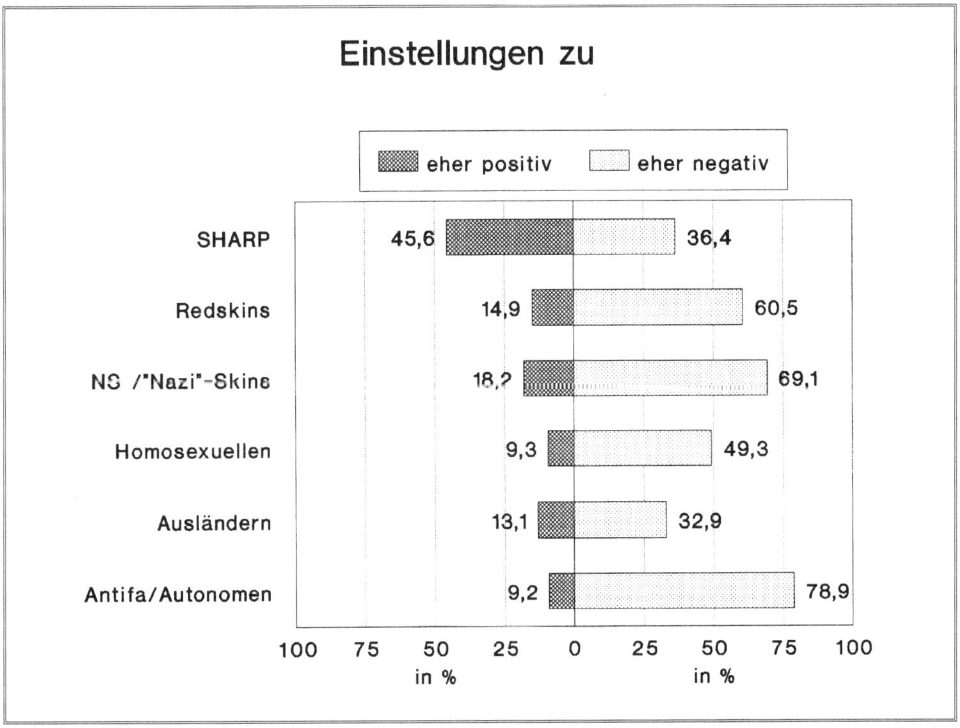

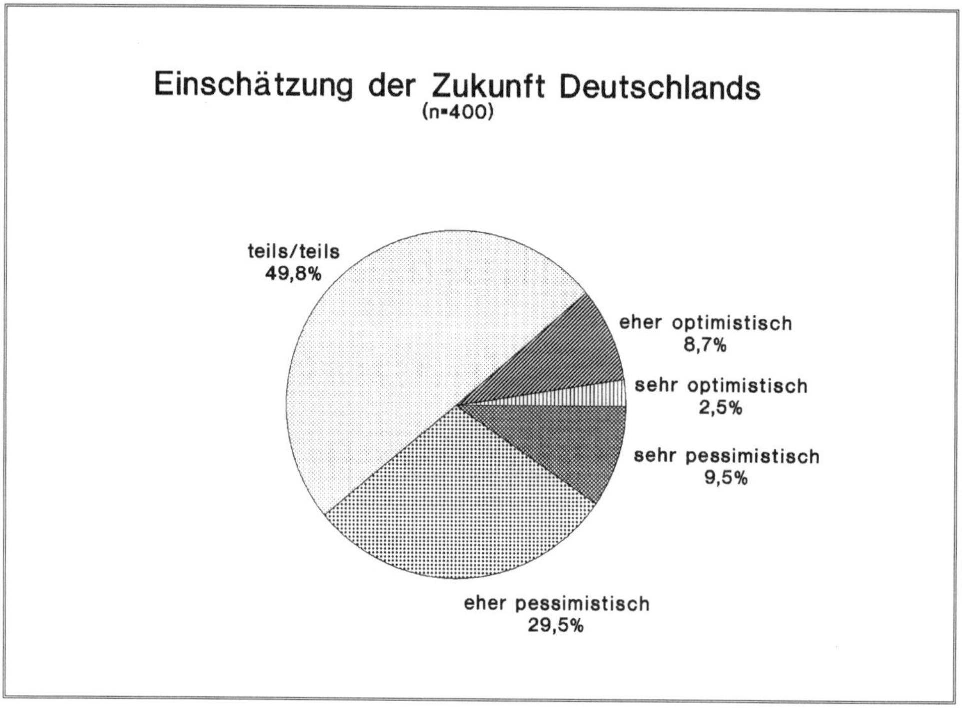

Abb. 12

Deutlich werden hier die Polaritäten innerhalb der Szene. Überraschend die eher hohe Zustimmung hinsichtlich der SHARP-Skins, während Redskins gleichzeitig eher abgelehnt werden. Daß fast 70% Naziskins eher negativ bewerten, kann als Hinweis darauf angesehen werden, daß Extremgruppen mehrheitlich auf Ablehnung stoßen.

Auf die Frage nach den drängendsten Problemen in Deutschland wird am häufigsten (58,3%) das Thema Arbeit und Lehrstelle genannt. Es folgen in der Zahl der Nennungen Wohnungsnot mit 30,8% und das Thema Ausländer und Asylsuchende mit 30,4%. Auch hier der Blick in eine andere Befragung: Nach der bereits zitierten IPOS-Studie hielten 42% der Befragten in den neuen Bundesländern Arbeitslosigkeit für das wichtigste Problem, in den alten Bundesländern waren es 8%. Das wichtigste Problem dort war Ausländerfeindlichkeit (26%).[26]

Für die von uns Befragten ist Arbeit/Lehrstelle eine eindeutige Problemkategorie. Es ist zu vermuten, daß – auch wenn sie aktuell nicht von Arbeitslosigkeit betroffen sind – berufliche Marginalisierungen und Herabsetzungen befürchtet bzw. schon gewissermaßen vorweggenommen werden.

Große Hoffnungen in bezug auf gesamtgesellschaftliche Perspektiven scheinen sich nur die wenigsten zu machen. Gerade 11,2% äußern sich optimistisch auf die Frage nach der Zukunft, Deutschlands (»Wie siehst Du die Zukunft Deutschlands?«). Ziemlich genau die Hälfte (49,8%) ist geteilter Meinung, fast 40% (38,9%) sind eher bis sehr pessimistisch eingestellt (vgl. Abb. 12).

Unsicherheit ist zu registrieren, die gesellschaftliche Zukunft wird eher als schwierig angesehen. Verglichen mit der Frage nach der persönlichen Zukunft, wird hier eine Diskrepanz deutlich. Für sich selbst sieht man die Perspektive erheblich positiver, allerdings sind auch da über 40% geteilter Meinung.

Die Gewaltproblematik

Skinheads gleich gewalttätig und brutal – diese Gleichung scheint »Gemeingut« und ist ein maßgebliches Stigma.

Wir haben mehrere Fragen zu diesem Komplex gestellt und folgende Antworten erhalten: 68,7% sind der Meinung, daß es Situationen gibt, in denen einem nichts anderes übrig bleibt, als zu Gewalt zu greifen. 2,7% stimmen dem nicht zu. 30,4% sind der Meinung, daß man durch Gewalt mehr Beachtung erfährt (vgl. Abb. 13). Getrennt nach Geschlechtern, sind es 35% der Männer und 29,6% der Frauen, die dem zustimmen, 41,5% sind unentschieden. Der Mittelwert ist also relativ hoch, vielleicht auch, weil etliche der Antwortenden den öffentlichen »Nutzwert« dieser Frage nicht richtig einzuschätzen wußten. In einer 1988 erstellten Fußballfan-Studie bejahten zwischen 31% und 58% (je nach Klassifizierung) der Fans die Frage: »Man nimmt uns Jugendliche doch erst wahr, wenn wir mal richtig tiefe Spuren hinterlassen.«[27]

Dafür, daß Gewalt ein Mittel sein kann, im Leben zurechtzukommen, votieren tendenziell 17,3% der von uns befragten Skinheads. Auch hier ist der Mittelwert mit 40,2% groß. Im Unterschied zur vorherigen Frage gibt es hier erheblich mehr Zustimmung von Männern (18,8%) im Vergleich zu Frauen (7,8%).

Für fast die Hälfte (46%) ist Gewalt unter Jugendlichen etwas Normales (vgl. Abb. 14). Mehr als jede vierte Frau (29,4%) stimmt dem zu, bei den Männern sind es 48,2%. Gewalt scheint für viele dazuzugehören, man scheint seine Erfahrungen gemacht zu haben, kennt entsprechende Situationen. In diese Richtung deutet auch, daß fast 68%, darunter 37,2% der befragten Frauen, sich in den letzten zwei Jahren mindestens zweimal geprügelt haben und knapp ein Viertel (23,5%) öfter als fünfmal (vgl. Abb. 15). Im Hinblick auf die Altersstufen ergeben sich dabei kaum Unterschiede. Allerdings gilt es hier zu beachten, daß – je weiter es zurückgeht in der jeweiligen Biografie – die Erinnerungen unschärfer werden und womöglich das gewollte Image obsiegt.

»Wie würdest du dich verhalten, wenn du mitbekommst, daß Menschen auf der Straße von Jugendlichen angegriffen werden«, so eine Frage zum Thema Hilfsbereitschaft. 83,8% wür-

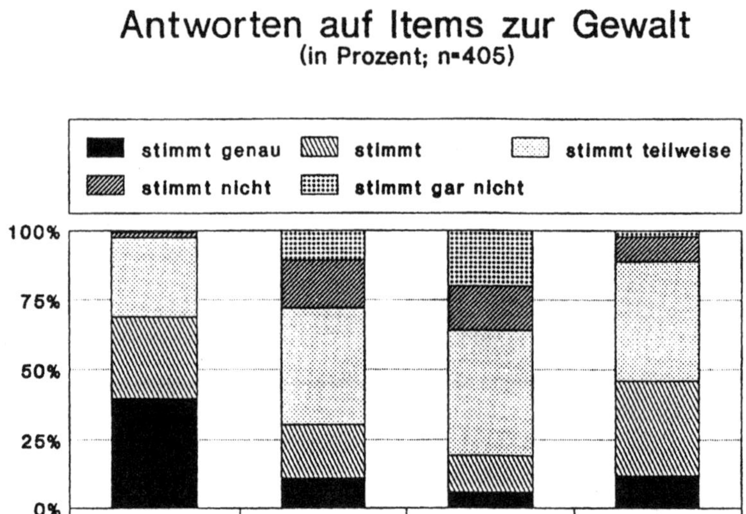

	Item 1	Item 2	Item 3	Item 4
stimmt gar nicht	0,7	10,6	18	2,2
stimmt nicht	2	17,5	14,4	9,2
stimmt teilweise	28,6	41,5	40,2	42,6
stimmt	28,9	19,3	11,9	33,9
stimmt genau	39,8	11,1	5,4	12,1

Abb. 13

Item 1: »Es gibt Situationen, da bleibt einem nichts anderes übrig als zur Gewalt zu greifen.«

Item 2: »Wer Gewalt ausübt, wird heute mehr beachtet als andere.«

Item 3: »Gewalt kann ein Mittel sein, um im Leben zurechtzukommen.«

Item 4: »Unter Jugendlichen ist Gewalt etwas Normales.«

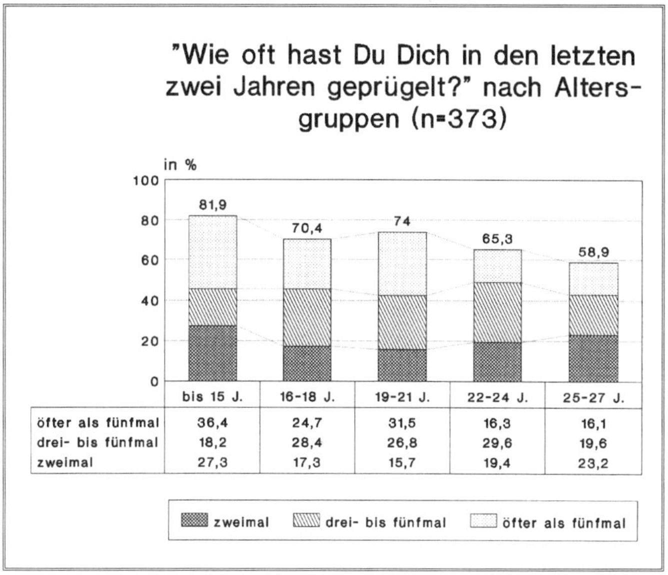

	bis 15 J.	16-18 J.	19-21 J.	22-24 J.	25-27 J.
öfter als fünfmal	36,4	24,7	31,5	16,3	16,1
drei- bis fünfmal	18,2	28,4	26,8	29,6	19,6
zweimal	27,3	17,3	15,7	19,4	23,2

Abb. 14

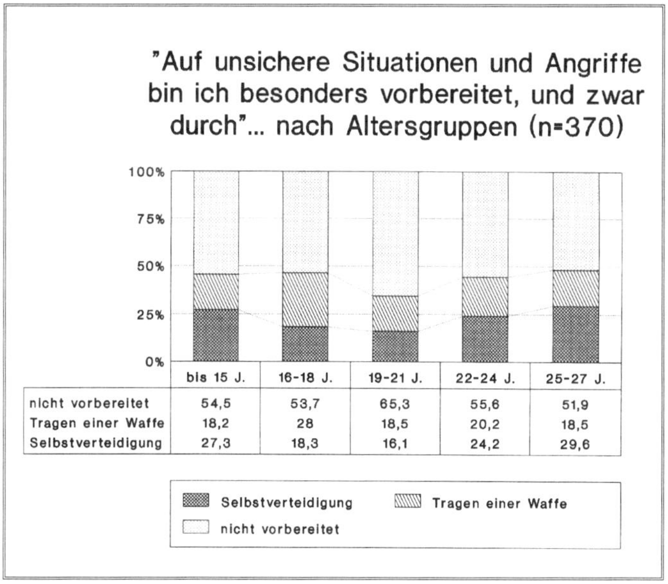

	bis 15 J.	16-18 J.	19-21 J.	22-24 J.	25-27 J.
nicht vorbereitet	54,5	53,7	65,3	55,6	51,9
Tragen einer Waffe	18,2	28	18,5	20,2	18,5
Selbstverteidigung	27,3	18,3	16,1	24,2	29,6

Abb. 15

den eingreifen, davon 44,8%, wenn für sie keine größere Gefahr entstehen würde. Fast 40% wären zur Hilfsbereitschaft auch bei einem nicht abschätzbaren Risiko bereit. Zudem möchte man wohl auch nicht als Feigling dastehen.

Dafür, daß man Auseinandersetzungen eingeht, ohne vorher das Risiko abzuwägen, könnte auch sprechen, daß weit mehr als die Hälfte (56,9%) auf Angriffe nicht »besonders« vorbereitet ist, beispielsweise durch Waffen. Das gilt im Prinzip für alle Altersgruppen. Möglicherweise werden »Verteidigungsmittel« aber auch als Beweis einer unsicheren Haltung interpretiert.

Andererseits trägt jeder Fünfte (20,1%) in Erwartung einer unsicheren Situation eine Waffe (Gaspistole, Schlagstock, Messer u. a.), die meisten in der Altersstufe von 16 bis 18 Jahren (28%) – eine vielleicht besonders gefährdete Gruppe.

Wer sind die Kontrahenten, die »Prügelpartner«, wenn man so will? 51,3% der Antworten nennen »normale« Jugendliche, 35,9% »Linke/Autonome«, 32,2% »Rechte«. 34,6% der Angaben beziehen sich auf »Ausländer«. Bei 12,8% werden andere Skinheads genannt. Die Polizei bleibt in diesem Zusammenhang mit 2,1% ohne Bedeutung. Augenscheinlich finden Auseinandersetzungen mit »konkurrierenden« Szenen statt, nicht so sehr mit typischen »Opfergruppen«. Es gibt eine klare Polarisierung zwischen »links« und »rechts«. Aber ebenso ist die Häufigkeit von »normalen« Jugendlichen und Ausländern als Gegner nicht unerheblich.

Begründet werden Auseinandersetzungen und Prügeleien unterschiedlich. Wie fast zu erwarten, findet sich häufig das Thema Provokation (47,5%). Bei 27,7% ist Alkohol mit im Spiel. 18,6% der Angaben berufen sich auf eigenes Aussehen bzw. das Vorurteil anderer. 17,7% schreiben, »weil die Clique angegriffen wurde«, 12,1% der Angaben sprechen von Meinungsverschiedenheiten. »Haß auf andere/Andersaussehende« wird in 6,2% der Fälle genannt, hierbei sind aber nur zu 2,4% Ausländer die Gegner. Das ist eher überraschend und nährt die Vermutung, daß der Status oder die bloße Zuschreibung »Ausländer« eine Auseinandersetzung nicht legitimiert. Es muß offenbar mehr hinzukommen, beispielsweise Konflikte unter »Gangs«, die eine regionalspezifische Note haben.

Herausragend bei den Begründungen ist das Moment der Provokation. Oft wird auch Alkohol – vermutlich im Sinne eines mildernden Umstands – genannt. Der Cliquenkontext scheint zudem zum Zusammenhalt zu verpflichten. Und man weiß um die Wirkung des eigenen Aussehens.

Fazit

Jugendliche und junge Erwachsene innerhalb der Skinheadszene entsprechen bei weitem nicht dem vorherrschenden Bild einer marginalisierten Gruppe. Es handelt sich insgesamt bei Skinheads um eine sehr ambivalente, flexible und differenzierte, aber auch erheblich »normalere« Jugendkultur, als ihr Ruf vermuten läßt. Skinheads entstammen weder einer Armutspopulation, noch leiden sie an herausragenden Bildungsdefiziten.

Feste, in sich geschlossene Gruppen scheinen eher selten zu sein, reine Skinheadcliquen gibt es vergleichsweise wenige. Stilmerkmale mischen sich. Offensichtlich ist eine starke Orientierung auf Freizeit, Nachtleben und Veranstaltungen.

Der Skinheadstil hält für verschiedene Generationen jeweils Spezifisches bereit. An ihm läßt sich unterschiedlich partizipieren. Womöglich war und ist er für Jüngere eher eine Protest-, aber auch Stilfrage mit starker Freizeitorientierung, für Ältere dagegen eher eine Form der Lebenseinstellung.

Deutlich sind die Polarisierungen zwischen »links« und »rechts«. Der größte Teil der Skinheadszene verweigert sich aber bewußt einer politischen Instrumentalisierung, votiert, bezogen auf Wahlen – und das dürfte überraschend sein und noch einmal die Bandbreite innerhalb der Szene verdeutlichen –, für Parteien im linken Spektrum. Sehr viele enthalten sich hier, ein Viertel formuliert deutliche Sympathien für das rechtsextreme Feld.

Die Verunsicherungen in bezug auf die Zukunft sind vergleichsweise groß, Ausbildung und Beruf sind in diesem Zusammenhang von besonderer Bedeutung. Möglich ist, daß Dequalifizierungs- und Marginalisierungserfahrungen gewissermaßen schon vorweggenommen werden – und vielleicht kommt hierbei der Skinheadkultur auch die Rolle eines »Puffers« zu.

Das Thema Gewalt ist ohne Zweifel in der Szene virulent. Es liegt vergleichsweise viel »Prügel«-Erfahrung vor, hauptsächlich aber wohl mit rivalisierenden Szenen im Umfeld. Man weiß um seine öffentliche Wirkung, und Provokationen geht man vermutlich nicht aus dem Wege. Allerdings ist Gewaltbereitschaft kaum das bestimmende Moment, Mitglied der Szene sein – ebensowenig wie politische Beweggründe.

Die große Wertschätzung von Konzertbesuchen, Musik, von Freunden und Partys verweist auf das hohe Interesse an Freizeitzusammenhängen, Gelegenheitsstrukturen, Gruppenaktivitäten und Inszenierungen mit einer Vielzahl hedonistischer Elemente – und das mit einer gehörigen Portion Alkohol.

Skinheads sind keineswegs die trotzig und in sich geschlossene homogene Jugendszene. Ein Skinhead sein – vielleicht bedeutet das bei aller Ambivalenz auch eine Art »jugendkulturelle« Selbsthilfe, die für schwierige Lebenssituationen wappnet oder Krisenerfahrungen quasi vorwegnimmt.

Literatur

Baacke, Dieter: Pädagogische Jugendforschung – eine Disziplin mit offenen Rändern. In: Interdisziplinäre Jugendforschung. Hrsg. von Heitmeyer, Wilhelm. Weinheim 1986.

Bock, Marion u.a.: Zwischen Resignation und Gewalt. Opladen 1989.

Brück, Wolfgang. In: Heinemann, Karl-Heinz/Schubart, Wilfried (Hrsg.): Der antifaschistische Staat entläßt seine Kinder. Köln 1992.

Bundesministerium des Innern: Verfassungsschutzbericht (jährlich).

Bundesministerium für Familie, Senioren, Frauen und Jugend: Neunter Jugendbericht. Bonn 1994.

Datenreport 1997, hrsg. vom Statistischen Bundesamt, Bonn 1997.

Farin, K./Seidel-Pielen, E.: Skinheads, München 1993.

Ferchhoff, Wilfried: Zur Differenzierung qualitativer Sozialforschung. Mit einem Vergleich qualitativer und quantitativer Jugendforschung. In: Heitmeyer, Wilfried (Hrsg.): Interdisziplinäre Jugendforschung. Weinheim 1986.

Ferchhoff, Wilfried: Jugendkulturen im 20. Jahrhundert. Frankfurt a. M. 1990.

Gawlik, Monika: Skins, Punks, Kutten und Heavys. Probleme und Ressourcen von Subkulturjugendlichen in den neuen Bundesländern. In: *Unsere Jugend*, Nr.10/1994 (46. Jg.).

Gebel, Andreas: Skinheads. Betrachung eines jugendkulturellen Phänomens aus kulturwissenschaftlicher Sicht. Magisterarbeit, Göttingen 1993.

Gehringer, T.: Breite Sympathie für Umweltgruppen. In: *Der Tagesspiegel* vom 25.5.1995.

Heitmeyer, W./Peter, I.: Jugendliche Fußballfans. Weinheim 1988.

Hornstein, Walter: Sozialwissenschaftliche Jugendforschung und gesellschaftliche Praxis. In: Beck, Ulrich (Hrsg.): Soziologie und Praxis, Soziale Welt (Sonderband). Göttingen 1982.

IPOS-Studie, zitiert nach dem Neunten Jugendbericht (s.o.).

Jugendwerk der Deutschen Shell (Hrsg.): Jugend 92, Opladen 1992.

Jugendwerk der Deutschen Shell (Hrsg.): Jugend 92, zitiert nach dem Neunten Jugendbericht.

Lüdtke, Hartmut: Zwei Jugendkulturen? Freizeitmuster in Ost und West. In: Jugendwerk der Deutschen Shell (Hrsg.): Jugend 92, Band 2. Opladen 1992.

Schwarz, Rolf: Wahrnehmung und Problematisierung von Skinheads durch gesellschaftliche Instanzen – eine soziohistorische Analyse. Magisterarbeit, Hamburg 1995.

Simon, Titus: Raufhändel und Randale. Wiesbaden 1985.

Willems, Helmut. u.a.: Fremdenfeindliche Gewalt. Opladen 1993.

Wirth, Hans-Jürgen: »Sich fühlen wie der letzte Arsch.« Zur Sozialpsychologie der Skinheads. In: Bock u.a.: Resignation. A.a.O.

1 Baacke, Dieter: Pädagogische Jugendforschung – eine Disziplin mit offenen Rändern. In: Interdisziplinäre Jugendforschung, hrsg. von Heitmeyer, Wilfried. Weinheim 1986, S. 84.
2 Bock, Marion u. a.: Zwischen Resignation und Gewalt. Opladen 1989, S. 189.
3 Hornstein, Walter: Sozialwissenschaftliche Jugendforschung und gesellschaftliche Praxis. In: Heitmeyer, Wilfried (Hrsg.): Soziologie und Praxis, Soziale Welt (Sonderband), hrsg. von Ulrich Beck. Göttingen 1982, S. 77.
4 Ferchhoff, Wilfried: Zur Differenzierung qualitativer Sozialforschung. Mit einem Vergleich qualitativer und quantitativer Jugendforschung. In: Heitmeyer, Wilfried (Hrsg.): Interdisziplinäre Jugendforschung. Weinheim 1986, S. 229.
5 Ferchhoff, Wilfried: Jugendkulturen im 20. Jahrhundert. Frankfurt a. M. 1990, S. 188.
6 Simon, Titus: Raufhändel und Randale. Wiesbaden 1995, S. 137.
7 Schwarz, Rolf: Wahrnehmung und Problematisierung von Skinheads durch gesellschaftliche Instanzen – eine sozio-historische Analyse. Magisterarbeit, Hamburg 1995, S. 191.
8 Brück, Wolfgang: In: Heinemann, Karl-Heinz/Schubarth, Wilfried (Hrsg.): Der antifaschistische Staat entläßt seine Kinder. Köln 1992, S. 41.
9 Wirth, Hans-Jürgen: »Sich fühlen wie der letzte Arsch.« Zur Sozialpsychologie der Skinheads. In: Bock u.a., a. a. O., S. 200f.
10 Schwarz, Rolf: Wahrnehmung und Problematisierung ..., a.a.O., S. 1.
11 Bundesministerium des Innern: Verfassungsschutzbericht 1994, S. 93.
12 Bundesministerium des Innern: Verfassungsschutzbericht 1987, S. 120.
13 Bundesministerium des Innern: Verfassungsschutzbericht 1990, S. 114.
14 Bundesministerium des Innern: Verfassungsschutzbericht 1991, S. 72ff.
15 Bundesministerium des Innern: Verfassungsschutzbericht 1994, S. 96.
16 Gawlitz, Monika: Skins, Punks, Kutten und Heavys. Probleme und Ressourcen von Subkulturjugendlichen in den neuen Bundesländern. In: *Unsere Jugend*, Nr. 10/1994 (46. Jg.), S. 420ff.
17 Willems, Helmut u. a.: Fremdenfeindliche Gewalt. Opladen 1993, S. 129.
18 Vgl.: Datenreport 1995, S. 70.
19 Vgl.: Bundesministerium für Familie, Senioren, Frauen und Jugend: Neunter Jugendbericht, 1994, S. 46.
20 Vgl.: Datenreport 1997, S. 442.
21 Vgl.: Bundesministerium für Familie, Senioren, Frauen und Jugend: Neunter Jugendbericht, 1994, S. 75.
22 Ebenda.
23 Lüdtke, Hartmut: Zwei Jugendkulturen? Freizeitmuster in Ost und West. In: Jugend 92, hrsg. vom Jugendwerk der Deutschen Shell, Band 2. Opladen 1992, S. 246.
24 Gehringer, T.: Breite Sympathie für Umweltgruppen. In: *Der Tagesspiegel* vom 25.5.1995.
25 Ebenda.
26 Vgl.: Bundesministerium für Familie, Senioren, Frauen und Jugend: Neunter Jugendbericht, a.a.O., S. 65.
27 Heitmeyer, W./Peter, I.: Jugendliche Fußballfans. A.a.o, S. 87.

Joachim Kersten

Die Gewalt der Falschen

Opfermentalität und Aggressionsbereitschaft

Die öffentliche Sichtbarkeit von Subkulturen beruht zu einem großen Teil auf Stil. Der Skinstil wird aus der Sicht der Szenemitglieder als männlich-kämpferisch und von außen als extrem provokativ wahrgenommen: Sichtbar sind vor allem die Gewalt-signale, weniger deutlich sind für Außenstehende ironische Anspielungen. Bei Skins wird die Bereitschaft zur Konfrontation als Männlichkeitsbeweis ähnlich zelebriert wie bei einigen früheren Subkulturen. Von den Halbstarken bis zu den Motorradrockern wurden Eigensinn und Gemeinschaftsgefühl vor allem durch Kleidung, Haarstil, maskulines Gebaren, öffentliches Trinken, Schlägereien mit »Gegnern« und Musikvorlieben hergestellt. Jede einigermaßen sichtbar in Erscheinung tretende Szene wurde zumindest zeitweise verteufelt, egal, ob Halbstarke, protestierende Studenten oder Hausbesetzer. Auch in dieser Hinsicht ist die Skinszene kein Sonderfall. Für ihr Entstehen und ihren Zusammenhalt stellt die hysterische Reaktion der herrschenden Kultur das treibende Moment dar. Die Verbots- und Ausgrenzungslust des kulturellen Mainstream bedingt die Trotzhaltung der Subkultur; Kontrollkultur und Trotzkultur kommunizieren miteinander. Gerade bei den Skinheads muß man etwas genauer hinsehen, um diesen Verständigungsprozeß zwischen Normalität und Abweichung zu verstehen.

In den letzten Jahrzehnten traf Ausgrenzung nicht nur »gewaltbereite« Jugendszenen. Öffentliche Bekundungen von Abscheu galten beispielsweise auch den eher passiven Gammlern der 60er Jahre. Oder man erinnere sich an die »Theorie« vom »Neuen Sozialisationstyp«. Medienpräsente Akademiker dichteten den Schülern und Schülerinnen der späten 70er Jahre als Reaktion auf deren Desinteresse an den politischen Dogmen und Themen eine »narzißtische Störung« an. Sie seien ein neuer, nicht beeinflußbarer Typus von fehlgelaufener Erziehung, hieß es, die gesamte Generation wurde als mehr oder weniger neurotisch bis verhaltensgestört diagnostiziert. Die pädagogische Besorgnisbranche wurde so anhand ihrer »Diagnosen« der jeweiligen Jugend zum Träger der öffentlichen Belehrung und Moralbekundung in den Medien, besonders in den Fernsehtalkshows, die ein Kritiker vor kurzem treffend als »Gewäschanlagen« bezeichnet hat. An solchen Berufsbeunruhigten herrscht bis heute kein Mangel. Im Kontext der diagnostizierten

»neuen deutschen Jugendgewalt« stellen Gewaltexperten als Interpreten der Skinkultur diese Beunruhigung und sich selbst wie selten zuvor medienwirksam zur Schau.

Durch das Zusammenspiel der Medien, zum Teil auch der Kriminaljustiz mit den jeweiligen Jugendexperten wurden sichtbar »andere«, unangepaßte Jugendliche schon früher als Boten des unmittelbar bevorstehenden Zerfalls der Zivilisation gekennzeichnet. Gleichfalls war in der öffentlichen Diskus-sion von »Jugendgewalt« der Ruf nach hartem Durchgreifen auch von Seiten der Sozialpädagogen häufig lauter wahrnehmbar als der nach Verstehen und Auseinandersetzung ohne Ausgrenzung.

Hier soll weder der erneuten Verteufelung der Skins und ihrer Stilisierung als »Staatsfeind Nr. 1« noch der Relativierung ihrer Gewaltorientierung und Gewalttätigkeit das Wort geredet werden. Skins sind häufig Gewalt- und Waffennarren, ebenso wie einige weniger kahle, aber nicht weniger harte Männer im Staatsapparat und anderswo. Es geht hier auch nicht um eine strafrechtliche Einschätzung der Szene. Wenig hilf- und geistreich erscheint eine begrifflich-theoretisierende Klassifizierung der Szeneangehörigen als Individualisierungsopfer, Modernisierungsverlierer etc. mit der dazugehörigen Mitgefühlsdosis und der irreführenden Botschaft: »Diese Jugendlichen sind orientierungslos.«

Dem skeptischen Beobachter fällt eher das erhebliche Selbstmitleid in den Selbstaussagen der wort- und schreibgewandten Vertreter der Szene auf. Demnach werden Skins ständig mißverstanden. Es bleibt dabei ziemlich unklar, wofür Skins eigentlich stehen. Offenbar heißt aber Skin-Sein vor allem, gegen andere eingestellt und dabei gewalttätig zu sein. Ob man dabei nun als (»linker«) »Skinhead against racial prejudice« (SHARP) gegen Rassismus oder als Redskin gegen Nazis ist oder »unpolitisch-Oi!« gegen alle Politik, (»rechts«) national-gesinnt gegen alles Nicht-Doitsche oder in offener Nazimanier gegen Juden, Behinderte, sozial Schwache, Schwule, Linke – stets sieht man sich als Opfer einer Verschwörung, als unerkannter, geächteter Held. Der Text der Skinheadband *Endstufe* bringt dieses Gefühl zum Ausdruck:

Sie beschimpfen dich
Weil du Skinhead bist,
Für sie bist du nur ein dreckiger Faschist
In ihren Augen siehst du Zorn und Verachtung ...
Wieviele Lügen drangen schon bis zu deinen Ohren
Als hätte sich die ganze Welt gegen dich verschworen.
(*Endstufe*: »Laß Dich Nicht Unterkriegen«, 1987)

Skins nehmen trotz aller Gemeinsamkeiten mit früheren Szenen eine unbestreitbare Sonderstellung in der Abfolge deutscher Jugendsubkulturen ein. Aber:

»Viele sagen mir, wie man sich das Leben selber so schwer machen kann. Ich denke, daß diese Leute es eh nie verstehen werden. (...) Wenn man mich fragt, warum ich denn trotz des Ärgers mit Justiz, Linken, Ausländern, Dorftrotteln, intoleranten Arschlöchern usw. Skin geworden bin, hätte ich es schwer zu antworten, weil so richtig weiß man es wohl selber nicht.« Mike (23)
(aus: Farin: Skinhead – A Way of Life, Hamburg 1996, S. 27)

– Auch in früheren männlich betonten Nachkriegssubkulturen waren die Abwertung von Ausländern sowie Antisemitismus wahrnehmbar.
– Die Skins stehen in der Tradition von Underclass-Subkulturen, also Gruppierungen deklassierter männlicher Jugend. Dies bildet einen Widerspruch zur selbstgestrickten Mythologie von den edlen Wurzeln in der Arbeiterklasse.
– Die Gewaltausprägung und Symbolik der Skins müssen im Kontext mit den Problemen Deutschlands nach der Wiedervereinigung gesehen werden. Deutsche Skins gab es schon vorher. Wie die englischen »Original«-Skinheads waren sie seit jeher an ausländerfeindlicher Hetze und an Gewalttaten auch gegen Schwule und Lesben beteiligt. Die Symbolik der weißen, maskulinitätsbesessenen (Hand-) Arbeiterkultur wird spätestens seit der einsetzenden Arbeitslosigkeit in der Großindustrie in den späten 70er Jahren sichtbar. Aber erst 1989 kommunizieren die zwischen Grandiosität, Opfergefühl und dem ständigen Wechselbad von Aggression und Depression oszillierende deutsche politische Kultur und ihre Medien mit der nun extrem sichtbaren Skinszene.

Diese Auseinandersetzung und auch die gegenseitige Verständigung zwischen Skins und der deutschen Öffentlichkeit/ Medien läßt sich mit politischem und geschlechteranalytischem Blick neu erschließen.

Jugendszenen der Nachkriegszeit

Die Entwicklung von Jugendszenen in Deutschland erscheint als die stetige Weiterführung kultureller und politischer Themen in Form rebellisch-provozierender oder sich abgrenzender Haltungen. Dabei wechseln sich eindeutig maskulin orientierte Erscheinungen mit weniger männlichkeitsbetonten Szenen ab, in denen Mädchen und Frauen deutlich sichtbarer sind.

Für viele Jugendforscher beginnt die Geschichte der deutschen Jugendszenen mit den Halbstarkenkrawallen in den 50er Jahren. Die Kontinuität bestimmter Formen der Geschlechtsorientierung, des Stil und Habitus von Jugendszenen und auch der gesellschaftlichen Reaktion wird jedoch deutlicher, wenn man früher, nämlich im Nationalsozialismus ansetzt. Zu dieser braunen Zeit, an deren Mythos sich eine nicht unerhebliche Zahl von Skins – wie vage auch immer – orientiert, war seit 1941 jedes »Eckenstehen« und Herumlungern von Jugendlichen durch spezielle Polizeiverordnungen unter Strafe gestellt. Außerhalb der allumfassenden Nazi-Jugendorganisationen wurde jede Form von Gruppierung untersagt und durch den Staat verfolgt. Bekannt geworden sind die Edelweißpiraten und die Swing-Jugend. Gegen beide Szenen wurde hart vorgegangen, indem man die Mitglieder beispielsweise in »Jugendschutzlager« steckte und Edelweißpiraten in einigen Fällen auch zum Tode verurteilte. Edelweißpiraten, ein edler Name, der einigen Gruppierungen allerdings erst von der Gestapo verliehen wurde, traten als Jugendbanden in Großstädten auf und kamen eher aus dem Arbeitermilieu. Sie verprügelten Angehörige der Hitlerjugend, waren stolz auf ihre Clique und ihren Stadtteil und hatten einen starken Zusammenhalt. Von Teilen der Jugendforschung der 80er Jahre wurden sie als Widerstandskämpfer gegen das Naziregime stilisiert. Neuere Forschung relativiert dies. Cliquenmitglieder waren während der Nazizeit auch an »normaler« Kriminalität beteiligt, ähnlich wie heutige Nachbarschaftsgangs, und setzten dies auch nach dem Ende des Hitlerregimes fort. Die Besatzer sahen sie somit nicht als Widerstandskämpfer, sondern einerseits als Überbleibsel der Nazizeit, eine Spielart der Werwolf-Gruppierungen, andererseits als gefährliche junge Kriminelle, und gingen gleichfalls hart gegen sie vor. Sie wurden auch schwerer Straftaten bezichtigt und galten zumindet zum Teil als Rassisten, weil sie »Polenschweine« angriffen. Die Musikvorlieben dieser Banden gingen auf bündische Lieder, also »selbstgemachte« Klampfengesänge zurück, zum Teil verhohnepipelte man während des Dritten Reichs in den Liedern die Nazis. Nach Kriegsende wurden die Alliierten zur Zielscheibe des gesungenen Spotts. Die Edelweißpiraten verkörperten ein eindeutig männlich dominiertes rebellisches Element von Jugendkultur.

Anders als die Edelweißpiraten bestand die Swing-Jugend eher aus losen, gleichfalls großstädtischen Oberschülergruppen, in denen es auch Mädchen gab. Ihr nicht-deutscher Stil, nämlich englisch-elegantes Aussehen als Gegensatz zum Deutsch-Uniformierten, das Abhören von Swing- und Jazzplatten statt Marschmusik und »deutschem Liedgut« sowie politisches Desinteresse waren die Kennzeichen dieser Jugendsubkultur. Über die Faszination dieser Jugendlichen an der verbotenen »Negermusik« und die Orientierung an der Kleidungsmode der englischen Gegner von Führer und Reich regte sich der Chef von Polizei und SS, Heinrich Himmler, dermaßen auf, daß er per Fernschreiben befahl, die Angehörigen der Swing-Jugend samt Eltern sofort ins KZ zu stecken. Einer der Hamburger Swing-Fans war übrigens der jugendliche Axel Springer. Die Swing-Jugend provozierte nicht durch rebellisches Verhalten, sondern durch ihren Stil. Die heutige Skinszene enthält Elemente beider »Vorfahren«. Wie die Swing-Jugend bringt auch der Stil der Skins die herrschende Kultur auf, und ähnlich wie bei den Edelweißpiraten verbietet sich eine eindimensionale Interpretation der Szene als »kriminell«, »Widerstands-« oder »Nazi-Jugend«.

In den unmittelbaren Nachkriegswirren herrschten Not und Hunger. Die »Trümmerjugend« bestand aus Kindern und

Jugendlichen, die sich selbst und ihren Angehörigen zum Teil in Banden durch Schwarzmarktgeschäfte und verschiedene Formen des »Besorgens« das Überleben ermöglichten. Aus der erfolgreichen Versorgerfunktion wurde ein Selbstwert als »Kindererwachsener« gezimmert. Die verantwortlichen Familienversorger waren auf den »Feldern der Ehre« gefallen, die Überlebenden saßen verstümmelt, deprimiert, kaputt, unnütz zu Hause. Zehntausende von Jungen und Mädchen lebten in Notunterkünften, ehemaligen Bunkern, sie hatten weder eine Kindheit noch eine Jugend, wie wir sie uns heute vorstellen. Sie hatten auch keine Vorbilder. Männer, die den Krieg verloren und die in der Nazizeit »mitgemacht« hatten, waren keine Vorbilder, ihre Heldentaten zählten nicht, zumindest nicht bei der Jugend. Die oberflächlich »entnazifizierten« Lehrer, Vorgesetzten im Betrieb, Polizisten, Juristen, Professoren und Nachkriegspolitiker waren durch die Kontinuität ihrer Tätigkeit eher einer der Gründe, weshalb sich in Universitäten und Schulen ein Teil der rebellischen Nachkriegsjugend später politisierte und radikalisierte.

Zunächst machten aber erst einmal die Halbstarken im grauen Verdrängungsmuff der Nachkriegszeit darauf aufmerksam, daß der Stil der Siegerkultur bunt war, daß es Blue Jeans statt Lederhosen und bunte Hemden statt Wiederaufbau-Deutsch-Grau (oder umgearbeiteten Uniformrock) gab. Rock 'n' Roll in Konzerten oder aus den ersten Transistorradios tönte gegen Klassik und Nachkriegsschlager (»Pack' die Badehose ein ...«). Die Haartolle, durch Brillantine (»Wella-Form«) kunstvoll gefestigt, brachte die Bewahrer des »anständigen Deutschland« als Ordnungsfanatiker ebenso auf wie heute die Glatze des Skins den Althippie und Gutmenschen. Jugendliche und Heranwachsende der Halbstarkenszene zeigten sich mit diesen Stilelementen der Siegerkultur auf der Straße. Die wiederaufbauenden »anständigen« Deutschen mußten sich an der Straßenecke oder bei den Halbstarkenkrawallen zeigen lassen, daß das Deutschtum, wie man es kannte, im Krieg gegen den Rest der Welt und jetzt in der Auseinandersetzung mit der nachwachsenden Jugend verlorengegangen war. Mit vereintem Polizei-, Pädagogen- und Kriminologenaufgebot versuchte man diese Jugendkultur als »Ordnungsproblem« zu zähmen oder als Erscheinung von Jugendkriminalität zu verteufeln, langfristig ohne Erfolg: Der Kommerz vereinnahmte die meisten äußerlichen Elemente dieser Provokation. Die Halbstarken waren durch ihren männlich dominierten Stil und ihre Sichtbarkeit auch eine Herausforderung für die marode Männlichkeit der Nachkriegsjahre: Die hüftschwingende, gleichwohl männlich-lässige Erotik des Rock 'n' Roll steht gegen das graue Versagertum der deutschen Kriegsmänner und die Arbeitswut und Unauffälligkeit der Wiederaufbau-Generation. Hier zeigt sich eine Parallele zu der Rolle von Skins und strammen Neonazi-Schlägern in der Zeit nach der Wende. Die »Jungkrieger« von Hoyerswerda und Rostock führen den Ordnungskräften und den Männern in der Politik des »anständigen« Deutschland vor, wie man eigenhändig den Ort »asylantenfrei«macht. Die Zuschauer klatschen Beifall.

Eher intellektuell und gemischtgeschlechtlich gaben sich in den 50er und zum Teil auch noch in den 60er Jahren die weitaus weniger auffälligen »Exis«. Ihr Name verwies auf die Philosophie des Existentialismus. Exis orientierten sich eher an französischer und auch amerikanischer Literatur statt an den deprimierenden Trümmertragödien, der Arm-, Bein- und Seelenprothesen-Poesie von Böll und Borchert, sie tranken Mokka und rauchten Orient-Zigaretten. Man hörte Jazz, besonders den aufkommenden Cool Jazz, aber auch Rockmusik. Die Exis grenzten sich sowohl von der anti-intellektuellen Wiederaufbaustimmung mit ihren Wohlstandssymbolen ab als auch von der lauten Halbstarkenkultur mit ihren Kofferradios und knatternden Mopeds Marke Kreidler-Florett. In gewisser Weise waren Elemente der Exiszene stilbildend für die frühe Studentenbewegung. Fotos vom ersten Sit-in an der FU Berlin zeigen Versammlungen von Blues Brothers ohne Hüte, keine langhaarigen »Polit-Rocker«, wie die damalige Presse die Szene sah (zum Beispiel in den Karikaturen der *Berliner Morgenpost*, in denen FU-Studenten als mit Ketten behängte und mit Keulen bewaffnete Hell's Angels gezeichnet wurden).

Die Gammler genannten Jugendlichen waren vor allem Schüler, (zum Teil Vorläufer der Schülerbewegung), teilweise entstammten sie der Friedens-/Ostermarschbewegung. Ihr abwertender Name zeichnet ein Schreckensbild und kommt wie häufig aus dem Mainstream der Kultur. Diese Jugendlichen bildeten eigentlich keine zusammenhängende Szene. Ihr Stil orientierte sich an Popmusikern, aber auch an der amerikanischen und internationalen Antikriegsbewegung. Ein militärisches Kleidungsstück, der Parka, wurde umgestylt, mit Sprüchen, Friedenssymbolen und Bandnamen (»*Stones* forever«, »*Beatles* for Merry X-mas«) bemalt. Die deutsche Öffentlichkeit, auch die linke, regte sich über diese Gammler auf, weil der Wertekatalog der Nachkriegszeit (arbeiten, sparen, anständig sein) durch sie in Frage gestellt wurde. Gammler wurde zum Synonym für schmutzig, drogensüchtig, kriminell und arbeitsscheu, ein Haßkatalog, den die Skins als »Überdeutsche« heute auf ihre »Feinde« anwenden. Die meisten Deutschen aber sehen heute in den Skins, ob Gewalttäter oder nur Szene- und Musikfans, die gefährliche Jugend schlechthin, so wie damals für dieses Negativbild die Parkaträger herhalten mußten, die im Unterschied zu den Skins niemandem auch jemals nur ein Haar krümmten.

In allen nachfolgenden Subkulturen – Rocker, 68er Schüler- und Studentenbewegung, Schickimicki, Fußballfans, Punk,

Hausbesetzer- und Ökoszene, um einige zu nennen – lassen sich Elemente von Provokation als Rebellion feststellen. Diese richtet sich gegen Haltungen und Überzeugungen des kulturellen Mainstream. Die Rebellion zeichnet sich durch spezifischen Stil in Kleidung, Auftreten, Gebaren und Musikvorlieben aus und bewirkt dadurch eine öffentliche Sichtbarkeit. Ohne diese Sichtbarkeit bleiben Jugendkulturen wirkungs- und somit bedeutungslos. Teile der herrschenden Kultur, manchmal auch nahezu die gesamte Öffentlichkeit, sollen sich erregen. Jugendkultur muß Elemente von Rebellion und Abgrenzung gegenüber der Welt der Anständigen sichtbar machen. Der Zwang, in diesen Szenen »Kulturen von politischem Widerstand« erkennen zu wollen, ist eine nicht heilbare Leidenschaft von Jugendforschern. Sie läßt sich auch in Interpretationen der Skinheadszene beobachten.

Kein einziges Stilmerkmal heutiger Subkulturen, inklusive die Glatze der Skins, kann als einmalig angesehen werden. Der Irokesenschnitt der Rocker der 60er und 70er Jahre mit den kahlen Schläfen und dem Schädelmittelstreifen lehnte sich an die Kriegerfrisur von Indianern an. Dieser Haarstil ist für die Entwicklung von Punk- und Skinfrisuren »entwicklungsgeschichtlich« stilbildender als der geschorene Schädel des Landsers. Mit ihrem Sauberkeitsfanatismus und ihrem dauernd betonten Stolz auf sich selbst, die Working class und das Vaterland verstehen sich die Skins mit ihrer Glatze nicht als Stilnachfolger der G'scherten, der aufgrund ihrer Lebensumstände häufig »Verlausten«, zwangsweise kahlgeschorenen leibeigenen Randschichten, Häftlinge und Irrenhausinsassen. Stilgeschichtlich sind Skins eher Irokesen ohne Mittelstreifen.

Die Provokation des Skinstils liegt aber seit 1989 in der Nähe zum Landser und SA-Mann als Symbole des antisemitischen und brutal gewalttätigen Dritten Reiches. Dieses Bild Deutschlands dient als Projektionsfläche für ein diffuses Unbehagen an der Wiedervereinigung und wurde in Europa und in den USA nach der Wende zum Sinnbild für die Gefahren, die von der wiedervereinigten deutschen Nation ausgehen könnten. Die Skinszene bedient diese diffuse Angst: Skins stellen die leibhaftige Horrorvision des schrecklichen Deutschlands dar. Auch im Ausland gibt es zwar rassistische Skinheadgruppierungen – das provokative Potential der NS-, SA- und SS-Symbolik wurde durch Gruppen wie die Hell's Angels ohne jede politische Konnotation zur Abgrenzung genutzt –, die Bilder von brutalen deutschen Skinschlägern und von Skinhead/Neonazi-Aufmärschen aber legen sich als Erkennungszeichen über die gesamte, eigentlich wenig organisierte Skinszene. Dieses »attraktive« Schreckensbild befördert Irritationen, Unsicherheits- und Angstgefühle bei Außenstehenden. Innerhalb der Szene vermittelt es Macht-, ja Grandiositätsgefühle. Das Skin-Horrorbild gibt wie kein anderes der Frustration und der Wut der »anständigen« Deutschen eine Richtung. Zudem darf man legitim Vergeltungsgefühle ausleben. Mit den kahlköpfigen Mordbuben soll kurzer Prozeß gemacht werden. Davon leben unzählige Filmchen und Fernsehkrimis mit Skins als Bösewichten: Am Schluß werden sie für die Zuschauer »geil« zur Strecke gebracht, am besten durch eine Kommissarin.

Domänen der Männlichkeit

Weder eine statische Auffassung von der Nähe der »männlichen Geschlechtsrolle« zur Aggression noch die Theorie von einer in der Unterschicht gegebenen »Subkultur der Gewalt« können die Aufeinanderfolge von öffentlicher Darstellung von Geschlecht und tödlicher Gewalt bei Männern der Unter- und Randschicht erklären. In derartigen Konflikten wird häufig auf (von außen betrachtet) lachhafte Weise der öffentliche Respekt eines Mannes angezweifelt. In Jugendszenen sind Männer hier ähnlich empfindlich wie im Straßenverkehr.

Recht und Männlichkeit werden in Frage gestellt und müssen verteidigt bzw. durch vorauseilenden Angriff wiederhergestellt werden. Dort, wo andere Ressourcen knapp sind, entzündet sich der Streit an der Frage der »Ehre« und kann, wenn »maskierte« Machtdurchsetzungsmittel (Geld, Status, Rechtsanwälte) nicht zur Verfügung stehen, mit Waffengewalt ausgetragen werden, wobei nicht selten ein Streit um Belanglosigkeiten zum Kampf auf Leben und Tod eskaliert.

Ein neuerer Ansatz der sozialwissenschaftlichen Forschung zu den Geschlechterverhältnissen befaßt sich mit ökonomischen, rechtlichen und kulturellen Makro- und Mikrostrukturen in geschlechtsungleichen Kulturen. Vorherrschaft findet im Arbeits- und Beziehungsalltag ohne die Anwendung unmittelbarer Gewalt als kulturell »selbstverständliche« Dominanz eines Geschlechts in einer grundsätzlich geschlechterungleichen Kultur Ausdruck. Bestimmte Entwürfe männlicher Vorherrschaft werden von nahezu allen Mitgliedern der Gesellschaft reproduziert: durch Erziehung und Beziehung, durch Vorteilserwirtschaftung, Statusabsicherung und Abgrenzung gegenüber anderen. Die Aufrechterhaltung des Status von Ungleichheit bezieht sich nicht nur auf die Geschlechter. Nicht nur Frauen (und Kinder) werden aufgrund verbindlicher sozio-ökonomischer und kultureller Maßstäbe untergeordnet, sondern auch Männer: zum Beispiel die Arbeiter unter die Techniker und Manager, die Ausländer unter die Einheimischen, die Arbeitslosen unter die Erwerbstätigen, und am unteren Ende der Hierarchie stehen die Straffälligen, die Nicht-Heterosexuellen sowie die Habenichtse und Nicht-Weißen.

Aus der Unterordnung der Frauen ergibt sich schicht-, alters- und kulturübergreifend ein geschlechtsbezogenes männliches Überlegenheitsgefühl. Aus dem Status-, Alters- und Hautfarbenunterschied ergibt sich die Dynamik in der Auseinandersetzung über- und untergeordneter Männlichkeit. Beides wird nicht von einem anonymen »Oben«, einer Art Männlichkeitshauptquartier geplant und umgesetzt und per Gewaltanwendung aufrechterhalten. Die Darstellung von männlichem Geschlecht vollzieht sich als Betonung des Unterschieds zum anderen Geschlecht. Ihren eigentlichen Sinn bezieht diese Darstellung jedoch aus der Auseinandersetzung mit anderen Männlichkeiten.

Auch Männer untergeordneter Gruppen können situativ und kontextbezogen zu Teilhabern an herrschender Männlichkeit werden. Ihre kulturelle Verbindlichkeit bezieht diese alltägliche Herrschaft aus dem beharrlichen Rückgriff von Männern nahezu jeden Alters, jeder Schicht, jeden Glaubens auf ehemals als unzweifelhaft »männlich« geltende Domänen gemeinschaftlichen Handelns:

– die Zeugung von Nachwuchs;
– das Beschützen, das heißt die Kontrolle des persönlichen Umfelds und dessen Schutz gegen äußere Feinde (zum Beispiel Nebenbuhler) sowie das Privileg des bewaffneten organisierten Beschützens der Gemeinschaft (Nation) als Polizist oder Soldat. Dies hat heute nicht mehr universell Gültigkeit, denn auch weibliche Marines und Polizistinnen dürfen und müssen schießen, die Hierarchien innerhalb der Beschützerinstitutionen sind von der Mitte bis zur Spitze aber immer noch männlich dominiert, und sie pflegen nach wie vor eine dezidierte Männlichkeitskultur;
– das Versorgen/Ernähren von Familie und Gemeinschaft.

Ein harter Schlag trifft ihn ins Gesicht/Doch Schmerzen? Nein, die kennt er nicht/Das Blut kann schon an seinem Mund gerinnen/Doch für ihn gibt's nur eins, das heißt gewinnen
Er bleibt stehen, was auch geschieht/Weil er dem Tod ins Auge sieht/So bleibt er immer unbesiegt/Was auch an seiner Rechten liegt
Vom Hass ist er wie besessen/Seine Rache wird er nie vergessen.
(*Schlachtruf*: »Für Ihn Gibt's Nur Eins«, 1995)

Diese Domänen von Männlichkeit formen kulturelle Leitbilder, die alters- und schichtspezifisch unterschiedliche Verbindlichkeit haben. Als statushoher, vermögender Mann mit Frau und Familie, vielleicht noch einer Geliebten, müssen die genannten Funktionen von Männlichkeit nicht mehr öffentlich dargestellt werden. Es reichen rituelle und symbolische Hinweise. Besonders wichtig ist die Verbindlichkeit dieser Leitbilder aber für statusniedere »ungebundene« junge Männer, jene also, die die wenigste Aussicht auf die Verwirklichung des entsprechenden männlichen Status von Herrschaft, Wohlstand, Kontrolle und Ansehen haben.

In der männlichen Adoleszenz knüpft sich an die Erfüllung der geschlechtsspezifischen Gemeinschaftserwartungen die Prüfung der Bindungs- und Gemeinschaftsfähigkeit, und so wird heterosexuelle Potenz als Grundlage der Funktion des Nachwuchserzeugers betont. Eine risikoorientierte und von aggressiv-wachsamer Dauerbereitschaft gekennzeichnete Lebensweise wird zum »Beweis« der Fähigkeit zum Kämpfen und Beschützen. Schließlich werden die Beschaffung von Gütern, die hohen Status gewährleisten (PKWs oder Elektronikgeräte) sowie das permanente Zurschaustellen risikoreichen Verhaltens (wie gefährliches Fahren) zum öffentlich sichtbaren Beweis für männliche Fähigkeiten, die als Ersatz für die gesellschaftlich nicht zugängliche Position des »Versorgers« anzusehen sind. Ein Blick in die KFZ-Diebstahlstatistiken der neuen Bundesländer bestätigt dies. Die Faszination des Fahrens großer und schneller Fahrzeuge verknüpft sich fast ausschließlich bei jungen Männern der Unterschicht mit Selbstwert und Anerkennung durch die Gruppe.

In der durch männliche Vorherrschaft geprägten Gesellschaft nimmt der negative Gegenentwurf der Leitbilder von »richtiger« Männlichkeit genau diese jungen »Männlichkeitsdarsteller« als abweichende und gefährliche Männlichkeiten in den Blick. Ihre Bilder firmieren als Gegensatz zur unverzichtbaren und somit integrierten Männlichkeit des Nachwuchserzeugers (Vater, Geliebter), Beschützers (Polizist, Soldat) und Familienernährers. Sie repräsentieren gemeinschaftsschädliche und/oder entbehrliche Männlichkeiten. Vergewaltiger und Kinderverführer bedrohen in dieser Wahrnehmung den Nachwuchs und die Sicherheit der Frauen genauso wie Gewalttäter, Außenseiter und Fremde. Sie gefährden die Gemeinschaft von innen und außen. Die Drückeberger, arbeitsscheuen Schnorrer oder kriminellen Diebe (gegenwärtig auch die »Sozial«- und »Asylbetrüger«) untergraben in dieser Wahrnehmung den Wohlstand aller Gesellschaftsmitglieder.

Ihr schwarzen Völker im Süden/Wir lassen uns nicht länger von euch betrügen/Wir wollen eure Asylanten nicht/Sie rauszuwerfen, ist unsere Pflicht
Hände weg von unseren Frauen/Sonst müssen wir euch Ausländern aufs Maul hauen/Denn wir sind Skins aus dem hohen Norden/Wir können es unseren Frauen auch selbst besorgen.
(*Kraftschlag:* »Unser Land«, 1992)

Jugendgewalt/-kriminalität und ihre Kontrolle sind eine Art »Wettkampf« zwischen Männlichkeiten, allerdings mit sehr schlechten Bedingungen auf der untergeordneten Seite. Diese Underdogs sind jedoch in der Distanz der hoch- und populärkulturellen Verarbeitung der Leitbilder von Männlichkeit attraktive Identifikationsgestalten, ob in der »West Side Story«, in der Robin-Hood-Saga oder ihren zahlreichen Spielarten. Ein richtiger Mann kann auf Dauer nicht nur den lieben Gott einen guten Mann sein lassen: Er selbst muß sich gegen korrupte Männermacht auflehnen. Kampf kann je nach Interpretation und moralischer Bewertung legitim erscheinen. Genau diese moralische Legitimität beanspruchen Jugendliche in subkulturellen Gruppierungen, zum Beispiel Teile der Skinheadszene mit ihrem absurd erscheinenden Stolz aufs »Doitsche«, ihrem Konfrontationsgehabe, ihrer Abgrenzung gegenüber anderen Szenen und Mitmenschen, die als minderwertig oder gefährlich betrachtet werden.

»Betonte Femininität« ist hoch- und populärkulturell gleichfalls verbindlich und konstruiert im Gegenentwurf entsprechende Bilder von weiblicher Abweichung: die Schlampe, das Flittchen, die Kindsmörderin und die aggressive Schlägerin der

Subkultur. Diesen Dualismus von »guter« und »schlechter« Weiblichkeit und die zugehörigen Orientierungen und Verhaltensweisen teilen in subtiler Variante auch viele Mittel- und Oberschichtsfrauen und natürlich auch Teile der Frauenbewegung.

Bezogen auf den Zusammenhang von Kultur, Schicht, Geschlecht und einer sichtbaren und angsterzeugenden Gewalt könnte man formulieren: Männlichkeitsideale haben ein enormes Beharrungsvermögen. Je mehr die ehemals »selbstverständlich« männlich besetzten Funktionen in einer Gesellschaft an Bedeutung verlieren, um so nachdrücklicher wird in den unteren Schichten der Bevölkerung der Anspruch auf »richtige« Männlichkeit vorwiegend auf deren überkommene Leitbilder gerichtet. Während beispielsweise in industriellen Dienstleistungsgesellschaften, ob in Europa oder Übersee, physische Männerarbeit im Bergbau, in der Industrie, im Straßenbau und auf dem Felde in hohem Maße technologisch überflüssig wird, bemühen Jugendliche im sozialen Abseits und in Jugendsubkulturen wie der der Skinheads in ihrem Stil (Kleidung, Betonung von Körperlichkeit) den Habitus der Arbeiterkultur des letzten Jahrhunderts. Genau deshalb werden sie ihrerseits von romantisierenden und bemühten Jugendforschern als »Widerstandskulturen« mißverstanden. Auch das Gepräge und die Gewaltfähigkeit des Landsers als Prototyp des deutschen Vaterlands- und Rassenbeschützers sind stilbildend. In einem mit Lasertechnologie und Computern geführten Luft- und Raketenkrieg, der auch von Frauen am Sichtgerät oder als Pilotin per Knopfdruck zu bewältigen ist, ist der Landser längst überflüssig. Er wird aber in der subkulturellen Darstellung von Männlichkeit gefeiert.

In Zeiten, in denen zumindest eine Debatte um die gleichgestellte Erwerbstätigkeit der Frau und die stärkere Beteiligung des Mannes an der Haus- und Versorgungsarbeit auf der Tagesordnung steht, beziehen sich Jungen (und nicht wenige Mädchen) in den marginalisierten Zonen unserer Kultur auf die althergebrachten Geschlechtertugenden. Ein Mann muß hart gegen sich und andere sein und hat in der Küche nichts zu suchen, eine Frau soll weich, attraktiv und stets bereit zum Sex sein und sich um Haushalt und Kinder kümmern.

Neuere Untersuchungen befassen sich damit, wie sich je nach sozialer Lage geschlechtsspezifische Kriminalitätsformen voneinander unterscheiden. Die Kriminalität in den oberen Etagen der Gesellschaft ist sicherlich die schadensintensivste. In der medialen und politischen Kriminalitätsdebatte geht es, vor allem in Zeiten sozialen Wandels, um die Gewalt auf der Straße. Für diese männlich dominierte Form von Kriminalität (zum Beispiel Straßenraub oder Auseinandersetzungen zwischen Gruppierungen) gelten einige zentrale Merkmale: Zum einen finden die Konfrontationen häufig öffentlich statt. Weiterhin führt ihre Dynamik von Zurschaustellung und Eskalation bei jungen Männern der Randschicht zu einem unverhältnismäßigen Kriminalisierungs- und Opferrisiko. Außenstehende werden eher selten in Mitleidenschaft gezogen.

Je knapper die ökonomischen und sozialen Ressourcen, um so mehr werden die Möglichkeiten der Teilhabe an männlicher Vorherrschaft auf Abgrenzung, Konfrontation und Überlegenheitsbeweise auf eine permanente Darstellung von Risiko- und Kampfbereitschaft eingegrenzt. Beim Raub und bei Auseinandersetzungen um Territorium, um die Straße, den Stadtteil, Frauen, Autos und beim Anspruch auf »Respekt« geht es um die momentane Unterordnung von »Feindesmännlichkeiten«, deren Mitglieder überwiegend eine ähnlich gefährdete soziale Lage teilen. Der Bezug auf das Territorium, die selbstauferlegte Schutzfunktion gegenüber den »eigenen« Frauen und Kindern und die Fertigkeiten im »Besorgen« von Geld, Autos und Luxusgegenständen lehnen an die Funktionen herrschender Männlichkeit an. Homophobie als Abwertung und aktive Bekämpfung der Homosexualität (»Schwule ticken«), die andauernde Konfrontation mit Gegnern, der starke Gemeinschaftsbezug und die an Nationalismus, Militär und Polizei angelehnten Symbole sind »Investments« der Szenemitglieder. Sie sollen trotz der faktischen ökonomischen und sozialen Entbehrlichkeit der jungen Männer für den Arbeits-, Heirats- und Wohnungsmarkt eine patriarchalische Dividende abwerfen: Untereinander und in den marginalisierten Lebenszonen stellen sich die jungen Männer als unentbehrlich dar. Ihr risikobereites Verhalten demonstriert öffentlich Männlichkeit. Geschlecht wird situativ, kontextbezogen und interaktiv sichtbar. Dabei ist männlicher Selbstwert in hohem Maße mit Risiko verbunden.

Dieses Verhalten wird zwar polizeilich verfolgt und medial geächtet und nicht selten dämonisiert, es ist aber kulturell im Prinzip legitimationsfähig. Oppositionelle, gewalttätige, mit Risiko und Gefahr verbundene Männlichkeitsbilder sind in männerdominierten Kulturen immer auch attraktiv. Gewalt wird nicht grundsätzlich abgelehnt, nur die Gewalt der Falschen wird geächtet und bekämpft. Kaum eine andere Jugendsubkultur war so charakteristisch für die »Gewalt der Falschen« wie die Skinheadszene.

Die »abweichende Heldin«

Einen Anspruch auf die Teilhabe an Männerherrschaft kann jeder Mann anmelden. Teilhabe an Vorherrschaft wird in der Männlichkeitskultur der Randschichten wie in der Populärkultur über Stil und Verhalten beansprucht, wobei der Maßstab Überlegenheit ist. Das Paradigma »betonter Feminität« ist selbst für Mittelschichtsmädchen weitaus schwieriger zu bewerkstelligen. Zu ihrer Darstellung muß äußerlichen Standards (schlank, attraktiv etc.) genügt, müssen teure Accessoires beschafft werden.

Randschichtenmädchen haben nur äußerst eingeschränkte Möglichkeiten, anerkannte Weiblichkeit darzustellen. Geschlecht muß nicht, kann aber als Gegenentwurf zur betonten Weiblichkeit öffentlich verwirklicht werden, indem eine »Protestweiblichkeit« gelebt wird, vorwiegend über die Teilnahme an männlich dominierten Subkulturen wie Punk- und/oder Skinszene. In einigen dieser Gruppen ist mittlerweile der Übergang zur Obdachlosen- und Alkohol-/Drogen-Szene fließend. Eine junge Frau wird dort, ganz anders als ihr männliches Pendant, nicht als rebellierend und somit irgendwie zur Opposition berechtigt angesehen. Sie wird als Schlampe, als Punker- oder Skinbraut (früher: Rockerbraut) zum Gegenstand äußerster Verachtung – seitens des kulturellen Mainstream und nicht selten auch innerhalb der eigenen Subkultur. Frauen der Skinszene differenzieren zwischen »echten« weiblichen Skins (mit einer Ideologie von Autonomie und Gleichberechtigung) und »Fickhennen«. Letztere sind nur Teilhaberinnen der männlichen Vorherrschaft in der Szene und willige Objekte ihres Sexismus.

Es gibt in der Populärkultur im Unterschied zum abweichenden Entwurf des männlichen Helden weitaus weniger Fernsehserien, Musicals oder Songtexte über die abweichende Heldin. Sie hat als Angehörige der Randschicht auch wesentlich seltener eine Chance des sozialen Aufstiegs. Ein weibliches Pendant zu Mike Tyson ist nicht vorstellbar. Für Mädchen verknüpfen sich mit der tatsächlichen offenen Auflehnung und mit der Abhängigkeit enorme Risiken der Ausgrenzung. Widerstand gegen »betonte Weiblichkeit« – oder im Gegensatz dazu vorzeitige Erfüllung dieser kulturellen Erwartung – führt häufig zu problematischen Lebensverhältnissen.

Männliche Angehörige randständiger Subkulturen werden als rebellisch, gewalttätig, die Autorität herausfordernd, gefährlich wahrgenommen. Sie können aber immer noch als Teil eines Strebens nach Männlichkeit interpretiert werden. Die weibliche Anpassung, aber auch der weibliche Widerstand gegen »betonte Weiblichkeit« sind nicht konsensfähig, sondern werden geächtet. Sie können jedoch real unter Umständen und im Einzelfall langfristig eher Chancen einer nicht-abhängigen Lebensführung für Mädchen gewährleisten.

Die Clique und Szene sind Bühne für frühe Bemühungen um Teilhabe an Männlichkeit und Weiblichkeit. Dies bringt für Jungen und Mädchen unterschiedliche Risiken mit sich. Ihre öffentlich sichtbare Darstellung auf der Straße ist kein freiwillig gewähltes Spiel, sondern eine mangels anderer Möglichkeiten oft verzweifelt anmutende Inszenierung von Selbstwert als Zugehörigkeit zu »richtiger« Männlichkeit und Weiblichkeit.

Feindbildkonstruktionen

Entscheidend für das Verständnis des Männlichkeitskults der Skins ist nicht nur, daß Frauen abgewertet werden, sondern auch andere, nämlich sozial und ethnisch untergeordnete Männlichkeiten. Der Männlichkeitsbeweis wird gerade dort bedeutsam, wo der Ausschluß von der Macht, von Kontrolle, Status und gesellschaftlich anerkannter Tätigkeit am stärksten erfolgt: in der Männlichkeitskultur marginalisierter Schichten und Ethnien. Das, was herrschende Männlichkeit im Fall der Herausforderung ihrer Macht als Mittel der Durchsetzung aufbieten kann, nämlich Gewalt, Ausschluß, Unterdrückung und Dehumanisierung des Gegners, bestimmt so auch Orientierungen und Handlungsweisen junger Männer in kriminellen und gewaltbereiten Subkulturen.

In mir drin, da tut es weh/Wenn ich heut so um mich seh/Ausländer, Aussiedler und Asylanten/Selten trifft man noch einen Bekannten
Wohnungsgelder, Arbeitsplatz/Bevorzugt werden sie in jedem Satz/Unser Recht, das steht schon längst in Frage/Befreit uns von dieser Plage/
Wir müssen kämpfen für unsere Rasse/Deutsches Volk, beweis deine Klasse.
(*Werwolf:* »Volk Steh Auf«, 1990)

Die Abgrenzung von anderen Männlichkeiten (den »Feinden«) und die Strategien zur Rechtfertigung der eigenen Aggressivität und Härte soll randständige junge Männer als Beschützer der Gemeinschaft und der »eigenen« Frauen auszeichnen und somit gemeinschaftsfähig machen. Es werden Feindbilder einer schmutzigen, unfähigen, sexuell und kriminell gefährlichen und parasitären »Feindesmännlichkeit« entworfen. Schon in Studien über die männliche Jugendkultur Englands in den frühen 70er Jahren (die zum Mythos erhobenen Vertreter des Spirit-of-69-Original-Skins) finden sich Hinweise auf solche Feindbildkonstrukte, zum Beispiel des Pakistani (Paki) als Haß- und Angriffsobjekt. Der »Ausländer« ist in diesem Feindbild faul, arbeitsscheu, schnorrt Sozialhilfe, aber gleichzeitig arbeitet er Tag und Nacht und nimmt anständigen weißen Männern die Arbeit weg. Er wird als schmuddelig, geil und unverschämt frech dargestellt. Er reißt sich aber auch am Riemen und hält sich aus allem raus. Er ist homosexuell und gleichzeitig immer hinter weißen Frauen her. Er gilt als wohlhabend, versteckt aber seinen Reichtum und ist geizig: »Kurz, er ist ein knauseriger Verschwender, ein in sich gekehrter, zurückgezogener großtuerischer Angeber, ein völlig ungezügelter heterosexueller Homosexueller, ein Wohlfahrtsschmarotzer, der laufend Nachtschichten macht, ein Lustmolch, dessen exotische Religion jegliche Sexualität untersagt, ein arbeitsscheuer Drückeberger, stark wie ein Ochse, der mit Vergnügen die letzten Dreckarbeiten verrichtet, über die ein weißer Mann nur noch lachen würde.«[1]

Diese Feindbilder sind Gegenentwürfe zu den Funktionen »normaler« Männlichkeit (Nachwuchs zeugen, beschützen und versorgen). Gerade aus den Äußerungen Inhaftierter wird deutlich, daß Partizipation an männlicher Vorherrschaft durch die Konstruktion untergeordneter Männlichkeiten hergestellt wird. Der eigene Status als junger Mann im Knast läßt nur ein schmales Spektrum von Konstruktionen zu. So werden »die anderen« als schmutzig, verwerflich und gefährlich konstruiert. Im Konstrukt des absolut dissozialen »anderen« lassen sich gegensätzliche Merkmale »schlechter Männlichkeit« trotzdem auf ein und dasselbe Feindbild projizieren, die negativen Merkmale sind der Gegenentwurf von »guter Männlichkeit«. Sie stecken männliches Gemeinschaftsversagen bzw. Gemeingefährlichkeit ab und bezeichnen ein Stigma. Das ist den Jugendlichen selbst sehr geläufig, weil dieses Repertoire an Vorwürfen über männliche Dissozialität auf sie selbst angewendet wurde und wird. Es dient der Markierung schlechter, nicht integrierter Männlichkeit innerhalb der eigenen Kultur. Es strukturiert aber auch die Ausschlußkriterien und Normen der Jugendcliquen und gilt selbstredend für Verhaltensregeln innerhalb der Gefängniskultur.

Der schlechte Mann als Krimineller oder als Ausländer wird mit Sicherheit dann, wenn er beides repräsentiert, verachtens- und hassenswert. In dieser Konstruktion liegt die Berechtigung zum Ausschluß, aber auch zur Dehumanisierung begründet, die die eigene Kultur gegen ihre Kriminellen richtet. Letztere lenken dann ihre Aggression gegen Personen, die der eigenen marginalisierten Männlichkeit untergeordnet werden können: Ausländer, Inzesttäter und sonstwie »andere«, zum Beispiel Sexualtäter einer bestimmten Prägung wie auch »Verräter«, die gegen Mitgefangene Anzeige erstatten, Homosexuelle, auch Junkies.

Sie bringen für die deutsche Jugend/Rauschgift in das Land/Beantragen erst einmal Asyl/Und werden niemals anerkannt/ Durch ihre Drogen müssen/Deutsche Mädchen auf den Strich/Es ist ihnen total egal/Denn Menschenleben interessiert sie nicht
Die deutsche Bevölkerung haßt sie/Politiker wollen das nicht sehen/Linke Studenten setzen sich für sie ein/Keiner kann's verstehen/Sie sind auf der Seite der Verbrecher/Lassen sich mit ihnen ein/ Hey, überlegt doch mal/ Die nächsten Opfer werden eure Kinder sein
Sie fühlen sich wie im Schlaraffenland/Nutzen uns richtig aus/Auch wenn man sie tausendmal verhaftet/Keiner schmeißt sie raus/Uns Arbeitern kosten sie Millionen/Wir können die Politiker nicht verstehen/ Deutschland, tu endlich was/Wir können die Drogendealer nicht mehr sehen
Und der Dealer lacht dir ins Gesicht/Laß doch meine Drogen/Die schaden doch nicht/Und deine Tochter schickt er auf den Strich/Laß doch meine Drogen/Die schaden doch nicht
Deutschland, schütze deine Kinder/Wir müssen sie aus ihren Fängen reißen/Deutschland schütze deine Kinder/Mörder bringen Drogen für die Weißen.
(*Endstufe*: »Schütze Deine Kinder«, 1994)

Marginalisierte junge Männer im Gefängnis, die im Mainstream der Kultur als Träger »böser« Männlichkeit gelten, beziehen sich so in ihrer Abgrenzung vom schlechten fremden Mann auf »eigene« positiv besetzte Entwürfe von Männlichkeit, zum Beispiel der des treusorgenden Ehemanns und liebevollen Vaters.

Skinhead-Männlichkeit

Neuere Interviews mit Skinheads zeigen viele Ähnlichkeiten zu den beschriebenen Strategien der Feindbildkonstruktion. Jeweils in etwa 20% der Aussagen nennen Skins Kampfbereitschaft/konfrontative Abgrenzung, Arbeiterkultur/Klassenherkunft, Sichtbarkeit/Stil und Rausch durch Alkohol sowie, schwächer vertreten, Orientierungen an »nationaler Gesinnung«, Stolz und Kameradschaft als Teil der Selbstdefinition. In den Interviews hinterlassen weibliche Skins einen insgesamt moderateren Eindruck, heben aber genau wie ihre männlichen Kumpane (oder Gebieter) die Reaktion hervor, die ihr Stil bei anderen hervorruft (»... entweder sie hassen uns, oder sie haben die Hosen voll«). Die Ablehnung des Skinheadstils bei der Allgemeinheit bestätigt das Opferbewußtsein der Jugendlichen. Man fühlt sich mißverstanden, und dies begründet die Aggression gegen Gegner und Unbeteiligte. An den Aussagen männlicher Skins lassen sich dehumanisierende und frauenfeindliche Orientierungen nachweisen, die die Fixierung auf »harte« Männlichkeiten kennzeichnen. Als rechter Skin möchte man Beschützer der Frauen und der deutschen Nation sein, zum Beispiel bei Aktionen wie in Hoyerswerda: »Da stand das Volk dahinter ... das Volk hat sich gewehrt in Form von Skinheads«, sagt der Skin Hacki.[2] Skins möchten als »Deutschlands rechte Polizei« (*Störkraft*) verstanden werden.

Die Widersprüche in der Konstruktion des Feindbildes zeigen sich auch in den Texten von Skinheadmusik, vor allem als Dynamik von Opfermentalität und Aggressionsbereitschaft. Auch hier finden sich konsensfähige Feindbilder und Selbstbilder im Sinne der genannten Männlichkeitsdarstellungen. Fast alle Texte betonen Kampfbereitschaft neben Frauenverachtung und blankem Sexismus. Rechte Skinmusik ruft dazu noch zum Angriff auf Fremde auf, darüber hinaus geht es häufig um Kameradschaft und um den gemeinsamen Rausch. Vor allem das rechte Skinselbstbild schwankt zwischen Grandiosität/Stolz und Opferhaltung. Man wird gehaßt, so wie man aussieht, aber man ist stolz auf Deutschland und will es beschützen, liebt »deutsche Frauen und deutsches Bier«. Skins als verkannte Helden. Gleichzeitig wird die Vernichtung von Menschenleben als Männerarbeit und unerläßliche Härte gefeiert. Hervorgehoben

Sie fressen ständig Knoblauch/Und stinken wie 'ne Sau/Sie kommen hier nach Deutschland/Und leben hier für lau/Sie bauen hier nur Scheiße/Und machen hier nur Dreck/ Man muß sie einfach töten/Alles andere hat keinen Zweck. (*Endsieg*: »Kanaken-Song«, 1992)

wird auch die Freude an der Gewaltausübung: »Er liebt den Krieg und liebt die Gewalt, und bist Du sein Feind, dann macht er Dich kalt.« (*Störkraft*: »Söldner«) In den Naziskintexten findet sich ein offenes Bekenntnis zur Entmenschlichung der ausländischen Bevölkerung, zum Beispiel im Text »Muselmann, oh Muselmann« der Gruppe *Volkszorn*.

Im »Kanaken-Song« der Band *Endsieg* ist die Dehumanisierung der Ausländer an eine Vernichtungsideologie gekoppelt, Ausländern wird Schmutz, Gestank und Unehrlichkeit zugeschrieben, deshalb sollen sie beseitigt werden.

Der Haß auf die »anderen« und die Unvermeidlichkeit der Auseinandersetzung mit ihnen erscheinen als nahezu selbstverständliche Folge der Konstruktion einer gewaltlegitimierten Männlichkeit, beides sichert den Selbstwert der Szene- und Gruppenmitglieder. Hier wird allerdings von seiten der Forschung zu selten zwischen der szenegemäßen Provokation und der manifesten Ausübung von fremdenfeindlicher Gewalt unterschieden. Die Träger des kollektiv-provokativen Typus dieser Gewalt (Schändung von Gedenkstätten, offene Angriffe auf Ausländer) sind zwar oft Angehörige der Skinszene und verwandter Gruppierungen, die meisten der registrierten ausländerfeindlichen Brandanschläge wurden aber von vorher nicht auffälligen Jugendlichen verübt.

Aus psychologischer Sicht werden in der gegenwärtigen Debatte Haß und Verbrechen aus Haß als Verdrängung eigener ungeliebter Qualitäten interpretiert. Diese werden auf die als minderwertig empfundenen »anderen« projiziert.

Die wirtschaftlich und politisch bedingte ökonomische Unsicherheit betrifft seit längerem eine breite Masse junger Männer. Die deutsche Wiedervereinigung hat diese Population anwachsen lassen. Der Deutschland-Euphorie, einem »neuen deutschen Gefühl«, das in Nachbarländern alte Ängste mobilisierte, entsprach im Osten die Erfahrung einer nicht vorhersehbaren sozialen, ökonomischen und psychologischen Abwertung. Obgleich diese Abwertung (als Arbeitnehmer, als Ehepartner, als weibliche Berufstätige, als Parteigänger, als Teil der ehemaligen Hegemonialstruktur) Menschen jeden Alters und Geschlechts traf, haben die Auswirkungen für die heranwachsenden Männer zu einer massiven Beschneidung von Möglichkeiten geführt, Teil bis dato garantierter Männlichkeitsdomänen zu werden. Gleichzeitig verlief die Integration in Gemeinschaftszusammenhänge einschließlich Schule, Beruf und Familie nicht mehr in den gewohnten Bahnen. Diese kulturelle Krise hat einen aufnahmebereiten Boden für nationalistische, neonazistische und allgemein rechte Ideologien geschaffen, die zunächst aus dem Westen transferiert wurden und dann als »Gewalttransfer« auf den Westen zurückschlugen. Entsprechende politische Vorgaben von Politikern der Volksparteien (Gefahr für Deutschland durch »Asylmißbrauch«, »Überfremdung«, zu liberale Erziehung) korrespondierten mit einer Stimmung von Fremdenangst und Wohlstandschauvinismus in breiten Bevölkerungsschichten. Die politischen Stammtischparolen können allerdings nicht ursächlich als eine Erklärung für aktives gewalttätiges Handeln herangezogen werden, sie haben aber zu einem Klima der Gewalt beigetragen. Studien zum Rassenhaß und zum rassistisch motivierten Massenmord, aber auch zur homosexuellen und heterosexuellen Vergewaltigung zeigen, daß die Entmenschlichung der »anderen« den Übergang von Gewaltbereitschaft zu gewalttätigem Handeln in Gang setzen kann. Gewaltausübung als Männerhandeln muß im Kontext von insbesondere rechten Szenen und Cliquen als Kollektiv- und Szenephänomen aufgefaßt werden. Sie entspringt nicht nur der Pathologie von Individuen.

Dehumanisierung im Umgang mit Gegnern ist ein Prinzip männlicher Konfrontation. Dehumanisierung im Kontext von Sexismus, Rassismus und Homophobie entsteht nicht in der Subkultur, sondern ist in der Mainstreamkultur, auch in der weißen Arbeiterbewegung, tief verwurzelt, Gewalt findet sich in den männlich dominierten Gemeinschaften der Arbeiterkultur und in der Gemeinschaft von männlichen Beschützern, bei Soldaten wie bei Polizisten.

Nicht selten ist brutales Handeln begleitet von Sadismus, Euphorie und dem Gefühl männlicher Überlegenheit: Es geht dabei um die Konformität mit der männlichen Gemeinschaft. Man darf den Kameraden die schmutzige Arbeit nicht allein überlassen, man darf nicht aus dem Glied heraustreten. Tut man es trotzdem, so wird das als »unmännlich« und »schwach« angesehen. Diese Haltung erwächst aus dem Leitbild von Männlichkeit in der herrschenden Kultur, wo Angriffe auf Ausländer und Hilflose ebenso vorkommen wie bei Skins und Hooligans.

Skinheads als »letzte« Arbeiterjugend?

Viele den Oi!-Skins zugeschriebene Verhaltensweisen gab es auch in früheren betont maskulinen Kulturen und Subkulturen. Man kann es so ausdrücken: Die Herstellung von Männlichkeit ist eine Anstrengung, das Ergebnis ein instabiles Kunstprodukt. Versatzstücke vergangener Männlichkeitskulte müssen herhalten: bei den Naziglatzen Landser und nordisch-arische Wikinger; bei den Nicht-Nazis der weiße Arbeitsmann des 19. und frühen 20. Jahrhunderts. Die Männlichkeit der Skinheads ist ein Kunstprodukt – wie Männlichkeit überhaupt. Skins wollen durch ihren Stil als »hart und smart« gelten, auch die jungen Frauen der Szene.

Foto: Lord Helmchen

Smegma *1994*

Der Bezug zur Arbeiterklasse, zur Working class, ist bei den Skins ein Faktor von Identität. Wie im Käpt'n-Blaubär-Club darf sich jeder eine »rechte« oder »linke« Geschichte ausdenken. Anders aber als im beliebten Kinderprogramm rät (oder überprüft) niemand, ob sie »wahr oder gelogen« ist. Der von den eher nicht-rechten Skins vielfach genannte Working-class-Bezug, vor allem das öffentliche Saufen, die stetige Bekundung von Arbeiterstolz und von sexueller Potenz, hat wenig mit der Arbeit und dem Alltag der Menschen in Industriearbeiterkulturen zu tun. Als unqualifizierte Hilfsarbeiter, als Underclass-Jugendliche, versuchen Skins, aus ihrer Not eine Ideologie von Arbeitertugend zu machen. Was allerdings den Skinkult (und frühere maskulin orientierte Jugendszenen sowie Teile der heutigen schwarzen Gangsta-Rap-Szene) mit Haltungen der Arbeitermentalität des 19. und frühen 20. Jahrhunderts verbindet, ist der Ausschluß von Frauen, zunächst aus der Arbeitswelt, dann aus der Männlichkeitskultur dieses Milieus. Und man grenzt sich von »Fremden« und Schwulen ab.

»Working class, das heißt für die Masse der Skins nicht mehr als reale oder eingebildete Zugehörigkeit zum unteren Drittel der 2/3-Gesellschaft, das heißt, die eigenen Laster/Unzulänglichkeiten umzukehren ins Positive: ich bin fett/faul/ungebildet/alkoholabhängig/prollig/arbeitslos... aber das ist geil und Kult, weil authentisch Working class. ›Working Klahs‹ is für kleine Jungs mit großer Klappe und notorische Dummschwätzer.« (ein Skingirl, aus: Farin: Skinhead – A Way of Life, Hamburg 1996, S. 81.)

Richtige Arbeit, und das heißt Arbeit mit Einsatz von Körperkraft, wird zur Domäne von Männlichkeit. So erlangt der männliche Teil der ehemaligen Underclass den Status des »richtigen Mannes« und Familienernährers. Schwache Männer können weder richtig arbeiten noch Familien gründen, Kinder zeugen und ihre Familie und den Stolz ihrer Gemeinschaft verteidigen.

Foto: Detlev Kreimeier

Skingirl beim Business-*Konzert 1994*

Du siehst sie auf der Straße geh'n/Ohne daß sie sich schäm'n/Sehen aus wie Schleimer/Leiden kann sie keiner/Stehen nur auf ihr Geschlecht/Bei dem Gedanken wird mir schlecht/Heiraten woll'n sie in Amsterdam/Für mich sind sie geisteskrank.
(*Doitsche Patrioten*: »Schwule«, 1994)

Do you see the skins on the street/Violence in their minds, boots on their feet/See them standing side by side/Every friday night, fight, fight, fight Sherman shirt, Levi's jeans and braces/We don't care about any races/Skinheads are black und skinheads are white/Every saturday night, fight unite
Skinheads never die, standing side by side/Skinheads never die, fight unite/Skinheads never die, black and white/Skinheads never die, fight unite
Oi! Oi! Oi! is our call/The blood of our enemies shall flow/We don't like the hippie scum/You better fuckin' run when we come
Never try to stop our run/Or we strike as hard we can/Hear the stomping in the night / Seven days a week, fight, fight, fight.
(*Smegma*: »Fight«, 1993)

Schwule bedrohen den homoerotischen Zusammenhalt der Kumpel (Genossen) und ihren in der Arbeiterliteratur und -kultur, zum Beispiel beim Fußball gefeierten Grundsatz: Echte Liebe ist (allerdings strikt ohne Sexualität) nur unter Männern möglich. Bedroht von den »Fremden« werden der Status des Arbeiters und sein Besitzstand: Frau, Arbeitsplatz und Wohnung, d. h. die Säulen der Arbeitermännlichkeit.

Skins in Deutschland werden für einige der brutalsten Handsons, also Übergriffe auf andere, verantwortlich gemacht. Die negative Wertigkeit der »Gestalt« des Skin wird durch SHARP-Flugblattaktionen in der Fußgängerzone sowie durch bemühte »sozialpädagogische« Songtexte von nicht-rechten oder »bekehrten« Szenebands nicht angekratzt. Auch die nicht-rechte Szene spielt mit dem Brutalo-Image, wenn auch oft ironisierend. Darüber hinaus entwickeln sich zentrale Strukturen der Szene: Sichtbarkeit, Identifizierbarkeit, Zugehörigkeit, Zusammenhalt und der hervorgehobene Stolz auf angebliche Verwurzelung (Arbeiterklasse, schwarze Musik, SA).

Im gegenwärtigen Deutschland gibt es schätzungsweise 8 000 Mitglieder der Skinszene. Die Mehrzahl ist nicht aktiv gegen Menschen ausländischer Herkunft. 2 000 Skinheads gelten als gewaltbereit, zum Teil auch zum Hand-on bereite (im Unterschied zum unmännlich »feigen« Brandanschlag) Schläger gegen Ausländer, Menschen anderer Hautfarbe, Behinderte, Stadtstreicher, Schwule und gegen Mitglieder anderer Szenen. Aber selbst die eher nicht-rechten Skins der in diesem Buch dargestellten Untersuchung bezeichnen sich mehrheitlich als gewaltbereit. Die Szene verwirklicht sich, im Unterschied zur Heroin-, Straßengang- oder Zuhälterszene, nicht territorial. Man trifft sich zu Konzerten oder, im rechten Lager, zu »Adolfs« Geburtstag, zum Rudolf-Heß-»Gedenktag«, zu Sonnwendfeiern und ähnlichen Anlässen. Nur im übertragenen Sinn ist das »Doitschland« der Skins ein Revier, das verteidigt werden muß.

Aus jugendsoziologischer und kriminalpolitischer Sicht wird es Zeit, sich ein etwas differenzierteres Bild von der Szene anzueignen.

Literatur

Bergmann, Werner/Erb, Rainer (Hrsg.): Neonazismus und rechte Subkultur. Berlin 1994.

Cremer, Günter: Die Subkultur der Rocker – Erscheinungsform und Selbstdarstellung. Pfaffenweiler 1992.

Deutsches Jugendinstitut (Hrsg.): Gewalt gegen Fremde – Rechtsradikale, Skinheads und Mitläufer. München 1995.

Erb, Rainer: Action. Über Jugendgruppen und rechte Gewalt. In: Lamnek, S. (Hrsg.): Jugend und Gewalt – Devianz und Kriminalität in Ost und West. Opladen 1995.

Farin, Klaus/Seidel-Pielen, Eberhard: Skinheads. München 1993.

Grotum, Thomas: Die Halbstarken – Zur Geschichte einer Jugendkultur der 50er Jahre. Frankfurt/New York 1994.

Kenkmann, Alfons: Die wilde Jugend in den Städten. In: *Die Zeit*, Nr. 17 vom 19. April 1996.

Kersten, Joachim: Jugendkriminalität – Vom Tunichtgut zum Täter. In: Gaiser, W./Hübner-Funk, S./Krüger, W./ Rathgeber, R. (Hrsg.): Immer diese Jugend. Ein zeitgeschichtliches Mosaik 1945 bis heute. München 1985.

ders.: Gut und (Ge)schlecht. Männlichkeit, Kultur und Kriminalität. Berlin/New York 1997.

Koch, Reinhard/Behn, Sabine: Gewaltbereite Jugendkulturen – Theorie und Praxis sozialpädagogischer Gewaltarbeit. Weinheim/Basel 1997.

---

1 Pearson, Geoff: »Paki Bashing« in a North East Lancashire Cotton Town: A case study and its history. In: Mungham, Geoff/Pearson, Geoff (Hrsg.): Working Class Youth Culture. London 1976, S. 65 (übersetzt von Joachim Kersten).

2 Farin, Klaus/Seidel-Pielen, Eberhard: Skinheads. München 1993, S. 62.

Kurt Möller

Häßlich, kahl und hundsgemein

Männlichkeits- und Weiblichkeitsinszenierungen in der Skinheadszene

Skinheads sind rechtsradikal bis neonazistisch, fremdenfeindlich und gewalttätig, hirnlos und alkoholsüchtig, sie sind durchweg männlich bis zum Gehtnichtmehr: Macker, Machos und Sexisten. Die wenigen Szenemädchen sind reine Mannweiber, doof, derb und emanzipationsblind – so oder ähnlich weiß die öffentliche Meinung über Skins bestens Bescheid.

Woher kommen diese Deutungen? Sind sie den Berichten von Verfassungsschutz und Strafverfolgungsbehörden abgeguckt? Aber sicher. Entstammen sie dem Bild, das die Medien zeichnen? Hallen sie in den Reden etablierter Politiker wider? Ohne Zweifel. Bündeln sie die Ängste der Gesellschaft vor einer unkontrollierbar gewordenen Jugendgeneration? Ziemlich wahrscheinlich. Nur: Auf welche Datenbasis stützen sich solche Einschätzungen? Sind sie Ergebnisse gründlicher Recherche? Liegen ihnen statistisch-repräsentative Erhebungen zugrunde? Stellen sie Resultate der wissenschaftlichen (Jugend-)Forschung dar? Weit gefehlt.

So bleibt nichts anderes als die Deutung, daß diejenigen, die solche Klischees verbreiten, bestimmte Interessen verfolgen: die Konstruktion einer terroristischen Gefahr von rechts, die Steigerung von Auflagenzahlen bzw. Zuschauerquoten mittels Sensationsberichterstattung in den Medien, den Aufbau innenpolitischer Feindbilder, hinter deren Monströsität die etablierte Politik eigene Fehler und Unterlassungen – gerade in bezug auf den Umgang mit MigrantInnen – verstecken kann, und die Verschärfung der Kontrolle nachwachsender Generationen, um ihre möglichst nahtlose Einpassung in die gesellschaftlichen Strukturen zu gewährleisten.

Auch die wissenschaftliche Jugend- und Kultur- bzw. Lebensstilforschung kann sich von solchen Unterstellungen und Ängsten nicht freisprechen. Nur allzu bereitwillig übernahm sie unkritisch in weiten Teilen die Labels der veröffentlichten Meinung, richtete sich in der Political correctness der Gleichung Skin = rechtsextrem (+ gewalttätig + sexistisch) behaglich ein und scheint es deshalb kaum für notwendig zu befinden, diese Subkultur zum Gegenstand ihrer Studien zu machen. Indem sie das Etikett »rechtsextrem« nicht ernsthaft prüfte und diese Szene als rückwärtsgewandt und anti-innovativ titulierte, versäumte sie es, ihre eigentliche Funktion auszufüllen: Anwalt von Jugend- und Alternativkulturen zu sein und deren Anliegen kritisch-wohlwollend gegen Vereinnahmungsabsichten der etablierten Gesellschaft zu verteidigen. Hintergrund dafür dürfte nicht zuletzt sein, daß die Skinheadkultur genau das zu verletzen scheint, was der kritischen Jugendforschung und den darauf fußenden pädagogischen Vorstellungen als Grundkonsens, ja fast als sakrosankt gilt: demokratische Verhaltensweisen, das Gewalttabu sowie geschlechteremanzipatorische Überzeugungen und Perspektiven.

»Skinhead sein heißt für mich ...«

Fragt man Skinheads, was ihnen ihr Skinhead-Sein bedeutet, so tauchen bestimmte Begriffe immer wieder und meist in Verbindung miteinander auf: »Spaß haben«, »Zusammenhalt und Gemeinschaft«, »saufen«, »raufen«, »Musik«, »geile Kleidung«, »Provokation«, »Protest«, »arbeiten gehen«, »Arbeiterklasse«, »(Anti-)Rassismus«, »mein Lebensstil«.[1] Auch wenn diese Reihung keine Rangfolge beinhaltet, so legt sie doch offen, daß der Bezug auf bzw. die Haltung zu Politik, insbesondere rechtsextreme(r) Politik, ein Moment unter vielen und nicht zentraler Bezugspunkt ist. Weitaus öfter und stärker als über »Rechts-Sein« oder auch »Anti-Rassismus« definiert man sich einerseits über die Gemeinschaftlichkeit von Erlebnissen sowie andererseits über (scheinbar) Äußerliches, Stilistisches.

Insofern wäre es verfehlt, Skinheads insgesamt als manifeste politische Gruppierung mit eindeutig rechtsextremer Kontur einzustufen. Eher erfüllen sie genau jene Kriterien, die sie als Jugendsubkultur erkennen lassen: Sie definieren sich über Verhaltensstile und Symboliken, die vom gesellschaftlichen Mainstream abweichen. Sie bilden Treffpunkte heraus, die sie (auch räumlich) als »Szene« in Erscheinung treten lassen. Und sie prägen eine Gemeinsamkeit von Werten und Normen, die sich sowohl von der gesellschaftlich vorherrschenden »Hauptkultur« als auch von der klassenspezifischen Stammkultur absetzen und diese subversiv und offensiv in Frage stellen.

Das Skinhead-Sein dient der sozialen Orientierung. Eine entsprechende Stilbildung hat wichtige Funktionen für die Herausbildung von Identität. Diese Funktionen sind:
- die persönliche Identifizierbarkeit des/r einzelnen als Individuum,
- der Ausdruck besonderer Persönlichkeitsmerkmale, Vorlieben, Haltungen und Perspektiven,
- Sicherheit im eigenen Erleben über das »Einschleifen« von bestimmten Denk- und Verhaltensstilen,
- die Signalisierung von Zugehörigkeit zu einer Werte-, Handlungs- und Kommunikationsgemeinschaft,
- die Verhinderung, der Ausgleich und/oder die Reduzierung von Orientierungsunsicherheiten.

Die englische Jugendsoziologie hat dies weitaus früher begriffen als die deutsche Jugendforschung. Insbesondere Mitarbeiter und Mitarbeiterinnen des Birminghamer Centre for Contemporary Cultural Studies (CCCS) erforschten unter diesen Fragestellungen schon in den 70er Jahren widerständige Gruppierungen von Jugendlichen wie z.B. auch Skinheads. Sie unterschieden in den Selbstdarstellungsformen von Jugendkulturen mindestens drei Aspekte: das »Image« (äußeres Erscheinungsbild), die »Haltung« (Körperausdruck) und den »Jargon« (Vokabular und Redeweise).[2] Diese Differenzierung spricht die beobachtbare äußerliche Erscheinungs- und Existenzweise des Stils an und fächert sie auf, sagt aber noch nichts über mögliche Bedeutungen seiner Elemente aus. Hier kann sich ein Rückgriff auf neuere kultursoziologische Überlegungen in Deutschland als hilfreich erweisen. Im Rahmen seiner Analyse der bundesdeutschen »Erlebnisgesellschaft« unterscheidet der Bamberger Soziologe Gerhard Schulze drei Bedeutungsebenen von Stil: Distinktion, Genuß und Lebensphilosophie.

Mit Distinktion ist die Rolle des persönlichen Stils als soziales Erkennungsmerkmal gemeint. Die feinen Unterschiede des Stils schaffen einerseits Abgrenzungen nach außen gegenüber den Nicht-Szenezugehörigen, andererseits vermitteln sie Zugehörigkeiten zur Szene, ja bauen die Identität einer »Wir«-Gruppe auf: z.B. »Wir Doc-Martens-Träger«, »Wir Glatzen«.

Die Genuß-Dimension von Stil hebt auf das positive körperlich-psychische Erleben des jeweiligen Stilelements ab.

Die lebensphilosophischen Elemente des Stils schließlich beinhalten – meist unterschwellig – Bekenntnisse zu Leitbildvorstellungen mit grundlegenden Wert- und Handlungsorientierungen.

Im folgenden soll versucht werden, den skinheadeigenen Stil in seinen Distinktions-, Genuß- und Lebensphilosophie-Dimensionen zu erkennen sowie den Habitus in seinen Image-, Haltungs- und Jargon-Dimensionen zu entschlüsseln. Von besonderem Interesse sind dabei die vier Inszenierungsmedien, die den Stoff bilden, aus dem die Stile sind: Symbole, Ästhetik, Rituale und Mythen und ihre geschlechtsspezifischen Elemente.

Spaß haben ...

ist bekanntermaßen kein Skinhead-typisches Motiv jugendkulturellen Lebens. Andere Szenen, wie beispielsweise die durch »Techno« oder »Disco« geprägten Gruppierungen, gewichten es ähnlich stark, in anderen jugendkulturellen Milieus sind aber durchaus weltanschauliche, politische, (neo-)religiöse oder metaphysische Werte wichtiger als »Fun«-Bedürfnisse. Die besonders starke Gewichtung des »Spaß-haben-Wollens« signalisiert,

Foto: Boris Geilert/G.A.F.F.

Fun: Skins mit Riesenbrillen

daß »Genuß«-Dimensionen offenbar schwerer wiegen als andere Funktionszuweisungen des Stils, also etwa lebensphilosophische Erwägungen.

Die Hochbewertung von Lebens-*Genuß* bedingt offenbar auch eine besondere Bedeutung des Stilistischen, der äußeren Formen des Ausdrucks von Befindlichkeiten, Wertungen und Perspektiven. In der Skinheadszene wird deshalb Symbolischem, Ästhetischem, Ritualisiertem und Mythischem ein hoher Stellenwert zugewiesen.

Symbole machen sich am auffälligsten an der Kleidung und dem präsentierten Körperbild fest, dabei am markantesten an der Frisur, aber auch an Aufnähern und Abzeichen. Skins drücken mit dieser Symbolik aus, daß »Spaß« weder im Rahmen der gebotenen Konsumkultur noch in der überspannten Fülle modischer Accessoires gesucht wird, ihre Symbolik erscheint von bemerkenswerter Schlichtheit, ja fast Holzschnittartigkeit und in gewisser Hinsicht der Arbeiterkultur verpflichtet (z.B. Doc Martens). Auch dort, wo politische Aussagen mit ihr verbunden werden, spielt sie nicht mit Andeutungen, Nuancierungen oder Ambivalenzen, sondern setzt auf Klarheit, Prägnanz und Eindeutigkeit, die bis zu stereotypisierender Schwarz-Weiß-Malerei geht. Unschwer lassen sich Anleihen an klassische Männlichkeitsmuster erkennen: Arbeitsbezogenheit, Standfestigkeit, Geradlinigkeit, Ernsthaftigkeit, Widerständigkeit, Rauheit. Dem entspricht eine Ästhetik der klaren Linienführung. Als »schön« gilt, was schnörkellos und unprätentiös ist und Härte demonstriert. »Hart und smart« – nicht selten bezeichnen Skins mit diesen Begriffen ihren Stil und greifen dabei auf traditionelle Männerbilder zurück.

Der körperbetonte Tanzstil mit seinen bewußten Rempeleien erscheint als eine Art subkultureller Ausdruck des »normalen« alltäglichen Spannungsverhältnisses von kumpelhafter Nähe und Konkurrenz unter Jungen und Männern. Und er gestattet körperliche Berührungen, ohne den Verdacht zu erregen, homosexuell – und dies heißt unter »richtigen Männern«: weibisch – zu sein. Unter dem Deckmantel eines rüden Maskulinismus kann auch ein homoerotisch aufgeladener »Spaß« legitimiert werden. Vergleichbares gilt für die Freudentänze von Jungen- und Männerhorden auf (Fußball-)Stadienrängen.

Die in der Szene besonders beliebten Tattoos lassen einen Körperausdruck zu, der ein »Sich-Schmücken« erlaubt, ohne »unmännlich« zu wirken, mit dem man sich auf eine lange, in unserem Kulturkreis männliche, zudem eher unterschichtsgebundene Traditionslinie berufen kann. Tätowierung und ihre Verbindung mit Schmerz und geringer, aber immerhin blutiger Verletzung ist ein Beweis »wahrer« Männlichkeit, die Dauerhaftigkeit und Unabänderlichkeit der Körperzeichnung per Nadel kann als Symbol für Konsequenz, Unerschütterlichkeit gesehen werden – klassische Männlichkeitsmerkmale.

Auch Glatze bzw. extrem kurze Haare wirken männlich. Frauen tragen ihr Haar traditionell länger als Männer und wenden besondere Sorgfalt bei seiner Pflege und Formgebung auf. »Hautkopf« bzw. Stoppelschnitt signalisieren Funktionalität, Pragmatik und geringes Interesse an Stilisierung und Selbstverzierung, selbst wenn sie in der Szene fast liebevoll gepflegt und quasi rituell geschoren werden. Die Glatze ist außerdem mit der Vorstellung verbunden, ihr Träger verfüge über eine besondere sexuelle Potenz.

Wir ziehen voll besoffen durch die Innenstadt/Damit die Langeweile hier ein Ende hat/Das übrige Volk schaut uns ängstlich zu/Uns ist es egal, wir wollen nur unsere Ruh'
Pöbel und Gesocks, Oi! Oi! Oi!
Unsere Bande wird schon impotent/Es gibt kein Getränk, das man nicht kennt/Der Herrgott schaut bang auf uns herab/Um uns zu bekehren, ist er viel zu schlapp
Das Älterwerden macht uns nichts aus/Denn wir machen das Beste daraus/Selbst die Hippies sind über uns empört / Weil sie unser Dasein stört
Pöbel und Gesocks, Oi! Oi! Oi!
(*Beck's Pistols*: »Pöbel Und Gesocks«, 1990)

Skinästhetik läßt sich als eine Ästhetisierung traditioneller Männlichkeit begreifen. Die in der Szene gepflegten Spaßrituale bestärken diese Sichtweise: Der exzessive und öffentlich praktizierte Alkoholkonsum ist nichts anderes als ein überlieferter Männlichkeitsbeweis. Schlucken, »etwas vertragen« zu können, dabei standfest zu bleiben, wird beim Saufen, spielerisch und ohne sich in gesellschaftlichen Bereichen von Leistung und Ernst zu bewegen, dokumentierbar. Alkohol, als Rauschmittel eingesetzt, ermöglicht nicht nur die kleine Flucht aus dem Alltag, sein Konsum gibt auch zu verstehen, man(n) sei nicht verbissen, sondern »locker drauf«. Man(n) leistet es sich, sich nicht von Zwängen gänzlich vereinnahmen, verbiegen oder freudlos in ein Verlies von Realitätsprinzipien einkerkern zu lassen. Nicht zufällig benutzt man vorzugsweise die »Männerdroge« Bier, die entsprechend viel besungen wird (z. B. mit den eingängigen Zeilen von *SpringtOifel*: »Bier, Bier, Bier/Bier ist unser Elixier«). Und ebensowenig zufällig taucht häufig die Verbindung mit Sex und Fußball auf (besonders deutlich bei den *Lokalmatadoren* im Song »Fußball – Ficken – Alkohol«).

Unzweifelhaft sind auch Gewaltrituale Insignien traditioneller Männlichkeit. Gewalt ist (auch) »Fun«. Sie macht Spaß, sie enthält Lust-Komponenten, sie ist »einfach geil« – die superlative Bewertung und Verbindung mit sexueller Lust ist keine

ÖS 25 / £ 1.80 / $ 3.
SKIN up
MAGAZIN
Nr.40 Sommer 1996 DM 4,- A 11456
Major Accident
Die Clockwork
Legion meldet
sich zurück
The Oppressed
15 Jahre
sind genug

zufällige. Physischer Gewaltsamkeit werden erotisch-sexuelle Komponenten zugeschrieben; je stärker sie sich in den Vordergrund schieben, um so weniger kann Skingewalt unter zweckfunktionalen Aspekten gedeutet werden. Die Absicht der Zerstörung bzw. Verletzung kann hinter das Interesse an der Auslösung von Lust zurücktreten; Körperausdruck, Lebendigkeitsempfindung, Risikoerleben, überhaupt Intensität von (Grenz-)Erlebnissen gehören zum Motivationsbündel gewalttätiger Verhaltensweisen. »Fußball und Wochenend – der Durst ist groß, die Kehle brennt/Fußball und Wochenend – der Mob, der tobt, der Gegner rennt/Fußball und Wochenend – selber schuld, wer das nicht kennt/Nach der zweiten Halbzeit kommt die dritte/ Wir stürzen uns in des Gegners Mitte/Ham' wir dann noch immer nicht genug/Begleiten wir die Herren noch zum Zug!« – so bringen die »Mainzeldroogs« *SpringtOifel* den violent-maskulinen Samstagsspaß auf den Punkt (»Wochenendvergnügen«, 1994).

Szene-eigene Mythisierungen nehmen auf zahlreiche der genannten Aspekte Bezug: Gewaltsituationen, Alkoholexzesse, Kleidungsaccessoires usw. Dabei kann man bisweilen den Eindruck gewinnen, die vielzitierte Gewaltsamkeit werde stärker (sowohl von Skins selbst wie von der Öffentlichkeit) mythisiert als realisiert. Nach der Studie von Farin/Heitmann hat sich gerade ein knappes Viertel der befragten, überwiegend 15- bis 25jährigen Skins innerhalb der letzten zwei Jahre mehr als fünfmal, 50% aber nur maximal zweimal geprügelt und damit kaum mehr Gewaltneigung gezeigt als andere Gleichaltrige. Wenn festgestellt wird, daß rund 20% der Befragten Waffen tragen, so liegt selbst dieser Wert in Größenordnungen, wie sie sich auch bei Untersuchungen über Gewalt an Schulen wiederfinden. Und rund drei Viertel der ProbandInnen stehen Auseinandersetzungen mit gegnerischen Fans in der berühmt-berüchtigten »dritten Halbzeit« ablehnend gegenüber; für »nur« knapp 10% gehört sie zum Spielbesuch dazu.

Es ist soweit, wir haben Freitag/Heut' mach ich endlich einen los/Ich hab schon lange keine Perle mehr gehabt/Bis jetzt hab ich noch immer kläglich versagt
In der Kneipe wird's schon klappen/Wo der Alk die Zunge löst/Doch jedesmal, wenn ich was sag, dreht sie sich um/ Und ich sitz stundenlang allein am Tresen rum
Nur diese wunderbare Zeitschrift/Ich hab sie längst schon abonniert/ Die Mädels zeigen mir die Brust, den Arsch, das Bein/ Und wenn ich will, dann sagen sie nie nein
Ich les Happy Weekend Jede Nacht...
(*Lokalmatadore*: »Happy Weekend«, 1991)

Männliche Härte wird zelebriert als Muskulösität und Kräftigkeit, Widerstandsfähigkeit (z.B. als tattoobezeugte Schmerzresistenz), demonstrative wie gleichzeitig ironisierende Bewaffnung und in der Strapazierfähigkeit der Kleidung wie des groben Schuhwerks. Der kahl- oder kurzgeschorene Schädel verweist symbolhaft in die gleiche Richtung. Die Freude am exzessiven Bierkonsum bewirkt nicht selten eine gewisse Fülligkeit der Körper (als »dick und dumm« besingen sich – nicht ohne Selbstironie – *Blanc Estoc*). Skins sind häufig »Brechmänner«, personifizierte Brecheisen, oder inszenieren sich zumindest so. Nicht nur beim Pogo praktizieren sie eine Bewegungskultur, die raumgreifend ist. Man(n) demonstriert Präsenz: eine breitbeinige Statik und eine Wachheit, ein jederzeit »Auf-dem-

Sprung-Sein«. Der körperliche Ausdruck strahlt eine latent-aggressive Unberechenbarkeit aus. Action-Bedürfnisse prägen die Körperspäße. Schwammigkeit und Schlaffheit stehen ihnen entgegen, die Action verlangt ein gewisses Maß an Straffheit oder zumindest Straffbarkeit. Dem entspricht ein eher maskulin-rüder als sensibler Umgang mit sexuellen Bedürfnissen und Phantasien. Sie lassen an Deutlichkeit ebensowenig zu wünschen übrig wie die Sexualisierungen von Mimik und Gestik. Allerdings werden nicht nur sexuelle Ansprüche herausposaunt und Erfolge lauthals gefeiert, in Skinsongs finden sich durchaus auch Passagen, die die Schwierigkeiten zwischengeschlechtlichen Kontakts und sexuelle Nöte drastisch und ehrlich schildern (z.B. »Happy Weekend« von den *Lokalmatadoren* oder »No Girl In Town« von *Blanc Estoc*).

Der Jargon korrespondiert damit. Er gibt sich demonstrativ flegelhaft, aufsässig, obszön und vulgär. Er ist relativ einfach strukturiert, arbeitet mit Floskeln und setzt sich so gegen jegliche intellektuelle Vereinnahmungsversuche und Verblasenheiten ab, differenzierende Diskussion und rationale Argumentation sind nicht sein Ding. Er ist kurz und prägnant wie der Ausruf »Oi!«. Wo man sich politisch äußert, bleibt es vielfach bei der Parole, wo man sich von politischen Unterstellungen absetzt, geschieht dies ohne viel Drumherumgerede: »Lieber einen Steifen in der Hose als einen Steifen im rechten Arm!«

Frauenbilder

Was suchen Mädchen und Frauen in dieser Szene? Wie kommen sie zu ihrem Spaß?

Mädchen und Frauen sind deutlich unterrepräsentiert.

Farin/Heitmanns Befragung von 406 Szenemitgliedern weist einen Frauenanteil von 12,7% aus. Nahezu drei Viertel der Cliquen sind rein männliche, der Rest ist gemischtgeschlechtlich; reine Mädchencliquen existieren praktisch nicht.

Zumindest lassen sich zwei Gruppierungen von Mädchen und Frauen unterscheiden: diejenigen, die nur als »Freundin von ...« auftauchen, und diejenigen, die sich eigenständig in der Szene bewegen. Während erstere ihren Ein- und Austritt in Cliquen- und Szenezusammenhänge nur als Anhängsel erleben und ihre Position in der jeweiligen Gruppe entsprechend personenabhängig ist, definieren die anderen sich klar als Skingirls. Die nicht selten abschätzig als »Fickhennen« titulierten, eigentlich nicht szenezugehörigen Mädchen besitzen offenbar Weiblichkeits(selbst)bilder, die im großen und ganzen geschlechtsspezifischen Traditionen folgen. Zugespitzt formuliert: Mädchen und Frauen sind für Männerinteressen als Sexobjekte (oder z.B. als »Putze« oder Trösterin geschunde-

»Schön sind sie anzuschauen mit ihren blonden Haaren, blitzenden Monkeyboots und ihrer stolzen Haltung. Leider ist die Anzahl der Skingirls prozentual noch so gering, so daß einige Skinheads immer wieder auf Punkvotzen zurückgreifen müssen, um ihre Fleischeslust zu befriedigen.« (aus: *Attacke* Nr. 1, Berlin 1982)

Selbst ›brave‹ Bürger können darüber nur lachen/ Über die dummen feministischen Sachen/Was hat denn Patriotismus mit Frauenfeindlichkeit zu tun?/Das müßten doch auch die blöden Emmas sehen!/Verbieten müßte man den Mist/Am besten wird er einfach angepißt/ ›Sie sucht Sie‹ heißt es ständig auf der Kontaktseite/Wann geht das Käseblatt endlich pleite?/ Unsere Frauen brauchen keine Emanzipation/Sie erhalten schon den wohlverdienten Lohn
Auch ich kann eine Frau lieben/Ohne sie ständig zu schlagen oder zu belügen/Weg mit dem ganzen Feministenscheiß/Auf daß es auch bald Emma weiß!/ Legt ihr Druckwerk endlich still/Wenn es noch weiter diesen Schund drucken will/Verbietet feministische Vereine/Bringt die Frauen wieder ins Reine/ Zeigt den Frauen lieber mehr Zuneigung/Doch eskaliert nicht zu ständiger Verneigung.
(*Zerstörer*: »Emma«, 1996)

ner Männerseelen und -körper) funktionalisierbar. Und: Männer sind um so bewunderswerter, je maskuliner sie sich gerieren. Attraktivität gewinnt die Gruppenzugehörigkeit für diese Mädchen vor allem dadurch, daß sie sich überhaupt von den tonangebenden Jungen akzeptiert sehen, wenn auch nur in den engen Grenzen herkömmlicher Weiblichkeitsklischees.

Skingirls dagegen beziehen den Reiz ihrer Szenezugehörigkeit gerade aus dem Umstand, daß sie sich innerhalb eines männlich dominierten Terrains relativ autonom bewegen können. In Anlehnung an und in Adaption von Männlichkeitsmustern können sie zeigen, daß sie im wahrsten Sinne des Wortes »ihren Mann« stehen, daß auch sie stark und widerstandsfähig sein, daß sie ihre Aggressionen nach außen entladen statt in sich hineinfressen, daß sie flegelhaft und vulgär sein und daran ihren Spaß haben können. Skin zu sein ist für sie eine radikale Alternative zu den klassischen Weiblichkeitsmustern von Wohlanständigkeit, Zurückhaltung und Passivität und damit auch zu Aggressionsformen von Mädchen und Frauen – den Autoaggressionen Bulimie oder Selbstverletzungen etwa.

Zusammenhalt und Gemeinschaft

Das Bedürfnis nach Gemeinschaft enthält gleichermaßen Elemente von Distinktion, Genuß und Lebensphilosophie. Distinktion insoweit, als die Wertschätzung von Gemeinschaftlichkeit und Zusammenhalt sich aus der Einschätzung speist, eben diese Werte würden den Mechanismen einer sich stetig individualisierenden Gesellschaft geopfert. In einer Gesellschaft des Geldes und der Karriere werden Konkurrenz, Ehrgeiz, individualistisches Leistungsstreben und Egozentrik gefördert. Indem sich Skins diesen Mechanismen verweigern, dabei aber weder auf den gesellschaftlichen Ausstieg, auf eine weitabliegende Privatidylle ausgerichtet sind noch sich wehrlos einem Abgleiten in die Asozialität, die oft Punks unterstellt wird, fügen wollen, sondern statt dessen auf das Pathos des einfachen, aber ehrlichen Arbeiters setzen, dem individueller Aufstieg fernliegt, schließen sie sich zu einer Solidarität der Habenichtse zusammen und pflegen diese auf ihre Weise. Die Distinktion erfolgt gleichsam »nach unten« und »nach oben«. In einer Mischung von Stolz und Selbstironie wird dabei eine Outsidermentalität kreiert, aus der sich allen Anfeindungen zum Trotz Selbstachtung und gegenseitige Respektbezeugung beziehen lassen.

Genuß-Momente enthält der Gemeinschaftlichkeitsanspruch über Kollektiverlebnisse: z. B. das Körpergewühl auf der Tanzfläche beim Konzert, das gemeinsame Grölen von Liedern, die »gesellige Alkoholvernichtung«, das Massenerlebnis bei Großtreffen wie All-Nightern.

Lebensphilosophisches enthält die Forderung nach Zusammenhalt, weil sie den Aktionen der Einzelnen Sinn verleiht. Wenn die Empfindung »Allein machen sie dich ein« vorherrscht, erscheint die Folgerung konsequent: »Nur gemeinsam sind wir stark!« Oder, wie es im Refrain von Jimmy Purseys Kultsong heißt: »If the kids are united«. Die Identität des einzelnen wird wesentlich über seinen Beitrag zum gemeinsamen Ganzen mitdefiniert, er kann sich in der Wir-Kategorie der Gemeinschaftlichkeit von Szene oder Clique aufgehoben fühlen. Zu Recht verweisen die Birminghamer Studien des CCCS auf die »imaginäre« oder »magische« Rolle dieser Versuche der »Rückgewinnung der Gemeinschaft«. Ihnen fehlt der organisatorische Unterbau, und so werden sie von den Vereinzelungstendenzen in anderen gesellschaftlichen Bereichen immer wieder torpediert. Vielleicht erhalten sie aber gerade deshalb ihren besonderen Wert als Gegenpol.

Der Stellenwert von Gemeinschaftlichkeit und Zusammenhalt bildet sich in einschlägigen Stilen leicht erkennbar ab. Die benutzten Symboliken der Szene mit ihren Uniformierungstendenzen lassen Zugehörigkeit und Abgrenzung auf den ersten Blick deutlich werden. Die Gemeinsamkeit der Signets und der mit ihrer Hilfe ausgedrückten Orientierungen, die sich bei einigen Skincliquen bis auf die Farbe der Schnürsenkel auswirkt, nicht ihre phantasievoll-individualistische Ausdifferenzierung, wie wir sie aus anderen Jugendkulturen kennen, steht im Vordergrund des stilistischen Interesses.

Von der Kneipe gehst Du nach Haus/Falsche Freunde geh'n mit dir raus/Da machen dich 'n paar Kanaken an/Zeigen dir, was Kampfsport einem antun kann/Du siehst dich nach deinen Freunden um/Doch die stehen da und grinsen dumm
Falsche Freunde hast du genug/Falsche Freundschaft ist nur Betrug/Such dir deine Freunde aus/Sonst bist du bald allein zu Haus.
(*Endstufe:* »Falsche Freunde«, 1991)

Damit korrespondieren die Vorstellungen vom Schönen. »Schön« ist es, unter »Kumpels« zu sein, in der Gruppe etwas zu erleben, sich in Massen von Skins aufzuhalten und vielleicht mit dieser Masse ekstatisch zu verschmelzen. Individualistischer Manierismus gilt als überkandidelt und snobistisch. Entsprechend sind die Rituale Gruppen- und Gemeinschaftsrituale. Sich alleine zu prügeln, turnt wenig an. Im stillen Kämmerlein seine Bierchen zu kippen, ist langweilig. »Abgehen« muß es in der Gruppe.

Gewalthändel gelten dabei als auch als Prüfsteine für das Gewähren und Erhalten von Solidarität. Anders als die Erwachsenen- und Pädagogenperspektive es gemeinhin wahrnimmt, fungiert Gewalt als Vergemeinschaftungsmedium und nicht als das Asoziale schlechthin: Wer mich aus einer brenzligen Situation heraushaut, ist ein echter Kumpel; wenn ich umgekehrt den anderen beistehe, kann ich mit deren Akzeptanz und Zuneigung rechnen. Gewaltsame Auseinandersetzungen mit anderen Gruppen eignen sich für derartige Tests besonders gut, weil hier Einsatz unter erheblichen Risiken gefragt ist. Bei diesen Auseinandersetzungen scheint sich die Spreu vom Weizen trennen zu lassen: die nur oberflächlich Zusammenhalt Predigenden von den wirklich alltagspraktisch Verläßlichen. Gewalt fungiert so als sozialer Kitt.

So wie Skinmusik – teilsweise explizit in Absetzung vom experimentelleren Punk – auf die musikalische Raffinesse verzichtet, fällt auch der Gesang des konsumierenden Fußvolks wenig ambitioniert aus. Einfache Melodien mit simplen Textzeilen werden gemeinschaftlich gegrölt (nicht unähnlich den Schlachtgesängen der Fußballfans, die ja auch historisch betrachtet eine der Quellgruppierungen der Skins sind [3]), andererseits wird ebenso das Gebaren von bürgerlichen Volksmusikkonsumenten in geselliger Runde kopiert.

Hinzu kommt die kommunikative Funktion der »geselligen Alkoholvernichtung«. Das gemeinsame Trinken ist – wie sonst in unserer Gesellschaft auch – Anlaß, sich zu treffen, miteinander zu reden und dabei lustig zu sein. Über das »Runden-Ausgeben« bzw. »Sixpack-Mitbringen« werden Freigiebigkeit, gegenseitige Akzeptanz und Solidarität signalisiert.

Mythen und Romantisierungen

Die Beschwörung von Gemeinschaftlichkeit und Zusammenhalt trägt in vielerlei Hinsicht mythisierende Züge. So haben die Retrospektiven heutiger junger Skins auf die Anfänge der Bewegung häufig romantisierende Züge. In einer Zeit, in der sich die homogenen Cliquen zunehmend auflösen und die Skinheadkultur stärker in anonymere Szenen mit größerer Fluktuation und Erfordernissen großer geographischer Mobilität zerfällt bzw. sich mit Angehörigen anderer Jugend- und Subkulturen durchmischt, liegt es nahe, daß um so inniger am Ideal der in weiten Teilen nicht mehr existenten, verläßlichen Skincliquen festgehalten wird, einem Ideal, das etwa durch den Kultfilm »Clockwork Orange« illustriert wird. Dabei spielen auch Mythisierungen der gegnerischen Gruppen eine Rolle. Gemeinsame Gegnerschaft drängt auf Zusammenrücken nach innen. Damit reproduziert sich ein Muster jugend(sub)kultureller Auseinandersetzungen, wie es beispielsweise auch im Revier- und Platzhirschverhalten männlich dominierter Cliquen im Stadtteil Gestalt gewinnt.

Skinsolidarität entbehrt nicht völlig realer Grundlagen, sie wird nicht nur mythisch überhöht, es gibt sie durchaus im Alltag. SozialarbeiterInnen, die mit Skinheads arbeiten, äußern häufig ihre Verblüffung, manchmal sogar ihren Neid über die Enge der Beziehungen der Gruppenmitglieder untereinander, zumal in Krisensituationen. So brechen etwa Kontakte durch eine Inhaftierung nicht ohne weiteres ab. Oft werden regelrechte Besuchsdienste organisiert, die die Anbindung des Inhaftierten an die alte Clique sicherstellen sollen.

Wenn du mal ganz mies gelaunt bist/Und du denkst, alle haben dich verlassen/Dann denk dran, du bist nie allein/ Wenn das Leben für dich sinnlos ist/Und du denkst, alle würden dich hassen/ Dann denk dran, wir werden immer bei dir sein
Du bist nie allein/Wir werden immer bei dir sein/ Deine Freunde, die sind wir/Und in der Not, da helfen wir dir
Ein Freund, ein guter Freund/Das ist das beste, was es gibt auf der Welt/ Ein Freund, ein guter Freund/Und wenn die ganze Welt zusammenfällt...
(*Endstufe:* »Du Bist Nie Allein!«, 1993)

Soziale Identität wird nicht nur durch Absetzbewegungen von der Gesellschaft gewonnen. Man fühlt sich vielmehr auch einer »Stamm«-Kultur klassenspezifischen Zuschnitts verpflichtet, propagiert Skinhead-Sein als proletarische Existenzweise. Entsprechend hoch ist der Stellenwert von (traditionell männlicher) Erwerbsarbeit, entsprechend klar sind die Anklänge in Habitus und Stil. Allerdings besteht eine tiefe Abneigung gegenüber arbeiterbewegter Organisierung. Nicht politische Überwindung sozialer Ungerechtigkeit drängt auf Zusammenschluß; was zusammenschweißt, ist eher ein Autonomie und Selbstwertsicherung beanspruchender Lebensstil, der kulturelle Zusammenhänge vor dem Hintergrund verblassender (klassen)politischer Folien schafft. Die Bedeutsamkeit des Stilistischen als Medium des Zusammenhalts, die Gegenwartsbezogenheit der Bedürfnisbefriedigung und die Aktionszentrierung des Alltagslebens weisen die Skinkultur durchaus als Produkt unserer »Erlebnisgesellschaft« aus, auch wenn bei ihr konsumkulturelle Attitüden zumeist keine Rolle spielen.

Besonders deutlich treten Mythenbildungen dort zu Tage, wo Skinheads sich noch explizit politisch geben, und dies auf beiden Seiten des Spektrums: Während die einen auf den Internationalismus einer antirassistischen Skinbewegung schwören, definieren die anderen Gemeinschaft als »Volks- und Abstammungsgemeinschaft«. Sie sehen die Skinidentität im Rahmen einer Identität des Blutes und des Bodens, zumindest aber einer deutsch-nationalen Identität. In ihren neonazistischen Varianten bemühen solche Orientierungen bekannte einschlägige Mythen des deutschen Nationalsozialismus bzw. des historischen Fa-

»Mich als ›Stino‹ zu bezeichnen wäre gefährlich«

Cora, eine junge Frau aus Thüringen, steht auf Skinheads. Deren Musik, Mode und sonstige Szenegepflogenheiten sind ihr allerdings egal. Wenn Cora an Skinheads denkt, will sie nur das eine: harten Sex.

Wann hast du denn zum erstenmal was von Skinheads gehört?

Cora: Anfang der 80er Jahre. So richtig bewußt 1987, als im Berliner Bezirk Prenzlauer Berg die Zionskirche überfallen wurde. Später habe ich mich mit jemandem unterhalten, und die betreffende Person hat da 'n Namen erwähnt und ... ja, und den wollte ich dann kennenlernen. Also, von dem wußte ich, daß er 'n Skinkhead ist.

Und wieso wolltest du den kennenlernen?

Cora: Weil ich mit dem schlafen wollte. (Lacht) Also, naja, doch, eigentlich schon. Also nur aus diesem Grund.

Wieso? Du kanntest den doch vorher gar nicht?

Cora: Na, das ist ja gerade das, weil ich ihn nicht kannte, wollte ich ihn kennenlernen. Daß es vielleicht mal was andres ist als die Männer, die ich vorher gekannt habe.

Was hast du vorher für Männer gekannt?

Cora: Männer außerhalb jeglicher Szenen, junge, moderne, sportliche Typen.

Warst du selber in irgendeiner Szene?

Cora: Nein.

Du warst eher, was man so »Stino« nennt?

Cora: (Lacht) Ich glaube, mich als »Stino« zu bezeichnen, wäre sehr gefährlich. Also erstmal bin ich 'ne Frau und hm ... Nee, stinknormal war ich nicht. Man sollte sowieso

schismus. Trotz zahlreicher Versuche einer organisatorischen Einbindung von Skins in rechtsextreme (Partei-)Politik ist die dauerhafte Ideologisierung und Instrumentalisierung, etwa die Formierung paramilitärischer rechter Straßenbataillone, nicht gelungen. Zwar zitiert die Skinsymbolik Soldatisches (z.B. durch Tragen von Bundeswehr-, NVA- oder Wehrmachts-Uniformteilen), aber Soldatentum mit seinen Unterordnungs- und Verpflichtungsstrukturen widerstrebt den Spaßbedürfnissen. Der Organisierungsvorbehalt ist hinsichtlich der rechtsextremen Gruppen und Parteien nicht geringer als in bezug auf die Arbeiterbewegung, er rührt offenbar wesentlich aus dem ausgeprägten Freiheits- und Spontaneitätsbedürfnis der Subkultur her. Ein Beispiel: Der 15jährige, nach Eigeneinschätzung »rechte« Enrik reflektiert ganz in diesem Sinne seine zweijährigen Erfahrungen als Skin: »... früher war es irgendwo echt nur noch Party, Spaß haben, Musik, Fußball, Konzert, aber das hat sich jetzt, das entwickelt sich jetzt alles in eine Partei, Uniform, geschnittene Haare, Recht und Ordnung. Ich habe mehr so die Tradition, den Kult bewundert, das hat mir gefallen so. Da war Politik eigentlich nicht so im Vordergrund. Vielleicht hat es eine kleine Rolle gespielt, aber ich sehe das alles mehr so im grauen Hemdkragen und schön geschniegelt und Partei und den Politikern in den Arsch kriechen. Und ich weiß auch nicht: da geht alles irgendwo verloren.«[4]

In der neonazistisch gefärbten Skinszene finden sich unbestreitbare Anklänge an soldatische »Images«: Hier werden Kumpels zu Kameraden. Entsprechend wird ein Bild von Gemeinschaftsverpflichtungen gezeichnet, das am Vorbild der »Kameradschaftlichkeit« orientiert ist. Gegenüber der ohnehin schon hohen Verläßlichkeitserwartung kumpelhafter Freundschaft, die sich einen gewissen Anarchismus bewahrt, steht dann – jedenfalls auf der äußersten Rechten – das Erfordernis, auch organisatorisch-durchgeplant zusammenzurücken und sich dabei auch ausgesprochenen (und nicht nur mehr oder minder stillschweigend akzeptierten) Hierarchisierungen zu unterwerfen.

Der Jargon spiegelt die Gemeinschaftssehnsüchte vielleicht am deutlichsten wider. Begriffe wie »Treue« und »Ehre« werden einem altmodischen Sprachschatz entlehnt. Ihre Traditionswurzeln in vormodernen Gesellschaftsverfassungen verschleiern sich nicht. Sie verweisen sowohl auf die Bedingungslosigkeit des Zusammengehörigkeitsgefühls (»Treue bis in den Tod«) als auch auf seine hohe normative Bedeutung. Wenn »Ehrgefühl« verbal bemüht wird, wird gleichzeitig die Verletzlichkeit des Selbstwerts zur Sprache gebracht. »Ehre« unter Beweis zu stellen, zu sichern und entsprechende Bezeugungen zu erhalten heißt, als Persönlichkeit um seiner selbst willen – und nicht nur aufgrund der Leistung oder Produktivität der Person – Anerkennung zu bekommen und Integrität zu garantieren.

In diesem Zusammenhang ist der »Stolz«, Skinhead zu sein, deutbar. Stolz betont selbstbewußt den eigenen Wert. Er ist der Versuch, Selbstwert gegen alle Widrigkeiten zu sichern, Respekt einzufordern, auch wenn – oder gerade weil – das subkulturelle Normen- und Wertesystem nicht dem des Mainstream entspricht. Indem die Sprache sich bewußt antimodernistisch gibt, beinhaltet sie unzweifelhaft Distinktionsmomente gegenüber einer wahrgenommenen Arroganz der Ober- und Mittelschichten. Die Beschwörung und Dokumentation von »Treue«, »Ehre« und »Stolz« baut eine Schutzmauer gegenüber sozialer Abwertung auf. Sie ist aus der Defensive, aus dem Betroffensein von sozialer Ungerechtigkeit geboren, ohne eine offensive Umwälzung dieser Verhältnisse einzufordern.

Das alles läßt sich nachlesen in den Zines, die eine wichtige Funktion für den Austausch innerhalb der Szene haben – besonders über Musik, Konzerte und Klatsch. Es scheint, daß in diesem Bereich Mädchen und Frauen überdurchschnittlich engagiert sind. Schlägt sich darin nur die größere verbale Kompetenz des weiblichen Geschlechts oder auch die weibliche Tendenz zur Kontakt- und Beziehungs»arbeit« nieder? Oder finden Frauen und Mädchen hier ein (durch die »Einweg-Kommunikation« des Schriftlichen) eher geschütztes Ausdrucksfeld vor, auf dem sie nicht die unmittelbare (negative) Reaktion auf Äußerungen der eigenen Meinung fürchten müssen?

Fraglos sind die (Ver)Gemeinschaft(ung)smedien von Skins nicht geschlechtsneutral, sondern der Jungen- und Männerwelt entlehnt. Ihre Anziehungskraft für Jungen dürfte darin bestehen, daß sie überkommene männliche Verhaltensmuster in einer Welt sich allmählich verändernder Geschlechterverhältnisse als Fixpunkte der Orientierung offerieren. Sie sind deshalb leicht übernehmbar, weil sie kein Abweichen von Formen traditioneller Männlichkeit und keine Suche nach alternativen Lebensformen und Perspektiven verlangen. Insofern sind sie als Fluchtraum tauglich, als sicheres Terrain, auf dem man(n) sich noch zu bewegen weiß.

Skinmädchen und -frauen bewundern häufig gerade das unbedingte Füreinander-Einstehen, das bei Skins gilt. Sie bemängeln, daß in anderen jugendkulturellen und sonstigen gemischtgeschlechtlichen Zusammenhängen vergleichbare Solidaritätsbande nicht existieren, und beklagen auch die Konkurrenz unter Frauen und Mädchen. Die aus ihrer Sicht »typisch weiblichen« Mechanismen lehnen sie ab, auch wenn sie faktisch längst nicht immer und überall von ihnen selbst abgelegt werden: »zickig« sein, Austausch von Gehässigkeiten hinter dem Rücken von anderen, Gerüchte über andere Mädchen streuen, um Attraktivität für Jungen und Männer konkurrieren, die

Leute so nicht einschätzen. Was ist schon normal?

Was war denn dein erster Lover?

Cora: Ich war 14, und der Mann war 26.

Ein positives Erlebnis?

Cora: Hm ... Naja, doch, eigentlich schon. Der Mann hat mit mir viele geile Sachen angestellt. Es hat mir damals schon sehr gut getan, er mußte mir auch nichts zeigen.

Wieso mußte er dir nichts zeigen? Kanntest du schon alles?

Cora: Nein, alles noch nicht. (Lacht) Aber doch eigentlich schon genug.

Woher?

Cora: (Lacht) Aus meinen eigenen Phantasien heraus.

Nur aus deinen Phantasien?

Cora: Ja.
Nicht aus Erzählungen, Büchern, Zeitschriften ...? Nee.

Hattet ihr keine Aufklärungszeitschriften wie Bravo?

Cora: Nein, wir hatten aber ein Jugendmagazin und Gesundheitsbroschüren mit teilweise sehr ansprechenden Themen.

Und Radio? Also zum Beispiel DT 64?

Cora: Das habe ich nie gehört. Ich habe eigentlich nie 'n DDR-Sender gehört. Weil, das war mir alles zu dumm.

War Sex für dich schon wichtiger als für deine Freundinnen?

Cora: Ja.

Und heute?

Cora: Ja, das ist noch genauso. Meine Phantasien und mein Sex sind noch ausgefallener und einfallsreicher geworden.

Beschreib mal deine sexuellen Phantasien.

Cora: Hm ... Also eine Phantasie ist zum Beispiel, daß ich mir vorstelle, ich komme spät abends von 'ner Freundin, laufe eine Allee lang, und dann ... hält plötzlich ein Auto neben mir ... und ein Skinhead steigt aus und sagt zu mir: »Na, Blondine, so alleine heute abend?« Ja, und ich kann gar nicht mehr antworten, weil in dem Moment hat er mich schon im Auto. Eine Gegenwehr ist auch nicht möglich, es sitzen drei Skinheads im Auto, und wir fahren dann ... in einen Wald ... zu einem Haus ... Die Tür ist geöffnet. Es ist ein sehr schönes Haus, sehr nobel, sehr sauber, sehr ordentlich. Ja, und der eine trägt mich, und ich kriege mit, daß der K. heißt. Der andere heißt H., der dritte heißt R. Im Auto wurde ich mit Handschellen gefesselt, und R. hat mir den Mund zugehalten, also Schreien war nicht möglich und Kratzen gleich gar nicht ... Dann betreten wir einen großen Raum. Dieser Raum ist nicht ganz dunkel. Es ist so ein Licht, was erotisierend wirkt ... Ich bin immmer noch mit Handschellen gefesselt, aber reden kann ich

Foto: Boris Geilert/G.A.F.F.

Gesprächsthemen von Kleidungs- und Frisurenmode bestimmen lassen u.a.m. In einer Männerkultur der betonten Geradlinigkeit scheinen solche Mechanismen nichts zu suchen zu haben. Vielleicht liegt hier und nicht nur in der relativ geringen Anzahl von Mädchen und Frauen in Skincliquen der eigentliche Grund für die Schwierigkeit, pädagogische Mädchenarbeit mit Renees oder anderen weiblichen Mitgliedern der Szene aufzubauen. Entweder meint frau, in der Kopie von Maskulinität bereits eine Alternative zu traditionellen Weiblichkeitsmustern gefunden zu haben, oder ist überlieferten Klischees und Rollenzuschreibungen derart fest verhaftet, daß deren Aufgabe identitätsbedrohend wäre.

Protest und Provokation

Skintypische Protestinhalte und -formen richten sich augenfällig gegen »Spießer«, »Bonzen«, intellektuelle »Klugscheißer« und »Assis«, Langeweile verströmende »Normalos«, ökonomisch und politisch Mächtige.[5] Von ihnen und dem von ihnen repräsentierten Staat will man sich deutlich absetzen, ebenso wie von Wohnungslosen (»Penner«), Punks oder AsylbewerberInnen.

Der Protest gegen Staat und Politiker und andere Autoritäten stützt sich vor allem auf den Verdacht der Korruption, auf die Vermutung von Bereicherungsinteressen, auf die Distanz der Mächtigen zum »Volk«.[6] Vorbehalte also, die auch die Politik-, besser: Politikerverdrossenheit bei Nicht-Skins ausmachen. Dieser Protest ist alles andere als skin-typisch und bekommt allenfalls durch seine Zuspitzungen (z.B. in Liedtexten), skin-eigene Prononcierungen. Wie in einem Negativabzug werden dabei eigene Teilhabewünsche angemeldet, es fehlen jedoch Einsichten in Chancen ihrer Realisierung, anders als dies z.B. bei der '68er Bewegung oder den Neuen Sozialen Bewegungen (Frauenbewegung, Anti-AKW-Bewegung, Friedensbewegung u.ä.) der Fall war. Warum sollten sich ausgerechnet Skins von einem politischen Zeitgeist abkoppeln können, dem die soziologische und praktische Phantasie zu mehr BürgerInnenbeteiligung weithin ausgegangen zu sein scheint?

Auch Ressentiments gegenüber Intellektuellen sind über die Skinszene hinaus verbreitet, sie finden sich traditionell stark innerhalb der Arbeiterschaft, zu der Skinheads sich überwiegend zählen, aber auch in anderen Segmenten der Gesellschaft, etwa in (neo)religiösen oder »alternativen« Szenen. Sie bringen einen Unmut über Tendenzen einer Verwissenschaftlichung des Alltags und ihrer Folgewirkungen auf Technokratisierung, Bürokratisierung und (zeitliche und räumliche) Rationalisierung zum Ausdruck.

Die Frontstellung gegenüber »Asozialen« wie Punks, langhaarigen »Hippies« und Ausländern ist dem Druck geschuldet, sich sozial nach »unten« abgrenzen zu müssen; nicht so sehr deshalb, weil die eigene Lebenssituation eine marginalisierte und vom sozialen Absturz unmittelbar bedrohte wäre – nur knapp 10% der Skins sind nach der Studie von Farin/Heitmann arbeitslos, und nur 1,5% leben von Sozialhilfe –, sondern eher, weil diese Absetzung die »Normalität« des eigenen Lebens (vor allem als arbeitender bzw. erwerbsarbeitsorientierter Mensch) betont und gesellschaftlichen Respekt für sie fordert.

Sind diese Vorbehalte also durchaus über die Skinszene hinaus verbreitet, so erhalten sie über die Formen der Abgrenzung ihre charakteristische Skinkontur. In diesem Zusammenhang spielt die Provokation die entscheidende Rolle. Skins inszenieren Absetzungen besonders augenfällig über Provokation – insofern könnten sie als die Erben jugendtypischer Protestformen angesehen werden, wie wir sie vor allem im Nachgang der 68er Bewegung in jenen Szenen finden, die den »soziologischen Diskurs« mit seinen Kennzeichen von Diskussionsbereitschaft, Appell und politischer Demonstration hinter sich ließen, um einen »ethnologischen Diskurs« zu pflegen, in dem kulturelle Regelverletzungen und auffällige Ausdruckscodes die Auseinandersetzung bestimmten.[7]

Gerade aus der Protestform der Provokation scheinen den Akteuren Genuß-Momente zu erwachsen. Es ist der »Spaß« an der Provokation, der sie attraktiv macht. Er liegt im wesentlichen darin, Irritationen beim Gegenüber auslösen und ihn dadurch verunsichern zu können. Die Irritation kommt zustande, indem

inzwischen. Es befindet sich ein großes Messingbett in dem Raum, ein vergoldetes Messingbett, und ... daran werde ich wieder mit Handschellen gefesselt ... und dann sagt R.: »So, Blondine, jetzt haben wir dich endlich. Wir wollten dich schon lange mal kriegen.« Und dann zieht sich K. aus. H. und R. ziehen sich auch aus .. Und R. sagt dann: »Es ist wohl besser, wenn ich der Blondine noch den Mund zuhalte. Eventuell wird sie ja schreien. Und H. sagt: »Fessel sie richtig, damit sie ja nicht loskommt.« R. hält mir mit seiner kräftigen Hand den Mund zu, von K. und H. werde ich ausgezogen. Dann spreizen K. und H. mir die Beine ... dann fängt K. an, mit seiner Zunge in meine Vagina einzudringen. Ich bin total naß, er leckt saugeil ... Und H. liebkost mit seiner Zunge meine Brüste und meinen Bauch. K. bringt mich zum Explodieren, dann werde ich von H. mit der Zunge und mit den Händen befriedigt, K. bearbeitet jetzt meine Brüste und von R. werde ich mit heißen Zugenküssen und Bissen in den Hals verwöhnt. Danach werde ich, auf dem Bauch liegend, wieder mit Handschellen gefesselt. K. führt mir seine Faust in die Scheide ein, er hat sie ganz drin. Ich schreie voller Lust. Von R. bekomme ich den wunderschönen Penis in den Anus gestoßen. H.s Schwanz ist in meinem Mund, seinen Saft bekomme ich zuerst ins Gesicht. H. und K. nehmen mich später auch anal. Es ist mit den Dreien die totale Wollust. Wir spielen noch stundenlang Spiele. Später fahren sie mich nach Hause. Eine Woche danach passiert mir das gleiche mit Skinheads aus Berlin, Hamburg, Bremen ...

Ist das eine Phantasie, die du dir jetzt spontan überlegt hast?

Cora: Ja, die habe ich mir jetzt so spontan überlegt. (Seufzt) Also diese Phantasie habe ich leider noch nicht ausgelebt. Aber gewisse andere Phantasien schon. Also zum Beispiel, daß ich mit Handschellen an ein Messingbett gefesselt werde, weil ich ja selber so'n vergoldetes Messingbett habe; und daß mir die Faust eingeführt wird, das ist alles schon passiert ...

Aber entführt wurdest du nicht?

Cora: Doch, auch schon.

Von Unbekannten?

Cora: Nein.

Gewalt spielt in deiner Phantasie immer eine wichtige Rolle?

Cora: Nee, Gewalt würd' ich's nicht nennen. Gewalt ist für mich, wenn mich jemand so sehr schlagen würde, daß ich echt schlimme Verletzungen davontrage. In meinen Phantasien sind das schon so Leute, die sich damit auskennen, also gewisse Handgriffe beherrschen, auch ohne jemandem großartig weh zu tun. Vergewaltigung tut weh, meine Phantasien und das Ausleben dieser Phantasien nicht. Ich werde nicht mißbraucht,

gängige, allgemein konsensfähige Formen der Interaktion demonstrativ verlassen und die Kommunikation auf andere Ebenen gezogen werden. Hier versagen die gesellschaftlich geforderten Mechanismen: Rationalität, Gefühlsbeherrschung, Argumentation, Reflexivität etc. Reaktionen können sich weder an eingefahrene Routinen anlehnen noch an eine Streitkultur appellieren, in der das Bemühen um Rationalität und Konsens vorausgesetzt wird. Damit aber schwinden die alltäglichen Gewißheiten der Orientierung und machen Hilflosigkeit Platz.

Wenn das Wofür des Protestes und der Provokation kaum ausformuliert wird, tritt eine Lebensphilosophie des »Anti« zutage. Ihre Maxime ist das Dagegen-Sein. Das Dagegen-Sein von Skinheads richtet sich durchaus nicht gegen alle gesellschaftlich anerkannten Werte. Erwerbsarbeit und Normalbiographie beispielsweise, Stützpfeiler unserer Gesellschaft also, werden anerkannt und propagiert. Am ehesten ist die Anti-Haltung gegen Vereinnahmungs- und Einordnungstendenzen gerichtet. Weniger die Gegenwehr, der (politische) »Widerstand« oder die »große Verweigerung« wird gepflegt, deutlich offensiver wird das Recht auf Unbotmäßigkeit in Anspruch genommen – und zwar nicht erst dann, wenn gesellschaftliche Konflikte aufbrechen. Skins brauchen deshalb auch kein Thema des Protestes im engeren Sinne (zum Beispiel Frieden, Ökologie, Frauenunterdrückung), sie siedeln ihn und seine Provokationsformen im unmittelbaren Alltagskontext an.

Wenn Skinheads ihr Skinhead-Sein als Lebensstil bezeichnen, meinen sie damit einen Typus der Lebensführung, der alle Bezüge umfaßt und sich nicht nur in der Politik oder im Körperverständnis seine Ausdrucksmöglichkeiten sucht. Und: Es werden keine politischen Utopien und Weltveränderungsabsichten damit verbunden. Viel konkreter, auch ich-bezogener, steht das Interesse an Selbstbestimmung und ihrer Stilisierung im Vordergrund.

Symbole des Protests

In Stil und Habitus finden diese Protest- und Provokationsbezüge ihren deutlichen Ausdruck.

Die Symbolik gefällt sich darin, den radikalen Tabubruch zu inszenieren: »Häßlich, kahl und hundsgemein«. Er soll die Gesellschaft in wesentlichen Grundfesten treffen. Indem eine klare Gewaltsymbolik propagiert wird, greift man augenscheinlich das Postulat gewaltloser Konfliktregelungen wie das staatliche Gewaltmonopol an. Mehr noch, durch die Verknüpfung von Gewalt mit Spaß distanziert man sich auch von der (politisch-)moralischen Begründung von Gewaltverzicht. Gewalt erhält statt dessen Legitimationen aus emotionalen Erlebensbedürfnis-

sen heraus. Platten- bzw. CD-Cover, aber auch die Fanzines propagieren in ihren bildlichen Darstellungen von Skins häufig eine in Mimik und Gestik Ungezähmtheit und Wildheit ausstrahlende Persönlichkeit, jemanden, der die Fäuste aggressiv ballt, den »Stinkefinger« zeigt, bewußt provozieren will und dabei seine Wehrhaftigkeit über die Zurschaustellung eines (teil-)entblößten muskelbepackten Oberkörpers warnend demonstriert. Ein weniger oberflächlicher Blick auf diesen Tabubruch nimmt freilich wahr, daß die meisten (nicht-rechten) Skins durchaus nicht der Gewalt als sinnvollem Konfliktregelungsmechanismus per se das Wort reden. Sie beschränken das Zulassen und Propagieren von Gewaltsamkeit vielmehr auf jugendkulturelle Auseinandersetzungsformen, bei denen teilweise (wie zum Beispiel beim Hooliganismus) vorausgesetzt wird, daß alle Beteiligten die Gewalt suchen. In gewisser Weise sprechen Skins damit eine auch in der »Normalbevölkerung« tief ver-

sondern befriedigt. Vergewaltigung hat mit richtiger Erotik nichts zu tun.

Wie bist du auf die Idee gekommen, deine sexuellen Phantasien mit Skins besser ausleben zu können?

Cora: Ich finde, das Outfit ist irgendwie geil, schon alleine der kahlgeschorene Kopf. Sie sind für meine erotischen Phantasien und gewisse Spiele besser geeignet. Jedenfalls kann ich das von den Skinheads sagen, mit denen ich bisher meine Erotik voll ausleben konnte.

War K. der erste Skin, mit dem du zusammen warst?

Cora: Ja.

Und der hat dann wahrscheinlich dein Bild vom Skin geprägt?

Cora: Ja, kann man so sagen.

Aber es kann doch auch sein, daß du mit ihm Glück gehabt hast, daß andere Skins sich ganz anders verhalten?

Cora: Ja, andere Skins haben Angst, mich nicht zu schaffen. Viele sind bestimmt auch verstört und unsicher bei soviel Offenheit und richtiger Geilheit.

Wie lernst du Skins kennen?

Cora: Ich ergreife die Initiative, spreche zum Beispiel in einem Szeneladen den jungen Mann hinter der Theke ganz offen an, ob wir nicht gemeinsam Kaffee trinken könnten. Naja, dabei bleibt es dann nicht.

Wenn da 'n Langhaariger hinter der Theke stünde, würdest du den auch fragen?

Cora: Nein.

Aber du selber warst nie Skin?

Cora: Nee.

Und die Skinszene als solche, Musik, Lebensstil, interessiert dich auch nicht?

Cora: Nein. Mich interessiert eigentlich nur, daß ich mit den Skinheads meine erotischen Phantasien ausleben kann. Nee, ihre Musik gefällt mir nicht.

(Das Interview führte der Herausgeber mit »Cora«, nachdem sich diese 1994 an ihn gewandt hatte, um »Kontaktadressen« von Skinheads zu bekommen.)

Als ich sie gesehen hab, wußt ich gleich genau/ Heute Nacht wird was passier'n, da knallst du diese Frau/Schwer zu beschreiben, was da vor sich ging/Ich spürte nur, wie ich Feuer fing
Ficken, Ficken, Ficken!!!
Ohne viel Gerede komm ich schnell zur Sache/Das sind solche Spiele, die ich sehr gerne mache/Alles was ich will, wird heute Nacht passier'n/Ich freu mich schon darauf, ihr den Arsch zu dressier'n
Ficken, Ficken, Ficken!!!
Man nennt mich Frauenfeind, und oft auch Sexist/ Dabei wißt ihr ganz genau, wie egal mir das ist/Gibt sie sich Mühe heut Nacht, hat sie vielleicht Glück/ Wenn sie es ordentlich macht, komm ich zu ihr zurück.
(*Pöbel und Gesocks*: »Ficken«, 1994)

steckte Faszination von Gewalt an, die gemeinhin jedoch eher voyeuristisch ausgelebt wird.

Vergleichbares dürfte für sexuelle Tabubrüche gelten. Auffällig viele deutsche Skinsongs thematisieren Sexualstraftaten bzw. sexuell Bizzares bis Perverses. Soweit man den Zines Glauben schenken darf, setzt sich vieles davon auch in faktisches Verhalten um. In jedem Fall wird häufig die Sexual correctness auf Kosten von Frauen verletzt. Der unverhohlene Sexismus wird von den Szenefrauen ohne nennenswerten Widerstand hingenommen. Die Gründe dafür sind schwer zu benennen und bislang nicht hinreichend untersucht. Sind manche der Szenefrauen in ihren Selbstbestimmungsinteressen schon so abgestumpft, daß sie stetige Sexualisierungen und sexuelle Instrumentalisierungen über sich ergehen lassen? Kennen sie »ihre Jungs« so gut, daß sie entsprechende Sprüche unter dem Motto »große Klappe, nichts dahinter« als »halb so schlimm« einstufen können? Oder finden sie gar Gefallen an der klaren Sprache in Sachen Sex mit ihrem provokativen Gehalt, und wiegt dies stärker als die eigene Opferrolle, die damit verbunden ist?

Offen zur Schau gestellte rechtsextreme Symbolik sucht ebenfalls ein gesellschaftliches Tabu, dessen Bruch sicher breite und tiefgehende Empörung und damit Aufmerksamkeit für die Provokateure hervorruft – insbesondere in der heutigen Sozialarbeiter- und LehrerInnengeneration – und deshalb auch als Austragungsfeld eines Generationenkonflikts tauglich zu sein scheint. Andererseits ist diese Art von Naziprovokation auch mit der Frage verbunden, inwieweit sich hier ein Teil der Jugend als Exekutionstruppe einer Gesellschaft geriert, der nur der Mut fehlt, ihre eigenen latenten Rechtsorientierungen abseits von Stammtischen öffentlich zur Sprache zu bringen. Der Provokationsgehalt rechtsextremer Symbolik hat so gesehen jene Funktion, die bereits das Protest- und Provokationsverhalten anderer Jugendgenerationen und -stile zuvor anvisierte: Doppelzüngigkeit und Heuchelei von Erwachsenen zu entlarven.

Der schlichte Chic, den die Kleidung von Skins ausstrahlt, kann als Indiz für Sauberkeit und Ordentlichkeit gewertet werden und setzt sich damit vom Punk als dem historisch verwandten Stil klar ab. Die Kleidung ist robust und haltbar. Sie bietet deshalb nicht nur wenig Ansatzpunkte für konsumkulturelle Vereinnahmungen, sondern kann darüber hinaus als symbolische Verweigerung einer Haltung des Ex und Hopp wirken, auf der die Verwertungsinteressen der konsumorientierten Gesellschaft aufbauen. Mittlerweile sind allerdings zunehmend weniger Skins an ihrer Kleidung zu erkennen, oft wird das typische Outfit nur noch bei Gruppenunternehmungen getragen. Hintergrund dafür dürften Vorbehalte und Repressalien sein, die Skins in Medien, Schule, Ausbildung und Beruf entgegenschlagen. Angesichts solcher Tendenzen des Abschleifens stilistischer Selbstbekenntnisse zur Szene ist die bei manchen (vor allem jungen) Mädchen der (Rand-)Szene getragene Haartracht bemerkenswert. Unter einem vom Oberkopf herabfallenden Pferdeschwanz sind Nacken und Hinterkopf hochrasiert. Das offenkundigste Zeichen der Szenemitgliedschaft, der (fast) kahle Kopf, wird züchtig unter einem Symbol angepaßter Mädchenhaftigkeit verborgen. Der Mut zur Abweichung nimmt sich zurück und verbirgt sich hinter geschlechtertraditionellem Stil.

Trotz der Tendenzen der Selbstzurücknahme gilt: Die von Skins zur Schau gestellte Ästhetik der klaren Linienführung kann als Provokation gegenüber den oft mit Nuancierungen, Überzeichnungen, Ironisierungen und Andeutungen spielenden heutigen Modeformen wirken. Sie ist einfach und klar im Ausdruck, verschweigt nichts, gestattet sich keine Spielereien. Sie definiert Schönheit geradeheraus. Indem sie Traditionsbestände der Arbeiterkultur zitiert, ist sie – wohl eher implizit als bewußt – auch als Protest gegen das allmähliche Einebnen ihrer Spezifika, gegen ihre Auflösung in einer Kultur der nivellierten Mittelstandsgesellschaft angelegt.

Dies gilt nicht minder für die sich in der Musik ausdrückenden ästhetischen Überzeugungen. Simpel und rauh ist die Sprache der Texte, schwer oder kaum noch verständlich der Gesang, stampfend, stoßend und bisweilen unmelodiös der Beitrag der Instrumente. Dafür animiert die Musik zum Mitgrölen. Sie bietet weder Harmonien für Millionen noch künstlerische Experimente für ästhetische Individualisten. Dilettantismus wird nicht nur bewußt zugelassen, sondern regelrecht zelebriert. Die seit Beuys vielzitierte Demokratisierung des Kunstbegriffs – hier setzt sie sich faktisch um.

Auch Tattoos rufen noch immer – zumindest bei Teilen der Gesellschaft – Ablehnung hervor. Selbst wenn sie in der Szene den Status ihres Trägers aufwerten: In den Mittelschichten lassen sie nach wie vor die Assoziation von Kriminalität, Rotlicht, Kirmes und Verruchtheit aufkommen. Obwohl sie aufgrund ihrer zunehmend künstlerischen Gestaltung (kleinformatig, in weicher Linienführung und dezent) an sozialer Akzeptanz gewonnen haben, suggerieren sie doch sexuelle Freizügigkeit, Zugänglichkeit und/oder Schlampigkeit. Wer sie als Frau trägt, setzt sich damit bewußt vom Weiblichkeitsideal des Mainstream ab.

Die Glatze bzw. der Stoppelhaarschnitt provozieren insofern, als sie sowohl der kurzhaarigen Jugendmode älterer Erwachsener als auch der langhaarigen jüngerer Erwachsener entgegengesetzt sind und zudem Militärassoziationen wecken, die gerade die meisten der (ehemals) Langhaarigen ablehnen. Getragen von Mädchen und Frauen, wirken sie auf viele DurchschnittsbürgerInnen als Affront gegen die gängigen Klischees von Weiblichkeit.

»In unserer Szene gibt es zahlreiche Bands, die Sexismus laut herausbrüllen, die aber auch etliche Fans mit ›Titten und Mösen‹ haben, denn eins wird bei uns klargestellt: wer Frauen tatsächlich schlecht behandelt und die Songtexte als Anleitung für den Alltag mißversteht, darf sich nicht wundern, kräftig eins aufs Dach zu bekommen! Der eigentliche Witz an der Sache ist doch, daß die Renees über die sexistischen Texte mitlachen können. Im selben Moment geht nämlich die Ernsthaftigkeit verloren, weil sie erst dann diskriminierend werden, wenn sie nicht als Spaß aufgefaßt werden. Männchen wie Weibchen genießen die prolligen Lieder, die endlich mal Worte in den Mund nehmen, die bei dem kommerziellen Kram schleunigst durch Piepton unkenntlich gemacht worden wären.« (Sandra, 23, aus Bonn, zit. aus: Farin, Klaus: Skinhead – A Way of Life. Hamburg 1996, S. 65 f.)

Die Rituale des Gruppenlebens von Skins enthalten gleichfalls eine Reihe von Grenzverletzungen. Wer Gewalt als Spaß in Szene setzt oder Alkoholkonsum auf öffentlichen Straßen und Plätzen, statt ausschließlich in den eigenen vier Wänden oder bei Feierlichkeiten praktiziert, weiß, daß er damit kulturelle Normen außer Kraft setzt. Wer Saufen bis zum Koma propagiert oder vorführt, ist sich gewiß, die Akzeptanzlinien legalen Drogengenusses zu überschreiten.

Provokantes Verhalten ist hervorragend geeignet, immer wieder den Mythos des Bürgerschrecks aufzubauen. Die Akteure können sich mit der Aura des Normabweichlers und Nonkonformisten umgeben, sie konstruieren das Selbstbild des gesellschaftlichen Outsiders, der sich der Fremdkontrolle entzieht und dabei die Marginalisierungskosten eines selbstbestimmten Lebens nicht scheut. So bildet sich ein Selbstwertgefühl in Abgrenzung von Normen wohlanständiger Bürgerlichkeit heraus, so wird ein Feindbild aufpoliert, das in seiner Konturenschärfe beiden Seiten klare Orientierung erlaubt.

Provokations-Stile wie die genannten produzieren einen Habitus, dessen Image und Haltung Rotzigkeit und Unangepaßtheit an die »Aufstiegs«gesellschaft vorführen. Das Styling der äußeren Erscheinung und des Körperausdrucks bringt genau jene Momente zum Tragen, die Provokationswert besitzen: Aggressivität, antidemokratische bzw. gewaltakzeptierende politisch-gesellschaftliche Orientierungen, rüden Maskulinismus, unbekümmerten Alkoholgenuß, Ansprüche auf (Er-)Leben im Hier und Jetzt.

Auch im Jargon finden Provokationsinteressen Widerhall. Skins (aber auch andere Streetkids) benutzen eine Sprache, die aus Bürgersicht der »Gosse« entstammt. Sie ist unflätig, mit Schimpfworten und »unfeinen« Ausdrücken durchsetzt sowie ohne jegliche Elaboration, gleichzeitig aber in ihrer Kürze und Direktheit prägnant, weniger differenzierend als extrem zuspitzend, eben provokativ – und extrem männlichkeitsfixiert.

Ihren Provokationswert beziehen die von Skins gepflegten Rückgriffe auf das traditionelle Bild von Männlichkeit und ihre Zuspitzung in Männerbündlertum allerdings daraus, daß die gesellschaftliche Legitimität dieser traditionellen Werte selbst unter Jungen und Männern nicht mehr ohne weiteres gegeben ist. Wer sich von der schwindenden gesellschaftlichen Akzeptanz solcher Verhaltensweisen nicht schrecken läßt, sucht auch in der Frage des Geschlechterverhältnisses nicht nur den Rückzug in die Männerbequemlichkeit alter Zeiten, sondern auch einen aus dem Anti heraus bezogenen Standpunkt, die Provokation.

Die von Skins zur Schau gestellten überspitzten Männlichkeitsstilisierungen können in ihrer Demonstrativität als Versuch der Gegenwehr in einer zunehmenden Androgynisierung von Maskulinität gesehen werden. Gleichzeitig ist der männlich geprägte Skinzusammenhalt aber auch Anspruch, soziale Bindun-

Foto: Boris Geilert/G.A.F.F.

gen und Nähe unter Männern in einer Gesellschaft zunehmender Vereinzelung nicht aufzugeben. Insofern liegt ein doppelter Bruch mit Modernisierungsforderungen vor.

Vielleicht macht die Betonung eines solchen Männerzusammenhangs die Skinheadszene auch gerade für homosexuell orientierte Männer attraktiv – sei es, daß sie sich in latenten homoerotischen Empfindungen angesprochen fühlen oder sich als Skin Gay Movement organisieren.

Skingirls vollziehen eine explizite Kehrtwendung auf dem vorgezeichneten Weg geschlechtsspezifischer Sozialisation und sind bestrebt, dem klassischen Weiblichkeitsklischee zu entfliehen. Statt Unterwürfigkeit, Stillsein, Zurücknahme der eigenen Person, empathische Fürsorglichkeit für andere, Abhängigkeit vom Freund bzw. Mann und ähnliche dem Weiblichkeitsklischee zugeordnete Verhaltensweisen und Eigenschaften zu kultivieren, pochen sie auf gelebte Gleichheit jetzt und sofort. Dazu gehören der Spaß an der Provokation, der Spaß am »Über-die-Stränge-schlagen«, der Spaß an Unbotmäßigkeit und die Lust an Gewalt: »Ich saufe wie ein Mann, dann prügle ich mich auch wie ein Mann.«[8] Hier scheint das Bedürfnis nach Respektbezeugung in einer männlich dominierten Gesellschaft durch: Frau will Selbstbewußtsein demonstrieren und sich nicht auf die klassische Frauenrolle festlegen lassen.

Allerdings bleibt dieser Emanzipationsversuch verquer, weil er kaum mehr darstellt als eine Kopie von Männlichkeitsmustern – von höchst problematischen zumal.

Literatur

Baacke, Dieter: Jugend und Jugendkulturen. Darstellung und Deutung. Weinheim und München 1987.

Beck, Ulrich: Risikogesellschaft. Auf dem Weg in eine andere Moderne. Frankfurt a. M. 1986.

Beck, Ulrich: Die Erfindung des Politischen. Frankfurt a. M. 1993.

Brake, Mike: The Skinheads. An English Working Class Subculture. In: *Youth and Society*, 1974, Vol. 6, No. 2.

Brake, Mike: Soziologie der jugendlichen Subkulturen. Frankfurt a. M. 1981.

Brück, Wolfgang: Skinheads – Vorboten der Systemkrise. In: Heinemann, Karl-Heinz/Schubarth, Wilfried (Hrsg.): Der antifaschistische Staat entläßt seine Kinder. Jugend und Rechtsextremismus in Ostdeutschland. Köln 1992.

Clarke, John/Jefferson, Tony: Jugendliche Subkulturen in der Arbeiterklasse. In: *Ästhetik und Kommunikation* 24/1976.

Dettenborn, H.: Schutz, Gegenwehr, Ratsuche. Wie Schüler auf Aggressionen in der Schule reagieren. In: *Pädagogik und Schulalltag* 2/1993.

Eberwein, Markus/Drexler, Josef: Skinheads in Deutschland. Interviews. Hannover/München (Selbstverlag) 1987 und Augsburg 1995.

Farin, Klaus: Skinheads. In: Jugendarbeit mit Skinheads. Hrsg. v. Informations-, Forschungs- und Fortbildungsdienst Jugendgewaltprävention. Berlin 1993.

Farin, Klaus/Seidel-Pielen, Eberhard: Skinheads. München 1993.

Farin, Klaus/Seidel-Pielen, Eberhard: »Ohne Gewalt läuft nichts!« Jugend und Gewalt in Deutschland. Materialband. Köln 1993.

Farin, Klaus (Hrsg.): Skinhead – A Way of Life. Eine Jugendbewegung stellt sich selbst dar. Hamburg 1996.

Gerth, Michael: Der Skinheadkult. Einblicke in eine Jugendkultur. Diplomarbeit. Leipzig 1993.

Lessing, Hellmut/Liebel, Manfred: Wilde Cliquen. Szenen einer anderen Arbeiterjugendbewegung. Bensheim 1981.

Marshall, George: The Spirit of 69. A Skinhead-Bible. Dunoon 1991 (deutsch 1993).

Mengert, Christoph: »Unsere Texte sind deutsch ...«. Skinhead-Bands in der Bundesrepublik Deutschland. Hrsg. v. der Fachhochschule des Bundes für öffentliche Verwaltung. Köln 1994.

Möller, Kurt: Jugend(lichkeits)kulturen und (Erlebnis-) Politik. Terminologische Verständigungen. In: Ferchhoff, Wilfried/ Sander, Uwe/ Vollbrecht, Ralf (Hrsg.): Jugendkulturen – Faszination und Ambivalenz. Weinheim und München 1995.

Möller, Kurt: Fremdenfeindlichkeit. Übereinstimmungen und

Unterschiede bei Jungen und Mädchen. In: Engel, Monika/ Menke, Barbara (Hrsg.): Weibliche Lebenswelten – gewaltlos? Münster 1995.

Schulze, Gerhard: Die Erlebnisgesellschaft. Kultursoziologie der Gegenwart. Frankfurt a. M. 1992.

Willems, Helmut u. a.: Fremdenfeindliche Gewalt. Einstellungen, Täter, Konfliktеskalationen. Opladen 1993.

Willems, Helmut/ Würtz, Susanne/ Eckert, Roland: Analyse fremdenfeindlicher Straftäter. In: Bundesministerium des Innern (Hrsg.): Texte zur Inneren Sicherheit. Bonn 1994.

---

1 Vgl. auch: Marshall, George: The Spirit of 69. A Skinhead-Bible. Dunoon 1991. Außerdem: Farin, Klaus/Seidel-Pielen, Eberhard: Skinheads. München 1993.

2 Vgl. auch: Brake, Mike: Soziologie der jugendlichen Subkulturen. Frankfurt a. M. 1981.

3 Vgl.: Marshall, George: The Spirit ..., a.a.O., und Brück, Wolfgang: Skinheads – Vorboten der Systemkrise. In: Heinemann, Heinz/ Schubarth, Wilfried (Hrsg.): Der antifaschistische Staat entläßt seine Kinder. Jugend und Rechtsextremismus in Ostdeutschland. Köln 1992.

4 Dazu auch: Möller, Kurt: Jugend(lichkeits)kulturen und (Erlebnis-) Politik. Terminologische Verständigungen. In: Ferchhoff, Wilfried/ Sander, Uwe/Vollbrecht, Ralf (Hrsg.): Jugendkulturen. Faszination und Ambivalenz. Weinheim und München 1995.

5 Vgl. auch: Mengert, Christoph: »Unsere Texte sind deutsch ...«. Skinhead-Bands in der Bundesrepublik Deutschland. Hrsg. von der Fachhochschule des Bundes für öffentliche Verwaltung. Köln 1994.

6 Vgl. für DDR- und Wende-Zeiten dazu auch: Stock, Manfred/Mühlberg, Philipp: Die Szene von innen. Skinheads, Grufties, Heavy Metals, Punks. Berlin 1990.

7 Vgl. dazu: Baacke, Dieter: Jugend und Jugendkulturen. Darstellung und Deutung. Weinheim und München 1987.

8 *Der Spiegel* 47/1992.

Heinz Hachel

Für Klasse, Rasse und Nation

Der doppelte Romantizismus völkischer Glatzen

Miesling & Co.

»Miesling« ist Skin. Einer von der harten Sorte: Kameradschaftsführer, Hitler-Fan und Hess-Verehrer. Seine grüne Bomberjacke trägt der gelernte Bäcker genauso gerne wie das kordelgezierte Braunhemd. Prolet sein, Glatze und Nationalsozialist: Für Miesling ist das ein Ding. So charakterisiert sich der gebürtige Alfelder und Wahl-Ruhrpottler als »rabaukenhaften«[1] SA-Typen. Womit er nicht nur auf seinen Ruf als brachiales Kampftier abhebt, sondern ebenso den Stolz auf seine proletarische Herkunft hervorkehrt. »Was wäre eine Gesellschaft, der Staat ohne Arbeiter«, schwadroniert er. »Die machen doch die ganze Scheiße.« Konsequent fordert Miesling: »Gerechten Lohn für gerechte Arbeit.« Hier ist der Ku-Klux-Klan-Fan in seinem Element. »Arbeiter der Stirn und Arbeiter der Faust«, deklamiert er pathetisch, »geben sich die Hand.«

Szenenwechsel. Gestandene Mannen sind sie allesamt – die Aktivisten der Aktion Nationales Kommando, eine rund zehnköpfige Bonehead-Crew aus der Hamburger Peripherie. »Wir sind alle Arbeiter«, erklärt Gangmitglied Mark in Stakkato. »Und egal wie schwer der Kopf am Montagmorgen ist, zur Arbeit wird gegangen. Das ist der Stolz auf die Arbeit, wenn du da was geschaffen hast.« Zu nazistischen Slogans wie »Rasse statt Klasse« hat der 22jährige NSDAP/AO-Sympathisant, der bei der Hamburger Hochbahn beschäftigt ist, ein eher gespaltenes Verhältnis. »Als Deutscher muß ich arbeiten, und so verbindet sich das beides miteinander«: Klasse plus deutsche Rasse.

Die ideologische Verkettung von Klasse, Rasse[2] und Nation ist in den Köpfen von völkisch-nationalistischen[3] Prologlatzen weitgehend Usus – ein Reflex sozialer Herkunft »Im Arbeiterviertel ist er geboren, zum Skinhead ist er auserkoren« – diese proletarische Biographie, hier von der Band *Störkraft* in ihrem Lied »Arbeiterklasse« besungen, eint ein Großteil dieser geschorenen Jugendlichen. Unter der Stoppelfasson: ein Sud aus proletarischen und nationalistischen Romantizismen. Im Gravitationszentrum dieser Mixtur pulsiert die Sehnsucht nach Heimat – jene subkulturelle Konstante, die sich von den britischen Anfängen des Movement bis hin in seine internationale Gegenwart stringent durchzieht und heute jenen kleinsten gemeinsamen Nenner stellt, der Working-class-Skins über alle Fraktionen und politische Haltungen hinweg verbindet: Die Sehnsucht nach der verlorenen proletarischen Heimat, jenes Paradise lost, in das allein die subkulturelle Regression zurückführt.

Proletarischer Romantizismus

Der subkulturelle Rücksturz der Glatzen repräsentiert die Kehrseite gesellschaftlicher Modernisierung. Er ist soziales Angstprodukt, dessen Entwicklungsgeschichte untrennbar mit der fordistischen Umwälzung der britischen Nachkriegsgesellschaft verbunden ist. Damals setzte sich in den westlichen Industrienationen (unter dem Druck des US-amerikanisch dominierten Weltmarktes) ein auf tayloristischer Massenproduktion und expansivem Massenkonsum beruhendes, sozialstaatlich reguliertes Gesellschaftsmodell durch. Die Folge war eine Auflösung verwandtschaftlicher und nachbarschaftlicher Bindungen, lokale Lebenszusammenhänge wurden ausgehebelt. Und so wurde auch das Eastend, eine traditionelle und einst auch traditionsreiche Working-class-Area im Südosten Londons, step by step ins historische Nirwana katapultiert. Das Eastend mit all seinen über Generationen gewachsenen Solidaritäten und Loyalitäten wurde Geschichte.[4] Zunächst. Dann wurde es zur subkulturellen Utopie sozial und kulturell »freigesetzter« Arbeiter-youngsters, die sich auf ihrer Suche nach neuen, stabilen Orientierungs- und Handlungsmustern einem regressiven Romantizismus hingaben. Der verhieß ihnen soziale Identität, Halt und Sicherheit im trostlosen Heute ihrer weitgehend aufgelösten Lokalgemeinschaft. Diese geriet den jugendlichen Mo-dernisierungsopfern zur Projektionsfläche für all die Sehnsüchte, Wünsche und Hoffnungen der Gegenwart. Sie wurde zu einer Art Mythos – einem proletarischen Avalon jenseits der historischen Realität. In den Köpfen der Glatzen rumorte jenes Heimatkonstrukt, das die Hamburger Sozialforscherin Nora Räthzel als einen »imaginäre(n) Raum ohne Konflikte, Unglück, Streit, Widersprüche«[5] beschreibt. Für Skins wurde die idealisierte proletarische Heimat zu einem Orientierungskontinuum ohne kulturelle Irritation und Verunsicherung. Sie barg die Sehnsucht nach Eindeutigkeiten und jener Unmittelbarkeit und Überschaubarkeit sozialer Interaktion, die sich im Prozeß gesellschaftlichen Wandels zunehmend aufgelöst hat. Insofern sind Skins Reaktionsbildungen auf eine sozio-ökonomische Bewegung, die jene vielzitierten Vereinzelungsschübe und damit zerstörte Lebenssphären produziert, welche nur noch als Schattenbilder existieren, wohl aber weiterhin die kulturell tradierte Erinnerung an das Früher bergen. Diese Erinnerung kann, gerade in Krisenzeiten, wenn die ideologische und materielle Einpassung des proletarischen Individuums in die bürgerliche Gesellschaft aufbricht, manifest werden. Dann vermag sie die defensive Besinnung auf jenes Anno dazumal zu provozieren, das Skinheads auf subkulturellem Terrain – quasi en miniature – wieder lebendig zu machen versuchten. Sozusagen in einem Akt des Wishful doing, einer kulturellen Selbstkonstitution, die das zerstörte Klassenmilieu verzerrt rekonstruiert, es als bornierten Arbeiterpuritanismus, als derbes Zerrbild der Vergangenheit inszeniert. Skinkultur als Milieusurrogat.

Wie durch einen Zeittunnel hindurch ließen sich Glatzen auf die – bei ihren Eltern unter dem Eindruck von Mittelstandsideologie, Wohlfahrtsstaat und relativer Konsumteilhabe längst brüchig gewordenen – reaktionärsten Normen und Werte der alten Eastend-Society zurückfallen. Trotzig erhoben sie diese zum singulären Fixpunkt ihres Wert- und Orientierungssystems, konstruierten ein kollektiv-proletarisches Minimal self. Das verstand sich, so die britischen Sozialforscher Daniel und McGuire, als »eine natürliche Verlängerung der Arbeiterklassen-Tradition«[6] des Viertels: solidarische Wehr gegen die Fährnisse moderner »Mittelstandsgesellschaft«. Die Subkultur war eine jugendliche Feste, die das »verlorene Gemeinschaftsgefühl«[7], so John Clarke vom Birminghamer Centre for Contemporary Cultural Studies (CCCS)[8], über den subkulturellen Way of life zurückeroberte. Dieser konterkarierte mittelständische Aufstiegsideologie, protestierte gegen die Zerstörung von lebensweltlichen Zusammenhängen, die Vernichtung von Lebensperspektiven, die »Verbürgerlichung« der eigenen Klasse. Jedoch nicht offen, sondern verklausuliert. Das originär Politische versackte im Lifestyle, war allenfalls so etwas wie ein subpolitisches Aufbegehren, das sich qua Outfit, Musik, Ritualen, Aktionen artikulierte – also kulturell verschlüsselt, mit den Ausdrucksformen des Ghettos spielend.

Proletarisch-romantische Ansprache

Verklärtes Gestern und verdüstertes, perspektivloses Heute sind die beiden Pole des proletarisch-romantischen Heimatdiskurses, historisch wie aktuell. Waren die stilschöpfenden 69er-Glatzen das milieuspezifische »Produkt« der sich etablierenden fordistischen Konsumgesellschaft, so steht die Internationalisierung des Movement in engem Zusammenhang mit der Krisenhaftigkeit spätfordistischer Gesellschaft.[9] Denn in der zweiten Hälfte der 70er Jahre waren die Produktivitäts- und Wachstumsreserven weitgehend erschöpft. Der Raum für eine gesellschaftliche Interessenvermittlung auf Basis materieller Konzession wurde zunehmend enger. Und mit der Perspektive ewigen Wohlstands und unbeschränkten Fortschritts zerbrachen auch Zukunfts- und Lebenspläne. Romantisch tiefgründige Sentenz in einem deutschen Skinzine: »Keine Hoffnung, keine Zukunft, nur ein Stück Vergangenheit!«[10]

Und so kam es nicht von ungefähr, daß um 1979/80 (nicht nur, aber vor allem) bundesdeutsche Arbeiterkids[11] voll auf die proletarisch-romantische Ansprache der Skinkultur abfuhren. Entsprach doch die subkulturelle Message, die um das Thema Rückgewinnung von Heimat zirkulierte, der Nachfrage von Jugendlichen, denen weder die zerbröselnden Relikte des alten Sozialmilieus noch eine Mittelstandsideologie, die mit den sozialen Möglichkeiten dieser lebenswütigen Jugendlichen frontal kollidierte, stabile Orientierungen und Perspektiven vermitteln konnten. Die Funktion des normativen Wegweisers übernahm nun der subkulturelle Import, der sich via Medien und Fußballplatz annoncierte, sich durch persönliche Kontakte verbreitete. Die regressive Identitätsschablone wurde zum Lückenbüßer, war so etwas wie ein Crashkurs, der die vielfach gebrochene proletarische »Normalbiographie« des Erwachsenwerdens komödiantisch rekapitulierte. In der Zeichensprache des britischen Ghettos betrieb er die subkulturelle »Verewigung« traditioneller Rollenklischees. Er reanimierte (wie entstellt auch immer) das unterbrochene kulturelle Erbe bundesdeutscher Working-class-Teenager, zentrierte sie als archaische Proleten. Das war möglich, weil die Restbestände proletarischer Sozialisationsmuster kompatibel waren mit der britischen Stilbotschaft. Die schloß fast nahtlos an stilisierte Bilder des traditionellen Arbeiters, an die Biographie vieler Youngsters, ihre Zukunftserwartungen und die authentischen Alltagserfahrungen in den Randbereichen realkapitalistischer Wirklichkeit an. Die subkulturelle Ansprache vermochte die (politisch disparaten) Alltagsinterpretationen von Welt, Gesellschaft und der eigenen Stellung in sich zu bündeln. Zuweilen gelang es dem Glatzen-Lifestyle sogar, verschüttete Identität von Klassenzugehörigkeit zu erzeugen. »Arbeiterklasse«, so ein Ruhrpott-Skin Ende der 80er Jahre, »das kenne ich eigentlich erst, seitdem ich Skin bin. Das ist, glaube ich, ein englischer Begriff: Working class, von den Dockarbeitern und so.«

»Irgendwie sollte man seinen Lebensunterhalt schon selbst verdienen. Diese Typen, denen man das Schild ›Sponsored by Daddy‹ schon von weitem ansieht, nehm ich nicht ernst. Ich gehöre zur Arbeiterklasse, und ich bin verdammt stolz darauf, zu arbeiten und nicht jahrelang auf Kosten meiner Eltern zu studieren. Es bedeutet für mich Zugehörigkeit zu einer großen Gruppe von Menschen, die den Wert des Geldes zu schätzen wissen, für das sie jeden Tag ihre Arbeitskraft einsetzen. Es bedeutet aber auch, den Wert dieser Arbeitskraft als Gewerkschaftler gegen die Unternehmer zu verteidigen.«
»Working class gehört auf jeden Fall dazu, es gibt keine intellektuellen Skinheads.«
»Ich bin Arbeiterkind und stehe dazu, aber der ›normale‹ Arbeiter ist oft auch mein Gegner. Was sollte ich mit dieser dummen manipulierten Masse gemein haben. Träumerische Utopien!«
(Skinheads zur Working class, aus: Farin: Skinhead – A Way of Life, Hamburg 1996, S. 76ff.)

Heimat(klassen)bewußtsein

Hier artikuliert sich (in Extremform) jenes Klassenbewußtsein light, das auf einer Selbstdefinition durch Maloche beruht: »Klar, wer körperlich arbeitet, der gehört zur Arbeiterklasse.« Es wurzelt in der Erfahrung von Unterprivilegiertheit: »Wir sind halt nicht mit dem Goldlöffel im Mund aufgewachsen.« Es konstatiert sogar ein gemeinsames soziales Interesse der Arbeiterschaft: »Weniger Stunden arbeiten und mehr Geld kriegen.« Es birgt proletarische Sehnsüchte nach sozialer Gerechtigkeit, mithin antikapitalistische Wunschvorstellungen von der Beseitigung der Autorität, oftmals radikal formuliert: »Scheiß Bonzen!

The Working-Class-Threat Got Them!«[12] Aber das war's auch schon. Auf der Maloche fallen Skins zumeist wegen ihrer rigiden Produktionsorientierungen auf: einer Arbeitsethik, die einerseits der Notwendigkeit materieller Reproduktion in harten Zeiten entspringt, oftmals Ausdruck einer gewissen Einförmigkeit des Denkens ist. Andererseits gehört sie zum subkulturellen Habitus, was bedeutet, daß soziale Empörung (eine latente Botschaft des Skinstils) als demonstrative Selbstunterwerfung unter die Logik der Mehrwertproduktion praktiziert wird. Gelebt wird die »soziale Wut« anderenorts, sie bricht sich an kleinbürgerlichen »Spießern« und mittelständischen Jugendlichen. Hier outet sich ein ausgebremstes Klassenbewußtsein, das am Mythos Heimat kristallisiert, sprich als Verteidigung des verlorenen proletarischen Raumes daherkommt – Raum als kultureller, sozialer und geographischer Bezugspunkt. Skins suchen als »unpolitische Arbeiterbewegung« ihr Heil in einem handfesten Eskapismus, der politische und ökonomische Machtstrukturen hinnimmt, weil außerhalb der subkulturellen Territorialgewalt liegend und damit in einer Sphäre, die als statisch erlebt wird. »Ob wir nun wählen oder nicht/Die Regierung hat immer das gleiche Gesicht.« (*Endstufe*: »Winter In Der BRD«, 1990) Oder eine norddeutsche Glatze: »Eigentlich wird es immer darauf hinauslaufen, daß einige viel verdienen und einige wenig verdienen. Ich glaub' nicht, daß man das ändern kann. Das wird es immer geben. Was willst du machen?«

Es gibt ein Land, wo alles verboten wird/Wo die Brut auf der Straße marschiert/Wo korrupte Leute das Land regieren/Und wo Deutsche auf der Straße erfrieren/Es war mal das Land großer Dichter und Denker/Doch schau dich nur um: nur noch Richter und Henker/Früher gab es noch Treue und Ehre/Heute schaut man in eine tiefe Leere.
(*Rheinwacht:* »Aufrecht«, 1995)

Der Skin kapituliert vor der Macht des Faktischen, weiß, daß er als Underdog den Mächtigen dieser Gesellschaft nicht an die, wie ein Zine-Macher schreibt, »fetten Leiber«[13] kann. No way out! So bleibt er in einem sozialen Pessimismus, der seine Renitenz ins subkulturelle Ghetto zwingt, gefangen. Er bleibt in einer liberalen Ideologie verhaftet, die die bestehenden Verhältnisse mit einer »Ewigkeitshülle«[14] umgibt, sie enthistorisiert, indem sie hinter den gesellschaftlichen Prozessen natürliche Gesetze postuliert. Damit wird Kapitalismus mitsamt seiner Macht- und Herrschaftsstrukturen als die der menschlichen Natur gemäße Wirtschaftsordnung legitimiert. Und so naturalisiert auch der Stoppelkopf Klassenherrschaft: »War immer so, bleibt auch so.« Er ordnet sich freiwillig in das Oben-Unten-Schema ein, unterwirft sich einer scheinbar alternativlosen Realität.

Die Konstruktion von Heimat als privatistischem Fluchtpunkt, als Trutzburg gegen gesellschaftliche Zumutungen, gegen die Intervention von Staat, Politik und Ökonomie, korrespondiert mit dem weitverbreiteten Selbstverständnis der Szene: »Skinheads sind unpolitisch!« Eben weil sie Apologeten einer romantizistischen Heimat-Fiktion sind, die an die formale Trennung von privater und öffentlicher Sphäre anschließt.[15] Und so beschwören Glatzen einen subkulturellen Sperrbezirk, ergeben sich einer Privatheit, die ideologische Schöpfung eines Staates ist, der in jenen Verhältnissen, denen Subkultur entspringt, materiell und ideologisch immer präsent ist. Die Subkultur ist also keine staatsfreie Zone. Im Gegenteil: Sie ist – Staat verstanden als Einheit von »società politica« (Regierung, Verwaltung, Polizei, Armee, Justiz) und »società civile« (zum Beispiel Familie, Medien, Kultur, Sport)[16] – integraler Bestandteil staatlicher Komplexität. Damit ist die Subkultur Teil eines Regulationssystems, in dem sich die Verhaltensweisen der Menschen so »organisieren«, daß sich Gesellschaft trotz ihres widersprüchlichen Charakters reproduzieren kann. Bestimmend in diesem Prozeß ist die hegemoniale Ideologie, jene Ideen und Ansichten, mit denen die politischen und ökonomischen Eliten ihre Interessen als allgemeingültig setzen und Menschen auf das vielbeschworene nationale Interesse »vergattern«. Hegemonie als »geistige und moralische Führung«[17] kann aber niemals absolut sein. Und so verweist auch der Skinprotest auf Defizite in der materiellen und ideologischen Integration dieser Jugendlichen, wobei der Charakter ihres »Widerstands« geprägt ist von Kämpfen um Lebensgefühl. Es sind Kämpfe, die im Rahmen subkultureller Logiken ausgetragen werden und in denen gesellschaftliche Kräfteverhältnisse aufgehoben sind. Hier verdichten sich herrschende, milieuspezifische und politische Diskurse. Sie prägen den Charakter der Subkultur, machen diese zum Barometer gesamtgesellschaftlicher Prozesse. Und so ist auch die völkische Transformation des proletarischen Glatzenromantizismus kein subkulturell »hausgemachter« Effekt, sondern immer Quintessenz eines Dialoges zwischen subkultureller, offizieller und offiziell verpönter, sprich rechtsextremer Gesellschaft.

Völkischer Romantizismus

»Unsere Ehre, die heißt Treue«, tönt es auf dem Demotape »Es Geht Los« der Skinband *08/15*. »Wir bauen das neue Deutschland auf/Das Deutsche Reich muß wieder leben/In ihm darf es keine Kanaker mehr geben.« Volk, Blut, Ehre und doitsche Rasse, die Sehnsucht nach dem nationalen Mega-Kollektiv: Bilder, die in den Köpfen von völkischen Glatzen rumoren. Es sind Götzen, die sie erregen, überreden, beherrschen, Vorstellungen, die in überkommenen stammesgeschichtlichen Strukturen und dynastisch bestimmten Erbfolgen wurzeln. Als faktisch-reale Lebenszusammenhänge sind sie längst passé, überwunden von der sich entwickelnden bürgerlichen Gesellschaft, bewußtseinsmäßig jedoch werden sie »als mythologisches Element (Religion)« und »in den politischen Strukturen« tradiert.[18]

Die Aktualität dieses völkisch aufgeladenen Nationalismus resultiert – grundsätzlich betrachtet – aus der Beschaffenheit einer Gesellschaft, die Menschen in Klassen, Schichten und

»Ein NS-Skin wünscht sich eine gesunde, starke Nation und ein gutes, stolzes und ergiebiges Leben für die in seinem Land geborenen Einwohner. Das bedeutet, ein Nazi-Skin kümmert sich um die Sicherheit seines Volkes, er kümmert sich um die Bauern, die Nahrung für die Nation anpflanzen, er kümmert sich um die arischen Kinder, die geboren werden, damit sie ein gesundes Leben haben und eine gute Erziehung bekommen, und vieles mehr. Ein Nazi-Skin will keine Ausländer, die eine Kriminalitätswelle über sein Land bringen, er will nicht, daß Drogen hereingebracht werden, um Leben zu zerstören, er will nicht, daß seine Muttersprache eine Sprache zweiter Klasse wird, er will, daß ihm und den Männern seines Landes Arbeit gegeben wird und nicht Eindringlingen. Nationalsozialismus ist der einzige wahre Weg für einen wahren Skinhead!« (Die NS-Band *Bound For Glory*, St. Paul/USA, in einem Brief an den Herausgeber.)

Gruppen aufspaltet, sie als Marktkonkurrenten und Privateigentümer individualisiert, aus ihren unmittelbaren sozialen Beziehungen und räumlichen Zusammengehörigkeiten herausbricht. Völkisch-romantische »Erzählungen« sind also Antipoden zu den Zerklüftungen moderner Konkurrenzgesellschaft. Sie sind fundamentaler Bestandteil von Ersatzgemeinschaft. Die birgt harmonistische Vorstellungen, projiziert Sehnsüchte nach einem sinnhaften und zeitlosen Zusammenhang in eine imaginäre Vergangenheit. Die Kategorie »Volk« ist somit jene abstrakte Form, in der das widersprüchliche gesellschaftliche Verhältnis der Individuen, die vielfältigen Interessen der Menschen und sozialen Gruppen ideologisch zusammengeführt werden. Das »Volk« wird hier zu einem Subjekt der besonderen Art. Es scheint ausgestattet mit einem fetischhaften Eigenleben, das sich den Menschen gegenüber verselbständigt hat. Deren Denken, Fühlen und Handeln wird einem göttlichen, biologischen oder kulturellen Erbe verpflichtet. Proletarische Heimat, einst Rückzugsort vor Prozessen, die den Menschen Kontrolle über ihr Dasein entzogen, wird ersetzt durch die national definierte Gemeinschaft. Die völkisch-romantische Ansprache macht's möglich.

Diese Ansprache wird den Glatzen von einem vielstimmigen Chor, einer disparaten Gesinnungsgemeinschaft, in der sich jungkonservative, nationaldemokratische, nationalrevolutionäre und nazistische Gruppen umtreiben, vorgetragen. Sie reicht von den Denkfabriken der »Neuen Rechten«, die ihre »Alternative zum Totalitarismus weltlicher oder judäochristlicher Prägung«[19] kulturrevolutionär herbei»bürgerkrieg«en wollen, über REPublikaner & Co. bis hin zu den Kadern der NSDAP/AO. In kooperierender Rivalität lancieren diese Organisationen ihre ideologischen Essentials in die Skinszene hinein. Die wirken dort weniger als politisches Manifest, sondern vielmehr als Kick, als formelhafte Message, transportiert von Bands, von Zines. Und von Kadern, die sich als braune Masterminds in den subkulturellen Diskurs begeben, ihn mal mehr, mal weniger erfolgreich domestizieren und Glatzencrews peu à peu zu Vorfeldorganisationen des organisierten Rechtsextremismus transformieren, wobei Skins gemäß ihrer »anarchischen« Organisationsfeindlichkeit als subkulturelle »Freelancer« integriert werden. So entsteht eine flexible und militante Korona um Parteien, in der diese Glatzen ideologisch, politisch und moralisch ausgerichtet werden.

Das vorpolitische Aufbegehren von Skins wird an dieser Stelle zu politischem Protest dynamisiert. Egal, ob der organisiert oder frei flottierend agiert. Entscheidend ist die Verknüpfung von Alltagsbewußtsein mit politischen Strategien, die kulturelle und »stammesgeschichtliche« Rückbesinnung verschränken und versuchen, Glatzen in ein Kalkül einzubinden, das auf

Foto: Sebastian Bolesch/DAS FOTOARCHIV

Neo-Nazi-Aufmarsch in Bayreuth zum Todestag von Rudolf Heß, August 1991

den Tag X ausgerichtet ist, jenen revolutionären Umsturz, den die gesamte rechtsextreme Szene anvisiert.

Zwar hat die Anziehungskraft dieser Organisationen gelitten, vor allem durch den nach Jahren der Verharmlosung erhöhten Druck der Sicherheitsbehörden. Auch die Attraktivität des rechten Skinmovement schwand. Es geriet in die Defensive, wurde teilweise in die Mimikry gedrängt. Glatzen »entpolitisierten«, zogen sich auf die subkulturelle Etikette (»Wein, Weiber und Gesang«[20]) zurück. Oder konvertierten zur Psycho-, Scooter-, Techno- oder Hoolszene.

An der passiven Affinität von Teilen des Skinmovement zum Rechtsextremismus und dessen prinzipieller Fähigkeit, Teile der Szene zu mobilisieren, hat der konjunkturelle Einbruch jedoch nichts geändert. Eben weil die völkisch-nationalistische Ansprache es vermag, mit minimalen Reibungsverlusten an die Gedanken- und Gefühlswelt des proletarischen Romantizismus anzuschließen.

Anfälligkeiten:

1. Proletarischer Romantizismus

Die Gründe sind vielfältig, liegen in der strukturellen Identität von völkischem und proletarischem Romantizismus. Beide kontrastieren problembefrachtete Gegenwart mit verklärter Vergangenheit, erheben die Vergangenheit zur Zielperspektive. Der Unterschied: Die Skinkultur reanimiert Vergangenheit als

»unpolitisches« Freizeitvergnügen. Der völkische Vergangenheitsapostel schielt auf gesellschaftliche Veränderung. Beide Romantizismen sind reaktionäre Lebensbewältigungsstrategien, sind »Fundamentalopposition« gegen die moderne Welt. Sie sind Gegenentwürfe zu einer sich rasant pluralisierenden Gesellschaft, deren Unübersichtlichkeit das Bedürfnis nach Durchblick weckt: »Ich bin Skin geworden, weil ich die Welt nicht mehr verstehe.« Die Sehnsucht nach einfacher Weltdeutung ist Verweis auf die zweigeteilte Struktur beider Romantizismen. Sozialer (die da oben, wir hier unten) und völkischer (Inländer/Ausländer) Separatismus fließen durch die gleiche Form, sind austauschbar. Sie können in ein komplementäres Verhältnis gebracht werden, in dem die sozialen Hoffnungen von Skins in einen diffusen Pseudosozialismus gezwungen werden, der den Mythos einer vergangenen Ära wahrer Gemeinschaftlichkeit und reichhaltiger Individualität in Gestalt der klassenlosen Volksgemeinschaft wiederbeleben will[21]: »Deutsche Skinheads: national, sozialistisch, radikal.« Die völkische Überformung des proletarischen Romantizismus läßt subkulturelles und völkisches Interesse zusammenfallen: »Deutschland – unsere Zukunft!« Das soziale (Klassen)Interesse der Glatzen wird rückgebunden an Volk und Nation, die als Garanten sozialer Gerechtigkeit zur Utopie werden. So vereinigen sich Skin und Nation zu einer völkischen Unio mystica, in der sich die Opfer gesellschaftlicher Modernisierung zu Streitern wider die Moderne formieren. Sie fusionieren zu einem völkisch dominierten Projekt, in dem die ursprüngliche Intention der Glatzenkultur erhalten bleibt, ein historisch überlebtes Milieu sub-kulturell zu rekonstruieren. Der Rückgriff auf völkische Ursprungsmythen (»Wir sind die Germanen! Wir sind die Übermenschen!«) erlaubt, die verlorene Kontinuität und Homogenität der Arbeiterklasse wiederherzustellen, die Bande zwischen Vergangenheit, Gegenwart und Zukunft neu zu knoten, diesmal auf völkischer Ebene. Die Psychoanalyse bezeichnet solche Prozesse als Verschiebung.[22] Aus dem proletarischen wird der keltisch-germanische Ahn, aus der Arbeiterklasse die völkische Gemeinschaft. Auf die fahren vor allem Skins ab, denen weder der real existierende Kapitalismus noch ein historisch diskreditierter Sozialismus etwas zu bieten haben und die sich vom völkischen Korpus die Erfüllung ihrer sozialen Sehnsüchte versprechen. Auf ihrer Suche nach dem proletarischen Königsweg landen Glatzen so auf dem berüchtigten dritten. Dessen Ideologeme treten nun paradoxerweise das Erbe jener alten Werte und Träume an, die Arbeitersprößlingen einst das Bewußtsein vermittelten, Träger des historischen Fortschritts zu sein. Die neue Parole lautet: Wir sind nicht die letzten von gestern, sondern die ersten von morgen.

Einschub DDR: Es war das Credo eines dritten Weges, das in seiner Kahlkopf-Variante auch den Protest von DDR-Jugendli-

chen politisch zu konkretisieren vermochte, was zumindest teilweise durch direkten ideologischen und materiellen Support westdeutscher Nazikader und Boneheads geschah. Ostdeutsche Adoleszenten ließen sich den Crop scheren, bekundeten mit dem politisch aufgeladenen Stilensemble ihre Form von »Widerstand« gegen einen totalitären Sozialismus, der das Nahweh nach einem Stück selbstbestimmter Lebenswelt provozierte. Trotz halbwegs intakter Milieus und fehlender Mittelstandsideologie. Doch es war weniger eine verklärte proletarische Heimat, die DDR-Skins umtrieb. Vielmehr wurde vom Gros der DDR-Szene eine stark angeschlagene Herrschaftsideologie unterlaufen, indem ein realsozialistischer Romantizismus, der eine kommunistische Urgesellschaft auf höherem historischen Niveau anpeilte, völkisch umgewertet wurde.
In der Ideologie des dritten Weges – Version DDR-Glatzen – verschmolzen paradoxerweise antistaatlicher Protest und staatlich verordnetes Lehrbuchwissen. Es vermengten sich demresozialistischen Dogma widersprechende Alltagserfahrungen[23] und ein völkisch gewendeter DDR-Nationalismus. Hinzu kam einstaatlich gepowerte Arbeiter- und Bauern-Nostalgie und die ökonomistische Marx-Exegese einer Partei, die den historisch unausweichlichen Untergang des Kapitalismus halluzinierte. Was sich dann kurz nach der Vereinigung so anhörte: »Wir haben gelernt«, so Gunnar, 23jähriger Arbeiter, Ex-Leipziger, »daß der Kapitalismus untergehen wird. Das ist eben unausweichlich. Und der Sozialismus ist zwar eine schöne Idee, läßt sich aber nicht verwirklichen, weil der Mensch eben nicht so gut ist. Also brauchen wir was anderes, irgendwas zwischen Kapitalismus und Kommunismus. Und das kann nur was Nationales sein.«

2. Die subkulturelle Utopie

Wolf, 24, ist ein Essener Bonehead aus bescheidenen Verhältnissen. Und auch er ist ein Junkie in puncto Heimat, allzeit bereit, sie körperlich zu verteidigen. Vor allem gegen »Kanaken«. Für den angehenden Stahlbetonbauer, der in einer unwirtlichen Betonsiedlung in Essen-Überruhr lebt, sind sie der Quell allen Übels. »Hier im Haus haben vor ein paar Jahren 16 Familien gewohnt. Davon vier spanische«, erzählt er. »Heute gibt's nur noch vier deutsche Familien, Rest libanesische, afghanische und so. Was wollen die hier?«

Die Utopie einer homogenen Arbeiterschaft war schon in den Endsechzigern Ansatzpunkt für völkische Subversion. Bereits 1970 dienten sich 40 Kahlköpfe dem politischen Rechtsausleger Enoch Powell als Leibgarde an.[24] Zwar waren solcherlei Offerten seinerzeit noch die Ausnahme, liefen sie doch zu sehr dem »unpolitischen« Selbstverständnis des 69er-Originals zuwider, widersprachen dessen sinnstiftendem »Stay rude«. Aber jenseits aller Organisationsdistanz war der dominierende Way of life dieser Subkultur schon immer ein Walk on the right side. Allen vergangenheitsklitternden Beschönigungen von linken und »unpolitischen« Fun-Glatzen zum Trotz: Den nicht-rassistischen Ur-Skin hat es als vorherrschenden Typus niemals gegeben. Genausowenig wie den von der linksorientierten Glatzenzunft postulierten rechtsextremen »Neo-Skin«, dem qua Präfix die Originalität und damit das Attribut »Skin« abgesprochen wird. Dieses polithygienische Verfahren verstellt den Blick auf den inneren Zusammenhang zwischen proletarisch-romantischem und nationalistischem Protest. Denn die völkische Option ist im Heimatprojekt der Skinheads gewissermaßen »naturwüchsig« eingelassen durch die reaktionären Zielkoordinaten der britischen Stilschöpfer: zurück in eine proletarisch-weiße Zukunft. Dieser Mangel in der subkulturellen »Genetik« verweist – über die strukturelle Verwandtschaft beider Romantizismen hinaus – auf eine inhaltliche Beziehung. Denn die dem

Demonstration der NPD und JN gegen die Ausstellung über die Verbrechen der Wehrmacht, München im Februar 1997

Foto: Sebastian Bolesch/DAS FOTOARCHIV

Gefühl sozialer Benachteiligung entspringende Utopie von klassenkultureller Homogenität fördert gerade in Zeiten der Einwanderung die Tendenz zu rassistischen Feindbildern. Der »Fremde« – sowieso schon als ökonomischer Konkurrent stigmatisiert – erscheint als Störenfried klassenkulturell gedachter, wie auch als Saboteur völkisch gefühlter Heimat.

Schon in den Sechzigern haben sich so Generationen-, Klassen- und »Rassen«-Standpunkt zu einer eruptiven Ideologie vermengt. Es war diese diffuse Philosophie der Tat, die dem Territorialverhalten der Skins Richtung und Orientierung gab, die heimatliche Demarkationslinie definierte, sich in einem verschobenen »Klassenkampf« gegen Inder, Pakistani, Hippies manifestierte. Ihnen schoben Glatzen das soziokulturelle Debakel ihres Kiezes in die Schuhe. Die Einwanderer wurden zur Zielscheibe, nicht nur weil augenfällig »anders«, sondern auch weil aufstiegsorientiert. Das machte sie – wie die Hippies – zu Platzhaltern des verhaßten Mittelstandsystems. 1969 gaben 25% der Mitglieder der pakistanischen Studentenvereinigung an, in London schon einmal von Skins attackiert worden zu sein.[25] In der von Glatzen imaginierten ethnisch und kulturell eindimensionalen Vorkriegsgemeinschaft war für farbige Migranten kein Platz, weder für Pakistani, Inder und Bengalen noch für westindische Rude Boys. Eine explosive Situation. Die Rudies bewahrte das subkulturelle »Black & white unite« vor Übergriffen. Sie wurden aus dem rassistischen Diskurs ausgeblendet, was die Apologeten der Skinkultur immer wieder als Beleg für den urtypischen Anti- oder Nicht-Rassismus der 69er-Originals anführen. Wer schwarze Musik liebt, tönt es gebetsmühlenartig nicht nur aus der Trojanszene, der kann schon per definitionem kein Rassist sein. Der französische Philosoph Etienne Balibar hat solche ideologischen »Flexibilitäten« als »dynamische, situationsbedingte Dimension« des Rassismus bezeichnet, »die über die Psychologie der Vorurteile hinausgeht«[26], sich spontan entlang konkreter Interessenlagen, Orientierungen und Allianzen entfalten und scheinbar Unvereinbares vereinen kann. Im Fall der Glatzen: Negrophilie und Rassismus. Sahen die Skins doch die Rudies als Vertreter einer unverfälschten, ethnisch authentischen Kultur. Und authentisch – eben nur authentisch proletarisch – wollten sie ja selbst sein.

3. Der subkulturelle Widerspruch

Sozialpsychologisch betrachtet, resultiert die zum Teil dramatische Verschiebung des subkulturellen Selbstbewußtseins (und der damit korrespondierenden Stilbotschaft)[27] vom proletarischen zum völkischen Pol aus funktionalen Defiziten der Skinkultur. Diese sind verantwortlich für die Labilität subkultureller Working-class-Identität, rumort doch in der Glatzenschar seit jeher ein brisanter Widerspruch. Der wurde in der langen Skingeschichte zunehmend durch völkisch-nationalistische Ideologiebrocken ruhiggestellt, quasi neutralisiert. Ein Widerspruch, auf den auch der CCCS-Forscher Phil Cohen verweist, wenn er von der Skinkultur als einer »Magical solution«[28] spricht, einer Scheinlösung. Die bietet dem einzelnen Skin sicherlich einen sozialpsychologischen Benefit: Selbstvergewisserung, kollektive Stärke, Solidarität, Ohnmachtsüberwindung – aber nur auf der Ebene von Freizeit und Subkultur, wo im Gegensatz zu Schule und Arbeit Autonomiebestrebungen und Selbstdefinitionen weitaus weniger eingeschränkt sind. An der realen Lebenssituation – zunehmender Konkurrenz- und Leistungsdruck, sinnentleerte Jobs, Marginalisierung, ungebremste Milieuzerstörung, die brutale Monetarisierung des Sozialen – ändern die Skinkultur und ihr romantisch-proletarischer Eskapismus keinen Deut. Reale Ohnmacht (»Tut mir leid, bin Hauptschüler und habe keine Zukunft«[29]) und subkultureller Größenwahn (»Wir sind die Macht!«) sind zwei Seiten eines höchst explosiven Spannungsbogens, Ausdruck der Doppelbödigkeit kapitalistischer Gesellschaft mit ihrer formalen, rechtsstaatlich gesetzten Freiheit und Gleichheit auf Basis sozialer Ungleichheits- und Klassenverhältnisse. Ein Antagonismus, dem die Skinkultur nicht entkommt. Der kann – besonders in Zeiten verschärften Problemdrucks, wenn Abstiegsängste Ohnmacht übermächtig werden lassen und der pseudostabilisierende Charakter der Subkultur schmerzhaft erfahrbar wird – durch die ideologische Verknüpfung von Klasse, Rasse und Nation entspannt werden. Wobei für die völkische Aufladung proletarischer Heimatsehnsüchte (gleichsam eine »Magical solution, part II«) wohl vor allem die Bedrängtesten und Unzufriedensten der Stoppelzunft anfällig sind: soziale Underdogs wie statusverunsicherte Gesellen, deren berufliche Perspektiven auf der Kippe stehen, die nur scheinbar über Job und Ausbildungsplatz integriert sind. Es sind Menschen, deren Gewalterfahrungen schon kämpferische Orientierungen produziert haben: »zivilsoldatische« Tugenden der Lebensbewältigung, die das soziale Rückzugsgefecht strukturieren. Ein Rückzugsgefecht, dessen letzte Auffanglinie die völkische Gemeinschaft ist. Sie verheißt Abschied von der Ohnmacht, verspricht Stärke und Allmacht, Orientierung und Sicherheit auf omnipotentem Niveau. Der Skin, ein Underdog, politisch, sozial, institutionell ohne Einfluß: Als aufgenordeter »Glatzen-Arier«, hysterisch »White Power« kreischend, scheint er allmächtig. Minderwertigkeitsgefühle zerrinnen, aus dem Loser wird ein Sieger, aus dem Geängstigten ein Angstmacher. Der Außenseiter verwandelt sich in ein organisches Teil der Volksgemeinschaft, in deren elitären Vorkämpfer. Und damit verwandelt sich auch das soziale Opfer in einen politischen Täter, der seine masochistische Unterwerfung unter das völkische Primat sadistisch auslebt.

Der Widerspruch »reale Ohnmacht/subkulturelle Allmacht« wird hier ganz unmittelbar durch die nationalistische Aufmunitionierung des subkulturellen Selbstbewußtseins besänftigt. Mittelbar funktioniert das über die ideologische Neutralisierung des sozialen Problemdrucks, indem soziale, kulturelle und sexuelle (»Verteilung« von Frauen) Konflikte ethnisiert und damit auf eine rassistische Ebene gehievt werden.[30]

Dort wartet dann die vermeintliche Lösung aller existenziellen Widrigkeiten: »Jeder Nigger weniger ist ein Problem weniger!« Eine Solutio brutalis, die rechten Skins Kontrolle über die eigenen Lebensbedingungen verspricht, Entfremdung scheinbar zurücknimmt, ihnen vorgaukelt, im völkisch upgedateten Skinhead-Way-of-life ein effizientes Handlungsmodell gefunden zu haben, sich ihrer realen oder imaginierten Konkurrenten zu »entledigen«, ihr Leben in die eigene Hand zu nehmen: »Das Dreckszeug muß weg«. Genau hier ist auch der Ort der Verknüpfung von Ohnmacht und Macht, von sozialem Pessimismus und völkischem Optimismus. Hier wird die niedrige soziale Rangstufe in einen proletarischen Heroismus überführt, der die Ästhetik des gestählten Arbeiterkörpers beschwört und mit der Tugend »doitscher« Schaffenskraft die völkische Überlegenheit verkündet.

Du sitzt zu Hause, ganz allein/Denkst an Deutschland und dein Heim/So wie es früher einmal war/
Denn das hier heute ist doch nur Qual
Du rennst durch die Straßen ohne Sinn/
Suchst deutsche Kultur, doch landest bei McDonald's drin/So geht's nicht weiter/Laßt uns neu beginnen
Für das Blut und die Ehre/
Für das Blut und für das Vaterland/Für das Blut und die Ehre/Halten wir zusammen und stehen weiter Mann für Mann.
(*Oi! Dramz*: »Blut & Ehre«, 1992)

4. Die Brennpunkte proletarischen Interesses

Die politische Transformation des Glatzen-Romantizismus wäre undenkbar ohne die Vereinbarkeit völkisch-nationalistischer Werte mit klassenspezifischen Orientierungs- und Handlungsmustern. Diese soziokulturellen Prägungen können unter bestimmten biographischen und historischen Bedingungen (subjektive Verunsicherungen, konservative Hegemonie, zerbröckelnde Sozialmilieus) mit rechten Weltbildern verschweißt werden. Als »Focal concerns« hat der US-Amerikaner Walter B. Miller diese Brennpunkte proletarischen Interesses bezeichnet.[31] Sie unterscheiden sich augenfällig vom Wertgefüge der Mittelschicht. Zwar ist die ursprüngliche Stringenz und Kompaktheit dieser sozialen »Justierungen« – weil vom sozialen Wandel getilgt – Geschichte. Subkulturell rekonvalesziert und verdichtet stellen sie aber das Skelett des autoritären Glatzen-Puritanismus, also jene Orientierungen, die der romantischen Protestform den proletarischen Charakter verleihen.

Der Interessenbrennpunkt »Schicksal« markiert eine Art magische Weltanschauung: Glück/Pech haben, der Mensch als Werkzeug unbeeinflußbarer Mächte. »Autonomie« steht für das Aufbegehren gegen als ungerecht erfahrene Autoritäten, Regeln, Verhaltensvorschriften. »Erregung« meint die periodisch auftretende Spannungssuche, ist gleichsam kompensatorischer Gegenpol zur Blutarmut des Daseins, zur Langeweile und Tristesse des normierten Alltags. »Härte« typisiert den männlich beherrschten Lifestyle der Unterschicht.[32] Die einschlägigen

Attribute: Muskelpower, Mut, Sexismus, die Verachtung von Gefühlsduselei und Schwäche. »Zugehörigkeit« steht – als jugendspezifischer Interessenbrennpunkt – für die konsequente Übereinstimmung mit den Werten der Gang.

Die Focal concerns können nun durch konservative, völkische und nazistische Ideologeme politisch aufgeladen werden und sich mit rechten Diskursen zu weichen respektive harten Varianten proletarischer Rechtsorientierungen verbinden, die auf Minderwertigkeitsgefühlen, sozialen Ausgrenzungs- und Stigmatisierungserfahrungen basieren. Sie agieren aus der Defensive. Es sind Orientierungen, die in ganz unterschiedlicher Dichte und Ausprägung die gesamte Glatzenszene durchziehen. Ihr subkulturell institutionalisiertes Zentrum aber liegt in der Oi!- und Bonehead-Fraktion.

Diese Fraktionen bilden keine homogenen Blöcke, weder personell noch ideologisch. Sie durchdringen einander, pulsieren, sind teils mehrfach gesplittet, in sich durch diverse Organisationen, Zirkel und Cliquen geclustert. Sie werden in Fasson gehalten durch den »Normalitätskorridor« des jeweils fraktionellen Mainstream, der über einen dynamischen Mix von subkulturellen Präferenzen und politischen Orientierungen definiert ist. So haben Oi!-Skins ihren primären Bezugspunkt im Britannien der Endsiebziger, als der Skinkult in der Oi!-Bewegung sein Revival feierte und eine pittoresk anmutende Schar unterschiedlichster Subkulturalisten vereinte. Allesamt nur von drei Maximen zusammengehalten: »No politics!«, »United against society!« und einem tiefen Mißtrauen gegenüber jedweden Autoritäten: »Follow no leaders!« Politische Orientierungen sind in dieser heterogenen Fraktion ein weites Feld. Sie reichen bei den Rechten der Innung von genuin konservativen Oi!-Glatzen, die ihr nationales Bekenntnis als »Verfassungspatrioten« formulieren, ernsthaft demokratisch sind, Rassismus ablehnen, Minderheitenrechte bejahen, bis zu völkisch-nationalistisch formatierten Glatzen, deren Haltungen sich in einer diffusen Zone zwischen Konservatismus und Rechtsextremismus bewegen. Hier grassieren »demokratisch« ausgebremste Lowerlevel-Extremismen, die nicht die Systemfrage stellen, bürgerlichen Parlamentarismus sogar instrumentalistisch bejahen. Vor allem dort, wo er subkulturelle Freiräume gewährt: »Wenn die NSDAP/AO mal an die Macht kommt, dann ist Ende mit der Randale.« Anders die Bonehead-Riege. Sie steht in der Tradition der Eskalierung völkisch-nationalistischer Ideologeme, die ihre bis dato brutalste Ausprägung im deutschen Nationalsozialismus fand. Im ideologischen Psychogramm dieser Skins (ob Sympathisanten oder Kombattanten, einfache Chargen oder Kader) wogt die antidemokratische Leidenschaft. Von den einen wird sie offen praktiziert, von anderen – gesellschaftliche Sanktionen fürchtend – still gehegt.

Die Interessenbrennpunkte Autonomie, Schicksal, Härte, Erregung, Zugehörigkeit zeitigen individuell also höchst unterschiedliche Effekte. Da bündeln sich proletarische und völkische Orientierungen mit all ihren Kreuz- und Querverknüpfungen zu unübersichtlichen Gesinnungslagen, die nur schablonenhaft und ausschnittsweise nachzuzeichnen sind. Beispiele: Der Focal concern »Zugehörigkeit« (»We are the working-class-power!«) kann durch die rechtsextreme Intervention mit dem Stolz auf Volk und Nation verschmolzen werden und eskaliert im rassistischen Straßenkampf mit »fremden« Cliquen, Einwanderern, Flüchtlingen. Das soziale Umfeld wird als nationales Territorium verteidigt, der subkulturelle Glatzenkrieger agiert als Vollstrecker des Volkswillens. Ein Brandenburger Skin: »Viele deutsche Bürger sehen uns als die Speerspitze der Nation an. Zeigen wir ihnen, wie recht sie haben.«[33] Der proletarische Interessenbrennpunkt »Autonomie« kann als subkulturelles Aufbegehren gegen eine dominante Mittelstandsgesellschaft mit kleinbürgerlich-bolschewistischen Parolen assoziiert werden. Sozialdemagogischer Agitprop à la Strasser und Röhm: gegen bürgerliche Spießer, gegen Egoismus, Neid, Besitzgier, Ausbeutung und für die gerechte Verteilung der Einkommen. Diese pseudolinken Protesthülsen können die Wünsche nach Gerechtigkeit und Selbstbestimmung (»Skinhead, das ist mehr Gleichberechtigung für die, die die Arbeit machen«[34]) transportieren, ihre Erfahrungen in kalter Funktionsgesellschaft gegen Individualismus, Materialismus und Liberalismus mobilisieren. Der Kleinbürger-Sozialismus wird in seiner betont antibürgerlichen Variante zum Sprachrohr eines regredierten proletarischen Sozialismus. Der »sozialrevolutionäre« Protest der Glatzen gegen die Gesellschaft des »Haste was, biste was. Haste nichts, biste im Arsch« versandet in nationalrevolutionärer Irrationalität.

Die wird von nazistischen Organisationen in Richtung einer »Neue(n) Ordnung« zu kanalisieren versucht, die das »bürgerliche Zeitalter« beerben soll und »deren Träger«, so etwa die Gesinnungsgemeinschaft der Neuen Front in einem Strategiepapier, »der Arbeiter ist«.[35] In solcherlei Konzeptionen wird das soziale Interesse der Glatzen nur noch dem völkischen Primat untergeordnet, indem es in die sozialpartnerschaftliche »Ethik des Arbeitertums«[36] gezwungen wird. Arbeitnehmer und Arbeitgeber werden in der schaffenden Tat versöhnt. Was mittels Blutsbande und eines liberalistischen Leistungsdiskurses funktioniert, der fast bruchlos an den Arbeitsethos der Glatzen anknüpfen kann.

Die Idee eines korporativistischen Miteinanders kommt in der Bonehead-Szene nicht zufällig so gut an. Birgt sie doch das proletarische Verlangen nach Tauschgerechtigkeit: »Guter Lohn für gute Arbeit.« Diese Tauschgerechtigkeit wähnen völkische Hardcore-Glatzen zu allererst durch den Zwang der Volk, Na-

Deutsche, geht zur Arbeit, arbeitet in Schlamm und Dreck/Sonst nehmen euch ganz andere eure Arbeit weg/Deutsche geht zur Arbeit/Deutsche Arbeitsplätze und deutscher Lohn/ Deutsche geht zur Arbeit/ Deutsche Arbeitsplätze für den Arbeitersohn.
(*Endstufe*: »Arbeit«, 1990)

tion und deutsche Wirtschaft unterdrückenden Verhältnisse verunmöglicht. Hier meldet sich ein romantisch gefärbter Antikapitalismus zu Wort, der Arbeiter und Unternehmer einem völkischen Ideal verpflichten will und dessen Kritik einer »verjudeten Unternehmerschaft« gilt, die dem schnöden Mammon huldige und nicht dem Allgemeinwohl diene. Ebenso den Einwanderern, die den deutschen Arbeitsmarkt »überfremdeten«, den Lohn drückten, deutsche Arbeitsplätze okkupierten.

In beiden Fällen sind Motivation und Stoßrichtung gleich. Es ist ein Sozialprotest, der an völkischen Ideologemen kondensiert. »Wie kaum in einem anderen Land«, bemerken die Macher des nazistischen Glatzen-Zines *Vereinte Kräfte/Noie Werte* ziemlich direkt, »verdienen unsere Industriellen gutes Geld mit meist südländischen Arbeitskräften.«[37] Diese Menschen repräsentieren für Glatzen die Macht der Arbeitgeber, in ihre eigenen Lebensentwürfe und Perspektiven eingreifen zu können, sie durch Verzerrung des Wettbewerbes um ihren »gerechten« Lohn zu bringen. Andererseits stehen Einwanderer für die Macht eines Staates, der im Einvernehmen mit der Unternehmerschaft, wie ein Ruhrpott-Skin, 23 und Bergmann, formuliert, »das ganze Zeug hier reinholt.« Womit Staat und Politik zu Verantwortlichen für die »Überfremdung« der Lebenswelt erklärt werden, der sich Skins als plebejisch-völkische Heimwehr entgegenstellen.[38] Jede Attacke auf einen Flüchtling oder Einwanderer ist deshalb auch ein indirekter Angriff auf den Staat und seine Institutionen: ein antistaatliches Aufbegehren, das mit dem Ruf nach mehr Staat verbunden ist. Freilich einem so richtig »doitschen«, einem Staat, der als Hüter und Wahrer der Macht- und Einflußlosen, als die totale Lobby der Geknechteten und Verlassenen konstruiert wird. Dieser Staat soll das erlösende Ideal der Volksgemeinschaft gegen den innerstaatlichen Feind durchsetzen, gegen »Kanaken« und »linke Asseln«, »verdrogte Dreckshippies«, »arbeitsscheue Punks« und »Aids-Schwuchteln«. Es ist genau dieser Mix aus subkulturell-proletarischen und rechtsextremen Feinderklärungen, der dem Glatzen-Excitement die Stoßrichtung verleiht, gemäß dem der Interessenbrennpunkt »Erregung« exekutiert wird – als Fun-Randale. Wobei proletarische »Härte« der Skingesinnung nicht nur die extreme Gewalttätigkeit verleiht, die – politisch aufgeladen – zum Instrument eines antidemokratischen Gegenentwurfs mutiert. Im Interessenbrennpunkt »Härte« ist auch der patriarchalische Sexismus der Szene angelegt. Der erscheint – völkisch verdreht – als Bestrafung von Volksschädlingen (Parole »Schwulenticken«) und als Verteidigung der weißen Frau. Last but not least kann sich proletarische »Härte« vor dem Background des in der kapitalistischen Ökonomie tief verwurzelten Zwangs zu Leistung und Selbstbehauptung mit sozialdarwinistischen Vorstellungen (»Das Leben ist Kampf«) und biologi-

Als Deutscher kann man nicht mehr ohne Angst durch die Straßen seiner Städte gehen/Türken, Zuhälter und Gesocks prollen dich an ohne Grund/Deine Landsleute schauen dabei nur zu, wie du langsam aus deinem Land vertrieben wirst/Die Linken wollen es nicht begreifen, daß es bald zu spät ist.
(*Tonstörung*: »Wehrt Euch«, 1991)

schen Elitediskursen verbrüdern. Die konkretisieren sich dann im Stolz der Glatzköpfe, »zu einer ›biologischen‹ Gemeinschaft der Arbeiter zu gehören«[39], eine Ideologie, der die radikale Abwertung aller »parasitären Nichtproduktiven« entspringt. Die mörderischen Aktionen gegen Obdachlose und Behinderte sprechen da Bände. Und sie verweisen in vielfacher Hinsicht auf die vielzitierte »Mitte der Gesellschaft«. Zwar kommen die Täter (Skins sind nur die spektakuläre Oberfläche) aus der unteren Hälfte der Gesellschaft, rekrutieren sich aus denselben Kreisen wie rassistisch motivierte Gewalttäter, sind also überwiegend junge Arbeiter. Grundlegende Bedingung ihrer Mentalitäten sind jedoch jene gesellschaftlichen Leitdiskurse, die vor dem Hintergrund eines brachialen Klassenkampfes von oben erst jenen dumpfen Resonanzraum geschaffen haben, der die traditionelle Distanz der Glatzen zu »Braunkitteln« und »Scheiteln« einebnete.

Bedingungen: Konservative Hegemonie

Kein Zufall, daß Skins immer in Perioden des sozialdemokratischen Niedergangs aufgetaucht sind: 1968/69 unter dem Labour-Premier Wilson als Anti-68er, 1977 (Skinhead-Revival) unter Callaghan. Und 1980 unter Helmut Schmidt, quasi als proletarischer Flügel der Neuen Sozialen Bewegungen – deren Gleichheitsdiskurse ästhetisch und mit blanker Faust konterkarierend. Also (zumindest in Großbritannien und Deutschland) im Vorfeld konservativer Regierungsübernahmen, wenn mit ökonomischen Krisenerscheinungen und sozialen Segmentationsprozessen sozialdemokratische Hegemonie brüchig wurde, ihre Kinder entließ.

So formulierten Anfang der 80er Jahre die Apologeten der »geistig-moralischen Wende«, die sich rüsteten, aus dem »Schatten Hitlers herauszutreten« [40], Schluß machen wollten mit »einseitiger Vergangenheitsbewältigung«, vehement »nationale Identität« einklagten, jenes ideologische Crossover, das vielen kurzgeschorenen Newcomern die Marschrichtung gegen eine sozialdemokratisch geprägte Gesellschaft vorgab. Zugleich wurden hier die Anschlußstellen für einen militanten Neofaschismus verfaßt, der versuchte, Glatzen mit ideologisch gepanschtem Freibier zu ködern. Die Plausibilitätsdiskurse extremistischer Provenienz konnten so direkt an bereits vorhandene Nationalismen anschließen, sie aus dem konservativen Diskurs lösen und in das ideologische Gitter rechtsextremer Weltinterpretation einbauen. In diesem Sinne ist der Skin Patchwork, eine spezifisch subkulturelle Synthese aus hegemonialer Ideologie, proletarischem Jugendprotest und rechtsextremer Intervention.[41] Subkultureller Widerstand und ideologische Subordination fließen hier in eins, das heißt, wenn die politische Stammkultur, die »Mitte«, nach rechts rückt, schiebt sie, sozusagen als Speerspitze, die Skinkultur vor sich her. Die muß – schließlich heißt ihr Job Protest – draufpacken, ideologisch wie körperlich. Eine tödliche Eskalationsspirale. Bereits 1985 blieben in Hamburg die beiden ersten Türken – Mehmet Kayakci (29) und Ramazan Avci (26) – tot auf der Straße liegen, bestialisch von Glatzen niedergemacht. Nach offizieller Lesart ohne jeglichen politischen Hintergrund. Staatsrat Peter Rabels (SPD), verantwortlich für die Hamburger Innenpolitik: »Schläger und Radaubrüder.«[42] CDU-Chef Hartmut Perschau: »Diese Gruppen tragen meist keine politisch-ideologischen Zielbilder in sich.« Ihre Aggressionen fänden »eher zufällige Opfer«. Zufällig meistens Türken.

Im Laufe der späten 80er Jahre, verstärkt im Zuge der deutschen Vereinigung, rückten offizielle Politik und gewichtige Teile der bürgerlichen Öffentlichkeit weiter nach rechts. Das Projekt einer fundamentalen wirtschaftlichen Modernisierung der BRD verlangte nach Sinnstiftung. Zugleich nahm der Druck eines modernisierten Rechtsextremismus auf die bürgerliche »Mitte« zu.[43] Losung: Konservative Revolution. Beide sich bedingenden Bewegungen unterminierten jenen Nachkriegskonsens, der einst völkisch-nationalistische Traditionsbestände tabuisiert hatte. So zeigt sich »eine zunehmende Tendenz«, schreibt Helmut Kellershohn vom Duisburger Institut für Sprach- und Sozialforschung (DISS), »sich von der bürgerlich-liberal verfaßten Staatsbürgernation geistig zu verabschieden. Wolfgang Schäubles Kritik am ›Verfassungspatriotismus‹ weist in diese Richtung und ist ein wichtiger konzeptiver Beitrag zur Rehabilitierung völkisch-nationalistischer Argumentationsmuster.«[44]

Das enge Artikulationsverhältnis zwischen diesem »sanften Extremismus« der bürgerlichen »Mitte« und der ideologischen Praxis der rechten Glatzenbewegung illustrierte par excellence die Asyldebatte mit ihren pogromartigen Begleiterscheinungen. Waren es doch »Skinheads mit Schlips und Scheitel« (Günter Grass über Volker Rühe und Edmund Stoiber), die, quasi aus der Etappe und im Chor mit diversen Meinungsführern aus Politik, Wissenschaft und Publizistik[45], die Popularisierung völkischer Stereotypen bedenkenlos vorantrieben.[46] Die Abschottung der europäischen Wohlstandsinsel im Visier, warnten sie vor »rassisch durchmischter«[47] Gesellschaft, forderten »asylantenfreie Zonen«[48], brachten die deutsche »Schicksalsgemeinschaft« (Schäuble) in Position gegen Einwanderer und Flüchtlinge. Konservative zimmerten REPublikanern & Co. eine politisch profitable Agitationsplattform, fraternisierten mit dem rassistischen Mob, der dann mit Verve die subkulturell und rechtsextremistisch dynamisierten »BrandSätze«[49] bundesdeutscher Eliten exekutierte.

Diese offensive Gewaltbereitschaft flaute erst ab, als der Brutalität mit sicherheitsstaatlichem Instrumentarium begegnet und der rassistische Populismus nach der Aushebelung des Asylrechts zurückgefahren wurde.

Doch die relative Beruhigung der rechten Glatzenszene beinhaltet immer auch die latente Gewaltandrohung. Die nimmt hier und dort eruptiv Gestalt an, ist Menetekel für die Gefahr eines erneuten Flächenbrandes. Wobei eben nicht nur, wie der Verfassungsschutz mutmaßt, die »undifferenzierten Darstellungen der Presse zur Skinheadszene, die wachsende gesellschaftliche Ausgrenzung und der Verfolgungsdruck« das »aggressive Potential«[50] wieder anwachsen lassen könnten. Wesentlich wird diese Möglichkeit von mindestens vier weiteren Faktoren abhängen: Erstens von der Entwicklung von Perspektiven für das untere Drittel der Gesellschaft. Doch um die scheint es, angesichts der angepeilten Aushebelung der sozialen Marktwirtschaft, schlecht bestellt. Zweitens von den Kräfteverhältnissen innerhalb eines sich transformierenden Konservatismus. Also vom Vermögen der rechtskonservativen Gruppen, ihren machtpolitischen Gestaltungswillen mittels eines offensiv gepowerten und völkisch unterfütterten Nationalismus durchzusetzen, der dann als Themenpromotor auf das subkulturelle Selbstbewußtsein durchschlagen kann. Drittens setzt die subkulturelle Eskalation die »Unfähigkeit« der Regierungsparteien voraus, völkisch-nationalistische Leidenschaften im Rahmen der liberaldemokratischen Institutionen zu kanalisieren, also das Versagen des Staatsapparates, die Szene repressiv zu integrieren. Und viertens ist da die Möglichkeit, daß überschießende Politisierungs- und Gewaltpotentiale als Teil herrschaftsstabilisierender und legitimatorischer Strategie durchaus gewollt sein können. Wie in der Asyldebatte, als die rassistischen Ausschreitungen, wie der Jugendforscher Wilhelm Heitmeyer formuliert, »stillschweigend ins Kalkül der Asylantenabschreckung einbezogen«[51], gewissermaßen als temporäre Verlängerung staatlicher Gewaltpolitik instrumentalisiert wurden. Bis hart an die Grenze politischer und ökonomischer Dysfunktionalität, zuweilen darüber hinaus. Die Bundesrepublik geriet nicht nur außenpolitisch unter Druck. Jugendliche wurden der Systemopposition regelrecht in die Arme getrieben, als nicht gewollte Folge eines Politmarketing, dessen antidemokratischer Gehalt vom organisierten Rechtsextremismus nur noch rassistisch zugespitzt, militarisiert und gegen einen »Lügenstaat BRD«, gegen »Demokrötie« und »korrupte Systemparteien« gewendet zu werden brauchte. Insofern ist die romantische Radikalität der Glatzenszene, der völkische Extremismus ihrer Hardliner, immer auch Produkt der politischen »Mitte« von Gesellschaft – eigentlich nur deren pointierte Version.

1 Alle nicht ausgewiesenen Zitate entstammen Interviews, die der Verfasser zwischen 1989 und Ende 1994 mit Skinheads geführt hat.

2 Rassismus wird im folgendem verstanden als die Erschaffung eines gedachten kollektiven Selbst (Beispiel: Wir Weißen) durch die Schöpfung eines gedachten kollektiven Anderen (Die Schwarzen). Das Andere ist für die Selbstsicht der eigenen Gruppe deshalb grundlegend, weil es in der Regel als Negativbild herhalten muß für das, was man selbst positiv sein möchte. Die rassistisch begründete Selbsterhöhung des Wir setzt also immer die Abwertung des »Anderen« voraus (vgl. Kalpaka, Annita/Räthzel, Nora: Die Schwierigkeit, nicht rassistisch zu sein. In: Autrata, Otger (Hrsg.): Theorien über Rassismus. Argument-Sonderband 164. Berlin/Hamburg 1989). Die Montage dieses Anderen, wer immer das im historisch konkreten Fall auch sein mag, erfolgt durch die Auswahl bestimmter körperlicher Merkmale, die als Zeichen der Gruppenzugehörigkeit fungieren, etwa die Hautfarbe. Diese biologischen Zuweisungen werden dann mit (wirklichen oder vorgestellten) sozialen und kulturellen Eigenschaften verkettet, beispielsweise Verhalten, Kleidung oder Charakter. »Rassenkonstruktion« nennt der britische Rassismusforscher Robert Miles diesen Prozeß. Tatsächliche oder angenommene soziale und kulturelle Eigenschaften werden hier zu natürlichen Besonderheiten der Gruppe erklärt, sie werden naturalisiert (vgl.: Miles, Robert: Rassismus. Hamburg 1991). Der moderne Rassismus kann deshalb sogar die Nicht-Existenz von »Rasse« als einer genetisch bestimmten Gruppe einräumen. Gleichzeitig läßt er soziale und kulturelle Unterschiede als natürliches Resultat der Abstammung erscheinen. Das Konzept »Biologie« wird hier einfach durch das Konzept »Kultur« ersetzt (vgl. dazu: Balibar, Etienne: Gibt es einen »Neo-Rassismus?« In: Balibar, Etienne/Wallerstein, Immanuel: Rasse. Klasse. Nation. Ambivalente Identitäten. Berlin/Hamburg 1990, S. 23ff.).

3 Vgl. zur Kernideologie des völkischen Nationalismus: Kellershohn, Helmut: Was heißt völkischer Nationalismus. In: DISS Forschungsbericht 1995. Studien zu rechtsextremen und (neo-)konservativen Diskursen. Duisburg 1995, S. 97ff. Kellershohn unterscheidet sieben Kernideologeme: 1. »die Gleichsetzung von Volk und Nation, also die Idee einer nach völkisch/rassischen Kriterien ›homogenisierten Nation‹«, 2. »die Überhöhung des Volkes zu einem Kollektiv-Subjekt (...)«, 3. »die Rechtfertigung eines ›starken‹ Staates (...)«, 4. »die Heroisierung des Volksgenossen, des ›anständigen Deutschen‹ (...)«, 5. »umgekehrt die völkisch/rassistische Konstruktion eines inneren Feindes (...)«, 6. »ein biopolitisches Verständnis des ›Volkskörpers‹ (...)«, 7. »ein chauvinistisches Machtstaatsdenken (...)« .

4 Vgl. dazu: Clarke, John u. a.: Jugendkultur als Widerstand. Frankfurt a. M. 1981, S. 73ff.

5 Räthzel, Nora: Heimat, Nationale Identität, Nationalstaat und die Bilder des Anderen im heutigen Deutschland. In: SchlagZeilen. Rostock: Rassismus in den Medien. Duisburg 1992, S. 78ff.

6 Zit. nach: Clarke, John: Die Skinheads und die magische Rückgewinnung der Gemeinschaft. In: Clarke, John u. a.: Jugendkultur ..., a.a.O., S. 173.

7 Ebenda, S. 171ff.

8 Das Centre for Contemporary Cultural Studies (CCCS) wurde 1964 unter Richard Hoggard gegründet. Es ist der Universität Birmingham angegliedert. Seine teils bahnbrechenden Theorien im Bereich Subkulturforschung und Kulturanalyse wurden hierzulande vor allem im Umkreis des Berliner Projektes Ideologie-Theorie (PIT) und der Zeitschrift *Ästhetik und Kommunikation* rezipiert. Ein zentraler Arbeitsschwerpunkt des CCCS zum Thema Subkultur war in den 70er Jahren das Projekt »Resistance Through Rituals«. Heute besteht am CCCS keine Arbeitsgruppe mehr zu diesem Forschungsbereich.

9 Was die Verbreitung der Subkultur im Sozialismus anbelangt, kann sie, was die Form betrifft, als importierter, inhaltlich aber weitgehend eigenständiger Protest gegen das Leben in einem totalitären System gelesen werden.

10 *Singen und Tanzen* Nr. 4/1987, Duisburg.

11 Natürlich kommen nicht alle Skins aus unterprivilegierten Schichten. Da sich die Entscheidung mittelständischer Jugendlicher für die Skinkultur gravierend von denen ihrer proletarischen Genossen, Kameraden oder Kumpel unterscheiden kann, müssen sie separat betrachtet werden. Ein Beispiel für einen mittelständischen Szene-Gänger: Genschman, 24, ist Trojan-Skin, rechtsorientiert und stammt aus dem beamteten Mittelstand: »Ich bin nie Working class gewesen. Ich verarsche mich nicht selber.« Genschmans Vater (»wir haben ein wunderbares Verhältnis«) ist bei der »Bullerei«. Der Sohn will BWL studieren. In der Szene ist der gelernte Mineralölkaufmann seit 1984. Anfangs als Rude Boy und eingefleischter *The-Specials*- und *Madness*-Fan, dann als Trojan. Mit der nationalen Grundstimmung der Skinszene hatte der norddeutsche Stoppelkopf keine Probleme. Im Gegenteil. »Warum ist es so schlimm, daß wir Deutschen auch Patrioten sind?« fragt er und rasselt das kleine Handbuch der Bürgerrechtskunde herunter. »Demokratie ist doch eine tolle Regierungsform, oder nicht? Wir haben das Glück, du kannst entscheiden, was du willst. Du hast so ein freies Leben.« Auch für Arbeiter und Angestellte sei alles paletti: »Ich sag mal Betriebsrat. Gibt es. Einwandfrei. Arbeitnehmervertretung. Alles. Ist doch einwandfrei. Die Gewerkschaften sind für dich da. Sie vertreten deine Interessen.« Genschmans Haltung – »Ich würde FDP wählen« – ist nationalliberale Ideologie pur. Sein Glatzen-Habitus ist deren Kommentierung. Genschman beugt die proletarische Konnotation des Skinhead-Way-of-life – »Härte« und »Maskulinität« – wirtschaftsliberal. Aus der proletarischen »sozialen Verunsicherung« wird das Bekenntnis zur liberalen Aufstiegsideologie. »Du kannst nur für dich das Beste rausholen.« Genschman repräsentiert jenen anderen Skin-Pol, den der kleinbürgerlichen Parvenüs. Er ordnet sich bedingungslos der ökonomischen Vernunft unter: »Ich bin Wirtschaftsfaschist.« Doch diese Identifikation mit Wirtschaftsinteressen ist nicht ungebrochen. »Von Geburt an müssen wir Leistung bringen«, erklärt er, »geht ja nicht anders.« Dieses »müssen« ist eine Anpassung, mit der sich dieser Trojan Verhältnissen unterwirft, mit denen er selbst unzufrieden ist. Diese Ambivalenz schlägt sich in seinem Skin-Sein, einer Identität zwischen Anpassung und Protest, nieder.

12 *Singen und Tanzen* Nr. 6/1987, Duisburg.
13 *Short Hair* Nr. 4/1988, Lübeck.
14 Lukács, Georg: Geschichte und Klassenbewußtsein: In: Werke, Bd. 2. Frühschriften 2. Neuwied und Berlin/West 1968, S. 187.
15 Vgl.: Räthzel, Nora: Heimat, Nationale Identität ..., a.a.O., S. 78ff.
16 Zum Staatsbegriff von Antonio Gramsci vgl.: Schreiber, Ulrich: Die politische Theorie Antonio Gramscis. Berlin 1984.
17 Gramsci, Antonio: Zu Politik, Geschichte und Kultur. Frankfurt a. M. 1980, S. 277.
18 Zitate siehe: Sozialistische Studiengruppen: Zwischen Neokonservativismus und Rechtsradikalismus. Hamburg 1986, S. 119.
19 Krebs, Pierre: Das unvergängliche Erbe. Alternativen zum Prinzip der Gleichheit. Tübingen 1981, S. 416.
20 Titel eines inzwischen eingestellten Dortmunder Zines.
21 Vgl.: Sozialistische Studiengruppen: Zwischen Neokonservatismus ..., a.a.O., S. 115ff.
22 Vgl.: Laplanche, J./ Pontalis, J.-B.: Das Vokabular der Psychoanalyse, Frankfurt a. M. 1989, S. 603f.
23 So berichtet der Ex-Leipziger Skin Gunnar von seinen Urlaubserfahrungen in sozialistischen »Bruderländern«. Dort seien DDR-Bürger gegenüber Westdeutschen als Menschen zweiter Klasse behandelt worden. Das habe er nicht nur als Entwertung seiner nationalen Identität empfunden, sondern auch als krassen Widerspruch zwischen der regierungsamtlichen internationalen Bedeutung der DDR und ihrer realen »Wertlosigkeit«. Gunnars damalige Schlußfolgerung: Nationale Identität ja, aber nur im Sinne einer starken wiedervereinigten Nation.
24 Vgl.: Diese Stinker. In: *Der Spiegel* vom 24.6.1970.
25 Vgl.: Brake, Mike: Soziologie der jugendlichen Subkulturen. Frankfurt a. M. 1981, S. 93.
26 Balibar, Etienne/ Wallerstein, Immanuel: Rasse. Klasse. Nation. Ambivalente Identitäten. Berlin/Hamburg 1990, S. 51.
27 Die Verschiebung des Stils hat die Glatzenszene verstärkt für rechtsorientierte Middle-class-Skins geöffnet. Ihre Motivationen, sich den Crop zu scheren, sind vielfältig. Es gibt kleinbürgerliche Jungnazis, für die der politisch eindeutige Stoppel-Look eine weltanschauliche Demonstration ist. Daneben gibt es rechtsgerichtete Jugendliche, die mit Boots und Braces ihre Deklassierung illustrieren und mit der martialisch-männlichen Brutalo-Kluft ihr Selbstbewußtsein stärken.
28 Vgl.: Clarke, John/Hall, Stuart/Jefferson,Tony/Roberts,Brian: Subkulturen, Kulturen und Klasse. In: Clarke, John u. a.: Jugendkultur ..., a.a.O., S. 69ff. Vgl. auch: Clarke, John: Die Skinheads ..., a.a.O., S. 171ff.
29 Zit. nach: Heitmeyer, Wilhelm: Rechtsextremistische Orientierungen bei Jugendlichen. Weinheim und München 1987, S.151.
30 Vgl.: Elfferding, Wieland: Funktion und Struktur des Rassismus. Eine Theorieskizze. In: Autrata, Otger (Hrsg.): Theorien über Rassismus. A.a.O., S. 101ff.
31 Vgl.: Mahnkopf, Birgit: Verbürgerlichung: Die Legende vom Ende des Proletariats. Frankfurt a. M. 1985, S. 217ff.
32 Vgl. dazu: Kersten, Joachim: Der Männlichkeitskult. Über die Hin-

tergründe der Jugendgewalt. In: *Psychologie Heute* Nr. 9/1993, S. 50ff.

33 Skinhead – a way of life? In: *Deutsche Rundschau* Nr. 10/1993, Landshut.

34 Skin Stefan zit. nach: »Skin ist für mich mehr Menschlichkeit«. In: *Komm-Zeitung* Nr. 33/34/1983, Nürnberg.

35 Kühnen, Michael: Politisches Lexikon der Neuen Front, Butzbach 1987, S. 14.

36 Ebenda, S. 15.

37 *Vereinte Kräfte/Noie Werte* Nr. 2/1989, Stuttgart.

38 Vgl. Räthzel, Nora: Heimat, Nationale Identität, Nationalstaat ..., a.a.O., S. 78ff.

39 Cohen, Phil: Die Jugendfrage überdenken. In: Lindner, Rolf/ Wiebe, Hans-Hermann (Hrsg.): Verborgen im Licht. Neues zur Jugendfrage. Frankfurt a. M. 1986, S. 87.

40 Dieses und die folgenden Zitate nach: Hachel, Heinz: Nationale Identität. »Vernunftehe« zwischen Rechts und Links am Beispiel der Zeitschrift »Wir Selbst«. In: Dreßen, Wolfgang/Gillen, Eckhart/ Radlach, Siegried (Hrsg.): Niemandsland. *Zeitschrift zwischen den Kulturen* Nr. 2/1987, S. 102ff.

41 Die Radikalisierung des Alltagsbewußtseins wirkte auch in Glatzenszenen mit explizit nicht-rassistischem Selbstverständnis. Sprachhülsen gegen »Wirtschaftsasylanten» wurden repetiert, weitgehend unabhängig von politischer Selbsteinschätzung und Parteipräferenz. Schließlich seien »Asylanten«, gerade in Zeiten »finanzieller Verteilungsprobleme«, ein »Kostenfaktor« – so ein Solinger Trojan (SPD-Wähler und Gewaltverächter).

42 Zit. nach: Juhnke, Andreas: Wieder ein Türke erschlagen für Deutschland. In: *Konkret* Nr. 2/1985, S. 26.

43 Vgl.: Kellershohn, Helmut (Hrsg.): Das Plagiat. Der Völkische Nationalismus der Jungen Freiheit. Duisburg 1994, S.7.

44 Kellershohn, Helmut: Was heißt völkischer Nationalismus. In: DISS Forschungsbericht 1995. Studien zu rechtsextremen und (neo-)konservativen Diskursen. Duisburg 1995, S. 92ff. Dazu Wolfgang Schäuble: »Wir müssen uns des Gefühls nationaler Zusammengehörigkeit wieder sicherer und gewisser werden. Bei allem Respekt für die Freiheits- und Rechtsordnung unseres wohlgelungenen und bewährten Grundgesetzes: Ein Verfassungstext allein kann nicht ausreichen, um nicht nur im Verstand, sondern auch in den Herzen der Menschen jene Gemeinschaft zu stiften, die notwendig ist, auch schwierige Zeiten zu meistern.« (Zit. nach: Müller, Jost: Mythen der Rechten. Nation, Ethnie, Kultur. Berlin 1995, S. 11.)

45 Den Zusammenhang zwischen dem Diskurs der gesellschaftlichen Eliten und der massenhaften Verbreitung und Stabilisierung rassistischen Denkens hat Teun A. van Dijk, Professor für Diskursanalyse an der Universität Amsterdam, belegt. Vgl.: Dijk, Teun A. van: Rassismus heute: Der Diskurs der Elite und seine Funktion für die Reproduktion des Rassismus. Dissertation. Dortmund 1991.

46 Sozialdemokratische Asyl-Strategen mischten hier kräftig mit. So sprach sich Friedhelm Farthmann gegen eine multikulturelle Gesellschaft aus, weil diese zu »gesellschaftlichen Disharmonien, Egoismus bis hin zu Gruppenhaß« führe. Jede Zuwanderung bedeute

»noch mehr Energieverbrauch, mehr Wohnungsbedarf, mehr Autos, mehr Abfall« (zit. nach: Farthmann gegen Zuwanderung. In: *Frankfurter Rundschau* vom 18.4.1992). Womit Farthmann rassistischen und ökologischen Diskurs verschränkte.

47 Edmund Stoiber zit. nach: Hellfeld, Matthias von: Die Nation erwacht. Köln 1993, S. 44.

48 Zit. nach: *Lübecker Antifaschistische Zeitung* Nr. 2/1992, S. 19.

49 So auch der Titel einer qualitativen Untersuchung des Duisburger Instituts für Sprach- und Sozialforschung (DISS) zum Alltagsrassismus. Jäger, Siegfried: BrandSätze. Duisburg 1993.

50 Zit. nach: Verfassungsschutzbericht NRW 1994. In: Verfassungsschutz-Mailbox (Download vom 15.9.95).

51 »Tief in den Alltag eingesickert«. Interview mit dem Sozialwissenschaftler Wilhelm Heitmeyer über Rechtsextremismus und Gewalt. In: *Der Spiegel* Nr. 41/1991.

Heinz Hachel

Alex & Co.

Glatzensymbole

Sie grassieren auf Plattencovern und Bombern, als Spuckies und in Fanzines. Sie sind in Körper gestochen, auf Ober- und Unterarme, auf Hälse, Rücken und Ärsche. Es sind Symbole, die dem subkulturellen Lustgefühl folgen: subversive Ästhetik, die Denken und Fühlen von Skins nach außen kehrt. Da sind – first of all – Clockwork-Alex und der Crucified Skin, das Schaf und Odin alias Wotan. Sie gehören zur Folklore der Skinkultur, sind Teil einer universellen Szene »sprache«, in der subkulturelle Kollektivsymbole Lebenswirklichkeit reflektieren, strukturieren – wie gebrochen auch immer. Insofern können Alex & Co. als Ausdruck kollektiver Standortbestimmung gelesen, als extrem verdichtetes Lebensgefühl begriffen werden. Es sind Sinnbilder, in denen mit jeweils unterschiedlicher Gewichtung die Dialektik von Opfer und Täter, Ohnmacht und Macht aufgehoben ist. Allesamt sind sie Variationen über das Thema gesellschaftliche Repression versus subkulturelle »Opposition«. Hier, in diesen vier Symbolen, sind Glatzen gewissermaßen als Ensemble der gesellschaftlichen Gewaltverhältnisse aufgehoben. Alex & Co. focussieren, ikonisieren sie. Und deshalb unterliegen diese Symbole auch keiner subkulturellen Einfriedung, sie weisen über die Skinkultur hinaus, formulieren eine Metaaussage über die Beziehung von Staat, Gesellschaft und Subkultur.

Alex

Er ist der Glatzen-Hero Nr. 1, der Über-Skin, ein Stück Ich-Ideal von Stoppelköpfen jedweder politischer Couleur. Ob braun, schwarz, kariert, blau oder rot: Alex ist Kult. Sein Geburtsjahr: 1962. Damals veröffentlichte der Brite Anthony Burgess seinen Roman »Clockwork Orange«.[1] Dessen Star: Alex. In »Nadsat«, dem Slang der Subkultur (ein verballhorntes Russisch) entführt Alex seine Leser in das Jahr des Bog[2] 1983, in ein gesellschaftliches Zwangssystem, das Jung-Marginalo Alex null Chance gibt. Einmal Underdog, immer Underdog. Klasse als »Schicksal«. Trostlosigkeit kompakt. Alex bricht aus. Abends zieht er los, zusammen mit seinen drei Droogs Pete, Georgie und Dim – ein subproletarisches Quartett infernal, das sich mit »Milch-plus« »scharf« und »bereit« macht für ein »bißchen schmutziges Zwanzig-gegen-einen«.[3] Grölend ziehen

diese halbwüchsigen, uniform gekleideten Rohlinge durch die Villenvororte, toben ihren Haß auf Staat und großkopferte Gesellschaft an den Hilflosen und Schwachen aus, machen das »Ultrabrutale«[4], prügeln, notzüchtigen, killen: »... und da fing der alte Veck viel zu stöhnen an, und das Blut kam raus, meine Brüder, richtig schön.«[5]

»Brüder«, sagt Alex. Und die Glatzen fühlen sich angesprochen, eingemeindet, zur Clockwork-Generation geweiht. Eine Armee geklonter Droogs, eins mit dem kollektiven Identifikationsobjekt. Das vermag ihre Lebenserfahrung, ihr Lebensgefühl auszudrücken und zu bündeln. So setzt und verkündet Alex subkulturelle »Wahrheit«, stiftet Konsens über die Dinge des Lebens. Der Konsens heißt Gewalt. Und Alex ist ihr Zeichen. So wurde er schon von Burgess komponiert – an der Schnittlinie von struktureller und personeller Gewalt, deren polare Einheit verkörpernd. Alex ist ein hybrides Wesen, Gekeilter und Keilender in Personalunion. Wie Glatzen. Was dann auch Ausdruck ihrer Seelenverwandtschaft wäre und eine dominante Bedeutung jenes höchst ambivalenten Symbols. Das signalisiert (proletarische) Bereitschaft zu körperlicher Aktion, ist schnödes Gewaltplädoyer.

Die andere Seite der Medaille ist ein Alex, dessen gemein feixendes Konterfei die Verunsicherung und Angst der Glatzen kaschiert. Hier kann Mr. Clockwork als subkulturelles S.O.S. an den Rand gedrängter Menschen dechiffriert werden, die wie ihr fiktiver Hero mit dem Rücken zur Wand stehen. Hier ist der Skin Leidtragender der Verhältnisse. Er ist ein Opfer sozialer Ausdifferenzierung, eines Prozesses, der die Beschneidung von Lebensperspektiven reproduziert, soziale Ungleichheit reguliert, den Skin als Underdog fixiert, ihn stigmatisiert und zu disziplinieren versucht. Disziplinierung und Widerstand, das ist überhaupt der Punkt, das Zentrum des Alex-Mythos. Er birgt den Stolz und die Unbeugsamkeit dieses verfolgten Verfolgers, der trotz »Ludovico-Technik«[6], einem staatlichen Umkonditionierungsprogramm, das ihn zum »wahren Christen«[7], einer vorprogrammierten Ausgeburt an Tugend resozialisieren soll, sich selber treu bleibt. Der getollschockte Tollschocker[8] fügt sich nicht der Gesellschaft. Alex bleibt Alex (was seine Attraktivität auch für linke Subkulturen begründet). Genauso möchten Glatzen sein, so sehen sie sich: stark, aufrecht und unbeugsam! Stolze Proletarier, gefeit gegen die Ideologie der »Mittelstandsgesellschaft«, gegen staatliche Institutionen. »Nonkonformisten«, die sich nicht unterkriegen lassen, allen Benachteiligungen zum Trotz ihr Leben leben. Selbstbestimmt. Autonom – wie Alex. Es ist verbogener »Klassenkampf«, der in Alex Gestalt annimmt, sich in seiner ewig irr dreinschauenden Clownsvisage niederschlägt, damit den subkulturellen »Widerstand« als einen (bisweilen tödlichen) Mummenschanz entlarvt. Der dem Skinmovement immanente Klassenprotest wird als bitterböse Groteske nur gebrochen thematisiert, zirkuliert gleichwohl um das Thema Klasse. Etwa wenn Alex als entstellter, entfleischter Unhold den mit mordlüsternden Augäpfeln beseelten Totenschädel auf einem muskelbepackten Rambobody trägt. Hier ist der Clockworker (Lebenssehnsucht wie Todesdrohung verkörpernd) ganz proletarischer Zombie, damit ein Stück bewußtloser Ideologiekritik. Eine Kritik, die den geleugneten Klassencharakter der »sozialen Marktwirtschaft« wiederbelebt und die vorgeblich historisch überholte Kategorie der Klasse aus dem Reich der Toten zurückholt. Dergleichen symbolisiert auch »Filmstar« Freddy Krüger, jener pathologische Kinderschlächter aus »Nightmare on Elmstreet«, der manchen Oberarm von Kurzgeschorenen schmückt. »Prolo« Freddy wird von einem mittelständischen Mob gelyncht und verbrannt, kehrt dann als mörderischer Alpdruck zurück, um die Kinder seiner Mörder dahinzumetzeln. Eine Interpretationsmöglichkeit: Die Freddy-Figur könnte hier als eine aus der Spur geratene Sozialkritik

Sie sind der Dorn im Auge/Der kleine Fehler im System/Sie tun nur das, woran sie glauben/Sie sind euch zu unbequem/ Wenn sie sich in der Milchbar treffen/Dann bleibt euch nichts erspart/ Nach ein paar Gläschen Moloko-Plus???/Gehen sie auf die Jagd
Wenn ein Schrei/Die Nacht durchdringt/Der Wind das Lied des Todes singt/Ist die Horrorshow nicht mehr weit/Kleine Droogs, macht euch bereit!
(*Chaoskrieger*: »Clockwork«, 1997)

gelesen werden, die symbolisch einen Akt schrecklicher »Klassenjustiz« vollzieht. In diesem Sinne sind beide, Freddy und Alex, verkappte Klassenkämpfer. Wobei ihr Fratzenspiel aber nicht antikapitalistische Drohgebärde ist, sondern für verquere Vollstreckung sozialen Protestes steht.

The Crucified Skin

»Also ging ich runter«, erzählt Alex, »langsam und vorsichtig, und bewunderte im Treppenhaus stari Gemälde aus alten Zeiten – Dewotschkas mit langem Haar und hohen Krägen, das Land mit Bäumen und Pferden, der heilige bärtige Veck, wie er ganz nagoi an einem Kreuz hing.«[9] Ganz nagoi an einem Kreuz hängt auch der Crucified Skin. Freilich adretter als der christliche Bhaggi. Ohne Bart und Makel. Ganz proletarischer Smartie. Stolz erduldet er sein Martyrium. Mannhaft trägt er sein Kreuz – ein subkultureller Opfergang mit vielerlei Facetten. Einerseits verweist er – wie auch Alex – auf die Doppelbödigkeit der Skinexistenz. Auf den Widerspruch zwischen einer subkulturellen Sphäre der Freizeit und »Freiheit«, in der Glatzen ihr Leben weitgehend »selbstbestimmt« (»Parole Spaß!«) leben können. Und dann sind da Bereiche wie Schule, Ausbildung, Arbeit, wo feste Strukturen ihrem Willen vorgesetzt sind. Es ist der Widerspruch von Selbst- und Fremdbestimmung, der sich im Bild des ans Kreuz gebundenen Skins niederschlägt. Er ist einerseits (als »Halbgott«) Stärke-Imagination, birgt infantile Omnipotenz-Sehnsüchte, die einer narzißtischen Selbstvergötterung der Glatzen nahekommen: »Wir sind die Übermenschen!« Zugleich verweisen diese Sehnsüchte auf die andere Seite des janusköpfigen Stoppel-Jesus, auf einen Crucified Skin, der die Abhängigkeit von den Verhältnissen visualisiert. Ist er doch ans Kreuz gefesselt, bewegungsunfähig und machtlos. Ohnmächtig hängt sein Kopf zur Seite, gesichtslos (wie auch einige Alex-Illustrationen) – ein Nobody, seiner Individualität beraubt. Sinnbild einer schier undurchschaubaren Gesellschaft, die sich dem Individuum gegenüber verselbständigt hat. So wie der Fetisch Gott, an dessen Symbol der Skin gefesselt ist. Das kann im Kontext der proletarischen Subkultur auch als jene Ordnung gelesen werden, die dem Skin als Klassenindividuum seinen Platz in gesellschaftlicher Hierarchie zuweist, seine Lebensperspektiven fixiert. Hier wieder das Opferthema, allerdings kombiniert mit dem christlichen Erlösungsmotiv der Auferstehung. Und die verweist direkt auf das zentrale Anliegen der Subkultur. Transportiert doch der christliche Mythos eines neuen Jerusalems, das die Menschen vom Unbill ihres irdischen Daseins befreien soll, das reaktionäre Ansinnen der Skins, das sich der subkulturellen Auferstehung eines »sorgenfreien«, proletarischen Gestern ver-

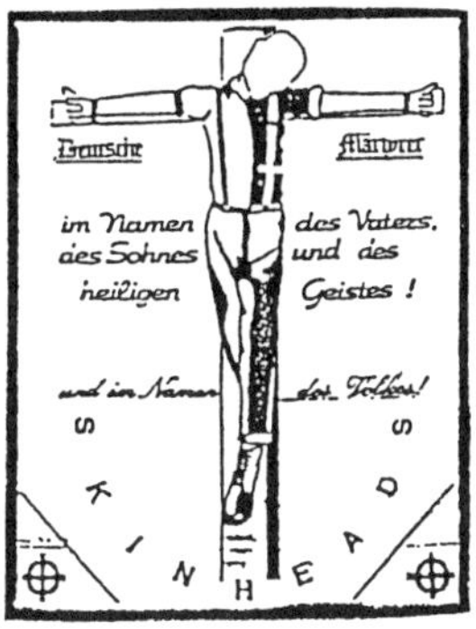

schrieben hat. Anders gesagt: In der christlichen Mythologie ist Jesus Christus der Mittler zwischen Mensch und Gottheit, eröffnet den Zugang zur Gnade. Dieses Motiv findet sich auch beim Crucified Skin, er stellt das Verbindungsstück zwischen Herkunft und Schicksal der proletarischen Jugendlichen dar. So ist der gemordete Christus einerseits Allegorie der dahingeschiedenen traditionellen Arbeiterklasse, visualisiert die Unterbrechung des kulturellen Erbes. Als Unsterblicher aber verkörpert er die Hoffnung auf ihr Weiterleben. Hier ist er Sinnbild für die subkulturelle Verlebendigung der proletarischen Vergangenheit: einem verklärtem Gestern, das Projektionsfläche für die sozialen Sehnsüchte des Heute ist. Dieses Gestern verheißt die Überwindung von Vereinzelung, verspricht kollektive Selbstvergewisserung, Geborgenheit, Klarheit und Stärke. Hier transportiert das christlich-universalistische Postulat der Gleichheit aller Menschen die Sehnsucht der Glatzen nach sozialer Gerechtigkeit, Anerkennung und Selbstbestimmung. Als Gotteskind reklamiert der Skin seine menschliche Würde, das Recht auf freie Entfaltung, die ihm zwar grundgesetzlich verbrieft ist, ihm realiter aber durch den stummen Zwang der Verhältnisse – inklusive der selbst auferlegten Kasteiung durch eine rigide Subkultur – verweigert wird. Letztlich formuliert der Crucified Skin eine verbrämte Kritik an der Gehaltlosigkeit bürgerlich-demokratischer Freiheitsrechte, die formale Gleichheit auf Basis der sozialer und ökonomischer Ungleichheit postulieren.

Diese Kritik trägt auch der Crucified Skin in seiner völkischen Version vor. Er ist en vogue bei den Rechten der Zunft. In dieser Szene ist der gekreuzigte, stolze Proletarier zum »deutschen Märtyrer« verkommen. Zu einem Gläubigen, der das unwiederbringliche Gestern der Klasse mittelbar über die Beschwörung eines germanisch-keltischen Kollektivs einklagt. Dies illustriert eindringlich, wie sich die soziale Identität von NS-Skins transformiert hat, nun aufgehoben ist im nationalistischen Wir. So ist das Bild des geknechteten Über-Proletariers auch im völkischen Glatzen-Christus lebendig. Nur daß soziale Ohn- und Allmachtserfahrungen jetzt national artikuliert werden: Deutschland am Marterkreuz internationaler Konspiration – »umerzogen«, »überschwemmt«, »fremdbestimmt«. Der doitsche Skin – als Teil des nationalen »Ganzen« – leidet an, mit und für Deutschland. Doch er läßt nicht von seiner Religion, fühlt sich als »Blutzeuge« der nationalen Sache. Masochismus pur – untrennbar mit seinem sadistischen Gegenpol verwoben. Dort steht das völkisch gebeugte Messias-Symbol in der ideengeschichtlichen Tradition eines Langbehn, Wagner, Lagarde und Fichte. Hier ist der arische Christus ein Heroe, angetreten, das im Keltenkreuz versinnbildlichte kulturelle Erbe der »nordischen Rasse« zu entfalten, was den subkulturell verbrämten Klassenkampf in einen offenen Rassenkampf überführt. Auch

I find myself nailed to a cross/For something that I didn't do/It's your fault you've ruined our lives/ And we're the ones you crucify/You're the ones who commit the crimes/ But it's always us who do the time.

Ich finde mich ans Kreuz genagelt/Für etwas, das ich nicht getan habe/Es ist eure Schuld, ihr habt unser Leben zerstört/Und uns kreuzigt ihr/Ihr seid es, die die Verbrechen begehen/Aber es sind immer wir, die im Knast sitzen.
(*Agnostic Front*: »Crucified«, 1987)

die soziale Position wird völlig neu definiert: Skin, Volk und Ewigkeit fallen im Crucified Skin zusammen – aus dem armen Malocherschwein wird ein doitscher Arbeiter, der die Zukunft auf seiner Seite weiß. Einer, der sich einem »heroischen Pauperismus«[10] hingibt, dem Mythos der völkischen »Schicksalsgemeinschaft« heldenhaft am vorgefundenen sozialen Orte dient. Mehr noch: Das Symbol des Crucified Skin ist untrennbar mit der Vision des Tausendjährigen Reiches verwoben, entworfen im Katastrophenkapitel der Bibel, der Apokalypse des Johannes. So verwandelt die Kraft des Logos die Härtejünger des Crucified Skin in kämpferische Lichtgestalten, die für den Endkampf zwischen »Gut« und »Böse« (nordisch/nicht-nordisch) mobilisieren, ein Fight, der unmittelbar in die tausendjährige Herrschaft des NS-Christus mündet: das Vierte Reich ganz nah!

Und mit ihm die verquere Vorstellung eines völkischen Korpus, in dem die in Klassen zerrissene Gegenwart mit all ihren Nöten und Sorgen Vergangenheit ist, in dem sich alle proletarisch-sozialen Sehnsüchte erfüllen. Hier sind die völkischen Teile des Skinmovement ganz Glaubensbewegung: Prediger von Nation und Rasse, Jünger, die ihre soziale Bedrängtheit in völkische Omnipotenzgelüste verkehrt haben.

Odin

Odin, Wotan, ist der Boß in der germanischen Götterwelt. Und sicherlich »das« politische Symbol nazistischer Glatzen schlechthin, besonders der organisierten oder organisationsnahen Stoppeltruppen. Also jener Szenen, wo Germanisch-Keltophiles in die politische Programmatik und das proletarisch-völkische Selbstverständnis paßt. Und da hat Odin, der kein szenen-genuines, sondern ein angetragenes Symbol ist, einiges zu bieten. Odin ist ein verdrängter Gott. Die Glatzen sind Marginalisierte. Odin ist ein »verfolgter« Gott. Die Glatzen fühlen sich verfolgt. Odins Welt ist Vergangenheit. Ebenso das traditionelle Arbeitermilieu. Odin ist ein authentischer Gott. Authentisch nordisch. Und Glatzen wollen auch authentisch sein. Authentisch proletarisch. Und authentisch deutsch. Was punktuell dasselbe sein kann. Etwa wenn der grimmig dreinblickende, mit Lanze und Beil bewaffnete Heldengott zum Platzhalter für Zähigkeit, Härte

Wir sind Söhne Wotans/ Und machen uns zur Schlacht bereit/Der Tag wird kommen/Wir sind auserwählt/Ein gigantischer Sturm fegt dann über das Land/Nichts und niemand hält ihm stand. (*Sturmwehr*: »Stolze Krieger (Söhne Wotans)«, 1995)

und Mitleidlosigkeit wird, wenn er proletarisch-maskuline und national-gestrenge Orientierungen auf Symbolebene verschränkt. Oder wenn er zum Zeichen eines proletarischen Aufbegehrens gegen als ungerecht erlebte Autoritäten und Regeln avanciert, das sich mit nationalistischen Begehrlichkeiten verbindet. Und auch wenn Odin zum Sinnbild der Synthese eines proletarischen Fatalismus (Wir hier unten/ die da oben) und eines als altgermanisch gedachten Schicksalsglaubens wird, wird Soziales und Nationales zusammengedacht. Der Mensch degeneriert in diesem magischen Weltbild zum Spielball ewiger Mächte, die ihm seine Bestimmung zuweisen. Entscheidungsfreiheit und »offene« Gesellschaft ade. Hier spielt die Odin-Ikone gewissermaßen den Gegenpart zu moderner, sich rasant wandelnder Gesellschaft. Odin bildet den Kontrapunkt zu einer zerfurchten, entsolidarisierten und problembefrachteten Welt. Er ist ein symbolischer Ordnungsfaktor, zugleich Ausdruck irrationaler Obsessionen, die (proletarische) Erlösung in der totalitären Harmonie einer auf Blut und Boden errichteten Ordnung erhoffen. Und auch wenn das Odin-Zeichen zuweilen nur Ausdruck eines tiefen Unbehagens an der eigenen Lebenssituation ist, das über seine symbolische Artikulation nicht hinauskommt, kann Odin doch einen impliziten, für NS-Skins auch ganz manifesten Kampfauftrag enthalten: Einen Marschbefehl, der weit über den subkulturellen »Widerstand« hinausweist und den kulturellen Protest der Glatzenszene zur politischen Opposition dynamisiert. Wobei es völlig egal ist, ob die kurzgeschorenen »Odinisten« gläubige Heiden sind (auch die gibt es in der Bonehead-Szene vereinzelt), oder ob sie sich als atheistische Heldenkämpfer für ein »besseres Morgen« verstehen, denen Odin ein eher pragmatisches Banner für ihre antidemokratischen Leidenschaften ist. Die Stoßrichtung ihres Kampfes ist identisch: das »Judenchristentum«, das als morgenländische Religion in krassem Gegensatz zu Europas »eigener« Religion steht, mitsamt seinen säkularisierten »Zerfallsprodukten« Liberalismus und Kommunismus. Diese Feindbestimmung wird europaweit formuliert in neurechten Denkfabriken, esoterischen Zirkeln, neuheidnischen Sekten und Bünden, in faschistisch-militanten Organisationen und Parteien. Dort wird Odin zum ersten Opfer der »egalitären« Systeme stilisiert, die die ursprüngliche Ganzheit und natürliche Ordnung zerstört hätten. Als Repräsentant dieser alten Ordnung wird Odin zum idealen Symbol des europaweiten Kampfes aller »Patrioten«. Eines Kampfes, der die »indogermanischen Völker« von den sie ka-steienden Systemen und gleichmacherischen Ideologien befreien soll, sie wieder in das Bluterbe ihrer Ahnen einführen und ihrer Bestimmung überantworten will. Eines Kampfes, der für NS-Skins immer auch ein Fight um ein – unwiederbringlich verlorenes – proletarisches Erbe ist.

Das Schaf

... macht »mäh«. Der Skin macht »möh«. »Deutsche Glatzen: ›Die Schafe‹!« So steht's auf einem Aufkleber. Ein Bild, das die Stigmatisierung der Glatzen als tumbe Toren ironisierend aufgreift, sie in das Motiv des dumpfen Herdentieres gießt. Doch das Bild des blöden Schafes zeigt nur die Oberfläche. Darunter gärt ein Konglomerat verschiedenster Bedeutungen. Da ist das

Motiv einer im Kern defensiv angelegten Subkultur. Die Schafe auf dem Aufkleber stehen dicht an dicht. Ein jedes lugt wachsam in eine andere Richtung. Immer auf der Hut. Die Bedrohung scheint permanent, die Furcht allgegenwärtig. Zugleich spenden sie einander Wärme, Geborgenheit: die Herde als Sinnbild der subkulturellen Gemeinschaft, damit Platzhalter des verlorenen Sozialmilieus. Dann ist da das Bild des schwarzen Schafs. Der Skin als sozialer Versager, ein von der Gemeinschaft Geächteter und Ausgestoßener. Ein Bild, das stark mit der Sündenbock-Metapher korrespondiert, ein zentrales Motiv. Der Skin ist hier ganz verfolgte Unschuld, unverstanden, wähnt sich im Zentrum eines gnadenlosen Kesseltreibens. »Oft macht es Dich krank«, schreibt etwa das Lübecker Glatzenzine *Short Hair*, »in welcher Art und Weise die übrige Gesellschaft versucht, Deine Uberzeugung zu brechen, Dir Dinge zuzuschieben, die Du nie getan hast. Auf diese Weise versuchen sie, die gesamte Gesellschaft gegen Dich aufzuhetzen, damit man Dich auf irgendeine Weise als Skinhead ›exekutieren‹ kann.«[11] Daß solcherlei weinerliche Ausführungen einen realen Kern haben, liegt auf der Hand. Da ist nicht nur eine über Jahre höchst undifferenzierte Berichterstattung in den Medien. Also eine Presse, die noch vor gar nicht so langer Zeit Glatzen allesamt und querbeet, ungeachtet aller subkulturellen Vielfalt, über einen Kamm scherte, sie entmenschte, dämonisierte, ausgrenzte. Mit dem Erfolg, daß Skins für weite Teile der Bevölkerung, wie der So-

zialpsychologe Hans-Jürgen Wirth meint, zum Ventil »ansonsten verpönte(r) aggressive(r) Triebregungen« wurden, »eingekleidet in die Forderung eines kollektiven ›sadistischen‹ Über-Ichs, das nach Vergeltung ruft.«[12] Der Skin wurde zu einer kollektiven Projektionsfläche und ist dies immer noch, auch wenn sich die Berichterstattung ausdifferenziert hat. Auf der Folie Skinhead bildet Gesellschaft weiterhin all das negativ ab, was sie positiv sein möchte. Dieser Prozeß ist aus der Vorurteils- und Rassismusforschung bestens bekannt. Der Skin: ein »abstoßendes Kontrastbild zur Bestätigung des eigenen Selbstbildes«, also einer imaginierten, wie Wirth schreibt, »Gemeinschaft des Edelsinns, der Kultiviertheit und der gezähmten Triebhaftigkeit.«[13] Rassismus und Nazismus werden so aus der Gesellschaft herausdefiniert, finden nur noch an ihrem sogenannten Rand statt. In der Schaf-Metapher ist dieser Prozeß, der die politische Entsorgung von offiziöser Gesellschaft zum Ziel hat, enthalten: Der Skin als »Lamm Gottes«, das die »Sünden der Welt hinwegnimmt« (Joh. 1,29). Der Skin als Sündenbock. Doch zu dem kann er paradoxerweise nur gestempelt werden, weil er Opfer nicht sein will: kein zahmes, friedfertiges Schaf, das sich von der Gesellschaft zur Schlachtbank führen läßt. Wer sich zum Schaf macht, sagt das Sprichwort, den fressen die Wölfe. Der Skin fühlt sich als Wolf im Schafspelz, allzeit bereit, die Zotteln zum Crop zu scheren, sich in ein wehrhaftes Raubtier zu verwandeln. Der Skin-Wolf wird zum Täter. Der Gewaltkreis schließt sich, verdichtet sich in seiner extremsten Form, im Bild des gestiefelten Kampfschafs, das im Zeichen des Keltenkreuzes seinen verbogenen Klassenprotest vollstreckt: Gegen »Überfremdung« und für die nordische »Rasse«!

---

1 Burgess, Anthony: Uhrwerk Orange. München 1983 (20. Auflage), S. 174.
2 »Bog« meint in der Nadsatsprache Gott. Ebenda, S. 44.
3 Ebenda, S. 5.
4 Ebenda, S. 19.
5 Ebenda, S. 11.
6 Ebenda, S. 88.
7 Ebenda, 4. Umschlagseite.
8 »Tollschocken« meint in der Nadsatsprache prügeln, schlagen. Vgl.: Ebenda, S. 6.
9 Ebenda, S. 66.
10 Vgl. dazu: Marcuse, Herbert: Der Kampf gegen den Liberalismus in der totalitären Staatsauffassung. In: *Zeitschrift für Sozialforschung*, Ausgabe 3, 1934, S. 172.
11 *Short Hair* Nr. 4, Lübeck 1989.
12 Wirth, Hans-Jürgen: Die Leute weichen uns auf der Straße aus, weil sie Muffe haben. In: *Frankfurter Rundschau* vom 22.1.1990, S. 13.
13 Ebenda.

Sven Hillenkamp

Glatzköpfe und Betonköpfe

Skinheads und Autonome

»Politik und Subkultur gehen nicht zusammen, das hab' ich inzwischen gelernt«, sagt Rainer Raffel alias Lehmann. Raffel ist Mitherausgeber des Fanzines *Suburbia*, Ex-Skin und immer noch »ein großer Sympathisant der [linksorientierten, d. Verf.] Skinheadszene«. Eine Zeitlang waren wir zusammen in einer autonomen[1] Antifa-Gruppe: Ihm war es schließlich zu viel Politik und zu wenig Subkultur, mir immer noch zu viel Subkultur und zu wenig Politik. Das Modell der Antifa-Jugendfront ist jedoch trotz dieser zuweilen verschiedenen Bedürfnisse einzelner durchaus erfolgreich. Es hat einer Menge Jugendlicher ermöglicht, sich antifaschistisch zu engagieren und sich außerdem auch mit eigenen sexistischen oder rassistischen Verhaltensweisen auseinanderzusetzen. Das ist angesichts jugendlicher Politikverdrossenheit eine beachtliche Leistung[2] und in Anbetracht des gesellschaftlichen Rechtsrucks eine bittere Notwendigkeit.

1987 nach einem Berliner Konzept entstanden, sind diese Gruppen, wie die ebenfalls autonomen Edelweißpiraten, Ausdruck einer wechselseitigen Durchdringung und unauflösbaren Verbindung von Politik und Subkultur. Die politische Praxis entfaltet sich in Kleingruppen mit Cliquencharakter. Ihre Mittel gehören allesamt zum subkulturellen Standardrepertoire: Demos und Solikonzerte organisieren, sprühen gehen und »Spuckis« kleben, T-Shirts und Aufnäher vertreiben, eine Zeitung herausbringen (in der Aufmachung oft Punk- und Skin-Fanzines ähnlich) und nicht zuletzt die handfesten Konfrontationen mit dem Gegner. Große, Lautsprecherwagen-begleitete Demonstrationen sind nicht zuletzt Demonstrationen der Stärke: »Ich war ein Teil einer Armee, und für einen Tag würde die Stadt uns gehören.« – Dieser Satz hat oft nicht nur mein Gefühl ausgedrückt, zum Beispiel als wir kurz nach dem ersten Pogrom Nachkriegsdeutschlands die Stadt Hoyerswerda »einnahmen«, mit *Slime*-Soundtrack und vor im Vorbeigehen gefertigter Sprühkulisse. Der Satz stammt von einem Londoner Skinhead.

Die Zusammensetzung der Antifa-Gruppen ist bunt. Da gibt es Kurzgeschorene neben Langhaarigen, Bomberjacken neben Batikhemden, Irokesenschnitte neben Baseballkappen. Und zu den Kurzgeschorenen zählen auch Skinheads, meist erkenntlich als SHARP- oder Redskins. Unter ihnen finden sich Traditionsbewußte, »hart, aber smart«, Oi!-Skins und »kahlgeschorene

Ausschnitt aus einem Plakat des Antifaschistischen Bundes Recklinghausen

Punks«. Vor allem während der SHARP-Welle bot sich für Autonome das Skin-Sein als kulturelle Identität neben anderen.

Autonome sind nicht nur mit glatzköpfigen Nazis und normalen, das heißt politisch passiven Skinheads konfrontiert, sondern auch mit Skins in der eigenen Szene. Das hat das Verhältnis zwischen Skinheads und Autonomen nicht unwesentlich mitgeprägt; ein Verhältnis, das voller Zusammenhänge und Zusammenstöße ist und hier beleuchtet werden soll. Es gestaltet sich schon deshalb äußerst spannungsreich, weil Politik und Subkultur nicht (immer) oder nur sehr schwer zusammengehen.

»SpringtOifel (...) In ihrem Repertoire findet sich auch immer wieder nazistisches und antisemitisches Gedankenkraut, wie in dem alten Stück ›Schränker‹, in dem der – natürlich – reiche ›Jude Herschel Grünspan‹ um seine Barschaft gebracht wird.« (aus: Annas, Max: Diktatur und Alltag. In: Neue Soundtracks für den Volksempfänger. Berlin 1993, S. 78)

1. Eindrücke

Ein »Nazikonzert« und seine Verhinderung

Am 26. und 27. August 1994 sollte im Wiener Rockhaus ein Oi!-Festival stattfinden. Angekündigt waren die Bands *Zona A*, *The Pride*, *The Herberts*, *SpringtOifel*, Judge Dread, *Los Fastidios*, *Agent Bulldog*, *Boots & Braces*, *Another Man's Poison* und *Panzerknacker*. Doch aus all dem wurde nichts: Das »Nazikonzert« – so die autonomen *11er News* – wurde »erfolgreich verhindert«[3].

Eine Wiener autonome Antifa-Gruppe hatte per Flugblatt aufgerufen, beim Rockhaus, das ohnehin »Sympathien für politisch bedenkliche Bands« hege, zu protestieren. Konkret Anstoß genommen hatte man an: *The Herberts*, weil sie schon »in Hakenkreuz-T-Shirts« posiert hätten; an Judge Dread, weil er laut Veranstalter »im Guiness-Buch der Rekorde« stehe für die meisten wegen Sexismus indizierten Platten; an *SpringtOifel* und *Boots & Braces*, weil sie »rechtsradikal« seien und »mit Nazi-Bands« aufträten bzw. besonders an *SpringtOifel* wegen ihres Stückes »Schränker«, in dem »ein reicher ›Jude Herschel Grünspan‹ um seine Barschaft gebracht wird«; an *Panzerknacker*, da sie die Fortführung der »deutschnationalen« Band *Arbeiterfront* verkörperten und ihr Schlagzeuger für die »Anti-Antifa« gearbeitet habe; und schließlich an den Veranstaltern Ralf Kamensky und dem Label Walzwerk: Kamensky habe Nazikontakte und das Label noch im März 1993 Nazibands in seiner Mailorderliste geführt. Außerdem mache »stutzig«, daß eine angeblich unpolitische Band wie *Boots & Braces* in einem internen Rundbrief der rechten VAPO[4] beworben wurde. Daß darüber hinaus »in Nazi-Skinheadkreisen massiv für dieses Konzert« mobilisiert worden sei, galt schon als »Beweis« für den rechten Charakter des Konzertes selbst.

Soweit die Anklage. Folgendes wurde eingewandt und ist einzuwenden: Bei dem verhinderten Festival handelte es sich nicht um ein »Nazikonzert«. Die meisten Bands waren keiner politischen Richtung zuzuordnen, zwei bekannten sich zu einer linken Einstellung, zwei weitere erklärten ausdrücklich in ihren Bandinfos, nazistische Bekundungen auf ihren Gigs nicht zu tolerieren. Des weiteren stand das Oi!-Thru-Europe-Festival unter dem Motto »Idiots stay home!«, was auf Kommunisten und Nazis gemünzt war (veranschaulicht durch zwei durchgestrichene Symbole: Hammer & Sichel und Hakenkreuz).

Zweitens standen die Befunde betreffend *The Herberts* und besagtem *SpringtOifel*-Song augenscheinlich auf wackligen Füßen: Bezüglich der *Herberts* war die Quelle der Erkenntnis nicht angegeben; was *SpringtOifel* anbelangte, so berief man sich einzig auf das Buch »Neue Soundtracks für den Volksempfänger«. Eine aktualisierende Gegenrecherche wurde nicht unternommen. Was blieb, war die Information, daß *SpringtOifel* ein Stück über einen »reichen Juden« im Repertoire haben oder hatten[5].

Drittens sind die *Panzerknacker* nicht die Nachfolgeband von *Arbeiterfront* (wären sie es, so hätte der Beleg erfolgen müssen, daß es sich um eine Fortführung im alten Sinne handelt). Und das Walzwerk-Label hatte aus seinen neuen Katalogen bekanntermaßen das rechte Material verbannt; das mit der Formel »auch wenn es sich heute davon distanziert« abzubügeln, war schwer nachzuvollziehen.

Viertens erschien der Hinweis auf den Sexismus von Judge Dread, der sich allein auf einen scherzhaften Satz des Veranstal-

Zwei nach links und fünf nach rechts/Von oben zwölf, nach unten sechs/Ein kurzer Schlag, es ist zehn nach acht/Und wieder ist ein Safe geknackt/Hurra, wir haben es geschafft/Schnell wird die Kohle aufgerafft/Über Feuertreppen geht's zum Wagen/Saub're Arbeit, kann man sagen Herschel Grünspan, Millionär/Da mußten and're Mittel her/Ein Stethoskop, das tat's hier nicht/Doch uns führt man nicht hinter's Licht/Ein Schweißgerät war schnell besorgt/Von einem Klempner ausgeborgt/Ein Liter Gas mit Sauerstoff/Die Brillis wandern schnell durch's Loch/Hurra, wir haben es geschafft...
(*SpringOifel:* »Schränker«, 1986)

ters gründete, fehl am Platz: Von den *Stones* über *Toxoplasma* bis *Body Count* müßten dann alle tabu sein für aufrechte Linke.

Fünftens und letztens ist auf das einzugehen, was im freundlichsten Fall Indizien, im schlimmsten Konstrukte genannt werden muß: Daß jemand »Kontakte« zu Neonazis hat, kann nicht als Beleg dafür gelten, daß er selbst ein Neonazi ist. Ebensowenig ist es an sich beweiskräftig, daß manche Gruppen mit Nazibands aufgetreten sind oder einzelne (ehemals?) rechtsextrem eingestellte Mitglieder haben. Einige der genannten »gemeinsamen Auftritte« erwiesen sich ohnehin als Gerücht. Den Bands aber zum Vorwurf zu machen, daß ihnen Rechte mit Interesse begegneten, führt die Beweisführung endgültig ad absurdum. Schließlich vergaß man zu erwähnen, daß einige der Inkriminierten auch schon in linken Räumlichkeiten unter linken Mottos gespielt haben, was sie zumindest vom Vorwurf des »Rechtsradikalismus« entlastet hätte.

Das alles ist in der einen oder anderen Form dann auch vorgebracht worden. An der Antifa-Position, daß das »Nazikonzert« verhindert werden mußte, hat es nichts geändert.

Autonome Bilderwelt: schwarzweiß und zensiert?
Warum wird nun diesem Vorfall hier soviel Aufmerksamkeit geschenkt? Weil er kein Einzelfall und kein Zufall ist; er steht stellvertretend für eine Unzahl von ähnlichen Vorgängen und ist entsprechend beispielhaft. Die Denk- und Verhaltensmuster, die an dem geschilderten Vorgang erkennbar werden, geben Auskunft über autonome Gruppen(-mechanismen) und lassen die Grundkonflikte in ihrem Verhältnis zu Skinheads verstehen.

Da ist erstens das Muster der »Kontaktschuld« oder der »Guilt-by-association«, so genannt während der Linkenhatz im Amerika der McCarthy-Ära. In den 50er Jahren wurde in den USA jeder vom Ausschuß für unamerikanische Umtriebe als »Kommunist« gebrandmarkt, der »Kommunisten« kannte bzw. mit ihnen in einzelnen Punkten einig war. Heute neigen Autonome dazu, jeden als »Nazi« oder »Fascho« zu kennzeichnen, der mit solchen in Verbindung zu bringen ist (sei es durch Freunde, gemeinsame Konzerte oder politische Veranstaltungen)[6]: So wurden im geschilderten Fall *Boots & Braces* und *SpringtOifel* zu »rechtsradikalen Bands«.

Zweitens tauchte das berühmte (und verwandte) Muster des Beifalls von der falschen Seite auf. Es wurde *Boots & Braces* bzw. dem ganzen Festival zum Schicksal: In einem VAPO-Rundbrief gerühmt zu werden und als Attraktion für rechte Skinheads zu gelten, geriet zum »Beweis«.

Drittens zeigte sich die populäre Position, Antikommunismus (siehe Festivalmotto) pauschal als »reaktionär« zu verdammen, da er »immer faschistoide Tendenzen« aufweise. Dabei blendet dieser Anti-Antikommunismus offensichtlich aus, daß neben der Welt der Che-Plakate und Marx-Plaketten auch noch eine andere Welt real existiert(e). Etwas, das von Lenin bis Stalin, von KPD bis K-Gruppen, von SED bis DKP, von Kuba bis China zum Symbol diktatorischer Verhältnisse geworden ist. Dagegen zu sein, ohne Marx' Ideal einer »freien Individualität« anzugreifen, ist nicht nur möglich, sondern folgerichtig.
Viertens begegnet uns das Muster der PC, Political correctness: In bestem DDR-Deutsch wurden Bands für »politisch bedenklich« gehalten und »Sympathien« für sie stigmatisiert. Leute, deren eigene Plattensammlung einmal von Interesse wäre, schwangen sich auf zur zentralen Prüfstelle und entschieden für andere, daß eine Veranstaltung nicht gut für sie sei. Es ist das alte Lied: Der Manipulation durch »menschenverachtendes« Gedankengut entgehen wie durch ein Wunder nur die Zensoren. Die Masse ist schutzbedürftig, die innere Sicherheit ihrer Moral will von außen behütet sein.

»Am 30.10.93 sollte bei uns im KOB die französische Skaband Scarface spielen. Uns erreichte aus unterschiedlichen Zusammenhängen Kritik am bevorstehenden Auftritt dieser Band. Skarface soll in Frankreich vor Faschisten gespielt haben, bzw. ihr Sänger selbst ein organisierter Faschist sein. Diesen Vorwürfen sind wir im Rahmen des uns möglichen nachgegangen. Wir haben viele Einzelpersonen und politische Zusammenhänge um ihre Einschätzung gebeten. Daß Scarface keine Faschisten sind, konnte niemand bestätigen, weswegen wir das Konzert zwei Tage vorher telefonisch annullierten. Das hinderte die Band nicht daran, trotzdem nach Berlin zu kommen. In Berlin wurde die Band zusammengeschlagen. Ein solches Vorgehen erscheint uns völlig überzogen. Nach wie vor hat Scarface bis jetzt aber nicht klarmachen können, daß sie nicht mit der französischen Faschoszene verstrickt sind. Wir werden uns auch in Zukunft vorbehalten, Bands abzulehnen, die unseren antisexistischen und antifaschistischen Kriterien nicht genügen. Das K.O.B.« (Presseerklärung einer autonomen Gaststätte)

Alle diese – auf der Linken wie der Rechten zu findenden – Argumentationsstränge sind zurückzuführen auf ein Grundmuster: auf das einer konsequenten Freund-Feind-Logik, die äußerst identitätsstiftend ist. Sie erzeugt ein Wir-Gefühl durch Konstruktion eines Anderen, der »Faschos«, der »Herrschenden« etc. Sie vermittelt ein Gefühl des Guten, indem sie Böses dem PC-Bann unterwirft. Als Katalysator wirkt dabei, daß autonome Szenen ob ihrer losen Strukturierung als Gerüchteküchen beinahe fünf Sterne wert sind. Wo ein Gerüchtebedarf ist, werden auch Gerüchte produziert, und die »Szene« ist das ideale Medium. So brodelt und kocht es schnell in autonomen Infoläden und Kneipen, und keine noch so triftige Gegeninformation kann dagegen anstinken.

Für reichlich Konfliktstoff ist gesorgt. Denn was tun mit nach rechts tendierenden Skins, die schwarze Musik hören, mit SHARP-Skins, die »Smash Communism«-T-Shirts tragen, mit linken Skins, die »Ficken«- und »Votze«-Sagen sehr unterhaltsam, proletarisch und provokant finden? Autonome werden unweigerlich zu Grenzern im Niemandsland, zu Regelsetzern in Szenen, die die Regelverletzung zur Regel gemacht haben – und handeln sich demgemäß jede Menge Ärger ein.

Verpißt euch aus unserer Szene!

Beispielhaft für die Skinszene, die mit der Oi!/Punk-Szene schon durch ihren Ursprung verbunden ist, sind die (keinem speziellen Anlaß gewidmeten) Worte Zippi M. Zipprichs, des Machers des Fanzines *Corned Beef.* Unter der Überschrift »... Und willst du nicht unser Genosse sein, dann bist du ein Faschistenschwein!« heißt es: »Ich frage mich echt, wer diesem ganzen Verein (egal ob Emanzen, Autonome oder sonstige Wirrköpfen) das Recht gibt, uns zu erzählen, was wir zu tun und was wir zu laßen haben. Wo waren diese Idioten früher? Da hat doch auch kein Hahn nach ihnen gekräht. Wußten wir nicht auch ohne sie, daß Nazis zu bekämpfen sind, daß Frauen schlagen, Frauen vergewaltigen und Frauen überhaupt zu unterdrücken, scheiße ist? Wußten wir nicht selbst, daß Schwulendiskriminierung, Tierquälerei, Rassismus und was weiß ich noch alles, zum kotzen sind? Was hat Punk mit DENEN zu tun? Wie konnte es so weit kommen, daß diese Leute sich in UNSERE Punkszene einscheißen und UNS plötzlich Regeln setzen. Wieso müssen wir uns rechtfertigen, wenn wir ihre Regeln brechen? Wollten wir nicht mal Regeln brechen? Waren wir nicht gegen jede Art von Zwang? Sie setzen Leute/Bands unter Druck, sie meinen, wir müssen uns vor ihnen rechtfertigen, sie sagen uns, was wir zu sehen, zu hören und zu sagen haben. Geh'n wir nicht auf ihre Gebote ein, dann sind wir ihre Feinde (in dem Fall meistens Sexisten, Faschisten etc.). Falsch. Wer sind dann hier bitte die Faschisten? Ihr abgefickten Dogmatiker, geht weiter studieren,

schiebt 'nen sexuellen Frust, bringt Euch um oder macht sonstwas. Aber bitte, bitte: Verpisst Euch aus UNSERER Punkszene! (...) FIGHT FASCISM!

Meine Damen und Herren! (...) Schalten Sie auch das nächste Mal wieder ein, wenn es heißt: »Nach dem Pulli-Stricken, gehn wir Emanzen ficken!«[7]

Beispielhaft auch, wenn der Skinhead und Buchautor George Marshall klagt: »Diejenigen, die sich weigerten (bei Rock-Against-Racism-Konzerten, d. Verf.) mitzumachen, konnten (...) einfach alles vergessen. Das ließ sich dann fragen, wer die wirklichen Faschisten waren. (...) Ist man kein Nazi, muß man Kommunist sein, und ist man kein Kommunist, dann muß man ein Nazi sein. Aus diesem vereinfachten Nonsense ziehen beide Lager ihre Existenzberechtigung«[8], heißt sein Resümee.

Als letztes Beispiel sei aus der Zeitschrift *Skintonic* zitiert. Dort wird das Schubladendenken der »aufgeklärten Springer-Öffentlichkeit« mit dem der »Holzhammer-Antifa«[9] verglichen. Außerdem, so wird sich an anderer Stelle beschwert, ließen Autonome an Skins ihre »Alltagsaggressionen« aus. Es seien »faschistische Unterdrückungsmethoden«, wenn bei einem

»Westberlin, 20. August. – Eine Demonstration gegen eine Konferenz der faschistischen ›Republikaner‹ des SS-Offiziers Schönhuber. Ein Block von acht oder neun Typen kommt an, ihre Schädel sind kahlrasiert. Sie tragen ein Banner: ›Skinheads gegen Faschistenfeinde der Arbeiterklasse‹, aber sie tragen die Kluft der rassistischen Skinhead-Terroristen: schwarze Lederstiefel, hochgekrempelte Jeans und grüne Bomberjacken. Einige von ihnen verteilen ein Pamphlet, das gegen die ›Supermächte‹ USA und Sowjetunion hetzt, reiner Ausdruck von deutschem Nationalismus. Was sind diese zweifelhaften Elemente?« (aus: *Spartakist*, August 1988)

Konzert jeder Skinhead aufgefordert werde, zur Kenntlichmachung seiner Gesinnung einen Button oder Aufnäher zu tragen, während langhaarige Besucher unbehelligt und unbesehen passieren dürften.
Diese kleine Auswahl von O-Tönen offenbart gleichsam Muster in Argumentationslogik und -stil. Immer wiederkehrend, vor allem bei direkten Auseinandersetzungen auf der Straße, ist die Retourkutsche mit demselben Inhalt: dem (Links-) Faschismus-Vorwurf. Beiderseits wird der Begriff in inflationärer Weise gleichbedeutend mit undemokratisch, erpresserisch usw. verwendet. Durch diese schärfste aller Anschuldigungen eskalieren die Konflikte, Endlosdiskussionen und Kurzschlußhandlungen sind die Folge. Regelrecht herausgefordert wird die Masche, Gleiches mit Gleichem zu vergelten, durch das Selektieren nach äußerlichen Merkmalen und die mehr als unglückliche Symbolik des Gebotes, seine Identität doch mittels eines Aufnähers kenntlich zu machen. Ein Gebot, das mal eben die »Beweislast« umkehrt.
Der Hinweis von Skinseite, anstelle der »Einmischung« doch besser »weiter studieren« zu gehen, ist ebenfalls typisch. Aufbrechende Konflikte werden in Klassenbewußtsein ausgetragen: Auf der einen Seite steht ein negatives oder regressives Klassenbewußtsein, das seit jeher durch Punk zum Ausdruck gebracht wird und natürlich »noch viel stärker (durch) die Oi!/Skinhead-Bewegung«. Aufgrund des Stolzes, »von unten« zu kommen, werden dabei oft alle »Stereotype des Proletariats« mitübernommen: »Abneigung gegenüber Bildung und Theorie, Alkoholismus, Bandenkämpfe und sexistisches Vokabular«.[10] Auf der anderen Seite findet sich ein (vermeintliches) Klassenbewußtsein, das alle Unterdrückten, Diskriminierten und Marginalisierten umschließt. Es macht sich vor allem am politischen Standpunkt der Akteure fest und leitet aus dem »Fortschrittlichen« dieses Standpunktes de facto eine Avantgardestellung ab.[11]

So streiten nicht selten »Nazis« mit »Linksfaschisten« und »Prolls« mit »abgefickten Dogmatikern«. Der Konfliktstoff bleibt mehrdeutig: Wie weit geht die Legitimation von selbsternannten Freiheitswächtern und wie weit die Autonomie einer Szene, die sich darin gefällt, »linke Tabus« zu brechen? Können politische Kriterien rückhaltlos ins Ästhetische übertragen werden, oder darf Kunst (Satire etc.) alles? Sicher ist, daß Kunst nicht alles darf und das Politische nicht rückhaltlos der Ästhetik übergestülpt werden kann. Von goldenen Mittelwegen halten aber in der Regel weder Autonome noch Skinheads viel.

Etiketten und Schubladen

Wird eine Auseinandersetzung zwischen »sogenannten Autonomen« und »Skinheads« gemeldet, dann kommt die Nachricht meist aus einer von zwei Schubladen. »Jugendgewalt« und »Extremismus« laufen sich gegenseitig, je nach Auftragslage und Themenkonjunktur, den Rang ab. Die Bösewichte jeder Couleur und Provenienz werden handhabbar, nach Bedarf politisiert oder entpolitisiert. Die Unordnung, die die Jugendlichen auf der Straße anrichten, darf nicht übergreifen auf die Redaktionsstuben, wo alles zu seiner Zeit seinen Platz hat. Mal liegen dort die Opfer der Risikogesellschaft auf der Couch, mal stehen die Verächter von Demokratie und Menschenrechten am Pranger.

Die Autonomen werden in den Medien »sogenannt«, weil ihnen ihre politische Selbstbezeichnung, die das schöne Wort Autonomie beansprucht, nicht zugestanden wird. Diese Chaoten wollen eine »politische« Kraft sein? Lächerlich! – Bei den »Skinheads« ist es umgekehrt. Da heißt es (fast) nie »sogenannte Skinheads«, wenn eine Nachrichtenagentur oder Polizeiwache die Identität rechter Hobby-Rambos mal wieder eher seherisch als sehend erkannt hat. Im Gegenteil. »Skinheads« werden stets als solche erkannt, ist das Haar auch noch so lang. Und: Sie werden fast immer, ob es ihnen paßt oder nicht, politisch etikettiert.

Aber nicht nur die Massenmedien brauchen Schubladen, auch und gerade ein »wissenschaftlicher« Journalismus kommt nicht ohne sie aus. Deshalb an dieser Stelle ein Hinweis darauf, mit welchen Skinheads und Autonomen ich mich im folgenden beschäftige.

Hierzulande stellt sich seit ungefähr 1989 dasselbe Problem wie in England seit der Gründung der Young National Front 1977: Für Skins wurde es »in«, rechts zu sein, für Rechte »in«, Skin zu sein. Die Folge: Naziskins schossen quasi aus dem Boden. – »Tatsache aber ist, daß weniger Skinheads zu Nazis werden als umgekehrt Nazis den Skinheadlook annehmen.«[12] Wohlbemerkt: den Look annehmen. Die Glatzköpfe, die vor allem im Osten Deutschlands und in Verbindung mit der Hooliganszene auf den Plan traten, hatten bekanntlich meistens keinen Schimmer vom Skinheadkult, hörten Nazirock (d.h. oft schlechten Heavy Metal) und befanden sich in Gesellschaft der von traditionsbewußten Skins so gehaßten »langhaarigen Imbißsteher« bzw. von akkurat gescheitelten Jungführern. Nicht nur muß man begründete Skrupel haben, diese »Faschoglatzen« zu den Skinheads zu zählen, auch ist ihr Verhältnis zu den Autonomen (Antifas) ausgesprochen langweilig. Es läßt sich mühelos unter den Begriff des Schlagabtausches fassen, entbehrt jeder aktiven interkulturellen Substanz und soll deshalb hier nicht erläutert werden. Alle anderen, auch rechte Skins, finden dagegen Beachtung.

Autonome wurden von wissenschaftlicher und publizistischer Seite bisher kaum wahrgenommen. Aus diesem Grund erfahren sie an dieser Stelle zunächst eine gesonderte Betrachtung. Da die Antifa-Szene am meisten Reibungsflächen und

»Schuhe verbinden: Skinheads und Autonome treten mit derselben Springer-Stiefel-Marke, haben sich vorher mit derselben Musik nach Pogo-Art in Fahrt getanzt. Drei Akkorde hart gespielt auf Bass- und E-Gitarre, Punk für die Linken, Oi für die Rechten. Aus denselben Wurzeln schwarzer Ska-Musik. Danach die Taten. ›Faschos klatschen‹ ist die Antwort der einen auf das ›Türken klatschen‹ der anderen.« (André Schäfer, *Die Zeit* vom 4.12.1992)

Schnittmengen mit der Skinheadszene aufzuweisen hat, bekommt sie eine Extraportion Aufmerksamkeit.

2. Die Autonomen

»... sind das, was von der Radikalität übrig geblieben ist« (taz).

Die Autonomen sind ursprünglich ein »Entmischungsprodukt« der Neuen Sozialen Bewegungen, »so der Spontis und Stadtindianer, der Stadtteil- und Knastinitiativen, der Hausbesetzer- und der Anti-AKW-Bewegung sowie vieler (...) marginalisierter und stark anpolitisierter Jugendlicher (...). Nicht selten stießen auch ehemalige Mitglieder und Sympathisanten diverser K-Gruppen der 70er Jahre zu den Autonomen.«[13] Die explosive (Ent-)Mischung folgte einem, man möchte sagen Paradigma der Linksradikalisierung, wie es seit den 60er Jahren im Werdegang mehrerer Generationen an Kontur gewonnen hat.

Ideologischer Ausgangspunkt ist eine Kritik der »strukturellen Gewalt«. Diese »Gewalt« besteht nach Johan Galtung in denjenigen Mißständen, die nicht aus Sachzwängen hervorgehen, sondern vielmehr aus falscher oder verwerflicher Politik. Da die radikale Linke sich im potentiellen Besitz einer umfassenden Gesellschaftsalternative wähnt, ist sie nicht bereit, die Sachzwänge des Systems anzuerkennen. Entsprechend groß erscheint die herrschende strukturelle Gewalt bzw. ist die daraus resultierende »moralische Empörung«.[14] Hinzu kommt die gesinnungsethische Haltung der radikalen Linken: zum Beispiel stellt(e) man sich bei der Forderung nach sofortiger wie einseitiger Abschaffung der Atomwaffen taub gegenüber der Frage, welche Folgen ein diesbezügliches Monopol auf Seiten totalitärer Staaten (gehabt) hätte. Identität und Integrität rangier(t)en deutlich vor den Geboten einer Ethik der Verantwortung. – Gleich zweifach machte und macht die radikale Linke so der Realität das Ideal zum Vorwurf.

Das Verhältnis der Linken und des Staates ist bestimmt von einer Kette wechselseitiger Überreaktionen, ihre Verbindungsglieder können Paranoia und Gewalt genannt werden. Staatlicherseits Paranoia und Gewalt, die in den Folgejahren des deutschen Herbstes ungekannte Ausmaße annahmen und die Linke als »Sympathisantenumfeld der Terroristen« bis weit in die 80er Jahre in den Genuß von Prügelorgien und Überwachungsszenarios sondergleichen brachten. Auf seiten der Linken eine Paranoia, die wie schon 1968[15] eine »Refaschisierung« diagnostizierte und »das System« für »ein gigantisches, tosendes, pyramidiales Räderwerk der Macht« hielt, »eine Maschine, die nur zu dem Zweck funktioniert, Menschen zu unterdrücken«, wie Matthias Horx treffend parodierte.[16] Schließlich die Gewalt der radikalen Linken, sich als Antwort auf die »strukturelle Gewalt

Foto: Sebastian Bolesch/DAS FOTOARCHIV

Antifaschistische Demonstration gegen den Neo-Nazi Thorsten Heise, Northeim am 4.6.1994

des Systems« verstehend, als existentielle Gegengewalt und Notwehr: »Sie sagen:/Steine sind keine Argumente/Und schlagen mit Knüppeln/Bomben und Baggern/Vergiften mit Chemie/Verseuchen mit Atom/Töten mit Gefängnissen.«[17] Eine Dynamik, die erst in den Neunzigern, als die radikale Linke erkennbar auf dem Rückzug war, an Schwung verlor.

Der aus Italiens Arbeiterbewegung stammende Begriff der Autonomie war eine Unabhängigkeitserklärung an zwei Adressen – einmal in Richtung der »reformistischen« Linksparteien (in Italien die sozialdemokratische und die kommunistische Partei, in der Bundesrepublik kamen zu SPD und DKP die Grünen hinzu); zum anderen in Richtung der dogmatischen und zentralistischen K-Gruppen, die ihren Zenit überschritten hatten (weshalb sich orthodoxe Kommunisten nicht nur freiwillig und geläutert, sondern auch notgedrungen und mit missionarischem Eifer unter die Spontikinder mischten). Es entstand zunachst spontan, was sich später auf Demonstrationen als »Schwarzer Block« bewußt abheben und in Kreuzberg in Absetzung von SPD und DGB einen »revolutionären 1. Mai« auf brennenden Barrikaden feiern sollte: Ob die Freie Republik Wendland oder ein Berliner Haus geräumt werden sollte, ob Demonstrationsrouten und -rituale zur Debatte standen, stets kam es zum internen Knatsch über die Gesetzes- und Gewaltfrage. Etwa 1980 erkannten die Mitglieder der vielfältigen »militanten Nichtverhandlerfraktionen« in dem Importartikel Autonomie ihr Markenzeichen und wurden »sozusagen über Nacht (...) alle zu Autonomen«[18].

Waren die Neuen Sozialen Bewegungen ein Entmischungsprodukt der außerparlamentarischen Opposition, sind die Autonomen ihr Enkelkind, auch wenn »personelle Kontinuitäten zur 68er Revolte nur noch schwer greifbar« sind und »kaum noch ein historisches Bewußtsein über die Verknüpfung zur 68er Revolte« existiert.[19] Das Enkelkind gedieh allerdings, und das ist entscheidend, nicht mehr im »Muff« der Nachkriegszeit, sondern im Haus seiner (ehemals) bewegten Eltern und Großeltern: Die Wiege der Autonomen stand in der großstädtischen Luft alternativer Milieus und politisierter Subkulturen. Begünstigt durch die große Fluktuation von Personen und die geringe Institutionalisierung von Erfahrung in diesem Bereich, war es so zunehmend die Subkultur, die die Politik formte, und nicht umgekehrt. Nicht wie ehedem gingen aus Befreiungslehren die Kommunen hervor, sondern die Befreiungslehren aus besetzten Häusern, WGs, Kneipen und autonomen Jugendzentren.

Von roten Kommunarden zur rigiden Kiezmiliz

Die autonomen Enkelkinder sind heute bis auf wenige Ausnahmen die letzten, die den Geist von 68 noch beim Wort nehmen. Ihre geistigen Großeltern sind entweder tot wie Dutschke und Meinhof, haben den Marsch durch die Institutionen absolviert wie Cohn-Bendit und Fischer oder widmen sich mehr oder weniger ergeben dem Alltag. Wer jedoch autonome »Papiere« liest, vernimmt wieder die Stimmen der anarchistischen, marxistischen und leninistischen Klassiker, wie sie damals die leichte Hand der Revolte zu einem Protestkonzert vereinigte, der begegnet der Kritischen Theorie und den von ihr inspirierten vulgären Verknüpfungen von Reichscher Psychoanalyse und Historischem Materialismus, der wird von Sartre, Fanon und Che in die revolutionäre Pflicht genommen, der quält sich durch eine am frühen RAF-Autismus geschulte Verbalradikalität.

Das autonome Gedankengebäude gleicht also zunächst einem Museum linker Geschichte, dessen Exponate noch von den Achtundsechzigern gesammelt, bestimmt und bearbeitet wurden. Indes sind lediglich Bruchstücke erhalten, Herkünfte nicht selten unbekannt; der »bürgerlichen Wissenschaft« war und ist der Zutritt verwehrt. Demgegenüber von ungleich größerer Bedeutung für die Autonomen war die Befindlichkeit im Jetzt, die erstmalig 1978 beim Berliner Tunix-Kongreß artikuliert wurde.

Der Aufruf zu dem Kongreß, von dem wie nebenbei ein immenser Impuls für alternative Projekte und ihre Vernetzung ausging, entsprach einer Flucht nach vorne: Diejenigen, die das »Modell Deutschland« buchstäblich satt hatten, verkündeten mit infantilem Trotz: »Uns langt's jetzt hier! – Der Winter ist uns zu trist, der Frühling zu verseucht und im Sommer ersticken wir hier. Uns stinkt schon lange der Mief aus den Amtsstuben,

AUFRUF ZUR REISE NACH TUNIX

Komm mit, sprach der Hahn, etwas besseres als den Tod werden wir überall finden

Wir, die wir schon eine Weile auf unseren gepackten Koffern sitzen, schlagen vor, daß alle sich bis zum 30. März 1978 aus diesem Deutschland verpfeifen. Wir flaggen unsere Traumschiffe mit den buntesten Fahnen und segeln in den Süden davon – zum Strand von Tunix. [...]

Wir segeln alle ab!

zum Strand von Tunix. Da bauen wir unsere eigenen Hütten, wir schnitzen uns Gewehre und Sandalen. Und die kämpferische Genossin von der BI baut Sonnenkollektoren für die Kinder, damit sie in die Glotze schauen können, wo der Maulwurf Mikesch den Frühschoppen moderiert. Unseren Geigen, Gitarren und Celli ziehen wir andere Saiten auf und spielen ,,Kein schöner Land als diesen Strand'' mit Tommy und den Stones. Wer nicht singen kann, sucht Pilze. Der angestrengte Typ vom Anwaltskollektiv räuchert über'm Feuer seiner alten Juraschinken die viel saftigeren der Schweine von gestern. Stets ein Gewinn wird jeder Einsatz der Genossen Kommunisten in der Arbeiter-Klassenlotterie. An schwülen Nachmittagen sitzen schwitzend schwatzende Schwule in kühlen Schaukelstühlen. Gemüsesuppe kocht eine ehemalige Männergruppe, die Basisgruppen graben – nach der Basis – den Garten um. Zum Mittagessen jagen einige Genossen Professoren kapitale Hirsche, und Heinrich Böll kocht Tee und diskutiert mit Wallraff über die neue Sinnlichkeit. Sein Eurolied singt Onkel Biermann zum Schlafengehen den Kindern vor.

den Reaktoren und Fabriken, von den Stadtautobahnen. Die Maulkörbe schmecken uns nicht mehr und auch nicht mehr die plastikverschnürte Wurst. Das Bier ist uns zu schal und auch die spießige Moral. Wir woll'n nicht mehr immer dieselbe Arbeit tun, immer die gleichen Gesichter zieh'n. Sie haben uns genug kommandiert, die Gedanken kontrolliert, die Ideen, die Wohnung, die Pässe, die Fresse poliert. Wir lassen uns nicht mehr einmachen und kleinmachen und gleichmachen. – Wir hauen alle ab! – ... zum Strand von Tunix.«[20]

Das autonome Selbstverständnis wird deutlicher in folgendem Zitat: »Das gemeinsame (Er)leben einer (Sub)kultur, die Faszination des Erlebens der erwärmenden Feuer der Anarchie, um die mensch wie schwarze Kapuzenphantome tanzt, diese Feuer, der Rauch, die Mythen einer nach befreitem Leben strebenden Bewegung, in der sich Individuen befinden, die Liebe ausstrahlen und empfangen wollen, und zugleich funktionell aber nicht menschlich ersetzbar sein wollen, ist es auch, was diese Bewegung mehr oder weniger zusammenhält und überleben läßt. Dadurch kommen immer neue Menschen in den Durchlauferhitzer hinein und politisieren sich, angespornt durch die menschliche Wärme. Auch ist die Emotionalität der militanten KämpferInnen für uns untrennbar verbunden mit den praktischen Kämpfen und auch den theoretischen Auseinandersetzungen in der Realität.«[21]

Lauteten die Reizworte Verseuchung, Amtsstuben, Fabriken, Repression, Kontrolle, Spießermoral usw., so heißt es hier Bewegung, Befreiung, Individuen, Liebe, Wärme, Emotionalität, Militanz und, als Oberbegriff und Schlüsselkategorie, Subkultur.

Die Autonomen sind mithin nicht auf den Nenner Politik *oder* Subkultur zu bringen. Weder kann es unpolitische Autonome geben noch eine professionelle autonome Politik jenseits subkultureller Organisations- und Praxisformen. Mit ihrem Anspruch auf Autonomie, der Hierarchien und Bürokratien, der Leistungs- und Stellvertreterprinzip rundheraus ablehnt, ist buchstäblich kein Staat (keine Organisation, Firma etc.) zu machen. Stapfte die Arbeiterbewegung noch theorieschwer durch die Praxis, gaben die Studentenführer 68 wenigstens noch krause, aber »konkrete Utopien« zu Protokoll, so hat die autonome Bewegung weder Gesellschaftsanalyse noch -utopie hervorgebracht. Zu sehr war die »theoretische Auseinandersetzung« stets verknüpft mit der »Emotionalität der KämpferInnen«.

Das einzige, was ein theoretischer Ansatz genannt werden kann, ist die »Theorie der triple oppression«. Sie wurde in erster Linie von Klaus Viehmann, ehemals Mitglied der Bewegung 2. Juni, in einer ausdrücklich an die Autonomen adressierten Broschüre populär gemacht. Der Tenor seiner Schrift »Drei zu Eins – Klassenwiderspruch, Rassismus und Sexismus« lautet: »Die BRD-Linke ist privilegiert: Je männlicher und je weißer und je weniger auf den Verkauf von Arbeitskraft angewiesen, desto mehr. Privilegien machen blind.«[22] So wurde die linksradikale Kritik an den Kadern der K-Gruppen und ihrem Ökonomismus und Eurozentrismus noch einmal auf den Punkt gebracht. Propagierte Alternative war das »Denkmodell einer netzförmig angelegten Herrschaft«, welches in der Schrift auf nicht einmal vier Seiten entwickelt wird, für die Viehmann sich noch entschuldigt, da sie »eher trocken« geraten seien.

Ein weites Feld tat sich nun auf zwischen den ehrlichen Bemühungen zu einer Kritik des eigenen durch Hautfarbe, Geschlecht, Schicht- und Staatsangehörigkeit bestimmten Status einerseits und (sich häufenden) Überreaktionen und Selbstgeißelungen andererseits. Obwohl es eine autonome Binsenweisheit ist, daß »wir alle vom System sozialisiert sind«, schien ein befreiender und nicht beklemmender Umgang miteinander unmöglich. »entweder du bist ein teil des problems oder du bist ein teil der lösung«, hatte der – oft zitierte – Holger Meins vorformuliert. So verfingen die Freund/Feind-Schemata schnell und fielen in den Diskussionen, in denen auch Zwischenmenschliches in den Termini von Herrschaft und Unterdrückung ausgetragen wurde, auf fruchtbaren Boden.

Nach Maßgabe des Grundsatzes, daß das Private politisch sei, kam es in den autonomen Szenen bundesdeutscher Städte zu (auch heftig kritisierten) »Tribunalen«. Diese schufen, anstatt die einst von Autonomen erstrebte Authentizität zu wahren, ein erdrückendes Klima. Dieses Klima wiederum und der Druck, den es erzeugte, machten sich bald Luft nach außen. Und zwar, wie eingangs beispielhaft erläutert, nach dem Muster der Political correctness. Die Vorfälle in und um autonome Zentren häuften sich. So wurde bei einem Konzert, bei dem Karsten Hotter, Sänger von *Puke*, seine Hand im Schambereich ruhen ließ und obendrein das Wort Nutte gebrauchte, die Bühne gestürmt. So wurde der Bus der Kabarettgruppe *Heiter bis Wolkig* beschädigt, weil sie auf der Bühne einen Mann präsentiert hatte, der einen Besenstiel in den Hintern geschoben bekam und dabei rief: »Fick mich, Mutter Beimer!« Etwas später als das übrige Deutschland hatte die geistig-moralische Wende auch die Autonomen erreicht.

»Heute mischt Thomas Wendland hier im Zwischenfall das Konzert. Dieser Typ ist der Sänger der Bochumer Band Die Kassierer«: Diese Band veröffentlichte vor kurzem eine CD mit unglaublichen sexistischen Texten: »Mein Glied ist zu groß, sie ist zu eng für mich«, »Mösen-Polka«, »Die Scheide von Kristiane Baker« und ähnliche Wixxereien! Wer so etwas als bloße Provokation abtut, hat nicht kapiert, daß diese Scheiße zutiefst frauenverachtend und reaktionär ist!!! Thomas Wendland ist ein sexistisches Arschloch. Wenn ihr Lust habt, ihn ein wenig zu ärgern, tut euch keinen Zwang an. (Er steht hinterm Mischpult)« (von »AntifaschistInnen« am 10. November 93 in Bochum bei einem Konzert verteiltes Flugblatt)

Rotzlöffel, Traumtänzer und Chaoten

Was macht die jugendliche Gegenkultur der Autonomen in soziologischer Hinsicht aus? Nicht nur stehen ihre Bedürfnisse und Einstellungen einer Anpassung an die Gesellschaft und ihre vorgezeichneten Bahnen entgegen. Sie werden auch als allgemeine Interessen interpretiert und demgemäß vorgetragen: Der Autonomieanspruch wird zum »Kampf um Befreiung«.

Das Milieu, das die autonome Szene vorfindet und erzeugt, mithin das links-alternative und das Hausbesetzer-Milieu, wird als Freiraum verstanden. Seine möglichst anarchische Struktur soll Exempel und Keimzelle sein für das Neue. Und so wie der »neue Mensch« (auch wenn heute keiner mehr den Ausdruck gebraucht) die Revolution in seinem Verhalten vorwegnehmen soll, wird der »alte« attackiert, wenn er sich offenbart. Nicht selten, vornehmlich bei Sexismusdebatten, wird den Kritisierten ihre revolutionäre Identität aberkannt – oder, im selben Zug und nach der Logik des Freund/Feind-Denkens, sogar ihr Links-Sein in Frage gestellt.

Mit Blick auf Modestile und Lebensarten ist zu bedenken, daß wir hinsichtlich der Autonomen keine geschlossene soziokulturelle Einheit vor uns haben, vielmehr politisierte Jugendliche, die ihrerseits einer Mehrzahl von Jugendkulturen zuzuordnen sind, wenn bei den heutigen Stil-Renaissancen und -Eklektizismen

Foto: Sebastian Bolesch/DAS FOTOARCHIV

Punks-Geburtstagsparty in Bonn am Kaiserplatz, Frühjahr 1995

überhaupt noch von abgrenzbaren Jugendkulturen die Rede sein kann. Die Szene befindet sich in einem kulturellen Pool vom Maskulin-Körperbetonten (Tätowierungen) bis zum Alternativ-Manieristischen, vom intensiven Drogenkonsum bis zur biobewußten Lebensweise. Dieser Pool umfaßt im Prinzip alle nicht angepaßten Jugendlichen, ungefähr all diejenigen, die von MTV in einer gewieften Werbekampagne als »Rotzlöffel«, »Rüpel«, »Egoist«, »verwöhnte Göre«, »Flittchen«, »Versager«, »Traumtänzer« und »Chaot« apostrophiert wurden. Tugenden wie Ordnung, Sauberkeit und Disziplin werden abgelehnt, tragen sie doch sowohl den Geruch der konservativen bis extremen Rechten, als auch den der (durchaus linksliberalen) Erwachsenenwelt; nicht zuletzt kollidieren sie mit dem Hedonismus und Individualismus dieses Teils der Jugend.

Bei Autonomen, also denjenigen, die sich politisch engagieren und radikalisieren, kommt es zum »Widerspruch zwischen einer Strategie, die schon mal in befreiten Nahräumen eigene Lebensweisen verwirklichen will, und einer uneigennützigen revolutionären Arbeit gegen auch fernere Unterdrückungen.«[23]

Solche »eigenen Lebensweisen« richten eine Klassenschranke auf: »Fabrikarbeit«, so Viehmann, »läßt früher schlafen gehen, wer tagsüber Blaumann oder VerkäuferInnenkittel tragen muß, steht auf andere Klamotten als autonom wohl üblich. Wer mit 16 Lehrling wird, hat kaum Gelegenheit, sich jahrelang in einer linken Großstadtszene zu etablieren. Die autonomen Lebensstile (...) sind für manche Klassenlagen nicht zugänglich.«[24] Hinzu kommt erstens, daß in der autonomen Szene sehr aktiv sein muß, wer auf dem laufenden bleiben will, denn es gibt kaum Angebote für Menschen mit höherem Orientierungsbedarf oder niedrigerem Tatendrang respektive Zeitpensum. Zweitens herrscht ein hoher Anpassungsdruck in Sachen Kleiderordnung. Schnell wird man als »Yuppie«, »Hippie« oder »Proll« schief angeguckt. Drittens schließlich sollte man den autonomen Verhaltenskodex verinnerlicht haben, um nicht stillschweigend geschnitten oder offiziell in den Genuß eines »Tribunals« zu kommen.

Wer also mit den Autonomen »auf den versteinerten Verhältnissen tanzen« will, muß viel Zeit mitbringen und zuerst in die Tanzstunde. Das paßt so manchem Rüpel und so mancher Göre nicht.

Vom Grauschleier zur bunten Technowelt

Jede Bewegung stellt, wie jede Organisation, mit ihrer Programmatik und Praxis nur eine politische Klammer dar. Innerhalb derselben, also bei den Bewegungsakteuren oder Organisationsmitgliedern, finden sich durchaus unterschiedliche Lebensentwürfe und (sub-)kulturelle Zugehörigkeiten. Zweierlei hebt die Autonomen jedoch aus dem politischen Spektrum heraus: Die Klammer selbst, ihre (linksradikale) Abgrenzung zur Mitte hin, ist zugleich ihr Inhalt; die in ihr enthaltenen Positionen sind durchweg Gegenpositionen, die sich in einer Unzahl kanonisierter Anti-Ismen äußern. Überdies dominiert die kulturelle Identität die politische. Kein Wunder also, daß bei den Autonomen tatsächlich fast alle Jugendkulte Platz finden, die nach dem Politisierungsschub der Siebziger noch bestanden oder erst entstanden: Skins, Punks, Hardcores und HipHopper sowie alles, was Mode- und Meinungsmacher sowie die Jugendlichen selbst kreieren und kombinieren.

Das ursprünglich als autonom, seit den Neunzigern allenfalls noch als »alt-« oder »vollautonom« geltende Outfit (Lederjacke, Palästinensertuch usw.) besaß nie Ausschließlichkeit. Genausowenig, allein schon wegen der Älteren, die ihrem 80er-Jahre-Look treu blieben, das mittlerweile überwiegende US-amerikanische Hardcore- und HipHop-Outfit (eine Mischung aus Sport- und Militärkleidung: Armeehose, Kapuzenpullover usw., nicht mehr hauteng, sondern oversized).

Die Jugendkulte und Musikstile, die die autonome Subkultur prägten und speisten, rollten in Wellen durch die Szene. Jede Welle hinterließ unverwischbare Spuren in der Identität derjenigen, die zu diesem Zeitpunkt noch auf der Suche danach waren. Auf diese Weise ist jede autonome Bewegungsgeneration kulturell vielschichtig und die Szene als lebendes Sammelsurium und politischer Zusammenhang dieser Generationen um so mehr.

Punk war bekanntlich vor den Autonomen da, New Wave (bzw. die Neue Deutsche Welle) entwickelte sich parallel. Beide lieferten den Soundtrack für die Jugendrevolte der 80er Jahre. Der Begriff Soundtrack trifft den Nagel deshalb auf den Kopf, weil es sich um Hintergrundmusik handelte, nicht um die Vertonung von Propaganda. Punk und New Wave waren in der Masse alles andere als Agit-P(r)op. Vielmehr transportierten sie Stimmungen, die mit dem Lebensgefühl der Revoltierenden auf einer Wellenlänge lagen. Punk verteidigte den Anspruch auf ungebrochene Subjektivität. Er verkörperte das Kranken an den herrschenden Zuständen sowie den Angriff auf sie. Und schließlich wurde kaum irgendwo der autonome Wunsch nach entfesseltem, befreitem und authentischem Leben im Jetzt so erfüllt wie in den Augenblicken des Pogo-Tanzens (zumindest da, wo er nicht zum permanenten Bodycheck verkümmerte).

Als gelungene Ergänzung wirkte stets das »Punk-Bündnis« mit dem Reggae, das Diedrich Diederichsen als »vielleicht die dauerhafteste musikalische Errungenschaft der ganzen ›Bewegung‹« »ansieht.[25] Denn Reggae ist in seinen nicht nur-religiösen Formen gleichfalls Äußerung von Widerstand. Außerdem schien in ihm auch jene befreiende Leichtigkeit und Brüderlichkeit auf, die die »befreiten Nahräume« der Autonomen immer spiegeln wollten. Die »erwärmenden Feuer der Anarchie«, »Liebe ausstrahlen und empfangen«, verknüpft mit einer militant-kämpferischen Haltung, traten in Poesie und Rhythmus des Reggae zutage.

Ganz anders New Wave. Er soll hier am Beispiel der *Fehlfarben* beschrieben werden, die so etwas wie eine musikalisch-lyrische Inkarnation des autonomen Lebensgefühls waren. In ihrem legendären Album »Monarchie Und Alltag« (1980) fanden sich nahezu alle Façetten dieses Gefühls wieder oder wurden vorweggenommen: Das Plattencover zeigt ein typisches 50er-Jahre-Haus, davor nur Asphalt, kein Grün; der Inbegriff proletarischer und spießbürgerlicher Enge. Dieses Bild ist die Folie dessen, was schon im Tunix-Aufruf beklagt wurde und das ein Autonomer auf den Punkt brachte, als er sagte: »Wir sitzen hier und machen diese ganzen Aktionen, weil wir uns nicht abfinden wollen mit einer Welt, die aus Beton besteht, und Städten, aus denen das Leben weicht.«[26]

Fehlfarben sangen vom »täglichen Sterben«, vom »Grauschleier über der Stadt« und riefen: »Die zweite Hälfte des Himmels könnt ihr haben/das Hier und das Jetzt, das behalte ich!« Allgegenwärtig (vor allem in der Musik) war die Bedrohung, die diese Gesellschaft mit ihren Atommeilern und -waffen, ihrem Rüstungswettlauf und Fortschrittswahn ausstrahlte. In »Apokalypse« heißt es: »Ernstfall, es ist schon längst soweit/ Ernstfall, Normalzustand seit langer Zeit!« Und es spiegelt sich in den elf Stücken des Albums die Kälte des anbrechenden Yuppie-Jahrzehnts: »Bau dir ein Bild, wie es dir paß/sonst ist an der Spitze für dich kein Platz./Wenn die Wirklichkeit dich überholt/hast du keine Freunde, nicht mal Alkohol.« Höhnisch pointiert wurde die damals einsetzende Normalisierung und Geschichtsrevision: »Vergessen macht frei, es geht voran!« Lange Zeit war es dieser ironisch-resignative, zynisch-pessimistische Ton, der die »autonome Musik« machte.

Dann kam Mitte der Achtziger Hardcore und mit ihm eine entscheidende Wende. Die Mischung aus der Explosivität des Punk und der Schwere des Metal war zunächst, nach Andreas, dem Sänger von *Sharon Tate's Children*, »Punk ohne Müll und Syph«.[27] In Verbindung damit brachte »HC« den Hippiehaß zurück, wie er anfangs auch und gerade Punk ausgezeichnet hatte. Scott Kelly von *Neurosis*: »Die Hippies sind und bleiben unsere Erzfeinde (...). Sie glaubten, ihre ›happy family‹, dieses dumpfe Leben in Liebe, Drogen und Tanz wäre ein Ausdruck von Freiheit, habe etwas mit Natur zu tun. Blindheit war es!«[28] Ohne Reggae, Punk und New Wave ganz zu verdrängen, wurden nun Hardcore und etwas später HipHop für eine neue Generation Autonomer bestimmend.

Im Widerspruch zum Negativismus von Punk und New Wave und im Gegensatz zum Locker-Leichten des Reggae brach sich ein »positiver Kämpfergeist« Bahn. Dieser war eng verknüpft mit einem bisher in der Neuen Linken unbekannten Straßenkampf-Ethos: Kam es doch mit »Faschos« und rechten »Hools«, wie sie Ende der 80er Jahre vermehrt auftraten, oft zu Zweikampfsituationen. Dort hatten Autonome ihren Mann oder (seltener) ihre Frau zu stehen. Machogebaren und männlich besetzter Straßenkampfkult, die schon im kollektiven »Hit and run« der Randale ihren Platz gehabt hatten, fanden ein neues und noch geeigneteres Aktionsfeld. Außerdem wurde ein eher rechtes Männlichkeitsideal befördert, gewissermaßen nach der Formel »Feind denkt mit«: Von seinem Feind, den rechten Jugendlichen, gehaßt zu werden, kann als Ehre aufgefaßt werden. Von ihm, da man in irgendeiner Weise seinem »Zecken«- oder »Hippie«-Bild entspricht, nicht ernst genommen oder gar verlacht zu werden, kratzt am eigenen Stolz.

Vor diesem Hintergrund sind Hardcore und HipHop immer zwei Seiten einer Medaille gewesen. Hardcore (und manche Form des weißen HipHop) artikulierte die Militanz der weißen Männer, die nicht mehr »Täter« sein wollten. Mit der militanten Stimme des HipHop sprachen die Schwarzen, die Frauen und die Kolonialisierten, die die Opferrolle satt hatten und mit denen sich erstere folgerichtig identifizierten. Natürlich gab es auch, vor allem im HipHop, chauvinistische Textinhalte. In vielen Fällen war der erste und oft nachhaltige Eindruck alles andere als der einer emanzipatorischen Botschaft: Die Posen des Gangsta-Rap und des sich messianisch gebärdenden Hardcore strahlten wie das dazugehörige Outfit Härte und Dominanz aus, waren martialisch bis militaristisch. Derart konnte, korrellierend mit dem militanten Alltag des autonomen Antifaschismus, in den Jahren 1989 bis 1994 ein »linker Militarismus« in der Szene Oberhand gewinnen, der »sich sowohl von Punk als demonstrativem Kaputtsein wie auch von der soften Hippie-Schiene« abgrenzte.[29]

Das gab auch in den eigenen Reihen nicht selten Anlaß zu Irritationen und Kritik. Vor allem das Outfit schien, als sei es »mit dem der Neonazis bis auf kleine, nur noch für Insider erkennbare Abweichungen deckungsgleich (zum Beispiel kurzgeschorene Haare, Bomberjacke, Militärhose, Doc Martens).«[30] Allerdings waren es nicht pauschal Neonazis, denen etliche Autonome (Antifas) nähergerückt waren. Es waren die Skinheads: Der Kleidungsstil wies überraschende Ähnlichkeiten auf, »Punk ohne Müll und Syph« beschrieb exakt, was für Skins Oi! verhieß, und der linke Hippiehaß enthielt durchaus vergleichbare Züge.[31] Das alles führte zwar keineswegs, weder im Denken noch im Handeln, zu einer Angleichung, dafür sind die kulturellen wie politischen Unterschiede zu groß. Doch es reichte allemal aus, innerhalb der Szene den Raum für einen autonomen Skinheadkult zu schaffen.

Was den Hardcore anbelangt, so war seine Wirkung auf die autonome Szene, nicht zuletzt durch die beträchtliche Schnittmenge, wechselseitig: Die Stellungnahme gegen »Sexismus, Rassismus und Kapitalismus« wurde »zum Dreigespann auf dem Hardcore aufbaut«, die Political correctness für viele Bands und Fans zum Maßstab aller Dinge. Entsprechend machte sich eine Rigidität breit, die selektierte und sektierte in Drogenkonsumenten und Straight Edger, in »Aasfresser«, Vegetarier, Veganer u.a.m. Schließlich setzte, parallel zu solchen Spaltungen, auch die Selbstgeißelung ein: »Zwischen Power und Leid an der Welt hat sich Hardcore für letzteres entschieden. Man zeige mir eine reine Hardcore-Band, die auch nur einen Funken Humor besaß.«[32]

Die kraftvolle Wiedergeburt des Punk durch Hardcore war fehlgeschlagen, die fortschreitende Politisierung hatte in eine Sackgasse geführt. Der Hardcore-Slogan »All you hippies better start to face reality!«, der auch eine autonome Parole gegen alle sogenannten Hippies (Pazifisten, Legalisten, Sozialarbeiter und Sozialdemokraten) hätte sein können, war einem weinerlich-doktrinären Ton gewichen. Dadurch bedingt, feierte Punk in seiner ursprünglichen Form spätestens seit den Hannoveraner Chaostagen von 1994 sein Comeback; unterstützt durch das Revival, das er sich seit Beginn dieser rechtsruckgebeutelten Dekade mit Antifa-Samplern und -Benefizkonzerten beschert hatte.

Das Aufkommen von HipHop (und Acid Jazz) war insofern revolutionär, als mit ihm der Groove in die autonome Szene kam. Das Funkige und Jazzige des neuen Musikstils wurde denn auch einige Zeit mißtrauisch beäugt. Hatte es doch im Gegensatz zu Punk, New Wave und Hardcore eine positive Ausstrahlung und erinnerte an die Partytime-Mentalität der Schicki-Szene. Doch durch die Jüngeren begeistert aufgenommen, verdrängte HipHop um 1990 jeden »Krach«. Autonome Partys wurden auch für Außenstehende wieder attraktiv. Doch waren es noch autonome Partys?

Tekkno-Sound, ja der ist super, fahr'n die Raver voll drauf ab/Doch ich mag das gar nicht hören, mich bringt das ins Grab/ Mit Gasmasken auf ihren Fratzen sind sie cool, da sind sie ›in‹/Doch ohne ihre Aufputschpillen bekommen sie rein gar nichts hin.
Tekkno-Kacke, Tekkno-Kacke/Tekkno ist die größte Kacke/Tekkno-Kacke, Tekkno-Kacke/ Scheiße, Scheiße!
(*Rabauken*: »Tekkno-Kacke«, 1996)

Diese Frage stellte sich erst recht nach dem durch HipHop musikalisch vorbereiteten und äußerst siegreichen Einzug von Techno/House in die Szene. Nicht nur bei dem Erfolgsmodell der »ravenden Hausbesetzung« wurde beklagt, die Musik sei industriell, stumpf und mit übermäßigem Drogenkonsum gekoppelt. Außerdem werde »der Anspruch, subkulturelle Tendenzen subversiv mit unseren Inhalten zu füllen, nicht eingelöst« und »die erkämpften Freiräume immer mehr gegen das eingetauscht, wogegen diese Freiräume erkämpft worden sind.«[33] Verschärfend wirkte, daß Techno/House Ausschließlichkeit beansprucht: War Rap noch selbstverständlich gemixt worden mit Punk, Reggae und Hardcore bzw. mit letzterem eine fruchtbare Crossover-Verbindung eingegangen, so gelten auf dem Rave eben nur die 130-250 Beats per minute.

Diesen Beats gab man sich jedoch um so ekstatischer hin: Beim Raven schien der Druck, der durch Naziterror und Pogromstimmung, die Krise der Linken und die politisch korrekten Endlosdebatten erzeugt worden war, von einem abzufallen. Ohnehin dem Hedonismus der Autonomen bestens gerecht werdend, wurde Techno/House für viele zum wochenendlichen Notausgang – und zum Tor in eine bunte, selbstgenügsame Welt.

Eine Folge ist, daß alte Subkulturen wie die der Skinheads kaum noch Platz finden in der Szene. Die Skins, die sich nicht an die Technokultur assimilieren (was viele tun, vielleicht weil die »Parole Spaß« noch nirgendwo so konsequent verwirklicht wurde), werden fremd in einer Welt, die dem Bier das Ecstasy und den militanten Messages von Punk bis HipHop ein weichgespültes »Love, Peace and Unity!« vorzieht. Manchen Altautonomen, Punks und Skins ist deutlich anzusehen, daß das, was sie an den Hippies verabscheuten, ihnen nun in Gestalt technotanzender und pillenschmeißender Autonomer ein alptraumhaftes Déjà-vu bereitet.

It's disco music with another name/We smashed 'em up/Now we're back again/Dealers in the warehouse, send rave to grave.
(*The Business:* »Death II Dance«, 1994)

3. Parallelen und Kollisionen

Die erste Frage an dieser Stelle ist begreiflicherweise, ob Autonome und Skinheads überhaupt verglichen werden können. So einfach, wie die Medien es sich oft machen, geht es natürlich nicht. Da die Autonomen nicht nur eine Jugendkultur sind, sondern ebenfalls Kriterien einer sozialen Bewegung erfüllen, muß ein allgemeiner Vergleich auf ausschließlich kultureller Ebene verbleiben. Politische Parallelen und Gegensätze lassen sich hingegen nur zwischen Autonomen und speziellen Skinhead-»Fraktionen« aufzeigen, also zu SHARP-Skins, rechten Skins usw. Während es mit rechten Skins nur zu politischen Konflikten kommt, treten mit »unpolitischen« und linken Skinheads die Konflikte auf, die im Spannungsfeld der Jugendkulturen angelegt sind.

Ein allgemeiner Vergleich offenbart zwar grundlegende Unterschiede, dahinter tritt jedoch etwas anderes zum Vorschein: universelle »Merkmale einer Jugendkultur (...), die sich einer eindeutigen Einsortierung in rechts/links-Binaritäten entziehen. (...) Dazu gehören bestimmte Werte und ›magische‹ Letztbegründungen wie Echtheit, Authentizität; Strategien wie Tabubruch, Regelverletzung; Formen (Körperkulte, Massenereignisse); Haltungen (Anti-Parlamentarismus, Anti-Intellektualismus), Rausch, Spontaneität, Ekstase.«[34] Anhand dieser und anderer Merkmale wird im folgenden eine vergleichende Betrachtung versucht.

Authentizität

Ihr seid gegen den Staat und das System/Aber zum Arbeiten seid ihr zu bequem/Vom Sozi wolllt ihr leben/Doch niemals werdet ihr was geben. Dem Staat, dem fallt ihr nur zur Last/Obwohl ihr euer Land nur haßt/Für euren Vorteil könnt ihr Ärsche lecken/Ihr miesen, roten Zecken. (*Schlachtruf*: »Die Ratten«, 1995)

Authentizität ist das, was als unverfälscht, echt, ganzheitlich, unmittelbar und nicht entfremdet angesehen wird. Sie hat für Skinheads wie Autonome schon deshalb eine große Bedeutung, weil sie in ihr einen Lebensweg erblicken. Beide wollen weder eine Feierabend-Identität, noch halten sie ihren Lebensstil für vergängliche Jugendflausen.

Der autonome Authentizitätsbegriff steht für das Lustprinzip, für möglichst anarchische Strukturen und Beziehungen, für »Politik in der ersten Person«, Subjektivität vor Objektivität. Der Gedanke von Ganzheitlichkeit und Unmittelbarkeit drängt zur Auflösung möglichst vieler Dichotomien: private und politische Sphäre, Kopf- und Handarbeit, Weg (kleine Schritte) und Ziel (die Revolution). Was Weg und Ziel, Mittel und Zweck anbelangt, so ist es die direkte Aktion, die Gesetze brechend und/oder gewaltsam vornehmlich das Gefühl einer »Freiheit im Kampf um Befreiung« ermöglicht. Dabei steht allerdings dem Wunsch nach einem unreglementierten Leben konfliktreich die eigene haus- bzw. szenegemachte Reglementierung entgegen. Und auch die anderen Ziele lassen sich nur bedingt realisieren.

Der Begriff von Authentizität, wie ihn viele Skinheads hegen, bezieht sich allein auf den persönlichen Lebensstil. Die hierarchische Strukturierung der Arbeitswelt wird mit dem allgemein üblichen Murren und Motzen hingenommen. Arbeiten zu gehen bedeutet, niemandem auf der Tasche zu liegen, und gilt als Beweis persönlicher Autonomie. Folgerichtig bekommen diejenigen Autonomen, die ihre Autonomie gerade durch die Verweigerung von Maloche erlangen und deren Credo es geradezu ausmacht, »Staatsknete abzuzocken«, nicht selten ein »Geht erst mal arbeiten!« zu hören. Ganz so, wie es ihnen bei Demonstrationen ständig und stereotyp von Passantenseite entgegenschallt.

In anderen Punkten indes ist das Verständnis von Authentizität ähnlich. So bei der »Auflehnung gegen jede Art von Unterdrückung, Fremdbestimmung und Massenkultur«.[35] Im Alltag spielt für Skins wie Autonome eine herausragende Rolle, sich möglichst wenig vorschreiben lassen zu müssen und eine exklusive Position zu beziehen.

Der Vitalismus, also das ungehemmte Ausleben vor allem des eigenen Aggressionspotentials innerhalb der Subkultur, ist dagegen bei Skinheads viel ausgeprägter. Bei Autonomen ist er grundsätzlich, d.h. im kulturellen Unterbau (Punk, Hardcore, HipHop) und politischen Überbau (kategorische Antibürgerlichkeit), ebenso vorhanden, wird jedoch stark domestiziert oder, um es positiv zu formulieren, in seine emanzipatorischen Grenzen verwiesen. Allerdings sind diese Grenzen fließend. Zum Beispiel bei der Sprache: Ist den »geilen Titten« korrektheitshalber der »schöne Busen« vorzuziehen? Ist es phallisch-patriarchale Metaphorik, wenn jemand äußert, ihm gehe etwas »auf den Sack«? Stehen Begriffe wie Bumsen oder Ficken für eine einseitig an männlichen (Penetrations-)Bedürfnissen ausgerichtete Sexualität?

An diesem Punkt stößt die generelle Rotz & Trotz-Haltung von Punk und Oi! frontal mit dem Bewußtsein »privilegierter weißer Metropolenmänner« und autonomer Feministinnen zusammen. So oft letztere auch im Recht sind, sie haben sich durch ihre moralinsaure Haltung bei Skins und Punks längst diskreditiert.

»Der selbsternannte Gesinnungskontrollausschuß der Berliner Linken hat beschlossen, Skintonic zu boykottieren. Der Grund: Skintonic ist sexistisch! (ja, ährlich, ham die gesagt!). Man sieht: Die Braunen haben das Recht auf Dummheit nicht für sich allein gepachtet. Auch Rote oder lila MenschInnen (Ist das so richtig? Ham wir nämlich extra inner taz nachgekuckt, wie man das so vorschriftsmäßig schreiben muß!) können schon ganz schön blöde sein.«
(aus: *Skintonic* Nr. 7, Berlin 1990)

Haß

Für fast alle Skinheads wie Autonome gilt, daß Haß ein Grundgefühl ausmacht, das danach verlangt, umgesetzt und ausgelebt zu werden, ob als Schriftzug oder Parole, mit Glatze oder Haßkappe, durch eigene Aktionen oder »klammheimliche Freude«. Indes muß stark differenziert werden. Denn erstens gibt es Skins, denen Politik vollkommen wurscht ist und die, so weit sie sich äußerlich auch von der Gesellschaft absondern, sich doch recht bürgerlich gerieren. Und zweitens ist zwischen linken und rechten Skinheads zu unterscheiden: Der Haß der rechten Skins ist dem der Autonomen direkt entgegengesetzt und dies in doppelter Hinsicht. Nicht nur sind die Ziele des Hasses vollkommen andere – die schwächsten statt der stärksten Glieder der Gesellschaft –, auch sein Ton ist grundverschieden. Während Autonome ihr Bewußtsein, privilegiert in einer ungerechten Welt zu sein, offensiv artikulieren und sich mit Bildern von Aufständischen und Guerilleros der Dritten Welt identifizieren, vernimmt man von Bonehead-Barden u.a. folgendes:

»Du sitzt zu Hause ganz allein/Denkst an Deutschland und dein Heim« (*Oi Dramz*: »Blut & Ehre«); »Die Fremden machen unser Land zunichte/Was habt ihr gegen unsere Geschichte?« (*Radikahl*: »Flut«); »Oh, mein armes Deutschland, nun bist du soweit/Und keiner weit und breit, der dich befreit« (dies.: »Retter Deutschlands«); »Bald sind die Asylanten unsere Herren« (*Stuka*: »Parasiten«). Und: »Skinhead, Skinhead, laß dich nicht unterkriegen/Skinhead, Skinhead, denn du wirst ewig siegen!/ Sie behandeln dich wie ein wildes Tier/doch wir wollen nur leben, nicht schlechter als ihr!/Warum hetzt ihr Ausländer gegen uns auf/Denkt daran: wer gegen uns ist, kriegt was drauf!« (*Endstufe*: »Laß Dich Nicht Unterkriegen«). – Larmoyanz, die durchwirkt ist mit dem alten Strickmuster des Rechtsextremismus: Wer beabsichtigt, zum Täter zu werden, stilisiert sich zum Opfer.

Verorten Autonome die Flüchtlinge ganz unten, so wähnen rechte Skins sie als unsere baldigen »Herren«. Kein schrofferer Gegensatz ist denkbar als der zwischen diesem haar- und grenzenlosen Selbstmitleid und dem autonomen Voluntarismus, der mit Rudi Dutschke behauptet: »Geschichte ist machbar!« und mit *Public Enemy* die Konsequenz zieht: »Fight The Power!«

Ganz anders die linken Skins, für die hier beispielhaft ein Statement aus *Skintonic* zitiert sein soll. Darin heißt es:
»IT'S TIME FOR UNITY
IT'S TIME FOR A RIOT!!!

Wir wollen diese verlogene Demokratie nicht, wir haben genug von eurer Politik, wir haben keine Lust Marionetten für irgendwelche vollgefressenen Bänker und Unternehmer zu sein, wir haben keine Lust uns kaputtzumachen und unsere Probleme in Discos und auf Weihnachtsmärkten zu vergessen, wir vergessen eure Lügen und eure Gewalt nicht! Wir wollen nicht die Märchen eures Papstes hören, der sich von unserem Geld ein schönes Leben macht, wir wollen eure Reformen, eure Feiern nicht, wir stoßen Silvester mit Bier an, während ihr euch eure fetten Wanste mit Champagner und Kavier vollhaut, wir wollen eure Gewerkschaften nicht, die ›für uns Kämpfen‹, wir kämpfen schon für uns alleine, verlaßt euch drauf!

Wir wollen keine Waldheims, Krupps und Flicks, die wohl keine Vergangenheit mehr haben, während andere jahrzehntelang für sie büßen mußten. Wir brauchen eure Musik nicht, die lediglich einigen großen Plattenfirmen dazu dient ihr Monopol auszuweiten und Kohle zu scheffeln. Wir brauchen eure Medien nicht, die Lügen über uns berichten und die Gesellschaft beruhigen. Wir haben euch verlogenes, korruptes Pack erkannt – wir spielen nicht mehr mit: SMASH THE STATE!«

Wie unschwer zu erkennen, kriegt man hier »autonome« Töne zu hören.[36] Der gesamte ideologische Standard linker Gegenkultur wird dekliniert: Die identitätsstiftende Grenzziehung zwischen »uns« und »denen da oben«, wobei von »denen«

das Klischee der fetten Kapitalisten – im Bild mit Melone und Zigarre – kolportiert wird; der Widerwille gegen die als müßig angesehene Reformpolitik in Gestalt parteilicher und gewerkschaftlicher Stellvertretung; die pauschale Absage an Massenmedien und Kulturindustrie; und schließlich die jakobinisch-anarchistisch-autonome Illusion, »unten« entstehe Freiheit, wenn man »oben« etwas zerschlägt.

Grenzüberschreitung

Das Gegenstück zum Haß, der gemeinsame Spaß, kommt bei den Skinheads ungehinderter zu seinem Recht. Das rührt zum einen daher, daß für Skins (wie Punks) das Feiern, Saufen und Sau-Rauslassen in der Gruppe einen höheren Stellenwert hat und zum Kern dieser Subkulturen gehört. Zum anderen ist es der Humorlosigkeit all der Autonomen geschuldet, die beim Ernst des Lebens keinen Feierabend kennen (wollen).

Freilich gibt es viele Autonome, die sich ohne Wenn und Aber amüsieren, ob auf Punk- und Hardcore-Konzerten, bei feucht-fröhlichen Schlagerabenden oder zu Techno- und House-beats. Fraglich ist, ob das im Kontext der Szene geschieht oder vielmehr als zwischenzeitlicher Ausbruch aus ihr – die mit steigendem Drogen- und Lärmpegel sinkenden PC-Schwellen jedenfalls legen letzteres nahe. Besonders beim Rave, wo Politik und politische »explicit lyrics« durch Abwesenheit glänzen und wo der exzessive Konsum harter Drogen, die Präsenz bestrapster Damen und bodygebuildeter Herren sowie die von DJs eingespielten pornographischen Stöhntiraden keine Erinnerung an das Ambiente autonomer Infoläden aufkeimen lassen.

Jedoch sind Nischen und Ausnahmezustände von Techno bis Karneval für alle Kulturformen unentbehrlich. Erst recht für radikale Subkulturen, die von Tabubrüchen und Regelverletzungen leben. Bei Skins und Autonomen ist dies zweifellos der Fall, wenn auch in höchst unterschiedlicher Qualität. Bei Autonomen reicht es vom spontanen Anderssein, zum Beispiel als Punk, bis zu einer ganzen Philosophie in der Tradition von Marcuses »repressiver Toleranz« und Dutschkes Aktionsstrategien. Bei den Skins handelt es sich um eine stärker gefühlsmäßige Orientierung. Sie kann in Zeiten, da der Zeitgeist rechts ist und etliche Etablierte (Personen und Subkulturen) noch links stehen, auch ins Reaktionäre münden. Für viele galt: »›Links‹ stand für Langhaarige, Anarchos, den Pädagogenstand, die DDR und Spießertum. ›Links‹ hieß Langeweile und politische Opposition. ›Rechts‹ versprach ungeahnte Möglichkeiten der Provokation (mit NS-Symbolen), Kameradschaft (...), ungebremste Männlichkeit, Saufen und Randale ohne schlechtes Gewissen, Spaß pur und – keine Politik.«[37]

Bevor jedoch rechtstümelnden bis rechtsradikalen Jugendlichen die Weihen von Protest und Revolte verliehen werden,

Auf der Jacke den roten Stern/So siehst du dich immer gern/Schön verdreckt in Lederhose/Bist du immer gut in Pose/ Und beim Straßenkampf dabei/Gegen wen, das ist dir einerlei
Willst die Masse überzeugen/Kämpfst fürs Proletariat/Und drischst ständig deine Phrasen/Ach, wir haben dich so satt
Du willst ständig agitieren/Und wie'n Studi diskutieren/Freiheit, ja, um jeden Preis/Wer auf der Strecke bleibt, das ist dir gleich/Du willst diese Menschheit zwingen/ Ihnen deinen Frieden bringen
Geh auf die Straße, geh in die Fabrik/Und höre deine Klasse, sie wollen dich nicht/Sie wollen dich nicht, dich und dein Gelaber/Sie scheißen auf dich und deinen dreckigen Schlabber.
(*Kraft durch Froide*: »Roter Stern«, erschienen ca. 1983 auf dem Demotape »Deutsche Musik»)

»(...) Es gibt da noch weitere Mißverständnisse auszuräumen: Beispielsweise daß SHARP irgendein Zusammenschluß von kurzhaarigen Kommunisten oder der glatzköpfige Wurmfortsatz irgendwelcher autonomen Antifas sei. Dieses

weil diese sich gegen »linke Spießer« und das »68er Establishment« wenden, bedenke man die Mentalität, die meist zur »Provokation« mit NS-Symbolen führt. Die Songtexte rechter Skinheadcombos sprechen eine andere Sprache als die der Revolte. Sie widersprechen einer quasi-revolutionären Stilisierung um so mehr, da die Musik beim Eintritt in Jugendkulte die Schlüsselrolle innehat. Das, was da als Widerstand daherkommt und oft auch so verstanden wird, ist nichts anderes als militantes Spießertum und braunes Denken im Horizont des Jägerzauns. Linke Beobachter lassen sich nur allzuoft blenden von der proletarisch-punkigen Kostümierung der (rechten) Skins.

Wenn manche Jugendliche die politisch-subkulturellen Fronten wechseln, so geschieht das nicht, weil sich ihre »Protesthaltung« beliebig umcodieren ließe. Es geschieht, weil die Haltungen und Einstellungen noch nicht gefestigt, die Jugendlichen noch in der Phase der Selbstfindung sind. Und diese Phase schließt nicht nur Seitenwechsel ein, sondern bedeutet vor allem ein Leben in krassen Widersprüchen, die vorübergehend oder ein Leben lang im Zustand friedlicher Koexistenz verweilen können. Wie George Marshall aus den Siebzigern zu berichten weiß, hatten viele britische Skins schon damals keine Probleme, den Namen des ultarechten Enoch Powell zu skandieren und Labour zu wählen, in der National Front zu sein und zu Two-Tone-Rhythmen zu tanzen. Heute mahnt Dirk von *Slime* nicht grundlos: »Sind wir doch mal realistisch: Den Fünfzehnjährigen, der in seinem Plattenregal die ONKELZ neben SLIME stehen hat, gibt es mit Sicherheit, da brauchst du gar nicht groß suchen.«[38]

Mit dieser Art von Widersprüchen konnte jedoch die radikale Linke, zumal die autonome, noch nie viel anfangen. Für nicht wenige gibt es »die Menschen«, die der Befreiung von Ausbeutung und Unterdrückung, von Entfremdung und Konsumterror harren, und die »Prolls« und »Asos«, die das alles verinnerlicht haben, sich dabei auch noch glücklich dünken und hinter dem zufriedenen Grinsen die faschistische Fratze verbergen. Ebenso gibt es für die meisten eine klare Linie zwischen »Genossen« und »Rechten«. Die Selbstverständlichkeit, mit der »normale«, soll heißen nicht akademisch gebildete, nicht politisch engagierte Menschen linke Ideologeme (Solidarität, Klassenbewußtsein) und rechte (wie Sexismus, Antisemitismus) in sich vereinen, wird ignoriert. Sie verschwindet hinter einem groben Raster, das sich nur aufrechterhalten läßt, wenn man das Reservat der Subkultur kaum noch verläßt und dort mittels Political correctness ein kulturpolitisches Reinheitsgebot verficht.

Demzufolge scheint es auch künftig um den Realismus in der autonomen Szene und einen entsprechend genaueren und entspannteren Umgang mit Skinheads schlecht bestellt zu sein.

Masse, Macht, Emotion

Massenereignisse sind für Jugendliche, auch für solche, die keiner speziellen Jugendkultur angehören, von großer Bedeutung. Die alltägliche Ohnmacht gegenüber der Erwachsenenwelt, ihren Konventionen und Institutionen wird schlagartig aufgehoben, der einzelne schwimmt in einem Meer von Gleichgesinnten und kehrt befriedigt und mit einer gewissenen Erhabenheit in den Alltag zurück.

In der Regel erfüllen Konzerte für Skinheads wie Autonome diese Funktion. Für die Autonomen kommen die Demonstrationen hinzu, für Skins die überregionalen Treffen (die neonazistischen Aufmärsche, an denen auch jede Menge »Faschoglatzen« teilnehmen, sind in ihrem Gleichschritt wohl das gerade Gegenteil von Skinheadkultur). Schließlich ist die Randale ein Massenereignis ersten Ranges. Autonome ziehen gerade aus ihr eine gehörige Portion eigener Stärke, erst recht wenn die ansässige Bevölkerung unterstützend eingreift, wie zum Beispiel in Wackersdorf oder Brokdorf geschehen. Für Skins dürfte Ähnliches gelten. Jedoch sind die betreffenden Anlässe keine »Skinhead-Events«, sondern, von der Fußballschlacht über die Chaostage bis zum Pogrom, Ereignisse, an denen Skinheads lediglich neben anderen teilnehmen.

»Ich war ein Teil einer Armee, und für einen Tag würde die Stadt uns gehören.« – Die Bedeutung des eingangs Zitierten ist, mal als friedliche Belagerung, mal militant ausgelegt, universal. Ob sich ein Marktplatz bei einer autonomen Kundgebung mit Ständen, wehenden Fahnen und lauter Musik in eine revolutionäre Enklave verwandelt, die von Polizei und Passanten ängstlich oder grimmig beäugt wird, ob Skins sich bei einem Festival irgendwo »breitmachen«, um ähnliche Reaktionen zu provozieren, ob Mods in Brighton, Hippies in Woodstock oder Punks in Hannover: Das gewissermaßen jugendliche Pendant des karnevalistischen Rathaussturmes ist lebenswichtig für jede subkulturelle Identitätsbildung und Selbstbehauptung. Ebenso universal ist die Bedeutung von Gewalt. Sie ist neben ihrer Relevanz für das individuelle Männlichkeitsideal und das Gefühl kollektiver Stärke auch für die innere Strukturierung der jeweiligen Szenen grundlegend. In Abwandlung des Skinhead-Wortes »hart, aber smart« könnte man bezüglich Skins *und* Autonomen sagen: Smart ist, wer hart ist.

Wer bei Auseinandersetzungen Mut beweist, vorausgeht, dreister und tollkühner ist als andere, rückt in der Geltungshierarchie nach oben. Nicht zuletzt daraus resultiert in beiden Szenen die zahlenmäßige wie strukturelle Männerdominanz. Je trockener und intellektueller, je unattraktiver und weniger dem Szene-Outfit angepaßt und nicht zuletzt je ängstlicher und skrupulöser also eine Person ist, desto schwerer wird sie bei Skins und Autonomen Gehör finden.

Vorurteil existiert keineswegs nur in rechten Kreisen. In einigen Städten in diesem unserem Lande werden SHARP-Skins von Antifa-Leuten umschwärmt, daß einem schon schlecht werden kann. Sehen sie den selben Typen dann ohne SHARP-Aufnäher, isser 'n Nazi und gehört was auf die Fresse gehauen. Solche Leute können einfach nicht akzeptieren, wenn jemand nicht in ihr Linksrechts/Freund oder Feind/Klappklapp-Schema paßt. Klar, mir ist ein linker Antifaschist immer noch lieber als ein rechter Ausländerhasser, aber beide sind nun mal keine Skins! Und beide wollen uns vorschreiben, was ein ›richtiger‹ Skinhead zu denken hat, was wir doch gerne für uns selbst übernehmen (auch wenn keiner glaubt, daß Skins überhaupt denken können). Wir wollen weder Führerhauptquartiere, noch Politbüros. Die Frage, die uns wirklich tief beschäftigt, ist: Wo ist die nächste Party?«
(aus: *Skintonic* Nr. 8, Berlin 1991)

Eine weitere, noch grundlegendere Analogie liegt in der Tatsache, daß Skinheads und Autonome sozusagen eine »Wellenlänge« haben; ein Umstand, der nicht zufällig mit einem Energiebegriff umschrieben wird: An welchem Ort der jugendlichen Subkultur sich ein Mensch wiederfindet, hängt maßgeblich von seinen Energiepotentialen ab und der Art, wie er diese umsetzen kann. Warum sich beispielsweise der eine für Reggae und Rastafari, der andere für Death Metal oder Gothic entscheidet, wird nicht plausibel, wenn man nach ethisch-ideologischen Grundeinstellungen fahndet. Die Frage ist vielmehr, welche positiven und negativen Energien vorhanden (was natürlich auch gesellschaftliche Gründe hat) sind und wie es dem Betreffenden möglich ist, diese Energien – seine Lust und seinen Frust – körperlich auszuleben, umzusetzen und zu sublimieren.

Bei Skins und Autonomen handelt es sich gleichermaßen um hochenergetische Subkulturen, was in ihrer gemeinsamen Vorliebe für Punk sowie in ihrer Charakterisierung als vital, hedonistisch, militant und radikal zum Ausdruck kommt. – Ob Skinheads eher Anschluß an die rechte oder an die linke Szene finden, ob Autonome mehr Energie in Diskussionen oder in Aktionen investieren, das alles ist abhängig von vorhandenen Ressourcen sowie moralischen und politischen Standpunkten. Der Energiefluß aber, den diese Standpunkte lenken, hier eingrenzen und dort ausufern lassen, ist das individuell Primäre. Mithin ist es weder der Zufälligkeit des persönlichen Umfeldes noch einer kühl kalkulierenden Erwägung geschuldet, daß ein Autonomer kein bedächtiges Mitglied der Grünen Jugend, ein rechter Skinhead kein beschlipster Angehöriger der Jungen Republikaner geworden ist. Diejenigen, die später eine Identität als Skins oder Autonome finden, haben sich schon vorher entschieden, die Sau rauszulassen und der Welt den Stinkefinger zu zeigen.[39]

In beiden Subkulturen erfüllt die physische Selbsterfahrung des einzelnen auch eine identitäre Funktion: Wird der Geist von Identitätskrisen geplagt, so erlaubt der Körper eine im Augenblick gelebte, zweifelsfreie Realität. Wo wären eindeutigere Daseinsbeweise denkbar als inmitten eines pogenden Pulkes oder im Moment, da der geschleuderte Stein die Scheibe trifft. Nicht zuletzt bei Skinheads und Autonomen heißt Bewegung: *Move your body.*

Körperkulte und Outfit

Die Autonomen besitzen keinen eigenen, nur ihnen zugehörigen Körperkult, er präsentiert vielmehr all das, was in ihrem kulturellen Pool schwimmt und an seinem Rande liegt. Eine wichtige Gemeinsamkeit weisen jedoch alle diese Elemente auf, von Punkrock bis Techno, vom Zeigen schlichter Nacktheit bis zum Ganzkörper-Tätowierten und -Gepiercten, von Iggy-Pop- bis

Til-Schweiger-Proportionen: Die meisten Autonomen haben einen ausgesprochenen, wenn auch nicht immer herkömmlichen Sinn für Körperästhetik.

Das Stylen und Kreieren der eigenen Erscheinung ist integraler Bestandteil einer Szene, in der erstens die Selbstverwirklichung obenan steht und zweitens ein Großteil der Kommunikation über äußerliche Codes abläuft. Nicht nur soll die Aufmachung die Identifikation mit dem »Widerstand« signalisieren, um nicht als Yuppie, Hippie oder Proll abgestempelt zu werden. Mindestens ebenso wichtig ist in Teilen der Szene, daß man – gemäß dem herrschenden Schönheitsideal – schlank und knackig ist. Wer dicker ist oder einen Bierbauch hat, entspricht dem Bild des »häßlichen Deutschen«, wie es von Haderer bis Deix, von *Spiegel* bis *Titanic* gängig ist.

Das Problem gegenüber anderen Subkulturen resultiert aus der politischen Aufladung des Körperlichen und Ästhetischen. Richy, selbst SHARP-Skin, erklärt das Konfliktpotential: »Das Problem ist, daß durch unser auffälliges Äußeres, das natürlich auch so ein bißchen Ordnung und Sauberkeit bedeutet, von uns hat keiner knallrot gefärbte Haare und Schleppscheiße an den Beinen, leicht der Eindruck entsteht, wir wären rechts.«[40]

Der Körperkult der Skinheadszene ist proletarisch, inklusive der Elemente der Subkultur wie Tattoos und Piercings. Er grenzt sich wie Punk von dem Manirierten der autonomen »Studenten«-Szene ab und macht aus der Not (dem Bierbauch) eine Tugend. Die nackten männlichen Oberkörper, wie sie bei Konzerten hundertfach zur Schau gestellt werden und beim Tanzen verschwitzt aneinanderrempeln, sind der elementarste Ausdruck des Skinhead- und Punkrock-Vitalismus. Noch mehr als bei den Autonomen ist hier Körperkult männlich besetzt, und das unumstritten. In der autonomen (Hardcore-)Szene dagegen rufen Haufen halbnackter pogender Männer immer wieder weiblichen Widerspruch hervor: Entweder, weil den (oder einigen) Frauen das Tanzen vergällt wird, oder weil bereits die Atmosphäre in ihren Augen etwas Bedrohliches, Aggressionsgeladenes ausstrahlt. Weil in solchen Fällen buchstäblich vitale Interessen aufeinanderprallen, sind Kompromisse nahezu unmöglich.

Anti-Intellektualismus

Vom Körper zum Geist, das heißt hier: zum Anti-Intellektualismus. Dieser hat bei Autonomen und Skinheads äußerst verschiedene Gestalt und stellt, so prägend er für beide Jugendkulturen ist, nur eine vermeintliche Parallele dar. Das Gemeinsame beschränkt sich auf das, was sich unmittelbar von den Faktoren Jugend und Subkultur herleitet: Jugendliche stehen der geistigen (politischen und wissenschaftlichen) Welt wie einer Festung gegenüber, die sie, da sie sie nicht unmittelbar einnehmen können, verhöhnen müssen.

Darüber hinaus gilt für alle vitalen und hedonistischen Subkulturen: Grau ist alle Theorie. So verteufeln Autonome gern die Wissenschaft und versuchen es auf eigene Faust. Der autonome Autor Geronimo erkennt zum Beispiel in den Universitäten eine »neue Kirche«, wo »mittelschichtsorientierte Sichtweisen« den Studierenden »die Köpfe waschen«. Demgegenüber wird die Perspektive der Betroffenheit beschworen: »Der in autonomen Strukturen organisierte Lehrling, der seine Ausbildung hinschmeißt und von seinen Eltern abhaut, wird sicherlich den qualitativen Unterschied von ›alter‹ und ›neuer‹ Armut spätestens dann merken, wenn er feststellt, daß er mal wieder keine Kohle im Portemonnaie hat.«[41] Subjektivität geht vor Objektivität, praktische Erfahrung vor theoretischer Arbeit: »Es hat auch wenig Sinn, die politische Arbeit auf das Ausarbeiten von genauen Analysen (...) zu konzentrieren, mit denen dann immer die anderen agitiert werden sollen. Unmißverständlich und definitiv ist nur das Handeln.«[42] Analysen werden lediglich für den »Kampf« gefordert und fabriziert und sind schon insofern suspekt, als ihr mit objektivem Anspruch behafteter Inhalt anderen aufgedrängt und übergestülpt werden könnte. Und last but not least: Wissenschaft und Programmpolitik sind mühselig und trocken. Das ist ein schwerwiegendes Problem für eine aktionistische und erlebnisorientierte Subkultur.

Bei den Skinheads liegt die Sache klarer, widerspruchsfreier. Die Situation in England 1968/69 beschrieb der Skinhead George Marshall so: »Aufrufe an die Arbeiter, ihre Genossen Studenten im Kampf gegen die Kapitalisten-Schweine zu unterstützen, stießen weitestgehend auf stocktaube Ohren. Nur sehr wenige Arbeiter wollten den Studenten helfen oder ihnen nur einen freundlichen ›Hey, Zeit zum Aufwachen‹-Klaps auf die Schulter geben. Dann schon eher einen Tritt in den Arsch und was gab es dazu besseres als ein paar Bovver-Boots in Größe 45. Die Zeit dazu war reif, als Studenten Plakate mit Parolen wie ZERSCHLAGT DEN STAAT! oder VIETNAM MUSS SIEGEN! durch die Straßen trugen.«[43] So konnte schon der Spirit of 69 – gelinde gesagt – wenig mit dem Geist von 68 anfangen.

Stay rude, stay rebel

Zusammenhänge und Zusammenstöße zwischen Skinheads und Autonomen wird es auch in Zukunft geben, obwohl die Zerfallserscheinungen bei den Autonomen und das Abebben der Skinheadwelle unübersehbar sind. Mit dem wachsenden Spannungsfeld zwischen Systemforderungen und lebensweltlichen Bedürfnissen wird auch der Drang nach Autonomie, der »Blues« in den Metropolen erhalten bleiben. Für die verbleibenden Skins kommt nach Ende der rechten und linken (SHARP-)-Inflation das Wiedererstarken von Punk und Oi! gerade recht.

Bewegungen und Subkulturen totzusagen, weil sie *einen* Zenit überschritten haben, macht sich immer gut in einer Welt, in der sich Trendsetter und Trendscouts gegenseitig auf die Füße treten. Solange jedoch an die Stelle des Alten nichts Neues tritt, etwas, das die alten Bedürfnisse neu zu verwirklichen verspricht, lobt man den Tag vor dem Abend.

Um die weltanschaulichen Anschlußpunkte bzw. Diskrepanzen zwischen Skinheads und Autonomen abschließend auf den Punkt zu bringen, bietet sich die SHARP-Hymne von *No Sports* an. Die Botschaft des Songs »Stay Rude Stay Rebel«, der aus ersichtlichen Gründen auch zum autonomen Schlager avancierte, lautet: »Stay rude and stay cool/Stay rebel, be nobody's fool/Stay rude against any command/Stay rebel, take your life in your hands.« – Dieses Credo der meisten Skins, das auch nach linksradikaler Lebensphilosophie klingt – und insofern eine

Stay rude against the fascist regimes/Stay rebel against politicians's dreams/Stay rude and fight back against injustice/ Stay rebel against racial prejudice
Stay rude and stay cool/ Stay rebel, be nobody's fool/Stay rude against any command/Stay rebel, take your life in your hands
Don't judge a man by the colour of his skin/Don't judge a man by his religion/Don't judge a man by what he's been/Don't judge a man by where he's coming from
Skinheads remember your roots/Think with your heads and not with your boots/Stay rude, stay rebel/Stay rebel, stay SHARP
(*No Sports*: »Stay Rude, Stay Rebel«, 1990)

Brücke schlagen könnte –, bringt beim genaueren Hinhören die Quelle des Gegensatzes zum Ausdruck. Denn ein Skinhead will eben auch nicht den moralisch-ideologischen »Commands« der Autonomen folgen, nicht ihr »Fool« sein. Wenn es im Lied heißt: »Stay rebel against politicians' dreams«, sollte man nicht vergessen, daß Skins auch und gerade Autonome als »Politicians«, als »Politfritzen«, empfinden. Dieselben Skinheads, die die Motive des zitierten »Smash the State!« -Aufrufs teilen, sind in der Regel sehr einverstanden mit anti-autonomen Schimpftiraden à la Zippi M. Zipprich.

Dagegen ist das klassische autonome Feindbild »Skinhead« nicht mehr so akut. Zum einen läßt das Abflauen der linken Hysterie, die durch Anschläge und Überfälle ausgelöst wurde, mehr Zeit zum Nachdenken bei Konfrontationen. Zum anderen ist in nicht wenigen Köpfen das bestehende Horrorbild relativiert worden, nicht zuletzt durch SHARP und die Zuwendung, die der Skinheadkult von seiten kritischer Journalisten erfahren hat. Das Bild vom Skin als der Inkarnation des Neonazismus, wie es die Medien produzierten und die Autonomen aufnahmen und reproduzierten, existiert nicht mehr. Schließlich sind auch zuviele Neonazis äußerlich »normal« geworden und mimen die Jung-Dynamischen und Netten von nebenan.

Als beständiger erweisen dürften sich die soziokulturellen Barrieren zwischen Skinheads und Autonomen. So sehr sich die Skins mit Teilen der autonomen Szene im ideellen Gesamtfeindbild »Hippie« treffen, klaffen doch meist Welten, wenn es um das positive Selbstverständnis geht. Zunächst ist da natürlich alles Äußerliche und Ästhetische, was für Jugendkulturen eine kaum zu unterschätzende Rolle spielt. Davon abgesehen richtet die soziale Situation der einzelnen eine Grenze auf, die sowohl real wie ideologisch unüberbrückbar erscheint. Einerseits kollidiert das dumpfe Ressentiment gegen »linke Zecken«, das die meisten Skinheads hegen, mit dem nicht weniger geistlosen Dünkel vieler Autonomen, daß jemand doch selbst schuld ist, wenn er sich »kaputtschuftet«. Andererseits läßt die Arbeitszeit der meisten Skins nur eine feierabendlich beschränkte Teilnahme am Szeneleben zu, was für autonome Zusammenhänge weder politisch-kulturell noch zwischenmenschlich ausreicht.

Nichtsdestotrotz findet dieses mehr oder weniger in Vollzeit- und Teilzeit-Aktivisten gespaltene Szeneleben fast in jeder Stadt in ein und derselben Disco- und Kneipenkultur statt, und in der wird es weiterhin Schnittstellen zwischen Skinheads und Autonomen geben; am ehesten dort, wo die autonome Szene am proletarischsten und konservativsten ist. Dort also, wo Ska, Reggae, Punk und Oi! dem Techno sowie Bier und Hanf dem Ecstasy vorgezogen werden. Dort, wo Vitalismus und Anti-Intellektualismus ungebrochen sind, man also weitgehend von »Gelaber« und Political correctness verschont bleibt und sich die Männlichkeit in Körperkult und Outfit ungehindert entfalten kann. Schließlich dort, wo man gemeinsam zu entsprechenden Events fährt, zu Punkkonzerten, den Chaostagen, zum Fußball etc.

Auf lange Sicht bleibt indes abzuwarten, welche Folgen der Zusammenbruch linksradikaler und gegenkultureller Ideologien und die allseitige Abnutzung der »Ästhetik der Provokation« für Skins, Autonome und ihr Verhältnis zueinander zeitigen werden. Der Zeitgeist bläst den Subkulturen jedenfalls mächtig ins Gesicht. Die aber, ob links, rechts oder einfach »anders«, haben bekanntlich schon immer ihren Sinn darin erblickt, für Gegenwind zu sorgen.

Literatur

Annas, Max/Christoph, Ralph (Hrsg.): Neue Soundtracks für den Volksempfänger. Nazirock, Jugendkultur und rechter Mainstream. Berlin 1993.

Büsser, Martin: If the kids are united – von Punk zu Hardcore und zurück. Mainz 1995.

Diederichsen, Diedrich: Als die Kinder noch in Ordnung waren. In: Annas, Max/Christoph, Ralph (Hrsg.): Neue Soundtracks ..., a.a.O.

Farin, Klaus/Seidel-Pielen, Eberhard: Skinheads. München 1993.

Geronimo: Feuer und Flamme. Zur Geschichte und Gegenwart der Autonomen. Berlin 1990.

Grasskamp, Walter: Der lange Marsch durch die Illusionen. Über Kunst und Politik. München 1995.

Hillenkamp, Sven: Die Autonomen. Zwischen kultureller Wirklichkeit und politischer Wirksamkeit. In: *Forschungsjournal Neue Soziale Bewegungen*, Jg. 8, Nr. 2/1995.

Horx, Matthias: Das Ende der Alternativen. München 1985.

Kongreßlesebuchgruppe: Der Stand der Bewegung. 18 Gespräche über linksradikale Politik. Lesebuch zum Autonomie-Kongreß 1995, Berlin 1995.

Manrique, Matthias: Marginalisierung und Militanz. Jugendliche Bewegungsmilieus im Aufruhr. Frankfurt a. M./ New York 1992.

Marshall, George: Spirit of 69. Eine Skinhead-Bibel. Dunoon 1993.

Steinert, Heinz: Erinnerung an den »linken Terrorismus«. In: Hess, Henner/Steinert, Heinz/Scheerer, Sebastian: Angriff auf das Herz des Staates. Bd.1, Frankfurt a. M. 1988.

Stoff, Heiko: Vom Spaßhaben und Spaßverderben. Korrekte Gegenpolitik und unkorrekte Gegenkultur. In: *links*, 27. Jg., Nov./Dez. 1995.

Viehmann, Klaus u.a.: Drei zu Eins. Klassenwiderspruch, Rassismus und Sexismus. Bremen/Oldenburg 1990.

---

1 Die Verwendung der Bezeichnungen »autonom« und »die Autonomen« im weiteren sollte nicht darüber hinwegtäuschen, daß in allen Punkten – z.T. nicht ungewichtige – Ausnahmen bestehen. Betreffend inhaltlicher Aspekte werden dominante Tendenzen beschrieben, die in der autonomen Linken durchaus Gegenstand von Debatten sind. Nicht wenige Gruppen verwenden die genannten Begriffe mittlerweile nicht mehr oder distanzieren sich von ihnen, ohne jedoch einen neuen Namen gefunden zu haben (bis auf weitergefaßte Begriffe wie »radikale Linke«, »AntifaschistInnen« usw.). Auch diese Gruppen werden hier als autonom verstanden, da ihnen m. E. weiterhin die wesentlichen Merkmale zueigen sind (vgl. auch Hillenkamp, Sven: Die Autonomen. A.a.O.).

2 Es gibt mit Sicherheit nicht die Politikverdrossenheit *der* Jugend. Jedoch betätigen sich in Antifa-Gruppen vor allem solche Jugendliche, die von »der Politik« und »Politikmachen« im herkömmlichen Sinn wenig halten.

3 Die folgenden Zitate sind Flugblättern, Pressemitteilungen und einem Streitgespräch in der Zeitung *Falter* (36/1994) entnommen. Sie stammen von (Mitgliedern) der *Antifa X*, der *Antifa 11*, der *autonomen Inselgruppe* und einem anonymen Leserbriefschreiber, der sich als »autonomer Antifaschist« bezeichnet.

4 Volkstreue Außerparlamentarische Opposition; Österreichs bedeutendste offen neonazistische Organisation.

5 In dem Stück »Schränker«, das den Einbruch bei dem reichen »Herschel Grünspan« schildert, sind keine antisemitischen Äußerungen enthalten. Vor dem Hintergrund des Holocaust – und einer (Oi!-) Szene, die massiv rechts durchsetzt ist – ist das natürlich ein schwacher Trost.

6 Nur wegen naheliegenden Mißverständnissen nochmals: Es geht um Denkmuster. Diese können durch andere Denkmuster und Erwägungen relativiert werden und müssen nicht zu ähnlichen Ergebnissen führen. Da Autonome – außer in ihrer Subkultur, und da auch nur beschränkt – Macht, Dominanz und Kontrolle ablehnen, diese im übrigen mangels Instrumentarium gar nicht ausüben können, hält sich der Schaden in Grenzen.

7 *Corned Beef* Nr. 9. Die Orthographie im Zitierten wurde vom Autor, auch im weiteren, übernommen.

8 Marshall, George: Spirit of 69. Eine Skinhead-Bibel. Dunoon 1993, S. 83.

9 *Skintonic* Nr. 14.

10 Büsser, Martin: If the kids are united. Von Punk zu Hardcore und zurück. Mainz 1995, S. 27.

11 Selbstverständlich wird die leninistische Ideologie, die aus diesem Bewußtsein spricht, namentlich von den meisten Autonomen abgelehnt.
12 Marshall, George: Spirit ..., a.a.O., S. 148–149.
13 Manrique, Matthias: Marginalisierung und Militanz. Jugendliche Bewegungsmilieus im Aufruhr. Frankfurt a. M./New York 1992, S. 166.
14 Vgl.: Steinert, Heinz: Erinnerung an den »linken Terrorismus«. In: Hess, Henner/Steinert, Heinz/Scheerer, Sebastian (Hrsg.): Angriff auf das Herz des Staates. Bd. 1, Frankfurt a. M. 1988, S. 15ff.
15 1968 und in den folgenden Jahren kam dem »Staatsterror« ebenfalls eine Schlüsselrolle im Radikalisierungsprozeß zu, siehe der Mord an Benno Ohnesorg u. a. m.
16 Horx, Matthias: Das Ende der Alternativen. München 1985, S. 14.
17 Anonym, zit. nach: *Fight the Power* – Antifa Jugendinfo Göttingen Nr. 2.
18 *Radikal* Nr. 123/1983, S. 12.
19 Geronimo: Feuer und Flamme. Zur Geschichte und Gegenwart der Autonomen. Berlin 1990, S. 12.
20 Zit. nach: Ebenda, S. 68.
21 Phantomgruppe Niedersachsen.
22 Viehmann, Klaus u. a.: Drei zu Eins. Klassenwiderspruch, Rassismus und Sexismus. Bremen/Oldenburg 1990, S. 4.
23 Ebenda, S. 41.
24 Ebenda, S. 35.
25 Punk, in seiner Reinform zu einer weißen Musik geworden, fand damit wieder Anschluß an die schwarze Musik, was ihn resistenter gegen rechte Besetzungen machte.
26 Zit. nach: Manrique, Matthias: Marginalisierung ..., a.a.O., S. 142.
27 Zit. nach: Büsser, Martin: If the kids ..., a.a.O., S. 26.
28 Ebenda, S. 82.
29 Ebenda, S. 25.
30 Ebenda S. 30.
31 Beispielsweise bürgerte sich in Bonner Antifa-Kreisen ein Vokabular ein, das bis dato (auch linke) Skinheads mit Rechten verbunden hatte: »Asseln« und »Zecken« für ungepflegte, langhaarige und/oder dreadlockige Linke, sowie »Studenten« als Stigma für »Studenten-Musik«, »Studenten-Gelaber« und andere »Studenten-Scheiße«.
32 Vgl.: Büsser, Martin: If the kids ..., a.a.O.
33 Zit. nach: Stoff, Heiko: Vom Spaßhaben und Spaßverderben. Korrekte Gegenpolitik und unkorrekte Gegenkultur. In: *links*, 27. Jg., Nov./Dez. 1995, S. 25.
34 Diederichsen, Diedrich: Als die Kinder noch in Ordnung waren. In: Annas, Max/Christoph, Ralph (Hrsg.): Neue Soundtracks für den Volksempfänger. Nazirock, Jugendkultur und rechter Mainstream. Berlin 1993, S. 12.
35 Farin, Klaus/Seidel-Pielen, Eberhard: Skinheads. München 1993, S. 12.
36 Zit. nach: *Skintonic* Nr.1 – Bis auf die Sache mit dem Bier: Denn Autonome lassen sich nicht auf »proletarische« Genüsse festlegen. Dem Lebensgefühl vieler Autonomer entspricht vielmehr ein

Schöpfen aus dem vollen (»Ich will Luxus, Tag und Nacht«, hatten *Ideal* den Zeitgeist der Achtziger betextet, gleichzeitig die Yuppies parodierend und den eigenen Hedonismus besingend).

37 Farin, Klaus/ Seidel-Pielen, Eberhard: Skinheads. A.a.O., S. 100.

38 Büsser, Martin: If the kids ..., a.a.O., S. 26.

39 Diese Überlegung sollte nicht als Plädoyer für eine Psychologisierung von Jugendkulturen gelesen werden, in deren Folge ihre gesellschaftlichen Anliegen als unpolitisch abgetan werden können. Denn die vorstehende Überlegung könnte ebenso anhand von CDU-Mitgliedern angestellt werden, um ebenso individuelle Dispositionen zutage zu fördern. Politik wird nun einmal von Menschen gemacht, die persönlich wie politisch ernst genommen werden müssen. Das eine entzieht dem anderen nicht die Legitimation.

40 Farin, Klaus/Seidel-Pielen, Eberhard: Skinheads. A.a.O., S. 139.

41 Geronimo: Feuer und Flamme ..., a.a.O., S. 72–74.

42 Kongreßlesebuchgruppe: Der Stand der Bewegung. 18 Gespräche über linksradikale Politik. Lesebuch zum Autonomie-Kongreß 1995. Berlin 1995, S. 12–13.

43 Marshall, George: Spirit ..., a.a.O., S. 8.

Klaus Farin

»In Walhalla sehen wir uns wieder ...«

Rechtsrock

Ins Blickfeld der Öffentlichkeit geriet Rechtsrock[1] ab 1992 im Zuge der Gewaltexplosion in beiden Teilen Deutschlands. Musiker mit schwarzbrauner Orientierung waren allerdings keine Erfindung der Neunziger:

– Bereits Mitte der 70er Jahre versuchten vier Studenten aus Baden-Württemberg unter dem Bandnamen *Ragnaröck* mit den Mitteln der Rockmusik junge Fans für die alte NPD zu begeistern.

– In Nordrhein-Westfalen erfreute ein junger Barde namens Ingo Halberstadt seine Kameraden von den Jungen Nationaldemokraten mit selbstgetexteten Protestliedern.

– In Kirchenchören und christlichen Jugendgruppen wurde immer noch nach Liederbüchern gesungen, die von rassistischen Stereotypen aus Kaiser- und Führer-Zeiten nur so strotzten und Deutschland größer machten, als es die aktuellen völkerrechtlichen Verträge zuließen.

– In den frühen Achtzigern erregte Gerd Knesel (»Lieder gegen Links«) kurzzeitig Aufsehen, ein Liedermacher aus der Grauzone zwischen Konrad-Adenauer-Haus und Rechtsabweichlern der Konservativen Aktion.

– Auch manche Stars der Neuen Deutschen Welle turtelten mit der rechten Szene. Während die Popularität der Düsseldorfer Gruppe *DAF* (»Tanz Den Mussolini – Tanz Den Adolf Hitler«) in rechten Kreisen auf einem Mißverständnis beruhte, landete der Frankfurter Wellenreiter Markus (»Ich Will Spaß«) tatsächlich in den Armen der Jungen Union. Auch Sangeskollege Ingo Halberstadt versuchte mitzuschwimmen, verließ die belastende NPD, nannte sich fortan René Heizer und textete flotte Ökoliedchen wie »Smog Weht Überm Ruhrgebiet«.

– Diverse Medienberichte über rassistische »Ausrutscher« internationaler Popstars wie Eric Clapton, David Bowie oder Rod Stewart führten in Großbritannien 1976 zur Gründung der Initiative Rock Against Racism, blieben in Deutschland aber ebenso wie die späteren Bekenntnisse von Neil Young zu Ronald Reagan oder Cat Stevens zum Ayatollah Khomeini zumeist folgenlose Kurzmeldungen.

– Vollkommen ignoriert wird bis heute trotz seiner Bedeutung für die Bevölkerungsmehrheit der nicht selten mit rechtsradikalen Ideologiefragmenten getränkte Mainstream des deutschen Schlagers und der Volks- (bzw. volkstümelnden) Musik von Heino, Gunter Gabriel, Tom Astor und Konsorten.

»Großbritannien ist bereit für einen neuen Hitler. Alles, was die National Front braucht, ist ein Führer.«
(David Bowie)

»Schmeißt die Kaffer raus – unterstützt Enoch Powell!«
(Eric Clapton)

Neu am Rechtsrock war allerdings, daß sich jetzt um die Musik eine eigenständige Subkultur bildete, der ausschließlich Jugendliche angehörten und die für Außenstehende kaum zugänglich war. Genau das machte sie für manche Jugendliche so spannend.

Skrewdriver

Skrewdriver-Interview
Ungewollt: Wann wurdest du politisch aktiv und tratest in die NF ein?
Ian: Ende 1979 trat ich in die NF ein, da fing das mit mir politisch an. Ich schloß mich der NATIONAL FRONT an, denn mir war klar, daß sie die größte politische Partei ist, die gegen beides kämpft: gegen das schlechte des Kapitalismus und gegen den Kommunismus – beides von jüdischen Interessen getragen. Ich hoffe, eines Tages den weißen Mann erwachen zu sehen, sein europäisches Erbe zu erkennen und beides – Kapitalismus und Kommunismus – aus Europa zu vertreiben!
UNG.: Was hälst du von Politik im allgemeinen, also nicht nur in England?
Ian: Die meisten Parteien im Westen sind korrupt. Die Konservativen sind Internationalisten, die stark von den Juden beeinflußt werden, und die alle an Profit interessiert sind. Die Labour Partei, die ebenso stark von den Juden beeinflußt wird, möchte eine Welt mit multirassischen Gesellschaften. Der einzige Weg, diese jüdische Verschwörung zu vernichten, ist, eine rassenbewußte nationale Partei zu wählen oder sich ihr anzuschließen und ein aktives Mitglied bei ihr zu werden.

Obwohl der Rechtsrock hierzulande erst als »neue deutsche Welle« (*Stern*) zur Kenntnis genommen wurde, reichen seine Wurzeln bis in die 70er Jahre, und sein Geburtsland ist, wie bei den meisten Jugendkulturen der Nachkriegszeit, Großbritannien. Der Name, den zumindest die Fans am intensivsten mit dem Begriff Rechtsrock verbinden, ist *Skrewdriver*.[2] Und *Skrewdriver* war, bis zu seinem Unfalltod im September 93, Ian Stuart. Keiner hat die internationale Rechtsrockszene derart – musikalisch wie textlich – geprägt und gleichzeitig ideologisch wie organisatorisch zur White-Power-Bewegung aufgerüstet. Ian Stuart war der bisher einzige Popstar des Rechtsrock. Schon zu seinen Lebzeiten glaubten seine Fans, er habe nur aus politischer Überzeugung auf eine großartige Musikerkarriere verzichtet; manche »wußten«, daß er bereits als Vorband der *Rolling Stones* spielte, andere schrieben ihm Pophits zu, die er unter Pseudonym für andere Stars verfaßt habe. Nach seinem Unfalltod machte sofort die Vermutung, es sei Mord gewesen, die Runde und versetzte die Szene noch monatelang in Aufregung; Gerüchte sprachen von manipulierten Bremsen und heimlich verabreichten Drogen, ernannten mal SHARPs, mal die IRA zu seinen Mördern. In den nächsten Monaten erschien kaum ein Rechtsrockalbum ohne ein ihm gewidmetes Lied. Mit Ian Stuart verlor der Rechtsrock seinen Kopf.

Als sich *Skrewdriver* Ende 76 in Blackpool/Lancashire gründeten und wenig später ihre erste Single »You're So Dumb« veröffentlichten, war das noch nicht vorhersehbar. Die Bandmitglieder, inklusive Ian Stuart, trugen »wallende Locken«, und ihr Repertoire bestand aus traditionellem Rock. In Skinheads verwandelten sich die Musiker erst, nachdem sie ein Konzert der Oi!-Heroen *Cock Sparrer* besucht hatten, erinnert sich deren Bassist Steve Burgess im Interview mit dem britischen Skinzine *Charge Sheep* Ende 86: »*Skrewdriver* erschienen auf unserem Konzert in Camden, kurz nachdem sie sich in London niedergelassen hatten. Wir trugen Martens, Sta Prests, Hosenträger, Ben Shermans, obwohl wir nie Skins waren. Sie sahen aus wie Hippies! Als man sie das nächste Mal wiedersah, waren sie alle Skinheads.« Die ersten musikalischen Gehversuche von *Skrewdriver* blieben dennoch erfolglos. Zwischen 1978 und 1981 löste Stuart seine Band dreimal auf. Waren *Skrewdriver* anfangs noch in den üblichen Punkclubs aufgetreten, so führten Schlägereien mit anderen Bands und ihre strikte Weigerung, sich von ihrem rechtsradikalen Anhang zu distanzieren, immer häufiger zu Auftrittsverboten. Die Hoffnung Ian Stuarts, als Musiker groß rauszukommen, schwand mit der Stigmatisierung der Band als National-Front-Support zusehends. Vor allem Rock Against Racism sorgte dafür, daß *Skrewdriver* von Plattenproduzenten und Konzertveranstaltern keine Engagements mehr erhielten. Auch keine der wichtigen Oi!-Bands – weder *The Business* noch *Cock Sparrer* noch die *4-Skins* – wollte mehr gemeinsam mit *Skrewdriver* auf einer Bühne stehen. Ian Stuart geriet zunehmend in die Isolation, verließ London immer wieder für mehrere Monate, versuchte sich erfolglos in anderen Städten, kehrte mit neuen Musikern zurück und rutschte schließlich nach und nach in die rechte Szene – die einzige, die ihn noch hören wollte. Als der inzwischen 24jährige Ende 81 wieder einmal eine neue Bandbesetzung präsentierte, war an seiner politischen Haltung kein Zweifel mehr möglich. Stuart brachte als neue Musiker Mark French am Bass und Geoff Williams am Schlagzeug mit, die zuvor bei der extrem rechten Band *The Elite* gespielt hatten, und auch die neuen Songs klangen nicht mehr wie ein verrückter Punk-Scherz:

Wir bekämpfen die Kommunisten, denn die Kommunisten sind Dummköpfe. Sie versuchen uns unser Land wegzunehmen und es den Schwarzen zu geben/ Wir werden es nicht zulassen, wir holen uns unser Land zurück.

Nigger, Nigger, haut ab! Nigger, Nigger, raus, raus, raus!(»When The Boat Comes In«)

Wir haben sie hereingelassen/Einst hatten wir ein Empire, jetzt haben wir einen Slum.

Die Macht den Weißen in England/Die Macht den Weißen: Jetzt!

(»White Power«)

Die Produktionskosten für die Single übernahm die National Front (NF). Aus einer nationalistisch eingefärbten Krawalltruppe war eine Parteiband geworden. Joe Pearce, Führer der Young National Front und seit einiger Zeit mit Ian Stuart befreundet, hatte seine Chance gesehen und Stuart als Kader rekrutiert. Während der Konzerte hielt Stuart jetzt Propagandareden für die Partei und forderte sein Publikum auf, sich zu organisieren. Und das zu einer Zeit, in der die National Front längst den Höhepunkt ihrer Popularität überschritten hatte. Die 79er Parlamentswahlen hatten ihr mit 1,4% der Stimmen eine verheerende Niederlage beschert (bei den Kommunalwahlen zwei Jahre zuvor waren es im Landesdurchschnitt noch etwa 9% gewesen), wohl hauptsächlich, weil die Eiserne Lady Maggie Thatcher ohnehin schon umsetzte, was die NF forderte, so daß die WählerInnen keinen Grund für einen Wechsel sahen. Ian Stuart und Joe

UNG.: Was versucht ihr mit eurer Musik zu erreichen?
Ian: Wir hoffen, durch unsere Musik eine bessere Lebensart rüberzubringen. Wir glauben, daß eine nationalsozialistische Lebensart der einzige Weg nach vorne ist für Europa. Wenn ein Mensch Nationalist ist, liebt er sein Land, ist er auch Sozialist, liebt er seine Mitmenschen. Deswegen sollte es natürlich sein, ein Nationalsozialist zu sein. Unsere Musik versucht, die Leute vor den Gefahren des Kapitalismus und des Kommunismus zu warnen. Kapitalismus befürwortet vielfältigen Rassenhaß und zerstört jegliche Form von Kameradschaft. Jeder ist zu sehr mit sich selbst beschäftigt, und dadurch verschwindet die nationale Einheit. Kommunismus ist ekelhaft, denn die kommunistischen Regierungen behalten ihre Macht nur dadurch, daß sie ihr Volk unterdrücken. Ebenso macht er die Leute zu Nummern. Deshalb hoffe ich, durch meine Musik meine rassistischen Kameraden in Deutschland zu inspirieren, für ihre rassistischen und nationalen Rechte zu kämpfen, und ich begrüße sie in ihrem Kampf!
UNG: Habt ihr Schwierigkeiten betreffend eurer Musik?
Ian: Die Musikpresse, die von Marxisten betrieben wird, hat es abgelehnt, für irgendeine unserer Platten oder Konzerte zu werben. Genauso versucht die Polizeigewalt unsere Konzerte zu stoppen. White Noise Records

wurden eingerichtet, um unsere Platten rauszubringen und die National Front hat Rock gegen Kommunismus eingerichtet, so daß wir Konzerte geben können. Denn das Plattengeschäft ist hauptsächlich jüdisch, und offensichtlich mögen die Juden *Skrewdriver* nicht...

UNG.: Was hälst du von der Oi!-Bewegung?
Ian: Nicht viel! Die meisten Oi!-Bands, die ihr hört, sind links. Das kommt daher, weil Garry Bushell, der ein Kommunist ist, nur linke Gruppen in der *Sounds* erlaubt.
UNG: Hast du eigentlich einen Lieblingsfußballverein?
Ian: Nein, ich habe kein Lieblingsfußballteam, denn bei den meisten britischen Fußballteams spielen Nigger mit...
(Ian Stuart im Interview mit Willi Wuchers Zine *Ungewollt* Nr. 22, Duisburg 1983)

Ian Stewart bei einem Tauziehwettbewerb der National Front 1983

Pearce wollten das ändern und vor allem die militante Jugendszene für die Partei gewinnen. Während Pearce mit dem NF-Magazin *Bulldog* die britischen Fußballrabauken agitierte, betreute Stuart den Rocksektor. Zunächst reaktivierte er die 1977 nach dem Muster des erfolgreichen Rock-Against-Racism-Bündnisses gegründete, aber mangels Interesse schnell wieder eingeschlafene NF-Organisation Rock Against Communism. Er begann, zunächst in London, doch bald im ganzen Land, Konzerte zu organisieren, bei denen alle Bands auftreten konnten, die unter dem RAC-Banner zu spielen bereit waren. Es waren nicht viele, aber immerhin kamen zu manchen Abenden bis zu 500 Fans, um Bands wie *The Ovaltinies*, *Peter & The Wolves*, die *Die-Hards* und natürlich *Skrewdriver* zu hören. Um den Bands auch Plattenveröffentlichungen zu ermöglichen, wurde das parteieigene Label White Noise Records aus der Taufe gehoben, und bald gesellte sich zu *Skrewdriver* ein knappes

Dutzend weiterer Bands, zum Beispiel *Combat 84* und *Brutal Attack*, die noch heute zu den wichtigsten internationalen Rechtsrock-Bands gezählt werden und in den letzten Jahren auch mehrfach durch Deutschland tourten.

»Der Bassist kam an diesem Abend kaum zum Spielen, denn sein rechter Arm war fast das gesamte Konzert hindurch in der Höhe.« (Beobachtung bei einem *Skrewdriver*-Konzert, aus: *Endsieg* Nr. 2, Bruchsal 1991)

Zu ihrer Überraschung merkten die britischen Rocker sehr schnell, daß sie in Deutschland, das heißt der alten Bundesrepublik, größere Erfolge erzielen konnten als in ihrer Heimat. Während die britischen Skins noch persönlich erlebt hatten, wie ihr Kult aus der Rude-Boy-Kultur und dem Reggae entstand, waren die deutschen Nachkommen zumeist erst über den »weißen« Oi!-Punk in die Szene gekommen. Und selbst der hatte in England kein rechtes Image, wie es hierzulande durch Medien und Verfassungsschutz forciert wurde. Denn schließlich wußten britische Skins aus eigener Erfahrung (und aus der wesentlich professionelleren Musikpresse) sehr genau über die unterschiedlichen Einstellungen der Bands Bescheid.[3] In Deutschland war das anders. Hier bestimmte die Gleichsetzung von Oi! und Nazirock von Anfang an das Bewußtsein und führte den White-Power-Bands so die entsprechend orientierten Fans leicht in die Arme.

Rock-O-Rama

So landete Ian Stuart schließlich auch in Deutschland den größten Clou seiner Karriere, als ihm 1984 ein Geschäftsmann aus Köln einen Exclusivvertrag für die weltweiten Vertriebsrechte von *Skrewdriver* und allen anderen White-Noise-Bands anbot. Eine ziemlich einmalige Geschichte, denn der Mittdreißiger Herbert Egoldt gehörte nicht einmal der rechten Szene an. Seine private musikalische Leidenschaft gehörte eher dem Rock 'n' Roll der 50er Jahre und dessen direkten Nachkommen. Aber schließlich war Egoldt auch kein Mäzen, sondern ein Geschäftsmann und im Musikbusiness kein Neuling. Schon 1977, als der Punk nach Deutschland überschwappte, aber der entsprechende Sound hierzulande kaum zu bekommen war, hatte er in der Kölner Weidengasse einen Plattenladen plus Mailorder eröffnet, der bald Punkfans in ganz Deutschland mit den neuesten Scheiben versorgte. Egoldt begann bald auch, auf seinem eigenen Label eine Reihe deutscher Bands zu produzieren, u.a. *Fasaga*, *Cotzbrocken*, *Body Checks*, *Oberste Heeresleitung* und *Die Alliierten* aus Wuppertal, die damit die erste deutsche Skinband mit einer eigenen LP waren. Durch gemeinsame Auftritte mit *Slime*, *Fehlfarben* oder *Canalterror* und Lieder wie »Blinder Hass« und »Skins Und Punx« hatten *Die Alliierten* auch unter den Punks eine größere Anhängerschar, obwohl die Bandmitglieder politisch sehr verschiedener Meinung waren und man sich insgesamt eher »unpolitisch« gab.[4]

Wann laßt ihr die Schwarzen in Ruhe/Sie haben euch nichts getan/ Mann, laßt sie doch in Frieden/Ihr denkt ja schon wie der Ku Klux Klan/ Was habt ihr gegen Juden/Sie haben schon genug gelitten/Warum laßt ihr sie nicht in Frieden/Welcher Adolf hat euch dazu getrieben/ Warum müßt ihr sie bekämpfen/Warum müßt ihr sie verachten/Die ganzen Nazi-Schweine/ Müßten im Gefängnis schmachten.
(*Die Alliierten:* »Blinder Haß«, 1982)

Die Veröffentlichung der *Alliierten* auf Rock-O-Rama hatte zur Folge, daß auch andere deutsche Skinbands Demotapes bei Egoldt einreichten. Eine von ihnen waren die *Böhsen Onkelz*, die längst zur Kultband Nr. 1 der deutschen Skinheads aufgestiegen waren, aber immer noch kein eigenes Album auf dem Markt hatten. Als ihr Debütalbum »Der Nette Mann« dann 1984 bei Rock-O-Rama herauskam, schlug es ein wie eine Bombe. Niemand weiß, wie viele Exemplare von dieser LP eigentlich bis heute verkauft wurden, aber Tatsache ist, daß allein seit seiner werbewirksamen Indizierung durch die Bundesprüfstelle für jugendgefährdende Schriften im Jahre 1986 mindestens 200 000 Kopien als Bootlegs unter die Leute gebracht wurden, und das zeitweise zum Stückpreis von 80 Mark, während für das offizielle Vinyl sogar bis zu 300 Mark gezahlt wurden.

Der *Böhse Onkelz*-Boom überraschte Egoldt zu einer Zeit, als seine Geschäfte schlecht liefen, weil scheinbar niemand mehr Punk hören (oder zumindest von Egoldt kaufen) wollte.

Umstritten war er schon vor der *Böhse Onkelz*-Produktion, da er auch früher bereits extrem militaristische und sich deutschnational gebende Punkbands wie *OHL* vertrieben hatte. Doch jetzt blieben auch die letzten bunthaarigen und linksorientierten Kunden aus. Egoldt mußte also nicht lange überlegen, was zu tun war. Er schloß seinen Plattenladen und setzte ganz auf die rechte Karte. Und es funktionierte. Obwohl die White-Noise-Produktionen nur eine Minderzahl seines zeitweise mehr als 2 000 Titel umfassenden Versandkataloges darstellten, waren sie es, die den cleveren Geschäftsmann innerhalb weniger Jahre zum Millionär machten. Allein Ian Stuart veröffentlichte auf Rock-O-Rama seit 1984 22 Alben, von denen einige an die hunderttausend Exemplare oder sogar mehr verkauft haben dürften. Wer irgendwo auf diesem Planeten – ob in Australien, Südafrika, Skandinavien oder den USA – ein *Skrewdriver*- oder *Brutal Attack*-Album oder einen der »No Surrender«-Sampler, die auch für jüngere Bands den Markt bereiteten, kaufte, hatte ein Produkt aus dem Hause Rock-O-Rama in der Hand. Noch 1990 ließ sich die Zahl der Rechtsrock-Bands, die nicht von Rock-O-Rama vertrieben wurden, an einer Hand abzählen. Ohne Herbert E. Gold lief in der rechtsradikalen Rockszene der 80er Jahre nichts. Ein Geschäftsmann aus Nordrhein-Westfalen war für die britischen Nazirocker wichtiger geworden als die eigene Partei. Und so gelang es *Skrewdriver* & Co., den Untergang der National Front ohne eigenen Schaden zu überleben. Im Gegenteil.

Blut & Ehre

Der Popularitätsboom der britischen Rechtsaußenparteien war vorbei, ohne daß diese ihn hatten nutzen können, um sich parlamentarisch zu etablieren. Die Linke wandte sich wichtigeren Gruppen zu, und selbst die mediale Aufgeregtheit über die Rock-Against-Communism-Festivals ließ irgendwann nach. Wie immer, wenn Politsekten der äußere Gegner abhanden kommt, so eskalierten auch bei der NF die internen Kämpfe, Intrigen, Abspaltungen. 1986 löste sich die National Front schließlich (zum zweiten Mal) auf – um sogleich in zwei miteinander konkurrierenden neuen Organisationen, die sich originellerweise beide National Front nannten, einen »mächtigen« Neuanfang zu starten.

Im Zuge der Abwicklung der alten Front, von der natürlich auch ihr Plattenlabel betroffen war, kam heraus, daß die NF ihre Bands reichlich »beschissen« hatte. Honoraranteile waren nicht ausgezahlt worden, sondern in die Parteikasse gewandert usw. Ian Stuart, mit dem Rock-O-Rama-Deal im Rücken abgesichert, verließ den White-Noise-Club.[5] Neben geschäftlichen Auseinandersetzungen spielten aber auch ideologische Differenzen

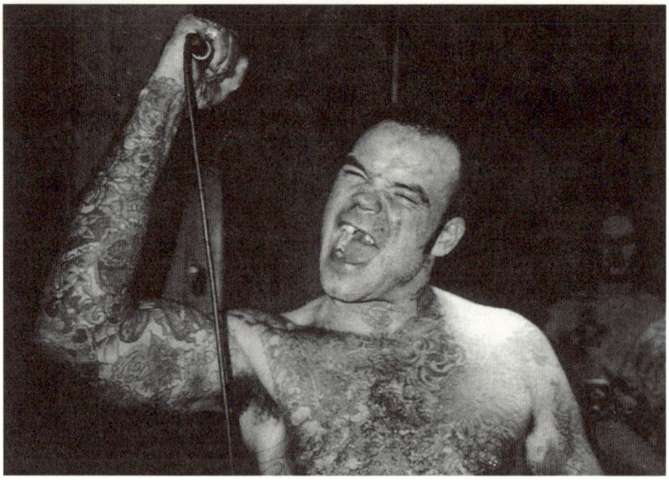

Brutal Attack, *abgebildet im Skinzine* Stronger than Before *Nr. 2*

eine Rolle, die deshalb interessant sind, weil sie sich unmittelbar auch in Deutschland niederschlugen. Die National Front schwenkte nämlich in die nationalrevolutionäre Richtung um, die den Hitler-Staat nur als Übergangsstadium ansah und fortan einen »dritten Weg« zwischen Kapitalismus und Kommunismus suchte. Hitler war in ihren Augen ein Renegat, der die nationalsozialistische Revolution verraten hatte. Die Bands und Magazine dieser Fraktion waren fortan an ihrem Verwirrung stiftenden Logo, einer schwarzen Faust im weißen Kranz, zu erkennen, während die Gruppen der rassistischen White-Power-Bewegung und die »Hitleristen« bei der weißen Faust als Markenzeichen blieben.

Ian Stuart griff zwar in seinen Liedern später zum Teil auch »nationalrevolutionäre« Ansätze auf, bekannte sich aber ohne Wenn und Aber zu seinem Führer. Nick, Mitglied der New Yorker »White Pride«-Band *Youth Defense League*: »Skrewdriver sind Extremisten. Ich kenne Ian Stuart, er ist ein guter Freund von mir, aber er ist ein totaler Nazi. Sein Zimmer ist voller Hitlerbüsten und Bilder von Hitler.«[6] Stuart gründete nach dem Ausstieg aus der NF gemeinsam mit dem British-Movement-Aktivisten Nick Crane sowie den Bands *Sudden Impact*, *Brutal Attack* und *No Remorse* eine neue Vereinigung: Blood & Honour. Die Gründungsmitglieder machten keinen Hehl aus ihrer nationalsozialistischen Gesinnung, propagierten Blood & Honour aber als Bewegung für alle rassistischen und nationalistischen Bands. So unterstützte Blood & Honour sowohl Parteien wie die British National Party als auch den rassistischen Straßenkampf propagierende Organisationen wie das British Movement (BM) oder die Anti-Paki-Liga, hatte aber auch nie Berührungsängste mit offen terroristischen Nazigruppen wie der Section 88 oder dem amerikanischen White Aryan Resistance (WAR). Für den Ku-Klux-Klan wurde Ian Stuart sogar höchstpersönlich als Werbeträger aktiv und nahm gemeinsam mit Musikern der Psychobilly-Band *Demented Are Go* unter dem Projektnamen *Klansmen* drei Alben auf.

»›Mein Kampf‹ ist das einzige politische Buch, das ich gelesen habe.« (Ian Stuart 1983 in einem Fernsehinterview)

Der White Noise Club war mit dem Ausstieg Ian Stuarts endgültig am Boden. Zwar startete die NF mit Counter Culture noch den Versuch einer neuen Offensive, doch ihr Ziel, mit der neuen Organisation sämtliche rechtsradikalen Kulturschaffenden vom Opernsänger bis zum Oi!-Rocker unter einem Dach zu vereinen, ging erwartungsgemäß in die Hose. *Skullhead*, die einzige relevante Band, die noch für kurze Zeit im White-Noise-Nachfolgeclub verblieben war (und das wohl hauptsächlich, weil deren Sänger Kevin Turner zur Zeit der Spaltung wieder einmal wegen einer rassistischen Messerstecherei im Knast saß), verließ Counter Culture bald und versuchte es mit einer eigenen

Abbildung aus dem No-Remorse-*Songbook*

Organisation: Unity. Die organisierte auch einige Konzerte und veröffentlichte auf dem gleichnamigen Label mehrere Platten, erlangte aber keine wirkliche Bedeutung und kooperierte bald so eng mit Blood & Honour, daß der Unterschied zwischen den beiden nicht mehr auffiel. Bedeutung gewann Kevin Turner allerdings dadurch, daß er als einer der ersten Nazirocker dem Odin-Kult verfiel und damit einen Trend einleitete, der in den Neunzigern als Ersatzreligion für den verbotenen Hitler-Kult auch in Deutschland populär wurde.

Der Verdacht

Bis zum Sommer 1992 spielte sich die Rechtsrockszene weitgehend im subkulturellen Underground ab. Erst die Gewaltexplosion der folgenden Monate brachte die Bands – als vermeintliche Auslöser des Hasses – ins Blickfeld des Verfassungsschutzes

»Rockmusik führt zur Abhängigkeit von Alkohol, Drogen, zur Gewalttätigkeit und zur Homosexualität.«
(aus: Wie man dekadente Musik erkennt. Ein Kulturführer. Hrsg. von der KP Chinas, Peking 1983)

»Die Spannungen und Ängste, die unvermeidlich auftreten, wenn eine rassisch mehr oder weniger homogene Gesellschaft ihre Homogenität verliert, werden auf eine einzelne Figur übertragen – auf den gefährlichen Jungen mit den Stiefeln: Auf diese Art wird ein Es – die häßliche Realität des Rassismus – zu einem Er, dem Skin. Es hat einen Namen, es hat ein Gesicht.«
(Dick Hebdige in der *taz* vom 12.3.1993)

und in die Schlagzeilen der Massenmedien. Rechtsrock war in zweifacher Hinsicht verdächtig: Erstens wegen seiner Texte und zweitens wegen seiner Musik. Bei älteren Rockmusik*hassern* gelten Punk und Heavy Metal (die musikalischen Wurzeln des Rechtsrock) bis heute als »aggressionsfördernd« – ein Schicksal, das beinahe jede neue Jugendmusik vom Rock 'n' Roll der 50er bis zum Rap der 90er Jahre ereilte. Mit seinen Texten wurde Rechtsrock zugleich zum Markenzeichen einer Gesinnung, die allen Werten aufgeklärter (links)liberaler Bürger diametral entgegenstand. Für ältere Rockmusik*fans* erhöhte die Verknüpfung der rechtsradikalen Botschaften mit Rockmusik (und sei sie noch so schlecht) die beleidigende Wirkung, zerschlug sie doch für manch rocksozialisierten Mittvierziger das letzte Bindeglied zur eigenen rebellischen Jugend. So verwundert es nicht, daß in mehreren Kommentaren etablierter Musikkritiker die Empörung darüber, daß die rassistischen Botschaften mit Rockmusik unterlegt wurden, die Entrüstung über die Texte selbst übertraf. Rechtsrock erregte den Zorn vieler Rockfans, weil er deren eigenen Vorlieben zu nahe kam. Seit Jahrzehnten galten Rockmusik und Rebellion als eine untrennbare, progressive Einheit; wer auch in späteren Lebensjahren noch Rockmusik hörte, konnte einfach noch kein Spießer geworden sein, hatte noch »den Draht« zur rebellischsten Phase seines Lebens.

Gleichzeitig war der Rechtsrock aber auch zu schnell, zu heftig, zu dilettantisch, um für die meisten Rockfans der Vor-Punk-Ära genießbar zu sein, und die Szene, die ihn umgab, widersprach in ihrem uniformen Military-Look, der aggressiv zur Schau gestellten Männlichkeit radikal der eigenen Ästhetik. Rechtsrock war damit auch fremd genug, um sich als Feindbild und Projektionsfläche für die Sünden der Mehrheitsgesellschaft zu eignen. Die Welle der Gewalt hatte zahlreiche (links)liberale Illusionen über die Realität der »multikulturellen« Gesellschaft auf grausame Weise zerstört. Die starre Fixierung auf Skinheads als Täter und Rechtsrock als Anheizer ermöglichten eine »Verarbeitung« dieses faschistischen Flashback durch Auslagerung des Problems in gesellschaftliche Randzonen.

Auslöser der Berichterstattungswelle waren Reportagen in *Stern* und *Der Spiegel*.[7] Und Thomas Krüger. Der Berliner Jugendsenator mit Ambitionen in Richtung Bonn erkannte seine Chance, eine moralisch gute Tat mit kostenloser PR in eigener Sache zu verbinden, und beantragte im Oktober 1992 die Indizierung und strafrechtliche Verfolgung einer Handvoll von Rechtsrock-Produktionen, vor allem von *Störkraft*, deren schauerlichste Titel er sogleich auf einer Pressekonferenz großzügig per Kassettenkopien mitsamt Textheft verteilte. Die Folgen sind bekannt: Thomas Krüger wurde Hinterbänkler im Bonner Parlament (eine aus Berliner Sicht vielleicht nicht ganz so verheerende Folge) und *Störkraft* berühmt. Auch hier leistete *Der Spiegel* wesentliche Starthilfe, indem er Band und Manager als Weihnachtspräsent vier Seiten zur Selbstdarstellung einräumte.[8] Eine drittklassige Amateurrockband, die zuvor in Schulklassen und Jugendclubs nahezu unbekannt war, brachte es so innerhalb weniger Wochen zu Auftritten in mindestens drei großen Talkshows, durfte Hunderte von Zeitungsspalten bevölkern und ein Dutzend TV-Magazinbeiträge bebildern, bis nun wirklich jeder 14jährige im Land begriffen hatte, daß er sich unbedingt eine Platte dieser »ultraharten« Band besorgen mußte, wollte er nicht völlig out sein. Auch in der rechten Szene wurde die zu »Märtyrern« stilisierte Band, die zuvor als »deutscher Fun-Punk« (*Endsieg* Nr. 7) mit »Texten von geistiger Armut« (*Clockwork Orange* Nr. 23) verlacht worden war, nun ernstgenommen. Trotz (oder wegen) ihrer Indizierung verkauften sich die *Störkraft*-Alben in den nächsten Monaten über 100 000mal – ein bis dahin beispielloser Erfolg für eine deutsche Neonaziband.

Vom Oi! zum Rechtsrock

In der öffentlichen Wahrnehmung wurden (und werden) Oi! und Rechtsrock zumeist synomym verwendet. In Wirklichkeit waren selbst in der Anfangszeit nur wenige Rechtsrock-Bands Oi!-Bands. Ian Stuart hat nie im Leben Oi!-Punk gespielt. Sein Repertoire bestand im wesentlichen aus Rockstandards, er coverte gerne Klassiker wie »Sweet Home Alabama« von *Lynyrd Skynyrd,* »Won't Get Fooled Again« von *The Who* und manche Chuck-Berry-Nummer, produzierte selbst einige Dutzend traditioneller Rock 'n' Roll- und Psychobilly-Songs und achtete stets darauf, daß seine Alben mindestens ein, zwei Balladen enthielten. Das galt auch für die *Böhsen Onkelz,* die zweite stilprägende Band zumindest für die deutsche Szene, deren Heavy-Metal-Einschlag sich verstärkte, sobald sie spieltechnisch dazu in der Lage waren, ein paar neue Takte anzuschlagen. Im Laufe der 80er Jahre wurde der Anteil reiner Oi!-Bands und -Songs im rechten Spektrum immer geringer (*Endstufe* aus Bremen wäre hier als bedeutende Ausnahme zu nennen), und eine sehr spezifische Form des »Skinheadrock« entwickelte sich aus der Symbiose von Oi!-Punk und Heavy Metal, wobei jedoch die im Metal populären Instrumentalsoli und andere stilistische Raffinessen nicht übernommen wurden. Die oftmals durchaus komplexen Metal-Strukturen wurden beim Skinheadrock ähnlich vereinfacht, wie schon Oi! den späten Punk wieder auf seine 77er Wurzeln zurückgeführt hatte.

Prinzipiell schien Heavy Metal als Basissound für den Rechtsrock besser geeignet als der anarchisch-chaotische Oi!-Punk. Der Metal-Sound war klarer strukturiert, enthielt mehr

»Natürlich haben wir auch Spaß an der Musik, aber es ist wahr, daß wir den Leuten unsere Ansichten vermitteln wollen. Unsere Lieder sollen die Kameraden anpeitschen, endlich zu handeln.« (*Kruppstahl* aus Augsburg in *Clockwork Orange* Nr. 8, Juli 1988)

Sie beschimpfen dich, weil du Skinhead bist/Für sie bist du nur ein dreckiger Faschist/Wie viele Lügen drangen schon zu deinen Ohren/Als hätte sich die ganze Welt gegen dich verschworen
Täglich erfinden sie neue Lügen/Drum laßt euch nicht von ihnen betrügen/Die Kommunisten nennen dich Nazi-Schwein/ Doch du bist nur stolz darauf, deutsch zu sein
Sie behandeln dich wie ein wildes Tier/Doch wir wollen nur leben, nicht schlechter als ihr/Warum hetzt ihr Ausländer gegen uns auf/Denkt daran, wer gegen uns ist, kriegt was drauf.
(*Endstufe*: »Laß Dich Nicht Unterkriegen«, 1987)

bombastische Elemente und mehr Möglichkeiten der Integration von Midtempo-Stücken und sogar Balladen (im Oi!-Punk undenkbar), die wiederum die Textverständlichkeit erhöhten. Und darauf kam es schließlich an. Denn der musikalische Genrewechsel war Folge eines Mentalitätswandels, den die Rechtsrock-Bands der zweiten Generation durchliefen. Aus Spaß wurde Ernst, aus Oi!-Punk Message-Rock.

Waren auch rechtsradikal eingestellte Bands der frühen 80er Jahre in ihrem Repertoire eher auf männlich-derben, aber »unpolitischen« Spaß orientiert – Sex, Alkohol, Partys, Fußball(randale) – und explizit politische Songthemen sehr selten, so stieg deren Anteil ab 1990 drastisch an. Die 1992 gegründete Düsseldorfer Band *Rheinwacht* brachte es auf ihrem zweiten Album mit dem bezeichnenden Titel »Lieber Tot Als Ohne Ehre« fertig, elf ausschließlich politische Songs zu präsentieren, die vor allem eine Botschaft hatten: Die Welt ist schlecht und gegen uns, von Roten und Fremden überflutet – No future für stolze Deutsche, es sei denn in Walhalla. Die Titel zahlreicher Alben der letzten Jahre sprechen Bände: »Sieg Des Glaubens« (*Asgard*, 1994), »Schütze Deine Kinder« (*Endstufe*, 1994, die noch ein Jahr zuvor ein Album unter dem Titel »Glatzenparty« veröffentlicht hatten, und in der Tat liegen textlich zwischen den beiden Alben Welten), »Für Die Ewigkeit« (*Heldentreue*, 1996), »Waffenbrüder« (*Kraftschlag/Mistreat*, 1997). »Walhalla Ruft« (*Nordwind*, 1995), »Weisse Krieger« (*Schlachtruf*, 1995), »Zerschlage Deine Ketten« (*Sturmwehr*, 1995), »Hunde Des Krieges« (Triebtäter, 1997) usw. – Nicht mehr die individuelle Lust zu saufen, sich zu prügeln, herumzuprollen, gegen Ordnungsnormen zu verstoßen, steht im Vordergrund, sondern ein politisches Ziel, eine »nationale« Aufgabe, die Disziplin erfordert:

Wir sind bekannt für Disziplin und Fleiß
Unsere Würde waren[9] wir um jeden Preis
Pflichtgefühl fürs Heimatland
Ja, das ist unser treues Band.
(*Schlachtruf*: »Deutscher Stolz«, 1995)

Agit-Prop statt Funny Sounds. Das Skinhead-Dasein[10] wird nicht mehr als jugendliche Spaßkultur beschrieben, sondern als nationale Bewegung zur Rettung des Vaterlandes. Der Skinhead aus der Perspektive des Rechtsrock hat sich dienstverpflichtet, nicht unbedingt bei einer rechten Partei (die Mehrheit der Rechtsrocker lehnt auch heute noch trotz zum Teil inhaltlicher Übereinstimmungen das Engagement für Parteien und das Eindringen von Parteien in die Skinheadszene ab), aber »fürs Vaterland«.

Wir marschieren Hand in Hand/Nur für unser Vaterland
Nimmt das Schiksal seinen Lauf/Diesmal hält uns keiner auf!
(*Nordwind*: »Hand in Hand«, 1995)

Wenn das Schicksal des ganzen Volkes auf dem Spiel steht, wird es schnell pathetisch:

Nach Walhalla zu gehen, für eine neue Zeit
Für's Vaterland zu sterben, nie mehr Schmerz und Leid
Nach Walhalla zu gehen, für eine neue Zeit
Sie wird kommen, wir sind zu allem bereit.
Der letzte Kampf, wir müssen gewinnen
Sonst sehen wir kein neues Licht
Für's Vaterland und eine neue Zeit
Es ist unsere Pflicht.
(*Rheinwacht*: »Die Neue Zeit«, 1995)

Die »Retter Deutschlands« (*Radikahl*) sind Auserwählte, die Avantgarde des Volkes, das heimlich oder offen applaudierend hinter ihnen steht.

stolz deutsch zu sein, treue und ehre und einigkeit
wir nationalisten sind auserwählt das land zu retten
(*Sturmwehr*: »Treue und Ehre«, 1995)
Wir sind zusammen die Kraft von Millionen
Wir sind der Einheit geballter Schwur
(*Oiphorie*: »Kraft Der Strasse«, 1997)

Das Leben der »Helden für Deutschland« (*Tonstörung*) besteht aus ewigem Kampf. Da wird ständig gedankt und gedacht an »alle nationalen Skinheads, die noch immer im harten Kampf stehen«, und der für vier Jahre zur Marine desertierte Sänger wünscht und verspricht »alles Gute in unserem schweren Kampf, den ich auf alle Fälle weiter mit euch führen werde« .

Gerüchte sagen, ihr hättet die DVU unterstützt. Ist da was dran?
Ja.
Abschließende Worte?
Deutschland den Deutschen, Kanacken raus!
(*Endstufe*-Sänger Jens im Interview mit *Clockwork Orange*, 1988)

(Rony »Hotte« Krämer: »Bis bald, Kameraden!«, 1996).

Das Unrecht soll verenden, die Zukunft gelingen
Der Kampf wird enden mit unserem Sieg.
(*Oiphorie*: »Kraft Der Strasse«, 1997)

So optimistisch enden die wenigsten Lieder. Die meisten Rechtsrocker erwecken den Eindruck, zu einem Kampf aufzurufen, den sie selbst schon verloren glauben. Wenn *Rheinwacht* verkünden:

Viele Jahre voller Schmerz und Leid
Doch die Freiheit ist nicht mehr weit
(*Rheinwacht*: »Unsere Lieder«, 1995),

dann entsteht eher der Eindruck, daß mit Freiheit die Befreiung von irdischen Sorgen gemeint ist. Eine mystische Endzeitstimmung durchweht diese Lieder, die gelegentlich in eine kaum verbrämte Todessehnsucht übergeht:

In das Reich der Helden, dahin will ich gehn.
(*Sturmgesang*: »Walhalla«, 1994)

Der »Sieg«, die »Freiheit« sind nicht mehr in dieser Welt möglich, doch als Belohnung für den harten Kampf lockt der Einzug ins Paradies, das von den heidnischen Rockern mit ebensolch religiöser Inbrunst besungen wird wie das christliche Jenseits von manchen Jesus-Jüngern.

Das Licht ist da, wir haben gesiegt
Viele starben für die neue Zeit
Doch in Walhalla sehen wir uns wieder.
(*Rheinwacht*: »Die Neue Zeit«, 1995)

Nicht selten liegen pathetische Heldenbeschwörungen und abgrundtiefe Weinerlichkeit nahe beieinander:

der kampf fürs überleben/soweit sind wir schon
gebrochene menschen gebrochener stolz/wohin du auch siehst
(*Sturmwehr*: »Zerschlag Deine Ketten«, 1995).

Der Feind erscheint übermächtig und allgegenwärtig, der stolze Deutsche als Opfer:

Die Flut der Fremden zog schnell ins Land
Und wir Deutschen hatten es zu spät erkannt
Wann ist Deutschland in ihrer Hand?
Wann werden wir aus unserer Heimat verbannt?
Wann können wir Deutsche in Freiheit leben?
Denn dafür würden wir alles geben.
(*Rheinwacht*: »Die Flut«, 1995)

Sicherlich zurecht wird häufig in Liedtexten die Stigmatisierung der Skinheadszene als Rechtsradikale und der gesamten rechten Szene als Gewalttäter durch die Medien beklagt. Doch nicht selten wird dabei im gleichen Atemzug das Vorurteil bestätigt:

Dunkelheit auf Deutschlands Straßen
Wenn die linken Zecken schlafen
Ziehen wir uns den Fusel rein
Treten alles kurz und klein

Nur noch Schutt und Asche bleibt
Wo einst die Hafenstraße war
Und Samstag abend geht es rund
Punkerklatschen ist gesund
Unser Trupp zieht Richtung Reeperbahn
Und dann sind die Anarchos dran.
(*Kraftschlag*: »Du Bist Stolz«, 1992)
Sein Kiefer zersplittert durch die Doc's-Stahlkappen
Jetzt noch 'nen Eiertritt, und dann liegt er auf der Matte
Er blutet aus dem Schädel und bewegt sich noch
Dann tret ich noch mal rein mit meinen 14-Loch.
(*Kraftschlag*: »Scheiß Punks«, 1992)

Punks und Hippies werden immer noch oft als Feindbilder besungen, doch im Vordergrund stehen jetzt neben politischen Gegnern (Linke, Autonome) unerwünschte Minderheiten wie Homosexuelle, Drogenkranke, Prostituierte und vor allem »Kanaken« und »Asylanten«. Der Haß auf »Ausländer«, und damit sind grundsätzlich Andersfarbige, Einwanderer und Flüchtlinge gemeint, ist ein zentrales Thema des Rechtsrock der 90er Jahre.

Dabei sind die Begründungen sehr einfach gestrickt, und sie enthalten vor allem drei zentrale Vorwürfe, die deutlich auch von Neidgefühlen und eigenen Ängsten geprägt sind:

– »Ausländer« leben auf unsere Kosten (als Flüchtlinge, Sozialhilfe- oder Arbeitslosengeldempfänger); sie leben im Luxus und brauchen dafür nicht einmal zu arbeiten;
– »Ausländer« nehmen uns Arbeitsplätze, Wohnungen und Frauen weg, letztere aufgrund ihrer vermuteten hohen Attraktivität und Potenz oder mit Gewalt;
– »Ausländer« sind kriminell, vor allem in den Bereichen Drogen und sexueller Mißbrauch.

Wohnungsgelder, Arbeitsplatz
Bevorzugt werden sie in jedem Satz
Unser Recht, das steht schon längst in Frage.
(*Werwolf*: »Volk Steh auf«, 1990)
Was würdet ihr machen/
Würden wir eure Frauen ficken?
Ihr würdet uns zu eurem Henker schicken
Was würdet ihr machen/
Würden wir euren Kindern Drogen geben?
Wir würden nicht mehr lange leben
Da fragt man, warum euch soviele hassen
Ihr könnt die Finger nicht von Deutschland lassen.
(*Schlachtruf*: »Was Würdet Ihr Machen?«, 1995)
Täglich kommen sie in Deinen Heimatort
Mit sich bringen sie Haß und Mord
Sie ziehen hierher, um uns die Arbeit zu klauen
Sie sind viel zu faul, in ihrem Land was aufzubauen

Frauen vergewaltigt von schwarzen Schwänzen
Doch die Politiker öffnen weiterhin die Grenzen.
(*Brutale Haie*: »Ausländer Raus«, 1992)

Ausländer nehmen uns die Arbeitsplätze weg, sind aber gleichzeitig zu faul zum Arbeiten:

Parasiten, das sind sie
Arbeiten, das wollen sie nie
Unsere Gelder nehmen sie gern
Bald sind Asylanten unsere Herrn.
(*Stuka*: »Parasiten«, 1992)

Die große Mehrzahl der Texte schreit einfach den Haß ihrer Autoren heraus; sie bemühen sich nicht wirklich zu argumentieren, andere, vielleicht noch nicht gesinnungsfeste Fans zu überzeugen. Hier werden eigene Vorurteile gepflegt, aber nicht clever vermarktet. Politische Überzeugungsarbeit versuchen diese Lieder nicht zu leisten. Ihr Ziel ist Identifikation, nicht Agitation. Sie sind für Gleichgesinnte geschrieben, zur Darstellung eigener Gesinnung, nicht zur Neurekrutierung Andersdenkender. Obwohl ein beträchtlicher Teil der hier zitierten Musiker durchaus Knotenpunkte des rechtsradikalen Netzwerkes darstellt, das über Bands, Fanzines und Partys Parteien und subkulturelle Cliquen verknüpft, ist es neonazistischen Gruppierungen bisher nicht gelungen, die musikalischen Sprachrohre der rechten Subkultur(en) wirklich in den neonazistischen Kampf für ein arisches, nationalsozialistisches Reich einzuspannen, das heißt, sie wirklich zu effektiven Propagandisten für Außenstehende zu machen. Der Haß auf »Ausländer« reicht in seinen Begründungen selten über die dumpfen Vorurteile, die auch in den Medien, Kneipen und Parlamenten anzutreffen sind, hinaus. Ein offen biologisch argumentierender Rassismus, sicheres Indiz für die neonazistische Durchdringung einer Szene, findet sich eher selten. Wirklich NS-orientierte Bands wie *Macht & Ehre*, *Landser* oder *Kraftschlag* sind – noch – Ausnahmen. Auch andere typische Signale für neonazistische Ideologietransfers wie Hymnen auf Nazi-Größen, Verherrlichungen der deutschen Soldaten des Dritten Reiches oder die Leugnung nazistischer Verbrechen (»Auschwitzlüge«) finden sich nur bei einem Teil der Rechtsrocker. Die Mehrzahl träumt nicht von einer Neuauflage des Dritten Reiches, sondern von einem extrem autoritären Staat ohne Fremdheitserfahrungen, von einer wohlgeordneten, überschaubaren Idylle Gleichgesinnter, letztlich nicht von der (nationalen) Revolution, sondern von einer kleinbürgerlichen Spießerwelt.

Wie diese »Utopie« sich konkret ausgestalten soll, wird so gut wie nie thematisiert. Rechtsrock ist in erster Linie nicht zukunfts-, sondern feindbildorientiert. Somit ist Kriminalität ein weiteres wichtiges Thema. Das totale Ausblenden der zum Teil hohen eigenen kriminellen Energie (so wurden rund ein Dutzend Musiker und Hunderte ihrer Fans und Freunde wegen rechtsradikaler Gewalttaten, aber auch »normaler« krimineller Delikte verurteilt) und das Abschieben von Kriminalität auf Fremde als Täter ermöglicht Forderungen nach hartem Durchgreifen. Vor allem beim rechten Trendthema sexueller Mißbrauch wird die Wiedereinführung der Todesstrafe gefordert.

Ja, er meint, er wär cool
Soll er doch auf'n elektrischen Stuhl.
(*Werwolf*: »Spielplatzmörder«, 1991)
Er nahm sich das Recht zu töten
Gebt ihm nicht das Recht weiterzuleben.
(*Wotan*: »Kindermörder«, 1992)

Da der Staat aber scheinbar nichts tut, müssen Skins das als Avantgarde des »Volkszorns« erledigen.

Die Ausländerschweine vergewaltigen uns're Frau'n
Dabei wollen wir nicht tatenlos zuschau'n
Es ist Zeit, es ist Zeit, es muß etwas geschehen
Es ist Zeit, es ist Zeit, wir wollen Taten sehen!
Die Politiker und ihr sinnloses Geschwätz führen zu nichts
Wir müssen handeln, und zwar jetzt!
(*Sturmtruppen*: »Es Ist Zeit«, 1988)

Skins als »Deutschlands rechte Polizei« (*Störkraft*).

Die Law & Order-Mentalität der Rechtsrocker hat die prinzipielle Staats- und Polizeifeindlichkeit überlagert (wenn auch nicht völlig verschwinden lassen, wie diverse Adaptionen des *4-Skins*-Klassikers »ACAB« – All Cops Are Bastards – und andere Lieder, z.B. »Terror In Grün« von *Sperrzone*, 1992, zeigen). Der Weg vom anarchischen Prügelknaben zum Blockwart scheint nicht weit, und ein großer Teil der Rechtsrockszene hat ihn längst beschritten. Die Autorität des Staates wird nicht mehr wie im Oi! der frühen 80er Jahre herausgefordert oder lächerlich gemacht, sondern zwecks Unterordnung gesucht. Angegriffen wird der Staat nur noch, weil er zu wenig autoritär ist oder gegen die Falschen, nämlich die eigenen Leute, vorgeht:

Aber wehe, Du bist stolz darauf, ein Deutscher zu sein
Dann buchten sie Dich alle ein.
(*Oithanasie*: »Korrupte Gesellschaft«, 1993).

Die in der Tat massive Erfahrung mit staatlicher Zensur führte nicht dazu, daß die Betroffenen entsprechende Maßnahmen prinzipiell ablehnen. Sie wollen sie nur auf ihre eigenen Gegner angewandt wissen:

Kommunisten aller Parteien
Ihr müßtet schon längst verboten sein.
(*Werwolf*: »Unser Land«, 1991)

So sind die Tiraden gegen Zensur nur taktischer Natur, keine grundsätzlichen Ansichten über Freiheitsrechte in einem demokratischen Staat.

Den leblosen Körper einer Frau/Hat man irgendwo gefunden/Von einer geisteskranken Sau/ Vergewaltigt und geschunden
Triebtäter, Triebtäter/Es gibt sie überall/Ich frage mich ganz gequält/Wann bringt man sie zu Fall
Keiner weiß wer einer ist/ Man kann sie nicht erkennen/An Frauen und Kindern vergreifen sie sich/ Wer schwach ist kann nicht wegrennen
Werden sie einmal gefaßt/ Sperrt man sie zwar ein/ Doch man läßt sie wieder frei/Wer wird das nächste Opfer sein.
(*Tollwut*: »Triebtäter«, 1994)

Das Selbstbild der Rechtsrocker hat sich im Laufe der letzten zehn Jahre vom Rebellen gegen die Obrigkeit in das eines staatstragenden Spießers gewandelt. Ihre Feindbilder sind weitgehend mit denen der Herrschenden identisch: Drogendealer wie Drogenkranke, Asylsuchende, »Kriminelle« jeglicher Art, »Linke«, und manchmal sogar (deutsche) Arbeitslose, die »uns«, den braven Steuerzahlern, auf der Tasche liegen. Die »nonkonforme Musik« vertont längst mit Ausnahme weniger provokativer Spitzen nicht mehr als die Schlagzeilen der Boulevardpresse, ihre Grundhaltung ist die des Kleinbürgers, der sich eine ordentlichere, besser aufgeräumte, männlichere Gesellschaft ohne Fremde, Kritiker und Problemgruppen wünscht.

Schalt ich den Fernseher ein, seh ich in der Tagesschau
Chaoten und Asylanten und Schwarzarbeit auf dem Bau
Die Bullen lassen sich niederschießen und die Grünen stehen voll darauf.
(*Noie Werte*: »Mein Land«, 1992)

Mimikry

Die erste staatliche Repressionswelle vom Herbst 92 bis zum Frühjahr 93 überraschte und verunsicherte die rechte Szene, traf sie doch vor allem Fanzine-Redaktionen und Bands, deren Produkte schon seit Jahren unbehelligt auf dem Markt und zum Teil längst vergriffen waren. Bereits fertig gepreßte Alben zum Beispiel von *Radikahl* und *Störkraft* wurden monatelang zurückgehalten (was allerdings die Verurteilung der Band *Radikahl* zu 20 000 Mark Geldstrafe und des *Störkraft*-Sängers Jörg Petritsch zu zwei Jahren Haft auf Bewährung plus 15 000 Mark Geldstrafe nicht verhindern konnte). Zunächst erreichte die staatliche Verfolgung ihr offenbar vorrangiges Ziel: Deutschen Bands wurde es ab 93 unmöglich gemacht, offen nationalsozialistische oder kraß rassistische Platten legal zu veröffentlichen. Auch Konzerte waren (und sind es bis heute) kaum noch möglich und nur unter strengster Abschirmung durchzuführen. Für »normale« Fans, die diese Musik vielleicht hören möchten, aber über keine Szenekontakte verfügen, wurde es erschwert, an entsprechende Produktionen heranzukommen, geschweige denn, die Bands live zu erleben.

Ausländische Bands waren und sind davon allerdings kaum betroffen. Ob es daran lag, daß zum Beispiel die Zensoren der Bundesprüfstelle für jugendgefährdende Schriften selbst Fremdsprachen wie Englisch oder Französisch nicht beherrschten, oder ob sie das nur von den jugendlichen Fans annahmen, darüber hüllt sich die Bundesprüfstelle in Schweigen. Jedenfalls wurden bis heute fremdsprachige Bands nicht oder nur zufällig, weil sie das Pech hatten, auf einem internationalen Sampler gemeinsam mit deutschen Bands vertreten zu sein, indiziert. Britische, amerikanische, skandinavische Gruppen, deren Texte aufgrund der liberalen Gesetze ihrer Heimatländer deutlich schärfer zur Sache gingen als die der deutschen, schmückten weiterhin unangefochten die Kataloge deutscher Mailorder. So enthielt beispielsweise die Rock-O-Rama-Vertriebsliste im Juli 97 u. a. die Ku-Klux-Klan-Hymnen »Join The Klan« und »Still Burning« von *Klansmen*, die französische White-Power-Band *Evil Skins* mit »une force, une cause, un combat«, diverse Titel von sich auch in ihren Songtexten zum Nationalsozialismus bekennenden Bands wie *Bound For Glory*, *Dirlewanger* oder *Skullhead* und natürlich die Ian-Stuart-Kollektion. Lediglich auf die Originalcover, die oft in den Produktionsländern legale, aber in Deutschland verbotene Hakenkreuze und andere NS-Symbole abbildeten, mußten deutsche Fans häufig verzichten, wobei Rock-O-Rama sich auch hier besonders beliebt machte, weil statt eines anderen Covers einfach kostengünstigere weiße Hüllen ausgeliefert wurden.[11]

»Es gibt nichts, was ich lieber machen würde, als einmal mit Hooligans in Europa zu einem Fußballspiel zu gehen. Wir haben keine Hooligans. Wir gehen zu keinen Spielen, weil alle Sportarten in Amerika vielrassig sind. Und wir wollen Negern nicht zujubeln.« (*Bound For Glory*, St. Paul/USA, in *Endsieg* Nr. 2, Bruchsal 1990)

Deutsche Bands, die weiterhin eindeutige politische Aussagen mit ihrer Musik transportieren wollten, legten sich entweder Tarn- oder Projektnamen für ihre härteren Produkte zu (zum Beispiel »*Endsieg*« oder »*Die Zillertaler Türkenjäger*«), veröffentlichten offiziell nur Light-Versionen ihrer Live- und Tapesongs (zum Beispiel »Durch Ironie In Die Knie« von *Arisches Blut*, 1997), beschränkten sich auf Demotapes oder wichen auf ausländische Labels aus wie Resistance Records in den USA, NS 88 in Dänemark oder das 1985 von dem NS-Aktivisten Gael Bodilis in Brest gegründete Rebelles Européens. Da die meisten dieser Bands realistischerweise erst gar keine kommerziellen Erwartungen hegten und sich als Independent-Bands »aus der Szene für die Szene« verstanden, bedeutete das erzwungene Abtauchen in den Untergrund für sie (mit Ausnahme der Auftrittsverbote) keine wirkliche Beeinträchtigung ihres musikalischen Schaffens. Seitdem CD-Brenner auch fürs heimische Wohnzimmer schon für wenige hundert DM überall erhältlich sind, tauchen auch beschlagnahmte CDs innerhalb weniger Tage wieder in den einschlägigen Listen auf.

Odin ruft

Ein Trend, der durch die härtere Vorgehensweise gegen alle offen nationalsozialistischen Aussagen sicherlich nicht ausgelöst, aber doch forciert wurde, war die Rückbesinnung auf noch ältere Helden. Der Odin-Kult bot im Gegensatz zur Verherrlichung des Dritten Reiches eine unbelastete Folie zum Ausleben von Männlichkeitsphantasien, die in einer Zeit angesiedelt waren, als »Politik« noch unbekannt war und wahre Männer

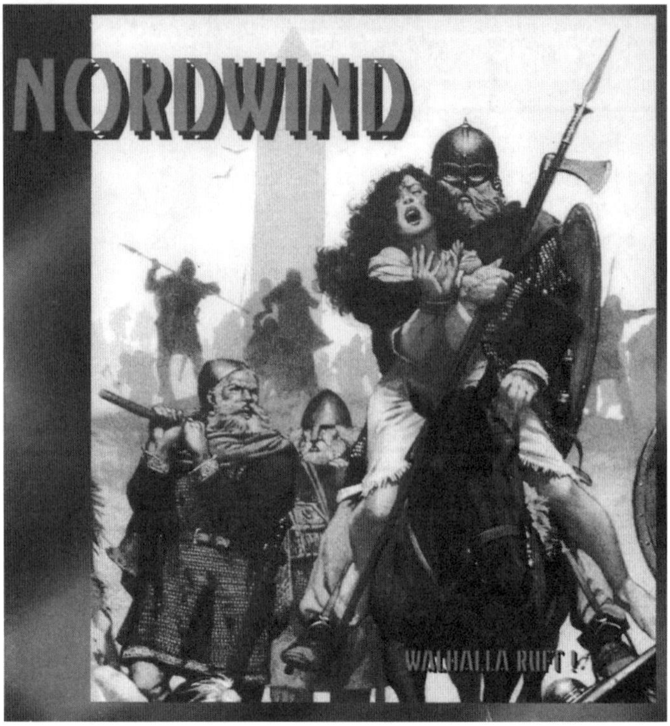

ihre Kriege noch mit der Waffe in der Hand »Mann gegen Mann« ausfochten.

Odins Legionen sind auferstanden
Auferstanden, um zu siegen
Sie werden an jeder Küste landen
Um ihr Land zurück zu kriegen
Germanische Völker, jetzt kommt die Zeit!
Germanische Völker, zum Kampf bereit!
Sie haben keine Angst vor dem Tod
Sie befreien das Land von dieser Not.

Dabei verhehlen die Texte kaum, daß auch im neuen »Fantasy«-Gewand die gleichen Gegner wie früher gemeint sind:

Sie werden kämpfen, um zu gewinnen
Sie werden ihre Feinde schlagen
Und keiner wird ihnen entrinnen
Sie werden ihre Gegner aus diesem Land jagen.
Die Götter werden bei ihnen stehen
Sie werden mit ihrer Macht kämpfen.
Es ist bald soweit, ihr werdet's sehen
Skinheads werden ihnen helfen.
(*Chaoskrieger*: »Dämmerung«, 1997)

Schlachtruf
„Weiße Krieger“

HELDEN
TREUE
FÜR DIE EWIGKEIT

»Wissen ist Macht!«

Die Mehrzahl der Szene paßte sich den neuen Rahmenbedingungen auffällig schnell an. Anwälte wurden zu Ersthörern, loteten die Grenzen der Legalität aus und halfen den Bands, ihre Ansichten in eine juristisch schwer angreifbare Sprache zu kleiden. »Ausländer« werden nun nicht mehr in verräterischen Termini als »Kanaken« beschrieben, sondern als kriminelle Schmarotzer, die im dicken Mercedes die Sozialämter abklappern – Ansichten, die auch im Alltagsleben der Mehrheitsgesellschaft häufiger zu hören sind. Routiniert distanzieren sich »moderne« Rechtsrocker von jeglicher Gewalt, bekennen sich gar zu »Freiheit und Demokratie«. Die Fans wissen das Augenzwinkern schon zu deuten.

Bei Konzerten werden »Sieg Heil!«-Rufe oder das Heben des rechten Armes zum Deutschen Gruß mit dem Hinweis auf anwesende Verfassungsschützer und Sprüchen wie »Wir wissen ja, wie wir denken« unterbunden. »Kameraden, distanziert Euch von Gewalt. Wissen ist Macht!« fordern *Oi! Dramz* die Hörer ihrer 94er CD »Skinhead« auf. Distanzierungen von allzu grobschlächtigen Gewalttätern (und vor allem von denen, die sich haben erwischen lassen) gehören zum guten Ton.

Den rechten Arm zum Gruß gestreckt
Hast Du nur Hass und Gewalt gesäht
Lachend stehst Du jetzt vor einem brennenden Haus
Es laufen die letzten Leute heraus
Viele von uns werden nun gejagt
Das ist die Antwort auf Deine dumme Tat
Viele von uns mußten dran glauben
Denn Du mußtest fremdes Leben rauben.
(*Rheinwacht*: »Valhalla«, 1994)

Der Mond geht auf, Nebel zieht durch die Nacht/Der Mop versammelt sich am Rande der Stadt/Nun ziehn sie los, den rechten Arm zum Gruß/Sie bringen Dir den Tod.
Ob Frau'n, ob Kinder, vor nichts schreckst Du zurück/Ohne Reue, Du bist das Gericht/Ein Mörder ohne Reue, ein Mörder ohne Gesicht/Wer gibt Dir das Recht?
Die Bombe ist gefallen, Häuser wurden abgebrannt/Menschen mußten sterben durch Idioten in diesem Land/Verbrannte Kinder, vom Feuer entstellte Glieder/Mit Stolz singst Du die deutschen Lieder/Du nennst dich Skinhead, siehst genau so aus wie ich/Du kotzt mich an/ Ich spuck Dir ins Gesicht...
(*Störkraft:* »Mörder Ohne Reue!«, 1993)

»Gewaltverherrlichung kann der rechten Szene nur schaden« (René Heizer), haben viele Rechte inzwischen erkannt.

Das bedeutet nicht unbedingt, daß sich auch ihre grundsätzliche Einstellung zur Gewalt geändert hätte. Für den ehemaligen »nationalen Liedermacher« René Heizer, der heute mit tränentreibenden Popballaden wie »Unsere Hauptstadt Ist Berlin« und »Ich Lieb Dich, Deutschland« den Anschluß an den rechten Nachwuchs sucht, scheint das Anstecken von Häusern inklusive deren ausländischen Bewohnern immer noch eine akzeptable vorwärtsverteidigende Maßnahme zur deutschen Arterhaltung zu sein: »Man kann Solingen und Mölln als Endresultat einer bankrotten Kulturpolitik der herrschenden Parteien bezeichnen. Falls tatsächlich junge Deutsche Mordanschläge gemacht haben, ist die Schuld nicht bei den Jugendlichen zu suchen, sondern bei den verantwortlichen Politikern, die der deutschen Jugend ein artfremdes Umfeld angeboten haben.«[12]

Auch der *Störkraft*-Sänger Jörg Petritsch rechtfertigte sich in einem Brief an den im März 95 wegen Beihilfe zum versuchten

Mord zu acht Jahren Haft verurteilten Herausgeber des Nazi-Zines *United Skins*, Carsten Szczepanski, für seine Distanzierungserklärungen zur rechten Szene in der Talkshow »Einspruch«: »Fast 3 Mio. Menschen haben die Sendung gesehen, somit wurde ein riesiges Publikum erreicht, was wir sonst nicht haben – wir sind im Gespräch und nicht nur Störkraft sondern alle die, die die gleichen Ziele haben. Natürlich stehen wir voll und ganz zu dem, was wir gemacht haben, doch der Druck auf uns wurde so stark, daß wir ihm kaum noch standhalten konnten. Wir haben Anzeigen wegen Volksverhetzung laufen, das hindert an freier Entfaltung. Wir mußten gewisse Zugeständnisse in der Öffentlichkeit abgeben, um vor Gericht besser dastehen zu können.«[13]

So zwangen die staatlichen Maßnahmen zahlreiche Rechtsrocker, sich genauer mit ihren Texten auseinanderzusetzen, sich anzupassen. Der Rechtsrock klingt heute in seiner Mehrheit weniger barbarisch, weniger schockierend, weniger spontan als noch vor fünf Jahren. Statt

Kanake verrecke, verfluchter Kanake
Du bist nichts weiter als ein mieses Stück Kacke
Du bist das Letzte, Du bist nur Dreck
Du bist nur Abschaum, Du mußt hier weg.
(*Landser*: »Kanake Verrecke«, 1992)

klingt es heute eher so:

Ach so, Sie kommen von auswärts
Dann bitte hier entlang!
Denn dort drüben steh'n die Andern
Die nur für Sie bezahl'n.
Die Andern sind nur hier geboren
Behaupten fest dies sei ihr Land
Darum kommen Sie besser hier entlang
Dann bleiben Sie unerkannt!
Wir hätten da noch was für Sie
Was möchten Sie gern tun?
Nur falls das Steuergeld nicht reicht
Kein Streß, fast nur ausruh'n.
Da wäre Zuhälter auf dem Babystrich
Oder mit Drogen deal'n
Was wäre Ihnen denn lieber
Mädels oder Heroin?
(*Nordwind*: »Herzlich Willkommen«, 1995)

Das mag weniger brutal klingen, ist aber auch politik- bzw. mehrheitsfähiger und deutlich auf Wirkung gegenüber Andersdenkenden bedacht. Die Repressionen des Staates haben neue Energien freigesetzt und statt einer Verkleinerung die Professionalisierung der Szene eingeleitet.

Dazu gehört die Anpassung im öffentlichen Auftreten ebenso wie die Verbreiterung des musikalischen Spektrums. »Moder-

»Die Skinheadbewegung, wenn der Begriff Bewegung hier überhaupt richtig ist, ist 1. eine englische Erfindung, 2. wie der Name schon sagt, nicht unbedingt deutschdenkend, 3. eine Mode, die auch im linken Lager (Red-Skins) Anhänger findet. Ich selber kenne viele Skins, mit denen ich prima auskomme und kenne auch etliche Burschen, die ihre Skinzeit überdauert haben und inzwischen noch deutschbewußter wurden. Ich kann jeden Skin gut verstehen, der aus Protest gegen diesen linken Spießer-Gesellschafts-Staat und seine Bürger extrem anders sein will! Ob jedoch ein Skin, der dem Klischee eines trinkenden und randalierenden Kurzhaarigen Nahrung schafft, wirklich besser ist als das System, ist fraglich.«
(der »nationale Liedermacher« Frank Rennicke im Interview mit *Volkstreue*, 1992)

ne« Rechtsrocker kommen nur noch zum Teil im stigmatisierten Outfit des Skinheads daher, sie präsentieren sich langhaarig, adrett wie Muttis idealer Schwiegersohn oder im Gewand aktueller Jugendkulturen. Auch musikalisch werden die Botschaften nicht mehr nur im ungestümen Hardrocksound verpackt. Balladen, wie sie der »nationale Barde« Frank Rennicke präsentiert, musikalisch irgendwo zwischen seinen Vorbildern Reinhard Mey und Hannes Wader angesiedelt, erobern schmachtende Herrenmenschenherzen zwischen acht und 80 Jahren. Andere vertonen rassistische Parolen im HipHop-Sound, komponieren softe Popperlen oder knüpfen an die aktuelle Schlagerretrowelle an. Die staatliche Extremismusbekämpfung hat »funktioniert«. Der Rechtsrock ist auf dem Weg zur Mitte der Gesellschaft.

Professionalisierung

Umstritten war Herbert E. Gold schon immer. Der Geschäftsmann, der mit Rechtsrock als einziger bisher Millionen machte, gehörte selbst nicht der rechten Szene an, zeigte sich im Laufe der Jahre auch immer seltener persönlich bei Konzerten. Seine Produktionen sind Billigpressungen auf unterstem Niveau, enthalten kein Booklet mit Songtexten oder Informationen zu den Musikern. Für die Aufnahmen selbst erhielten die Bands oft ganze zwei Tage Zeit im Studio. Auch seine Zahlungsmoral gab häufig Anlaß zu Streitigkeiten. War das Bandhonorar mit einer Mark pro verkaufter Platte ohnehin nicht gerade fürstlich, so klagten Bands auch, Egoldt würde höhere Auflagen produzieren als abrechnen. Als er dann auch noch auf die staatliche Aufmerksamkeit mit verschärfter Zensur reagierte, oft ohne die betroffenen Bands darüber zu informieren, daß er ein anrüchiges Plattencover gegen ein harmloseres ausgetauscht oder bestimmte Songs ganz herausgenommen oder Textstellen unkenntlich gemacht hatte, suchten viele Bands nach Alternativen zu Rock-O-Rama. Die Beschlagnahmungen gaben der Szene den letzten Kick, das Egoldt-Monopol zu brechen und die Produktion und Verbreitung ihrer Platten auf viele kleine Umschlagplätze zu verteilen. 1993/94 entstanden mehr als ein Dutzend kleinerer Rechtsrock-Label und -Vertriebe. Die meisten entzogen sich sehr bald dem Zugriff der deutschen Behörden, indem sie jenseits der Landesgrenzen Postfächer und Lagerräume anmieteten und fortan in Dänemark oder Belgien firmierten. Auch die Produktion wurde oft ins Ausland verlegt. Das tschechische Presswerk Gramofonové Závody, das bis 93 nur selten von Labels wie dem auf schlechten, dafür rechten Heavy Metal spezialisierten Skull Records genutzt wurde, entwickelte sich bald zum Hauptauftragnehmer für alle deutschen Rechtsrockvertreiber von Funny Sounds bis Dim Records.

Neben legalen Produktionen tragen auch in Deutschland indizierte Aufnahmen und Raubkopien, zum Beispiel von *Böhse-Onkelz*-Produktionen das »GZ«-Markenzeichen[14]. Erst eine Veröffentlichung des *Spiegel* im Juli 97 mit der unmißverständlichen Warnung, die Justiz könnte dort demnächst auflaufen, »denn Aufstachelung zum Rassenhaß ist auch in Tschechien strafbar«, verschreckte die Firma derart, daß sie sogar eine laufende Produktion für ein deutsches Label abbrach und die bereits fertiggestellten Scheiben vernichtete. Schon vier Wochen später konnte die Produktion allerdings wieder anlaufen – in einem neuen Presswerk, nur wenige hundert Kilometer entfernt.

Eine andere Strategie zur Vermeidung von Schwierigkeiten ist die Verteilung der Produktionen auf verschiedene Hersteller, die so das Gesamtprodukt gar nicht erst zu sehen bekommen. Rock-O-Rama beispielsweise, enthüllte ein im Sommer 97 in der rechten Szene kursierendes und offenbar aus verärgerten Musikerkreisen stammendes Dossier, ließ seine Matrizen (also quasi die Negative der CDs) bei den renommierten Disc & Cassette Manufacturers AB im schwedischen Bromma produzieren, während die endgültige Pressung und der Druck der Cover wieder von anderen Firmen ausgeführt wurde. Als Auftraggeber tauchte in Schweden auch nicht mehr der einschlägig bekannte Name Rock-O-Rama (ROR) auf, sondern eine »M. Records GmbH« mit Sitz in Neunkirchen-Seelscheid, deren Geschäftsführung einer älteren Dame obliegt. Diese Firma wiederum bezeichnete ROR, den weltweit größten Vertrieb von Nazi-Soundware, in einem Brief an ausländische Geschäftspartner als »absolut unpolitisch«.

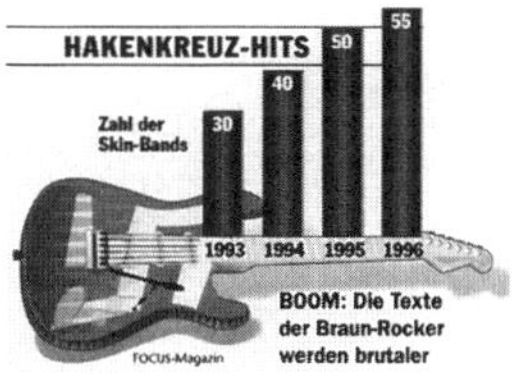

Die Szene heute

Es existieren derzeit in Deutschland etwa 80 bis 100 Rechtsrock-Bands, die zumindest irgendwann einmal ein Demotape verbreitet haben bzw. live aufgetreten sind, und womöglich noch einmal die gleiche Zahl von Bands, die bis zu ihrer Wiederauflösung den Probenkeller nie verlassen werden. Die Szene ist klein, überschaubar und seit Jahren relativ konstant.

Wenn der Verfassungsschutz, Haupturheber des Gerüchtes vom »Rechtsrock-Boom«, feststellt, die Zahl der rechtsextremistischen Bands sei von 1994 bis 96 von 40 auf 55 gestiegen, die Zahl ihrer Konzerte gar von 20 auf 70, so sprechen eigentlich schon die nackten Zahlen für sich. (Allein in Berlin sind beispielsweise derzeit rund 2 000 Bands und Musikerprojekte bekannt, darunter drei Rechtsrock-Bands, und 70 Konzerte listen die Berliner Stadtmagazine an einem einzigen Wochenende auf). Zudem geben die VS-Zahlen ausschließlich über die eigene Interessenlage Auskunft, nicht aber über die reale Ent-

»Während normale Plat tenfirmen über Umsatzeinbußen klagen, finden die Scheiben der braunen Rocker reißenden Absatz.«
(*Der Spiegel* Nr. 50/1992)

»Mittlerweile hat der Verfassungsschutz die Gefährlichkeit der Nazi-Rocker erkannt. ›Diese Musik müßte als Mitursache für Straftaten viel

ausführlicher behandelt werden, aber wir sind erst am Anfang unserer Arbeit‹, sagt der Leiter der neugegründeten Referatsgruppe Rechtsterrorismus im Kölner Bundesamt. Dem Verfassungsschutz sind mehr als 50 rechtsextreme deutsche Bands bekannt.«
(*Stern* Nr. 40/1992)

»Der rechtsradikale Musikmarkt ist eine Wachstumsbranche. Allein im vergangenen Jahr hat sich die Zahl der Konzerte nach Angaben des Bundesamtes für Verfassungsschutz von 35 auf 70 verdoppelt. 55 rechtsextreme Bands erreichen mit CDs und Musikcassetten ein nach Zehntausenden zählendes jugendliches Publikum. ›Wir fürchten‹, so ein Verfassungsschützer, ›daß sich diese Subkultur stabilisiert.‹«
(*Der Spiegel* Nr. 30/1997)

wicklung der Szene. Ein Phänomen, das auch aus der Kriminalstatistik wohlbekannt ist: Je aktiver die Polizei in einem Beobachtungsfeld wird, desto mehr Kriminalität kommt ans Licht. Wenn der VS also einen enormen Aufschwung der Rechtsrocker errechnet, so liegt das schlicht daran, daß er in früheren Jahren weniger genau hinsah und von zahlreichen Ereignissen einfach keine Kenntnis erlangte.[15]

Da Radio- und Fernsehsender, öffentlich-rechtliche wie private, diese Musik ebenso boykottieren wie der übliche Plattenhandel, wird sie über eher klandestine Wege vertrieben: über szene-eigene Plattenlabel und Mailorder, bei Konzerten und Partys, über rechte Skin- und Neonazi-Magazine, über bundesweit vielleicht 30–40 Militaria-, Mode- und Plattenläden, die auch rechtsradikale Produktionen, zumeist unter der Ladentheke, im Angebot führen.

Die Startauflagen der etwa 60–80 jährlich erscheinenden Alben deutscher Rechtsrock-Bands (hinzu kommen noch etwa 30–40 internationale Acts) betragen in der Regel 3000 oder 5000 Exemplare, und nur eine Minderheit erlebt eine Nachpressung. Hinzu kommen natürlich Demotapes (meist mit Kleinauflagen von maximal wenigen hundert Exemplaren) sowie illegale CD- und MC-Kopien, die seit einigen Jahren in nicht mehr schätzbaren Dimensionen vor allem aus Polen und Tschechien importiert werden.

Auch Rechtsrock-Konzerte sind familiäre Ereignisse. Man kennt sich. Unbekannte Gesichter werden mißtrauisch begutachtet. Denn Rechtsrock-Konzerte werden selten öffentlich angekündigt, wissen die Veranstalter doch nur zu gut, daß in solchen Fällen die Polizei oder junge Antifaschisten schneller und zahlreicher vor Ort sind als die eigentlich erwünschten Gäste. So werden der genaue Auftrittsort und manchmal sogar die Namen der Bands erst wenige Tage oder gar Stunden vorher bekanntgegeben, und die Anreise gestaltet sich mitunter als abenteuerliches Räuber & Gendarmspiel. Da wird man zunächst zu einem Parkplatz beordert, von dort per Funktelefon zum nächsten Treff, der immer noch nicht der Ort des Geschehens sein muß. Nach mehrstündiger Autorallye, den Blick schon leicht paranoid auf den Rückspiegel gerichtet aus Angst vor potentiellen Verfolgern, steht man plötzlich statt in der avisierten Disco irgendwo im tiefsten Sachsen auf einem einsamen Feld mit einer notdürftig zusammengezimmerten Bretterbühne oder im Hinterzimmer eines dörflichen Gasthofes, das für »Hochzeitsfeierlichkeiten« angemietet wurde, was die Wirte regelmäßig in Erstaunen versetzt, will sich doch kein Hochzeitspaar zur Entgegennahme der Glückwünsche einfinden, und die Gäste sehen auch irgendwie merkwürdig aus ... Rund 70 solcher Konzerte mit 200–1300 Fans wurden 1996 bundesweit bekannt. Die Gagen für die beteiligten Musiker bestanden bestenfalls aus ein paar hundert Mark plus Benzinkosten, einer manchmal sogar warmen Mahlzeit und Alkohol bis zum Abwinken. Kein Wunder, daß keine einzige der Bands von ihrer Musik wirklich leben kann. Rechtsrock ist Independentrock.

Die Fans

Etwa 6–8 000 Fans, das belegen die Auflagenzahlen der Rechtsrockplatten und -Fanzines, hören regelmäßig und intensiv Rechtsrock – und das mit nur sehr geringen Schwankungen seit Anfang der 90er Jahre. Der typische Rechtsrock-Konsument ist weiß, männlich und unter dreißig Jahre. Einwandererjugendlichen und Frauen sowie älteren Fans und Musikern begegnet man in dieser Szene selten. Skinheads stellen entgegen der öffentlichen Wahrnehmung nur einen Teil der Musiker, Händler und Anhängerschar dar.

Die Fans rekrutieren sich – idealtypisch dargestellt, in der Praxis mischen sich die Typen natürlich – aus drei verschiedenen Motivationssträngen:

Gestern noch im Urwald rumgehopst/Kommt jetzt zu uns das negride Gesocks/Sie dürfen schon in Konzertsälen singen/ Es gibt solche Idioten, die danach springen.
(*Landser:* »Nigger«, 1993)

1. Ein Teil der Fans hört diese Musik aus ideologischer Übereinstimmung. Rechtsradikale und junge Rassisten hören nazistische und rassistische Musik, um sich emotional und ideologisch aufzurüsten und in ihrer politischen Identität zu bestätigen. Für sie ist Rechtsrock in der Tat der »Sound zum Rassenkrieg« (*Der Spiegel*). Dieser Teil der Fans lehnt häufig die »Negermusik« der ursprünglichen Skins grundsätzlich ab. Die musikalische Qualität und Ausrichtung der Bands ist für sie gegenüber den textlichen Aussagen zweitrangig.[16]
2. Nicht jeder Rechtsrockfan denkt selbst rechts. Ein Teil ist quasi ausschließlich an der Musik interessiert. Heavy-Metal-Fans hören und sammeln eben Heavy Metal, unabhängig davon, ob die Bands und deren Texte links oder rechts ausgerichtet sind. Punks hören und sammeln alles, was von (Underground-) Punkbands auf den Markt kommt, Skinheads hören und sammeln Skinbands – selbst dann, wenn sie die Musik oder die Texte absolut scheußlich finden und die Platten nach einmaligem Anhören mit Schaudern für immer in der Sammlung verschwinden lassen.
3. Ein weiterer Teil der Fans ist zwar an den Texten interessiert, aber selbst nicht unbedingt klar rechts(radikal) ausgerichtet. Diese Fans können sich mit manchen textlichen Aussagen identifizieren, lehnen aber wieder andere, radikalere Songs ab, hören neben Rechtsrock auch anders ausgerichtete Bands, wenn sie ihnen musikalisch zusagen. Es ist nicht ungewöhnlich, daß sich zum Beispiel auf Kassetten, die sie selbst (für den Walkman oder den Jugendclub) zusammengestellt haben, die *Toten Hosen* neben den *Böhsen Onkelz*, die *Terrorgruppe* neben *Störkraft* fin-

den. Wichtiger als konkrete Texte ist ihnen oft die grundsätzliche Authentizität der Bands.

Rechtsrocker sind – wie auch die Mehrheit der nicht-rechten Oi!-Musiker und immer noch viele Punk-, Hardcore- und andere Bands – Stars zum Anfassen, Idole mit Bodenhaftung. Die Musiker kommen aus den gleichen Verhältnissen wie ihre Fans, leben wie sie, trinken mit ihnen, beantworten ihre Briefe, verschicken ihre Platten und Konzertdaten oft höchstpersönlich. MTV, Viva und die etablierte Musikpresse boykottieren ihre Musik, Interviews mit ihnen liest man nicht in der *Bravo* oder im *Rolling Stone*, sondern in szene-eigenen Fanzines. Ihr Sound ist geradlinig, einfach, laut. Für Eltern und LehrerInnen garantiert ungenießbar. Die Texte: Straßenlyrik in deutscher Sprache, wie sie jeder ihrer Fans nach dem dritten Bier auch schreiben könnte. Auch rechtsradikale Bands vertonen nicht nur ihren Rassenwahn, sie singen ebenso über Sex und Liebe, Partys und Freundschaften, Fußball und die Randale danach, über Arbeitslosigkeit und Ärger mit den Staatsorganen. Sie drücken das aus, was ihre Fans tagtäglich bedroht und erfreut, und das in einer Sprache, die auch die ihrer Fans ist. Die zumeist simple »Lyrik« dieser Songs ist nicht nur eine Schwäche, sondern auch ein identitätsstiftender Faktor, dem von Jugendlichen favorisierte Musikstile vom frühen Rock 'n' Roll bis zum Punk schon immer ihre Attraktivität verdankten.

Knallharter Rock und aggressive Texte sind keine Frage der politischen Gesinnung. Die Musik selbst ist politisch neutral, Rock & Rebellion kein Privileg der Linken. Das Bedürfnis vor allem von männlichen Jugendlichen nach authentischer, harter Rockmusik mit deutschen Texten ist schon immer groß gewesen; wenn diese Jugendlichen auf rechtsradikale Bands zurückgreifen (müssen), ist dies auch eine Folge des Vakuums auf der anderen Seite bzw. der Vereinnahmung weniger radikaler Bands durch die rocksozialisierte Elterngeneration und das kommerzielle Musikbusiness.

Daß der Rechtsrock dennoch nur relativ wenige Jugendliche und noch weniger ältere Fans erreicht, liegt nur z.T. an seinen eingeschränkten Werbe- und Vertriebsmöglichkeiten, im wesentlichen aber an der Musik selbst. Mindestens 80% des in Deutschland produzierten Materials ist handwerklich grausam schlecht. Falsch gestimmte Gitarren, Trommler, die penetrant dem Takt hinterherhecheln, und Sänger, die wie abartige Persiflagen auf Guildo Horn klingen, sind immer noch seine Markenzeichen. Aber vor allem weiß der deutsche Rechtsrock keine Geschichten zu erzählen, die aufregen, anrühren können. Rechtsrocker haben selten Humor, und auch der Spaß reduziert sich oft auf den Genuß von Sex und Alkohol. Trotz seiner textlichen und musikalischen Veränderungen der letzten Jahre ist Rechtsrock immer noch in erster Linie Message-Rock, der seine

Botschaften nicht zu verkaufen weiß – und damit für Jugendliche tendenziell nur unwesentlich spannender als Parteitagsreden. Auch wenn Medien und Verfassungsschutz nicht müde werden, das zu ändern.

---

1 Dazu zähle ich Bands mit neonazistischen und/oder rassistischen Texten sowie auch jene, deren Mitglieder der rechten Szene angehören, auch wenn die Songtexte das nicht immer eindeutig zu erkennen geben.

2 *Screwdriver* heißt übersetzt schlicht Schraubenzieher, aber der Name enthält auch eine sexuelle Anspielung. To screw bedeutet umgangssprachlich auch vögeln.

3 So erklärte Ian Stuart einmal im Interview mit dem deutschen Nazi-Zine *Volkstreue* im Sommer 92: »Ich war niemals für Oi!-Musik, da in England die Oi!-Bands aus den 70er und 80er Jahren linksgerichtet waren und wir immer rechts waren.«

4 Die Debütausgabe des Coburger Skinzines *Clockwork Orange* liefert nach dem Split der Band im Juni 83 allerdings interessante Hintergrundinformationen zur »Ruhm und Ehre«-LP, die auf Aussagen des ehemaligen Schlagzeugers beruhen: »Für die LP wurden einige Lieder umgeschrieben, um ganz genau zu sein: ›Skins und Punx‹ hieß davor nur ›Vereint euch Skins‹, ›Aussenseiter‹ hieß davor ›Schweinepunk‹ und war ein Lied GEGEN Punks. Ähnlich war es mit dem Stück ›Weltkrieg‹, welches davor ›Die Russen kommen‹ hieß und ursprünglich ein Hasslied gegen die Sowjetunion war, in dem von Amis keine Rede war. Der Text von ›Es sind genug‹ wurde extra für die Platte von ausländerfeindlichen Texten gesäubert, weitere nichtveröffentlichte Stücke gingen teilweise GEGEN Ausländer in Deutschland. Die meisten Änderungen wurden vorgenommen, damit Caspar (der kein Skin ist und nie Skin war) nicht schon vor der 1. LP ausstieg.«

5 Vgl. zu diesen Auseinandersetzungen: Marshall, George: Spirit of 69. Eine Skinhead-Bibel. Dunoon 1993, S. 142ff. Eine andere Version des Splits lieferte später Spike, NF-Kader und Herausgeber des rechten Zines *Welsh Leak*, im Interview mit *Clockwork Orange* Nr. 11 vom Januar 1999: »Als Skrewdriver die NF verließen, gingen eine Menge Skins mit ihnen, das ist wahr. Aber nur die, die von Ian Stuarts Lügen und seinem stupiden Nazismus geblendet waren. Wir sind froh darüber, daß uns all diese Nazis verlassen haben, denn wir haben keinen Platz für sie in unserer nationalrevolutionären Bewegung. (...) Skrewdriver haben die NF verlassen, weil Ian Stuart merkte, daß er außerhalb der NF mehr Geld für sich selbst machen konnte. Die größte, unerwiesene Behauptung Ian Stuarts gegen die NF war die, daß sie ausgebeutet würden. Das ist eine Lüge. Die NF veröffentlichte kostenlose Anzeigen in ihren Journalen für sein Privatgeschäft, den ›Skrewdriver Service‹. Der Erlös ging direkt an Mr. Stuart. Desweiteren bekam er 300 Pfund von der NF, als er aus dem Gefängnis entlassen wurde (Stuart war im Dezember 85 wegen Körperverletzung an zwei Farbigen zu einem Jahr Haft verurteilt worden, d. Verf.), später bekam er noch eine Gitarre für 400 Pfund.

In dieser Zeit erhielt er auch gerade ein königliches Gehalt von Rock-O-Rama für die beiden LPs ›Blood & Honour‹ und ›Hail The New Dawn‹. (...) Er verließ die NF, bevor sie ihn rauswerfen konnten. Die Wahrheit ist, daß Skrewdriver vor die Wahl gestellt wurden, die NF zu verlassen oder ihre Nazisprüche zu unterlassen. Denn wir brauchen keine hirnlosen Nazis, deren ganzes Leben sich nur um das Geld dreht.«

6 *Clockwork Orange* Nr. 11, Januar 1989.

7 Karthee, Renée: Die neue deutsche Welle. In: *Stern* vom 24.9.1992. Proißens Gloria. In: *Der Spiegel* vom 11.5.1992.

8 »Dann sing' ich ›Blut und Ehre‹«. Die Skinhead-Kultband Störkraft über ihre rechtsradikalen Lieder. In: *Der Spiegel* 53/1992 vom 28.12.92.

9 »Wahren« sollte das wohl heißen; orthographische Fehler wurden der Authentizität wegen auch bei den folgenden Zitaten übernommen. Bisweilen wirkt es schon merkwürdig, wie wenig sich manche »Retter der deutschen Kultur« für die deutsche Sprache interessieren. Das erinnert mich an die Aussage eines deutschen Skins, der auf Nachfrage, warum er »stolz auf unsere deutsche Kultur« sei, sofort Goethe nannte, den er jedoch, wie er zugab, niemals gelesen hatte.

10 Soweit es sich bei den Bands noch um Skinheads handelt. Im folgenden werden auch Bands zitiert, die sich nicht als (reine) Skinheadbands verstehen. Da es um eine Darstellung der Rechtsrockszene insgesamt geht und zudem zahlreiche Bands einmal als Skinheads auftreten, ein andermal wieder nicht, erscheint mir eine klare Trennung hier weder sinnvoll noch machbar. Auch die frühen Oi!-Bands waren ja mehrheitlich keine Skinheads.

11 Andererseits konnte und kann Rock-O-Rama sich merkwürdigerweise seit vier Jahren zahlreiche Dinge leisten, die bei anderen Vertrieben vermutlich schon staatliche Zwangsmaßnahmen eingeleitet hätten. So fanden beispielsweise alle Beschlagnahmungen des Sommers 97 bei kleinen Rock-O-Rama-Konkurrenten statt, während der führende Vertrieb von Rechtsrock seit 1993 mit Samthandschuhen angefaßt wird. Erst im Juli 97 stellte die Staatsanwaltschaft Köln ein durch eine private Strafanzeige eingeleitetes Ermittlungsverfahren mit der Begründung ein, der Rock-O-Rama-Betreiber habe die Nazi-Insignien im Booklet einer von ihm vertriebenen CD nicht bemerkt, da die CDs »beim Ankauf bereits in einer Klarsichthülle eingeschweißt« gewesen seien.

12 Rock, Pop und Balladen für Deutschland. Manfred Rouhs im Gespräch mit René Heizer. In: *Europa Vorn* Nr. 67 vom 15.3.1994.

13 *United Skins* Nr. 3, September 1992.

14 Jede CD hat am inneren Rand eine Ziffernfolge aufgedruckt, mit der der Hersteller zweifelsfrei identifiziert werden kann.

15 Der *Stern* behauptete zudem, daß dem Verfassungsschutz schon im September 92 »mehr als 50 rechtsextreme deutsche Bands bekannt« gewesen seien. Vgl.: Karthee, Renée: Die neue deutsche Welle. In: *Stern* Nr. 40/92 vom 24.9.1992.

16 Ob Rechtsrock – Musik generell – wirklich in der Lage ist, seine Zuhörer »aufzuputschen«, ist umstritten. Wirkungszusammenhänge werden zwar stets unterstellt, wurden bisher aber kaum erforscht. Fest steht, daß Musik in unterschiedlichen Situationen und auf ver-

schiedene Menschen auch jeweils anders wirkt. Hardrock, Punk, Techno etc. können aggressiv stimulieren, aber ebenso, vor allem live präsentiert und bewegungsintensiv genossen, Aggressionen entladen. Niemand wird durch den bloßen Konsum von rechtsradikaler Rockmusik rechtsradikal oder durch den Konsum von Horror- oder Gewaltfilmen gewalttätig und grausam. Heute genausowenig wie es einst John Wayne nicht gelungen ist, aus Generationen von Westernfans rassistische Schläger zu machen. Entscheidend ist, auf welche Grundlage das Gehörte und Gesehene stößt, wie der Empfänger die Botschaften interpretiert und decodiert. Wer die *Rolling Stones* liebt und seit seiner Jugend für eine rebellische, »linke« Rockband hält, wird sich weder durch ein genaueres Studium ihrer Texte beeindrucken lassen noch durch die Wandlung der Band vom Elternschreck zu Volkswagenverkäufern.

Rockmusik ist stets auch ein Spiegel der Gefühlslagen ihrer Fans. Entscheidend für die Wirkung ist weniger das einzelne Produkt, so grausam es auch sei, sondern a) die Intensität bzw. Ausschließlichkeit des Konsums einer bestimmten Orientierung oder eines bestimmten Genres (z. B. Rechtsrock, aber das gilt auch für Horror- und Gewaltfilme) sowie b) die persönliche Lebenslage des Rezipienten. Konsumiert jemand intensiv oder sogar ausschließlich Rechtsrock, ist dies vor allem ein Signal für sich verfestigende recht(sradikal)e Einstellungen. Ein Verbot von Rechtsrock ist also nicht nur einer Demokratie unwürdig, sondern auch aus pädagogischer Sicht kontraproduktiv, weil es Ursache und Folge verwechselt: Ein Symptom wird ausgeblendet und in den Untergrund gedrängt. Verbote von Rechtsrock dienen der Beruhigung der Mehrheitsgesellschaft, nicht der Bekämpfung der Ursachen.

Klaus Farin

»Die mit den roten Schnürsenkeln ...«
Skinheads in der Presseberichterstattung

Skinheads und ihre Gewaltsymbole:
Springerstiefel, Baseballschläger, Flaschenbier.«
(Bunte, Nr. 2/1994)

Skinheads im *Spiegel*: Die Neonazi-Connection

Schon bei ihrem ersten Auftauchen hierzulande Ende der 70er Jahre galten Skinheads in deutschen Redaktionsstuben als rechtsradikal und gewalttätig. Vorreiter der Berichterstattung war – wie oft in Sachen Jugendkulturen – *Der Spiegel*, der bereits 1970 als erstes deutsches Presseorgan über die Ur-Skins von der Insel berichtet hatte: »Es sind mehr als 10 000. In fanatischem Haß verfolgen sie Motorrad-Rocker, Hippies und die farbigen Einwanderer Englands.« (*Der Spiegel* 24/1970) Von 1981–1986 folgten zehn weitere Reportagen, die Skins ausnahmslos als dumpf-militanten Arm der Neonazibewegung darstellten. »Sie sehen aus, als hätte sie ein Comic-Zeichner mit plumper Hand entworfen«, leitete *Der Spiegel* einen Bericht über Oi! in der Ausgabe 31/1981 ein. Das war zwar kaum selbstkritisch gemeint, beschrieb aber exakt die Darstellung der Skins im folgenden Beitrag. »Die Pakis nehmen uns die Jobs weg und unsere Häuser, deshalb hasse ich sie«, wird der »arbeitslose Steve, 16, Mitglied des British Movement«, zitiert. »Adolf Hitler ist mein Idol. Der hatte recht. Der hätte den Krieg gewonnen, aber er hatte Ärger mit seinem Magen. Ich glaub', es war ein Geschwür.« Skins sind »faschistisch angehaucht«, »anfällig für die Propaganda« von Neonazi-Organisationen, zu ihren »liebsten Freizeit-Vergnügungen« zählt das »Paki-Bashing«. »Wie Orden tragen sie die Wunden, die sie bei rassistischen Gewalt-Attacken auf Mitbürger anderer Hautfarbe kassieren.« Während sie mit »Rollkommandos im SA-Stil Konzerte gemischtrassiger Bands stürmten«, wurde ihr eigener Sound, der »unbarmherzig lärmende« Oi!-Punk, zur »musikalischen Initialzündung« der »englischen Jugendaufstände«. Damit enthielt dieser erste Skinheadreport der 80er Jahre bereits alle Koordinaten für die zukünftige Bestimmung der Skins: dumm, gewalttätig, rassistisch, anfällig für Neonazismus und aufgestachelt von aggressiver Rockmusik.[1] Ein »Unkraut-Zweig der Jugend-Subkultur«, der »den Briten vor Schreck die Teetassen aus der Hand fallen ließ«.

Skinheads haben »Wut auf Türken, Bock auf Hitler« (*Der Spiegel* 48/1982), wollen nichts anderes als »ein einfacher SA-

Mann sein, der sich auf der Straße prügeln darf« (*Der Spiegel* 28/1983). Anlaß für den letztgenannten Bericht über deutsche Skins waren die Hannoveraner Chaostage vom Juli 1983, bei denen zum ersten Mal publikumswirksam Skins und Punks aneinandergerieten. Der *Spiegel*-Redakteur Peter Seewald erwähnte in seiner Reportage zwar, daß es dort unübersehbar »neben rechten Skins auch linke Skins« gab, die sich mit den Punks gegen ihre rechtsradikalen Zwillinge verbrüderten, dennoch ließ der Beitrag keinen Zweifel daran zu, daß die »orthodox Rechten« eine eindeutige Mehrheit unter den »Stoppel-Schädel(n) mit Trieb zu deutscher Ordnung« stellten.[2] Knapp vier Monate später waren die »kahlgeschorenen Jungbrutalos« (*Der Spiegel* 41/1983) auch schon wieder »unter dem SS-Motto ›Unsere Ehre heißt Treue‹« (*Der Spiegel* 44/1983) rechtradikal vereint.

Die Tötung des Hamburger Bauarbeiters Ramazan Avci durch eine Gruppe Skinheads im Dezember 1985 nahm *Der Spiegel* zum Anlaß für eine Serie weiterer Beiträge im darauffolgenden Jahr. »Türken fertigmachen« titelte das Magazin noch in der Silvesterausgabe, die einen ersten Hintergrundbericht zur Tat enthielt, ohne jedoch die Verwirrung um die Motivlage der Täter auflösen zu können. »Was, genau, dahintersteckt, wenn Skinheads hinlangen, darüber sind sich Politiker, Polizisten und Verfassungsschützer uneins. (...) Lust am Provozieren und dumpfer Fremdenhaß, die für Unterschicht-Jugendliche typischen Aggressionen und No-future-Bewußtsein – das alles ergibt offenbar eine Mischung, die Skins anfällig macht für Annäherungsversuche von Neonazis.« (*Der Spiegel* 1/1986) Auf einem Foto durfte der *Böhse Onkelz*-Sänger Kevin Russell aggressiv grinsend seine Tätowierungen (Crucified Skin und »Binding Bier«) präsentieren.

Weitere Aufklärung sollte sechs Hefte später ein zweiseitiges Interview mit Hamburger Fan-Projekt-Mitarbeitern liefern. Auch hier wurde ausschließlich die militant-rechtsradikale Facette beleuchtet. Zwar warnten die Sozialpädagogen davor, »alle als Nazis in einen Topf (zu) werfen« und damit »als Unverbesserliche in eine Ecke« zu stellen, »aus der sie keiner mehr rausholen kann«, doch an der grundsätzlichen Anfälligkeit von Skinheads für neonazistische Organisationen zweifelten auch sie nicht: »Da muß nur mal 'ne stramme Organisation kommen, und die Saat geht auf. Da werden dann nicht nur die Skins folgen.« (*Der Spiegel* 7/1986)

Zur Prozeßeröffnung um den Tod von Ramazan Avci im Juni 1986 lieferte *Der Spiegel* unter dem Titel »Häßlich, gewalttätig und brutal« eine vierseitige Reportage über den »rechte(n) Flügel der westdeutschen Jugendszene«, der »überall in Europa« durch »widerwärtigste Gewalttaten« auffalle: »Ihr dumpfer Schläger-Radikalismus erinnert an die Prügelorgien der SA in den zwanziger Jahren.« Mit ihrer »haßerfüllten Ausländerverfolgung« verrichteten Skins »genau die Drecksarbeit, die Neonazi-Strategen für erforderlich halten. Die Schläger als nützliche Idioten der Ideologen – das war schon zu SA-Zeiten so.« (*Der Spiegel* 26/1986) Der Widerspruch zu den zitierten Aussagen von Verfassungsschützern, Jugendarbeitern und Polizeivertretern, nach denen Anwerbungsversuche neonazistischer Organisationen »bis auf wenige Ausnahmen gescheitert«[3] seien, erklärte *Der Spiegel* damit, daß Skins eben für den Kernbereich des organisierten Rechtsradikalismus zu dumm seien. »Frankfurter Polizisten berichten von Vernehmungen, in denen ›Sieg-Heil‹-Schreier das Dritte Reich im Mittelalter wähnten.«

Gerhard Kromschröder: Mit Skins on tour

»Wie schön, daß wir in Bayern das Verwahrungsgesetz vom 30.4.52 haben. Danach dürfen Personen in eine geschlossene, psychiatrische Anstalt eingewiesen werden, wenn dies zur Aufrechterhaltung der öffentlichen Sicherheit und Ordnung zwingend erforderlich ist und von diesen Personen eine Gemeingefahr ausgeht.«
(Ingo Muscher, Kriminalbeamter, München.
Eine Leserreaktion auf die Kromschröder-Reportage »Die Saat der Gewalt«, veröffentlicht im *Stern* Nr. 29/1985)

»Die meisten haben Schwierigkeiten, Hitler zu buchstabieren«, hatte schon der Hamburger Verfassungsschützer Christian Lochte im *Stern* (3/1986) bestätigt. Grundsätzlich unterschied sich die Berichterstattung von *Spiegel* und *Stern* nicht; der *Stern* arbeitete stärker mit Reportage-Elementen als mit Statistiken und Schaubildern, ließ häufiger die Täter selbst mit markanten Sprüchen zu Wort kommen als doch eher langweilige Experten aus VS- und Polizeidienststellen und interessierte sich noch intensiver für die Verflechtungen der Skinheadszene mit dem organisierten Rechtsextremismus. Wurden Skins im *Stern* vor 1985 nur am Rande als gewalttätige Subkultur im Umfeld von Michael Kühnen erwähnt[4], folgten ab Juni 1985 in loser Folge mehrere große Berichte des *Stern*-Redakteurs Gerhard Kromschröder über rechtsradikale Gewaltszenen in Europa. Dabei ging Kromschröder ähnlich wie Günter Wallraff vor, indem er in verschiedene Rollen schlüpfte und sich so getarnt bei den Objekten seiner Begierde einschleuste.[5] Die erste Reportage vom 13. Juni befaßte sich unter dem Titel »Die Saat der Gewalt« schwerpunktmäßig mit der rechtsradikalen Unterwanderung der Fußballfanszene, bei der Skins als »besonders gewalttätige« subkulturelle Avantgarde eine zentrale Rolle spielten. »Wir lieben Skinheads und SA/schlagen Türken, ist doch klar«, biederten sich die rechtsradikalen Kameraden von der »Borussenfront« unter Führung von FAP-Kader »SS-Siggi« Borchardt singend an die Kurzhaarigen an. (*Stern* 25/1985)

Im *Stern* 3/1986 ließen Gerhard Kromschröder und Warner Poelchau sieben Skins aus Gießen und Saarlouis im Interview selbst zu Wort kommen. Fünf von ihnen outeten sich dabei als rechtsradikal (vier Arbeitslose, ein Lehrling), zwei (Bundeswehrangehörige) gingen auf Distanz zum Nazikult. Unterschiede, die jedoch bei der Gesamtpräsentation und -gewichtung des Beitrages untergingen, zumal die *Stern*-Reporter alle sieben

»bei einem Treffen der Kühnen-Truppe kennengelernt« hatten.[6] Die umfangreichste Reportage veröffentlichte der *Stern* fünf Monate später unter dem Titel »Gewalt ohne Grenzen«. Gerhard Kromschröder schilderte seine schockierenden Erlebnisse als Undercover-Reporter auf einer Rundreise zu den europäischen neonazistischen (Skinhead-)Gruppen, die »Adolf Hitler verehren« und »selbst vor Mord nicht zurückschrecken«. Eine »blutige Skinhead-Internationale«, deren Aktivisten auf zum Teil doppelseitigen Fotos präsentiert werden: schwer tätowiert, inmitten von Waffen- und Pornobildersammlungen, beim Betrachten von Videos mit Hitlerreden (deren Text sie nicht verstehen), beim Gruppenbild mit Deutschem Gruß vor der Akropolis oder beim Anschreien und Zusammentreten Farbiger. Der Reporter nahm an einer Neonazi-Demonstration in London teil, bei der Schwarze mit »Fucking Niggers! Macht euch zurück in den Urwald!« beschimpft und jüdische Passanten mit »Ju-den verga-sen!« -Sprechchören gegrüßt wurden. Die Skins, signalisierten Sprache und Bilder, sind eine bedrohliche Macht. Nur ein massiver Polizeieinsatz konnte verhindern, daß einzelne Kahlköpfe »mit drohend hochgereckten Fäusten« aus der brodelnden Menge ausbrachen und zuschlugen. Die jüdischen Passanten mußten »in einem Hauseingang in Sicherheit« gebracht werden. Was tagsüber mißlang, wurde nachts umgesetzt. »Ich will keine großen, lärmenden Gruppen sehen, sondern kleine, stille Gruppen, die unauffällig zuschlagen«, hatte der »Chefideologe« der National Front, ein 27jähriger »in Schlips und Kragen«, bei der Abschlußkundgebung im Saal gefordert. Als der Reporter wenig später mit einem Dutzend Skins durch das nächtliche London streifte, lockten zwei Skinmädchen zwei Pakistani in eine Falle; ihre männlichen Gefährten traten auf sie ein, während die Mädchen sie anheizten: »Verdammtes Gesindel, macht sie alle!« Doch die Pakistani »sind flinker als die Skins in ihren schweren Stiefeln. ›Das nächste Mal killen wir euch‹, ruft George ihnen nach.«

London war »mein Einstieg in die aggressive, braune Subkultur der Skinheads in Europa, die sich mittlerweile zwischen Athen und Nordirland ausgebreitet hat«, schrieb Gerhard Kromschröder weiter. »Überall lerne ich fanatische Jugendliche – und ihre Hintermänner kennen.« In Brüssel traf Kromschröder einen 22jährigen Abgeordneten, der »Wehrsportübungen« mit »seinen« Skins plante. »Wenn danach ein Asylantenheim brennt, dann bin ich doch sehr überrascht«, teilte der smarte Nachwuchspolitiker mit. Der Athener Skinführer Jorgos, Herr über »fünfzig Skin-Schläger, mit denen er Jagd auf Ausländer, Punker und politisch Andersdenkende macht«, fliegt mehrmals jährlich zur National Front nach London und »spricht seine Aktionen mit der faschistischen ENEK-Partei ab – die haben allen Skins, die gute Arbeit für sie leisten, einen Job versprochen.« Skinheads

Stern *Nr. 37/1992 und Nr. 51/1992*

Aus dem Skinhead-Magazine Force of Hate

Warnung!

13.5.86

Dieser Tage erreichte mich der Brief eines Kameraden aus Österreich, den ich für so WICHTIG halte, daß ich daraus den wichtigsten Abschnitt hier zitieren möchte!

"In Wien war vor etwa 1 Monat ein uns bekannter Herr namens "Kromschröder" bei (.....) und gab sich als Deutscher Nationalsozialist aus, der ein Buch über Europäische Skinheads machen will. Anfängliche Zweifel unserer Seite zerstreute er mit Photos und Material von Schwedischen und Englischen Glatzen. (.....) wollte mit dem Typen ungefähr die Hälfte seiner Zines kopieren gehen, da aber der Shop schon zu hatte borgte er die Zines dem Typen. So sind dieser Ratte wieder massenhaft Adressen in die Hände gefallen. Das Schwein (Kromschröder) soll jetzt eine Glatze und ein Donkey Jacket haben."

Ich habe bewußt hier den Namen des betroffenen Kameraden weggelassen, da ich glaube, daß er mittlerweile sein leichtsinniges Verhalten mehr als bedauert.
Kromschröder ist ein sogenannter Journalist, arbeitet für den STERN und hat in der Vergangenheit nur Lügen und Hetze über uns verbreitet.
Also, Leute, grundsätzlich KEIN Material an Unbekannte, vor allen Dingen KEINE Adressen! Sollte dieser Typ mit Euch in Verbindung treten wollen, schmeisst ihn raus und informiert uns.

Mit kameradschaftlichen Grüßen

Glatze

sind fest eingebunden in das neonazistische Netzwerk Europas, heißt die zentrale Botschaft der Reportage. Und: Skins sind unberechenbare Psychopathen. In ihrer grausamen Lust auf Mord und Totschlag fallen sie sogar, »durch Bier und Musik angeturnt«, übereinander her, wenn keine »Kanaken« zur Verfügung stehen. Hat der 23jährige Mathew, Spitzname »Mad Mat«, Naziskin und Texter des *Skrewdriver*-Songs »Race And Nation«, soeben noch freundlich Kekse gereicht und seine Hitler-Devotionaliensammlung gezeigt, so steht er plötzlich auf, »reißt das Fenster zurück und schreit mit erhobenem rechtem Arm ›Heil Hitler‹ in die Nacht hinaus.« Bei einer Party im Schweizer Kanton Aargau greift sich ein deutscher Skin eine »Winchester, reißt das Fenster auf, brüllt hinaus: ›Kommt raus, ihr Scheiß-Türken‹ und drückt ab. Zum Glück ist die Waffe nicht geladen.«[7]

»Die Betonung des Gewalt- und Nazi-Schläger-Aspektes der Skinheads zog erst diejenigen unter den Jugendlichen an, die genau an diesen Aspekten interessiert waren (...). Damit beeinflußten die Medien nicht nur die Zusammensetzung und ideologische Ausrichtung der Skinheads, sondern durch ihre übertriebene und hauptsächlich auf Sensationen ausgerichte

Die Kromschröder-Reportagen wie auch die frühen *Spiegel*-Berichte kursierten intensiv in der deutschen Skinheadszene – auch in der DDR. Von nicht wenigen Skins wurden sie in Interviews als erste wichtige Quellen der Neugierde und als Kontaktanbahnung zum Skinheadkult genannt. *Spiegel* und *Stern* zeigten rechtsradikal/fremdenfeindlich orientierten Jugendlichen, wie sie sich stylen mußten, um Gleichgesinnte zu treffen oder einfach nur zu den ganz Harten zu gehören. Unabhängig von der in der Tat sehr unterschiedlichen Qualität der einzelnen Beiträge verstärkte die einseitige, konzentrierte Darstellung von rechtsradikalen Einstellungen und Gewaltbereitschaft als verbindliche Eintrittskarte zur Szene schon in der Frühphase der deutschen Skinheadpräsenz die rechtsradikale Ausrichtung und ignorierte die konkurrierenden Strömungen, die sich aus dem Two-Tone-Revival und nicht-rechten Ex-Punks rekrutierten.

te Berichterstattung förderten sie jene Verhaltensweisen, die sie auf den ersten Blick zu bekämpfen schienen. So wurden die Berichte über Tumulte, an denen Skinheads beteiligt waren, zum Ausgangspunkt für neue Randale, da die Berichte einen Nachahmungseffekt auslösten.« (Schwarz, Rolf: Wahrnehmung und Problematisierung von Skinheads durch gesellschaftliche Instanzen. Magisterarbeit, Hamburg 1995, S. 41f.)

»Unpolitisch rechts«

Verschärfend wirkte sich aus, daß ein Großteil der Medien, die ab 1983 stärker über Skinheads berichteten, vor allem die *Spiegel*-Darstellung und -Quellen ungeprüft übernahm. Polizei, Verfassungsschutz und selten namentlich genannte sonstige »Experten« erzeugten ein diffuses, aber im Kern homogenes Bild vom »Skinhead«, das kaum durch eigene Szenerecherchen in Frage gestellt wurde. Was Skins eigentlich genau waren, konnten – bis heute – die wenigsten Journalisten erklären. »Ihr Weltbild, irgendwo zwischen rechtsextrem und irgendwas, ist hoffnungslos diffus«, resümmierte schon Gerd Kröncke am 28. Juli 1984 in der *Süddeutschen Zeitung*. Irgendwie politisch, aber auch wieder nicht so richtig, aber auf jeden Fall rechts. »Unpolitisch rechts« sozusagen.

Als Identifikationsmerkmale wurden immer wieder Alkohol, Gewalttätigkeit, eine schwammige Grundhaltung zwischen fremdenfeindlichen Ressentiments und hartem Hitler-Kult in wechselnden Mengenverhältnissen collagiert, dazu natürlich ein gewisses Outfit, das sehr bald als »typisches Nazi-Outfit« angesehen wurde. Ab 1991/92 ließ sich vermehrt feststellen, daß in Reportagen und Kriminalitätsmeldungen bloße Hinweise auf »Glatzen«, »Bomberjacken« oder »Springerstiefel« die rechtsradikale Gesinnung von Jugendlichen oder den politischen Hintergrund eines Deliktes belegen sollten.[8]

Während einerseits das Skinhead-Outfit als neonazistische Uniformierung wahrgenommen wurde, fand gleichzeitig eine Abkopplung des »Skinhead«-Begriffs von diesen Äußerlichkeiten statt. »Skinheads: gewaltbereite Jugendliche der rechten Szene«, definierte die *Berliner Zeitung* am 29.8.92 in ihrem »Lexi-

Stern *Nr. 20/1994: Gegenüberstellung 1933–1945 »Drittes Reich« und 1994 »Neuer Haß"*

Ein Gespräch zwischen der Journalistin C. und ihrer Freundin M.:
An uns vorbei zog eine Horde kahlgeschorener Typen. »Neonazis!« sagte ich mit Abscheu. Marie stöhnte. »Du und deine ewigen Neonazis. Das waren französische Soldaten.« – »Na und? Warum scheren sie sich so kahl?«
(Klingler, Eva: Tödlicher Stammbaum. Berlin 1995, S.17)

kon Rechte und Linke«. Skinhead bedeutete nun Gesinnung, unabhängig vom Äußeren. Immer mehr »Kahlköpfe« machten ihrem Namen keine Ehre mehr und »tarnen sich: Skins jetzt ohne Glatzen«[9], verkündete schließlich sogar der Verfassungsschutz hochoffiziell. Wer aussah wie ein Skinhead, war rechtsradikal, wer anders aussah und rechtsradikal dachte, war eben ein getarnter Skinhead. Wo immer fremdenfeindliche und andere gewalttätige Aktionen beschrieben wurden, waren nun »Skinheads« am Werk, zeigten die Bilder auch eindeutig langhaarige Täter. Teilte die Münchener Polizei mit, sie beobachte »derzeit 120 rechtsradikale Jugendliche«, so wurden daraus in einer Schlagzeile der *Süddeutschen Zeitung* »120 Skinheads«[10]. »In Leipzig grölt eine Gruppe Skinheads mit Glatze oder Irokesenschnitt ›Kohl, du Drecksau!‹, entrüstete sich die *Welt am Sonntag* am 9.10.94, und im Schwesterblatt *Bild* wandelte sich ein Messerstecher schon mal im Laufe eines 42zeiligen Beitrages vom »Punker« zum »Skin«[11]. »Mutmaßliche Skins: Frau mit Spritze gestochen und beraubt«, betitelte die *Frankfurter Rundschau* am 28.9.94 einen Eigenbericht über einen Raubüberfall. »Alle fünf Männer trugen olivfarbene Militärkleidung«, enthüllte der Beitrag. »Der Haupttäter trug sein braunes Haar zu einem Pferdeschwanz gebunden.« Ein Reporter der *Süddeutschen Zeitung* wollte selbst in Burundi gesehen haben, wie »Skinhead-Banden« den Hutu-Minister Ernest Kabushemeye auf offener Straße mit »zwei, drei MG-Salven« erschossen, und das *Handelsblatt* entdeckte Skinheads gar auf der Südsee-Insel Samoa, »manche in angetrunkenem Zustand und sichtlich unter Drogeneinfluß«.[12]

Traten Skins dagegen in nicht-rechtem Kontext auf, wurden sie entweder nicht als solche erkannt – wie jene Skinheads, die sich im Sommer 95 anläßlich der Chaostage mit Polizisten prügelten und in den Bildunterzeilen zu »Punkern« mutierten – oder wider besseres Wissen zu Rechtsradikalen umfrisiert wie jener antirassistische Skin aus Ostberlin, der auf einer Kundgebung ein Plakat »Artikel 16 bewahren« für die Kamera hochhielt und sich in der Woche darauf im *Stern* unter der Schlagzeile »Rechte Jugendliche machen sich über ein Plakat der Asylbefürworter lustig« abgebildet wiederfand.[13]

Glatzen in der *taz*

Wenn Politiker und andere Prominente, die durch besonders rechte Äußerungen auffielen, von zornigen *taz*-Kommentatoren als »Skinhead mit Krawatte«[14] gedisst wurden, wußte die Leserschaft zweifelsfrei, was sie von den so Beschimpften zu halten hatte. Auch in Reportagen der aufstrebenden Hauptstadtzeitung wurden Rechtsextreme häufig als »Skinheads« tituliert. In

»Liebe tazlerInnen, jetzt mal ehrlich: schaut Ihr Euch eigentlich Eure eigenen Fotos auch mal an? Auf dem Aufmacher der taz vom 23.4. sind konkret ZWEI Skinheads zu erkennen, der eine trägt gar ein deutsch-modisches Oberlippenbärtchen – schon mal einen Skin mit Oberlippenbärtchen gesehen? Es ist Euch somit schon auf der ersten Seite gelungen, Rechtsradikalismus auf eine bestimmte Gruppe zu begrenzen – offensichtlich eine, die Ihr nicht mal kennt. (...) Berliner (und andere) Skinheads, die in ihrem Leben alles gewesen sind außer Faschisten, werden auf der Straße als Nazis angepöbelt. Müssen wir uns jetzt alle die Haare wachsen lassen, oder tut's auch eine Gesinnungsprüfung? Wann berichtet die taz über SHARP?« (aus einem Leserbrief an die *taz*, April 1990, dokumentiert in *Skintonic* Nr.6, Berlin 1990)

taz-*Foto vom 9.4.1996 zur rechtsradikalen Kundgebung vor dem Konzentrationslager Auschwitz*

Tschechien gebe es »zirka 7 000 Skinheads beziehungsweise Rechtsextremisten«, berichtete etwa Katrin Bock am 24.5.95. An »Mete Eksi, der im Herbst 1991 von Skins mit Baseballschlägern zu Tode geprügelt wurde«, erinnerte Christoph Oellers am 13.1.96. »Mythen leben länger«, stellte daraufhin Eberhard Seidel-Pielen, heute selbst *taz*-Redakteur, als Kuratoriumsmitglied des Mete-Eksi-Fonds in einem Leserbrief richtig. »Weder waren an der Auseinandersetzung Skinheads beteiligt, noch wurde Mete Eksi mit Baseballschlägern zu Tode geprügelt.«[15]

Auch die *taz* wählte gerne Fotos von Skinheads, um Beiträge über Rechtsextremismus zu illustrieren, selbst wenn sie in den Texten keine Erwähnung fanden. Sofern tatsächlich Kurzhaarige an Aktionen beteiligt waren, wurde ihr Anteil in Headlines wie Fotos besonders herausgestellt. So auch bei dem medienwirksamen Aufmarsch von »rund 100 kahlrasierten Skinheads« in Auschwitz (*taz* vom 9.4.1996).[16] Zum Bericht der Autorin Gabriele Leser gehörte ein Foto, das einen dekorativen Kahlrasierten im Vordergrund zeigte, dahinter knapp 20 jüngere Männer mit klassischem HJ-Scheitel oder Fassonschnitt. Hätte die Fotoredaktion zudem aus der angebotenen Fotoserie eine Aufnahme mit einem weiteren Blickwinkel ausgewählt, die Leserschaft sähe eine Reihe rüstiger Rentner und mittelalterlicher Aktivisten der Polnischen Nationalpartei, die direkt vor dem Kurzhaarigen marschierten und damit (zu) offensichtlich dem Bericht der Autorin über die »kahlrasierten Skinheads« widersprachen.

Auch in der alternativen *tageszeitung* macht der aufklärerische Anspruch gerne Pause, wenn es um Skinheads geht. Für die zuständige Inlandredakteurin Annette Rogalla ist ein »Skinhead« jeder, »der 'ne Glatze trägt, Springerstiefel an den Füßen hat,

Foto zum gleichen Ereignis in den Oberpfälzer Nachrichten *vom 9.4.1996*

bestimmte Musiken hört, andere Menschen verprügelt und ›Ausländer raus!‹ schreit«[1]. Folglich stellte für sie das Aktionsprogramm Gegen Aggression und Gewalt (AGAG) der Bundesregierung schlicht »ein 60-Millionen-Mark-Programm für die Betreuung ostdeutscher Skinheads« dar.[18]

Die *taz* griff das Stichwort Skinheads deutlich häufiger auf als andere Printmedien[19], ohne daß sich dadurch das Spektrum der Berichterstattung qualitativ erweitert hätte, sie unterschied sich nicht grundsätzlich von der anderer Tageszeitungen. Trotz eines höheren Anteils eigenrecherchierter Berichte zum Themenkomplex Rechte/Jugendgewalt ist es der *taz* nicht gelungen, ein differenzierteres bzw. realitätsgerechteres Bild der Skinheadkultur (inklusive ihres Anteils an Rechtsradikalismus und Jugendgewalt) zu zeichnen. Die nicht-rechten wie jugendkulturellen Facetten wurden quasi ignoriert.[20] Im Kulturkalender wurden zwar gelegentlich auch Konzerte von politisch korrekten Skinbands angekündigt, im Gegensatz zu Techno-, HipHop-, Songwriter- oder Oldierock-Fans verfügt(e) die Kulturredaktion jedoch über keinen Musikkritiker, der für sie die Entwicklung in der Ska- und Oi!-Szene verfolgt(e). Auch für die *taz* gilt: Skinheadberichterstattung ist Negativberichterstattung über den rechten Rand. Von 4 305 Beiträgen über Neonazis/Rechtsradikale im Zeitraum 1.7.1988 – 30.6.1995 enthielten 2 429 (56,4%) Hinweise auf »Skinheads«. Wie in den meisten Tageszeitungen wurden auch in der *taz* bis 1995[21] die Kurzmeldungen der Agenturen über rechte Gewalttaten vorzugsweise unter der Schlagzeile »Skinheads« ins Blatt gerückt. »Du hast für eine Überschrift 24 oder 36 Zeichen, und da sollst du's reinpacken. ›Skinhead‹ ist sozusagen die Stereotype, das Klischee, da guckt man hin«, erklärte Annette Rogalla. »Da weiß man, was einen erwartet, nämlich Gewalt und ein bißchen Dreck von unten.«[22]

Von rinken und lechten Skins

Rechtsradikalismus und entsprechend motivierte Gewalttaten waren bei 72% der untersuchten 5 768 Pressebeiträge aus den Jahren 1983–1996 Anlaß und Thema der Skinheadnennungen, bei weiteren 12% ging es um von Skins begangene Gewalttaten ohne politischen Hintergrund. In 78% aller Beiträge wurden ausschließlich rechtsradikale Skins erwähnt. Nicht-rechte, antipolitische oder gar betont linke, antirassistische Skins wurden kaum wahrgenommen. Lediglich in 180 der knapp 6 000 Presseberichte wurden sie neben rechtsradikalen Skins überhaupt genannt, in 41 Beiträgen (0,7%) waren sie Hauptthema.

Und selbst für gut ein Drittel dieser Beiträge läßt sich nur mit Gottfried Benn konstatieren: »Das Gegenteil von gut ist gut gemeint.« Fundierte Interviews und ernsthafte Porträts – zum

Gesamtzahl der ausgewerteten Printmedienbeiträge 1983–1996*: 5768
Davon Tageszeitungen: 5 135
Wochenzeitungen: 512
Davon:
Der Spiegel: 116
Stern: 71
Die Zeit: 68
Stadtmagazine: 68 (zum Beispiel *Tip*, *Zitty*, *Plärrer*, *Prinz*)

*Die wenigen vorliegenden Berichte aus den Jahren 1970–1982 wurden hier nicht berücksichtigt, da sie sich ausschließlich auf britische Skins bezogen und aufgrund ihrer geringen Anzahl keine seriösen quantitativen Vergleiche ermöglichten. (So stellt der im Text erwähnte *Spiegel*-Bericht aus dem Jahre 1970 100% unseres Fun dus aus jenem Jahr dar.)

Anlaß/Thema des Beitrages (Mehrfachnennungen möglich):

	insgesamt	*Der Spiegel*	*Stern*	*Die Zeit*
1. Rechtsradikalismus und entsprechend motivierte (Skin-)Gewalt:	71,7%	88,8%	86,0%	94,0%
2. Skinheadgewalt ohne politische Einordnung:	12,4%	2,6%	4,2%	1,5%
3. Skinheads in anderen Medien (vor allem TV-Krimis, Romanen, und Theaterproduktionen:	6,4%	3,5%	1,4%	13,2%
4. Gewalt gegen Skinheads:	3,6%	4,3%	2,8%	4,4%
5. Jugend(sozial)arbeit mit Skinheads:	3,1%	6,9%	1,4%	3,0%
6. Nicht-rechte Skins:	0,7%	3,5%	—	—
Erwähnt werden:				
1. nur rechtsradikale Skins:	78,0%	88,8%	86,0%	92,7%
2. politisch nicht bestimmte Skins:	18,6%	5,2%	5,6%	4,4%
3. rechtsradikale und nicht-rechtsradikale Skins:	3,1%	5,2%	5,6%	3,0%
4. nur nicht-rechtsradikale Skins:	0,6%	0,9%	1,4%	—

Beispiel von nicht-rechten Oi!-Skins oder SHARP-Aktivisten – bildeten die Ausnahme. Die scheinbar vorhandene Bereitschaft zu einer differenzierten Wahrnehmung jenseits des Skin = Nazi-Klischees schlug sich nicht wirklich in journalistischer Arbeit –

gründlicher Recherche – nieder, dem bekannten Bild vom Skinhead als rassistischem Prügelknaben wurde oft nur ebenso oberflächlich das seitenverkehrte Gegenstück vom antirassistischen Schläger hinzugefügt. So berichtete der *Stern* im Rahmen seiner Serie »Jugend 96« im Januar des gleichen Jahres von einem Konzert der britischen Oi!-Heroen *Cock Sparrer* in Oberhausen: »Hier feiern vor allem ›Red-Skins‹, die äußerlich von den Nazi-Schlägern und Fußball-Rowdys kaum zu unterscheiden sind. ›Red-Skins‹ sind die guten Seelen der Szene, schwingen die Fäuste, um Ausländer zu verteidigen.«

Im Winter 92 plante auch die Freizeit-Illustrierte *Prinz* einen größeren Report über Skinheads. Schon im November hatte das Magazin seine Titelgeschichte »Ich liebe einen Asylanten« mit dem Hinweis »Sechs deutsche Love-Storys, die ein Skinhead nicht packt« angetextet. Für die Dezember-Ausgabe warb *Prinz* großformatig in anderen Medien mit dem Aufmacher: »Hoyerswerda! Rostock! Mölln! Wie kommt der braune Müll in die kahlen Köpfe? Das Leben der Glatzen – der aktuelle Skin-Report im neuen PRINZ«. Da aber offenbar niemand Lust verspürte, sich für diesen Report wirklich in der Szene umzusehen, entstand ein Großteil des »Psychogramms« am Telefon: Soziologe, Verfassungsschützer, Fachjournalist und nicht näher benannte Experten wurden um Statements gebeten. Statt Eindrücken vom »Leben der Skinheads« wurden den LeserInnen im wesentlichen ein schlecht recherchierter »Stammbaum« und überwiegend unsinnige Auskünfte zur Drogen-, Musik- oder Verbrechenshitparade der Skins im simpelsten Boulevardzeitungsstil geboten. Ob überhaupt ein einziges Gespräch mit Skins stattgefunden hat, läßt sich aus dem Bericht nicht ersehen. Als Sprecher der antirassistischen Skinfraktion wird ein gewisser »Paul, von den SHARPs aus Düsseldorf« zitiert: »Meine eigene Ansicht ist, daß ich mehr mit einem Schwarzen aus der Arbeiterklasse gemeinsam habe als mit einem Weißen aus der reichen Mittelklasse. Abgesehen davon habe ich über Rassen und Politik nichts zu sagen, außer daß alle Politiker Schwindler und Lügner sind, und ich würde nicht einmal auf sie pissen, wenn sie brennen würden.«[23] Das komplette Zitat kann in dem Buch »Krieg in den Städten«[24] nachgelesen werden, und es stammt auch nicht von »Paul aus Düsseldorf«, sondern aus dem Skinzine *Skintonic* und basiert auf einem Interview mit dem *Red London*-Sänger Patty Smith aus dem Jahre 1984 – einer Zeit, als es SHARP noch gar nicht gab.[25] »Aktualisierung« nennt man diese Form der zeitsparenden »Recherche« wohl. Eine durchaus übliche Praxis, wie sich noch zeigen wird.

Andere Beiträge über nicht-rassistische Skins erfüllen offensichtlich nur die Funktion, die wilde Vielfalt gegenwärtiger Jugendszenen um eine weitere, besonders exotische Abart zu bereichern: Skinheads, die gegen Skinheads sind, wie Moritz

Die wichtigsten Informationsquellen

für die Berichterstattung stellten staatliche Institutionen dar: Polizei (31,5%), Justiz (18,4%) und Verfassungsschutz (7,8%) . Die Opfer wurden in nicht einmal jedem zehnten Beitrag befragt, aber auch die (potentiellen) Täter spielten in der Berichterstattung der Tagespresse keine Rolle. Anders jedoch bei der Wochenpresse, die in der folgenden Tabelle an drei herausragenden Beispielen dargestellt wird.
Erstaunlich gering blieb der Anteil eigener Szenerecherchen. Obwohl Skinheads in fast jedem zweiten Artikel (47%) das zentrale Thema und in weiteren 11% überwiegend Thema waren, also nicht etwa nur am Rande Erwähnung fanden, wurden sie selbst kaum befragt. Nur 4,6% der Beiträge wurden außerhalb der Redaktions- und Archivräume recherchiert – Tendenz fallend.

	insgesamt	*Der Spiegel*	*Stern*	*Die Zeit*
Polizei und Justiz:	49,9%	37,1%	25,4%	44,2%
Verfassungsschutz:	7,8%	15,5%	4,2%	13,2%
Opfer:	9,0%	8,6%	5,6%	11,8%
Rechtsradikale (Skinheads, Parteien, Politiker, sonstige Organisationen):	8,5%	29,3%	40,8%	19,1%
Linke Organisationen/ Antifa/Skinheads:	3,1%	7,8%	5,6%	4,4%
Jugendsozialarbeit:	3,0%	9,5%	0,1%	5,9%
Wissenschaft:	2,4%	19,8%	2,8%	16,2%
Andere Medien/ JournalistIinnen:	7,3%	12,9%	7,0%	11,8%
Eigene Recherchen:	4,6%	8,6%	14,1%	16,2%

von Uslar in seinem Parforceritt durch die schrillen Szenen für das Magazin der *Süddeutschen Zeitung* am 15.10.93 zu berichten weiß: »SHARP-Skinheads: Die mit extrabreiten Koteletten und roten Schnürsenkeln in 24-Loch-Doc Martens. GEGEN Skinheads. Gegen Kinder, die Bier trinken, nach Deutschland rufen und aus Versehen Menschen töten. Gegen Mörder, die politisch rechts stehen. FÜR linke Skinheads. Für politischen Aktivismus. Für Karl Marx, den Allgemeinen Studentenausschuß und Lesezirkel an der Universität.«

Die Verweigerung von eindeutigen Unterscheidungsmerkmalen hat Medienbeobachter seit der Aufsplitterung in linke, antipolitische und rechte Skinheadfraktionen stets besonders verärgert und irritiert. Offenbar ist es für viele Menschen nur schwer zu ertragen, daß da welche sind, die »gleich« aussehen, aber völlig verschieden denken, bzw. daß Antirassisten und Linke »in den Uniformen der Neonazis herumlaufen«. Statt diese

Wahrnehmung zum Anlaß zu nehmen, eigene Vorurteile und Sichtweisen zu überprüfen, werden Unterschiede künstlich produziert und Angehörige von Subkulturen aufgefordert, ihr Aussehen doch gefälligst den Vorurteilen anzupassen. So kommt es durchaus nicht selten vor, daß linke Kneipiers und alternative Konzertveranstalter (nur) von ihrer kurzhaarigen Kundschaft erwarten, daß sie eine politische Gesinnung hat und diese sichtbar an der Jacke trägt, damit man sie »von den Nazis unterscheiden« könne.

In der Berichterstattung der Medien wurden immer wieder vermeintliche Unterscheidungsmerkmale genannt: Naßrasur und Igel, grüne und schwarze Bomberjacke, rote und schwarze Docs, die Anzahl der Schnürsenkellöcher in den Stiefeln und sogar die Modemarken Fred Perry und Lonsdale wurden gegeneinander ausgespielt, symbolisierten »Neonazi« oder »Redskin«. Vor allem die Schnürsenkel haben sich so im Laufe der Jahre zu identitätsstiftenden Bekennungsmerkmalen gemausert. »An ihren Schnürsenkeln werdet ihr sie erkennen«, versprach schon im Frühjahr 1986 die *Flensburger Neue Wochenschau* anläßlich eines rechten Aufmarsches zu »Führers Geburtstag« ihren besorgten LeserInnen. »Wer rote Schnürsenkel trägt, ist eingefleischter Neonazi. Warum rote und nicht braune Schnürsenkel? Ganz einfach: Mit diesen Schuhen wird auf Linke = Rote eingetreten. Wer weiße Schnürsenkel trägt, gibt sich als ›Demagoge‹ zu erkennen: Er peitscht ein und putscht auf. Massenhypnose von Göbbels bis Gaddafi. Schließlich sind da noch die gelben Schuhbänder. Diese Skins treten vorzugsweise in Fußballstadien auf. Borussenfront und Brüssel als Stichworte.« – »Skinheads mit gelben Schnürsenkeln verfolgen Asiaten. Bandenmitglieder mit rosa Schnürsenkeln erteilen Homosexuellen ›Lektionen‹«, widersprachen die *Bremer Nachrichten.*[26] »Die Fascho-Skins tragen weiße Schnürsenkel in den Springerstiefeln. Die ›Red-Skins‹ haben Schnürsenkel in allen Farben – nur nicht in Weiß«, vermeldete dagegen der schon zitierte *Stern*-Jugendreport.[27] »Wer glaubt, Doc Martens seien gleich Skinhead und Skinhead gleich Zündschnur, der weiß nichts von Symbolik und von dem Codesystem, das sich allein durch die Wahl der Schnürsenkel beim Doc-Martens-Stiefel mitteilt«, stiftete die *Süddeutsche Zeitung* erneut Verwirrung. »Punks und linke Autonome fädeln rote Schnürsenkel durch die bis zu zwanzig Doc-Ösen. Rechte Skinheads ziehen schneeweiße Schuhbänder in ihre schwarzen oder braunroten Schnürstiefel, um auch damit ›White Power‹ zu skandieren. Schwarze, gelbe und braune Senkel bleiben neutral. So einfach ist das – aber nur scheinbar: Amerikanische SHARP-Skins sind antirassistisch eingestellt, ziehen aber die gleichen weißen Schnürsenkel wie die rechtsradikalen Hammer-Skins in ihre Stiefel. Und trägt man den zwanziglöchrigen, fast kniehohen Springerstiefel, wie die meisten, völlig unpolitisch und nur modisch, dann sollten mindestens sieben Löcher oben frei bleiben.«[28] Diese Zuordnungen sind nicht immer reine Phantasieprodukte der Medien. Vor allem (post)pubertäre Jungencliquen praktizieren in ihrem Bestreben, sich von vermeintlichen Gegnern abzugrenzen und die Einheit der Gleichgesinnten auch optisch zu demonstrieren, tatsächlich vielerorts diese Farbenlehre. Die Anregungen dazu sowie die Informationen darüber, welche Farbe nun welche Gesinnung repräsentiert, holen sich diese Skins allerdings häufig aus (zum Teil erfundenen oder auf nicht verstandenen Gags beruhenden) Medienberichten. Und: Journalisten überhöhen und verallgemeinern in ihrem Begehren, »Insiderwissen« zu bieten, Codierungen, die zumeist nur lokale Gültigkeit besitzen, ständig wechseln und von der Mehrheit der Szene sowieso nicht beachtet werden.[29] Daß zudem auch noch so profunde Kenntnisse nicht vor Mißverständnissen schützen, wußte Bernhard Theilmann in der *Sächsischen Zeitung* vom 23.10.1996 zu berichten: »Als Naziskins in Dresden noch unbehelligt ›Zecken‹

»Eine offensichtlich immer größer werdende Gruppe unter den amerikanischen Skinheads zieht schwarze Schnürsenkel in die Turnschuhe ein. Ihre Träger signalisieren damit ihren Protest gegen jede Form von Rassismus und Diskriminierung.« (Peter W. Schroeder, *Bremer Nachrichten* vom 29.4.1995)

»Rote Schnürsenkel bedeuten ›Neonazi‹, weiße ›gegen Ausländer‹, wer aber nur im linken Schuh rote Schnürbänder hat, ist ein ›Linker‹.« (*Hannoversche Allgemeine Zeitung* vom 12.11.1994)

(Langhaarige, Punks, Linke) klatschen konnten, kamen eines Abends Red-Skins zur ›Scheune‹, um diese gegen einen möglichen Überfall zu schützen. Weil ihre Füße im Dunklen standen, hauten sich die anwesenden Klub-Verteidiger mit der Verstärkung.«

Die »Heldin von Potsdam« und andere *Bild*-Opfer

Bei maximal 8 000 real existierenden Skinheads in Deutschland – also ca. 0,01% der Bevölkerung – hat kaum ein Bürger je reale Erfahrungen mit ihnen gemacht; in Schulen, Jugendclubs, Verbänden und Vereinen tauchen sie kaum auf; selbst in Regionen, in denen der Anteil rechts(radikal) denkender Jugendlicher höher ist, stellen entsprechend orientierte Skins nur eine kleine lautstarke Minderheit dar. Dennoch wissen über 90% der Bevölkerung, was sie von Skinheads zu halten haben. Auch unter Jugendlichen stehen »Skinheads« ganz oben auf der Antipathieskala. 85% aller Jugendlichen zwischen 15 und 24 Jahren hassen Skinheads, glaubt man den Ergebnissen der Shell-Jugendstudien. Nur Hooligans und »Faschos/Neonazis« sind noch unbeliebter.[30] Wie keine andere Jugendkultur verkörpern Skinheads »das Böse, den Urfeind der Gesellschaft«, kritisierte der Hannoveraner Kriminologe Christian Pfeiffer die »Dämonisierung« der Skins durch die Medien. (*Der Spiegel* 1/1995)

Berlin: 6 Verletzte, 2 Mordversuche – wo war die Polizei?

S8 Skin-Horde jagt Fahrgäste

Die Berliner-S-Bahn-Linie 8 auf ihrem Weg vom Stadtzentrum Richtung Bernau. Foto: ULFUS

Von M. MEIBES, H. KASCHA, T. WALTHER, A. BURDA

Die S 8, Deutschlands gefährlichste S-Bahnlinie im Osten Berlins. Wer nachts mitfährt, riskiert Leib und Leben. Eine Skin-Horde jagt Fahrgäste. Bilanz einer Schreckensnacht am Wochenende: mindestens 6 Überfälle, 2 Mordversuche, 6 Verletzte. Und keine Festnahme. Wo war die Polizei? **Die Terror-Nacht – Seite 3.**

Diesen Artikel in der Bild-Zeitung vom 10.10.1994 hatte die »Heldin von Potsdam« einen Tag vor dem erfundenen Überfall durch Skinheads gelesen.

»Die Zeitungen sind doch voll mit solchen Geschichten«, erklärte Elke Sager-Zille in der gleichen Ausgabe auf die Frage hin, wie sie auf die Idee kam, sich nach einem Unfall als »Skinhead-Opfer« zu präsentieren. Fünf Tage im Oktober 1994 war die arbeitslose Krankenschwester eine »deutsche Heldin«. PDS-Politiker, Pfarrer, *Bild*-Redakteur und Polizeipräsident trugen ihr Blumen und Schecks ans Krankenbett. Dann brach die Lüge von der mutigen Frau, die beim Versuch, eine alte Dame vor Skinheads zu retten, selbst aus der Straßenbahn geworfen

worden sein wollte, wie ein Kartenhaus zusammen. »Ich hatte ein paar Bierchen getrunken. Das mochte ich nicht erzählen, weil es mir peinlich war. Außerdem hatte ich panische Angst, weil meine Kinder und ich nicht krankenversichert waren. Auf dem Weg ins Krankenhaus habe ich mir dann die Sache mit den Skins ausgedacht.«[31] Aus der »Heldin von Potsdam« wurde »Die Frau, die ganz Deutschland belog«, entrüstete sich *Bild*. Dabei waren es wohl vor allem dieses gerichtsnotorische »Zentralorgan des Rufmordes« (Günter Wallraff) und andere Blätter aus dem Hause an der Axel-Springer-Straße 65 in Berlin, die mit bluttriefenden Schlagzeilen über »Skinhorden« das Bild vom Skinhead als rechtsradikalem Gewalttäter in den Köpfen der Bevölkerung verankerten und dabei bewiesen, daß sie ihr Handwerk als »professionelle Fälscherwerkstatt« noch immer so gut beherrschen wie zu jenen Zeiten, als *Bild*-Konsumenten noch Studentenführer über den Kurfürstendamm jagten. Doch während die Linken von einst, soweit sie heute noch nicht selbst Springer-Autoren sind, schnell zum Telefon greifen und ihre Anwälte einschalten, um sich Beleidigungen zu verbitten, was ihre publizistische Mißhandlung ein wenig erschwert, sind Skinheads eine risikofreie Opfergruppe. Die vor allem in Boulevardblättern gängige Anonymisierung von Interviewten vergrößert den Spielraum für laxe Zitate und Hinzudichtungen. Immer wieder auftauchende »O-Töne« und Ereignisschilderungen legen den Verdacht nahe, daß ein nicht geringer Prozentsatz der »Berichterstattung« von *Bild* & Co. ohnehin auf fiktiven Vorfällen beruht, sprich: von den Autoren erfunden wurde.

Nicht nur Talkshows leben von der voyeuristischen Angstlust ihrer Zuschauer. Und diese Lust will von Tag zu Tag mit höheren Dosierungen befriedigt werden. Das bloße Verprügeln einzelner »Ausländer«, das in den späten Achtzigern noch Schlagzeilen machen konnte, ist seit Hünxe und Hoyerswerda langweilig. Doch was tun, wenn die einmal medial in Bewegung gesetzte »Gewaltwelle« die Alltagsrealität der Bevölkerung partout nicht erreicht? »Skinheads« und andere Quotenrunner einfach nicht an jeder Ecke mit der Baseballkeule auf sensationshungrige Reporter lauern? Man »backt« sich eben selber welche. Ein Blick ins Archiv, ein Schuß dichterische Freiheit, und schon erlebt der abgehangene Naziskin aus Hamburg am Berliner Bahnhof Lichtenberg erneut und »brandaktuell« seinen zweiten Frühling:

»Lasche Typen kotzen mich an ...«

Von Kai Diekmann und Florian von Heintze

Freitag, ein Uhr nachts: Der »Weisenkrug«, eine gemütliche Kneipe in Hamburg-Bergedorf. An den Tischen sitzen Männer, spielen Skat, am Eingang ein Weihnachtsbaum mit elektrischen Kerzen. Doch: Dies ist keine Kneipe wie jede andere. (...) Andreas F. (21, arbeitslos): »Meine Kumpels und ich, wir sind 'ne ganz starke Truppe. Wir halten zusammen. Das ist wie früher, wie bei der Hitler-Jugend. All diese laschen Typen heutzutage mit ihren schmierigen langen Haaren kotzen mich an.« Was macht ihr so den ganzen Tag?

Andreas: »Bis mittags schlafe ich, dann erst mal'n Bier zum Frühstück oder auch zwei.« Er lacht. »Dann kommen meine Kumpels, wir hören Musik und quatschen. Worüber? Über dieses Scheiß-Deutschland, über die Türken und den ganzen Dreck. Hier müßte mal richtig aufgeräumt werden. Wir wollen niemanden umbringen, nur'n bißchen verprügeln, macht doch Spaß. Und außerdem: Wir müssen uns ja verteidigen, die Türken jagen uns doch auch. (...) Wenn einer auf dem Boden liegt, denke ich immer nur: Den mußt du alle machen, der hat noch längst nicht genug!«

(...) Was sagen eure Eltern? Skinhead Bernd (17, Schüler), ein Freund von Andreas: »Da bin ich sowieso nur noch zum

Skins – neuer Name für Haß

Von Christoph Dietrich und Frank Maiwald

Berlin, Bahnhof Lichtenberg. Die Stehkneipe »Tender«. Hier trifft sich die Skin-Szene. Die meisten kommen aus Marzahn, Hohenschönhausen, vom Prenzlauer Berg. Einer von ihnen ist Markus, 24 Jahre alt. Seine Vorderzähne sind alle ausgeschlagen, deshalb nennen ihn die anderen »Lücke«. Auf seinen Oberarmen sind Hakenkreuze tätowiert, er hat Maschinenschlosser gelernt. (...) Markus erzählt: »Meine Kumpels und ich, wir sind 'ne ganz starke Truppe. Wir halten zusammen. Das ist wie früher, wie bei der Hitler-Jugend. All diese laschen Typen heutzutage mit ihren schmierigen langen Haaren kotzen mich an.«

(...) Markus schläft bis mittags, frühstückt dann mit Bier, trifft sich mit seinen Kumpels, sie trainieren in einer Kampfsportgruppe. Und worüber reden sie? Originalton: »Über dieses Scheiß-Deutschland, über die Ausländer und den ganzen Dreck. Hier müßte mal richtig aufgeräumt werden. Wir wollen ja niemanden umbringen, nur'n bißchen verprügeln, macht doch Spaß. Ist doch irre, wenn Ausländer und so'n Zeug am Boden liegen und um Gnade betteln. Da tret ich dann noch mal so richtig zu. Ich denk dann immer: Den mußt du alle machen, der hat noch längst nicht genug.«

(...) Sein Vater, sagt Markus, war »so'n Stasi-Schwein«. Zu

Pennen. Mein Vater hat nichts dagegen, daß ich ein Skin bin. Lieber ein Skinhead als ein Penner mit langen Haaren und so. Und meine Mutter hält den Mund – sonst gibt's was auf die Fresse.« Er lacht.

aus: *Bild am Sonntag* vom 5. Januar 1986

Hause ist er nur noch manchmal, zum Pennen. Sein Vater habe heute nichts mehr dagegen, daß er ein Skin sei: »Lieber ein Skin als ein Penner mit langen Haaren und so. Und meine Mutter hält den Mund, sonst gibt's was auf die Fresse.«

aus: *BZ* vom 25. September 1991

Kein Einzelfall

Was die von der Presse können, kann ich schon lange, dachten sich ab Herbst 92 immer mehr Bürger und ließen ihrer Phantasie freien Lauf. Nicht wenige dieser Fakes sorgten sogar international für Aufsehen, wurden in Parlamenten diskutiert und machten die »Opfer der Skinheadgewalt« zu One-Minute-Stars.

– April 1992: Der Vater des kleinen Alex, der angeblich von drei Skinheads in Marzahn auf offener Straße aus dem Kinderwagen geklaut wurde, bittet in dramatischen Appellen via TV und *Bild* die Kidnapper um Rückgabe des Nachwuchses. »Mein Junge hat Leukämie, braucht dringend Medikamente! Und wir haben doch gar kein Geld.« – »Alex ist doch schwer krank. Bitte, gebt ihn mir wieder!« assistiert die Mutter, die, wie sich wenig später herausstellen sollte, ihr Kind selbst getötet hatte.[32]

– November 1992: »Skins immer brutaler: Mädchen (14) Hakenkreuz in Wange geschnitten«, schockieren Schlagzeilen die Öffentlichkeit. Die Schülerin aus Bautzen hatte sich allerdings selbst gezeichnet.[33]

– Juni 1993: Dreimal innerhalb einer Woche werden in einem Wohnhaus in Frankfurt am Main Brände gelegt. Eine Bewohnerin sah Skinheads in einem Auto flüchten, berichtet von rassistischen Drohanrufen zuvor. Im Juli 1995 wird die »Augenzeugin« von einem Schöffengericht zu zwei Jahren und neun Monaten Haft wegen Brandstiftung verurteilt.[34]

– Dezember 1993: Ein Berliner Liberianer erstattet Anzeige: Acht »Skinheads« hätten ihn in der U-Bahn geschlagen, getreten und schließlich aus dem haltenden Zug geworfen. Die Ermittlungen ergeben, daß er sich die Verletzungen bei einer Kneipenauseinandersetzung zugezogen hatte.[35]

– Januar 1994: Ein 17jähriges Mädchen aus Halle erregt Aufsehen mit der Behauptung, Skinheads hätten ihr ein Hakenkreuz in die Wange geritzt.[36]

– April 1994: Eine 20jährige Berlinerin gesteht, sich ein angeblich von Skins zugefügtes, sechs mal sechs Zentimeter großes Hakenkreuz selbst mit einer Rasierklinge in den Bauch geritzt zu haben, weil sie eine Ausrede für eine verpaßte Verabredung mit ihrem Freund brauchte.[37]

– August 1994: Ein 23jähriger aus Niederschönhausen gesteht der Polizei, er habe sich die angezeigten SS-Runen und das Hakenkreuz selbst mit der Rasierklinge in den Arm geritzt, um zu erreichen, daß die Polizei »massiver gegen Neonazis vorgeht«.[38]

– August 1994: Drei Berliner Männer, die einen Obdachlosen »aus Langeweile« zu Tode quälten, ritzen ihrem Opfer nachträglich zwei Hakenkreuze in die Haut, »um die Spur auf Skinheads zu lenken«.[39]

– Oktober 1994: Ein 19jähriger Schwarzfahrer verkündet den Kontrolleuren, er sei gerade von Skinheads ausgeraubt worden , inklusive Fahrticket.[40]

– März 1995: Ein 17jähriges Mädchen aus Berlin-Lichtenberg berichtet, zwei Skinheads hätten ihr ein Hakenkreuz in den Bauch geritzt.[41]

– März 1995: Eine Woche später erfindet ein 14jähriger einen Skinheadüberfall – ausgerechnet in Berlin-Kreuzberg.[42]

– Juli 1995: Sieben Skinheads hätten sie zusammengeschlagen, nachdem sie mutig wie eine Löwin für ein sechsjähriges Ausländerkind eingetreten sei, berichtet eine 16jährige Schülerin aus Erlangen. In Wirklichkeit war sie von anderen Mädchen verprügelt worden.[43]

– September 1995: Ein 19jähriger Marzahner zeigt bei der Polizei eine ausländerfeindliche Straftat an. Zwei Skinheads hätten in einer Straßenbahn einen dunkelhäutigen Fahrgast beschimpft. Nur durch sein mutiges Einschreiten hätten die Täter von ihrem Opfer abgelassen, sich dafür aber ihm zugewandt, ihn »geschlagen, beraubt und mit einem Messer verletzt«. Auch diese Story war erfunden, die Schnittverletzungen brachte sich das »Opfer« selbst bei.[44]

»Es ist en vogue, sich als Skinhead-Opfer aufzuführen«, stöhnten bald Polizeifahnder von München bis Kiel[45], die nach und nach ihre zumeist auf Verfassungsschutzdruck hin einge-

»Wie verhalte ich mich, wenn Angreifer kommen? Wenn Sie angepöbelt werden, kann eine verbale, entwaffnende Retour-Kutsche helfen. Beispiel: Ein Skin fuchtelt mit dem Messer, droht: ›Na, Oma, haste Angst?‹ Die Frau antwortet: ›Nö, du bist doch bei mir.‹«
(*Super Illu* vom 27.10.1994)

Wie man sich vor ihnen schützen kann

Von ACHIM SCHÄFER

Wie soll man sich verhalten, wenn man von Skins bedroht wird – oder Zeuge einer Auseinandersetzung zwischen Skinheads und Passanten wird? BamS fragte Experten, die sich seit langem mit der Skin-Problematik beschäftigen.

Wolfgang Stürzbecher (31), Berliner Sozialarbeiter und Buchautor („Großstadtrambos"): „Sich mit Waffen zu verteidigen ist verboten und sinnlos. Häufig wird dem Zaudernden die Waffe entrissen und gegen ihn selbst eingesetzt." CS- Gas bringt wenig – „weil Skins oft betrunken sind, reagiert ihr Körper auf CS-Gas nur mit Verzögerung". Stürzbecher empfiehlt, „dem Angreifer gezielt in den Unterleib zu treten und danach zu flüchten"

Reinhard Kautz (51), Hauptkommissar aus Berlin: „Wichtig ist es, die Gefahr frühzeitig zu erkennen. Die jüngsten S-Bahn Überfälle zeigen, daß Skins niemals sofort angreifen. Vielmehr baut sich die Spannungssituation langsam auf."

Beide Experten sind sich einig: nicht den Helden spielen, nicht provozieren lassen, lieber eine Schlägerei vermeiden.

Die Verhaltenstips

● **in U-, S- und Straßenbahnen:** Bei bedrohlichen Situationen nicht während der Fahrt, sondern am nächsten Bahnhof die Notbremse ziehen. So bleiben die Türen geöffnet, der Zug bleibt stehen. Sofort flüchten und die Polizei rufen. Meist rennen die Skins von allein weg, ihnen genügt die Gewißheit, daß der Zug ihretwegen angehalten hat;

Tips von Experten
Buchautor Wolfgang Stürzbecher (31), Hauptkommissar Reinhard Kautz (51) aus Berlin

● **in Fußballstadien:** Zu Auswärtsspielen nicht mit Fahnen oder Abzeichen des Gastvereins anreisen. Wenn die Skins angreifen, sofort in die Menge flüchten;

● **auf der Straße:** Schaulustige direkt ansprechen: „Sie da, mit der roten Jacke, holen Sie sofort die Polizei!" Wenn es doch zu einer Schlägerei kommt: Am Boden zusammenrollen, den Skins so wenig Angriffsfläche wie möglich bieten;

● **an Imbißbuden:** Beliebte Skin-Treffs, trotzdem relativ ungefährlich. Gefordertes Biergeld aushändigen, dann verschwinden;

● **in Diskotheken:** Wenn Skins eine Disco aufmischen wollen, ist Widerstand sinnlos. Auf keinen Streit einlassen – auch dann nicht, wenn die Freundin angemacht wird. Hilfreich können manchmal Sätze sein wie: „Hast du es denn wirklich nötig, fremde Frauen anzugrapschen?" Manche Skins fühlen sich so an der Ehre gepackt und geben Ruhe;

● **in der Kneipe:** Mit Stühlen werfen und Fensterscheiben einschlagen. Lärm machen, Polizei anrufen.

Nach Paragraph 323 c Strafgesetzbuch ist jeder Zeuge von Notsituationen zur Hilfe verpflichtet. Wenn die eigene Gesundheit oder das Leben in Gefahr ist, muß man zumindest die Polizei rufen.

Bild am Sonntag
vom 16.10.1994

richteten »Skinhead«-Vermerke in der Straftaten-Statistik wieder tilgen mußten. Bei der Auswertung von 30 solcher Fälle von erfundenen Skinhead-Straftaten zwischen 1992 und 1995 traten immer wieder fünf Hauptmotive auf:

- Ausrede für eigene Fehltaten wie verpaßte Verabredungen, nicht geleistete Arbeiten etc. oder Angst vor (zum Beispiel Prüfungs-)Terminen;
- Behörden- oder Versicherungsbetrug (Skinheads klauen die Sozialhilfe oder stecken marode Läden an);
- Hilfeschrei psychisch verletzter Jugendlicher nach mehr Aufmerksamkeit;
- Sensationslust, der Wunsch, in die Medien (vor allem Talkshows) zu kommen;
- der Versuch, durch die Inszenierung einer besonders »grausamen« Tat Behörden und Öffentlichkeit auf die nach Ansicht der Täter nicht genügend beachtete »faschistische Gefahr« aufmerksam zu machen.

»Was kann dahinter stecken, wenn sich eine Gruppe Skinheads und eine Gruppe ausländischer Jugendlicher mit Feindseligkeiten und Gewalt begegnen?« (S. 13)

»Beispiel: Ein arbeitsloser Skinhead entwickelt Haß auf Ausländer, die nach seiner Meinung an allem, auch an seiner Arbeitslosigkeit, schuld sind.« (S. 18)

»Ein angetrunkener Obdachloser wird von Skins zusammengeschlagen.« (S. 21)

»Dort beobachten sie, wie drei Skinheads einen körperlich weit unterlegenen farbigen Jugendlichen beschimpfen, bespucken und schließlich nach ihm treten.« (S. 23)

»Haben Sie Angst, von Skinheads angegriffen zu werden?« (S. 24) (Lehrbeispiele der Bundeszentrale für politische Bildung aus einer Broschüre gegen Vorurteile, 1996)

Die Popularität von »Skinheads« als Sündenböcke, als Ausrede und Synonym für rassistische Gewalt illustriert eindrucksvoll, wie die Medienberichterstattung maßgeblich dazu beitrug, das Bild des Rechtsradikalismus in der öffentlichen Wahrnehmung immer mehr auf »Skinheads« zu reduzieren, denen »alles zuzutrauen« war. Dies wurde möglich, indem die Skins aus den alltäglichen Zusammenhängen herausgelöst und als gefährliche »Fremde« gezeichnet wurden, deren einzige Beschäftigung darin zu bestehen schien, ihre Lust auf (rechtsradikale) Gewalt und Alkohol zu befriedigen. »Normale« Alltagssorgen, Schulstreß, Liebesbeziehungen, Freizeitvergnügungen unspektakulärerer Art schienen Skins nicht zu kennen. Wurde überhaupt ihr biographischer Background erhellt, so entstand auch hier das Bild einer auf Extremerfahrungen basierenden Außenseiterkarriere. »Vater, falls noch im gleichen Haus lebend, oftmals Alkoholiker. Auch die Mutter ist oft Trinkerin. Ihre Heimat sind Sozialwohnung oder Plattenbau. Die Faust regiert.«[46] Was hier die *Bild*-Zeitung in ihrer rudimentären Sprache so plakativ auf den Punkt brachte, fand sich auch in der anspruchsvolleren Presse und in wissenschaftlichen Kommentierungen wieder: Die differenzierte soziale Herkunft der deutschen Skins wurde ignoriert und durch das scheinbar ihre Gewalt erklärende Klischee vom »Ghettokind« und marginalisierten »Modernisierungsverlierer« ersetzt. Damit wurde nicht nur die Skinheadkultur stigmatisiert, sondern auch der Sozialdarwinismus des gesellschaftlichen Mainstream heruntergespielt. So waren selbst nach den offiziellen Statistiken des Bundeskriminalamtes über Gewalttaten mit rechtsradikalem oder rassistischem Hintergrund (die allen genannten Redaktionen vorlagen) über 80% der Täter weder Skinheads noch organisierte Neonazis, sondern bis dato unauffällige Jungen zwischen 14 und 21 Jahren – ohne Skinheadkontakte oder Mitgliedschaften im organisierten Rechtsextremismus. Die Reduzierung des komplexen Ursachen- und Beziehungsgeflechts zwischen Rassismus, Straßengewalt und Mehrheitsgesellschaft auf das Täterphantombild jugendliche Skinheads entlastete Eltern, Lehrer, Politik und auch die Medien selbst von ihrer Verantwortung.

---

1 Erst zwölf Jahre später, am 18. Januar 1993, widmet *Der Spiegel* SHARP- und Redskins unter dem Titel »Enterbte Erben« einen eigenen größeren Bericht Vgl. *Der Spiegel* Nr. 3/1993, S. 70.

2 *Der Spiegel* Nr. 28/1993: »Meine Ratte ist riesig«, S. 65–71.

3 Ein nicht namentlich genannter »Experte des Bundesinnenministeriums« in: *Der Spiegel* Nr. 26/1986, S. 89.

4 Siehe *Stern* Nr. 29/1984: »Das Versteck der Neonazis«, S. 52ff., oder *Stern* Nr. 30/1984: »Wir hau'n sie alle platt«, S. 58.

5 Gerhard Kromschröders wichtigste Reportagen aus den 80er Jahren sind auch in zwei Buchbänden gesammelt in zum Teil überarbeiteter Form erschienen: Als ich ein Türke war. Eichborn, Frankfurt a. M. 1983; Ich war einer von ihnen. Frankfurt a. M. 1987.

6 *Stern* Nr. 3/1986: »Terror der Skins«, S. 46–50.

7 *Stern* Nr. 25/1986: »Gewalt ohne Grenzen«, S. 26–42.

8 So erkannte *BZ*-Reporter Walter Wüllenweber Rechte schon mal daran, daß sie »Nazistiefel« und eine »Nazifrisur« trugen. (*Berliner Zeitung* vom 11.8.1994: »Und ›Waldi‹ filmt die Randale«) In einem Interview mit der *Jungen Welt* mußte sich sogar die Bremer HipHop-Band *Saprize* dafür rechtfertigen, daß einige ihrer Mitglieder »ein bißchen kurze Haare« hatten. Den verdutzten Kommentar eines Bandmitgliedes – »totaler Blödsinn, was einem die Leute da reinwürgen wollen« – konterte *Junge Welt*-Interviewer Jörg Köhler: »Klar, das Hakenkreuz hatte auch nicht immer die Bedeutung, die es heute hat.« Aber an sich sei es »doch beruhigend, daß in Deutschland inzwischen Leute mit kahlem Schädel auch öffentlich angemacht werden«. (*Junge Welt* vom 27.2.1995)

9 *Südwest Presse Ulm* vom 2.12.1992.

10 *Süddeutsche Zeitung* vom 28.8.1992.

11 So geschehen in der Ausgabe vom 11.5.1996, Autor: Wolfgang Emrich.

12 *Süddeutsche Zeitung* vom 23.3.1995, Autor: Michael Birnbaum, und *Handelsblatt* vom 4.2.94, Autor: Hans Dieter Kley.

13 Vgl.: Farin, Klaus/Seidel-Pielen, Eberhard: Skinheads. München 1993, S. 215f.

14 Hans-Hermann Kotte am 16.4.1994 über den Springer-Kolumnisten Wolf Jobst Siedler. Zwei Jahre später erwischte es Harald Schmidt: Von dessen Gags sei es »nicht mehr sehr weit zum Skinhead-Humor« (*taz* vom 17.6.1996, Autor: Hans-Hermann Kotte).

15 *taz* vom 19.1.1996. Vgl. auch die aktuelle Berichterstattung der *taz* vom 15. und 16.11.1991, Autorin: Plutonia Plarre.
16 Im *dpa*-Bericht vom gleichen Tage ist die Rede von »etwa 80 rechtsradikale(n) polnische(n) Skinheads«.
17 Im Interview mit dem Autor am 18.11.1994.
18 *taz* vom 12.1.1994.
19 Zum Vergleich: In der *Frankfurter Rundschau* fanden sich in den Jahren 1992–1996 rund 1 200 Beiträge, in der *taz* im gleichen Zeitraum ca. 1 800.
20 In den 80er Jahren fand ich keinen einzigen, in den Neunzigern ein knappes Dutzend längerer Beiträge, die (auch) nicht-rechtsradikale Skins zum Thema machten. Siehe beispielhaft: »Ich bin erst Antifaschist, dann Skinhead« von Severin Weiland in der *taz* vom 14.12.1992; »Schwule Skinheads – (k)ein Widerspruch?« von Jean Jacques Soukup in der *taz* vom 7.3.1993; »Gefallene Buben« von Dick Hebdige in der *taz* vom 12.3.1993; »Die Welt ist Vielklang« von Andreas Becker in der *taz* vom 7.8.1993; »Nazis können nicht tanzen« von Harald Fricke in der *taz* vom 2.5.1996.
21 Ab Sommer 1995 verzichtete das Bundeskriminalamt in seinen monatlichen Kriminalitätsstatistiken auf eine besondere Ausweisung von »Skinheads«, dem die Nachrichtenagenturen (gezwungenermaßen) sofort folgten. Außerdem hatte die Aufdeckung mehrerer spektakulärer Erfindungen von Skinhead-Straftaten in zahlreichen Redaktionsstuben zur Vorsicht vor schnellen Einordnungen geführt.
22 Im Interview mit dem Autor am 18.11.1994.
23 »Das Leben der Glatzen. Porträt einer Jugendbewegung mit schlechtem Leumund: die Skinheads. Musik, Rituale, böse Taten.« Redaktion: Michael Volber/Thymian Bussemer. In: *Prinz*, Dezember 1992, S. 26–30.
24 Farin, Klaus/Seidel-Pielen, Eberhard: Krieg in den Städten. Jugendgangs in Deutschland. Berlin 1991, S. 48.
25 Vgl. *Skintonic* Nr. 2, S. 6 und *Reasons Why/KB 84* Nr. 3, S. 30.
26 *Bremer Nachrichten* vom 29.4.1995, Autor: Peter W. Schroeder.
27 *Stern* Nr. 2/1996, S. 58.
28 *Süddeutsche Zeitung Magazin* vom 10.3.1995, Autor: Pascal Morché.
29 Vgl.: Farin, Klaus: Skinhead – A Way of Life. Hamburg 1996, S. 122f.
30 Vgl.: Jugendwerk der Deutschen Shell (Hrsg.): Jugend 97. Zukunftsperspektiven – Gesellschaftliches Engagement – Politische Orientierungen. 12. Shell-Jugendstudie, Leske + Budrich, Opladen 1997, S. 365. Bei der 11. Shell-Jugendstudie 1991 plazierten 82% der befragten Jugendlichen Skinheads auf Rang 2 der »Haßliste«, 1981 tauchten sie noch gar nicht auf (a.a.O.).
31 *Der Spiegel* Nr. 1/1995, S. 51.
32 *Bild* vom 23.4.1992.
33 *Bild* vom 23.4.1992.
34 *Frankfurter Rundschau* vom 10.7.1995.
35 *taz* und *Berliner Zeitung* vom 17.12.1993.
36 *Der Spiegel* Nr. 1/1995, S. 49–51.
37 *taz* vom 13.4.94 und *Berliner Kurier* vom 17.9.1994.
38 *Berliner Morgenpost* vom 11.8.1994.
39 *Berliner Kurier* vom 2.3.1995.

40 *Berliner Morgenpost* vom 19.10.1994.
41 *Berliner Kurier* vom 23.3.1995.
42 *Berliner Kurier* vom 29.3.1995.
43 *taz* vom 26. und 27.7.1995.
44 *Marzahner Zeitung* vom 10.3.1996.
45 *Der Spiegel* Nr. 1/1995, S. 49.
46 *Bild* vom 12.10.1994.

Mariam Lau

Nachtszenen mit Warnblinkanlage

Skins im Film

Daß Skins ideale Filmprotagonisten sind, liegt auf der Hand. Sie garantieren nicht nur Aktion, Jugendlichkeit und ornamentale Massenszenen, sie reichern jedes noch so poröse Drehbuch mit politischem Schwermetall an. Als »braune Gefahr« verleihen sie einem durchschnittlichen Sonntags-»Tatort« aktuelle Relevanz und schaffen eine Verbindung zu gestern und vorgestern, sie personifizieren eine Art überzeitliches Gothic-Horrorelement, gegen das eine Banalität wie der gemeine Raubmord zur mickrigen Eintagsfliege zusammenschnurrt. Das erklärt auch, warum es – soweit mir bekannt ist – nicht einen einzigen Spielfilm über Redskins oder SHARP-Skins gibt. Bei ihnen müßte man über schwarze Musik, Jugendkultur und Gegenwart reden, und damit wäre die Grundstimmung düsterer Bedrohung schon verloren.

»Horror« meint hier die klassische Filmikonographie des Bösen: Viele Szenen spielen draußen, auf regennassen Straßen außerhalb der Stadt, im Wald, sogar in Steinbrüchen (»Samstags, wenn Krieg ist«). Infernalische Feuersbrünste, sintflutartige Regengüsse, wabernder Gruselnebel, großzügiger Gebrauch von flackernden Lichtsignalen und Scheinwerfern und kaltes, blaues Leichenschauhauslicht signalisieren, daß Skins, die ja irgendwie alle ein bißchen wie Nosferatu aussehen, nicht ganz von dieser Welt sind. Nur sehr selten werden arbeitende Skins gezeigt, was – wie inzwischen bekannt sein dürfte – keineswegs den realen Verhältnissen entspricht. Andererseits kann kein öffentlich-rechtlicher »Tatort« oder sonst ein Fernsehkrimi, in dem Skins in kriminelle Handlungen verwickelt sind, mit dieser Exklusion enden. Pädagogische Ambitionen begegnen den Erfordernissen des Strafsystems, sexuelle Faszination trifft auf politische Überzeugungen des Bürgers in Uniform, und, als wäre das nicht genug, kommen schließlich auch noch Klassenfragen ins Spiel. Mit anderen Worten: Man hat es bei der Darstellung von Skinheads im Film mit einer hochambivalenten Gemengelage von Genrediktaten, Absichten und Gefühlen zu tun. Schon nach wenigen Sichtungen wundert dann nicht mehr, daß so wenig Unaufgeregtheit im öffentlichen Umgang mit dem Thema möglich war. Wo man Skins im Film sieht – ob im dunklen Wald oder mitten in der Stadt, ob an einer Schule oder um einen Stammtisch gruppiert, ob im ostdeutschen Hinterland oder über ganz Europa verteilt –, mit der Wahl des Schauplatzes ist auch die Frage angesprochen, wessen »Problem« die Skins eigentlich sind: eines der menschlichen Natur, eines der schiefgelaufenen Moderne, ein Resultat linken Konformitätsdrucks oder eines Mangels an (pädagogischer) Zuwendung, ein Ost-West-Problem, ein deutsches oder ein internationales Problem und/oder schlicht ein Problem der Exekutive. Eines jedoch sind sie in den Inszenierungen der Spiel- und Dokumentarfilme definitiv nicht: eine musikzentrierte Jugendkultur, in der gewalttätige Auseinandersetzungen die Ausnahme sind.

Skins als Nachrichtenthema

Obwohl es auch vor 1992 schon Berichte über Skins gab – beispielsweise anläßlich von *Störkraft*-Konzerten, anläßlich der Großkundgebungen in Hoyerswerda oder des Brandanschlages in Hünxe –, zum Nachrichtenthema im großen Stil wurden sie erst im Zusammenhang mit den Ereignissen von Rostock, Mölln, Solingen. Die später entstandenen Spielfilme greifen zum Teil auf Originalaufnahmen jener Zeit zurück (»Thanners neuer Job«, »Die Bombe tickt«), so daß man davon ausgehen kann, daß diese Berichterstattung sehr wesentlich für die Fernsehästhetik in Sachen Skins war.

Rostock, so jedenfalls zeigen es die Aufnahmen von »Spiegel-TV«, steht für ein nächtliches Bürgerkriegsszenario, das sich erst durch die Tagebuchform der Berichterstattung zum ostdeutschen Sittengemälde entwickelte. Der »Spiegel«-Beitrag führt mit einer langen Kamerafahrt über die Neubausiedlung in Rostock-Lichtenhagen in das Thema ein. Ein Sprecher im Off redet über Arbeitslosenzahlen, geschlossene Kneipen und Jugendtreffs. Die Gegend, solchermaßen als Problemzone eingeführt, ist also prädestiniert für die kommenden Ereignisse. In den ersten Tagen der Eskalation sieht man kaum Skins, sondern einen beunruhigend breiten Querschnitt der ganz normalen Anwohnerpopulation, Leute in Jeans mit Bierflaschen in der Hand, die Betonbrocken aus den Gehwegplatten rissen, um sie gegen die wenigen anwesenden Polizisten und das Haus zu schleudern, in dem einige Roma-Familien untergebracht waren. Die Beiträge sind noch von vielen Einzelinterviews durchsetzt, in denen Normalbürger Gelegenheit bekamen, ihrem Unmut über die sanitären Verhältnisse in den Asylbewerberunterkünften und die Ineffizienz der Politik Ausdruck zu verleihen. Nachdem die Roma-Familien abgezogen waren, wandte sich die Aggression gegen das von Vietnamesen bewohnte Wohnheim, und erst in diesem Moment tauchten einige Skins sowie Polizeieinheiten aus Hamburg auf, die dann im folgenden an den Aktionen beteiligt waren. Die Bewegung in den Bildern nimmt zu, es werden Handkameras benutzt, es wird mitgerannt, auf

Einzelinterviews wird immer mehr verzichtet. Der Kommentator vermutet, womöglich finde hier der Volksaufstand statt, den sich die Bewohner der ehemaligen DDR so lange verkniffen hätten. Einzelporträts sind erst wieder bei Politikeraussagen oder den Gedenkgottesdiensten im Kerzenschein zu sehen. Daß einige Filmbeiträge die Skins in einem Ausmaß im Auge behielten, das in keinem Verhältnis zu deren tatsächlicher Beteiligung stand, hat vielleicht wirklich mit dem Erschrecken über die Breite der Bewegung zu tun.

Die Berichte über Solingen, wo im Mai 1993 fünf türkische Frauen und Mädchen einem Brandanschlag zum Opfer gefallen waren, begannen bei »Spiegel-TV« mit einem Porträt des Hauptverdächtigen Christian R., dem man so oder ähnlich später in unzähligen »Tatort«-Sendungen wiederbegegnen konnte: Problemkind mit Heimkarriere, lebt bei der Mutter, war bei der Verhaftung so betrunken, daß er überhaupt erst nach einer Nacht in der Ausnüchterungszelle vernehmungsfähig war. (Als »blöd, brutal und besoffen«, so Sybille Müller vom Südwestfunk auf einer Tagung des Grimme-Instituts, würden Neonazis insgesamt vom Fernsehen stereotypisiert.) Während ZDF und WDR auf die Entlastung der drei anderen Tatverdächtigen hinarbeiteten, interessierte sich »Spiegel-TV« vor allem für die Reaktionen der türkischen Gemeinde, deren Integration auf dem Spiel stand. Öffentliche Gebete, Protestkundgebungen mit verbrannten Fahnen oder zerrissenen Hemden als Kampfansage und Trauerrituale in der Türkei – hier wurden, wie in dem schon 1987 ausgestrahlten Tatort »Voll auf Haß«, Skins zum gefährlichen Keil, der zwischen die Deutschen und ihre mühsam integrierten ausländischen Mitbürger getrieben wurde.

Während also die Berichte aus Rostock den Eindruck hinterließen, Skins seien nur eine besonders militante Inkarnation des ostdeutschen Volkszorns und damit ein Problem der Wiedervereinigung und der Politik, sind die Berichte über Skins aus Mölln und Solingen eher Psychogramme von Störenfrieden der Nachkriegsharmonie.

Skins als Ost-West-Problem

Den Schauplätzen von Filmen über Skins im Osten nähert sich die Kamera oft aus der Vogelperspektive (»Haß im Kopf«), während einer Autofahrt (»Stau: Jetzt geht's los«), oder mit einem Blick von der dunklen Straße zu einem Fenster hinauf (»Der Verräter«). So wird einerseits ein Verlassenheitsszenario hergestellt, andererseits klargemacht, daß die Perspektive des Films selbst eine Außenseiterperspektive ist. Distanzierungsgebaren. Im Fall von »Der Verräter«, der Episode »Klassenkeile« aus der Serie »Wolffs Revier« oder »Thanners neuer Job«

entpuppt sich diese Perspektive nachträglich als die des Westkommissars, der in den Osten geschickt wurde, weil die Kollegen mit der rechtsradikalen Gewalt überfordert sind – auch eine Lehre aus den Erfahrungen in Rostock.

»Der Verräter« enthält alle für das Thema typischen Ingredienzien. Man nähert sich der Kleinstadt-Szenerie im Thüringischen zu Klängen von Klezmer-Musik, die aus dem ersten Stock eines Wohnhauses dringen. Warum es in einem kleinen Dorf in Thüringen die traditionelle Musik der osteuropäischen Juden sein soll, dafür gibt es auch im weiteren Verlauf der Handlung keine Begründung. Und wieder entsteht das Bild einer massiv gestörten Versöhnung zwischen den Deutschen und ihren gefährdeten Nachbarn: Gleich in den ersten Minuten wird ein Bosnier motivlos von einer Gruppe Skins erschlagen, der seinem langhaarigen deutschen Freund noch gerade froh von der endlich gewährten Aufenthaltsgenehmigung berichtet hatte. Ein radikaler Schnitt versetzt uns von der nächtlichen Mordszenerie zwischen klatschmohnrote und saftiggrüne Hügel, durch die der Yankee-Schlitten des jungen, sensiblen Westkommissars zieht. Amerikanisches Auto (Entnazifizierung!), abgeschabte Lederjacke (proletarisch!), Herkunft aus dem Ruhrgebiet (sozialdemokratisch!): Hier kommt ein Hoffnungsträger, dem sogar die Natur zujubelt.

Die jugendlichen Protagonisten der Ost-West-Skinfilme sind vaterlose Gesellen, die bei hilflosen oder verwahrlosten Müttern leben und sich den Skins anschließen, weil sie arbeitslos, vom alten System hyper-indoktriniert oder mitten in der Pubertät sind, in der die gelegentlichen Eskapaden der Mutter nicht mehr länger nur kindliche Eifersucht mobilisieren. Das mag in manchen Fällen tatsächlich der Hintergrund rechter Skins sein; die Regelmäßigkeit aber, mit der es zum Stereotyp filmischer Darstellungen der Skinzusammenhänge im Osten wird, läßt den Aspekt »Jugendkultur« praktisch nicht mehr zu Wort kommen. Skin wird man in dieser Lesart nur aus Mangel. Paul, der Protagonist in »Der Verräter«, der mit seiner Mutter allein lebt, hat eine Skinclique vor Gericht gedeckt und wird von Steffen, dem Chef der Gruppe, per Schnaps und Kahlrasur zum Freund erklärt. Steffens Vater ist ein zitternder Alkoholiker, ohne Frau, von dem der Sohn sagt: »Früher, als Offizier, da war er noch 'ne Nummer, da sind sie vor ihm gekrochen.«

Wo die Väter (und mit ihnen der Übervater Staat) solchermaßen desavouiert sind, wird nach Alternativen gesucht. Im Haus von Paul wohnt, neben seiner alleinstehenden Mutter, auch noch eine leicht verschlampte Rothaarige, die zunächst mit einem Schwarzen zusammenlebt, der sie aber wegen der Neonazis und der geringen beruflichen Aufstiegsmöglichkeiten im Osten verläßt. Der Lederjacken-Kommissar ist ebenfalls Single und hat sein Kind durch Vernachlässigung verloren. Paul, sein potentieller Adoptivsohn, erfährt durch ihn, daß Verrat die einzige Lösung ist. Auf dem Sterbebett im Krankenhaus, nachdem die ehemaligen Kameraden ihn fast erschlagen haben, nennt Paul Namen. Der Film endet mit einem Blick auf sein EKG: Die Herzlinie wird flach. Ein Vereinigungsopfer, dessen Vernachlässigung zu spät bemerkt wurde.

Der Einsatz von klassischer, studierter Pädagogik kommt in den Ost-West-Krimis in der Regel nicht besonders gut weg. Kommissar Wolff (»Wolffs Revier: Klassenkeile«) begegnet ihr in Gestalt des Lehrers Teichmann (reimt sich auf »Weichmann«). Teichmann hat einige Skins unterrichtet, die im Verdacht stehen, einen der ihren erschlagen zu haben. Den Toten hat man aus dem »Landwehrkanal gefischt« – eine stark politisch aufgeladene Referenz an die Weimarer Republik, an Liebknecht und Luxemburg. Der Lehrer wird durch den Direktor als »etwas zu liberal« eingeführt, der Film zeigt ihn als gutaussehenden, kräftigen Mann, den die Resignation ergrauen ließ. »Sie sind doch aus dem Westen«, fragt Kommissar Wolff den Lehrer. »Was hat Sie ausgerechnet hierher verschlagen?« Teichmann, mit bitterer Miene: »Solidarische Expertenhilfe für unsere betrogenen Brüder und Schwestern. Unstillbarer pädagogischer Eros. Abenteuerlust. Masochismus. Selbsterfahrungstrieb. Suchen Sie sich was aus!« Die Ostler als randalierende Arbeitslose, die Westler als übertherapierte, enttäuschte, mit totem Bücherwissen vollgestopfte Ex-Linke, die, einmal aufgeschreckt, sofort in resignative Depression verfallen.

»Tja«, sagt Lehrer Teichmann, als er vom Tod eines seiner Schüler hört, »das ist die Logik der Aggression. (...) Gewalt ist hier völlig normal. Schauen Sie sich doch um: Schlägereien, Diebstahl, Vandalismus ...« Wolff fragt dazwischen: »Und die Polizei?« Der Lehrer lacht auf: »Unterbesetzt, unterbezahlt, hoffnungslos überfordert.« Wolff: »Was machen in so einer Situation eigentlich die Lehrer?« »Die feiern krank, wenn sie's irgend können, aus Angst vor den Schülern. Einige haben auch Angst um ihre Jobs.« Die Sozialarbeiterin Hertling-Teichmann (die Frau des Lehrers, natürlich mit Doppelnamen), die wir vor einem Bücherregal kennenlernen, wird das Opfer eines »Gangbang«, einer Gruppenvergewaltigung. Auf die Frage des Kommissars, warum sie ihre Vergewaltiger nicht angezeigt habe, antwortet sie: »Ich bin Sozialpädagogin, ich suche nach den Gründen für abweichendes Verhalten, nicht nach Vorwänden für Bestrafungen.« Solchermaßen in die Lächerlichkeit gestolpert, entgegnet ihr der Kommissar: »Wie schön für Sie. Ich bin Polizist. Ich suche nach Tätern, deren Opfern es egal ist, warum man ihnen den Schädel eingeschlagen hat oder warum man sie ihrer Würde beraubt.« Der Osten wird hier zum Wilden Westen oder zu einer Art Bestiarium, in dem die Summerhill-Pädagogik keine Chance mehr hat. Der Zusammenbruch der vorherigen Ordnung und die Vernachlässigung durch die neuen Herren hat, so sehen es manche Regisseure, zu einer Verrohung des Sozialen geführt, die Natur des Menschen unter der »dünnen Decke der Zivilisation« (»Haß im Kopf«-Regisseur Uwe Frießner) wieder freigelegt. In »Die Bombe tickt«, einem Zweiteiler von Thorsten Näter, in dem die Geschichte von Ralph und seiner Schwester Jessica aus Mecklenburg-Vorpommern erzählt wird, erklärt ein Sozialarbeiter angesichts eines zur Demonstration gegen ein Containerdorf für Bürgerkriegsflüchtlinge angerückten Dörfler-Mobs: »Mit der Wende haben wir 17 Millionen Asylanten bekommen. Denen hält man jetzt die Asylanten vor, damit sie das Gefühl haben, daß es Leute gibt, denen es noch schlechter geht als ihnen.« Andererseits wird die sozialpolitische Deutung dadurch unterminiert, daß Ralph, als er sich einer Neonazitruppe anschließt, entdeckt, daß ganz Europa, auch die wohlhabenden Niederlande, von einem Netzwerk rechtsradikaler Organisationen überzogen ist, für die die Skins nur die Dreckarbeit machen. Ralph wird schließlich von der Erkenntnis getroffen, daß »sein Führer« ihn nicht nur ausnutzen, sondern auch noch als unbequemen Zeugen beiseite schaffen wollte. Der Film endet – unter Aufgabe jeder soziologisch-politischen Präzision – mit der immerwährenden Konfrontation der guten mit den schlechten Menschen und einem diffusen Gefühl von Panik angesichts dessen, was sich hinter Europas ziviler Fassade zusammenbraut.

Eine andere Position im Ost-West-Gefälle bezog der ostdeutsche Dokumentarfilmer Thomas Heise (inzwischen Regisseur am Berliner Ensemble) mit seinem Film »Stau – Jetzt geht's los«, eine Auftragsarbeit über eine Gruppe von Skins in Halle. Der Film beginnt mit einer Fahrt in die Stadt. In einer Hinterhofruine brennt ein Autowrack, von der Durchfahrtstraße biegt niemand ab, den Brand zu löschen, ein Hund bellt: Gleich die erste Sequenz von »Der Stau« führt ein in die himmelschreiende Indifferenz, die über dem Landstrich liegt. Halle an der Saale: stillgelegter Waggonbau, Metallverarbeitung, Kältetechnik und Bibliothek der Deutschen Morgenländischen Gesellschaft. Heises Glatzen finden hier keine Heimat mehr. Er beobachtet sie, man sieht sie in langen Gesprächen und vielen verschwiegenen Aufnahmen, es wird deutlich, daß sie sich im Kopf eine neue Heimat konstruieren. Das Deutschland, das sie meinen, ist ein Konglomerat aus Strasser-Sozialismus (für den Populismus der SA, gegen die Aristokratie der SS), Walhalla, Pfadfindertum, Karl-May-Festspielen und Ska-Höhle – nirgends zu finden.

Die Schlüsselszene spielt auf dem Kyffhäuser. Die Kamera ist auf Ronny, einen der Porträtierten gerichtet, der damit beschäftigt ist, das Kaiser-Wilhelm-Denkmal mit dem automatischen Fernglas einzufangen. Weil Heise seinen Protagonisten einen weiten Aktionsradius zugesteht, der auch kontemplative

Tätigkeiten wie Interessiert-in-der-Gegend-herumschauen einschließt, wirkt dieser Film völlig anders als alles, was bis dahin über Skins zu sehen war. Womöglich war es diese Perspektive, die einige Autonome so in Rage brachte, daß sie bei der Premiere des Films in Halle, zu der Thomas Heise sowohl Leute aus den Filmförderungsgremien als auch die Protagonisten selbst eingeladen hatte, mit Steinen und Raketen warfen, woraufhin die Skins das Kino demolierten. Auch möglich, daß sich die Wut gegen einige der Sprüche richtete, die von den eigenen nicht so weit entfernt waren, wie man sich das eventuell in seinem Abgrenzungsbegehren erhofft hätte. (»Nicht die Rechtsradikalen sind gewalttätig«, sagt einer der Skins, »sondern der Staat, in dem sie leben.«) Weder auf dem Dokfilmfest in Leipzig noch in der ARD-Kultursendung durfte der Film gezeigt werden – eine seltsame Allianz. Auf einem Flugblatt der Autonomen, das später zu Störaktionen in Berlin verteilt wurde, hieß es: »Kein Rederecht, kein Organisationsrecht, keine Propagandafreiheit für Faschisten. (...) Dieser Film ist eine unkommentierte Selbstdarstellung von NF-Kadern. Wir rufen zum aktiven Boykott auf.« Der damalige Hausherr des Berliner Ensembles, Heiner Müller, verzichtete auf eine Vorführung des Films, weil er sein Haus nicht von der Polizei schützen lassen wollte. Als die Autonomen an jenem Abend vernahmen, daß Regisseur Heise »jüdisch-kommunistischer Herkunft« sei, ließen sie sich umstimmen, und der Film konnte im Kino »Babylon« in Berlin-Mitte gezeigt werden.

Auch bei Heise erscheinen die Skins als vaterlose Gesellen, allerdings kommen hier die Väter auch zu Wort. »Was ist ein Tag?« fragt Heise einen bärtigen Mittfünfziger in Unterhemd. »Och, arbeiten, fernsehen, schlafen.« Mit Blick auf seinen Sohn: »Wenn ihr mal rankommt – armes Deutschland.« Wie Gespenster ziehen die Jugendlichen nachts durch die Straßen, hotten in bizarren Höhlen, »Hier fliegen gleich/Die Löcher aus dem Käse/Denn nun geht sie los/Unsere Po-lo-nai-se«; der Abendhimmel ist blau, kaum Frauen in der Disco. Einer sitzt auf der Bank und erzählt, wie ihm früher sein FDJ-Sekretär die Tagesorientierung vorgegeben hätte, und jetzt ist er arbeitslos: »Manchmal habe ich zwölf Stunden geschlafen, wache auf und könnte mich direkt für die nächsten zwölf Stunden wieder hinlegen. Ich habe jedes Zeitgefühl verloren. Das wünsche ich keinem.« Mit einer Knarre schießt schließlich einer von ihnen auf eine Uhr. Heise kommentierte diese Szene später als gestellt: »Es kam so zustande, daß ich gesagt habe, man müßte wenigstens einmal eine Waffe sehen. Man sollte durchaus sehen, daß die Aufnahme gestellt ist, in einer ehemaligen Russenkaserne. Ich habe mich an die Französische Revolution erinnert, als die Kommunarden durch Paris zogen am Morgen danach. Die haben auch die Uhren zerschossen.«[1] Dieses Moment von emphatischer Ostler-Solidarität verläßt Heise nur in einem winzigen Augenblick, als seine Protagonisten nämlich mit Bierflaschen in der Hand nach Buchenwald ziehen, um die Gedenkstätte zu besuchen. An den Auseinandersetzungen um den Film »Beruf Neonazi« konnte man später sehen, wie zentral diese Szenen der tatsächlichen Begegnung zwischen der Nazi-Vergangenheit und ihren Epigonen für die Rezeption der Filme sind.

»Beruf Neonazi«

In vielen Auseinandersetzungen der letzten Jahre konnte man die erstaunliche Feststellung machen, daß die Bundesrepublik sich ihrer demokratischen Verfaßtheit nicht besonders sicher ist. Die Konzeption einer riesigen, zentnerschweren Betonplatte, die fast genau über dem ehemaligen »Führerbunker« in Berlin liegen und an die ermordeten Juden erinnern soll, wirkte fast wie die verzweifelten Versuche der Opfer in Splatterfilmen, die auf das Haus zuwankenden Untoten mit Hilfe gegen die Tür gerückter Schränke in Schach zu halten.

Das zeitweilige Verbot des Dokumentarfilmes »Beruf Neonazi« schien einer ähnlichen Hilflosigkeit entsprungen: Als könnte ein unkommentiert agierender Nazi das Publikum sofort zu seinesgleichen konvertieren. Winfried Bonengel porträtierte in »Beruf Neonazi« den Münchner Ewald Bela Althans sowie dessen Förderer und Mentor Ernst Zündel, der im kanadischen Toronto einen weltweit operierenden Vertrieb mit revisionistischen Schriften und Videos betreibt. Rasant geschnitten, beginnt der Film mit einer Nachtfahrt durch das schillernde Häusermeer Torontos, um schließlich in einen Versammlungskeller einzutauchen, in dem man als erstes einen indisch aussehenden Mann bemerkt, der sich und seine Vorfahren in markigen Worten als Arier präsentiert. Im selben Keller sieht man Zündel vor Schaltpulten, Schneidetischen und Videobändern sitzen, ein Bild, das sich noch häufig wiederholt. So wird gleich zu Anfang eine Grundstimmung etabliert: Ubiquitär, schnell, subversiv und medial vernetzt arbeitet der Gegner, und was immer wir tun, kann ihm eigentlich nur in die Hände arbeiten. »Ich benutze den jüdischen Propagandaapparat gern mit«, erklärt Zündel strahlend, »etwas Besseres, als daß die über mich hetzen, kann mir überhaupt nicht passieren.« Zündel zieht sich eine KZ-Sträflingsuniform an, auf der in Lagerlettern seine Telefonnummer zu lesen ist. »The Holocaust is a hoax«, ist auf Schildern zu lesen. Der in Deutschland spielende Teil des Films widmet sich im wahrsten Sinne des Wortes dem Treiben von Ewald Althans, der sich mit französischen Kameraden trifft, alte Damen tätschelt, Geld zählt und läuft, fährt, fuhrwerkt, die

Kamera immer hinterher. Zentrale Szene des Films ist ein Besuch im ehemaligen Konzentrationslager Auschwitz, wo Althans selbst einmal Grabstätten pflegte. Die Fahrt ging auf einen Wunsch des Regisseurs zurück. Auschwitz erscheint, in bewußter Durchbrechung traditioneller Ikonographie, nicht mehr als nebliges, sublimes Gelände des Grauens, sondern als das Museum, das es heute ist. Es liegt im Sonnenschein, man kann Postkarten davon kaufen, und man sieht, wie unendliche Mengen von Touristen hindurchgehen. Mit schwankender Handkamera folgt der Kameramann Johann Feindt Althans in die ehemalige Gaskammer, wo er Besucher provoziert: »Na, wo ging der Rauch hin? Wie funktioniert denn Zyklon B? Sie haben ja keine Ahnung!«

»Ich sehe nicht ein«, sagt er in perfektem Englisch, »warum ich als junger Mensch für etwas büßen soll, was ich überhaupt nicht getan habe.« Einzig ein junger amerikanischer Tourist läßt sich auf ein Gespräch mit ihm ein. »So what was this, a vacation camp?« (»Und was war das hier, ein Ferienlager?«) Hilflos in seiner Wut weiß er nicht, ob er versuchen soll, Althans zu widerlegen (und sich damit die »Beweislast« zuschieben zu lassen), oder ob er ihn einfach »in the name of history« (»im Namen der Geschichte«) anschreien soll: »Nimm die Brille ab!«

In einem Interview mit der *taz* beschrieb der Kameramann, wie er Althans gefilmt hat: »Der Film besteht zum großen Teil aus relativ weitwinkligen Aufnahmen oder Nahaufnahmen mit einem großen Teleobjektiv, so daß man nur Teile des Gesichts sieht, Ausschnitte von Grimassen, seiner Mimik, so daß da kein Entweichen ist. Etwa 80 Prozent sind mit der Handkamera gefilmt. Vieles ist durch meine Körpergröße beeinflußt; ich habe einfach immer eine Untersicht, auch wenn ich mit normalen Menschen zu tun habe. Ich fand Althans' Größe einfach unglaublich. (...) Wenn man diesen Schrank sieht, hat man immer das Gefühl, er hat einen Bügel im Nacken. Deshalb auch der Weitwinkel, der stellt ihn ja als einen Kegel dar. Dieser eigenartige Körper mit den nach oben zulaufenden und fast umkippenden Schultern, und dann oben drauf der kleine Kopf, der wie so eine Krähe darauf herumtanzt.«[2]

Hier nimmt die Ikonographie des Filmens von Neonazis und Skins Formen an: Man filmt sie gern in Fragmenten oder extremen Perspektiven, bei denen das Gefühl entsteht, man habe es mit Maschinen oder anderen Objekten zu tun. Die Verfolgung mit der Handkamera ist ein Stilmittel aus dem Horrorfilm: Wenn die Handkamera auf ein Haus zuwankt, weiß man, auch ohne es gesehen zu haben, daß ein Monster kommt. Die Betonung von Bewegung und Aktion in »Beruf Neonazi« unterstreicht das Gefühl von Hilflosigkeit: Niemand hält den Althans auf in seinem Lauf, niemand die Neonazis. Man sucht gewissermaßen nach einer Zauberformel, die diesen Golem stoppen kann.

Dabei ist bezeichnend, daß die Angst vor der medialen Vernetzung dem antisemitischen Klischee dem von der internationalen Verschwörung der Juden entspricht, die so wenig greifbar, weil immateriell ist. Wer kann schon etwas gegen Funkwellen unternehmen?

Kaum greifbar ist auch das Moment erotischer Anziehung zwischen dem Regisseur und seinem Protagonisten, das ebenfalls durch die Betonung der körperlichen Aktion, der Untersicht und der Nähe hervorgerufen scheint. (Als ich Bonengel einmal darauf ansprach, bestritt er eigene Neigungen, meinte aber, der homosexuelle Althans habe durchaus Annäherung gesucht.)

Skinheads im West-TV

Im Gegensatz zum Dokumentarfilm von Bonengel beschäftigen sich die meisten Spielfilme über westdeutsche Neonazis mit rechten Skins, von denen kaum jemand aus Althans' Milieu stammt. Einer der frühesten Skin-Fernsehkrimis war der Tatort »Voll auf Haß« mit Manfred Krug als Hauptkommissar Stoever. Krug, der im Westen ein Image halb als Ost-Cowboy (»Spur der Steine«) und halb als Berliner No-nonsense-Demokrat (Anwalt »Liebling« aus Kreuzberg) genießt, muß als ideale Besetzung für einen Skin-Krimi erschienen sein. Die Sache beginnt im türkischen Restaurant von Herrn Bicici. Sein Sohn hat gerade noch mit seiner deutschen Freundin die Tische dekoriert, denn heute abend wollen sie ihre Verlobung feiern. Die Dialoge sind, wie »Tatort«-üblich, seltsam hölzern, wie aus einem Deutsch-Lesebuch für die 10. Klasse, geschrieben in den späten 70er Jahren, mit einem Bild der Bundesrepublik als bedrohter Sesamstraße. Das Deutsch mit türkischem Akzent ist grammatisch fehlerfrei, die Worte sind wohlgesetzt – als könnte schon ein falsches Pronomen die gute Absicht zunichte machen.

Kaum hat das junge Paar das Restaurant verlassen, tauchen drei blonde Männer auf, einer von ihnen mit Stoppelhaarschnitt, und verlangen Schutzgeld. Herr Bicici will nicht zahlen, die Männer drohen wiederzukommen. Am Abend trifft man sich zur Verlobung, die Türken tanzen und sind freundlich, die deutschen Eltern des Mädchens, vor allem der Vater, der gegen die Verlobung ist, sitzen steif dabei. Die Türken sind aber so freundlich, tanzen so schön, daß schließlich sogar Vater Lobeck mit Herrn Bicici auf die Verlobung trinken will. Gerade in dem Moment der Versöhnung bleibt die Musik stehen und – bamm: Da sind die Skins. Bomberjacken, Baseballschläger, Glatzen. Die Kamera zoomt nicht in einzelne Gesichter, sondern hält starr auf die Formation. Ohne erkennbares Signal stürmen sie mit einer Art Indianergeheul los. Daß man kein Signal gehört hat und sie sich trotzdem synchron bewegen, ist die filmische Illustration des Begriffs »Befehlsempfänger«, der der Radiotechnik entlehnt scheint und den Bezeichneten zum Automatenmenschen, zur Frankenstein-Kreatur macht. Skins reagieren instinkt-, nicht kommunikationsgeleitet. Oft weisen die Inszenierungen des Hordenverhaltens von Skins Parallelen zum Tierfilm auf. Skin-Krimis wie »Voll auf Haß« oder »Zivilcourage« enthalten oft eine Gegenüberstellungsszene, in der die Zeugen hilflos konstatieren: »Ich kann Ihnen nicht sagen, wer es war; sie sehen alle so gleich aus.«

Im weiteren Verlauf der Schlägerei sieht man hauptsächlich die angststarren Gesichter der Opfer, die das deutsche Fernsehpublikum, uns alle anschauen. In dieser Variante der Skinfilm-Pädagogik sind wir alle für das Auftauchen dieser Meute verantwortlich. Ein ganzes Volk kann nicht verhindern, daß sich aus seiner Mitte immer wieder die aggressiven, fremdenfeindlichen Instinkte melden. Lili Lobeck, die Verlobte, muß hilflos zusehen, wie ihr Erdal erschlagen wird. Als sie die Polizei rufen will, haut einer der Skins mit dem Schläger auf das Telefon. Auf seine Finger sind die Buchstaben H-A-S-S tätowiert (eine kleine filmische Reminiszenz an Robert Mitchum und »Die Nacht des Jägers«). Er ahmt mit einer Grimasse Lilis Schrei nach – eine Drohung. Die Skins ziehen ab. In einem Halbkreis bleiben die Gäste um den Toten stehen, bis schließlich die Eltern neben ihm niederknien und zu klagen und schreien anfangen. Deutsche weinen im Fernsehen anders, weniger laut und »kreatürlich«; die Szene erinnert ein bißchen an die Trauerbilder von Käthe Kollwitz, sie wirkt dörflich. Der wenige Minuten später eintreffende Kommissar Brockmüller begrüßt alle Anwesenden, die türkischen Namen spricht er perfekt aus. Sein Kollege trifft ein: »Was war denn hier los?« – »Siehste doch, Skins!« – »Mal wieder...« – »Die Frage nach dem Motiv erübrigt sich ja dann wohl. Das Ganze ist wieder so eine unsinnige Tat dieser Kahlköpfe.« Hauptkommissar Stoever entgegnet: »Hohlköpfe. Jedenfalls können die da oben sich nicht länger auf einen Einzelfall rausreden. Das ist jetzt der dritte Fall in sechs Monaten.« Brockmüller: »Kein Grund, das hochzuspielen.« Stoever: »Jeder einzelne Fall ist für mich Grund genug. Hatten wir doch alles schon mal! Sauberes Deutschland und so!« Brockmüller: »Aber du willst denen doch nicht im Ernst ein politisches Motiv unterstellen? Damit wertest du die Brüder doch nur auf.« Stoever: »Ein politisches Motiv unterstelle ich denen, die mir weismachen wollen, Skinheads wären einfach nur Raufbolde.«

In diesem Dialog sind die Hauptlinien der Diskussion über rechte Skins enthalten, wie sie die Öffentlichkeit eine Weile beschäftigt hat: rechtsradikal oder desorientiert? Politisch oder unsinnig? Kahlköpfe oder Hohlköpfe?

Katharina Rutschky schrieb 1992, mit der Alternative, »jugendliche Gewalttäter entweder als zielstrebige und verantwortliche Gesinnungstäter zu qualifizieren oder ihnen das Attribut ›desorientiert‹ zu geben, (...) kämen sie nicht bloß in den Genuß des jugendspezifischen Bonus der Unverantwortlichkeit, wie er in unserer Gesellschaft strafrechtlich mit gewissen Modifikationen bis zur Vollendung des 21. Lebensjahres jedem zusteht. Die Vokabel ›desorientiert‹ deutet auch an, daß eine, möglicherweise korrekte, Orientierung normalerweise vorhanden sein müßte, und vielleicht sogar, daß es Kräfte gibt, die ihrerseits sehr wohl für die jugendliche Desorientierung verantwortlich gemacht werden könnten. Dann könnten wir uns auf die Suche nach den Schuldigen machen, womöglich gar die Frage nach der Schuld, unser aller Mitschuld stellen – ein hierzulande allzu beliebtes Verfahren, sich der Analyse, der Realitätsprüfung durch das Verbreiten von Trockeneisnebel (...) zu entziehen und sich in ein moralisch schmeichelhaftes Licht zu tauchen...«[3]

Wenig später verfolgt Stoever einen der Jugendlichen, einen mit niedlichem Gesicht. Er stellt ihn schließlich in der U-Bahn, sie keilen sich ein bißchen, dann sagt Stoever: »Ich brauch'n Bier. Kommste mit?« Solche Verbrüderungen sind häufig in Fernsehkrimis. Sie werden dadurch eingeleitet, daß der Kommissar eine Schwäche gesteht. (»Ich brauch das, so ein Bierchen.« – »Ohne Kaffee läuft bei mir gar nichts.«) Es ist die Kleineleute-Revolte gegen bürgerliche Gesundheitsvorstellungen. Stoever fragt den Jungen leutselig: »Wie lange hast'n deine Glatze schon?« – »Nicht so lange wie du!« Und es ist bewiesen:

Szenenfoto aus »Haß im Kopf«

Psychologen und Sozialarbeiter haben hier nichts verloren. Nun kann auch prompt der Skin seine Schwäche gestehen, die er halt sonst, das sieht man ja, hinter Männlichkeitsgehabe verbirgt.

Das ließe sich ja noch akzeptieren, würde nicht in so ziemlich allen Fernsehfilmen gezeigt, daß hinter den an sich harmlosen Jungs eine weitverzweigte Organisation steht. An ihrer Spitze wiederum meist Yuppies, Spekulanten (»Thanners neuer Job«, »Die Bombe tickt«) oder durchgeknallte ehemalige Fremdenlegionäre (Tatort »Kameraden«), die sehr genau wissen, was sie tun, und dem Film nebenbei auch noch ein Spezialmilieu aus Versammlungsräumen, Hitler-Gemälden, Parteibürokratie und Waffenarsenal liefern. Die Behausungen dieser »Ewiggestrigen«, wie die Villa in »Haß im Kopf«, sind so alt wie ihre politischen Ambitionen. In »Haß im Kopf« findet in dieser Villa des Funktionärs, der gern politisch Karriere machen möchte, ein Schulungsabend statt, auf dem die Skins den Film »Der ewige Jude« vorgeführt und Bier eingeflößt bekommen. Anschließend laufen sie los und randalieren auf dem jüdischen Friedhof. Mit der Behauptung, dieser Nazi-Propagandafilm, in dem osteuropäische Juden in Kaftanen und mit Schläfenlocken mit Ratten konnotiert werden, könne heute noch Zuschauer in Pogromstimmung versetzen, obwohl der Anblick osteuropäischer Juden in traditioneller Kleidung äußerst rar geworden ist, wird die heraufbeschworene Gefahr durch rechte Skins enorm aufgewertet. Im Fall von »Voll auf Haß« stehen ein Spekulant und ein Parteiführer hinter den Skins, die für sie die Dreckarbeit machen – so ähnlich hatte man sich immer die SA vorgestellt. »Uns würd's sowieso besser gehen«, sagt der kleine Skin zu Stoever, »wenn die Faschisten wieder an der Macht wären. Die Republikaner, das sind ja Luschen, Laumänner, da mußt du zu denen von der DAF gehen, die wissen, wo's langgeht. Die anderen, das sind alles Bürozombies, wir Arbeiter, wir halten zusammen.« Da wird Stoever wütend: »Wo arbeitest du denn?« Skin: »Im Moment nirgends. Aber das wird sich noch ändern.« Das Drehbuch wirbt um Verständnis für den kleinen Desorientierten, indem es an Ressentiments anknüpft, die womöglich unter den Zuschauern gegen »Bürozombies«, Politiker (»Laumänner«) und Arbeitslose bestehen. So entsteht eine interessante Frontbildung: Stoever, die jüngsten unter den Skins und die Türken (trotz oder insgeheim sogar wegen ihres verzweifelten Versuchs der Selbstjustiz) auf der einen Seite – auf der anderen die Partei (DAF), die Spekulanten, »die da oben«, die Politiker oder die Mafia.

Oder die Journalisten. In »Das Double« aus der Serie »Die Wache« geht das Auftauchen von Skins gänzlich auf das Konto einer hyperagilen Fernsehmoderatorin, die für ihre Kurzreportage eine kleine Schlägerei braucht. Nachdem sie eine Polizeibeamtin dazu gebracht hat, für die Kamera eine Vermißte zu spielen, läßt sie zwei Skins aus einem Auto auf die Szene stürmen.

Die Polizei weiß von nichts, fällt auf den Trick herein und reagiert mit großer Panik. In der Tat wurden Fälle bekannt, in denen Journalisten Gruppen von Rechten Geld für Aktionen boten. 1991 soll ein japanisches Filmteam vom Bundesgrenzschutz dabei beobachtet worden sein, wie es am Berliner S-Bahnhof Lichtenberg dem Anführer einer Neonazitruppe 300 Mark gegeben habe, worauf die Jugendlichen vor der Kamera markige Sprüche klopften. Auch Rias-TV und RTL plus hätten 1991 Skins in Marzahn Bier und Gage dafür geboten, daß sie ein Wohnhaus angriffen, in dem jüdische Einwanderer leben. Der auf diese Weise entstandene Rias-TV-Film wurde allerdings nicht ausgestrahlt.

Wie in den Spielfilmen über ostdeutsche Skins wird ein Teil der Schuld an bundesrepublikanischen »Fehlentwicklungen« wie der rechten Gewalt den 68ern und ihrer Pädagogik zur Last gelegt. Die Exekutive in Gestalt eines aufgeklärten Kommissars muß ausbaden, was uns die Linken als Eltern und in den Bildungseinrichtungen eingebrockt haben. Dazu noch einmal Katharina Rutschky: »Wir, das sind die sog. 68er, die heute das Sagen haben und deren Individualitätsbildung via Abweichung statt Konformität zu einem nicht geringen Teil über den Antifaschismus gelaufen ist. (...) Die Verführung, in jugendlichen, vorwiegend männlichen Gewalttätern (...) ein Problem bloß wiederzuerkennen, das wir schon mal hatten, ist groß.«[4] Rutschky fragt sich, woher die gesellschaftliche Obsession stammt, Probleme als Fragen an die Jugend zu stellen, und kommt zu dem Schluß, daß »die Befragung mächtigerer Erwachsener unangenehmere Wahrheiten zutage fördern würde, die nicht so leicht von uns wegzuschieben wären ...«

Im schon erwähnten Film »Klassenkeile« wird den 68ern vorgeworfen, sie hätten den Antifa-Konformitätsdruck erzeugt (mit ihren Mehrheiten in Politik und Medien), gegen den die Skins nun rebellieren müßten – eine nicht einmal völlig abwegige Vorstellung. Lehrer Teichmann, von dessen ehemals »hohen Idealen« die Rede ist, erweist sich schließlich als der Mörder des Skinheads. Er verliert in dem Augenblick die Fassung, als der ihm sagt: »Du kriegst doch bei deiner Alten sowieso keinen mehr hoch. Ich kann dir sagen: Die war spitzenmäßig drauf, die hat das [die Vergewaltigung] voll genossen.« Nach dem Geständnis auf dem Polizeirevier gesteht Teichmann weinend, er und seine Frau seien sich »noch nie so nah gewesen« – ein weiteres Intellektuellen-Klischee, das den Vergeistigten keine befriedigenden Beziehungen zutraut und die Vermutungen des Skins rückwirkend und stillschweigend bestätigt.

Auch in »Kahlschlag« sind Pädagogik und das linke Milieu ein Problem. Der 16jährige Robin wohnt mit seiner Mutter und seiner kleinen Schwester allein. Die Mutter, eine gutbürgerliche, intellektuelle Frau, hat wechselnde Männerbekanntschaf-

Interview mit dem »Kahlschlag«-Hauptdarsteller Björn Jung:
Wie siehst du die Figur des Robin, die du spielst?
Ich mag ihn sehr, er ist ein unheimlich sympathischer Mensch. Bevor er in das rechtsradikale Milieu abrutscht, ist er auf seine Art eigenständig. Er ist frech zu den Lehrern, Klassenkameraden und zu seiner Mutter. Aber er kommt nicht zurecht. Egal was ist, er schaukelt sich sofort hoch, es entsteht sofort ein Kampf. Ich habe mit Robin nichts gemeinsam, aber ich hatte auch eine Zeit, wo ich nicht wußte, wer ich letztendlich bin, man muß sich erst mal finden. Und dabei rutscht Robin ab in das rechtsradikale Milieu, wo er plötzlich Anerkennung findet, so, wie er ist.
Wie fühlst du dich, wenn du mit Skinmontur und Glatze rumläufst?
Mittlerweile stört mich das nicht mehr so. Wir haben noch eine Szene in der U-Bahn gedreht, da mußten wir zum Schluß in die Bahn einsteigen und eine Station mitfahren. In dieser U-Bahn saßen auch drei, vier Punks, und die haben tatsächlich fluchtartig die Bahn verlassen, als sie uns sahen.
(aus: Bongartz, Dieter: Kahlschlag. Das Drehbuch zum Film. Köln 1993, S. 152)

ten und verhält sich ihrem Sohn gegenüber eher spröde. »Warum können wir nicht miteinander reden?« fragt sie einmal hilflos. Robins Vater, ebenfalls gutsituiert, lebt mit einer neuen Frau zusammen und reagiert auf den Wunsch des Sohnes, zu ihm zu ziehen, eher zurückhaltend. Das Resultat der Ablehnung der Kleinfamilie durch die 68er ist, so stellt es sich in »Kahlschlag« dar, ein instabiles soziales Gefüge, in dem Jugendliche keinen Halt finden.

Auch die Schule bietet keinen. Die Lehrerin hat die Schüler an Zweiertischen einander gegenübergesetzt, so daß sie aufeinander verwiesen sind, und drängt permanent auf den psychosozialen Austausch. Man versteht sofort, daß Robin das nicht aushält und sich kahlscheren läßt. Er schließt sich einer rechtsradikalen Gruppe an, macht erste sexuelle Erfahrungen in diesem proletarischeren und scheinbar aufgeschlosseneren Milieu. Allerdings wird er sowohl vom Annäherungsversuch eines älteren Neonazis als auch von einem gewalttätigen Angriff auf eine

Mädchen-Selbstverteidigungsgruppe, bei dem ein türkisches Mädchen verletzt wird, abgestoßen. Robin ist eigentlich ein lieber und sensibler Junge. Als er sich distanziert, schlagen ihn seine Kameraden zusammen – erst das und die Versöhnung mit einer früheren Freundin bringen ihn wieder zur Raison.

Es entsteht ein eigentümliches Sittengemälde der westdeutschen Gesellschaft: Einerseits sind in ihr nach wie vor die alten braunen Kräfte wirksam, die die Skin-Jugend beliebig vor ihren Karren spannen können. Andererseits haben die 68er die Alltagskultur so sehr geprägt, daß eine Jugendkultur, die irgend etwas auf sich hält, sich absetzen muß von der Unklarheit der Beziehungsstruktur, dem Mangel an Orientierung und Autorität, dem oktroyierten Antifaschismus und so weiter. Von allem ist die Rede – nur nicht von der Mitte.

Ganz anders eine Dokumentation des WDR von 1993: In der Reihe »Hilferufe« wurde die Sendung »Unser Sohn ist Skinhead« gezeigt. Die Dokumentation beginnt mit Aufnahmen eines dicklichen Skins, der auf einem Spaziergang durch die Stadt begleitet wird. In der nächsten Einstellung sitzen wir mit ihm auf dem Teppich in seinem Zimmer, und die Interviewerin fragt: »Wenn du dich auf der Straße sehen würdest, wie würdest du dich beschreiben?« – »Joa, geil!« ist die Antwort. »Netter, sympathischer Mensch, der von der Arbeit kommt.« Bezeichnend, daß es eine Ratgebersendung für Eltern ist, die die Lage solchermaßen unaufgeregt und sogar lustig ins Auge faßt. Kein Einstieg mit dem Springerstiefel, keine marodierende Horde, sondern ein einzelner junger Mann, auf Augenhöhe gefilmt, ungekünstelt angesprochen. Anschließend stellt Guido sich selber vor, erzählt von seiner Ausbildung, seiner Freundin und davon, was das Besondere an seinen Schuhen ist. Warum er welche Kleidung liebt. Auf diese Weise entsteht das Bild eines kompletten Menschen mit Umfeld, Geschichte, Ansichten, Geschmack, Privatsphäre. Der Film zeigt ihn am Abend in seiner Disco, wo er beim Tanzen mit ruhiger Kamera begleitet wird, immer nur für kurze Zeit, ganz eindeutig, um dem Film einen Rhythmus zu verleihen und nicht so sehr, um einen Hexenkessel zu erzeugen. Die Eltern von Guido werden auf einem Waldspaziergang vorgestellt. Auch sie erscheinen relativ unaufgeregt und gelassen. Schließlich folgt noch eine »Expertenrunde«, in der aber die Beteiligten – also Guido und seine Eltern – neben den Pädagogen, dem Publizisten Burkhard Schröder und einer Grünen-Politikerin zu Wort kommen.

Vorbilder und Wiedergänger

»Clockwork Orange« ist vielen Spielfilmen zum Thema Skins nicht nur stilistisch ein Vorbild. Brutalisierte Jugendliche, die sich via Sprache und Musik in einen eigenen Kokon eingesponnen haben und von »der Gesellschaft« nicht mehr zu erreichen sind, sollen durch konsequente Applikation des Wahren, Guten und Schönen von der schrägen Bahn gebracht werden. Alex, der Anführer einer Gang, die für ihre wenigen Beschäftigungen einen eigenen Code erfunden hat – zum Beispiel »das alte Reinraus-Spiel« für Sex, für überfallen, vergewaltigen und morden. Eine Sportlerin wird mit einer riesigen Phallus-Skulptur erschlagen. Klassische Musik begleitet Alex bei seinen Exzessen. Schließlich wird er von seinen Kumpanen verraten und der Polizei zur Resozialisierung übergeben. Nachdem er das ultrabrutale Umerziehungsprogramm des Innenministers durchlaufen hat und entlassen wird, erfährt er die Welt brutaler, als er sie kannte. Er wird zum Stiefellecker. Sex und Gewalt verursachen ihm Übelkeit. Erst nachdem er versucht hat, sich umzubringen, läßt man ihn wieder gewähren. Er findet in einem großen Befreiungsschlag zu seinem Rowdytum zurück. Der Film denunziert die bürgerlichen Lebenszusammenhänge (moderne Kunst ist verquast und verlogen, Psychoanalyse dekadentes Gewäsch), um andererseits den modernen Staat einem profunden Faschismusverdacht zu unterwerfen. Im Gegensatz zur Romanvorlage von Anthony Burgess bleibt bei Regisseur Stanley Kubrick einzig Alex als Sympathieträger, dessen Gewaltakte als Befreiungsschläge orchestriert werden. Nur der Einzelne ist bei Kubrick noch zur Authentizität fähig, die Gesellschaft kann sich nicht anders als durch Gehirnwäsche gegen diese Echtheit

Malcolm McDowell als Alex (Mitte) in Stanley Kubricks »Clockwork Orange«

Foto: Stiftung Deutsche Klinemathek

durchsetzen. Mit anderen Worten: Wo Menschen sich formieren, droht immer Gewalt. Die erstickende Künstlichkeit des Lichts läßt einen Wunsch nach Rückkehr zur Natur, zum Vormodernen, eben Vorgesellschaftlichen spürbar werden.

»Made in Britain«, der erste Spielfilm mit einem Skin als Protagonisten, zeigt einen völlig versteinerten 15jährigen, der sein Leben zur Autoscooterfahrt macht, indem er Freunde und Helfer gleichermaßen vor den Kopf stößt. Das Szenario ist zwar England, aber ein fast menschenleeres – wenn man einmal von einer Szene auf dem Arbeitsamt absieht. Als alle Resozialisierungsversuche gescheitert sind, endet der Film in einer Polizeizelle, in der ein Beamter Trevor mit seinem Gummiknüppel zwischen die Beine schlägt – als sei Vater Staat an der Kastration eines ödipalen Sohnes gelegen. Dem zur Kampfmaschine mutierten Jugendlichen steht ein zur letztlich mächtigeren Kampfmaschine formierter Staat gegenüber. Das Kräftemessen endet mit der Niederlage des Widerspenstigen.

In »Romper Stomper« ist keine Exekutive mehr vorhanden, nur noch Aktivisten in einem Bürgerkrieg vietnamesischer Einwanderer gegen arbeitslose Australier. Wie auch »Made in Britain« ist dieser Film in Leichenschauhaus-Blau gehalten, im kalten Neonlicht des gesellschaftlichen Strafraums, in dem es nicht zu Gemütlichkeit kommen darf. In beiden Fällen erinnern die Skinheads an diverse »Nosferatu«-Verfilmungen. Sie erscheinen wie gespenstische Wiedergänger, wie Untote, so soll der Eindruck ihrer Ubiquität und Langlebigkeit aufrechterhalten werden. Andererseits sind sie mit diesem Aussehen natürlich auch die definitiv anderen, die Dunkelmänner, die man im Licht nicht sieht.

In Melbourne, der Haupt stadt von Australien/Gab es eine Horde Glatzen/ Alle folgten Hando, egal wohin/Um kräftig ›Fidschis‹ zu klatschen‹/Mit viel Spaß waren sie dabei/ Und Action sollte niemals fehlen/Sie schlugen manche Visage entzwei/Und bewässerten dann ihre Kehlen
Romper Stomper – Skinheads schlagen wieder zu/ Romper Stomper – Bier & Spaß gehör'n dazu/Romper Stomper – Skinheads feiern wieder ab/Romper Stomper – Der Alkohol fließt nicht zu knapp.
(*Zerstörer.* »Romper Stomper«, 1996)

Sexy Skins

In einer Kernszene zeigt »Romper Stomper« eine Kellerparty, in der Hadon, der Kopf der Gruppe, mit einem blonden Mädchen in seinem Headquarter verschwindet, während die anderen sich in einer großen Traube halb prügeln, halb vögeln, mit Bier überschütten, Pogo tanzen; Mädchen mit Mädchen, Mädchen mit Jungs, und vor allem Jungs mit Jungs. Sie küssen sich die Glatzen, befühlen ihre Wunden von der Schlägerei mit den »Gooks«, den vietnamesischen Niedriglohnkonkurrenten. Die Nachtszene ist in kaltem Blau ausgeleuchtet, das auf »Blue Movie« hindeutet: Hier geht es um Sex, romantische Komplikationen sind nicht zu befürchten. Überhaupt scheint ein Faszinosum an Skins zu sein, daß ihre Beziehungen so seltsamen Codes folgen: einerseits impulsgesteuert (alle lieben oder schlagen alle), andererseits hierarchisch (der Anführer kriegt das blonde Mädchen) oder traditonellen Vorstellungen von Kameradschaft folgend.

»Er griff zu seinem Rasiermesser und zog es langsam durch den Schaum. Bei jedem Zug tauchte er es ins Wasser und schüttelte die schwarzgesprenkelte Creme ab. Dieser Akt der Verwandlung bereitete ihm Vergnügen, versetzte ihn fast in Ekstase. Es machte ihm Freude, sich den Kopf zu rasieren. Die Haut straff anzuspannen und mit dem Rasiermesser darüberzustreichen.«
(Zahavy Helen: Dirty Games. München 1996, S. 125)

»Als er sein Werk beendet hatte, war das Seifenwasser grau. Eine klumpighaarige Schaumschicht schwamm obenauf. Abschaum, erinnerte er sich, schwimmt immer oben. Als er in den Spiegel sah, starrte ihn ein Fremder an, nur Kiefer und hervorstehende Knochen. Das ist mein wahres Ich, dachte er. Jetzt sah er endlich so aus, wie er war. Das Innere trat im Äußeren zutage. Hart. Abrupte, böse Schönheit.«
(Zahavy, Helen: Dirty Games. A.a.O., S. 125)

Ein geheimes Mißfallen an den abgefederten Umgangsformen, wie sie sich in den Jahrzehnten nach der Studentenbewegung entwickelt haben, kommt hier zum Vorschein. Wenn Skins aggressiv sein wollen, sind sie es eben, wenn sie Sex wollen, holen sie ihn sich, und sie müssen keine umständlichen Verhandlungen führen oder komplizierte Rücksichten nehmen. »Romper Stomper« oder »Klassenkeile« arbeiten mit denselben Ressentiments: In »Klassenkeile« gegen die 68er, in »Romper Stomper« gegen das Großbürgertum, dem das blonde Mädchen Linda entstammt. Sie ist Epileptikerin, ihr Vater hat sie jahrelang sexuell mißbraucht – der Film konstruiert einen sozialen Zusammenhang. Als die Skins in seine Villa eindringen, hört er gerade »La Traviata«. Daß der Soundtrack hochgefahren wird, als die Skins ihn mit seinem Auto überfahren, hat eine gewisse Art von Häme, die man aus den Bürgerschreckszenen in »Clockwork Orange« kennt. Im Vergleich zum kranken Kinderschändersex hinter der bürgerlichen Gardine wird in den Kellern und Garagen der Skins eher animalisch und natürlich verkehrt.

Sex ist ein derart durchgängiges Thema von Skin-Filmen, daß man fast meinen möchte, es sei ihr wichtigstes. Die Vergleiche mit wilden Tieren durch die aggressive Körpermotorik und die ständigen Außenaufnahmen in Feld, Wald und Wiesen tragen erheblich zur Aufladung bei. Ähnlich wie in guten Tierfilmen ist die typische Skinheadaufnahme kein Porträt, sondern ein Detail: Springerstiefel, gespreizte Beine, tätowierte Arme und Brüste, Koppel am Gürtel etc. Daß sie scheinbar so jenseits aller sozialer Verankerung leben – es gibt, wie gesagt, praktisch keinen Spielfilm, in dem Skins arbeiten –, suggeriert zugleich eine ungerichtete sexuelle Bereitschaft.

Diese Vorstellung kann in Filmen der Off-Szene deutlicher zum Ausdruck gebracht werden als in einem »Tatort«; präsent ist sie aber überall. In Bruce La Bruces Film »No Skin off My Ass« gabelt ein schwuler Friseur (Bruce La Bruce) auf einer Parkbank einen babygesichtigen Skin auf, nimmt ihn mit zu sich nach Haus, kniet sich hin, um ihm die Stiefel auszuziehen, und setzt ihn in die Badewanne. Dabei sagt er aus dem Off: »He never spoke. I was beginning to think he couldn't speak at all.« (»Er hat nie gesprochen. Ich begann zu glauben, daß er überhaupt nicht sprechen könne.«)

So entsteht eine komplexe Mischung: Skins sehen aus wie Wolfskinder, wie Babies, die man waschen, pflegen, füttern muß. Skins sind gleichzeitig männlich-aggressiv. Die martialischen Symbole, mit denen sie sich schmücken, lassen sich gut in eine S/M-Kostümerie einpassen. Von der Assoziation »Sklave« zum »Sexsklaven« ist es nicht weit. In »No Skin off My Ass« wird der Protagonist wechselweise von Männern und Frauen verführt, gepierct, aus- und angezogen, zu sexuellen Akten mit anderen Partygästen kommandiert.

Die schwule Komponente des Skinzusammhangs wird im gewöhnlichen Fernsehfilm selbstverständlich nur verschlüsselt inszeniert. In »Samstags, wenn Krieg ist« gibt es eine Szene im Steinbruch, in der der Kopf der Truppe und ein anderer nebeneinander stehen, die Augen schließen und von Sklaven in Ketten träumen, die im Steinbruch hämmern. »Ja«, träumt der Anführer, »starke Männer mit schweißnassen Körpern, kannst du sie hämmern hören?« – »Ja«, flüstert der andere. Indem die Szene in den Steinbruch verlagert wird, erhält sie etwas seltsam Archaisches: Visuell wird die Sträflingsvorstellung, die die Protagonisten von sich selbst haben, bestätigt, im Text aber dementiert. Ständig werden Skins im deutschen Fernsehen mit abgeklärten Hinweisen darauf versorgt, daß ihre Männerbündelei nur ein Zeichen von Schwäche sei. Billigversionen von Klaus Theweleits »Männerphantasien« haben längst ihren Weg in die Sprache der Kommissare gefunden.

Jürgen Brünings Film »Er hat 'ne Glatze und ist Rassist, er ist schwul und ein Faschist« ist gewissermaßen eine Illustration der »Männerphantasien«, und zwar exakt der Frage Theweleits, »warum eine bestimmte Form des gleichgeschlechtlichen Akts zwischen Männern in den bestehenden zwangsheterosexuellen Gesellschaften psychodynamisch die Funktion selbsterzeugender Gewaltakte annehmen kann, die denen des ›Weißen Terrors‹ zu entsprechen scheinen. Also: was ist nötig, um den Analverkehr zu einem Enthaltungsvorgang werden zu lassen?«[5] Theweleit kommt zu dem Schluß, daß die »Entlebendigungstendenz gegen das passive Objekt« sich nicht nur gegen den Partner richtet, sondern gegen den Anus als »verbotenes Gebiet«, so daß der »aggressive (›tötende‹) Analverkehr vielleicht auf eine Weise die Ganzheit des Verfolgenden herstellt, die dem Entlebendigungsakt des weißen Terrors entspricht, der aus seinem Opfer ›blutigen Brei‹ macht. Der Anus wäre dann Ort der Aggression gerade wegen der in ihm verschlossenen Deterritorialisierungen, die der Nicht-zu-Ende-Geborene sehr wohl verspürt und sie gerade deshalb an ihrem Ort aufsuchen und unschädlich machen muß, weil sie ihn zu zerreißen drohen.«[5]

Zersprengen ist böse, Verschmelzen gut: Theweleits private Thermodynamik der deutschen Psychohistorie erlaubt an keiner Stelle einen Raum, in dem unwichtig ist, wie nah oder fern man sich dem anderen fühlt; es gibt keine zivile Kältezone, in der der Körper nicht zur Disposition steht. Alles ist aufgeladen, nichts ist Verhandlungssache. Es gibt nur: fähig zur Nähe oder unfähig. Klar, daß die Entscheidung darüber nur Therapeuten treffen können, nicht ein Meinungsstreit, eine Wahl oder ein Gericht. Für Theweleit sind rechte Skins ein Problem des »deutschen Körperpanzers«, den dieses Volk schon seit Urzeiten mit sich herumträgt, Energieströme, die falsch gelenkt werden. »Die halluzinatorische Herstellung von Körperganzheitsgefühlen, meist in Verbindung mit Gewaltaktionen, ist der hauptsächliche psychische Mechanismus, mit dem der alte wie der neue Faschisten-Körper sich ihre Übereinstimmungszustände mit sich selber und mit Teilen der ›Realität‹ hinbiegen. Ganzheitsgefühle, die sie vor dem ›Verschlungenwerden‹ durch bedrohliche Realität ökonomischer, politischer, familiärer Art rettet.«[6]

Theweleits Thesen laufen letztlich darauf hinaus, daß Männerkörper immer Faschokörper sind, wenn sie nicht durch weibliche Hilfe geheilt werden. Wie das vor sich gehen soll, was die Männer selbst tun können (etwas »tun« ist wahrscheinlich ohnehin schon die falsche Idee) und was mit den erwähnten »ökonomischen, politischen, familiären« Problemen dann wird, ist unklar. Seltsamerweise scheinen seine Thesen bei Schwulen gut anzukommen.

Jürgen Brünings »Er hat 'ne Glatze...« beginnt mit einem Haufen prügelnder Männer, einige Skins, einige Autonome, aus dem sich zwei herauslösen. Im Kampf reißen sie sich die Kleider vom Leib und tragen jetzt nur noch ihre Springerstiefel. Der eine leckt die des anderen ab. Die Vorstellung, daß die Menschen ohne ihre äußerlichen Distinktionsmerkmale letztlich alle gleich sind, verdankt sich dem klassisch-protestantischen Mißtrauen gegen das Äußere schlechthin; eigentlich verblüffend, dieses Ressentiment auch im schwulen Film wieder anzutreffen.

Die Männer kreuzen ihre Schwänze wie Schwerter, wenig später ordnen sie sich zum Hakenkreuz, um schließlich zu einem Bild von Maden, Kakerlaken, Ratten und Regenwürmern auseinanderzuwuseln. Ein seltsames Verhältnis zum eigenen Körper offenbart sich hier (wobei allerdings festzuhalten ist, daß der Film ja nicht aus der Skinszene kommt). Schwänze werden sowohl mit Waffen als auch mit Verfall und Verwesung assoziiert. Wie bei Theweleit selbst ist hier der Schritt zum biologischen Erklärungsmodell für faschistische Beziehungskonstruktionen nicht weit.

Anschließend spricht ein Transvestit Textzeilen aus dem *Böhse Onkelz*-Song »Der Nette Mann«: »Warmes Fleisch, egal von wem, ich will's mit allen treiben/Ob Tiere oder Menschen, ich seh gern alles leiden/Blutbeschmiert und mit großer Lust wühl ich in den Eingeweiden!« Dazu sieht man eine grüne Wiese und hübsche Blümchen. Dann einige Porträtaufnahmen von Normalos, Kfz-Mechanikern, Bankkaufmännern und so weiter, die zugeben, schwul zu sein. Eine Hausfrau steht vor einer Tapete aus Hakenkreuzen, Hammern und Sicheln, rotem Stern und Malcolm-X-Zeichen – ein Holzhammer-Hinweis auf den Aufsatz von Diedrich Diederichsen, in dem dieser traurig feststellt, daß die Verwendung subkultureller Zeichen nichts mehr mit Subversion zu tun hat. In seiner Enttäuschung, die vielleicht der des Lehrers Teichmann gar nicht so unähnlich ist, schrieb Diederichsen: »Mein und anderer Leute Schreiben war geerdet in der Vorstellung, daß in bestimmten Dresscodes und bestimmter Musik Inhalte, die ›heiligen‹ Inhalte der Auflehnung, die Marxschen ›Träume von einer Sache‹ und die Marcuseschen Lippenstift-Spuren besser geschützt und aufgehoben sind als anderswo (zum Beispiel in der rationalen Formulierung, der Propaganda, der Soziologie, dem Verbesserungsvorschlag, dem Dialog mit dem System etc.) (...) Skins in Deutschland spielen die schlechteste Musik der Welt ein, hauen Leute tot, und alle typischen Erkennungszeichen eines jugendkulturellen Tribes sind bei ihnen in der denkbar rudimentärsten und unentwickeltsten Form vorhanden. Dennoch müssen sie als jugendkultureller Tribe gelten: Regenwurm und Löwe sind beide Tiere.«[7]

Wie Diederichsen kämpft auch der Filmemacher Jürgen Brüning mit der Befürchtung, die Subkultur, in der man einige gutaussehende Hoffnungsträger entdeckt hatte, könne sich als rassistisch, spießig oder gar normal erweisen. Interessant, daß die beiden dabei zu ähnlichen Bildern greifen: Würmer und Maden, wie sie auch der Nazi-Propagandafilm benutzte, transportieren neben dem Ekel-Effekt auch ein Bild von Identitätsauflösung. »Wenn nicht mal mehr die anderen noch anders sind!«

Skins in der Kulturberichterstattung

Unter dem Titel »Jeunes: Les séductions fascistes« widmete arte im November 1993 dem Rechtsradikalismus einen Themenabend. Er wird eröffnet mit einer Horrorliste von diversen Übergriffen, auf der Hooliganismus, Vandalismus, Mord und Totschlag wild durcheinandergehen. Der erste Beitrag heißt »Die Sprache der Gewalt«, zeigt aber zunächst keine Sprecher, sondern eine Gruppe von Skins in Uniformen mit Pitbulls (»Häßliche Schnauzen, gemein, aber jung und mutig«) vor einem Hochhaus. Aus dem Off wird darauf hingewiesen, daß sie so und nicht anders gezeigt werden wollten. Dasselbe im Sportstudio: »Die Gruppe bestand darauf, daß nur die Kräftigsten gefilmt werden. Nach diesen Propagandaeinstellungen können wir endlich die Leute interviewen. Vor der Kamera sprechen die Leute angepaßt, vorsichtig, um das Etikett des miesen Nazischweins zu vermeiden.« Man wird also doppelt und dreifach gewarnt: durch die Pitbulls, die Menge der Skins, ihre Stahlkörper und schließlich auch noch den Hinweis auf Verstellung. Im nächsten Bild sieht man sie durch Absperrgitter in ein Fußballstadion gehen, im Stadion wird dann in Zeitlupe gezeigt, wie die Menge grölt und mit Deutschem Gruß grüßt. »Hier«, so der Kommentar, »kann man eine Masse bilden außerhalb der normalen Gesellschaft. Das Stadion ist ein besonderer Ort, an welchem man seine Ideen völlig ungestraft ausleben kann.« Das klingt nach einer Forderung zum harten Durchgreifen, was noch dadurch unterstützt wird, daß Serge, der Kopf der Gruppe, stets als hochgebildeter, belesener, hübscher Kerl porträtiert wird, dem mit Aufklärung nicht mehr beizukommen ist.

Der nächste Beitrag »Rock auf Abwegen« beklagt die Tatsache, daß es auch rechte Rockmusik gibt und also nicht nur gute Menschen Lieder haben. Beginnend mit Aufnahmen schwarzer Baumwollpflücker, mit Blues unterlegt, wird eine Kurzgeschichte des Rock 'n' Roll als Geschichte von Klassenkämpfen illustriert, bis schließlich in den 60er Jahren Bürgerkinder das Ganze von Grund auf verkehrten: »1967 albert John Lennon ausgerechnet im Buckingham-Palace mit dem Hitlergruß herum.« In den 70er Jahren, so der Bericht, ließ sich die Rockmusik vom Establishment zähmen. In den 80er Jahren existierten »Lebenslust und Protest« nur noch in den Erinnerungen der Eltern. Von Punk weiß dieser Beitrag nur, daß er Nazisymbole wiedereinführte; als Rechtsrocker werden u.a. in Bild und Ton *Sham 69* und *Business* vorgestellt. Ausführlich werden Heavy-Metal-Musiker zitiert: »Hitler war der erste Rockmusiker. Ach nein, warten Sie, Napoleon war's!« Mit diesen Sprüchen soll belegt werden, daß es einen Zusammenhang zwischen schwarzen Messen, Nazis, Punks, Blood & Honor und so weiter gibt. Vor dem Anschlag in Hünxe, wird hinzugefügt, hätten die Täter Rockmusik gehört. Ein Kid wird gefragt: »Muß man sie ernst nehmen?« Welche Überraschung – es sagt: »Ja, ganz sicher!« Dann folgen Beiträge über die rechtsradikale Presse, über Nazi-Computerprogramme, über die Passivität der Ermittlungsbehörden.

Was bleibt da, wenn der Feind so subtil lockt und verführt und niemand was tut? Man muß selbst eingreifen. Die Reporter treffen auf den Ruinen des ehemaligen Führerbunkers einen jungen Antifaschisten, der an diversen Aktionen gegen Rechte beteiligt war. Ein Dorf in Brandenburg wird gezeigt, dessen Einwohner sich gegen ein Nazi-Treffen zum Hitler-Geburtstag gewehrt hatten und denen die Polizei nicht zur Hilfe gekommen war.

Fazit des arte-Themenabends ist eine Art ungerichteter Alarmzustand. Durch die Gegenüberstellung stets in Massen auftretender Skins mit nur vereinzelten Stimmen der Vernunft werden die realen Zahlenverhältnisse in ihr Gegenteil verkehrt. Hinzu kommt die Suggestion, daß das Establishment, wer auch immer das sein mag, irgendwie bei der Indoktrination von Jugendlichen zu rechten Skins die Hand im Spiel hat. Mit welchem Ziel? Will arte eine linke Bürgerwehr?

Es zeigt sich, daß die spiegelnden Glatzen tatsächlich ideale Projektionsflächen sind: Auch wenn rechte Skins gefilmt werden, die sich durch Nazi-Paraphernalia alle Mühe geben, eindeutig aufzutreten, beweist ein Blick in die Filmlandschaft, daß sie Zuschreibungen aller Arten – erotischer, pädagogischer, politischer oder romantisierender Natur – nicht entgehen. Dabei spielt es keine Rolle, ob die Filmemacher selbst mit vermeintlich eindeutigen Absichten an Skins herangetreten waren.

Das Auseinanderdriften von Intention und Realisation war schon Schicksal der großen Vorlage vieler Filme über Skins, Stanley Kubricks »Clockwork Orange«. Während es Kubricks proklamierte Absicht war, einen Film gegen Totalitarismus und Gewalt zu machen, eine Art »1984 der Jugendkultur«, war das Resultat eine antimoderne Tirade gegen jede Form von moderner Gesellschaft, die nicht anders funktionieren kann, als daß sie dem einzelnen durch Gehirnwäsche die Erinnerung an seine Authentizität raubt. Jugendkultur und Authentizität sind auch ein zentrales Thema in Filmen über Skins. Skins im Osten wird filmisch zugestanden, gegen ein ideologisches Regime und seine Manipulationsversuche und/oder den Ansturm des Kapitalismus aufbegehrt zu haben und insofern authentisch zu sein. Aber ihr Verhalten ist immer Problemabwehr, Reflex, Kompensation, nie freiwillig gewählte Jugendkultur, nie einfach nur Lebensstil. Irgendeine Form von Leid muß immer im Spiel sein (»Der Verräter«, »Stau: Jetzt geht's los«). Das geht in »Der Verräter« so weit, daß der Seitenwechsel des Protagonisten direkt mit seiner EKG-Linie verkoppelt wird: Es geht immer ums Ganze, nie einfach nur um eine Frisur.

Das Thema kompliziert sich vollends bei Filmen über Skins im Westen, denen man nicht so ohne weiteres eine Zwangssituation andichten kann. Entsprechend ambivalent ist denn auch ihre Verortung im gesellschaftlichen Rahmen: Während ein Teil der Filme sie zum Resultat linken Konformitätsdrucks und Post-68er- Autoritätsverlust und Orientierungslosigkeit macht (»Kahlschlag«), behandeln andere sie als neueste Inkarnation einer braunen Konstante (»Voll auf Haß«), und manchmal trifft sich sogar beides in einem Film (»Haß im Kopf«).

Schwierig wird es für die Verteidiger der Protestkultur oder des kulturellen Protests vor allem dann, wenn plötzlich Medien und Rituale benutzt werden, die man den Linken vorbehalten glaubte: Rockmusik, schwule Subkultur. Ein Teil der Apologeten setzt in solchen Momenten auf Einfühlung und Solidarisierung (wie beispielsweise Thomas Heise in »Stau: Jetzt geht's los!« oder Bruce La Bruce in »No Skin off My Ass«), andere setzen auf hilflose Erotisierung und Existentialisierung (»Romper Stomper«), dritte machen überraschend heftige Absetzbewegungen (arte-Themenabend zu rechter Jugendkultur).

Zu dieser Projektionsbildung paßt die visuelle Aufbereitung des Themas: Skins läßt man gern im Nebel agieren, im Schatten, in verlassenen Gegenden, nachts auf Friedhöfen, unter Brücken oder im flammenden Widerschein eines Feuers. Sehr viel deutlicher als die Protagonisten selbst sieht man oft eine Warnblinkanlage.

Filmographie: Die erwähnten Quellen und weitere Produktionen (Auswahl)

Dokumentationen*:

»Beruf Neonazi«. Ostfilm 1993, Regie: Winfried Bonengel.

»Damit die Gewalt nicht explodiert«. WDR 1991, Regie: Arnd Henze.

»Die faschistische Versuchung bei Jugendlichen«. arte-Themenabend vom 23.11.1993.

»Glaube, Liebe, Hoffnung«. A Jour 1993, Regie: Andreas Voigt.

»›Hier dreht sich keiner nach uns um.‹ Skins und Punks auf ›Bildungsurlaub‹ in London«. ORB 1995, Regie: Alexandra Umminger und Uwe Kleinheinreich.

»Hilferufe: Unser Sohn ist Skinhead«. WDR 1993, Regie: Uschi Gersch.

»Mein Kind, ein Skin. Rechtsradikale und ihre Eltern«. ZDF 1995, Regie: Gerlinde Böhm.

»My war. Ein ganz normales Skinhead-Leben«. WDR 1996, Regie: Phillis Horn und Joachim Vollenschier.

»Nicht nur am Rande. Junge Frauen in der Skinheadszene.« De Campo Film/Landeszentrale für politische Bildung NRW 1994, Regie: Anke Wolf-Graaf.

»Ostglatzen in Anatolien. Junge Türken laden Skinheads ein.« 3sat 1994, Regie: Bernd Janssen.

»Roger Bornemann – Tod eines Skinheads.« SWF 1989, Regie: Andrea Morgenthaler.

»Rude Boy«, GB 1980, Regie: Jack Hazan und David Mingay.

»Scharfe Glatzen. Skinheads zwischen Musik und Politik.« AK Kraak/Medienwerkstatt eyeland 1993, Regie: Claudia Rhein und Manuel Zimmer.

»Skinheads«. Landeszentrale für politische Bildung Thüringen 1996, Regie: Klaus Farin und Rainer Fromm.

»Skinheads«. BRD 1996, Regie: Klaus Farin und Rainer Fromm.

»Stau: Jetzt geht's los!« 1992, Regie: Thomas Heise.

»Vertrauen gegen Gewalt. Jugendarbeit mit Rechtsradikalen.« ZDF/3sat 1995, Regie: Gerlinde Böhm.

* Die Dokumentation von Beiträgen unter 15 Minuten Länge aus Magazinsendungen sowie Talkshowdiskussionen würde hier den Rahmen sprengen. Allein das Berliner Archiv der Jugendkulturen hat weit mehr als 50 solcher Beiträge dokumentiert.

Spielfilme:

»Auge um Auge« (Max Wolkenstein). SAT 1 1996.
»Brave Bürger« (Feuerbach). ARD-Werbung 1996.
»Brennende Probleme« (Großstadtrevier). ARD-Werbung 1996.
»Clockwork Orange«. GB 1971, Regie: Stanley Kubrick.
»Das Double« (Die Wache). RTL 1995, Regie: Andrew Higgs.
»Der Verräter«. ZDF 1995, Regie: Diethard Klante.
»Die Bombe tickt«. NDR 1993, Regie: Thorsten Näter.
»Er hat 'ne Glatze und ist Rassist, er ist schwul und ist Faschist«. 1994, Regie: Jürgen Brüning.
»Haß im Kopf«. ZDF/arte 1994, Regie: Uwe Frießner.
»Kahlschlag«. WDR 1993, Regie: Hanno Brühl.
»Kameraden« (Tatort). Schweizer Fernsehen DSR/SRG 1990, Regie: Markus Fischer.
»Klassenkeile« (Wolffs Revier). SAT 1 1993, Regie: Ilse Hofmann.
»Made in Britain«. GB 1983, Regie: Alan Clarke.
»No Skin off My Ass«. 1992, Regie: Bruce La Bruce.
»Portrait eines Richters«. WDR 1997, Regie: Norbert Kückelmann.
»Romper Stomper«. Australien 1992, Regie: Geoffrey Wright.
»Samstags, wenn Krieg ist« (Polizeiruf 110). SDR 1994, Regie: Roland Suso Richter.
»Selbstjustiz« (Wolffs Revier). SAT 1 1993, Regie: Ilse Hofmann.
»Thanners neuer Job« (Polizeiruf 110). MDR 1992, Regie: Bodo Fürneisen.
»Voll auf Haß« (Tatort). NDR 1987, Regie: Bernd Schadewald.
»Zivilcourage« (Wolffs Revier). SAT 1 1992, Regie: Michael Lähn.

---

1 Thomas Heise im *taz*-Interview, 14.2.1993.
2 *taz* vom 18.11.1993.
3 Rutschky, Katharina: Rechtsradikal oder desorientiert. Erklärungsmuster für jugendliche Anomie. Eine Kritik und ein Korrekturvorschlag. In: agenda 7, März/April 1993, S. 44.
4 Ebenda, S. 45.
5 Theweleit, Klaus: Männerphantasien. Bd. 2. Männerkörper. Zur Psychoanalyse des weißen Terrors. Frankfurt a. M. 1978, S. 366.
6 ders.: »Jetzt geht's loo-ooos?« In: Meyer-Gosau, Franke/Emmerich, Wolfgang (Hrsg.): Gewalt, Faszination und Furcht. Jahrbuch für Literatur und Politik in Deutschland 1. Hrsg. von Meyer-Gosau, Frauke/ Emmerich, Wolfgang. Leipzig 1994, S. 158.
7 Diederichsen, Diedrich: The kids are not alright, Vol. IV. In: Freiheit macht arm. Das Leben nach Rock 'n' Roll 1990–93. Köln 1993, S. 254ff.

Klaus Farin

»Kahlgeschorene Weicheier«
Skinheads in der Literatur

Fünf kahlgeschorene Weicheier hatten mich umringt. Wie bösartig watschelnde Billardkugeln kamen sie träge und ausdruckslos in der unheilschwangeren Art extraterrestrischer Kampfmaschinen auf mich zu. Der Lichtschein einer entfernten Straßenlaterne spiegelte sich bösartig auf ihren glattrasierten Poolkugeln. Keiner lächelte. In ihren Augenschlitzen erkannte ich, daß sie einzig darauf brannten, mir die Seele aus dem Leib zu prügeln.
Die Bullen sagen, es sei leichter, den Angriff eines Pitbulls abzuwehren oder eine führerlose Lokomotive zum Stillstand zu bringen, als mit einer Zusammenrottung von Skinheads klarzukommen. Die Ursache dafür ist, daß Skinheads keine Neuronen besitzen. Ein beiläufig ausgestochenes Auge kümmert sie in der Regel nicht. Sägt man ihnen beide Beine in Kniehöhe ab, kann das ihr Vorwärtsrücken kaum behindern.
Auch für mich sahen die Dinge nicht gerade gut aus. Ich stand auf einem dunklen, gottverlassenen Bürgersteig in New York City, anderthalb Blocks von meinem Loft entfernt, und sah mich wie ein menschlicher Güterzug von lauter fahlen Lokomotiven des Hasses umgeben.
Sie sahen aus wie fünf in die Jahre gekommene Heavy-Metal-Statisten ohne Text und Musik. Ziemlich negatives Bühnencharisma.
(Kinky Friedman: Frequent Flyer, S. 91f.)

Natürlich haben Skinheads in Folge der breiten Berichterstattung in den weniger fiktionalen Medien auch ihren Eingang in die Literatur gefunden. Waren mir aus den 80er Jahren lediglich drei auf dem deutschsprachigen Markt erschienene Romane mit »Skinhead«-Erwähnungen bekannt, fielen mir bei einer genaueren Sichtung meiner Bibliothek und dank hilfreicher Tips von Freundinnen und Kollegen knapp 100 entsprechende Erzählwerke aus den 90er Jahren in die Hände. Naturgemäß waren es vor allem Kriminalromane und -erzählungen, die ja von Haus aus auf gewalthaltige Szenen spezialisiert sind und so mit 45 Titeln den Hauptanteil der »Skinhead«-Literatur stellten. Aber auch die ZukunftsforscherInnen der schreibenden Zunft signalisieren eindeutig ein Überleben der Skinheadkultur über das Jahr 2000 hinaus. So »wimmeln die Straßen von Seattle« im Jahre 2050 von »Drahtköpfen, Perversos und Punks in Schwarz, Chippies in glänzendem Leuchtplastik, Freaks in ihren Bodystockings, den Metas, den Amerindianern, den Skinheads, den Messerklauen« und allerlei anderen seltsamen Gestalten (Nyx Smith: Striper, S. 133), während im Londoner Eastend des Jahres 2054 eine Skinheadgang namens »White Lightning« Jagd auf Orks, Trolle und Elfen macht (Carl Sargent: Blutige Straßen, S. 139f.). Im niedersächsischen Celle und in Berlin-Kreuzberg bestimmen Hakenkreuz tragende »White Skins« das Geschehen auf der Straße (Hans-Joachim Alpers: Die graue Eminenz, S. 16 und 307), während die Glatzen von der Hamburger »Nationalen Aktion« meist »zu besoffen waren, um Stunk zu machen« (Hans-Joachim Alpers: Die Augen des Riggers, S. 109 und 203).

Im Londoner Eastend, der Geburtsstätte der realen Skins, macht auch Vampirella Sonja Blue ihre ersten Erfahrungen mit Skinheads. Übernatürlich stark und sexy, soeben erst aus einem Irrenhaus entflohen, startet Sonja ihren Rachefeldzug gegen jenen Fürsten der Finsternis, dessen Vergewaltigung sie ihre Existenz als Menschenblutgourmet verdankt. Unterwegs werden Sonja und ihr späterer Partner Chaz von Skinheads überfallen:

Lautlos und schnell wie Haie schossen sie aus dem Nebel. Es waren ein paar stämmige, in zerfetzte Jeansjacken und Lederhosen gekleidete Skinheads. An ihren Handgelenken blitzten chrombesetzte schwarze Lederbänder. »Diesmal gehst du uns nicht durch die Lappen, du schwuler Hinterlader!« grölte einer der Skinheads und packte sich eine Handvoll von Chaz' reptilgrünem Jackett. »Stick, du schnappst dir die Kleine.« »Versuch's doch mal!« Da er keine Haare hatte, packte ich den Kerl, den sie Stick genannt hatten, an den Ohren. Eines riß sofort ab. Kaum packte man sie etwas grober an, war schon nichts mehr los mit ihnen.

(Nancy Collins: Der Todeskuß der Sonja Blue, S. 174f.)

Gewaltphantasien, ironisch gebrochen oder dramatisch aufgeladen, sind ein häufiges Stilmittel, wenn AutorInnen versuchen, sich Skinheads zu nähern. Skins, die einfach irgendwo unauffällig in der Gegend herumstehen, friedlich ein Bierchen trinken oder ihre Alltagsgeschäfte erledigen wie die anderen Statisten und Nebenrollencharaktere auch, begegnet man so gut wie nie. Skinheads sind Extremisten: fremd, unheimlich, manchmal erotisch, meist aber nur grenzenlos gewalttätig und ziemlich dumm. Die Mehrzahl der AutorInnen pflanzt die aus den Medien bekannten Klischees unhinterfragt oder wider besseren Wissens, weil gut verkäuflich, in ihren fiktiven Realitäten weiter fort. So erweckt der leicht ironische Tonfall bei der Darstellung von Skins nicht selten den Eindruck einer präventiv um Nachsicht buhlenden Distanzierungserklärung: »Ich weiß ja, daß ich hier Klischees bringe.«

Vorsicht, Satire!

Ein Übergriff von »fünfzehn sächsischen Skinheads« auf den Wirtschaftsminister einer »ehemaligen deutschen Tropenkolonie« bildet den Auftakt zu Stephan Wackwitz' Roman »Walkers Gleichung«. Doch fällt es Wackwitz in der Folge leicht, die klischierte Story aus dem gewohnten Rahmen zu kippen, ist doch sein Bildungsbürgerroman um den intellektuellen Botschaftshiwi Siegmund Walker von vornherein als Satire angelegt. Walker erkennt in dem Überfall die Chance seines Lebens und profiliert sich durch die Organisation eines gigantischen Kulturprogramms gegen Rassismus. Mit dabei – neben Heiner Müller, Jürgen Habermas und Daniel Cohn-Bendit u. a. – ist ein Gerolf Bock von der Initiative »Ex-Skinheads gegen Gewalt und Ausländerfeindlichkeit«, der ständig mit Botho Strauß verwechselt wird und abends auf der Party dem Präsidenten des Goethe-Institutes erklärt, wie er in die Skinheadszene abrutschte:

»Meine Gewalltbereitschaft stieg und stieg, na. Ich hatte da so ein Braß auf allet, ich wußt schon ga nich mä, wat machen, nä. Un da hab ich dann mich dieser gewalltbereiten Szäne angeschllossen. Dat bereue ich heute sähr.« Gerolf Bock, der den Zivilberuf des Computerprogrammierers ausübte, berichtete über allerlei sozialtherapeutisch-selbsterfahrungstechnische Maßnahmen, die ihn »ein Stück weit« an »ihn selbst herangebracht« hätten, so daß seine Gewaltbereitschaft nun wieder »gesunken« sei. »Ich habe diesä Aggressionsgedanken heute nicht mähr«, sagte Gerolf Bock mit Förmlichkeit. Der bedeutende Professor Hoffmann aber, väterlich die buschigen Brauen hebend, legte den Kopf inhaltsschwer schief, klopfte mit der Rückseite seiner großen Hand dem ehemaligen Gewalttäter aufs Revers des Knautschleinenanzuges und sprach freundlich ermahnend: »Allso das könnse so nich sagen, Junge. Braß hamwa alle. Deshalb hau ich doch noch kein eine rein. Wat is denn dat fürne Haltung. Allso dat Prinzip der Zivilisation, nä, dat is doch, datte dat nich machs, auch wennsse Braß hass«, und Siegmund dachte, so wie Hilmar Hoffmann hätte er Herrn Gerolf Bock, der betreten dastand, nickte und mehr denn je Botho Strauß glich, das Prinzip der Zivilisation wirklich nicht erklären können. (S. 226f.)

Zivilisatorische Schwachstellen unserer Demokratie enthüllt auch der Hamburger Autor Lou A. Probsthayn gnadenlos in seiner abgedrehten Kriminalsatire »Dumm gelaufen« :

»Es kann doch nicht sein, daß ich einen Molli werfen kann und die Polizei nichts macht«, klagte die erste Glatze. »Das ist doch Scheiße, daß das hier alles zugelassen wird.«

»Warum schlägt mich niemand. Ich will, daß das jetzt vorbei ist, daß ich gleich tot bin! Ich will doch nur ein Held sein!«

mukschte die zweite Glatze.

»Da zünde ich einen Autonomen an und niemand will ihn löschen!« empörte sich die dritte Glatze und schaufelte von selbst Sand über den brennenden Autonomen. (S. 49)

Wenn es köchelt und brodelt, sind auch bei Probsthayn die Medien stets dabei. So erhält »die Glatze« doch noch ihre Chance, zum One-Minute-Helden zu werden.

In Verdacht auf Gewalt nutzte der Reporter die Gunst der Sekunde und griff sich die Glatze mit einem geschickten Polizeigriff ab. Blitzschnell behandschellte er sie mit den Händen auf dem Rücken am Treppengeländer zur Waschküche. Die Glatze fluchte. Die Glatze bot eine Reichskriegsflagge an. Einmal geschwenkt vor einem Asylantenheim in Eppendorf. Sehr günstig. Ein Hakenkreuz aus Kupferdraht. Ein »Mein Kampf«. Noch ungelesen. Und ein Autogramm. Von Detlef Kühnen. Echt, und original unterschrieben. Die typischen ersten Angebote in einem Interview zur Lage der Nation. Aber der Reporter brauchte andere Informationen und schlug den Kopf der Glatze zweimal auf den Boden. Die Steinplatten saugten Blut. Die Glatze war im Umgang mit der Presse noch sehr unerfahren. Sie starrte das Mikrophon vor ihrer Fresse fassungslos an. Da klugte der Reporter mit einer einfachen, aber elementaren Frage auf. »Glatze, Sie haben mit ihrem Baseballschläger gerade einem Polizisten den Kopf eingeschlagen. Warum?« fragte der Reporter. »Sieg, Heil!« schleppte sich die Antwort aus Glatzes Mund. (S. 50f.)

Mit dem »Video-Geier« Heinrich Gonschorek, genannt Gonzo, haben sich die Ruhrgebietsautoren Reinhard Jahn (= H. P. Karr) und Walter Wehner 1993 einen idealen Serienhelden für ihre bissigen kriminalistischen Mediensatiren geschaffen. Ob Mord oder Massenkarambolage auf der Autobahn, wo immer Blut fließt, ist Gonzo nicht weit. Wie seine realen amerikanischen Vorbilder lebt der freie Videofilmer davon, als erster am Tatort einzutreffen, um dann seine Aufnahmen an sensationsgeile Fernsehsender zu verkaufen. So gerät Gonzo gleich im ersten Roman »Geierfrühling« an eine Skinheadtruppe, die sich von dem Neonazi Rottmeister für seine kriminellen Privatgeschäfte mißbrauchen läßt. Die Glatzen entsprechen dem, was sich ein Normalbürger unter »Skinheads« vorstellt: prollig mit breitestem Ruhrgebietsslang, rassistisch, dümmlich und so militant, daß sie sogar bei einer internen Neonazi-Versammlung erfolglos versuchen, eine Schlägerei mit einer DVU-Abordnung anzufangen. Angeführt werden sie überraschenderweise von einer durchaus intelligenten Frau.

»Is datt heute in der Tagesschau?«
»Da muß schon ein bißchen was mehr brennen«, meinte Gonzo. »So eine Laube schafft's noch nicht mal ins Regionalprogramm.« Er holte eine von seinen Visitenkarten aus der Jacke. »Für alle Fälle.«
(aus: Karr & Wehner: Geierfrühling, S. 61 f.)

Im zweiten Band »Rattensommer«, der den Video-Geier in die Milieus von Pornoproduzenten und militanten Tierschützern führt, stellt Gonzo eines Morgens fest, daß ein neuer Mieter die

Wohnung der verstorbenen alten Dame von gegenüber bezogen hat. Ein Skinhead. »Bodo stand auf einer Kiste und dekorierte die Wand mit einer Reichskriegsflagge, seine Kumpel hingen in den Sesseln und ließen sich mit Dosenbier vollaufen. Dazu dröhnten die Böhsen Onkelz.« (S. 105) Bodo ist ein ganz Harter, nur beim Sex mit seiner rothaarigen Punkfreundin, da wird auch ein Naziskin weich, verzichtet sogar zur Freude Gonzos auf die sonst über den Hof herüberdröhnende Oi!-Musik (»etwas, was sich wie ein GAU in einer Maschinenfabrik anhörte«) und läßt Peter Maffay über sieben Brücken gehen. Gonzos Einstellung zu seinem neuen Nachbarn wandelt sich, als dieser seine Körperkraft einsetzt, um ihn vor einem energischen Geldeintreiber zu retten. Im dritten Band »Hühnerherbst« schließlich gehört Bodo schon zum gewohnten nachbarlichen Umfeld Gonzos, bis er eines Tages verhaftet wird – wegen »fortgesetzter Beförderungserschleichung«, sprich Schwarzfahren, nicht gerade das grausamste aller Verbrechen.

Harte Welle

Die Explosion rechter Gewalt auf den Straßen und in den Massenmedien führte ab 1992 dazu, daß Skinheads immer häufiger Romane und Erzählungen bevölkern. Beispielsweise die des Berliner Soziologen Horst Bosetzky, des wohl erfolgreichsten deutschen Krimiautors. In seinen bis dahin zwanzig Romanen und Storysammlungen hatte -ky mehrfach die aktuellen Themen Rechtsradikalismus und (rassistische) Jugendgewalt aufgegriffen, doch die Täter waren Rocker und Fußballrowdies, Altnazis und rechtsradikale Türken oder »Stinos« in Ku-Klux-Klan-Verkleidung. Ab 1992 reduziert -ky die Tätervielfalt auf »Glatzen in Bomberjacken und Springerstiefeln« (»Ein Deal zuviel«, S. 54). Rechtsradikale Jugendliche sind nun grundsätzlich »Skinheads«, selbst dann, wenn die folgende Täterbeschreibung dem widerspricht. So erzählt -ky in seinem 1992 erstveröffentlichtem Krimi »Von oben herab«, wie eine »Sturmstaffel des Jugendbundes Baldur von Schirach« unter rechtsradikalen Parolen S-Bahn-Fahrgäste zusammenschlägt. Spricht -ky zunächst von einer »Gruppe skinheadähnlicher Jugendlicher«, die »zweifelsohne aus den Ostbezirken kamen«, so verwandeln sich die Täter zehn Zeilen weiter in »Die Gruppe von Skinheads«, die im Folgenden so beschrieben werden: »Neben den glatzköpfigen Klötzen fielen ihr noch die spacken Männchen auf, schwarzhaarig, die zumeist ein kleines Bärtchen à la Adolf trugen. Dann gab es die feisten Jünglinge mit bravem Haarschnitt und Brille. Dunkelblaue Jeans überwogen, Leder- und Bomberjacken, Doc-Martens-Stiefel, und einige hatten sich schwarzweiß-rote Fahnen mit schwarzen Kreuzen umgehängt, wie sie

Es ging um Ausländerfeindlichkeit. Er stellte eine Frage, aber ein Mann mit wirrem Haar hatte das Thema in wenigen Minuten an sich gerissen und dozierte eloquent und ausdauernd, bis jedermann in Hörweite zuerst verstummt, dann ermüdet und schließlich aufgestanden war. Urs hatte noch keinen Skinhead gesehen und wollte so gern glauben, daß es hier keine gäbe. Aber aus der Zeitung wußte er, daß erst vor kurzem in der näheren Umgebung ein jüdischer Friedhof verwüstet und ein Feuer an Ausländerheime gelegt worden war. Ob nun mit oder ohne Skins, das hier war keine Insel.
(Bayer, Thommie: Der Himmel fängt über dem Boden an. Eichborn, Frankfurt a. M. 1994, S. 61f.)

von der Deutschen Luftwaffe her bekannt waren. Zwei Mädchen waren dabei, ganz normal, in schwarzes Leder gehüllt.« (S. 119f.) Skinheads?

»Diese Scheißstadt!« flucht der Berliner Politiker Wille in -kys nächstem Roman »Satansbraten«. »Verpißt, verwanzt, verkommen. Hunde kackten, Tauben schissen auf die Straßen. Penner, Nutten, Skins und Kriminelle beherrschten die Szene.« (S. 63) Thematisierte -ky in »Ein Deal zuviel« durchaus am Rande die Alibi- und Sündenbockfunktion der Skinheads (vgl. S. 17f. und 156), so repetiert er nun nur noch ungebrochen die Angst-

Illustration aus dem Buch »Blutige Straßen« von Carl Sargent, Heyne Verlag, München 1994

klischees seiner ProtagonistInnen. Der Anblick einer »Naturschutzeule, die von einem Dutzend Kugeln durchlöchert war« (S. 25), wird für die Journalistin Jana Angermann zum sicheren Indiz für eine »rechte Wehrsportgruppe, Skins oder dergleichen«, und die Furcht vor einer Konfrontation mit »streunenden GUS-Armisten und Skins, die einen erschlugen, wenn man den Hitler-Gruß verweigerte« (S. 30), schrecken auch -kys Serienhelden, Kripo-Kommissar Mannhardt, von einem Waldspaziergang ab.

Skinheads begehen ihre Missetaten vorzugsweise an der frischen Luft. Die Straße ist der hauptsächliche Austragungsort für Skinheadgewalttaten, aber in immerhin zehn Fällen werden auch U- und S-Bahn zur Opferfalle bzw. in gleich zwei Romanen zum Background für das Finale. Sowohl Jakob Arjounis Loser-Roman »Magic Hoffmann« als auch Michael Wildenhains »Exit Berlin«, ein unter dem Pseudonym Carl Wille veröffentlichter Thriller über die Abwicklung der RAF-Pensionäre nach dem Mauerfall, finden ihr Ende auf Berliner U-Bahnhöfen dank schlagkräftiger Mitarbeit randalierender Skinheads.

»Da will man sich einmal einen netten Tag machen, und dann beginnt die Lektüre der Wahl ausgerechnet mit einem Skinhead- Überfall auf Ausländer. Aha, denkt man, politisch einwandfreie Literatur inclusive Sozialpanorama. Aber dann liest man doch weiter.« (Anke Westphal in der *taz* vom 11.10.1995)

Jens Johler und Axel Olli dagegen eröffnen ihren Berlin-Roman »Bye bye, Ronstein« gleich mit einer spektakulären Skinheadtat. Laut Verlagswerbung »Eine schwarze Komödie über die neunziger Jahre« und »Kinder, die ihre Eltern in Verlegenheit bringen, den Blues und warum es manchmal besser ist, gelassen zu bleiben«, geriet das Werk wohl eher zu einer unfreiwillig komischen Soap opera für ergraute Stammtischrevoluzzer und FAZ-Feuilletonisten. Obwohl im Mittelpunkt des Romans Protagonisten der 68er Generation stehen, gehören die ersten zehn Seiten dem Nachwuchs. Skinheads natürlich: »Braune Lederjacke, stoppelkurze Haare«, im Blick den Haß auf alles Fremde wie Knoblauchgestank, »Kanaken« und »Tunten«. Eben noch schnell mit den Liedern der »Böhsen Onkeltz« (S. 5) aufgeputscht, stürmen sie schon einen arabischen Imbiß, währenddessen der geneigte Leser manch Erhellendes über die Beweggründe dieser jungen Männer erfährt. So ist einer von ihnen ein Polizistensohn, der früher zu reichlich von seinem Vater verprügelt wurde und folglich bei den Skinheads landete. Seitdem er mit »Bomberjacke, Springerstiefeln und Wehrmachtskoppel« durch die Gegend läuft, traut sich Daddy nicht mehr an Eddy ran. Der Zweite, Berno, ist der Sprößling eines Alt-68ers, der längst zum Immobilienhai mutierte, aber immer noch scheinheilig die Grünen wählt. Berno ist der Intellektuelle der Clique. »Ja, Scheiße, ich hab Abitur. Eddy nimmt mir das übel, Didi beneidet mich darum, und ich sage, ich bin trotzdem euer Kumpel.« (S. 7) Auch Didi hat gute Gründe für seinen Weg in den Skinheadkult: Er stottert erbärmlich und kann kaum lesen, dafür aber um so besser mit Schlagring und Messer umgehen, wie auch der Titelheld gleich in der ersten Szene schmerzhaft erfahren muß. »›Hätte sich nicht einmischen sollen‹, sagt Bodo nach vollbrachter Tat. Ganz ohne zu stottern.« (S. 14)

Skinheads peppen auch die langweiligste Erzählung mit ein wenig Thrill auf, signalisieren dem Publikum Brisanz, Aktualität und Engagement. Ein Paradebeispiel für die Verquickung von Political correctness und literarischem Unvermögen stellt Astrid Louvens Frauenkrimi »Gefährliche Wanderung« dar: Lilli Behrend-Kleimann und Rosa Zechlin, die eine Dolmetscherin und Mathematikergattin, die andere originellerweise Krimi-Autorin und Lehrerin mit ausländischen SchülerInnen, geraten auf einer Wanderung in ein Dorf bei Lüchow, das gerade durch die Ankunft kurdischer Flüchtlinge in Aufruhr gerät. Die beiden greifen selbstverständlich beherzt ein, stolpern wenig später über die Leiche des Wirtes, der die Flüchtlinge aufnehmen wollte, und werden selbst von einer Gang, die sich »Deutscher Männerbund« nennt, bedroht. Diese Motorradclique zeichnet sich durch Nazigesinnung, autoritäre Strukturen, wenig Grips, viel Bier, Gewalt und natürlich »Glatzen« aus und wird folglich als »die Skinheads« tituliert. Doch der »beeindruckende Politkrimi«, der laut PR-Text auf dem Cover der Taschenbuchausgabe »die trügerische Idylle eines (...) Dorfes mit ihrer Verlogenheit, ihren Machtstrukturen und ihrer Hinterhältigkeit entlarvt«, entpuppt sich schnell als langweilige Schmonzette einer Hamburger Ex-Lehrerin, die sich offensichtlich antirassistisch engagieren wollte und dabei auf die Idee verfiel, mit einem Krimi ein größeres Publikum zu erreichen. Dabei ersetzte sie allerdings die nicht vorhandenen Fähigkeiten, einen spannenden Plot zu konstruieren, durch über Buchseiten gestreckte Faktenhuberei über die böse Türkei, moralisierende Gutmenschenphrasen (»Wir Westeuropäer werden wohl begreifen müssen, daß wir nicht abgeschottet auf unserer Wohlstandsinsel leben können, unbeeinträchtigt von dem Elend um uns herum«, S. 172; »Rosa hatte plötzlich eine starke Sehnsucht nach Harmonie und Frieden. Aber sie mußte an Hoyerswerda denken.«, S. 181) und originelle Dialoge wie den folgenden:

»Gewalt ist immer eine Niederlage«, murmelte Rosa. »Quatsch!«, brummte Lilli. »Wer sich nicht wehrt, lebt verkehrt.« (S. 179)

Skinheads gehören im Roman der 90er Jahre eher zum gruseligen Teil des Ambientes als zu den handelnden Protagonisten; sie schockieren durch eine kurze Eruption von Gewalt und verschwinden wieder – zumeist spurlos. So treten in Tom Wittgens Kriminalroman »Eine dreckige Geschichte« über einen Drogenring, der im Herbst 89 in der staatsfreien DDR Fuß zu fassen sucht, völlig unvermittelt Skinheads einer »Kampftruppe Priem« auf, zelebrieren vor einer Hakenkreuzfahne schauerliche Rituale, ermorden kaltblütig einen Stadtstreicher, der ihren

... In den nächsten Tagen trieb ich mich in einigen dieser berüchtigten Berliner Eckkneipen in Neukölln herum und sperrte meine Ohren auf. Schließlich raffte ich meinen ganzen Mut zusammen und sprach einen jungen Mann an, dem ich gute Chancen eingeräumt hätte, als Horrorgestalt in einem Wachsfigurenkabinett die Besucher in die Flucht zu schlagen. Glattrasierter Schädel, aufgedunsenes, fettes Gesicht, schwulstige Lippen, breite Nase, Bomberjacke, Jeans und Militärstiefel. Die perfekte Imitation englischer Importware.
»Wat willste? 'n Interfiu mit Olli? Für wat'n für'n Blatt?«
Offensichtlich hatte ich bei diesem Neandertaler ins Schwarze getroffen, jedenfalls schien er Oliver Pätzold zu kennen. Pätzold war mir vom *Stern*-Redakteur als einer der Führer der militanten Szene beschrieben worden, der der Medienöffentlichkeit nicht abgeneigt war, was mir nur recht sein konnte.
»Ick komm von der ›Bild-Zeitung‹ und wollte ihn 'n paar Sachen fragen, wie's jetzt weitergeht mit seiner Gruppe«, versuchte ich mich möglichst verständlich auszudrücken und zeigte ihm einen Journalisten-Ausweis vom Springer-Blatt, den ich mir vor längerer Zeit mal widerrechtlich besorgt hatte und nun gut brauchen konnte.
Kaum hatte ich mit meinem neuen Freund ein paar Worte gewechselt, als ich schon von seinen Kumpels umringt war. Ich

fühlte mich gar nicht wohl in meiner Haut. Sie guckten sich die Karte an, aber nicht, um sie einer eingehenden Prüfung zu unterziehen, wie ich mir in meiner Angst einbildete, sondern weil sie noch nie so etwas gesehen hatten. Sie stießen sich gegenseitig in die Rippen, grölten und lachten, als ob das Ganze ein Grund zum Feiern wäre. In diesem Augenblick fluchte ich innerlich, daß ich den Auftrag angenommen hatte. Ich war einfach nicht geschaffen für diese Art von Konversation. Zum Glück winkte mich mein Ansprechpartner aus dem Pulk der Leute mit den fiesen Fressen und den kurzen Haarschnitten heraus und fragte mich prüfend: »Biste wirklich von ›Bild‹?«
»Klar. Meinste, ick wär sonst hergekommen. Ich will mir doch nicht die Fresse polieren lassen.« Er warf seine Stirn in Falten und schien seine beschränkten Gehirnkapazitäten einer schier unmenschlichen Anstrengung zu unterwerfen, aber an meinem Argument nichts Faules entdecken zu können.
»Paß ma uff, ick kann dir zu Olli bringen. Haste'n Auto da?«
(Cravan, Artur: Tod in der Schonzeit. Hamburg 1991, S. 23 ff.)

Bunker entdeckt hat, und entschwinden wieder. In dem »Polit-Thriller« »Winger« des glatzköpfigen Genscheraners Peter Schmidt wird der Titelheld, eine »schäbige kleine Nachahmung eines Detektivs«, im Zuge einer Recherche im rechtsradikalen Milieu von sechs Kahlgeschorenen mit schwarzen Lederjacken verfolgt und zusammengeschlagen. »Für Skinheads, die von Flaschenbier und harten Getränken beduselt vor sich hindämmerten, waren sie erstaunlich zielstrebig und flink.« (S. 111) Um die Spannung des Lesers trotz des grob und unglaubwürdig zusammengeschusterten Plots aufrecht zu erhalten, ruft Schmidt diese Szene auf den folgenden 168 Seiten noch sechsmal in Erinnerung.

Für die Lösung des Falles bringt das nichts. Selbstverständlich sind verdächtige Skinheads am Ende nie die gesuchten Täter. Selbst der mieseste Romancier käme wohl nicht auf die Idee, ausgerechnet den Gärtner zum Mörder zu machen. Schließlich leben Kriminalromane von ihren Überraschungskünsten, dem kriminalistischen Wettbewerb zwischen Autor und Leser bei der Tätersuche – und Krimifans hassen es, dabei zu gewinnen. Folglich sind Skinheads als Ablenkung von den wahren Tätern eher untauglich, weil zu vordergründig verdächtig. Das mußte auch der Nürnberger Boulevardredakteur Fabian Lenk erfahren, dessen Roman »Brandaktuell« als Prototyp jener Art von Krimis gesehen werden kann, die literarische Anspruchslosigkeit durch »forsche Schreibe« und hölzerne Konstruktionen durch »brandheiße Themenwahl« wettzumachen versuchen. Ein Flüchtlingsheim wurde angesteckt, ein rechtsradikaler Bauunternehmer erwirbt kurz darauf das Grundstück. Schwer verdächtig machen ihn auch seine beiden Helfer. »Kurz vor dem Brand hatten wir Besuch von zwei Typen – Skinheads« , läßt der Autor einen im Asylheim wohnenden Kurden referieren. »Einer trug ein schwarzes Sakko, dazu ein weißes Hemd und einen schwarzen Schlips. Er sah sehr gepflegt aus. (...) Schmal. Oberlippenbart, glaube ich. Kurze braune Haare.« (S. 48f.) Doch es hilft alles nichts: Statt die auf dem Buchcover versprochenen »überraschenden Wendungen« zu bringen, versiebt der Autor auch noch das einzige, was bei einem Who's-done-it zählt. Ab Seite 41 ahnten wir es, ab Seite 123, also immer noch knapp zwanzig Seiten vor dem Helden, Polizeireporter Frank Bachmann, wußten wir es: der Täter war ein profilierungsgeiler Boulevardjournalist.

Ein »Skinhead« im Sakko, mit Oberlippenbart oder sogar mit langen Haaren ist auch in der Literatur keine Ausnahmeerscheinung. Selbst englischsprachige AutorInnen, die ja zumindest den Sinn des Wortes Skinhead begreifen müßten, auch wenn sie von der Szene, über die sie schreiben, keine Ahnung haben, verwenden den Begriff häufig als willkürliches Synonym für Rechtsradikale und Hate-crime-Täter jeder Art. So vermutet die Staatsanwältin Linda Foster in Katherine Forrests Krimi »Tradition« als Tatmotiv bei einem Mord in einem edlen Schwulenrestaurant: »Vielleicht ist Jensen latent homosexuell. Vielleicht ist er auch einfach ein brutaler Skinhead-Typ, der seinen Haß in einem Gewaltverbrechen ausgetobt hat.« (S. 103) Bei der letzten Begegnung der Staatsanwältin mit Jensen sah der noch so aus: »(...) muskulös, mit dünnem sandfarbenen Haar, das ihm lang in den Nacken hing. Auf seinen Wangen sprossen helle Stoppeln, und ein dicker Schnurrbart betonte eher noch den sinnlichen Schwung seiner leicht bogenförmigen Lippen.« (S. 40f.)

In jedem vierten der untersuchten Werke mit »Skinhead«-Fundstellen werden diese nur kurz und ohne aktive Präsenz erwähnt, zum Beispiel in Form von Zeitungsmeldungen, Dialogsequenzen über Skins usw., mit nur neun Ausnahmen werden sie dabei stets als rechtsradikal und/oder gewalttätig dargestellt bzw. mit »Neonazis« gleichgesetzt. »Neonazis. Skinheads. Im Großraum Los Angeles gab es etliche Banden von ihnen« (S. 17), heißt es in Rochelle Krichs Krimi »Die Geister, die ich rief« . So als Synonym für die gesamte militante Rechte eingeführt, wundert es nicht, daß die Autorin kurz darauf »mehr als vierzigtausend Skinheads« (S. 54f.) in den USA zusammenzählt.

Skinheadpräsenz in der Literatur nach Genres und Herkunftsländern der AutorInnen:

Genre	deutschsprachige AutorInnen	internationale AutorInnen
Kriminalromane und -erzählungen: 45	35	10
Phantastikromane und -erzählungen: 14	5	9
Sonstige Romane und Erzählungen: 20	15	5
Lyrik: 8	8	–

Die einzigen Gestalten, die nicht in den Reihen standen, waren ein Dutzend oder mehr Skinheads, die mit nacktem Oberkörper auf den zerklüfteten Felsen hockten. Große, schwarze Hakenkreuztätowierungen waren deutlich auf ihrer weißen Haut zu erkennen, genauso die gelben, über Kreuz gebundenen Schnürsenkel ihrer schwarzen Stiefel. Sie rasierten sich die Köpfe im schlammigen Bach. Trotzig kauerten sie dort, zogen Einmalrasierer in sauberen Strichen über ihre Schädel, schöpften Wasser und spülten sich damit die glatten Köpfe ab.
(Hogan, Chuck: Hornissennest. Kiepenheuer & Witsch, Köln 1996, S. 368)

In jedem zweiten Werk beschränkt sich die Präsenz der Skinheads auf eine oder zwei Szenen, in denen mehrheitlich rechtsradikale Übergriffe dargestellt werden, die für den Haupthandlungsstrang zumeist keinerlei Relevanz haben. Skinheads agieren kurz und heftig und fast immer in Gruppen, reden selten, weisen noch seltener individuelle Züge auf. Sie bleiben Fremde. Selbst ihr Outfit reduziert sich zumeist auf Glatzen/Springerstiefel/Bomberjacken, wobei die Physiognomie häufig mit »rassistischen« Termini beschrieben wird (ersetzen Sie bei den folgenden Zitaten einmal »Skins« durch »Türken«, und Sie werden verstehen, was ich meine):

»Sie waren zwischen sechzehn und zwanzig Jahre alt. Ihre picklige Gesichtsblässe, ihre glattrasierten Schädel und offenen, speicheltriefenden Mäuler ließen eine kümmerliche Verworfenheit, die übertriebenen Allüren der Unterprivilegierten erkennen.« (McEwan, Ian: Schwarze Hunde. Diogenes, Zürich 1994, S. 125)

Diesen Abend war ein Typ bei Mack. Ein jüngerer Typ, ein Skinhead. Er hatte einen Ohrring in einem Ohr, eine Metallöse, an der eine kleine Handgranate baumelte. Die Unterarme voller Tätowierungen. Er trug eine Lederjacke, Jeans, schwere Springerstiefel an den Füßen. (...) Mack fing an, über Nigger und Juden zu reden. Der Skinhead hörte nicht richtig zu. Er hielt's kaum auf seinem Stuhl aus, total bremsig, zapplig. Er starrte mich ständig an. »Gehst du gern jagen, Mann?«, fragte er mich schließlich. »Hab's nie gemacht«, sagte ich. »Nigger jagen, Mann. Biste dafür zu haben?« »Klar.« »Draußen rumkutschiern, 'nen Nigger entdecken, ihn abknallen?« »Okay.« »Okay, hä? Hast du 'ne besondere ... Vorliebe ... was für'n Nigger du abknallen willst?« Ich dachte eine Minute darüber nach, wollte es richtig hinkriegen. »Einen fetten«, sagte ich. Mack lachte so heftig, daß er mit seinem Bier rumspuckte. (Vachss, Andrew: Shella. Eichborn, Frankfurt a. M. 1993, S. 178 f.)

(...) die bulligen und unrasierten Gesichter (...), die blöd und aggressiv in die Kamera glotzten« (Arthur Cravan: Tod in der Schonzeit, S. 15);

»Ihre pickelige Gesichtsblässe, ihre glattrasierten Schädel und offenen, speicheltriefenden Mäuler ließen eine kümmerliche Verworfenheit, die übertriebenen Allüren der Unterprivilegierten erkennen« (Ian McEwan: Schwarze Hunde, S. 125);

»Er hatte einen kahlrasierten Schädel auf einem Stiernacken, der wiederum fast nahtlos aus zwei durchtrainierten Oberarmen zu wachsen schien« (Viola Schatten: Donnerstag war's beinah aus, S. 80).

Die »stieren Blicke«, deren »Blödigkeit sich noch steigerte« (S. 210) verführen auch die Heldin Ingrid in Hugo Dittberners Roman »Wolken und Vögel und Menschentränen« mehrfach dazu, die »Skins« mit Tieren gleichzusetzen. Skinheads scheinen eine geradezu kathartische Wirkung auf AutorInnen auszuüben: In einer Zeit, in der man kaum jemanden richtig angreifen kann, ohne befürchten zu müssen, den engen Pfad der Political correctness zu verlassen, eignen sich Skinheads als garantiert lobbyfreie Minderheit mit zudem hochkarätigen Action-Qualitäten offenbar ausgezeichnet dazu, mal richtig »die Sau rauszulassen«:

Man hat nicht das Gefühl, daß es Affen seien – dazu haben sie zu wenig Haare auf dem Kopf. Auch der Urmensch tanzte auf etwas andere Weise ums Feuer. Es ist eher so, als hätten sie die Zeit überlistet, um mit den Requisiten von heute das altbekannte barbarische Spiel von Haß und Gewalt zu wiederholen – wie um zu beweisen, daß Michelangelo und Goethe die wahren Verlierer der Geschichte sind. (Peter Schmidt: Winger, S. 134)

Skinheads sind vorzivilisatorische Wesen, ihr Gefühlshaushalt enthält fast ausschließlich Haß und Gewaltlust, manchmal noch Wut, Trauer und Schmerz. Dementsprechend ist auch ihre Rolle im rechtsradikalen Spektrum auf die billiger, militanter Hilfstruppen begrenzt. Als ein türkischer Arbeiter in Jost Baums Krimi »68er Spätlese« hinter die kriminellen Methoden seines Chefs kommt, läßt ihn der Bauunternehmer von zwei Glatzen umbringen. Dafür brauchte er die beiden nicht einmal besonders zu bezahlen. »Es reichte den Faschos wohl schon, daß sie einen Türken killen durften.« (S. 285)

Mit den Hauptdarstellern stehen Skins allenfalls als Untergeordnete in Verbindung. In keinem einzigen Werk befanden sich Skinheads im Zirkel der »Hintermänner«. Handelt es sich bei den Rechtsradikalen um intelligente Kader mit weitreichenden Kontakten in etablierte Wirtschafts- und Politikkreise, die ernsthaft das Ziel der Machtergreifung verfolgen (beispielhaft: Robert Ludlums »Bruderschaft der Macht« in »Die Lennox-Falle«, oder die Terrororganisation »Noi da Soli« in Eileen MacDonalds Antifa-Thriller »Der Schläfer«), so fehlen Skinheads sogar beim Fußpersonal. Rebecca Gablé beschreibt die von Industriellen getragene Nazi-Organisation ihres Polit-Thrillers »Die Farben des Chamäleon« als straff organisierte »RAF von rechts. (...) Keine Horden verrückter Halbstarker mit rasierten Schädeln, die mit Molotowcocktails auf Asylanten losgehen.« (S. 120) In Wolfgang Mocks Geheimdienstkrimi »Diesseits der Angst« greift einer der Nazi-Führer sogar aus Imagegründen ein, als »eine Skin-Truppe eine Asylanten-Siedlung in der Eifel anzünden wollte. Sie hatten das monatelang vorbereitet. Und dann kam er und mußte es ihnen wieder ausreden. Es soll nicht ganz einfach gewesen sein.« (S. 211)

Nur sehr wenige AutorInnen hinterfragen die Vorurteilskolportage über Skinheads, zum Beispiel, indem sie auch antifaschistische Skins präsentieren wie der Oldenburger Autor Hardy Krüger in seinem Roman »Dilettanten«, in dem die einzig erwähnten Skinheads junge Antifaschisten sind, die dem recherchierenden Detektiv Rick Xaver Norton Hinweise auf einen Nazi-Treffpunkt geben, oder wie der Kreuzberger Chronist Michael Wildenhain in seiner Erzählung »Des Tages Schönheit«, in der rassistische und SHARP-Skins aufeinanderprallen.

Skinhead-Helden

Stehen Skinheads als positive Helden im Mittelpunkt eines Romans, so handelt es sich zumeist bei dem Autor ebenfalls um einen Skin, wie im Falle von Steve Goodman, dessen autobiographisch geprägter Debütroman »England belongs to me« vom harten Lebensalltag des Skins Derek »zwischen Punkrock und Hakenkreuz« im Jahre 1977 erzählt. Einen Punk- und möglicherweise auch Skinheadhintergrund hat auch Stewart Home, der in seinem zweiten Roman »Stellungskrieg«, ein Pulp-Fiction im Sinne der vier großen Marx-Brüder, mit dem Skinhead Terry Blake einen bisexuellen, nihilistischen Extremisten zum Helden machte, dem es zwischen diversen Sex-Nummern gelingt, auf einer rassistischen Großkundgebung die beteiligten Skinheads »umzudrehen« und zur anarchistischen Revolte gegen die Regierung aufzuputschen.

Eine äußerst interessante Heldin präsentiert Tabitha King in ihrem Roman »Bad Girl«, der im wesentlichen von der schwierigen Liebes- und postpubertären Entwicklungsgeschichte des High-School-Basketballstars Sam und der Titelheldin Deanie erzählt. Deanie, von ihren MitschülerInnen wegen ihres Aussehens nur »die Mutantin« genannt, verkörpert geradezu prototypisch das Rebel girl aus kaputten Underclass-Verhältnissen, das sich zum Schutz vor Verletzungen Stacheln zugelegt hat. Sie bezeichnet sich selbst als »Skinhead« (S. 89 u.a.), wird jedoch von der Autorin als Punkerin beschrieben: Mal rasiert sie sich

Publikation von S. T. Publishing, Dunoon 1995

den Kopf, dann trägt sie wieder (zur gleichen Zeit) einen Irokesenhaarschnitt, auf dem rechten Oberarm lächelt den Betrachter ein tätowierter Totenschädel mit einer Rosenknospe zwischen den Zähnen entgegen, auf dem linken »löst sich eine Träne aus dem Auge des Mannes im Mond«. Sie trägt stets ein Dutzend Ringe in Ohren und Nase, die mit Ketten verbunden sind. (S. 25) Ihre Lieblingsband heißt *Sisters of Mercy*. Vermutlich sollte die eigenartige Zuordnung der »Mutantin« zu den »Skinheads« lediglich ihr Außenseitertum betonen, eine Funktion, die im Amerikanischen normalerweise der Begriff »Punk« ausfüllt.

Samstags, wenn Krieg ist

Eine Ausnahmeerscheinung auf dem Literaturmarkt stellt auch Klaus-Peter Wolfs von der ARD verfilmter Roman »Samstags, wenn Krieg ist« dar. Hier stehen Skinheads nicht nur im Mittelpunkt, ein Großteil des Plots wird auch aus ihrer Perspektive erzählt. Der Ort des Geschehens ist die fiktive Kleinstadt Ichtenhagen, in der eine rechtsradikale Skinheadgang ihr Unwesen treibt. Ihr spektakulärster und jüngster Coup war die Schändung des jüdischen Friedhofes, am kommenden Samstag will sie das örtliche Flüchtlingsheim in Brand setzen. Doch da wird die Schwester des einen nach einer Party italienischer Freunde ermordet. Die Skins planen einen Rachefeldzug gegen die Italiener. Doch es gibt einen Zeugen der Tat, den geistig behinderten Bruder, und so erfährt Siggi schließlich die Wahrheit. Es kommt zum tödlichen Showdown in einem Steinbruch zwischen Siggi und Wolf, dem Anführer der Skins und wirklichen Mörder, und der hinzugeeilten Kommissarin.

»Haß ist Ehrlichkeit. Haß hilft, zwischen Gut und Böse zu unterscheiden. Zwischen Freund und Feind. Haß bringt Wahrheit. Haß zerstört eure Lügen. Eure Harmoniediktatur. Haß bringt die Wahrheit ans Licht. Haß ist geil.«
(»Skinhead« Peter in: Wolf, Klaus-Peter: Samstags, wenn Krieg ist. S. 148)

Daß die jugendliche Clique aus Skinheads besteht, ist für den Roman ohne Bedeutung, das subkulturelle Outfit lediglich ein Symbol für Gewaltbereitschaft. Wäre der Roman zehn oder 15 Jahre früher erschienen, wären die Protagonisten vermutlich als langhaarige Rocker oder kuttentragende Fußballfans dahergekommen wie die »Helden« aus Wolfs zahlreichen Romanen jener Jahre. Wenn die »Ultras«, wie sich die Skinclique im typischen 80er-Jahre-Stil nennt, denken und reden, heißt es im Text szene-angepaßt »Doitschland« oder »Froinde«, sie hören *Böhse Onkelz* und klagen über den Mangel an »Reenies«, doch schon die erzählten Gruppenrituale (»Kampftrinken«, »Mutproben«) sind nicht mehr skintypisch; spezifische Skinvergnügungen – Konzerte, Partys, Oi!- oder Ska-Bands – werden nicht erwähnt. »Wenn nur ein Lärmbrei entsteht, findet er das eigentlich gräßlich. Aber auf Skinmusik steht er trotzdem. Sie macht schön aggressiv. Das bringt Power«, meditiert Peter über Musik. Der Autor hat die Skinheadkultur und -szene offenbar nur am Rande und sehr oberflächlich recherchiert bzw. sich Informationen angelesen. Darauf deuten zumindest für Schreibtischforscher typische Verwechslungsfehler hin. So ist das (einzige) Songzitat der *Böhsen Onkelz* falsch wiedergegeben, die von der Clique bevorzugten Treter heißen Doc Martens und nicht etwa »Doc Martins« und sind auch nicht mit Springerstiefeln identisch, wie der Autor durchgängig schreibt.

Klaus-Peter Wolf interessieren Individuen, die Skinheadszene dient ihm nur als actionhaltige Kulisse. »Der Krieg beginnt damit, daß wir aufhören, in jedem einzelnen das Individuum zu sehen und ihn nur noch als Teil einer Masse betrachten«, stellt Wolf seine Absicht gleich in der Vorbemerkung klar. So nimmt die Gestaltung der Einzelschicksale einen beträchtlichen Raum ein. Alle Protagonisten zeigen biographische Defekte. Unerfüllte Träume und widrige Lebensumstände haben sie hart werden lassen, doch tief im Innern verbirgt sich ein weicher Kern. Siggi leidet verzweifelt an den mangelnden Liebesbeweisen seiner Eltern, hat den Verlust der idyllisierten Kindheit nie überwunden, und der ersehnte Haarwuchs am Kinn will auch nicht sprießen; Wolf lebt mit seiner Mutter, einer Alkoholikerin, und ihren fast wöchentlich wechselnden und oft gewalttätigen Liebhabern zusammen. Seinen leiblichen Vater kennt er nicht; böse Zungen behaupten gar, es sei ein Italiener, Jugoslawe oder Spanier gewesen. Dieter verbrachte vier Jahre seines Lebens unter brutalsten Bedingungen in einem Kinderheim, bis seine Mutter ihn gezwungenermaßen wieder zurücknehmen mußte, weil ihn niemand adoptieren wollte. Aus Opfern werden Täter, lautet die zentrale Botschaft des Romans. Ein Plädoyer für die akzeptierende Jugendarbeit. So ist »Samstags, wenn Krieg ist« letztendlich ein vor allem pädagogisch inspiriertes Jugendbuch (ein Genre, in dem der Autor auch verwurzelt ist), das wohl hauptsächlich aufgrund der populären Verfilmung ins allgemeine Verlagsrepertoire rutschte.

Zitierte Quellen und weitere Fundstellen (Auswahl)

1. Skinhead-Romane

Allen, Richard: Skinhead. S.T. Publishing, Dunoon 1994.

Goodman, Steve: England belongs to me. S. T. Publishing, Dunoon 1995.

Home, Stuart: Stellungskrieg. Edition Nautilus, Hamburg 1995.

Wolf, Klaus-Peter: Samstags, wenn Krieg ist. Hoffmann und Campe, Hamburg 1994 und Knaur, München 1995.

2. Werke mit Skinheads in tragenden Rollen

Bär, Willi: Doppelpass. Limmat, Zürich 1994.

Dittberner, Hugo: Wolken und Vögel und Menschentränen. Wallstein, Göttingen 1995.

Johler, Jens/ Olly, Axel: Bye bye, Ronstein. Luchterhand, München 1995.

King, Tabitha: Bad Girl. Heyne, München 1994.

Probsthayn, Lou A. : Dumm gelaufen. Achilla Presse, Hamburg 1996.

Stern, Lara: Ruck Zuck. Goldmann, München 1996.

Wildenhain, Michael: Des Tages Schönheit. In: Wildenhain: Heimlich, still und leise. Erzählungen. S. Fischer, Frankfurt a. M. 1994.

3. Skinheads als Nebendarsteller

Baum, Jost: 68er Spätlese. Klein & Blechinger, Köln 1991 und 1995.

Benni, Stefano: Der Ehrengast. In: Benni: Die letzte Träne. Erzählungen. Beck & Glückler, Freiburg 1996.

Collins, Nancy A.: Wildes Blut. Goldmann, München 1994.

Cravan, Artur: Tod in der Schonzeit. Rasch und Röhring, Hamburg 1991.

Karr, H. P. & Wehner, Walter: Berbersommer. Kriminalgeschichten aus der Großstadt. A 4, Essen 1992.

Kahr & Wehner: Geierfrühling. Haffmans, Zürich 1994.

Kahr & Wehner: Rattensommer. Haffmans, Zürich 1995 und Heyne, München 1997.

Krich, Rochelle Major: Die Geister, die ich rief. Bastei-Lübbe, Bergisch Gladbach 1996.

-ky: Ein Deal zuviel. Rowohlt Taschenbuch, Reinbek 1992.

Lenk, Fabian: Brandaktuell. Grafit, Dortmund 1996.

Louven, Astrid: Gefährliche Wanderung. Orlanda Frauenverlag, Berlin 1992 und Fischer Taschenbuch, Frankfurt a. M. 1996.

Schatten, Viola: Donnerstag war's beinah aus. Fischer Taschenbuch, Frankfurt a. M. 1993.

Voermans, Paul: Der Quantenfisch. Heyne, München 1996.

Wittgen, Tom: Eine dreckige Geschichte. Reiher, Berlin 1991.

4. Skins als Staffage in 1 – 2 Szenen

Arjouni, Jakob: Magic Hoffmann. Diogenes, Zürich 1996 und 1997.

Collins, Nancy A.: Der Todeskuß der Sonja Blue. Goldmann, München 1992.

Dabydeen, David: Die Zukünftigen. Rotpunktverlag, Zürich 1994.

Ebertowski, Jürgen: Berlin Oranienplatz. Schwarzkopf & Schwarzkopf, Berlin 1995.

Fowler, Christopher: Spanky. Die etwas andere Geistergeschichte. Bastei-Lübbe, Bergisch Gladbach 1995.

Friedman, Kinky: Frequent Flyer. Haffmans, Zürich 1994 und Heyne, München 1994.

Gablé, Rebecca: Die Farben des Chamäleons. Bastei-Lübbe, Bergisch Gladbach 1996.

Hinterberger, Ernst: »Und über uns die Heldenahnen ...« Ein Wiener Kriminalroman. Edition Falter/Deuticke, Wien 1991 und Heyne, München 1994.

Hogan, Chuck: Hornissennest. Kiepenheuer & Witsch, Köln 1996 und dtv, München 1998.

Karr & Wehner: Hühnerherbst. Haffmans, Zürich 1996.

Krüger, Hardy: Dilettanten. Isabel-Rox-Verlag, Essen 1996.

-ky: Von oben herab. Weitbrecht, Stuttgart/Wien 1992 und Heyne, München 1996.

MacDonald, Eileen: Der Schläfer. Bastei-Lübbe, Bergisch Gladbach 1996.
McEwan, Ian: Schwarze Hunde. Diogenes, Zürich 1994 und 1996.
Mock, Wolfgang: Diesseits der Angst. Kiepenheuer & Witsch, Köln 1996.
Ossowski, Leonie: Die Maklerin. Hoffmann und Campe, Hamburg 1994 und Heyne, München 1996.
Sargent, Carl: Blutige Strassen. Heyne, München 1994.
Schmidt, Peter: Winger. Rasch und Röhring, Hamburg 1994.
Schmitz, Werner: Nahtlos braun. Weltkreis, Dortmund 1984 und Grafit, Dortmund 1989.
Vachss, Andrew: Shella. Eichborn, Frankfurt 1993 und Heyne, München 1996.
Wackwitz, Stephan: Walkers Gleichung. Eine deutsche Erzählung aus den Tropen. Steidl, Göttingen 1996.
Wildenhain, Michael: Die kalte Haut der Stadt. Rotbuch, Berlin 1991 und Fischer Taschenbuch, Frankfurt 1995.
Wille, Carl: Exit Berlin. Rotbuch, Hamburg 1994.

5. Skinheads werden nur erwähnt

Alpers, Hans Joachim: Die Augen des Riggers. Heyne, München 1994.
Alpers, Hans Joachim: Die graue Eminenz. Heyne, München 1995.
Forrest, Katherine: Tradition. Argument, Hamburg 1993.
-ky: Der Satansbraten. Weitbrecht, Stuttgart 1994.
Ludlum, Robert: Die Lennox-Falle. Heyne, München 1996 und 1997.
Smith, Nyx: Striper. In: Shadowrun. Der Weg in die Schatten. Heyne, München 1992.
Smith, Nyx: Die Attentäterin. Heyne, München 1995.

6. »... habe ich Skins gemacht«

Eigentlich könnte hier noch eine sechste Kategorie folgen, die all jene Titel erfaßt, die mit dem Stichwort »Skinheads« beworben oder rezensiert wurden, obwohl in den Texten überhaupt keine auftauchen. So wird etwa aus einem 18jährigen Psychopathen, der in Herbert Genzmers Roman »Letzte Blicke, flüchtige Details« (Insel, Frankfurt a. M./Leipzig 1995) seine Eltern ermordet, der vom Autor aber weder als »Skinhead« bezeichnet noch mit entsprechenden Attributen beschrieben wird, in der *taz*-Rezension von Niels Werber ein »als Popper getarnter rechts-extremistischer Skinhead aus gutem Haus« (*taz* vom 23.9.1995).

Auch Verlage werben gerne in Prospekten und auf Buchcovern mit dem verheißungsvollen Hinweis, man werde in diesem Buch »Skinheads« begegnen. »Ein schwarzer Callboy Blanko

(Ost) wird von Skins angepöbelt«, textet beispielsweise der Rotbuch Verlag die Kriminalstory »Blanko« von Bärbel Balke aus der 1997 erschienenen Krimi-Anthologie »Berlin Noir« an. In der Geschichte selbst werden die Täter als »Halbwüchsige«, »Pennäler« und »Milchgesichter mit Pickeln und geröteten Wangen« beschrieben, keineswegs aber als Skinheads. Ähnliches erlebte Max von der Grün mit seiner Sammlung »Die Saujagd und andere Vorstadtgeschichten« (Luchterhand, München 1995). Der Band enthält Erzählungen des Arbeiterliteraten aus dem Ruhrgebiet, »Skinheads« treten jedoch in keiner einzigen Erzählung, weder direkt noch unter Synonymen wie »Glatzen«, »Kahlgeschorene« etc., auf – entgegen der Verlagswerbung, die betont auf mitwirkende »Skins« hinwies. Auf meine Nachfrage teilte der Lektor des Buches, Klaus Siblewski, schriftlich mit: »(...) auf Seite 56 treten ›vier junge Männer‹ mit strähnig gefärbten Haaren auf, zwei davon haben einen Irokesenschnitt und sind einem Bettler bei seiner Arbeit behilflich, nicht ganz ohne Selbstlos; auf Seite 62f. pöbeln drei andere junge Männer, ihre Oberkörper sind nackt und mit Hakenkreuzen und Hammer und Sichel tätowiert (Die ›Sichel‹ ist im Text ein ›Zirkel‹, d. Verf.), Passanten in einem U-Bahnschacht an. In meinen Vorschau-Klappentextzwängen habe ich aus diesen sieben Personen einfach Skins gemacht.«

Gabriele Haefs

»Zoff ist toft«

Skins in der Jugendliteratur

Skinheads (wörtlich: Hautköpfe) sind Jugendliche die sich gern zu gewalttätigen Banden zusammentun. Ihr Erkennungszeichen sind die kahlgeschorenen Köpfe und ihre kriegerische Kluft. Skinheads macht es einfach Spaß, andere Menschen zu terrorisieren. Viele von ihnen sind für nationalistische Parolen (»Ausländer raus!«, »Deutschland den Deutschen!«) anfällig.
Das große Kinderlexikon (S. 185)

Vorab: Die für diesen Beitrag ausgewählten Bücher können nicht als repräsentativer Querschnitt durch die derzeit vorliegende deutsche Jugendliteratur gelten; sie bilden soziologisch gesehen ein »random sample«, eine eher zufällig zusammengetragene Auswahl, die mit Hilfe von Verlagsvorschauen, Rezensionen und Tips aus dem Bekanntenkreis erstellt wurde. Auch ging es bei den im folgenden vorgestellten Werken nicht um eine grundsätzliche Würdigung ihrer in der Tat sehr unterschiedlichen literarischen Oualitäten, sondern um eine Analyse der Bilder, die sie von »Skinheads« liefern.

Das literarische Spektrum dieser Buchauswahl ist breit, es reicht vom klassischen Krimi über die Abenteuergeschichte mit Parallelen zu Jack London bis zum Magischen Realismus. Was erfahren wir in den Büchern über Skinheads? »Schlammauge und noch zwei oder drei von denen haben richtige Glatzen, die anderen tragen kurzgeschorene Haare. Am schlimmsten findet Anka ihre schwarzen Schnürstiefel mit den weißen Senkeln« (Scherf, S. 11) – so oder ähnlich werden Skins in die Geschichten eingeführt. Skinheads haben Glatzen oder kurze Haare, daran sind sie zu erkennen, daran erkennen wir scheinbar auch ihre Gesinnung. Für den Fall, daß die Frisur zur Einordnung ins rechtsradikale Gewaltspektrum doch nicht ausreicht, treten sie gern mit den Worten SKIN (Hetmann/Tondern, S. 13) oder HASS (Frey, S. 120; Hagemann, S. 25) in die Haut tätowiert auf.

Nur selten werden »Skins und Rechtsradikale« (Heyne, S. 7) als zwei nicht unbedingt deckungsgleiche Gruppierungen gesehen. »Außerdem gibt es ›den Skin‹ nicht. Es gibt rechte und linke, militante und solche, die Gewalt ablehnen. Und einfach zu sagen: Glatze gleich rechtsradikal, das ist auch schon wieder ein Vorurteil.« (Heyne, S. 129) »Nicht alle Skins sind regelrechte Rechtsextreme. Manche von ihnen geben mir sogar mitunter Tips, auch wenn sie uns Bullen nicht besonders lieben«, erfah-

ren wir bei Hans Peter von Peschke (S. 72). Carlo Ross erwähnt dreimal »Redskins«, die sich mit Antifas gegen die Skins verbünden (S. 138 u. 143), klärt jedoch nicht darüber auf, was diese »Redskins« mit den Rechtsradikalen zu tun haben, die einfach weiterhin »Skins« – ohne farblichen Zusatz – genannt werden. Die Vermutung liegt nahe, daß der Autor die Namensähnlichkeit der beiden Gruppierungen für einen Zufall hält; visuelle Beschreibungen der »Redskins« gibt es nicht, und im Glossar werden sie knapp als »Jugendgruppierung, dem linken Spektrum zugehörig« definiert.

Solche Unterschiede werden jedoch nur selten gemacht. Die vorliegenden Bücher sagen vor allem eins über Skins: Ein Skinhead hat eine Glatze oder kurze Haare und ist böse und gewaltbereit. Oft wissen wir nicht, ist er böse, weil er eine Glatze hat, oder hat er eine Glatze, weil er böse ist? Nur Jana Frey beantwortet diese Frage eindeutig. In dem Moment, in dem Benny seinen kahlgeschorenen Kopf zum ersten Mal im Spiegel

Deutschsprachige Erstveröffentlichung der untersuchten Werke:
1984: 1
1988: 1
1991: 7
1992: 19
1993: 7
1994: 23
1995: 11
1996: 16
1997: 2

erblickt, wird der schüchterne Jüngling, der eben noch mit piepsiger Stimme redete (S. 65) und zu Kuschelrock-CDs onanierte (S. 79f.), zum Angst und Schrecken verbreitenden Rambo.

Ich war jetzt ein Skinhead. Der Wind fuhr mir eisig über den kahlen Kopf. Ein irres Feeling. Ich schlug den Kragen meines Bundeswehrparkas hoch und vergrub meine kalten Hände in tiefen Jackentaschen. Meine Beine steckten in einer ausgebeulten, schwarzen Jeans, und an den Füßen hatte ich Springerstiefel. Mit neuen, weißen Schnürsenkeln. In Überlänge. Ich hatte die Dinger bestimmt an die sechsmal um den Stiefelschaft gewickelt. Es sah ziemlich geil aus. Ich trat nach ein paar Tauben, die am Wegrand hockten und mich blöde angurrten. Sie flogen erschrocken auf. Und plumpsten ein paar Meter weiter schwerfällig zurück auf die Erde. »Scheißviecher«, brummte ich. Und schlich mich erneut an die zerzausten Tiere heran. Ich suchte mir das mickrigste Vieh aus und trat erneut zu. Und, zack ... Die Taube lag tot vor mir. Mit zertretenem Kopf und verrenktem Hals. (...) Ich wanderte weiter und fühlte mich angemacht. Von meiner Macht. (Frey, S. 167f.)

»Fahrausweis...« brummte der Mann und beguckte mich mit kleinen, nervösen Fischaugen. Mein Outfit schien ihn zu verunsichern. »Hab keinen«, sagte ich knapp. Mehr nicht. »Äh...« machte der Kontrollarsch. Ich zog bloß eine Augenbraue hoch. Und starrte ins unsichere Kontrollarschgesicht. Da ging der gute Mann eilig weiter. Ohne mich noch einmal anzuschauen. (Frey, Jana: Besinnungslos besessen, S. 176)

Die ganze Welt hat plötzlich Angst vor dem schmächtigen Sechzehnjährigen mit dem dünnen Bartflaum und dem beschnittenen Penis. Selbst Straßenbahnkontrolleure wollen seine Fahrkarte nicht mehr sehen. Sich als rechter Bürgerschreck zu etablieren und sogar als einzelner eine ganze Schulklasse samt Lehrerin zu tyrannisieren, scheint ein Kinderspiel zu sein. Lehrer und Lehrerinnen erscheinen als eine Ansammlung von trüben Tassen; entweder zeigen sie überhaupt kein Interesse am Treiben ihrer Schüler, oder sie reagieren mit sinnlosen Referaten über die Greuel der Nazis, oder sie zerfließen vor Angst – schon aufgrund des bloßen Outfits.

In der ersten Stunde hatten wir Mathe. Frau Zang warf einen einzigen zufälligen Blick auf mich, als sie den Klassenraum betrat. Dann machte sie schmale Lippen und haspelte sich nervös durch die Doppelstunde.

Ich bemalte meinen Tisch mit schwarzem Filzstift. »Ausländer raus. Deutschland den Deutschen! Es lebe Adolf Hitler und sein Reich« ... Frau Zang ließ mich in Ruhe.

Ich spuckte in die Luft und fing meine Rotze mit offenem Mund auf. Frau Zang guckte gequält an mir vorbei.

Ich kramte eine Dose Cola aus meinem Rucksack und schlürfte das Zeug unüberhörbar. Frau Zang zeichnete mit Zitterfingern ein Parallelogramm an die Tafel. Da, wo ihre Finger die Tafel berührten, bildeten sich feuchte Flecken. (Frey, S. 177)

Auch die Eltern werden zumeist als hilflos dargestellt. Die rechtsradikalen Sprüche ihrer Söhne beantworten sie mit langen Monologen über den Faschismus. Die antiautoritären Erziehungskonzepte der linksengagierten Eltern verwandeln sich angesichts der unerwarteten Entwicklung des Sohnes in einen Scherbenhaufen.

Monika war konzeptlos. Sie wirkte zittrig und mitgenommen und verängstigt. Sie zuckte zusammen, wenn wir aufeinanderstießen, und murmelte dauernd panisches Zeug. Über Faschismus. Und falsche Ideale. Und falsch verstandene Freiheit. Sie schien sich selbst, plus ihre antiautoritäre Erziehung, plötzlich enorm in Frage zu stellen ... (Frey, S. 175)

Der Vater versucht es zunächst autoritär, dann mit Argumenten, und als alles nichts nützt, verliert er die Beherrschung und fängt an zu heulen.

Nützliche Idioten

In fast allen Jugendromanen dienen Skinheads als nützliche Idioten für organisierte Neonazis, die sich gerne klangvolle historische Namen geben. Ein Beispiel ist »Eichmann« bei Gunter Preuß, dem die Neonaziszene die Gelegenheit gibt, fesche Jungs in sein Bett zu zwingen – was die Vermutung nährt, daß manche JugendbuchautorInnen wirklich vor keinem Klischee zurückschrecken. Bei Hetmann/Tondern kontrolliert ein »Goebbels« im Auftrag der Nazi-Organisation, ob die Skinheads die Schulklasse mit den ausländischen Mitschülern auch genug quälen.

Die Drahtzieher sind keine Skins, sondern adrett gekleidete Herrn mit »Anzug und Krawatte, das Haar sauber gescheitelt« (Heyne, S. 27), mit »kalten Augen« (Heyne, S. 29), die selten lachen. Fast in allen Büchern tritt ein Junge auf, dessen Vater oder Großvater ein strammer Altnazi ist, der ihn schon als Kind unerbittlich indoktriniert und später den Kontakt zu rechtsradikalen Organisationen hergestellt hat. »Er sang mir manchmal alte Soldatenlieder vor und zeigte mir abgefahrene Bilder aus dem Krieg« (Frey, S. 211), erinnert sich Benjamin an seinen mittlerweile verstorbenen Opa. Söhne linker oder alternativer Eltern wollen sich vom Elternhaus emanzipieren und geraten so in rechtsextreme Kreise, wo sie Altnazisöhnen begegnen. Die Söhne der Altnazis müssen sich offenbar nicht vom Elternhaus emanzipieren, jedenfalls nicht im Jugendbuch, sie übernehmen bedenkenlos die Ideologie der (Groß-)Väter.

Ob diese Väter auch Töchter haben und ob diese Mechanismen bei den Mädchen genauso funktionieren, erfahren wir nicht. Bis auf Lady Maria (bei Preuß), die zum Femme-fatale-Stereotyp mißrät, tauchen Mädchen in diesen Büchern nur selten in tragenden Rollen auf. Es gibt die Türkin Yildiz und die Kurdin Gülcin als Opfer sowie die tatkräftigen Mädels Rota Sonja und Anka. Nur Pia in Jana Freys »Besinnungslos besessen« erweist sich als ideologisches Opfer ihres rechtsradikalen Vaters, doch wie Kess in Margret Steenfatts »Haß im Herzen« vertritt sie zwar rechtsradikales Gedankengut, nimmt aber für die rechtsradikalen Aktivitäten eine ebenso unwichtige Nebenrolle ein: Ihre

»Dann kam das mit dem Skinmädchen. Dolf hatte sie zuerst. Schneider hatte sie ihm ausgespannt, als er aus dem Knast wieder raus war. Dolf wollte sie wiederhaben. Sie prügelten sich. Und das Mädchen? Ein Skinmädchen hat nichts zu melden. Die hat zu gehorchen. Dolf hatte sie wieder.« Hagemann, Marie: Schwarzer, Wolf, Skin, S. 90)

Dieser Comic findet sich auf der Rückseite des Buches »Die Nacht, die kein Ende nahm« von Hetmann/Tondern

Aufgabe besteht lediglich darin, die rechtsradikale Szene für die männlichen Helden Benny und Tono noch verlockender zu machen. Untersuchungen über Frauen in rechten Organisationen, von denen inzwischen einige auf dem Buchmarkt zu finden sind, haben wahrscheinlich den Weg zu den JugendbuchautorInnen noch nicht gefunden.

Szenekenntnisse

Obwohl die AutorInnen der untersuchten Werke für ihre Protagonisten die Rolle des »Skinheads« wählten, scheinen sie sich merkwürdigerweise nicht wirklich für den Alltag und die Kultur der Rollenvorbilder zu interessieren. Die meisten Bücher erwecken den Eindruck, daß sie, um die günstige Konjunkturlage auszunutzen, ohne eingehende Vorarbeiten in aller Hast angefertigt wurden. Beim Gros der Bücher waren Medienschlagzeilen Anlaß und Stichwortgeber für den Plot, und nur wenige AutorInnen hatten offensichtlich das Bedürfnis, hinter die Schlagzeilen zu sehen. Die Vorlage für Günter Saalmanns laut Verlagswerbung »auf einem authentischen Fall« beruhenden Roman um ein Mädchen, dem mit einer Glasscherbe ein Hakenkreuz in die Haut geritzt wird, war ein Vorfall, der sich bei Erscheinen des Romans längst als Erfindung entpuppt hatte. Carlo Ross beschreibt in »Mordskameradschaft« die Ereignisse rund um die Ostberliner Neonazi-Zentrale in der Weitlingstraße, wie sie vor allem im *Stern* geschildert wurden.[1] Ereignisse, die bei Erscheinen des Romans schon seit drei Jahren Geschichte waren. Jana Frey nutzte ein Szenario inklusive Kneipennamen und Songtextzitaten, das der *Stern* zwölf Jahre zuvor beschrieben hatte.[2] Dieter Bongartz verarbeitete noch einmal literarisch seine intensiven Recherchen zum Tod eines Hannoveraner Skinheads aus dem Jahre 1987, die sich auch schon in seinem ARD-Spielfilm »Kahlschlag« wiederfanden.[3] Lutz van Dijk stellt den *Stern*-Bericht über einen rassistischen Überfall vom 4.6.92, der ihm als Grundlage diente, als Zitat seinem Roman voran. Harald Tondern und Frederik Hetmann lehnten sich an einen authentischen Fall an, von dem sie in der *taz* lasen.[4]

Weiterrecherchiert hat kaum eine/r der AutorInnen. Die Kultur der Skinheads, überhaupt szene-spezifische Merkmale über oberflächliche Beschreibungen des Outfits hinaus, finden quasi keine Erwähnung. Bei Margret Steenfatt wird die Frisur sogar zum Synonym für den ganzen Skinhead. »Soll ich einen Zentimeter stehen lassen oder willst du 'n Skinhead wie Fred?« (S. 32)

Während die Musik bei den realen Skinheads eine zentrale Bedeutung einnimmt und auch die Medien voll sind von Berichten über Nazikonzerte überall in Deutschland, spielt Musik im Leben der Buch-Skins quasi keine Rolle. Günter Saalmann erwähnt kurz ein Poster der (real nicht existierenden) Band »Störenfriede« (S. 145), bei Carlo Ross hören und singen sie ausschließlich alte Nazilieder (S. 62, 90). Bei Margret Steenfatt hören sie die *Pogues*, eine politisch eher linksstehende Gruppe, die per Fußnote als »irische Popgruppe« bezeichnet wird. Wenn Musik überhaupt auftaucht, werden gerne ausgiebig Texte aus Nazisongs zitiert, die fast ausschließlich von *Störkraft* stammen, was sich wohl damit erklären dürfte, daß gerade diese eine Zeitlang von der Bundesprüfstelle für jugendgefährdende Schriften und zahlreichen Jugendämtern kostenlos verteilt wurden und auch schon in diversen »Dokumentationen« des Verfassungsschutzes in hunderttausendfacher Auflage unters Volk gebracht wurden.

Der Verdacht, daß Skinheads in der derzeitigen Jugendliteratur die Rolle einnehmen, die vor zehn Jahren noch Rockern oder Punks zukam, müßte durch eine ausgedehntere Untersuchung erhärtet werden. Nach Lektüre der uns zur Verfügung stehenden Buchauswahl liegt diese Vermutung nahe.[5] Skinheads sind Versatzstücke, sie sind die Bösen, die Schwächere schikanieren; wir kennen sie aus Märchen (zumeist in Gestalt von bösen Stiefmüttern). Neu sind lediglich die Requisiten.

Auch die Erklärungsmuster sind dieselben, mit denen schon vor hundert Jahren ein Autor wie Jack London seine jugendlichen Tyrannen einführte. Schreckliche Verhältnisse im Elternhaus, Probleme mit sich selber, der Wunsch, irgendwo dazuzu-

»Plötzlich hört sie laute Schritte aus einer Seitenstraße. Es klingt bedrohlich, sie kommen näher. Conny dreht sich um, erkennt sofort: Das sind Skins, Nazi-Punks.« (Schroeder, Margot: Ganz schön abgerissen, S. 113) gehören, das alles bringt Jugendliche in Romanen dazu, sich von der Allgemeinheit abheben zu wollen und Anschluß an die jeweils aktuellen Schmuddelkinder zu suchen. »Ich halt mich auch für was Besseres als die Spießer, wenn ich so durch die Straßen geh, aber ich bin dabei meistens nur aggressiv. Selbstbewußtsein? Weiß nicht.« Diese Überlegung läßt Margot Schroeder die junge Punkerin Conny anstellen. (Schroeder, S. 73) Und genauso argumentieren Marie Hagemanns Schwarzer Wolf, Jana Freys Benny und Ove Børochsteins Mücke – und die Frage sei erlaubt, ob bei soviel Selbsterkenntnis das Problem nicht schon halb gelöst wäre.

Schwarzer, Wolf, Skin

Die Skins in spe, sie leiden. Schlimme Elternhäuser, Verwahrlosung, zu schwache oder zu strenge Eltern, der Tod des geliebten Großvaters oder besten Freundes treiben sie unerbittlich in die Arme der Bösewichte. Die Proto-Kindheit des Proto-Skins liefert Marie Hagemann mit ihrem Wolf Schwarzer. Der Junge hat zwar nur mit Ach und Krach den Hauptschulabschluß geschafft, formuliert aber seltsamerweise sprachlich korrektere Konjunktive und Genitive als so mancher Bundeskanzler.

»Schwarzer, Wolf, Skin« ist eigentlich kein Roman, sondern ein Baukasten: Wie bastele ich mir einen Skin? Die Handlung ist zusammengestückelt und durch viele Rückblicke und Rückblicke in Rückblicken zerrissen. Ein Türke wird ermordet, eine Skinheadgang gerät in den Einflußbereich organisierter Neonazis, einzelne Mitglieder, die vor allem Zoff wollen, finden langsam Gefallen an der strammen Organisation. Andy, ein Junge, der sich nie entscheiden konnte, entscheidet sich am Ende doch, als ein Flüchtlingsheim angezündet wird. Er rettet ein Baby aus den Flammen und wird dafür von seinen Kameraden zu Tode geprügelt. Handlungslogisch ist das alles nicht, erklärt wird es schon gar nicht, es sei denn mit dem Hinweis auf ein Buch des Bielefelder Gewaltforschers Wilhelm Heitmeyer, der Andys Vater, einem sozialdemokratischen Rechtsanwalt, über die Lippen kommt: »Warum handeln Menschen gegen ihren eigenen Willen?« (S. 110)[6]

Erstaunlicherweise wurde »Schwarzer, Wolf, Skin« in sechs Sprachen übersetzt, darunter ins Schwedische und ins Dänische. Eine norwegische Ausgabe scheiterte (nach Auskunft des Damm-Verlages in Oslo, der eine Option auf das Buch hatte) daran, daß mehrere Gutachter es für literarisch schlecht, klischeehaft und nicht überzeugend befanden, darunter Tormod Haugen, ein international bekannter Jugendbuchautor, ausgezeichnet mit der Hans-Christian-Andersen-Medaille. Der Damm-Verlag bejahte bereitwillig die Frage, ob Neonazis und

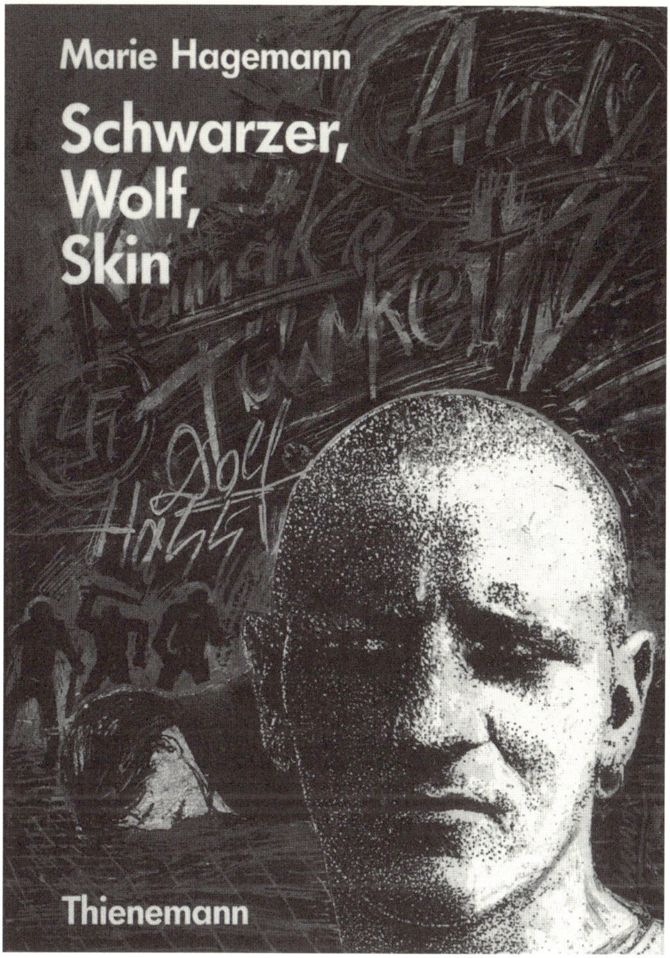

Skinheads in der Jugendliteratur der 90er Jahre Konjunktur hätten. Mit Büchern zu diesem Thema, so die zuständige Lektorin, ließe sich Geld verdienen, und positive Rezensionen wären fast sicher. Der Damm-Verlag hat deshalb gezielt nach einem entsprechenden Titel gesucht und war nach eigener Aussage sehr enttäuscht, als kein einziger Gutachter das Buch von Marie Hagemann empfehlen mochte.

Daß dieses Buch dennoch der Bestseller unter den »Skinhead«-Jugendromanen wurde, liegt wohl gerade an seiner holzschnittartigen Struktur, die nicht einmal den Anschein von Differenziertheit erweckt. Der ganze Roman wirkt wie ein einziger Monolog, gehalten in superkorrektem, aber dennoch nur rudimentärem Deutsch. Die Skins wollen nichts anderes als »Zoff« (10mal), der »Jux« macht (17mal), ihre Gefühle schwanken zwischen »geil« (8mal) und »toft« (11mal). Die Charaktere der Skins, soweit man überhaupt davon sprechen kann, ihre Biographien wie ihre Handlungen wirken wie einem sozialpädagogischen Lehrprogramm entnommen; wenn Wolf Schwarzer erzählt, schwingt immer der Eindruck mit, eigentlich lese ein Therapeut aus dem Tagebuch des Skinheads vor und liefere die Analyse gleich mit.

Das zweite Erfolgsrezept des Buches liegt in der Wahl eines Autorenpseudonyms – angeblich, weil die sich als »Marie Hagemann« tarnende »bekannte Autorin«, so die Klappentextwerbung, auch in Anzeigen und Rezensionen geschickt gestreut, »während ihrer Recherchen mehrfach bedroht wurde«. Eine Angabe, die nicht sehr glaubwürdig erscheint, aber vor allem signalisieren soll, die Autorin habe sich nicht nur auf die Auswertung von Zeitungsartikeln und Verfassungsschutzberichten gestützt, sondern auch höchstpersönlich mit den gefährlichen Killerknaben geredet.

»Wir wollen unsern Spaß, und wir wollen schließlich keine großen politischen Sachen. Wir sind Oi-Skins. Kraft durch Froide!« (Hagemann, Marie: Schwarzer, Wolf, Skin, S. 63)

Aus dem Text selbst läßt sich das allerdings nicht einmal ansatzweise belegen. Die Sprache der Roman-Skins wirkt wenig authentisch, skinspezifische Kultur taucht nicht auf. Die Songtexte – auch hier schon im Vorwort wieder der plakative Hinweis der Autorin, daß es sich um »Originaltexte« handelt – sind wortwörtliche Abschriften aus Indizierungsanträgen bzw. -entscheidungen der Bundesprüfstelle für jugendgefährdende Schriften.

Wie wenig Ahnung die Autorin von Skins hat, zeigen ihre »Begriffserklärungen« im Anhang, bei denen sie »drei unterschiedliche Hauptströmungen« (S. 124) unterscheidet: »Partei-Skins«, die »Kontakte zu rechtsextremistischen Organisationen« haben, »Fascho-Skins mit ausgeprägteren rechtsextremistischen Zielvorstellungen« und »Oi-Skins«, die »eine stark reservierte Haltung gegenüber Ausländern« (S. 125) haben und ihren Namen »von der nationalsozialistischen Freizeitorganisation ›Kraft durch Freude‹ (Strength through Joy/Froide)« (S. 125) ableiten. »Wir wollen unseren Spaß, und wir wollen schließlich keine großen politischen Sachen«, erklären sie selbst, nachdem sie ganz unpolitisch einen Türken erschlugen, und erzählen sich weiter unpolitische Witze wie dem vom »Unterschied zwischen Juden und Türken? Die Juden haben es schon hinter sich!« (S. 63) Nicht-rechte Skins existieren für die Autorin grundsätzlich nicht.

Deutschsprachige Erstveröffentlichung der untersuchten Jugendbücher:
1983: 1
1990: 1
1992: 1
1993: 3
1994: 6
1995: 5
1996: 4
1997: 1

Marie Hagemann zeichnet ein Horrorgemälde, das Skins derart bedrohlich wirken läßt, daß niemand auf die unangenehme Idee verfallen muß, diese Fremden in Menschengestalt könnten irgend etwas mit uns zu tun haben, vielleicht die eigenen Söhne, Schüler, Nachbarjungen, schlicht Produkte unser aller Gesellschaft sein.

Literatur

(Zitierte Quellen und weitere Jugendbücher mit Skinhead-Thematik)

Boie, Kirsten: Erwachsene reden. Marco hat was getan. Oetinger, Hamburg 1994.

Bongartz, Dieter: Makadam. Chronik eines Mordes. St. Gabriel, Mödling 1997.

Børochstein, Ove: Schwarze Nacht. Neonazis in unserer Stadt. Loewe, Bindlach 1996.

Dijk, Lutz van: Von Skinheads keine Spur. Patmos, Düsseldorf 1995.

Frey, Jana: Besinnungslos besessen. Ueberreuter, Wien 1995.

Hagemann, Marie: Schwarzer, Wolf, Skin. Thienemann, Stuttgart/Wien 1993.

Hetmann, Frederik/Tondern, Harald: Die Nacht, die kein Ende nahm. In der Gewalt von Skins. Rowohlt, Reinbek 1994.

Heyne, Isolde: Yildiz heißt Stern. Arena, Würzburg 1994.

Hoffmann, Heinrich/Bofinger, Manfred: Der Struwwelpeter. Rütten & Loening, Berlin 1994.

Ladiges, Ann: Mach Druck, Zwiebelfisch! Rowohlt, Reinbek 1990.

Landa, Norbert: Das große Kinderlexikon. Loewe, Bindlach 1996.

Osland, Erna: Der Schatten des Wolfes. Bertelsmann, München 1996.

Peschke, Hans Peter von: Rote Sonja gegen Thor. Aare, Frankfurt a. M./Salzburg 1995.

Preuß, Gunter: Stein in meiner Faust. Ravensburger, Ravensburg 1993 und 1995.

Provoost, Anne: Fallen. Anrich, Weinheim 1996.

Ross, Carlos: Mordskameradschaft. LKG, Leipzig 1995.

Saalmann, Günter: Zu keinem ein Wort! Ein Kriminalfall. Der KinderbuchVerlag, Berlin 1993.

Scherf, Dagmar: Das Geheimnis der schwarzen Puppe oder: Sara kommt von weit her. Rowohlt, Reinbek 1995.

Schroeder, Margot: Ganz schön abgerissen. Rowohlt, Reinbek 1983.

Steenfatt, Margret: Haß im Herzen. Im Sog der Gang. Rowohlt, Reinbek 1992.

dies.: Lena & Co. Mädchen gegen Saubermänner. Rowohlt, Reinbek 1994.

Wildenhain, Michael: Wer sich nicht wehrt. Ravensburger, Ravensburg 1994 und 1996.

1 Borchers, Andreas: Sturm GmbH. In: *Stern* vom 7.2.1991.
2 *Stern*-Reportagen von Gerhard Kromschröder, September 1983 und Juni 1985. Vgl.: »Skinheads in der Presse« in diesem Band.
3 Bongartz, Dieter: Materialien zu einem Toten. Serienreportage. In: *Deutsche Volkszeitung/ die tat* Nr. 42-49/1987.
4 Malzahn, Claus Christian: Die kleine Flucht nach Kühlungsborn. In: *taz* vom 4.6.1992.
5 Das Desinteresse der meisten AutorInnen an den wirklich skinspezifischen Modekennzeichen und Freizeitinteressen drückt sich nicht nur in der schematischen Reduzierung des Skin-Outfits auf Glatze, Springerstiefel, allenfalls noch Bomberjacken aus, sondern auch in der merkwürdigen Vorliebe mancher AutorInnen, Skinheads von Kopf bis Fuß in schwarzes Leder zu kleiden (z. B. Ross, S. 60; Frey, S. 124), eine äußerst untypische Skinkleidung.
6 Das Buch von Wilhelm Heitmeyer trägt den Titel: Warum handeln Menschen gegen ihre eigenen Interessen? Bund-Verlag, Köln 1992.

Klaus Farin

Dr. Sommer und die Skinheads

Lebensberatung in der Teenager-, Boulevard- und Frauenpresse

»Ich hoffe, Ihr könnt mir helfen. Ich hab' nämlich ein wirklich großes Problem! Ich bin 15 Jahre alt und habe mich in einen Skinhead verliebt, aber keiner weiß es! Es ist nur so, daß ich nicht in seiner Szene bin und nicht weiß, wie ich an ihn rankommen soll. Außerdem habe ich Angst, Probleme mit meinen Eltern zu bekommen, weil sie nicht sehr begeistert sind von Skinheads ... Was soll ich machen??? Gebt mir einen Rat, ich weiß nicht mehr weiter. Helft mir!«

Ein Brief, wie er häufig auf die Schreibtische von »Dr. Sommer«, »Frau Barbara«, »Christina« und anderen Ratgeber-Redaktionen der Massenmedien kommt. Doch in diesem Fall war der Hilferuf der 15jährigen ein Fake. Wir wollten wissen: Welches Bild vermitteln Institutionen, die von Jugendlichen und ihren Eltern gerade in Krisensituationen um Rat gebeten werden und daher eine sehr hohe Glaubwürdigkeit besitzen, von Skinheads? Was wissen die Psychologen und Redakteurinnen, die – ausgestattet mit der vollen Autorität ihrer Magazine – Beziehungen knüpfen und zerstören können, eigentlich von den Jugendkulturen, über die sie urteilen? Nehmen sie die hilfesuchenden Jugendlichen ernst, oder sind sie nicht mehr als eine Einrichtung der Marketingabteilung zur Steigerung der Leser-Blatt-Bindung?

So landete der oben zitierte Brief im November 1994 in den Redaktionen von Teenagermagazinen und traditionellen Frauenzeitschriften, von TV-Illustrierten und Tageszeitungen. Genau ein Jahr später verschickten wir den Brief noch einmal – unter einem anderen Absender – an dieselben Redaktionen und einige mehr, die zwischenzeitlich neu auf den Markt gekommen waren. Parallel dazu wandte sich eine »besorgte Mutter« an die Redaktionen: »Meine 15jährige Tochter zeigt in letzter Zeit ein auffälliges Interesse an ›Skinheads‹. Als ich sie zur Rede stellte, gestand sie mir, sich in einen ›Skinhead‹ verliebt zu haben. Ich mache mir jetzt große Sorgen. Sind diese ›Skinheads‹ wirklich so gefährlich, wie es in den Medien dargestellt wird? Können Sie mir einen Rat geben, was ich tun soll?« Wieder wurden bewußt mit keinem Wort eine mögliche Gewaltbereitschaft oder etwaige politische Einstellungen des »Skinheads« erwähnt. Zuletzt verschickten wir noch einen vierten Brief, textidentisch mit den ersten beiden, mit einer Ausnahme: Dieses Mal hatte sich die 15jährige (eine andere aus einer anderen Stadt) nicht in einen Skinhead, sondern in einen Punk verliebt. Würde dies die Ratschläge entscheidend verändern? Wir waren gespannt auf Unterschiede und Parallelen.

Hier eine Auswahl der Reaktionen:*

Teenager-Magazine

Bravo, immer noch Deutschlands Teenager-Illustrierte Nummer 1, rät der hilfesuchenden Tochter: 'rangehen! »Steh' doch einfach zu Deinen Gefühlen und zeige das auch.« Auf das Elternproblem geht »Anita« vom Dr.-Sommer-Team mit keinem Wort ein. Insgesamt erweckt die Elf-Zeilen-Antwort stark den Eindruck eines standardisierten Formbriefes. (Da auf beide Kontrollbriefe keinerlei Reaktion erfolgte, können wir das nicht mit Sicherheit bestätigen.) Die besorgte Mutter erhält immerhin eine 28zeilige Antwort: »Natürlich gibt es Skinheads, die gewalttätig sind – wie sie auch in den Medien dargestellt werden. Doch andererseits gibt es auch solche, die nicht auffallen – außer mit ihrem Äußeren. Die zwar die Meinung vertreten, daß Deutschland nur den Deutschen gehört, aber deshalb noch lange nicht Asylantenheime in Brand setzen oder Nicht-Deutsche verprügeln«, erklärt »Anita« sachkundig und empfiehlt dann, den Skinhead zwecks weiterer Prüfung nach Hause einzuladen. »So können Sie erfahren, welche Absichten er hat, ob er zur gewalttätigen Sorte gehört ... Fragen Sie ihn nach seiner Lebensanschauung, nach dem Grund, warum er Skinhead ist ... Und vor allem: Bleiben Sie mit Ihrer Tochter im Gespräch. Hören Sie sich Ihre Gründe an, warum sie gerade auf diesen Typ abfährt, was er an sich hat, das sie fasziniert, ob sie nur sein Äußeres gut findet, welche seiner Charakterzüge ihr besonders gefallen ...«

Ähnlich sieht das auch *Bravo Girl!* in ihrem Brief an die verliebte Fünfzehnjährige: »Skinhead ist nicht gleich Skinhead, und es ist die Frage, ob er politisch aktiv ist oder eher ein Mitläufer. Es wäre nur fair von Dir, ihm die Gelegenheit zu geben, seine Sicht der Dinge darzulegen. Frag ihn, wie er zu politischen Themen, zum Ausländerhaß etc. steht. Wenn er tatsächlich eine politische Einstellung hat, die Du nicht vertreten bzw. gutheißen kannst, so solltest Du Dir gut überlegen, ob Du Dich mit ihm einlassen willst. Du mußt davon ausgehen, daß er seinerseits Dich von seiner Meinung zu überzeugen versucht. Wie weit willst Du mit Deiner Liebe gehen? Überlege gut, ob Dir der Junge das alles wert ist. Du wirst immer im Konflikt leben zwischen Deiner Liebe und Deiner Überzeugung.« – »Ob Skinheads wirklich so gefährlich sind, wie in den Medien häufig darge-

* Orthographie und Grammatik der Originalbriefe aus den Redaktionen wurden der Authentizität wegen nicht verändert.

stellt, läßt sich schwer sagen, denn natürlich sind Menschen individuell verschieden und nicht alle Skins sind gewalttätig oder kriminell«, erfährt die besorgte Mutter von *Bravo Girl!* »In den Medien hören Sie nur die negativen Dinge, niemand würde über unauffällige und harmlose Skins berichten. Grundsätzlich läßt sich aber schon sagen, daß die in der Regel rechtsradikale Einstellung der Skins ausgesprochen problematisch ist.«

Als wenig glaubwürdig erweist sich das Beratungsangebot der Redaktion *Mädchen*: Sie reagierte zwar auf alle Anfragen, allerdings mit Standardbriefen über »starke Gefühle« und »erste Lieben«, die mit keiner Zeile auf die eigentlichen Fragen eingingen.

»Es gibt ›Skin-Heads‹, die friedlich sind und sich nur durch Äußerlichkeiten hervorheben wollen. Andere aber sind gewalttätig. Und Du solltest für Dich erstmal abklären, ob Du zu diesen Gewalttaten stehen kannst«, warnt Helene Dobler aus dem *Popcorn*-»Beratungsteam Hannes Niggenaber« die verliebte Tochter, während Jürgen Domian, der nicht nur als WDR-Nighttalker Lebenskrisen meistert, sondern auch im DGB-Jugendmagazin *'ran* schriftliche Anfragen beantwortet, zu direkter Aktion rät: »Wenn er okay ist, wird er deine Offenheit und deinen Mut zu schätzen wissen. Wenn er auf deine Offenheit blöd reagiert, dann kannst du ihn mit vollem Recht abhaken.« Weitere Warnhinweise erfolgen nicht.

Frauenzeitschriften

Laura (»Die INFO-Frauenzeitschrift«) rät dringend von Kontaktversuchen ab: »Abgesehen von einigen Ausnahmen, die es möglicherweise geben mag, ist das Gedankengut der Skinheads eher auf Randale, Gewalttaten und Ausländerhaß programmiert«, schreibt Linda May. »Deshalb möchte ich Dir raten, Dich nicht um einen näheren Kontakt mit der Gruppe einzulassen, um auf diese Weise die Bekanntschaft des Jungen zu machen. Damit gehst Du mit Sicherheit einer großen Menge Schwierigkeiten aus dem Wege.« Eine ähnliche Warnung erhält auch die Mutter: »Skinheads sind meistens rechtsorientiert und zeichnen sich durch eine extreme Ausländerfeindlichkeit aus. Allerdings muß man hier auch zwischen sogenannten ›Mitläufern‹ und ›Hauptakteuren‹ unterscheiden.« Das »Wissen« der *Laura*-Mitarbeiterin über Skinheads scheint eher oberflächlich angelesen, der üblichen Berichterstattung der Medien ihres Verlages (Heinrich Bauer) über »gewaltbereite Jugendszenen« entnommen zu sein. Darauf deutet auch der Antwortbrief an die in einen Punker Verliebte hin: »Die Jungen und Mädchen, die sich als Punks bezeichnen, sind in der Regel auf Randale aus, stehen mit ihrer Umwelt auf Kriegsfuß und nicht selten versuchen sie, ihre Ansichten recht massiv und oft auch mit Gewalt und äußerst brutal durchzusetzen.« Für eine »INFO-Frauenzeitschrift«, die immerhin ein Drittel ihrer rund 700 000 Leserinnen unter den 14–29jährigen findet, ziemlich schwach.

Lauras konkurrierende Schwester *Lisa* (»Die junge Zeitschrift für die Frau«) antwortet zwar nicht der Tochter, rät jedoch der Mutter, »Ruhe zu bewahren«, mit der Tochter im Gespräch zu bleiben und den jungen Mann zur Begutachtung einzuladen. »Leider gibt es Skinheads, die wirklich so gefährlich sind, wie sie in den Medien dargestellt werden. Doch grundsätzlich heißt das nicht, daß alle jungen Menschen, die sich eine Glatze scheren und in Springerstiefeln durch die Gegend laufen, Mitglieder oder Sympatisanten einer rechtsradikalen Vereinigung sind. Oftmals geht es den zumeist orientierungslosen Jugendlichen vorrangig um eine extreme Abgrenzung gegenüber einer Erwachsenenwelt, in der sie noch keinen Platz gefunden haben. Ihre Aufmachung dient dann eher als Erkennungszeichen.«

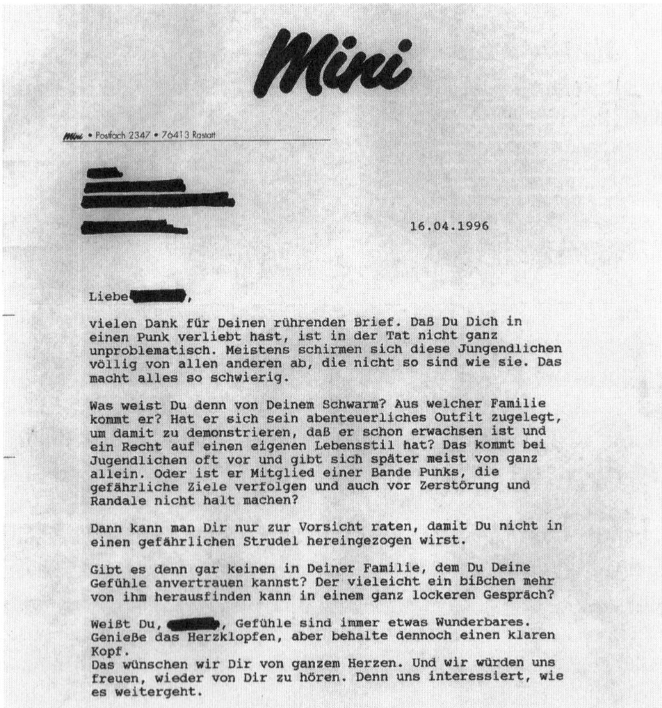

Mini

Mini • Postfach 2347 • 76413 Rastatt

[redacted]

16.04.1996

Liebe [redacted],

vielen Dank für Deinen rührenden Brief. Daß Du Dich in einen Punk verliebt hast, ist in der Tat nicht ganz unproblematisch. Meistens schirmen sich diese Jungendlichen völlig von allen anderen ab, die nicht so sind wie sie. Das macht alles so schwierig.

Was weist Du denn von Deinem Schwarm? Aus welcher Familie kommt er? Hat er sich sein abenteuerliches Outfit zugelegt, um damit zu demonstrieren, daß er schon erwachsen ist und ein Recht auf einen eigenen Lebensstil hat? Das kommt bei Jugendlichen oft vor und gibt sich später meist von ganz allein. Oder ist er Mitglied einer Bande Punks, die gefährliche Ziele verfolgen und auch vor Zerstörung und Randale nicht halt machen?

Dann kann man Dir nur zur Vorsicht raten, damit Du nicht in einen gefährlichen Strudel hereingezogen wirst.

Gibt es denn gar keinen in Deiner Familie, dem Du Deine Gefühle anvertrauen kannst? Der vieleicht ein bißchen mehr von ihm herausfinden kann in einem ganz lockeren Gespräch?

Weißt Du, [redacted], Gefühle sind immer etwas Wunderbares. Genieße das Herzklopfen, aber behalte dennoch einen klaren Kopf.
Das wünschen wir Dir von ganzem Herzen. Und wir würden uns freuen, wieder von Dir zu hören. Denn uns interessiert, wie es weitergeht.

Mit lieben Grüßen

VPM Verlagsunion Pabel-Moewig KG
Redaktion - MINI

Tanja Weber

Postanschrift: VPM KG • MINI • Postfach 2347 • 76413 Rastatt
Geschäftssitz: Verlagsunion Pabel Moewig KG • Karlsruher Straße 31 • 76437 Rastatt
Telefon 07222/13210 • 13389 • Telefax 07222/13-351
Postbank Karlsruhe 2819758 (BLZ 660 100 75) • Commerzbank Rastatt 250100 500 (BLZ 660 400 18)

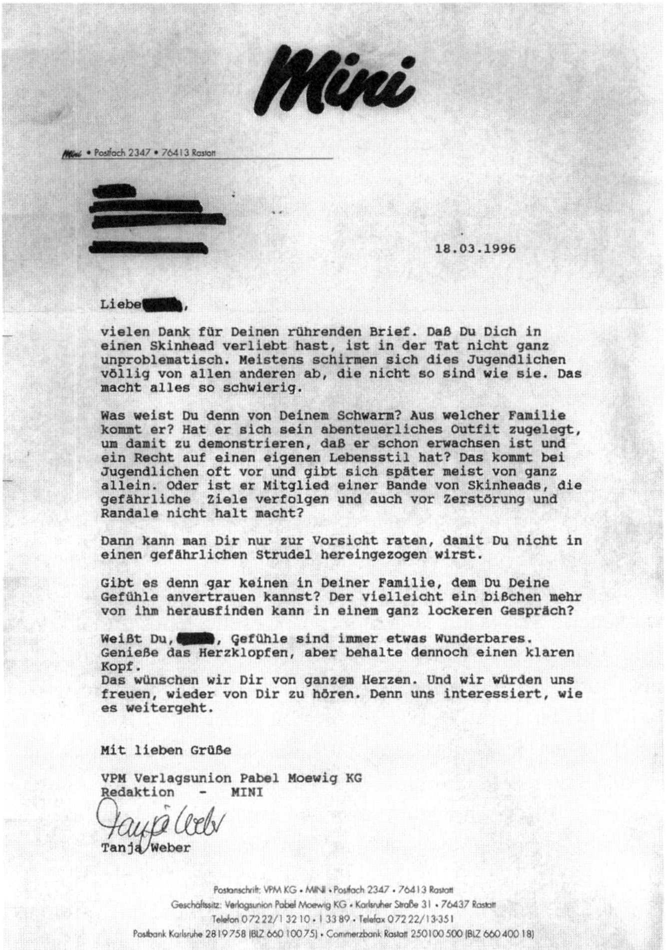

Mini

Mini • Postfach 2347 • 76413 Rastatt

[redacted]

18.03.1996

Liebe [redacted],

vielen Dank für Deinen rührenden Brief. Daß Du Dich in einen Skinhead verliebt hast, ist in der Tat nicht ganz unproblematisch. Meistens schirmen sich dies Jugendlichen völlig von allen anderen ab, die nicht so sind wie sie. Das macht alles so schwierig.

Was weist Du denn von Deinem Schwarm? Aus welcher Familie kommt er? Hat er sich sein abenteuerliches Outfit zugelegt, um damit zu demonstrieren, daß er schon erwachsen ist und ein Recht auf einen eigenen Lebensstil hat? Das kommt bei Jugendlichen oft vor und gibt sich später meist von ganz allein. Oder ist er Mitglied einer Bande von Skinheads, die gefährliche Ziele verfolgen und auch vor Zerstörung und Randale nicht halt macht?

Dann kann man Dir nur zur Vorsicht raten, damit Du nicht in einen gefährlichen Strudel hereingezogen wirst.

Gibt es denn gar keinen in Deiner Familie, dem Du Deine Gefühle anvertrauen kannst? Der vielleicht ein bißchen mehr von ihm herausfinden kann in einem ganz lockeren Gespräch?

Weißt Du, [redacted], Gefühle sind immer etwas Wunderbares. Genieße das Herzklopfen, aber behalte dennoch einen klaren Kopf.
Das wünschen wir Dir von ganzem Herzen. Und wir würden uns freuen, wieder von Dir zu hören. Denn uns interessiert, wie es weitergeht.

Mit lieben Grüße

VPM Verlagsunion Pabel Moewig KG
Redaktion - MINI

Tanja Weber

Postanschrift: VPM KG • MINI • Postfach 2347 • 76413 Rastatt
Geschäftssitz: Verlagsunion Pabel Moewig KG • Karlsruher Straße 31 • 76437 Rastatt
Telefon 07222/13210 • 13389 • Telefax 07222/13-351
Postbank Karlsruhe 2819758 (BLZ 660 100 75) • Commerzbank Rastatt 250100 500 (BLZ 660 400 18)

»Leider ist es nicht so, daß Skinheads mit ihrem Outfit und ihren kahlgeschorenen Köpfen nur ihren eigenen Lebensstil nach außen tragen«, widerspricht *Mini* (»Alles drin für wenig Geld«). »Die meisten – nicht alle – demonstrieren damit ihre politische Einstellung und ihre Mitgliedschaft zu einer (kriminellen) Bande, die gemeinsam und sehr oft mit brutaler Gewalt gefährliche Ziele verfolgt. (...) Lassen Sie Ihre Tochter spüren, daß Sie Verständnis haben, aber daß Sie auch in Sorge sind, weil die Treffen der Skins oft mit verbrecherischen Taten enden, unter denen unschuldige Menschen leiden.« Weniger offensiv beantwortet *Mini* den »rührenden Brief« der Fünfzehnjährigen. Nach Platitüden über »Gefühle«, die »immer etwas Wunderbares« seien, deutet die *Mini*-Mitarbeiterin Tanja Weber ihre Vorbehalte nur in kritischen Fragen an: »Was weist Du denn von Deinem Schwarm? Aus welcher Familie kommt er? Hat er sich sein abenteuerliches Outfit zugelegt, um damit zu demonstrieren, daß er schon erwachsen ist und ein Recht auf einen eigenen

»Wenn Du Dich einmal etwas intensiver mit den Skinheads auseinandersetzt, dann wirst Du ganz schnell merken, daß Gewalt, Ausländerhaß das Motto und die Verbreitung von Angst wichtiges ›Handwerkszeug‹ sind. (...) Du würdest mit einem solchen Menschen, der die Gesundheit, das Leben anderer wenig schätzt und völlig intolerant mit seinen Mitmenschen umgeht ohnehin keine Freude haben.« (*Tina*, die Zeitschrift »für die Frau von heute»)

Lebensstil hat? (...) Oder ist er Mitglied einer Bande von Skinheads, die gefährliche Ziele verfolgen und auch vor Zerstörung und Randale nicht halt macht?« Aber offenbar sind der *Mini*-Redakteurin nicht nur Skinheads suspekt. Bei der in einen Punker Verliebten trudelt ein textidentischer Antwortbrief ein, in dem lediglich das Wort »Skinheads« durch »Punks« ersetzt wurde.

Das *Journal für die Frau* antwortet Mutter wie Tochter ebenfalls fast textidentisch, allerdings mit differenziertem Hinweis auf die Skinheadgeschichte. »Wie Sie vielleicht wissen, gibt es unterschiedliche Skin-Gruppierungen. Die Ursprungs-Skins kommen aus England, waren sehr an der Arbeiterklasse orientiert und setzten sich für mehr soziale Gerechtigkeit und gegen Rassismus ein.«

Anna Magnussen von der Redaktion *Mein Erlebnis* (»Frauen von heute berichten«) scheint nicht zu den *Journal*-Leserinnen zu gehören. »Du sagst, er sei Skinhead. Damit spricht er sich also äußerlich für ein bestimmtes politisches Denken aus«, warnt sie die verliebte Tochter. »Kannst Du Dich mit diesem Denken überhaupt identifizieren? Oder gefällt er Dir nur vom Aussehen? Skinheads lehnen unsere Gesellschaftsform ab, und sind häufig sogar zu Gewalttaten bereit, wenn es darum geht, Ihre Vorstellungen darzulegen. Könntest Du Dich ohne Gewissenskonflikte in die rechtsradikale Szene begeben, in der er verkehrt? Eine Beziehung, die nur auf körperliche Anziehung beruht, hat wenig Zukunft. Wichtig ist die geistige Harmonie zwischen Mann und Frau. Wenn Du meinst, Du könntest mit seiner Einstellung leben und Du ihn so sehr liebst, daß Du auch die Ablehnung Deiner Eltern und großen Teilen Deines Umfelds in Kauf nehmen würdest dann wirst Du auch die Kraft finden, Dich offen und ehrlich an seine Seite zu stellen. Noch schöner allerdings wäre es, wenn Du das Gedankengut der Skinheads nicht teilen würdest und den Jungen Deines Herzens versuchen würdest, von dieser Szene zu entfernen. Liebe wirkt ja manchmal Wunder.«

Bella (»Für die moderne Frau«) würdigt die Tochter keiner Antwort, warnt jedoch die Mutter: »Es ist hinreichend bekannt, daß ›Skinheads‹ in Gruppen brutal sein können. Ihre Tochter hat sich nun in einen verliebt. Kein Einzelfall. Diese Burschen üben auf sehr junge Mädchen eine unbegreifliche Anziehungskraft aus.« Mit deutlichem Hinweis auf die gesetzliche »Aufsichts- und Fürsorgepflicht« empfiehlt Dr. Ute Holm das Aufsuchen einer Beratungsstelle und strikte Grenzsetzungen für die Tochter: »(...)müssen Sie verlangen, daß sich Ihre Tochter um 22 Uhr zu Hause einzufinden hat.« *Bella* veröffentlicht den ratsuchenden Brief der Mutter am 20. Dezember 1995 – allerdings in einer mit reichlich Phantasie dramatisierend angereicherten Version. Als Echo treffen mehrere ratgebende Briefe von Eltern und einer von einem Skinheadgirl ein, das die pauschale Zuord-

DER BESONDERE FALL

Wer kann helfen?

Hilfe – Jasmin hat sich in einen Skinhead verliebt!

Schon vor Wochen ist mir eine Veränderung in Jasmins Verhalten aufgefallen. Meine Tochter ist 15, ein schwieriges Alter für ein Mädchen. Aber als ich sie schließlich nachdrücklich zur Rede stellte, gestand mir Jasmin, daß sie sich in einen Skinhead verliebt hatte!

Jede Mutter wird sich vorstellen können, in welcher Sorge ich jetzt lebe. Man sieht doch oft genug im Fernsehen, was diese Skins anstellen, wie gefährlich sie sind! Was soll ich jetzt tun? Ich kann doch meine Tochter nicht einschließen oder sie rund um die Uhr bewachen!

Was taten andere Mütter in so einem Fall? Ich darf gar nicht daran denken, was kürzlich durch die Presse ging: der Fall einer 16jährigen, die wochenlang von den Eltern, der Polizei gesucht worden war. Das Mädchen kam von selbst aus seinem Versteck. Sie hatte sich bei Skinheads aufgehalten, war abgemagert und völlig fertig! Nicht auszudenken, wäre eines Tages meine Jasmin auch einfach verschwunden! **Lore N. (o. Altersangabe), Berlin**

Liebe Leserinnen und Leser!

Falls Sie einen Rat oder Hinweis haben, setzen Sie sich bitte brieflich mit mir in Verbindung. Ihre Post wird umgehend an die ratsuchende Leserin weitergeleitet. Ich danke Ihnen. ***Ihre Ute Holm***

Aus der Zeitschrift Bella *vom 20.12.1995*

nung ihrer Kultur zur rechten Szene zurückweist und die Lektüre von George Marshalls »Spirit of 69« empfiehlt.

Frau im Spiegel dagegen rät der Tochter, sich bei dem »zuständigen Jugendpfleger, dem Mann, der sich in der Szene Deines Idols auskennt«, Informationen zu holen. »Sei vernünftig genug, ihm zu glauben, was er über die Gruppe, vielleicht sogar über Deinen jungen Mann sagt.« Die Skinheadszene sei nämlich »nicht ganz ungefährlich. (...) Zu Gruppen wie Punks oder Skinheads schließen sich junge Männer zusammen, die vor allem eines gemeinsam haben, einen ziemlich kaputen und für sie nicht mehr erträglichen familiären Hintergrund. Das macht sie empfänglich für alle Parolen und seien sie noch so abenteuerlich. Sie meinen, in der Gruppe alles das zu finden, was ihnen das Elternhaus, das Leben oder die bürgerliche Gesellschaft vorenthält. Um dabei zu sein, machen sie in den meisten Fällen alles kritiklos mit. Gewalt ist die Lösung ihrer Probleme.«

Für die *Freizeit-Revue*, mit 1,2 Millionen Leserinnen wöchentlich die viertgrößte Frauenzeitschrift in Deutschland, rät die Diplompsychologin Katharina Zimmer zur vorsichtigen Kontaktaufnahme. »Daß einer zu den Skinhead gehört, ist natürlich nicht gerade eine Empfehlung. Es mag aber sein, daß der betreffende Junge – wie viele andere – mehr eine Art von Zuhause gesucht hat, eine Clique in der er sich anerkannt fühlt und die ihm Sicherheit gibt. Dann könnte er durch Dich auch möglicherweise aus der Szene heraus wollen. Viele bleiben nur dabei, weil sie keine Arbeit und keine Freundin haben.« – »Wenn Ihre Tochter zu Hause in einem Klima von Toleranz, gegenseitigem Respekt und Interesse aneinander lebt, brauchen Sie sich keine Sorgen zu machen. Die Skinhead-Gruppe mag ihr dann vielleicht etwas Abenteuer und Unterhaltung bieten, wird jedoch niemals ein Lebensmodell für sie sein können«, erfährt die Mutter. Was denn eigentlich das »Lebensmodell« der Skinheads sei, erläutert die Psychologin nicht.

Die Aktuelle, die »große bunte Montags-Illustrierte« für Deutschlands Rentnerinnen, rät der Tochter in einem zwölfzeiligen Formbrief (sogar die Unterschrift ist vorgedruckt), den Jungen »einfach anzusprechen«. Für *7 Tage* (»Der Hausfreund seit 1843«) rät Frau Constanze, seit Generationen durch nichts zu erschütternde Krisenhilfe beim ältesten deutschen Fachblatt für Blaublüter und andere Schicksalsschläge, überraschend ohne Wenn und Aber: 'ran an den jungen Mann. »Sie wissen doch, wo er seine Freizeit verbringt und mit wem bzw. wie. Also schließen Sie sich dieser Gruppe an.«

Fernseh-Illustrierte

Die »Freizeit- und Fernseh-Illustrierte« *Auf einen Blick* rät zu einem Kontaktversuch, empfiehlt jedoch vorzugsweise, »sich in einen anderen ›Typen‹ zu verlieben. Und dann bitte in einen jungen Mann, der auf Ihrer Linie ist.« Denn als »ganz normales junges Mädchen passen Sie mit Sicherheit nicht in die Umgebung des jungen Mannes«. Auf jeden Fall »schauen Sie sich bitte genau an, ob dieser junge Mann brutal und rechtsradikal zu sein verspricht«, konkretisiert Dr. Monica Sturm ihre Befürchtung ein Jahr später im zweiten Testdurchlauf. Die Vermutung eher mangelhafter Kenntnisse über Jugendszenen bestätigt ihr weitgehend inhaltsgleicher Brief an die in einen Punker Verliebte, in dem sie u. a. ausführt: »Nicht alle Punks sind rechtsradikal, nicht alle sind brutal.«

»Ich sehe das so, Du hast ihn irgendwo gesehen und Dich in sein gutes Aussehen verliebt. Wobei ich mir das bei einem Skinhead eigentlich gar nicht vorstellen kann. Was findest Du eigentlich so interessant daran, durch schrilles, schräges Benehmen, verrückte Kleidung und aggressive Ansichten die Leute zu schockieren? Ich weiß, daß Du in einem Alter bist, in dem man gerne gegen jede Ordnung und vor allem gegen alle Erwachsenen einschließlich der Eltern rebelliert. Aber das ist keine Lösung. Die beste und erfolgreichste Rebellion zeichnet sich dadurch aus, es erst einmal besser zu machen, erfolgreicher und nützlicher zu sein, als die Leute, gegen die sich die Provokation richtet.« (*Die Zwei*, »Aktuelle Illustrierte und Fernsehzeitschrift in einem»)

Egal ob Skin oder Punk, »Christina« von *Bild + Funk* in allen Antwortbriefen eindeutig Stellung: »Deine Verliebtheit würde Dir rundum nur Probleme bringen. Und das ist für ein Mädchen überhaupt nicht gut! Liebe soll glücklich machen, Lebensfreude bringen ... Warte deshalb auf den Jungen, mit dem es keine Probleme gibt.« Also gibt's von Christina auch »in Deinem ureigensten Interesse« keinen Kontakttip. »Vielleicht bist Du mir später einmal dankbar dafür.«

»Das aktuelle deutsche Fernseh-Magazin« *Gong* reagiert wie andere Produkte aus dem gleichen Verlagshaus (*die aktuelle*, *die zwei*) mit weitgehend standardisierten Briefen inklusive vorgedruckten Unterschriften. Die Töchter erhalten Ermutigung, den ersten Kontakt zu versuchen, die besorgte Mutter wird nachdrücklich vor »Verallgemeinerungen, die nur selten eine gewisse Berechtigung haben«, gewarnt. »Sie würden einen Fehler machen, wenn Sie nun diesen jungen Mann in Bausch und Bogen als ›Skinhead‹ ablehnen. Sie sollten vielmehr versuchen, ihn kennenzulernen, damit Sie sich erst einmal selber ein Urteil über diesen jungen Mann bilden können. Und noch etwas: Gegen Verliebtheit gibt es kein Medikament, man muß Verliebte ihre Erfahrungen selber machen lassen.«

»Skinheads sind nicht grundsätzlich abzulehnen oder schlecht«, differenziert Diplom-Psychologe Paul Winter für *TV Klar*, die »Fernseh-Illustrierte mit großem Lese- und Rätselteil«. »Aber ihr Verhalten in der Gruppe zeigt ein bißchen Aufruhr gegen die Gesellschaft. Da das nicht immer friedlich vorgeht, mußt Du vorsichtig sein.« Auch unter Skinheads gebe es »nette junge Leute, die völlig harmlos sind«, erfährt die Mutter. »Manchmal sind sie auch rechtsradikal eingestellt. Viele Skinheads sind gegen die Anarchisten. Die politische Tendenz zeigt eher nach rechts als nach links.«

Auf dem Boulevard

Finger weg, fordert kurz und bündig *Super Illu*, die Stimme der ostdeutschen Volksseele. »Über die Skinheads und ihre faschistischen und brutalen Ideale brauchen wir Dir ja nichts zu erzählen ...« Die Antworten der »Ratgeber-Redaktion« entsprechen dem allgemeinen Niveau des von bayerischen Exilanten geprägten Blattes, das wie kaum eine andere Boulevardzeitung die Kultivierung von Vorurteilen und Ressentiments jeder Art zum Verkaufsprinzip erhoben hat. So fällt auch die Auskunft zu Punks nicht völlig unerwartet aus: »Punks sind junge Leute, die in der Regel Null Bock auf Arbeit haben, ihre Berufsausbildung nicht beenden (falls sie überhaupt eine angefangen haben) und von den Allmosen ihrer Mitmenschen leben. Das klingt hart, ist aber leider so«, klärt Martina Klink die verliebte Fünfzehnjährige auf. »Hier in Berlin siehst Du sie mit ihren Hunden (für die gibt's 50 DM im Monat vom Sozialamt – Geld, das die Punks für sich selbst brauchen), mit ihren schwarzen Klamotten und den lustig bunten Haaren vor jedem Supermarkt sitzen. Punks sind im Gegensatz zu Reps völlig ungefährlich, nicht brutal und

Bild-Zeitung
vom 3.12.1995

Checkliste für alle Eltern

Woran erkenne ich, daß mein Kind ein Skin wird?

Von BÉLA ANDA und JÖRG QUOOS

Mölln-Mörder Lars Christiansen ist 19. Eltern verzweifelt, Nachbarn erschüttert: Keiner hatte die Wandlung zum radikalen Rechts-Killer bemerkt.

Woran können Eltern erkennen, daß ihr Kind Skin wird? Dazu Rat von Sozialarbeitern.

Kleidung / Aussehen: Ihr Kind läßt sich plötzlich die Haare ganz kurz schneiden. Will statt Jeansjacke Bomberjacke (hellgrün/schwarz), bittet Sie, Sticker (z. B. Eisernes Kreuz) aufzunähen. Wünscht sich statt Basketball-Loafern **Springer-Stiefel** mit Stahlkappen, **weiße Schnürsenkel**. Liebt plötzlich weiße T-Shirts (mit deutschen Parolen). **Tip:** Nichts verbieten (sonst noch interessanter).

Musik: Im Regal stehen plötzlich Platten von „Störkraft" oder „Noie Werte". Platten erkennen Sie an Totenköpfen, deutschen Kriegskreuzen auf der Hülle. Schlimm, wenn Ihr Kind plötzlich singt: „Eines Tages wird die Welt erfahren, daß Adolf Hitler recht hatte." Neuer Lieblingsspruch: „**Oi, Oi!**" (Schlachtruf der Skins.) **Tip:** Hinhören! Sprechen Sie über die Texte.

Sprache: Die „Tagesschau" zeigt Asylanten-Bilder, Ihr Kind guckt plötzlich interessiert hin, fragt, „was wollen die bei uns?" **Tip:** Prüfen Sie Ihre eigene Sprache, **machen Sie niemals Ausländerwitze.**

Zimmer: Ihr Kind nimmt Pop-Poster von der Wand, will Weltkriegs-Poster, bestellt sich die **Reichskriegsflagge**. In der Ecke liegen **Baseballschläger** (ohne Ball). Statt „Bravo" auf dem Nachttisch „Fanzine" (Wort für Skin-Zeitungen), z. B. „Kraft durch Froide", „Frontal", „Der Kampftrinker", „Möh – Der Glatzenreport". **Tip:** Sprechen Sie über die Hefte, nichts wegnehmen.

Gewohnheiten: Ihr Kind will abends länger wegbleiben, trägt dann immer sein Lieblings-Outfit (siehe **Kleidung**). Spricht plötzlich von „neuen Freunden", interessiert sich für Kampfsport. **Tip:** Fragen Sie, was Ihr Kind gerne machen würde. Bezahlen sie Sportverein (auch Karatekurs), Computerspiele. Laden Sie die neuen Freunde ein.

bestimmt sogar ganz nett. Aber Du solltest Dir unbedingt überlegen, ob Du so ein Leben führen könntest.«

Differenziertes Wissen enthüllt dagegen die *tz* (»Bayerns beliebte Boulevardzeitung«): »Meistens hat man ja die Vorstellung, daß es sich bei Skins um Neo-Nazis handelt. Dabei sind nur etwa zehn Prozent dieser Jugendlichen derart eingestellt. Allerdings können rund vierzig Prozent der ›Glatzen‹ als ›rechts‹ eingestuft werden. Es gibt aber auch die anderen, die sich als Antirassisten verstehen und sich bemühen, das Nazi-Image loszuwerden«, erklärt *tz*-Petra in enger Anlehnung an unser Buch »Skinheads« Tochter wie Mutter und wünscht (der Tochter) viel Glück bei der Annäherung.

Das Sex-Magazin *Coupé* rät ebenfalls auf Grundlage unseres Buches zur Vorsicht, formuliert die gewonnenen Erkenntnisse jedoch etwas eigenartig: »Skinheads sind Angehörige einer Gruppe männlicher Jugendlicher, die zu aggressivem Verhalten und Gewalttätigkeit aufgrund rechtsradikaler Gedanken neigen. Es werden allerdings nur 40% der Neonazis rechts eingestuft. Der Rest von Ihnen arbeitet daran das Nazi-Image loszuwerden.«

Fazit

Zwei Drittel der 51 von uns angeschriebenen Redaktionen antworteten, davon jede vierte mit standardisierten Textbausteinen aus dem Computer, die die in den Briefen genannten Probleme nur pauschalisierend streiften oder gänzlich vorbeizielten wie jener Brief, den die Fünfzehnjährige von der *Mädchen*-Fee erhielt: »Ich kann Deine Gefühle für diesen Sänger sehr gut verstehen und ich möchte Dir raten: Stehe zu Deinen Gefühlen. Sag Dir: Toll, daß ich soviel fühlen und empfinden kann.«

Auch die *Glücks-Revue* beantwortete drei Briefe mit einem textidentischen Formbrief, in dem angekündigt wurde, in »einer unserer nächsten Ausgaben werden Sie Ihr Problem beantwortet finden«, was allerdings nicht geschah. Und so warten und kaufen sie noch heute.

Naturgemäß fielen auch die übrigen Antworten sehr allgemein aus. Psychologische Lebensberatung, per Leserbrief via Massenmedien angefordert, funktioniert nicht, wenn man mehr als allgemeine Gedankenanregungen und Infotips erwartet. Da den BeraterInnen als Basis für ihre Ratschläge oft nur oberflächliche schriftliche Darstellungen zur Verfügung stehen, können ihre Antworten den Hilfesuchenden nur Mut machen, selbst individuelle Lösungen zu suchen und durchzusetzen, sich bei Konflikten selbstbewußt und tolerant zu verhalten und sich bei Bedarf Hilfe vor Ort zu suchen. Die pädagogische Toleranz der BeraterInnen vor allem in den Antwortbriefen an die Mutter war erstaunlich; lediglich zwei Redaktionen plädierten für restriktive Maßnahmen, alle anderen empfahlen der Mutter größtmögliche Gesprächsbereitschaft, nicht nur der eigenen Tochter, sondern auch dem unbekannten Skinhead gegenüber. Selbst die Redakteurin der *Roman-Stunde*, die eindringlich warnte, auch jugendliche Skinheads seien »gefährlich wegen ihrer Weltanschauung. Sie verbreiten rechtes Gedankengut, verhalten sich menschenverachtend, sind rassistisch und gewaltbereit, und wir wissen, wohin die nationalsozialistische Diktatur Deutschland geführt hat!«, empfahl der Mutter dennoch, den jungen Mann einmal einzuladen, um »mit ihm, allerdings vorsichtig, ein Gespräch (zu) führen«. »Als ›Einzelwesen‹ erweisen sich diese so erschreckend ausstaffierten jungen Menschen oft als überraschend reizend und höflich und liebenswürdig«, motiviert auch »Frau Barbara« von *TV Hören und Sehen* die Mutter zum toleranten Dialog. Verbote sind kontraproduktiv, weiß die *HörZu*-Beraterin Bettina von Bülow. »Das provoziert nur trotzige Protestreaktionen.«

Dennoch verließen zahlreiche BeraterInnen selbst den vorgezeichneten Weg der Toleranz, flossen sehr häufig unreflektierte Vorurteile über »die Skinheads« in die Antworten ein. Obwohl in unseren Briefen keinerlei Hinweise auf eine eventuelle rechte Gesinnung oder Gewaltbereitschaft des umschwärmten Skinheads angedeutet wurde, ordneten ihn 13 Redaktionen automatisch der rechtsradikalen Gewaltszene zu. Nur vier LebensberaterInnen erwähnten in ihren Briefen die Existenz nicht-rechtsradikaler Skinheads, denen der Auserwählte ja möglicherweise auch angehören könnte. Auch die Kontrollbriefe des in einen Punker verliebten Mädchens – hier wurden Punks in acht Fällen pauschalisierend als Gewalttäter bzw. politisch radikal stigmatisiert – bestätigten, daß die psychologischen RatgeberInnen in den Redaktionen nicht davor gefeit sind, hilfesuchenden Teenagern statt sachgerechter Aufklärung belastende und verunsichernde Vorurteile mit auf den Weg zu geben. Das Wissen über Jugendkulturen scheint minimal, selbst bei den auf jüngere Zielgruppen spezialisierten Magazinen. Generationsunterschiede ließen sich nicht feststellen. Gleichzeitig bestätigten mehrere Redaktionen, daß sich Anfragen häuften, die sich auf Jugendkulturen wie Skinheads, Punks, Heavy-Metal- und Dark-Fans bezogen.

So werden wohl noch viele Jugendliche mit zittrigen Händen die lang ersehnten Antwortbriefe ihrer Ratgeberonkel und -tanten öffnen, um dann Tips wie jene der *Mädchen*-Fee an unsere Fünfzehnjährige zu lesen: »Vielleicht gibt es in Deiner Nähe einen Fanclub, oder besser noch, Du gründest selbst einen. (...) Versuche, Deinen Star hinter der Bühne zu treffen. Geh zum Soundcheck vor der Halle zum Bühneneingang. Bleib nicht daheim und leide, sondern werde aktiv.«

Solveigh Disselkamp-Niewiarra

Angst, Neugier und Geltungsstreben

Erfahrungen bei der psychologischen Forschung zum Thema Gewalt

Was ist für Jugendliche »Gewalt«, und welche Rolle spielt Gewalt in bestehenden Konflikten zwischen Jugendgruppen? Wie erleben Jugendliche einen Alltag mit Gewalt? Welchen psychischen Belastungen sind sie ausgesetzt? Für meine Diplomarbeit »Subjektive Konflikt- und Gewalttheorien von Jugendgruppen im Ostteil Berlins« führte ich Gruppendiskussionen und Einzelinterviews mit Jugendlichen verschiedener Gruppierungen zu diesen Themen. Dabei interessierte ich mich für die subjektiven Erklärungsansätze der Betroffenen, also für ihre Ansichten bezüglich Ursachen, Dynamik und Konsequenzen gewalttätigen Handelns. Ich befragte Jugendgruppen, sowohl »gewaltbereite« als auch »nicht-gewaltbereite« Jugendliche, sowohl junge Frauen als auch junge Männer oder ließ sie innerhalb ihrer Gruppen Diskussionen führen. Ich begrenzte das Untersuchungsfeld auf einen Stadtteil im Osten Berlins in der Hoffnung, dort vielfältige, bereits in Konflikten stehende Gruppen vorzufinden, die ausreichende Interviewmotivation besaßen. Hooligans, rechtsorientierte Jugendliche, Stinos, eine Punkerin und ein Skinhead erklärten sich zur Teilnahme an der Untersuchung bereit.

Auf das Thema Jugendgruppengewalt war ich durch eine Bemerkung meiner Freundin gekommen. »Das mit den Jugendgangs ist wirklich schlimm geworden. Die schlagen sich regelmäßig die Köpfe ein«, sagte sie und machte eine kurze Kopfbewegung in Richtung zweier Gruppen Jugendlicher, die sich lauthals provozierend auf der anderen Straßenseite gegenüberstanden. Dieser Satz sollte mich noch gute drei Jahre beschäftigen. Zu diesem Zeitpunkt war ich auf der Suche nach einem Forschungsthema für das Studienprojekt »Konfliktfelder in der gesundheitsorientierten Stadtentwicklung Berlins« an der TU Berlin. Durch die Bemerkung meiner Freundin angeregt, wurde »Konflikte zwischen Jugendgruppen« für mich aus mehreren Gründen interessant: Zunächst entsprach die Zielgruppe der Jugendlichen der Schwerpunktsetzung meines Studiums und meinem Berufsziel, als Psychologin im Kinder- und Jugendbereich tätig zu werden. Der aktuelle, gesellschaftliche Handlungsbedarf bezüglich dieses Gewaltphänomens verlieh dieser Forschungsidee in meinen Augen Sinn und Nützlichkeit – vielleicht konnten die Ergebnisse zur Entwicklung von effektiven Interventionen beitragen. Die Offenheit der ausgetragenen Konflikte machte sie aus meiner Perspektive greifbar und zugänglich. Ein weiteres Moment meiner Begeisterung für dieses Thema entsprang meiner Neugier.

Je mehr ich über Jugendgruppengewalt nachdachte, desto mehr Fragen eröffneten sich. Rivalisierende Jugendgruppen unterschiedlicher Orientierungen in ihren Kiezen wurden zur fremden, unbekannten Kultur. Welche Konflikte gibt es? Wer tritt gegen wen an? Was passiert dort? Und warum? Wie ist es, in solche Konflikte involviert zu sein? Mir fielen zwar viele Antworten ein – Gewalt in der Familie, in den Medien, Arbeitslosigkeit ... – aber sie genügten mir nicht. Ich verglich die wenigen Informationen, die ich mir zu dem Thema zusammengesucht hatte, mit meinen eigenen Erfahrungen, meiner eigenen Lebenswelt. Warum ist bei einem Teil der Jugendgruppen Gewalt ein gängiges Mittel oder erscheint als solches, wo ich persönlich eine Hemmschwelle habe, andere körperlich zu verletzen, um meine Ziele durchzusetzen?

Alle diese Fragen ließen Jugendgruppen zu einer fremden Welt werden, die ich kennenlernen und verstehen lernen wollte. Somit bekam das Forschungsunternehmen etwas von einer Expedition in unerforschtes Gebiet.

Die Untersuchung, die meine Arbeitsgruppe im Verlauf des Studienprojektes unternahm, beantwortete meine Fragen nicht – es kamen eher Fragen hinzu. Wir führten Diskussionen mit Hooligans und türkischen Jugendlichen. Persönliches Ergebnis dieser Untersuchung war, daß ich einige meiner Vorurteile als solche entlarvt sah: Unsere Gesprächspartner waren nicht Schlägertypen, die nur Gewalt oder abgedroschene Parolen zu bieten hatten, wenn man sich mit ihnen unterhielt. Keiner von ihnen hatte uns auch nur mit Gewalt gedroht. Sowohl die Hooligans als auch die türkischen Jugendlichen sahen sich selbst in einer von Bedrohungsgefühlen und Handlungsohnmacht begleiteten Opferposition, der Gewalt der jeweils anderen Gruppe ausgeliefert. Aus dieser Position heraus wurden die Gruppenkonflikte erlebt und begriffen. Mein »Täter-Opfer«-Schema zur vereinfachten Orientierung war nicht mehr haltbar, es wurde in der Konfliktdynamik und aus der Perspektive der Beteiligten bedeutungslos.

Nach Abschluß des Studienprojektes hat mich das Thema Jugendgruppengewalt also nicht losgelassen. Ich entschloß mich, darüber meine anstehende Diplomarbeit zu schreiben, und war überzeugt, ein Thema gefunden zu haben, mit dem ich mich ohne langdauernde Perioden von Langeweile eineinhalb Jahre beschäftigen könnte. Und ich war überzeugt, aus der Beschäftigung mit diesem Thema Wissen und Ideen für meine zukünftige praktische Arbeit mitnehmen zu können.

Je mehr ich mich mit Fachliteratur und Medienberichten über Jugendgruppengewalt beschäftigte, desto deutlicher wurde mir,

»Skinhead sein bedeutet eine Lebenseinstellung, worüber Soziologen gerne schreiben, aber nichts verstehen. Wer weiß, wenn sie es verstehen würden, wären wir vielleicht keine Skinheads.«
(J., Skinhead, 25 Jahre)

wie der öffentliche Diskurs über Jugendgruppengewalt geführt wird: Geprägt von Betroffenheit, Unverständnis, Angst und Bedrohtheitsgefühlen wurde hier über Jugendliche geredet. Insbesondere Skinheads und Autonome werden als quasi prototypische Gewalttäter dargestellt. Die ihnen zugeschriebene Gewaltbereitschaft wurde und wird für andere Lebensbereiche verallgemeinert. Jugendgruppen, Ausländerfeindlichkeit und Gewalt minderten, so hieß es, das internationale Ansehen Deutschlands und wurden über die Verschärfung des Asylrechts zum Wahlkampfthema. Der Ruf nach stärkerer Repression mittels Gesetzgebung und Ausgrenzung, aber auch nach Erklärung und Interventionsmaßnahmen wurde immer lauter. Bund und Länder öffneten Geldquellen für entsprechend angelegte Forschungs- und Interventionsprogramme. Jugendgruppengewalt als Thema meiner Diplomarbeit entpuppte sich 1992 als hochaktuelles, gesellschaftlich relevantes Thema, dessen schaurige Höhepunkte Hoyerswerda und Rostock darstellten. Ein emotionalisierter Diskurs wurde geführt, dem sich kaum jemand entzog. So wurde viel über Jugendliche geredet, mit den Jugendlichen, so fiel mir auf, redete kaum jemand, obwohl viele die Notwendigkeit dazu betonten. Warum? Ich denke, aus Angst vor der den Jugendlichen zugeschriebenen, unberechenbaren Gewaltbereitschaft. Oder weil man befürchtete, dabei auch Dinge zu erfahren, die das eigene Schwarz-Weiß-Denken verkomplizieren könnten.

Meiner Überzeugung nach muß ich, wenn ich Erklärungen und Lösungen suchte, die Akteure befragen und direkt in meine Lösungssuche miteinbeziehen. Dabei genügt es nicht, diese Akteure aus sicherer Distanz zu beobachten. Ein Rückgriff auf bereits bestehende psychologische, pädagogische oder soziologische Ansätze blieb unbefriedigend, weil Jugendgruppengewalt in ihrer Komplexität von diesen Theorien nur bruchstückhaft zu erfassen ist. Nach einer Studie von Esser und Dominikowski aus dem Jahre 1993 waren sowohl im Ost- als auch im Westteil Deutschlands ähnliche Tendenzen der Gewaltbereitschaft festzustellen – trotz unterschiedlicher Kulturen, Lebensweisen und Sozialisation. Jugendliche, ob »gewaltbereit« oder nicht, sind diejenigen, die Gewalt erzeugen oder erleiden, die mit anderen oder untereinander in gewalttätigen Konflikten stehen. Es erschien mir eine logische Schlußfolgerung, die Jugendlichen nach ihrer Sichtweise, ihrer Erklärung zu fragen und genau diese dem gesellschaftlichen Diskurs über sie als Handlungsgrundlage zur Verfügung zu stellen. Subjektive Konflikt- und Gewalttheorien von Jugendgruppen war damit zu meinem Thema geworden.

Erste Annäherungen

Ich verbrachte beinahe den gesamten Sommer 1992 mit »Feldbesuchen«. Diesen Besuchen gingen reiflich Überlegungen, Erwartungen und Befürchtungen bezüglich der anfänglichen Kontaktherstellung zu den Jugendlichen voraus, die mein Vorgehen merklich beeinflußten: Auf der einen Seite standen mein Tatendrang und meine Neugier, »diese« Jugendlichen kennenzulernen. Besonders die »gewaltbereiten« unter ihnen reizten mich wegen der ihnen auch von mir noch zugeschriebenen Gefährlichkeit. So reagierte ich wie viele andere, die sich mit der Thematik Jugendgruppengewalt forschend oder journalistisch beschäftigen: Im Mittelpunkt des Interesses stehen immer die, die in der Lage sind, auf sich aufmerksam zu machen. Vergessen werden diejenigen, die »normal« geblieben, die nicht »gewaltbereit« sind und dennoch oder gerade deswegen tagtäglich unter der Gewalt anderer leiden. Friedfertigkeit ist uninteressant, sie verkauft sich nicht. So erschien es konsequent, daß ich eine Diskussion mit nicht gewaltbereiten Stinos geführt habe. Gerade diese Diskussion bot einen vielschichtigen und detaillierten Einblick in einen Alltag mit Gewalt und dessen Konsequenzen.

Trotz meiner positiven Erfahrungen im Studienprojekt verspürte ich ein gewisses Maß an Angst, bei meinen Bemühungen selbst Opfer von Jugendgruppengewalt zu werden. »Die Krankenhausrechnung bezahlt die Universität aber nicht.« Diese mahnenden Worte eines Dozenten klangen in meinen Ohren nach. Mein Auftauchen in Eichenhagen (Ortsname geändert) mit dem Anspruch, eventuell bereits polizeibekannte Jugendliche zu einem Interview zum Thema Gewalt und damit zu Äußerungen über gesetzeswidrige Aktivitäten mit einer mehr oder weniger beweiskräftigen Bandaufnahme zu bitten und ihnen als Zusicherung der Anonymität nur ein Blatt Papier als Datenschutzvertrag bieten zu können, erschien mir zeitweise überheblich und unzumutbar. Ich zweifelte, ob sich die Jugendlichen überhaupt darauf einlassen würden und mich – als Wessi mit einem ausländisch klingenden Namen – nicht eher als zu beseitigenden Störenfried betrachten und dementsprechend behandeln würden. Auf jeden Fall rechnete ich mit intensivem Mißtrauen, das sich entweder in einer Nichtbereitschaft zum Kontakt, in bewußten Falschaussagen in den Interviews oder in physischer Gewalt äußern könnte. Ich suchte intensiv in sozialwissenschaftlicher Literatur nach Erfahrungsberichten zum sensiblen Umgang mit dieser Situation, denn eins lag klar auf der Hand: Würde die Kontaktaufnahme zu den Jugendlichen scheitern, scheiterte damit mein Diplomvorhaben.

»Mit solchen Leuten würde ich mich nie unterhalten.«
»Was, da gehst du ganz alleine hin?«
»Findest du nicht, daß du die in Schutz nimmst?«
»Ich könnte das nicht, ich hätte Angst.«
(Reaktionen von Freunden auf die Arbeit von Solveigh Niewiarra)

Ich entschloß mich, über Jugendeinrichtungen und Sozialarbeiter Kontakte zu den Jugendgruppen zu aufzunehmen. Von der Anwesenheit eines Sozialarbeiters versprach ich mir ein gewisses Maß an Sicherheit. Auch erschien es mir sinnvoll, die Gespräche in den Räumen der Jugendeinrichtungen zu führen, weil sie für die Jugendlichen ohne weitere Umstände erreichbar waren und es Räumlichkeiten sind, in denen sich die Jugendlichen wohlfühlen.

Der Skinhead

Den 18jährigen Rudolf (selbstgewählter »Deckname«) lernte ich bei einem meiner ersten Besuche kennen. Rudolf begegnete mir in einer Jugendeinrichtung, in der sich hauptsächlich Punks trafen. Er stellte sich selbst als Skinhead vor, die umstehenden Jugendlichen ergänzten: »Das ist unser Skinheadchen.« Typische Skinmerkmale – Glatze etc. – fehlten jedoch. Nachdem ich mich und mein Forschungsvorhaben vorgestellt hatte, kamen wir ins Gespräch über Sinn und Zweck meines Vorhabens, über die Geschichte der Einrichtung und der Jugendlichen dort. Rudolf und die anderen Anwesenden äußerten spontan ihre Bereitschaft zu einer Diskussion zum Thema Jugendgruppengewalt. Während dieses ersten Gespräches war Rudolf derjenige, der sich am meisten äußerte und das größte Interesse an mir und meiner Diplomarbeit zeigte. Und das blieb auch so. Bei meinem nächsten Besuch traf ich ihn wieder und nahm dankbar sein Angebot an, eine Diskussion in der Einrichtung zu organisieren. Da der Termin wegen vorübergehender Schließung und einem Wechsel in der Leitung der Einrichtung und der Vergeßlichkeit der eingeladenen Jugendlichen mehrmals verschoben wurde, um letztendlich gänzlich ins Wasser zu fallen, besuchte ich die Einrichtung während dieses Sommers mindestens einmal in der Woche, wobei ich jedesmal wieder mit Rudolf zusammentraf. Rudolf zeigte sich während der gesamten Zeit sehr motiviert und hilfsbereit. Beim letzten angesetzten Diskussionstermin Ende Oktober rief er mich persönlich an, um mir zu sagen, daß er von dem Termin nichts gewußt hätte, aber alle seine Verabredungen absagen würde, um an der Diskussion teilzunehmen, die am selben Tag bei mir in der Wohnung stattfinden sollte. Es gäbe aber noch ein Problem: Er würde im Moment »ziemlich scheiße« aussehen. Er hätte jetzt eine Glatze und einen »Stolzuffnäher« (»Ich bin stolz, ein Deutscher zu sein«) auf der Jacke. Damit würde er sich nicht nach Westberlin trauen wegen der Ausländer und Linken. Ich schlug ihm vor, zusammen mit einem anderen Diskussionsteilnehmer zu fahren. Rudolf schien nicht ganz wohl bei diesem Gedanken zu sein, er meinte aber, daß er es auf jeden Fall versuchen würde.

Rudolf kam nicht, wie mit Ausnahme einer Punkerin alle anderen Diskussionsteilnehmer auch ausblieben. So interviewte ich die Punkerin. Von ihr erfuhr ich dann auch, daß Rudolf vor gut einem halben Jahr noch Punk gewesen war, sich also in der Zeit, in der ich ihn kennenlernte, gerade mitten in einem Gruppenwechsel befand. Das Interview mit der Punkerin war der Abschluß meiner Datenerhebung. Ich verfügte nun über gut 400 Seiten Interview- und Diskussionsabschrift, die auf ihre Auswertung warteten. Aber die Geschichte von Rudolf, sein gerade durchlebter Entwicklungsprozeß vom Punk zum rechtsorientierten Skin, ließen mich nicht los. Ich war neugierig, von ihm genauer zu erfahren, wie und warum er vom Punk zum Skin geworden war. Dazu kam, daß bei meinen Interviewpartnern die Skins noch fehlten. Und mit Rudolf hatte ich die Möglichkeit, einen rechten Skin zu interviewen, zu dem ich einen guten Kontakt und vor dem ich keine Angst hatte – was weitaus wichtiger war. Denn bei allen unterschiedlichen Gruppierungen, mit denen ich in dieser Zeit zu tun hatte, machte ich den größten Bogen um die Skins. Ohne mehr als einen näher kennengelernt zu haben, schob ich den Skins die ausgeprägteste Gewaltbereitschaft und Unberechenbarkeit zu. Deshalb war ich sehr erleichtert, als ich bereits ohne eine Skin-Diskussion ausreichend Datenmaterial zur Verfügung hatte, um meine Fragestellung zu bearbeiten.

Trotzdem siegte die Neugier. Anfang September versuchte ich, Rudolf telefonisch zu erreichen. Vergeblich. Dann schrieb ich ihm einen Brief mit der Bitte, sich bei mir zu melden, wenn er Lust hätte, sich interviewen zu lassen. Rudolf meldete sich innerhalb einer Woche, und wir verabredeten einen Interviewtermin bei ihm in der Wohnung. Seine Adresse nannte er mir nicht, wir verabredeten uns auf einem nahegelegenen S-Bahnhof. Ich erwartete ein sehr spannendes Interview. Unwohl war mir bei dem Gedanken, mich in Rudolfs Wohnung zu begeben. Ich versuchte mich damit zu beruhigen, daß mir bis jetzt bei meinen Aufenthalten in Ostberlin nichts passiert war. Immerhin stand ich ja unter »Skinheadschutz« und sah nicht szenezugehörig und damit nicht wie ein potentieller Feind aus. Dieses Unwohlsein erinnerte mich an Rudolfs Befürchtungen und an seine Absage, zur Diskussion in »meinen« Stadtteil zu kommen. Ich fragte mich, ob sich das »Revierverhalten«, das ich von den Jugendlichen kannte, schon auf mich übertragen hatte, oder ob es immer schon so war, mir nur vorher nie aufgefallen ist.

Ich war Rudolf gegenüber sehr ambivalent eingestellt. Auf der einen Seite mochte ich ihn und »kannte« ihn schon recht lange, auf der anderen Seite konnte ich seine »Metamorphose« nicht nachvollziehen, und ich lehnte die Anschauungen und gewaltbereiten Handlungen rechtsorientierter Skins ab. Keiner der anderen Interviewten hatte mir so nahe gestanden, so wäre ich z. B. nie in die Wohnung eines der Hooligans gegangen. In meinem Kopf schwirrte auch der unsinnige – aber aufmuntern-

»Skinnie: engl. »skin« = Haut; Skinhead; spätestens seit den ausländerfeindlichen Anschlägen von Hoyerswerda, Mölln, Rostock, Solingen, Magdeburg usw. in aller Munde. Erkennungszeichen der Skinnies sind neben ihrer Frisur die grüne Bomberjacke (die von amerikanischen Vietnam-Kämpfern in der Freizeit getragen wurde) sowie schwarze Springerstiefel mit weißen Nähten und roten Schnürsenkeln; obgleich eine Affinität zum Rechtsextremismus besteht, verstehen sich nicht alle Skinnies automatisch auch als Faschos; das verharmlosende Diminutiv (= Verkleinerungs)-Suffix i(e) wird den harten Jungs eigentlich nicht gerecht, da Skinnies sich – zumindest dann, wenn sie in Gruppen auftreten – alles andere als harmlos geben.« (Vorsicht, Satire! könnte man meinen, aber weit gefehlt: Die obige Definition stammt aus einem »Lexikon der Jugendsprache«, dessen Autor Hermann Ehmann über »Jugendsprache und Dialekt« promoviert hat. Veröffentlicht wurde es 1996 vom C.H. Beck Verlag.)

de – Gedanke herum, daß er als ehemaliger Punk noch nicht ein so überzeugter Skinhead sein konnte, daß man (oder ich?) ihn nicht noch »umdrehen« könnte. Dazu kam, daß ich nicht in der Lage war einzuschätzen, ob ich mich als Interviewerin wirklich »neutral« verhalten konnte. Wieviel Neutralität ist überhaupt nötig? Wie weit muß mein Toleranzbereich sein, wie stark muß ich meine eigene Einstellung und Meinung zurückhalten, um die Antworten des Befragten nicht zu verzerren? In welchem Ausmaß muß ich mir Rechtfertigungen von Gewalt und Rassismus anhören, von denen ich keine auch nur im entferntesten als akzeptabel betrachte? Fragen, auf die ich bis heute keine Antwort weiß.

Am S-Bahnhof erkannte ich Rudolf zunächst nicht, da er unauffällige Jeanskleidung trug und keine Glatze hatte. Er war in Begleitung eines Mädchens, das auch während des Interviews als stille Zuhörerin anwesend war und sich anschließend verabschiedete. In seiner Wohnung angekommen, war Rudolf freundlich, bot mir Hausschuhe und etwas zu trinken an. Wir begannen sofort mit dem Interview, dessen Verlauf von unserer beiderseitigen Anspannung, Aufregung und Unsicherheit gekennzeichnet war. Ich fühlte mich plötzlich sehr unbehaglich – in der Wohnung eines »Skinheads«, in einer mir fremden Umgebung. Ich empfand eine gewisse Sympathie für Rudolf, die mich während des Interviews erschreckte; ich mußte mehrmals gegen meine Sprachlosigkeit ankämpfen. Bei Themen der Skinheadideologie hatte ich Probleme, meine Fragen »neutral« zu formulieren, d.h. ohne zu werten oder abzulehnen, was als Antwort kommen könnte, denn das hätte Rudolfs Äußerungen verändert. Da ich während des gesamten Interviews versuchte, auf der einen Seite meine persönliche, ablehnende Haltung gegenüber der von Rudolf vertretenen Ausländerfeindlichkeit, Rechtfertigung gewalttätiger Handlungen auszublenden und auf der anderen Seite mit dem Paradoxon eines netten, hilfsbereiten Menschen und »Skinheads« fertig zu werden, sprang ich in meinem Frageverhalten zwischen offenem Anzweifeln, Provokationen, abrupten Themenwechseln und vertiefenden und oberflächlichen Fragen hin und her. Mit dieser Interviewführung vermied ich Nachfragen, so wurde es möglich, einer Vertiefung der für mich als bedrohlich empfundenen Themen auszuweichen, z. B. Rudolfs Kontakt zu rechtsextremen Parteien. Rudolf machte ebenfalls einen aufgeregten Eindruck. Er beantwortete meine Fragen vorsichtig abwartend, kurz und knapp. Dabei blieb er auf einer allgemeinen Beschreibungsebene, ohne »skinheadtypische« oder rechtsradikale Parolen zu benutzen. Nur zögerlich und mit langen Denkpausen ging er auf Fragen ein, die seine persönlichen Gefühle oder eine Selbstbeschreibung der Skinheads betrafen.

Nach Abschluß des Gesprächs kommentierte Rudolf das Interview als anstrengend und meinen Interviewstil als mit zu vielen Fragen überfrachtet, er hätte nach jeder Frage überlegen müssen. Parallel zur zeitlichen Dauer des Interviews entstanden immer längere Redepausen zwischen einem abgehandeltem Thema und der nächsten Frage. Die Atmosphäre des Interviews ließe sich insgesamt als gezwungen und unfrei charakterisieren. Da sowohl Rudolf als auch ich die Vertiefung bestimmter Themen mieden, fehlten teilweise wichtige Hintergrundinformationen, die ein Verständnis des Gesagten erleichtert und verbessert hätten. Nachdem das Bandgerät ausgeschaltet war, entspannte sich die Situation etwas. Ich blieb noch eine gute Stunde, sah mir Fotos aus Rudolfs Punkzeit an und hörte *Störkraft*.

Als ich dann wieder auf der Straße stand, wurde mir kalt und schwindlig, ich hatte Kopfschmerzen und fühlte mich erschöpft. Ich hatte das Gefühl, versagt zu haben. Der Ideologie von Rudolf hatte ich nichts entgegensetzen können, was ich vor mir selbst mit der Interviewerrolle entschuldigte, um mich gleichzeitig darüber zu ärgern: Wie kann man nur von sich selbst verlangen, ruhig und neutral zu bleiben, wenn man so etwas hört? Ich hatte um keinen Preis die »Anfängerfehler« bewertender Kommentare machen wollen und deshalb gar nicht kommentiert. Eine emotionale Diskussion über Rassismus und die deutsche Geschichte ist kein psychologisches Forschungsinterview. Ich war an meine Grenzen als sozialwissenschaftliche Forscherin geraten, das wurde mir ganz deutlich.

Ich habe Rudolf nicht mehr getroffen. Nach der Auswertung seines Interviews versuchte ich ihn zu erreichen, um, wie versprochen, gemeinsam die Ergebnisse zu diskutieren. Nach mehreren erfolglosen Versuchen gab ich auf.

Resümee

Ganze drei Jahre habe ich mich mit dem Thema Jugendgruppen, Gewalt und Konflikt auseinandergesetzt. Diese Auseinandersetzung wurde von der Aktualität des Themas und der öffentlichen Betroffenheit angesichts der ausländerfeindlichen Gewalttaten Jugendlicher geprägt. Die Reaktionen und Kommentare von Studienkollegen, Dozenten und Freunden waren sehr verschieden. Da war ich zum einen die »Mitangeklagte« und wurde mit Unverständnis angesichts meines Vorhabens konfrontiert. Dadurch, daß ich mit »denen« sprach und nach ihrer Sicht und Erklärung für eben diese Gewalttaten fragte, wurde ich verdächtigt, ihre Taten zu billigen. Mir wurde der Vorwurf gemacht, mit meiner Untersuchung die gewaltbereiten Jugendlichen in ihrem Handeln zu entschuldigen. Hinter diesen Vorwürfen steckte in meinen Augen die Annahme, daß ein Aufzeigen von Ursachen und Motiven für eine (negativ bewertete) Handlung deren Entschuldigung ist, und diese Annahme teile ich bis heute nicht. Mir lag und liegt nichts ferner, als Gewalttaten von Jugendlichen wie Gewalttaten generell zu entschuldigen oder herunterzuspielen. In einer wissenschaftlichen Auseinandersetzung sollte es meiner Ansicht nach darum gehen, sich ohne eigene Subjektivität, Entrüstung und Betroffenheit dem Thema Jugendgruppengewalt aus Sicht der Jugendlichen zu nähern. Die parteiische Bewertung von aggressiven oder gewalttätigen Handlungen im Alltag muß im wissenschaftlichen Rahmen von der Beschreibung dieser Handlungen abgelöst werden. Parteilichkeit steht einer sachlichen Analyse entgegen und würde die Gewinnung neuer Erkenntnisse erschweren.

Aber gerade diese Sachlichkeit, das nicht-wertende Verhalten, erwies sich für mich als energiezehrender Grenzgang, der mit zunehmender Beschäftigung mit dem Thema immer schwieriger und zum immer wiederkehrenden Konfliktpunkt wurde. Ich erfuhr mich als Projektionsfläche für die Ängste, die Wut und die Hilflosigkeit vieler Menschen im Angesicht von Rostock, Mölln und Solingen. Wo ich auftauchte, entbrannten in kürzester Zeit heftige, emotionsgeladene Diskussionen über Jugendgewalt und Rechtsextremismus, ohne daß ich etwas dazu tun mußte oder dies beabsichtigt hätte. Jeder teilte mir seine persönliche Entrüstung mit, aber oft hatte ich den Eindruck, daß keiner meinen Ausführungen über meine Erfahrungen und Ansichten wirklich zuhörte.

Neben der »Mitangeklagten« wurde ich jedoch auch zur exotischen, mutigen und gerade ob der Aktualität und des allgemeinen Wissensdurstes zu diesem Thema begehrten »Märchenerzählerin«. Als eine der wenigen, die sich damals im Rahmen der universitären Psychologie mit der Thematik wissenschaftlich auseinandersetzten, wurde ich zur Vorzeige-Expertin, die dem gesellschaftlichen Auftrag an die Psychologie nachkam. Noch während der Auswertungsphase wurde ich zu mehreren uniinternen und -externen Vorträgen eingeladen. Viele waren fasziniert von meiner Untersuchung und bestaunten meinen »Mut«, in der Überzeugung, daß sie aus Angst nicht fähig wären, mit »gewaltbereiten« Jugendlichen Interviews oder Diskussionen zu führen. Aber nur wenige äußerten mir gegenüber diese Angst offen. Ich hatte Angst vor Gewalterfahrungen – machte sie aber nicht. So wie ich mich in den oben beschriebenen Konfrontationen unwohl gefühlt hatte, so genoß ich doch die Bewunderung, die mir meine Forschungsarbeit einbrachte.

Aus meiner Diplomarbeit ist ein Buch geworden. Es war nicht schwierig, einen interessierten Verlag zu finden. Vorträge und Interviews folgten. Mit der wissenschaftlichen Auseinandersetzung mit der Gewaltthematik habe ich mir viele persönliche Wünsche erfüllen können: Unter anderem habe ich dank Rudolf meine Grenzen als wissenschaftlich tätige Psychologin kennengelernt, ich habe meine investierte Arbeit mit viel öffentlichem

Interesse belohnt bekommen, und bei meinen Bewerbungen für ausgeschriebene Psychologenstellen hat mir dieses außergewöhnliche Thema mehrmals zumindest ein Vorstellungsgespräch eingebracht. Mein Wissen und Verständnis für das Phänomen Jugendgruppengewalt, das ich aus den Gesprächen und meiner Literaturrecherche ziehen konnte, hilft mir in meiner täglichen Arbeit als Psychologin.

So wie die Jugendlichen mir Gewalt als ein akzeptables Mittel zur individuellen Zielerreichung dargestellt haben, habe ich Jugendgruppengewalt als Thema meiner Diplomarbeit funktionalisiert. Ich bin auf den fahrenden Zug der Aktualität und Betroffenheit aufgesprungen und habe viele Vorteile daraus gezogen. Die Jugendlichen, um die es eigentlich geht, traten auch in meiner Arbeit irgendwann in den Hintergrund – als interessante Objekte zur Datenlieferung.

Ich habe wenig Hoffnung, daß die Jugendlichen selbst etwas von meiner Untersuchung haben. Ich kann mir nur sicher sein, daß sie die Diskussionen und Interviews nutzten, um ihre Wut, Ohnmacht und Hilflosigkeit auszudrücken. Letztendlich schien mein Auftauchen für die Jugendlichen eine willkommene Abwechslung in ihrem Alltag zu sein, die ihnen als Experten ihrer selbst für ein bis drei Stunden eine ernst zu nehmende Rolle zuwies. Aber mehr auch nicht.

Literatur

Berk, R. A./Adams, J. M.: Kontaktaufnahme mit devianten Gruppen. In: Gerdes, K. (Hrsg.): Explorative Sozialforschung. Einführende Beiträge aus »Natural Sociology« und Feldforschung in den USA. Stuttgart 1979.

Esser, J./Dominikowski, T.: Die Lust an der Gewalttätigkeit bei Jugendlichen. Krisenprofile – Ursachen – Handlungsorientierungen für die Jugendarbeit. Frankfurt a. M. 1993.

Farin, K./Seidel-Pielen, E.: Krieg in den Städten. Jugendgangs in Deutschland. Berlin 1991.

Hopf, C.: Qualitative Interviews in der Sozialforschung. Ein Überblick. In: Flick, U. u. a. (Hrsg.): Handbuch qualitative Sozialforschung. München 1991.

Legewie, H./Dechert-Knarse, E.: Konfliktfelder in der gesundheitsorientierten Stadtentwicklung Berlins. Studienprojektbericht. TU Berlin, 1991.

Niewiarra, S.: »Die Zeit des Redens is' vorbei«. Subjektive Konflikt- und Gewalttheorien von Jugendlichen im Ostteil Berlins. Berlin 1994.

Nolting, H.-P.: Lernfall Aggression. Reinbek 1992.

Wolfgang Welp

»Wenn ihr Probleme mit uns habt, heult euch aus«

Jugendsozialarbeit mit Skinheads

Welchen Beitrag kann Pädagogik für den Umgang mit rechtsextremistischen Orientierungen und auffälligem Gewaltverhalten leisten?

Ende der 80er Jahre entwickelte sich ein Studienprojekt an der Hochschule Bremen, das Jugendarbeit in Bürgerhäusern aufbauen sollte. Mehr oder weniger zufällig ergaben sich Kontakte zu jugendlichen Skinheads. Im Umfeld eines Jugendfreizeitheimes gab es eine auffällige Skinclique, die auf Initiative des Amtes für Soziale Dienste im Rahmen von sozialer Gruppenarbeit erreicht werden sollte. Entwickelt wurde, aus der Praxis heraus, das jugendarbeiterische Handlungskonzept der »Akzeptierenden Jugendarbeit mit rechten Jugendcliquen«. Mittlerweile sind vier hauptamtliche MitarbeiterInnen und sieben Honorarkräfte in der Cliquenarbeit beschäftigt. Die Jugendlichen sind nicht ausschließlich Skinheads; die meisten von ihnen teilen rechte Orientierungen, die auch in einem Teil der Skinheadszene anzutreffen sind. Cliquen sind eher selten jugend-kulturell homogen, sondern aus verschiedenen Facetten zusammengesetzt und durchlaufen Phasen, in denen z.B. Skinhead-Identitäten unterschiedliche Rollen spielen. Es gibt Jugend-cliquen, die sich nur für eine kurze Zeitspanne als Skinheads ausstaffieren und sich entsprechend fühlen und verhalten. Bei anderen ist Skinhead-Sein unabdingbares Lebensmotto.

Das Kennenlernen

Zu Beginn der Cliquenarbeit und Streetwork mit Skinheads waren wir hin- und hergerissen zwischen der Faszination des »Besonderen« und dem Gefühl von Unsicherheit. Es mangelte an fachbezogen formulierten Erfahrungen, die eine gewisse Handlungssicherheit hätten garantieren können. Bis auf Einzelprojekte und Ansätze, teilweise in der Fußball-Fanarbeit, gab es kaum Erfahrungen von Jugendsozialarbeit mit Skinheads, auf die wir uns beziehen konnten. Erschwerend kam hinzu, daß das »Problem« der Existenz von (rechten) Skinheads als marginal eingeordnet wurde und bestenfalls Gegenstand von Polizei und Justiz war. Gleichzeitig eskalierten Konflikte in den Stadtteilen und Gewalt zwischen Skins und rivalisierenden Jugendgruppen. Es bestand Handlungsbedarf, Intervention wurde eingefordert.

Zunächst ging es darum, Kontakt zu den Skinheadcliquen aufzubauen. Bemerkenswerterweise hatten sich zuvor einige dieser Cliquen selbst um einen Raum bemüht, was aber im wesentlichen folgenlos geblieben war.

Wir suchten die Jugendlichen in ihrem »Wohnzimmer« auf – mal war es eine Beton-Tischtennisplatte, mal ein Parkplatz hinterm Supermarkt oder ein Stromkasten (gut geeignet, um Flaschen abzustellen). Wenn mehr als zwölf bis fünfzehn Skinheads an einem solchen Ort anzutreffen waren, stellten sich eine Menge Fragen. War das eine Art »Wolfsrudel« oder eine »Angstgemeinschaft«? In typischer Macho-Manier wurde unentwegt auf den Boden gerotzt, man kratzte sich die Eier, zwischendurch konnten Wortfetzen aufgeschnappt werden wie »Votze«, »Knackfüße«, »Obersturmbannführer«. Die Besucher, die »Sozis«, wurden zunächst überhaupt nicht beachtet, allerdings drohte auch kein »Hausverbot« seitens der Jugendlichen. Einige Mädchen waren dabei, die sich scheinbar mit den herrschenden Stilmustern bestens arrangieren konnten. Es floß reichlich Alkohol, Bierflaschenweitwurf galt als unterhaltsame Ablenkung.

Diese Jugendlichen waren nicht der personifizierte Faschismus. In jugendtypischen Verhaltensweisen versuchten sie sich in Grenzüberschreitungen und Regelverletzungen. Gewalt spielte immer eine Rolle, war aber für unsere »Klientel« so normal wie für andere die Tatsache, daß die Erde eine Kugel ist und keine Scheibe. Eine der prägenden Aussagen in der Kennenlernphase: »Wenn ihr Probleme mit uns habt, geb' ich euch Taschentücher. Ihr geht nach Hause und heult euch am besten aus!«

Akzeptierende Jugendarbeit – ein Weg?

Cliquenbezogene, akzeptierende Jugendarbeit betritt die »Wohnzimmer« der Jugendlichen, begleitet sie in ihren Alltagszusammenhängen und an die selbstgeschaffenen Cliquentreffs. Sie ist nicht darauf angewiesen aufzuklären, zu belehren, erwachsene Reife darzustellen, sondern bemüht sich, die Jugendlichen ernst zu nehmen, zu akzeptieren und sich auf deren Welten einzulassen. Die Methodik der (wenn auch oft subtilen) Machtausübung bei JugendarbeiterInnen (Schlüsselbund am Gürtel im Jugendzentrum) haben die Jugendlichen meist schnell durchschaut und reagieren mit entsprechenden Ablehnungsritualen.

Grundlage für die akzeptierende Arbeit ist die Lebenssituation der Jugendlichen und nicht die Einhaltung einer Hausordnung. Akzeptierende Jugendarbeit ist keine exquisite »Sonder«pädagogik, sondern Begleitung von verwickelten und problematischen Lebensgestaltungsformen.

»Die akzeptierende Sozialarbeit hilft aus Reih und Glied gestolperten jungen Deutschen in die Marschformation des neuen Deutschland zurück. (...) Diese Sozialarbeit hat Interesse an den Problemen, die ihre Jugendlichen ›haben‹, nicht an denen, die sie ›machen‹. Darum wird auch der rechtsradikale Gehalt der Aussagen und Taten ihrer Jugendlichen genauso ignoriert oder psychologisiert, wie der sowohl bei den Jugendlichen als auch gesellschaftlich vorhandene Rassismus, Sexismus und Antisemitismus. Die herrschenden Verhältnisse werden als gegeben hingenommen, und jede eigene politische Selbst-Verortung oder kritische Position wird verweigert. Die akzeptierende Sozialarbeit leistet den rechten Tendenzen in dieser Gesellschaft Vorschub.« (aus: »Rosen auf den Weg gestreut...«. Kritik an der akzeptierenden Jugendarbeit mit rechten Jugendlichen. Hrsg. von Norddeutschen Antifagruppen, Hamburg 1997, S. 2)

Um nicht in die Rolle eines »nützlichen Idioten« zu geraten, muß die Akzeptanz, die den Jugendlichen entgegengebracht wird, auch von diesen gegenüber den JugendarbeiterInnen verlangt werden, um eine Basis für einen Austausch über Lebenslagen, empfundene Widersprüche etc. schaffen zu können. Eine Ausfilterung von »Unerwünschtem« würde sich in diesen Auseinandersetzungen als fatal erweisen, da Veränderungen in der Handlungs- und Lebensorientierung überhaupt nur dann eine Chance haben, wenn sie auf einen eigenmotivierten Prozeß zurückzuführen sind. Rechte Orientierungen sind bei den wenigsten Jugendlichen das Resultat durchdachter Politisierung, sondern eher Folge der Verarbeitung erlebter Macht- und Zwangkonstellationen. Gerade solche Jugendliche, die Anpassungs- und Leistungsanforderungen nicht oder nur unzureichend erfüllen wollen und können, entwickeln eine grundsätzliche Abwehrhaltung. Jugendkulturelle Subkulturen sind außerdem sichtbarer Ausdruck dessen, was sich aus der allgemeinen Bewußtseinslage der Mitte der Gesellschaft heraus entwickelt. Akzeptierende Arbeit bedeutet in diesem Zusammenhang, eine Atmosphäre herzustellen,

– die nicht den Kampf mit rechtsextremistischen Erscheinungen an sich aufnimmt, sondern die Ursachen für die Adaption rechter Ideen in den Lebenszusammenhängen der Jugendlichen verortet,
– die subjektorientiert ausgerichtet ist,
– die möglichst viel Authentizität der JugendarbeiterInnen widerspiegelt,
– die adäquate Kommunikationsebenen zuläßt,
– die Äußerlichkeiten und Spruchebenen nicht pauschal verurteilt und zu Wesensmerkmalen des einzelnen erklärt.

Ausgehend von der Grundannahme, daß rechtsextremistische Phänomene bei Jugendlichen nicht als eine ansteckende Krankheit zu begreifen sind, sondern als eine Reaktion auf Lebensbedingungen, besteht ein zentraler Ansatzpunkt von akzeptierender Jugendarbeit darin, Formen von subjektivem Gewinn in den Äußerungsformen Jugendlicher zu sehen. Die Auseinandersetzung mit Jugendlichen verlangt ständige Selbstreflexion. Es reicht bei weitem nicht aus, die Welt bürgerlich-demokratischer Wertsysteme zu glorifizieren und andere Auffassungen als sozialdefizitär abzutun. Rechte Jugendliche versuchen zwar einerseits, den bürgerlichen Codex zu brechen, bestätigen ihn aber in anderen Zusammenhängen.

So ist beispielsweise die Identifizierung mit »der Nation« keine Erfindung von rechten Jugendlichen, gleichzeitig aber wird die »Überhöhung« des Nationalen als zentrales Problem angesehen. Wieviel Nationalismus darf's denn sein? Die bestehende Praxis der Ausländerpolitik (z.B. in der Asylgesetzgebung) bestärkt und bestätigt rechtsorientierte Jugendliche in der Auffassung, daß jedes Volk in seinen ihm zugewiesenen Lebensraum gehört. »Sortierungskriterien« in der Ausländerpolitik decken sich mit rassistischen Vorstellungen von »Nützlichkeit«. So müssen sich rechte Jugendliche in der Ablehnung von Ausländern und allem »Fremden« bestätigt sehen und neigen daher leicht zur Umsetzung dessen, was Politik verklausuliert fordert, nämlich: »Ausländer raus«.

Rechte Jugendliche vertreten die Ideologie des »Rechts des Stärkeren«, üben aber gleichzeitig Kritik am staatlichen Gewaltmonopol, weil es ihrer Ansicht nach soziale Ungerechtigkeiten zementiert.

Das Ideal der intakten Familien steckt in den Köpfen der meisten rechten Jugendlichen, ihre eigenen Erfahrungen mit dem, was Familie sein kann, belehren sie jedoch häufig eines Schlechteren.

Diese und andere Widersprüche gilt es in der akzeptierenden Jugendarbeit aufzugreifen. In der Praxis zeigt sich immer wieder, daß die Jugendlichen ein Gegenüber zur Auseinandersetzung wünschen und suchen. Den aus unmittelbaren Bedingungen des Lebensumfeldes erworbenen Verhaltens- und Identitätsmustern Jugendlicher kann chancenreich nur auf einer Ebene begegnet werden, die direkte Anknüpfungspunkte an ihren Lebensalltag findet. Gerade im Umgang mit rechten Jugendlichen kann und darf es nicht darum gehen, Etikettierungen vorzunehmen und Abwehrmechanismen zu bedienen. Gemeinsame praktische Handlungsschritte müssen Abhängigkeiten und die regelrechte »Zumauerung« von Lebensperspektiven erfahrbar machen und andere Handlungsmöglichkeiten anbieten – Möglichkeiten, die den Jugendlichen die Kontrolle über ihre Lebensbedingungen vermitteln. Dazu ist es nötig,

Ja, in unser Jugendheim, da geh ich sehr gerne rein/ Denn da ist ein Mann, den ich nicht vergessen kann/Er ist bärtig und brünett, gern wär ich bei ihm im Bett/Dieser Mann mit soviel Charme macht mir die Gefäße warm Sex mit dem Sozialarbeite/Sex mit dem Sozialarbeiter/Sex mit dem Sozialarbeiter
Ich besuche ihn bei sich zu Haus, er zieht mir meine Hosen aus/Der Sozialarbeiter gar nicht bange lutscht mir meine Vögelstange/Und der bärtige, langhaarige Mann zeigt mir, was er blasen kann/ Spritz ihm in den Bart, das bringt ihn in Fahrt.
(*Die Kassierer*: »Sex Mit Dem Sozialarbeiter«, 1993)

Wünsche, Bedürfnisse und Interessen zur Sprache zu bringen und Ziele und Wege zu ihrer Realisierung erkennbar werden zu lassen. Lebensstile müssen akzeptiert werden, nicht, um diese zu bestätigen und den Jugendlichen auf irgendeine Weise »recht« zu geben, sondern um eine Voraussetzung dafür zu schaffen, miteinander ins Gespräch zu kommen. Eine gegen Ausgrenzung und Diskriminierung gerichtete Praxis in der konkreten Arbeit mit Jugendlichen operiert nicht moralisierend mit dem erhobenen Zeigefinger, sondern widmet sich den Themen und Fragestellungen, mit denen sich die Jugendlichen unmittelbar beschäftigen. Auf diesem Wege, quasi über einen »Umweg«, können die selbstschädigenden Mechanismen in den Lebensweisen, können Bedürfnisse, Wünsche, Utopien benannt werden. Auf diese Weise läßt sich herausarbeiten, daß die Haltungen der Jugendlichen nicht wirklich subjektiv nützlich sind, sondern im Gegenteil oft sogar überaus selbstschädigend wirken. Angeknüpft werden kann dabei an das diffuse Unbehagen an der Lebenswirklichkeit. Worin liegen Unbehagen, Ängste, emotionale Befindlichkeiten begründet? Und welche gemeinsamen Handlungsschritte sind denkbar und realisierbar?

Nur in einem kontinuierlichen Arbeitszusammenhang, in einer Atmosphäre gegenseitigen Vertrauens und Akzeptierens kann die gemeinschaftliche Behandlung dieser Fragen gelingen.

Die Grenzen der Arbeit

Die Frage nach den Grenzen der akzeptierenden Jugendarbeit stellt sich, wenn JugendarbeiterInnen nicht mehr bereit sind, Aussagen oder Taten Jugendlicher hinzunehmen, mitanzusehen oder zu erdulden. Dabei muß immer berücksichtigt werden, daß eine solche Grenzsetzung die Aufgabe der Arbeit bedeuten kann und das »Problem« damit allein der Justiz und der Polizei überlassen würde.
Die folgenden Fixpunkte wurden dafür in unserer Praxis entwickelt. Eine Grenze soll und muß gesetzt werden:

– Wo man das Gefühl hat, etwas nicht mehr aushalten, mitmachen, mitansehen zu können (ohne das unbedingt rational eindeutig fassen zu können).

Der 20. April, Hitlers Geburtstag, wird von einigen »unserer« Skinheads gebührend begangen. An einem 19. April suchten meine Kollegin und ich turnusgemäß einen Cliquentreff am Kriegerehrenmal auf. Wider Erwarten waren alle »aufgerödelt« in deutlicher Fascho-Skin-Montur, wie es gewöhnlich nicht vorkommt. Anlaß war die Vorverlegung der »Feier« – aus Sicherheitsgründen. Es dauerte nicht lange, bis einige namhafte Größen aus der Neonazi-Szene, flankiert von einigen »Scheitelglatzen«, ihre Aufwartung machten. Das war für uns der Zeitpunkt, uns von der uns bekannten Clique zu distanzieren, Mißfallen kundzutun und zu gehen.

– Wo sich konkret eine deutliche körperliche oder eine tiefgreifende psychische Verletzung ankündigt.

Skins hatten zur »Generalmobilmachung« aufgerufen, nachdem ein einzelner aus der Clique von ausländischen Jugendlichen lebensbedrohlich angegriffen worden war. Ihre Absicht stand so eindeutig fest, daß sie sich nicht zu anderen Formen der Auseinandersetzung bewegen ließen. Die Schmach angesichts des Angriffs der »Gegner« war zu groß, die Eskalation war vorprogrammiert. Die Situation drohte so gefährlich zu werden, daß wir die Polizei informierten und den Jugendlichen dies auch mitteilten. Das zog zunächst Haß auf uns »Sozis«, wurde aber im nachhinein als richtig empfunden, weil andernfalls mit Verletzungen oder Anzeigen hätte gerechnet werden müssen.

– Wo ein deutliches Risiko besteht, daß man selbst als Deckung oder zur Unterstützung bei rechtswidrigen Aktivitäten instrumentalisiert wird.

Eine Clique, mit der wir in Kontakt standen, zeichnete sich durch zwei Merkmale aus:
- ihre Nähe zu nationalrevolutionärem Gedankengut,
- die Jugendlichen bezeichneten sich als Skins, sahen aber nicht so aus.

Ein Cliquentreff war der erste geäußerte Wunsch, nachdem der Kontakt hergestellt war. Es wurde jedoch sehr bald klar, daß die Jugendlichen genaue Vorstellungen davon hatten, wie der Treffpunkt beschaffen sein und was dort passieren sollte. Sie orientierten sich an organisierten Rechten, die an ähnlichen Orten braune Politik machten. Bis heute existiert ein solcher Treffpunkt nicht.

– Wo Akzeptanz zur Einbahnstraße verkommt, also den JugendarbeiterInnen, ihren Vorstellungen und Maßstäben keine ausreichende Akzeptanz entgegengebracht wird.

Wenn es zu weltanschaulichen Diskussionen kommt, wehren sich Jugendliche häufig durch rigorose Prvokationshaltungen körperlicher und verbaler Art. Wenn ein solcher Disput den Charakter einer Schlacht bekommt, aus der nur einer als Sieger hervorgehen kann, ist es angebracht, sich auf diese Ebene nicht einzulassen.

– Wo eine Kumpelrolle abverlangt wird, die nicht die nötige Rollendistanz zuläßt.

Nahezu ritualisiert wiederholt sich die Aufforderung der Jugendlichen, doch mal gemeinsam »einen zu brennen«. Sie verbinden mit einem gemeinsamen Saufgelage die Vorstellung, daß die »Sozis« damit »überzeugt« werden könnten und dann schließlich zu ihnen gehören würden. Beispielhafte Situationen gibt es hierfür unzählige. Zu einer solchen Verbrüderung gekommen ist es jedoch nie.

– Wo problematische Handlungsweisen zu Wiederholungsritualen verkümmert sind und dadurch auf ein Senken der Akzeptanzgrenze drängen.

»Ich war besoffen, kann mich nicht mehr erinnern«, ist eine Standardentschuldigung für Gewaltverhalten. Wenn diese Verharmlosung sich häuft – und das ist nicht gerade selten –, muß auf jeden Fall die Alkoholproblematik intensiv zum Thema gemacht werden. Eine Akzeptanz dieses Verhaltens darf es seitens der JugendarbeiterInnen nicht geben.

Es fing alles an mit einem Joint/Dadurch hast Du Deine besten Jahre versäumt/Mit der Nadel versuchst Du es heute/Im Rausch scheißt Du auf Deine besten Freunde/ Es ist zu spät, Du hängst an der Nadel/Zu spät, in Deinen jungen Jahren/ Zu spät, für Dein ganzes Leben/Für Dich könnte es was anderes geben. (*Rheinwacht:* »Zu Spät«, 1994)

– Wo gezielt rechtsextremistische politisch-propagandistische Wirkungen beabsichtigt sind.

Ein Fernsehteam von RTL hatte sich angekündigt, um über die Jugendlichen, ihre politischen Auffassungen und ihr Gewaltverhalten zu berichten. Es kam zu einem direkten Kontakt, und vor der Kamera scheuten sich die Jugendlichen nicht, rechtsradikale Parolen zu äußern und diverse Waffen zu zeigen. Das Fernsehteam war hoch beglückt. Wir distanzierten uns deutlich.

– Wenn typische jugendkulturelle Bewegungsformen nicht mehr oder kaum noch vorhanden sind.

In die Jahre gekommene Alt-Skins sind zwar Bezugspunkte für die Jüngeren, insbesondere wenn ihnen ein gewisser Mythos zugeschrieben wird, können aber aufgrund ihres Alters und ihrer Lebenssituation nicht mehr Gegenstand von Jugendarbeit sein.

– Wenn Jugendarbeit die Cliquen organisiert.

In einer Skinheadclique wurde uns wiederholt die Frage gestellt: »Wann macht ihr wieder was mit uns?« Hier deutete sich der Übergang vom alltäglichen Zusammensein der Clique hin zu einer Gruppenarbeit im klassischen Sinne an (das heißt Jugendliche um Personen oder eine Freizeitarbeit zu gruppieren). Die Situation wurde thematisiert mit dem Ergebnis, daß die intensive Cliquenarbeit ein Ende fand, weil die einzelnen Jugendlichen nun andere Lebensbezüge als wichtiger empfanden.

»Unter dem Strich gesehen, kann man sagen, daß fast alle Ex-Glatzen von hier dem Drogenrausch verfallen sind; letztes Jahr verstarb ein Ex-KA-Skin an einer Überdosis Heroin. Ein weiterer ›alter Kämpfer‹ sitzt derzeit noch in U-Haft – wegen Drogen natürlich!« (Ein »Szenebericht Karlsruhe« in: *Doitsche Musik* Nr. 8, Erfurt 1996.)

– Wenn Jugendliche dauerhaft in Drogenabhängigkeit oder Delinquenz abrutschen.

Viele der ehemaligen älteren Skinheads, die einige Jahre zuvor Junkies an den einschlägigen Orten »aufgemischt hatten« mit der Begründung diese Leute seien Asoziale und Drogenkonsum »undeutsch«, finden sich jetzt genau in dieser Szene wieder. Es hat ein Szenewechsel stattgefunden, in dem rechtsextremistische Positionen keine Bedeutung mehr haben.

Glossar

All-Nighter: Eigentlich die ganze Nacht durchgehende Party; in Skinheadzusammenhängen oft als Synonym für Ska-Partys verwendet, in Modkreisen für Partys mit (Northern) Soul-Klängen.

Blood & Honour: Von Ian Stuart (*Skrewdriver*) und anderen gegründete Vereinigung rechtsradikaler Musiker, in der rechten Skinheadszene als Synonym für entsprechend orientierte Skins (Blood & Honour-»Bewegung«) verwandt.

Bonehead: »Dummkopf«, ausschließlich beleidigend gemeinte Bezeichnung für recht(sradikal)e Skinheads.

Clockwork Orange: 1. Ein Roman des britischen Autors Anthony Burgess von 1962, in dessen Mittelpunkt der Führer einer gewalttätigen Jugendgang, Alex, steht. Der Roman wurde 1971 von Stanley Kubrick verfilmt, und spätestens seitdem ist »Clockwork Orange« ein Kultstoff für Skinheads, Hooligans und andere Jugendszenen. Zahlreiche Bands benannten sich nach »Clockwork-Orange« -Motiven oder vertonten Lieder, die sich um den Stoff drehten. Das Coburger Oi!-Punk-Label Dim Records benannte sich nach einem Mitglied der Gang. Ebenso hat es seit den 70er Jahren zahlreiche Theaterversionen von »Clockwork Orange« gegeben, so u. a. in Düsseldorf unter Mitwirkung der *Toten Hosen*.
2. Ein Coburger Fanzine, herausgegeben von dem späteren Gründer von Dim Records, das zwischen Dezember 1983 und Februar 1992 23mal erschien und sich zum wichtigsten und repräsentativsten Sprachrohr der deutschen Skinheadszene der 80er Jahre entwickelte.

Cockney: Slang aus den Londoner Arbeiterbezirken, für zahlreiche Streetpunkbands und ihre Fans Symbol für die authentische Herkunft aus der Arbeiterklasse. Kennzeichen sind das Ineinanderfließen von Worten, zum Beispiel durch Weglassen von Konsonanten (»Skin'ead«), und die Verfremdung von Vokalen (aus »I« wurde zum Beispiel »Oi«), was die Verständlichkeit für Fremde, Angehörige anderer Schichten stark erschwert. Bands, die ein rüderes Underdog-Image wünschten, nannten sich dementsprechend *Cockney Rejects, Cockney Rebel* usw.

Combat 18: Nach den Initialen Adolf Hitlers (der erste und achte Buchstabe des Alphabets) benannte britische Neonazivereinigung mit offen terroristischer Ausrichtung.

Crop: Kurzhaarschnitt.

Droogs: »Freunde«; eine von Anthony Burgess dem Russischen entlehnte Bezeichnung für Gangmitglieder in »Clockwork Orange«.

Fanzine/Zine: Fan(maga)zine, die von Angehörigen einer Subkultur oder Fans einer Band oder Musikrichtung für Gleichgesinnte in der Regel ohne kommerzielle Interessen herausgegeben werden. Fanzines sind in diesem Sinne nicht-professionell gemacht und werden auch nur über szene-interne Kanäle (Direktbezug per Abonnement, Szene-Mailorder, Plattenläden mit entsprechender Musik, per Handverkauf bei Konzerten, Partys und anderen Events) vertrieben. Fanzines sind die authentischen Sprachrohre, Meinungsbildungsorgane und Kommunikationsmittel jeder Subkultur. Derzeit (August 1997) erscheinen allein in Deutschland mehr oder weniger regelmäßig 60–80 Skinzines und mindestens 100 Punkzines (mit gelegentlichen Überschneidungen im Oi!-Bereich). Die Auflagen liegen zumeist bei wenigen hundert Exemplaren. Das größte deutsche Skinzine ist das Berliner *Skin Up* mit etwa 3000 Heften bei zweimonatlicher Erscheinungsweise.

Gay Skinhead Movement (GSM): Internationaler Zusammenschluß homosexueller Skinheads, der versucht, die in weiten Teilen der Skinheadkultur verbreitete Homophobie zu mindern. Literatur: *Skintonic* Nr. 14/1993, Berlin.

Hammerskins: Ursprünglich in den USA entstandene, zunächst in der Schweiz und ab Anfang der 90er Jahre auch im übrigen Europa verbreitete, rassistische Skinheadvereinigung, die ihrem selbstgewählten Anspruch, eine »intellektuelle Avantgarde« der rassistischen Bewegung zu sein, in der Praxis allerdings nicht gerecht wird und in Deutschland über maximal 200, in der Regel subversiv auftretende Mitglieder und drei Skinzines verfügt.

Harrington: Markenname einer Jacke.

Oi!: 1980 als Genrebegriff von dem *Sounds*-Journalisten und Punkmusiker Garry Bushell geprägte Bezeichnung für die in Abgrenzung zur New Wave entstandene Streetpunkvariante. Literatur: Mader, Matthias: Oi! The Book Vol.1/1996, Berlin.

Perry, Fred: Am 2. Februar 95 im Alter von 86 Jahren verstorbener britischer Tennisstar (Wimbledon-Sieger 1934–36) aus der Arbeiterklasse, der seinen Namen einer Modekollektion zur Verfügung stellte (Markenzeichen: Lorbeerkranz), die zur Kultmarke der Skinheadszene wurde. Literatur: *Skin Up* Nr. 35/1995, Berlin.

Renee: Bezeichnung für weibliche Skinheads. Die genaue etymologische Herkunft des Begriffs ist unbekannt.

Rock Against Communism (RAC): 1977 von der Jugendorganisation der National Front als Antwort auf Rock Against Racism gegründete Vereinigung zur Organisation von Rechtsrock-Konzerten.

Rock Against Racism (RAR): Eine im Sommer 1976 von der Londoner Straßentheatergruppe *Cartoon Clowns* und Mitgliedern der Socialist Workers Party ins Leben gerufene Initiative, Motto: »Love music – hate racism«, der sich Dutzende von Bands anschlossen. RAR organisierte zahlreiche äußerst erfolgreiche Festivals mit hauptsächlich Reggae & Punk-Bands.

Rude Boys / Rudies: »Rüde Jungs«, Bezeichnung der in Gangs organisierten jamaicanischen Jugendlichen.

SHARP: Skinheads Against Racial Prejudice (Skinheads gegen rassistische Vorurteile), eine 1986 in den USA entstandene Vereinigung antirassistisch ausgerichteter Skinheads, die sich schnell auch in Europa ausbreitete und versuchen wollte, die rechtsradikale/rassistische Dominanz bzw. das entsprechende Medienimage (innerhalb) der Skinheadkultur zu brechen. Heute existieren SHARP-Sektionen in jedem Land der Erde, in dem es Skinheads gibt. In Deutschland löste SHARP eine Skinheadwelle aus (1988–92), inzwischen wird dieses Logo seltener benutzt. Literatur: *Skintonic* Nr. 5/1989, Berlin.

Skin Up: 1. 1983 von dem *Anti Social*-Bassisten Daz nach deren Split gegründete Oi!-Band, 1985 wieder aufgelöst. 2. Berliner Skinzine, das 1995 aus einer Fusion der antirassistisch orientierten Zines *Oi!Reka* (14 Ausgaben zwischen 1991–94) und *Skintonic* (19 Ausgaben von 1987–94) hervorgegangen ist. Semiprofessionelle Gestaltung und Produktion, Auflage: ca. 3 000 Exemplare bei vierteljährlichem Erscheinen.

Southall: Ein Vorort West-Londons, in dem es anläßlich eines Oi!-Konzertes am Vorabend der britischen Unruhen des Jahres 1981 zu einer Straßenschlacht zwischen Skinheads, asiatischen Jugendlichen und der Polizei kam, die das Image der Oi!-Punkszene als rechtsradikale Bewegung mit prägte.

Stino: Vor allem in der ehemaligen DDR gebräuchlicher Ausdruck für die keiner Subkultur angehörigen Normalbürger (Stinknormale).

Trojan: Jamaicanisches Reggae-Label der 60er Jahre, das zahlreiche Kultplatten der Ska- und Skinheadreggae-Fans veröffentlichte. Das Signet der Firma wurde zum Erkennungszeichen der Trojans/Trojan-Skins, die vorwiegend alten Ska/Reggae hören und damit symbolisieren wollen, daß Skinhead-Sein für sie hauptsächlich mit Musik (schwarzer Musik) und nicht Politik (und schon gar nicht rassistischen Einstellungen) zusammenhängt.

Two Tone: 1977 von *The Specials* gegründetes Plattenlabel, das dem Ska der späten 70er Jahre den Genre-Begriff gab.

Zu den AutorInnen

Disselkamp-Niewiarra, Solveigh
Jahrgang 1968. Studium der Psychologie an der TU Berlin. Diplomarbeit zum Thema »Subjektive Konflikt- und Gewalttheorien von Jugendgruppen in Ost-Berlin«, eine qualitative Untersuchung zum Thema Jugendgruppengewalt auf der Basis von Interviews mit Punks, Skins, Hooligans u. a. Psychologin in einem Kinderwohnheim in Westfalen.
Veröffentlichungen u. a.: »Die Zeit des Redens is' vorbei«. Subjektive Konflikt- und Gewalttheorien von Jugendlichen im Ostteil Berlins. Berlin 1994; Die Münchhausen-Strategie. Jugendliche Erklärungsansätze zum Thema Jugendgruppengewalt. In: Newsletter Forschungsnetzwerk Ethnisch-kulturelle Konfliktforschung der Universität Bielefeld, 1 + 2/1995.

Farin, Klaus
Jahrgang 1958. Konzertveranstalter, Buchhändler, Verleger, mehrere Jahre Jugendbildungsarbeit. Seit 1982 in Berlin als freier Autor und Journalist für Presse, Hörfunk und Fernsehen, Lehr- und Bildungstätigkeit vorwiegend zum Themenkomplex Jugend(sub)kulturen. Seit 1997 Leiter des Berliner Archivs der Jugendkulturen.
Veröffentlichungen u. a.: Die Wende-Jugend, Reinbek 1984 (gemeinsam mit Leo A. Müller); Karl May. Ein Popstar aus Sachsen, München 1992; Krieg in den Städten. Jugendgangs in Deutschland, Berlin 1991; Skinheads, München 1993 (beide mit Eberhard Seidel-Pielen).

Hachel, Heinz
Jahrgang 1958. Sozialwissenschaftler, mehrjährige Mitarbeit beim Duisburger Institut für Sprach- und Sozialforschung (DISS). Schwerpunkte: Subkultureller Mainstream als Phänomen des proletarischen Romantizismus, Skinheadsymbole und Gewaltaspekt. Arbeitet heute im Projektmanagement einer Internetagentur.
Letzte Veröffentlichung: Poor Impact. Werbeträger Junge Freiheit. In: *Das Plagiat.* Der völkische Nationalismus der Jungen Freiheit. Duisburg 1994.

Haefs, Gabriele
Jahrgang 1953. Übersetzerin und literarische Gelegenheitsar-

beiterin in Hamburg und Oslo.
Letzte Buchveröffentlichung: Heißer Norden (hrsg. zusammen mit Christel Hildebrandt und Dagmar Mißfeldt), Wien 1996.

Heitmann, Helmut
Jahrgang 1956. Sozialpädagoge. Mehrjährige Tätigkeit an der Hochschule, im Jugendamt, Jugendverband und Fan-Projekt sowie als Leiter des Informations-, Forschungs-, Fortbildungsdienstes Jugendgewaltprävention (IFFJ, Fortbildungsträger für Jugend- und Sozialarbeit). Inzwischen freiberuflich tätig als Berater und Dozent in der Jugendhilfe und Erwachsenenbildung.

Hillenkamp, Sven
Jahrgang 1970. Student der Soziologie, Geschichte und Politik. Redaktioneller Mitarbeiter des Forschungsjournals *Neue Soziale Bewegungen.*

Kersten, Joachim
Jahrgang 1948. Studium der Naturwissenschaften, Geschichte, Politik in Berlin und Kanada, Erziehungswissenschaften in Tübingen. Arbeit mit Kindern und Jugendlichen in Berlin (1972–74), danach sozialwissenschaftliche Forschung und Lehre in München (1974–86), Melbourne (1986–91), Tokio (1991–92) und seit November 1994 an der Hochschule für Polizei, Baden-Württemberg.
Veröffentlichungen u.a. zu den Themen: Jugendstrafe (1980); Jungen im Freizeitheim (1982); 14–15jährige im Gefängnis (1982); Jungen/Mädchen in geschlossenen Heimgruppen (1989/91); Kriminalität in Australien und Japan (1991, 1993); Neue deutsche Jugendgewalt (1993, 1994); zuletzt: »Gut und (Ge)schlecht. Männlichkeit, Kultur und Kriminalität. Berlin/ New York 1997.

Lau, Mariam
Jahrgang 1962. Filmredakteurin bei der *tageszeitung* in Berlin.

Möller, Kurt
Jahrgang 1954. Prof., Dr., Erziehungswissenschaftler an der Fachhochschule für Sozialwesen Esslingen. Zur Zeit Leiter von zwei Forschungsprojekten zum Thema »Rechtsextreme Orientierungen bei 13-15jährigen Jungen und Mädchen« sowie »Ungleichheitsideologien und Gewaltakzeptanz bei Mädchen und jungen Frauen im biographischen Verlauf«. Zahlreiche Publikationen zum Themenbereich Jugend/Gewalt/Rechtsextremismus/Fremdenfeindlichkeit.

Welp, Wolfgang

Jahrgang 1960. Diplom-Pädagoge. Seit 1989 Jugendarbeit mit rechten Jugendcliquen in Bremen.

Veröffentlichungen u. a.: Akzeptierende Jugendarbeit mit rechten Jugendcliquen, hrsg. von Franz Josef Krafeld, Bremen 1992; Jugendarbeit mit rechten Jugendlichen, hrsg.von Albert Scherr, Bielefeld 1992; Die Praxis Akzeptierender Jugendarbeit, hrsg. von Franz Josef Krafeld, Opladen 1996.

Danksagung

Der Herausgeber dankt noch einmal allen beteiligten AutorInnen und Fotografen; allen, die mich mit Material, Tips und Anregungen versorgt haben, insbesondere den ArchivarInnen der Tages- und Wochenzeitungen, den MitarbeiterInnen des Berlin-Brandenburger Bildungswerkes, Elke Lutzebäck, Mirko Schmidt, Eberhard Seidel-Pielen und Jürgen Stark; Sandra Heldt, Anne und Hanna Lehmann, Mira Pielen; allen Skins, die sich an der Fragebogenerhebung beteiligten, für Interviews zur Verfügung standen, mir ihre Fanzines und Musikproduktionen zuschickten; den geduldigen MitarbeiterInnen des Christoph Links Verlages und der Lektorin Gabriele Dietz; Margitta Fahr, Gabriele Rohmann und Sabine Schnabel für die Texterfassung und -korrekturen.
Für Kritik, Anregungen, Material jeglicher Art bin ich weiterhin dankbar:

Klaus Farin
Fidicinstr. 3
10965 Berlin
Fax: (030) 691 30 16